管理教材译丛

CRAFTING & EXECUTING STRATEGY

THE QUEST FOR COMPETITIVE ADVANTAGE: CONCEPTS AND CASES

23rd Edition

战略管理

概念与案例

（原书第23版）

[美] **小阿瑟·A. 汤普森**   **玛格丽特·A. 彼得拉夫**   **约翰·E. 甘布尔**   **A. J. 斯特里克兰三世** ◎著
（Arthur A. Thompson, Jr.） （Margaret A. Peteraf） （John E. Gamble） （A. J. Strickland III）

于晓宇 王家宝 ◎等译

机械工业出版社
CHINA MACHINE PRESS

在过去 30 多年里，《战略管理：概念与案例》一直是战略管理领域的示范性教材，内容权威，概念全面、清晰。作者秉承以往的扎实基础，在最新版本中保留了那些使其成为市场上最具启迪意义读物的特征，同时更新了内容，增加了表现形式，并加入了新的专栏和案例。

本书既可作为管理类专业本科生、硕士生、MBA 和 EMBA 学生的教材，也可作为企业管理从业者和相关学者的参考书。

Arthur A. Thompson, Jr., Margaret A. Peteraf, John E. Gamble, A.J. Strickland III.

Crafting & Executing Strategy: The Quest for Competitive Advantage: Concepts and Cases, 23rd Edition

ISBN 978-1-260-73517-8

Copyright © 2022 by McGraw-Hill LLC.

图书在版编目（CIP）数据

战略管理：概念与案例：原书第 23 版 /（美）小阿瑟·A. 汤普森（Arthur A. Thompson, Jr.）等著；于晓宇等译 . —北京：机械工业出版社，2024.3（2025.8 重印）

（管理教材译丛）

书名原文：Crafting & Executing Strategy: The Quest for Competitive Advantage: Concepts and Cases, 23rd Edition

ISBN 978-7-111-74675-1

Ⅰ. ①战… Ⅱ. ①小… ②于… Ⅲ. ①企业战略－战略管理－教材 Ⅳ. ① F272.1

中国国家版本馆 CIP 数据核字（2024）第 062250 号

机械工业出版社（北京市百万庄大街 22 号　邮政编码 100037）
策划编辑：吴亚军　　　　　　责任编辑：吴亚军
责任校对：王小童　张　征　责任印制：李　昂
涿州市般润文化传播有限公司印刷
2025 年 8 月第 1 版第 2 次印刷
185mm×260mm · 27.25 印张 · 671 千字
标准书号：ISBN 978-7-111-74675-1
定价：99.00 元

电话服务　　　　　　　　　网络服务
客服电话：010-88361066　机 工 官 网：www.cmpbook.com
　　　　　010-88379833　机 工 官 博：weibo.com/cmp1952
　　　　　010-68326294　金 书 网：www.golden-book.com
封底无防伪标均为盗版　机工教育服务网：www.cmpedu.com

译者序

四个困惑

在讲授战略管理课程的过程中，我们时常非常忐忑。首先，源自西方成熟经济的战略管理理论是否适合中国企业家，尽管全球化如自然力量难以违逆，但中国本土市场仍然体现出诸多中国特色，这是国外学者仅从数据中难以探索和深描的。此外，战略的概念来自军事学，源于克劳塞维茨（Clausewitz）《战争论》（*On War*）的西方战略思维，能否被受《孙子兵法》熏陶的中国学生所接受，也是一个挑战。

其次，缺少"一把手"经验的本科生、研究生和 MBA 学生除了背诵概念、分析案例，是否真的能够通过课堂教学形成战略思维，并有机会在未来的战略决策中体现逻辑与理性。

再次，无论是为了股东还是为了客户，企业战略的根本目的是持续赢利，这为决策者带来诸多道德与伦理困境，但许多教师和学生都对这些道德与伦理困境视而不见，并且断面案例的分析让课堂弥漫着"结果可为手段辩护"的气息。

最后，在以 VUCA 为特征的当代，企业和决策者遇到的最大挑战就是内外部环境的持续变化，而以产业组织理论、定位、资源基础观为基础的战略管理理论却似乎故意低估这一点。无论是宏观环境 PEST 分析、行业环境的五力模型，还是竞争者分析，都对黑天鹅事件、行业边界模糊、降维打击等现象无动于衷。

本书在一定程度上回应了这些困惑：案例中有了更多中国企业的身影；英文书名中强调 crafting 和 executing 同等重要；单设章节阐释战略决策者的道德与伦理困境。尽管如此，我们仍建议读者能够以"批判性思维"（critical thinking）推敲本书与其他战略管理教材中的观点，并辅以对中国企业与中国历史的观察，思考适合中国企业、中国市场的企业战略及其有效性。

战略思维不仅是能力，更是责任心、雄心与匠心

"00 后"学生给站在讲台上的吾等"80 后"的印象之一是"佛系"，这是"90 后"研究生与我分享的辞藻。"有些朋友年纪轻轻，就猫狗双全"，对战略知识不那么关心，对

战略案例没多少兴趣，也就在情理之中。然而，如果学生没有足够的进取心、危机感、不满足欲，战略管理课本上的知识也只是一些符号和文字而已。

管理研究论文也有一个有趣的特征，就是热衷与社区（圈子）形成对话，财务、人力资源、营销、运营"各管一摊"，分头解释企业绩效的方差。其发现的规律和见解是否给其他职能的管理者造成困境，是否真的对企业生存和发展有益，这不在许多管理研究者的考量之中。

2010 年，我们开始为东浩兰生、马钢集团、上海农场、国家电网公司华东分部等企业高层授课或提供战略咨询，发现一些职能部门的管理者也是"各扫门前雪"，职能部门之间缺少协同，提出的问题鲜有全局性和长远性，难为企业的战略决策者解忧。然而，企业的战略决策者、当家人必须看大局，谋长远，时而"瞻前顾后"，时而"委曲求全"，而战略的结果却往往极具艺术性和戏剧性。

无论是学生还是学者，甚至是职能部门的管理者，似乎都缺乏战略思维，但又时常在茶余饭后有"战略思考"，这其中一定少了一些元素。

2015 年，我们开始从事一些面向实际需求的战略咨询研究，在与徐匡迪院士、潘云鹤院士、赵宪庚院士、干勇院士、朱高峰院士、傅志寰院士、金东寒院士等战略科学家汇报交流的过程中，逐渐观察到战略科学家与战略管理领域的学者之间的思维差异。战略管理领域的学者对逻辑和"对话"更感兴趣，但默认战略执行者对决策逻辑形成的结果负责；战略科学家似乎没有那么"严谨"，时而旁征博引，时而回顾历史，但他们不仅设计战略决策，有时还会直接介入决策的执行环节。我们察觉异同，但并无意比较优劣，与战略管理领域的学者相比，战略科学家多了一些"主人翁"精神。

2019 年 1 月 21 日，习近平总书记在省部级主要领导干部坚持底线思维着力防范化解重大风险专题研讨班开班式上强调，要提高战略思维、历史思维、辩证思维、创新思维、法治思维、底线思维能力。战略思维是习近平总书记反复强调的重要思维方法。与战略能力相比，战略思维还要求一份责任心、雄心与匠心。

无论是战略管理领域的学生还是教师，无论是组织的当家人还是基层员工，哪怕在当前阶段仅在组织或社会分工中承担了一份并不受世俗看重的微小工作，但正如中世纪矿工的信条"我等采石之人，当心怀建造大教堂之愿景"，我们必当在完成每一份微小工作的同时竭力想象并努力实现最终愿景，并在其中体现我们的价值与个性；正如《程序员修炼之道》所强调的，"在一个项目的整体结构之内，总有空间展示个性和匠心。百年之后，我们的技艺或许如今日的土建工程师看待中世纪大教堂建造者使用的技法一样陈旧，但是我们的匠心将得到尊重"。

希望对本书的学习和讲授，可以从滋养责任心、雄心与匠心开始。

公益事业

翻译工作任重道远。我们不是翻译专家，但机械工业出版社吴亚军先生邀请我们来翻译这本书时，我们仍感受到吴亚军先生对普及管理知识的热情，因此欣然接受。考虑到引进英文教材的一个目标是让中国学生掌握商业中的共同语言，进而施展才干于世界舞台，我们更是如履薄冰地去推进这份公益事业。得益于蓝海林、赵丽嫚、李卫宁三位教授对前期版本翻译得精准到位，我们并未花费过多精力，在对照新旧版本的过程中，也体会到三位教授此前的匠心。

与我们共同讲授战略管理课程的几位教师，包括赵红丹、董学兵、邹海亮、薛奕曦、余玲玲、贾迎亚、王斌老师。一些博士生、硕士生也参与了部分章节的翻译和校订。为了提高译文的质量，我们在战略管理课堂上邀请20位本科生分别对各章译文"挑错"，并请助教进行甄别和修订，他们是这一版的第一批读者和评论员，在此致以谢意。

即使很努力，也得到很多帮助，但仍可能存在失误和瑕疵。我们对这些译文的错误和疏漏全权负责。期待读者朋友们及时反馈，我们会及时修订，也期待这本书能够如战略一般持续更新。

于晓宇　王家宝

前　言

在过去30多年里，《战略管理：概念与案例》一直是战略管理领域的示范性教材，内容权威，概念全面、清晰。我们秉承以往的扎实基础，在最新版本中保留了那些使其成为市场上最具启迪意义读物的特征，同时更新了内容，增加了表现形式，并加入了新的专栏和案例。

第23版的显著特点是每一章的内容更加丰富而生动，你会随处发现，本书对核心概念和分析工具进行了最新的、引人入胜的阐释。与我们之前的每个新版本一样，通过加入一些令人兴奋的新案例，将战略管理带入生活，肯定会引发有趣的课堂讨论，并在此过程中深化学生对教材内容的理解。

虽然第23版保留了前一版的12章结构，但每一章——实际上是每一段、每一行——都经过了反复检查、雕琢和精简。本书添加了新的内容以确保教材内容紧随战略管理理论与实践的最新进展。本书还对其他内容进行了删减，以将篇幅保持在合理的范围内，同时增加了大量的例子并新设了专栏，以加深学生对内容的理解，为学生提供了一个生动直观的战略视野。本书在精简版面的同时，充分呈现出学生真正需要了解的内容，并帮助教师更有效地运用教材内容。每章的内容一如既往地紧扣主流并注意平衡理论与实践，反映了学术思想的深刻洞察力和现实世界战略管理的实用主义。

本书的突出特点在于秉承章节内容与案例之间的紧密联系。第23版的案例在这方面做得尤其出色——一个具有战略意义且精心打造的案例组合，一定会吸引学生，提高他们运用战略分析概念和工具的能力。很多案例都涉及知名企业，学生能立即辨识并产生联想；所有案例都紧紧围绕关键的战略问题，从而增加了各章主题内容的深度和情境。我们相信，学生会对这些案例在课堂上的运用效果及它们所激发的兴趣印象深刻。

最近几年，全世界越来越多商学院的战略学者正在从纯理论课程结构过渡到更加全面和充满活力的"理论－案例－模拟"课程结构。基于竞争的战略模拟游戏具有强大的吸引力，它为学生提供了一个即时的、有吸引力的机会来应用书中学习到的概念和分析工具，学生可以亲自为模拟游戏中的虚拟公司制定和执行战略，并且可以与其他同样经营虚拟公司的学生展开激烈竞争。企业战略游戏（BSG）和GLO-BUS是两个被广泛使用的在线战略模拟游戏，且经过实践证明，它们的教学效果显著。而这两种模拟游戏都是由本书作者之一的小阿瑟·A.汤普森创建的，它们同本书涉及的案例一样，与各章节内容紧密相连。

为了帮助教师在国际高等商学院协会（AACSB）认证标准下评估学生学习计划的完成情况，第23版在每一章的末尾设置了一些练习，与每一章开头提出并贯穿全文的学习目标相呼应。第23版的一个重要的教学特点是，将精心挑选的巩固练习和案例与Connect™平台紧密结合起来。学生将能够使用Connect™平台：①完成特定章节的活动，包括每章结尾的巩固练习、视频，以及帮助学生理解的案例；②完成章节末尾测验；③完成建议的案例分析问题（从书后27个案例中选取了10个）；④完成模拟作业。Connect™平台中所有的练习将会自动计分（战略模拟参与者选择的练习除外），从而使学生能够轻松地评估已学内容的掌握情况。

此外，这两个战略模拟游戏都有一份内置的学习鉴定报告，用以将班上学生与世界各地成千上万的、在过去12个月里完成这项模拟的其他学生进行比较，主要是在9项技能/学习评估方面比较他们的表现。我们相信，每章结尾的巩固练习、全新的在线自动计分Connect™平台上的练习，以及企业战略游戏和GLO-BUS模拟所生成的学习鉴定报告，会为你提供在你的课程中使用的简单易用的、量化评估学生学习情况的工具。以上工具均可与其他学校或教师开发的评分规则结合使用，从而以符合AACSB认证标准的方式来全面评估课程或计划学习成果。

总之，第23版的各个组成部分和辅助性教学资源为你提供了巨大的、灵活的课程设计和强大的教学/学习工具。我们尽全力确保第23版的元素使你的课程有效而生动，帮助你节省备课时间，并让学生在学习的过程中享受快乐，使你的课程有口皆碑。

第23版的不同特点

本书及配套的教辅材料与本领域的其他教材相比，具有9个突出的特点。

（1）我们提供了有关常见商业模式的最清晰的讨论。通过在第1章中引入这个经常被误解的概念，并对其进行精确界定，让学生能够进一步地理解这个重要的概念。在接下来8章的后续讨论中，我们将继续深化此概念。新设的专栏和案例展示出了新的商业模式是如何使公司成功地与对手开展竞争的，即使对手是那些久负盛名的公司。在某些情况下，新的商业模式甚至可以颠覆现有行业。

（2）我们整合了战略管理领域最流行的两种观点——定位理论和资源基础理论，这是任何其他主流战略教材都无法比拟的。本书将定位理论和资源基础理论的原理与概念，与单一业务和多元业务的战略制定进行了全面整合。通过强调公司的资源和能力与其沿价值链所实施的活动之间的关系，本书明确地展示了这两个观点间的紧密关系。此外，在第3～8章中，我们都反复强调企业的战略不仅要与外部市场环境相匹配，还要与内部资源和竞争力相匹配。

（3）在新版本中，我们以最清晰、最易理解的方式介绍了价值-价格-成本框架。近年来，该框架已经成为一个帮助学生了解公司是如何在经营过程中创造经济价值的基本工具。我们为读者展示这个简单的框架是如何有助于理解商业模式的概念以及至关重要的竞争优势这一概念的。在第 5 章中，为了进一步阐释这一点，我们以图示的方式展示了价值 - 价格 - 成本框架是如何与竞争优势的不同来源相关联的，而 5 种通用战略正是基于竞争优势的来源提出的。

（4）我们关注合作战略以及跨组织活动在企业构建竞争优势的过程中所起的作用，这也使本书区别于其他战略管理教材。价值网络、生态系统、战略联盟、许可、合资企业和其他类型的合作关系，这些主题在许多章节中都有重点阐释，并与其他内容一起贯穿本书始末。我们展示了这种性质的战略是如何有助于单一业务和多种业务公司的成功的，无论该公司是在国内市场还是在国外市场运营。

（5）在日益紧密联系的世界中，我们对国际战略进行了全方位的关注。在这个联系日益紧密的世界中，本书之所以能够成为加深学生对战略制定和执行了解的不可或缺的工具，是因为本书把国际战略视为公司活动范围内最重要的因素之一，力图让学生了解到这一主题与涉及公司活动范围的其他主题之间的联系，例如多业务（或公司）战略、外包、内包和纵向一体化。

（6）本书用一个独立的章节来研究商业伦理、企业社会责任和环境可持续性，这远远超过了其他战略管理教材。第 9 章"伦理、企业社会责任、环境可持续性与战略"，承载着以下重要功能：①提醒学生认识伦理和对社会负责的战略决策的作用和重要性；②落实国际高等商学院协会（AACSB）关于商业伦理知识要全面涵盖基础课程的资格认证要求。此外，关于价值观和伦理道德的讨论也涉及其他章节，从第 1 章开始，进一步强化学生对于商业伦理、价值观、社会责任及可持续发展的认识，让他们理解为什么，以及如何明确地将这几方面纳入企业战略制定和执行的管理任务。

（7）作为《战略管理：概念与案例》长期以来的一个亮点，第 23 版收录的案例是无与伦比的，具体体现在对学生的吸引力、教师教学的便利性，以及训练学生使用概念和提升分析能力方面的适用性等方面。本书中包含的案例是我们能找到的最新、最好、最符合教学目标的案例。教师手册中包含关于这些案例的大量信息，使得他们每学期都可以轻松地选择一套案例，自始至终都能抓住学生的兴趣。

（8）通过将作业和学习效果评估内容整合到 Connect™ 中，本书适合线上线下混合及线上学习。这将使教师能够评估学生在完成以下事项上的表现：①附加练习和指定的章后练习；②章后小测验；③战略模拟练习；④针对本书中 14 个案例的练习。

（9）第 23 版提供了两种前沿的、广泛使用的战略模拟工具——企业战略模拟和GLO-BUS，供学生学习使用。它们让教师能够实现"理论 - 案例 - 模拟"的课程模式，这也是其他教材所无法比拟的。

第 23 版正文部分的结构、内容和特点

第 1 章总体上对战略做简要介绍，关注"战略是什么"和"战略为什么很重要"等核

心问题。在课程开讲之时，本章内容有助于深化读者对课程内容和重要性的理解。在这一章中，我们用苹果公司的例子来说明我们界定的"竞争优势"的含义，以及业务层战略的关键特征。通过将战略的制定视为一个过程，本书解释了为何一个企业的战略既需要进行计划又必须是对现实环境的响应，以及为何战略往往会随着时间、环境而变化。作为战略制定过程的一部分，我们讨论了伦理在战略选择中的重要性。我们介绍了"商业模式"这一概念，给出了清晰的定义，并在专栏中引入了真实商业世界的案例。我们解释了，为何一个可行的商业模式必须既能为公司的客户提供一个有吸引力的价值主张，又能为公司找到盈利模式。本章的一个关键特点是描述了如何用价值－价格－成本框架来分析、讨论上述问题。我们认为一个制胜战略的标志是它具备通过三项测试的能力：①匹配性测试（内部和外部匹配）；②竞争优势测试；③绩效测试。同时本书解释了为什么好的公司绩效取决于好的战略及好的战略执行。

第2章对战略管理过程进行了更全面的概述，从愿景、使命、价值观的作用到好的公司治理的构成因素等话题。它为第二次课预留了一项大"作业"，并顺利过渡到课程的核心内容。本章将向学生介绍战略性目标与财务性目标、平衡计分卡、战略意图、公司层战略和业务层战略等核心概念。它解释了为什么所有的管理人员都是公司战略制定和战略实施的一分子，为什么一个公司的战略计划是由组织不同级别的不同管理人员制定的战略集合。本章总结了董事会在战略决策、战略实施过程中的作用，并分析了一些近期备受瞩目的企业治理失败的原因。关于大众汽车尾气排放丑闻的专栏让这一章生动了起来。

接下来的两章向学生介绍了战略制定的两个最基本的学派：迈克尔·波特的"五力模型"所展示的定位理论，以及资源基础观。第3章就每本战略管理教材都会涉及的五种竞争力量模型进行了清晰且直接的讨论。同时，本章还介绍了一组进行竞争对手分析时的补充分析工具，识别战略集团及限制它们之间移动的移动障碍（mobility barrier），并说明了制定与公司所处行业和竞争环境相匹配的战略的重要性。本章还对价值网络框架进行了讨论，以便分析各方的合作和竞争行为如何有助于在一个行业中创造和获取价值。

第4章介绍了企业的资源基础理论，阐述了为何资源和能力分析是评估企业竞争性资产的有力工具。本章提供了一个简单的框架来识别公司的资源和能力，并说明VRIN框架是如何用来确定资源或能力能否为公司提供相对于竞争对手的可持续竞争优势的。本章的其他内容包括动态能力、SWOT分析、价值链分析、标杆管理法和竞争态势评估，使我们能够对企业相对于竞争对手的成本状况和客户价值主张进行客观评估。本章的一个重要特点是用一张表列出了关键的财务指标，并说明了如何计算及理解它们。学生会发现，在评估企业战略是否带来了好的财务绩效时，根据这张表处理数据是十分方便的。

第5章阐述了在市场上应对竞争和赢得市场份额的基本方法，包括五种通用竞争战略——广泛低成本战略、广泛差异化战略、最优成本战略、聚焦差异化战略和聚焦低成本战略。本章形象地展示了通用竞争战略、价值－价格－成本框架和竞争优势之间的联系，同时也描述了应用这些战略最佳的情境和应避免的陷阱。此外，本章分别讲解了成本驱动因素和独特性驱动因素在降低公司成本与增强公司差异性中的作用。

第 6 章聚焦于公司可以采取的进行竞争的其他战略行动，以使其整体战略的作用最大化。其中包括各种进攻或防御的竞争性行动，以及发起行动的时机，比如蓝海战略和先行者优势、劣势。本章还包括如何选择企业活动的宽度（或沿行业整条价值链纵深发展的业务范围），从横向并购到纵向一体化、外包和战略联盟。接下来的两章就进入了关于国际化和多元化战略等业务范围问题的讨论。

第 7 章的主题是如何在国际市场上竞争。本章首先就各国市场条件的不同为何必然会影响企业关于如何进入外国市场及如何开展竞争等战略选择进行了讨论。本章提出了 5 种扩大公司地域范围并在海外市场竞争的主要战略选择：出口战略、许可战略、特许经营战略、国外子公司战略及联盟和合资企业战略。另外，本章涵盖了以下专题，如波特国家竞争优势钻石模型、多点市场竞争，以及在多国战略、全球战略和跨国战略之间的战略选择。本章与第 4 章中的资源基础理论联系起来，介绍了在跨越国界追求竞争优势时，共享、转移或获取有价值的资源和能力的动因。本章结尾讨论了发展中国家市场竞争的特点。

第 8 章与多业务公司的战略制定有关，介绍了以多元化为重点的公司层战略。本章第一部分描述了多元化何时及为何会具有重要的战略意义，企业开展多元化业务的不同方法，以及相关多元化与非相关多元化各自的利弊。本章的第二部分着眼于如何评价多元化公司所采取的业务组合的吸引力，如何确定它是否采用了一种好的多元化战略，以及有哪些战略选择可以改善多元化公司的未来绩效。该评价方法整合了行业分析和资源基础理论，综合考虑了公司通过多元化进入的每个行业的相对吸引力、公司在每个业务领域的竞争优势，以及不同业务的战略匹配度和资源匹配度。

尽管伦理和价值观的主题出现在本教材的多个章节中，但第 9 章对这类问题给予了更直接的聚焦和探讨，可以在课程的初期、中期或后期作为单独主题引入课程体系。本章话题涉及企业的伦理标准、确保拥有国际业务的企业拥有一致的伦理标准、企业社会责任和环境可持续性。本章的内容肯定会让学生对一些事物进行重新思考，引发热烈的讨论，有助于使他们更具伦理意识，并认识到为何所有的企业都应该以一种对社会负责和可持续发展的方式经营。

接下来的 3 章（第 10～12 章）是战略执行模块，构建了一个包含 10 个步骤的战略执行框架。第 10 章介绍了这个框架的概况并详细阐述了前三项内容：①给组织配备能够很好地执行战略的人员；②培养成功执行战略所需的组织能力；③建立一个支持战略执行过程的组织结构。

第 11 章讨论了促进良好战略执行的另外 5 项管理行动：①配置资源以支持战略执行过程；②制定政策和程序促进而非阻碍战略执行；③运用业务流程管理工具和最佳实践来推动价值链活动的绩效提升；④构建信息和操作系统，帮助公司人员履行自己的战略角色；⑤利用奖励和激励，鼓励良好的战略执行和绩效目标的实现。

第 12 章是战略执行框架的最后两个步骤，即分析了创造健康的企业文化和行使有效的领导力在促进良好战略执行中的重要作用。在最后的3章中反复出现的一个主题是，战略执行就是确定要开展平稳的战略支持型运营活动所需的具体行动、行为和条件，然后坚持到底，以完成任务并取得成效。这样做的目的是确保学生明白战略执行阶段是一个"做事"(make-things-happen) 和 "正确做事"(make-them-happen-right) 的管理实践——是实现运营卓越性和完成强大绩效目标的关键。

在最新版中，我们尽最大努力确保12章的内容呈现出战略管理领域最前沿、最优秀的理论思维和实践思维，并精心打造出适合本科生、研究生和MBA学生的战略课程。当然，对本书的最终测试是来自它在课堂上呈现的积极的教学效果。如果这一版本为你的课程搭建了一个更有效的舞台，并能更好地帮助你使学生相信，战略这一领域值得他们全神贯注地学习，那么本书就达到了目的。

案例部分

本书共有27个案例[⊖]，用有趣的企业实践和有价值的经验为学生展示了战略制定与战略执行的艺术性和科学性。从篇幅的角度来看，这是一个很好的视角——大约2/3的案例在15页以下（原书篇幅），提供了大量可供学生反复思考的内容；余下的案例细节丰富，需要进行更全面的分析。

在27个案例中，至少有25个案例涉及学生可能听说过的企业、产品、人员或活动，学生可以从个人经验中了解或产生共鸣。有至少20个案例，将加深学生对处于产品生命周期较短、竞争相对激烈的行业环境中特殊竞争需求的理解。有23个案例涉及公司资源和竞争能力在战略决策、战略执行方案和竞争条件等方面发挥的重要作用。有20个案例涉及非美国公司、全球竞争行业或跨文化的情况。这些案例结合正文章节的全球化内容，将战略管理的学习与全球化的世界经济紧密联系起来。有8个案例涉及家族企业或相对小型的创业企业的战略问题，以及24个学生可以在互联网上进行进一步研究的上市公司案例。

第23版教材的资源和支持材料

1. 针对学生

本章要点　每章结尾处有一个关于本章核心概念、分析工具和其他要点讨论的概述，以帮助学生聚焦基本战略原则，消化每章的知识并为考试做好准备。

两套章后练习　每一章以两套练习结束。巩固练习可以作为基础练习用于课堂讨论、口头演示作业、简短书面报告及取代案例分析等。模拟练习是特意为那些将模拟游戏引入教学中的教师设计的，这些练习将章节内容紧密地与学生正在运营的模拟公司联系起来。即使它们没有被布置为作业，也可以为学生提供学习帮助。

Connect^{TM}　第23版充分利用了Connect^{TM}这一个性化教学工具的优势。本版

⊖　由于篇幅限制，本书在翻译时，只保留了其中的10个案例。——译者注

Connect™ 包括以下几个强大而有价值的功能，并对三类学生练习的作业分配和评分进行了简化：

- 每章设有自动评分的章节测试（autograded chapter quizzes），学生可以用这些问题来评估他们对 12 章中每一章学习材料的掌握程度。
- 为了使学生掌握战略分析概念和工具，作者在每章都开发了许多互动式练习，包括巩固练习和新引入的战略模拟参与练习。
- 在本版推出的 27 个案例中，有 14 个案例练习要求学生从案例问题中挑选一些作答；这些练习有多个组成部分，并且这些案例练习的内容是根据案例情境来设置的，要求学生在进行战略思考和分析时，都能以达到务实的、基于分析的行动建议为目标，从而提高公司绩效。

Connect™ 平台上的练习评分是自动生成的（那些以短文形式回答的战略模拟参与者的精选练习除外），从而简化了评价学生表现和监督学习效果的工作。设置于 Connect™ 管理系统中的进度跟踪功能使你能够做到以下几点：

- 可以迅速查看得分情况及跟踪个人或团队的作业和成绩报告。
- 实时查看学生或班级学习目标完成情况。
- 收集数据并生成国际高等商学院协会等众多认证组织所要求的报告。

SmartBook 2.0® SmartBook 2.0 是第一个也是唯一一个旨在改变学生阅读和学习方式的自适应阅读体验的工具。它通过突出学生需要在某个特定时刻学习这一影响深远的概念，为学生提供了个性化的阅读体验。学生在使用 SmartBook 时，根据所知道的和不知道的内容调整接下来的阅读，进而改进阅读体验。这确保了学生看的内容与需要掌握的内容紧密相连，同时促进知识长期记忆。使用 SmartBook 的实时报告能快速地识别那些需要学生或整个班级多花费精力的概念。最终的结果是学生能更专注于课程内容，更好地安排时间，更高效地上课。

2. 针对教师

提供学习辅助工具 每一章都以学习目标开始，这些目标与教材内容具有直接的联系，目的是用有用的"路标"来引领我们实现这些目标。在每一章的结尾，有巩固练习，可以作为基础的课堂讨论、口头陈述作业、简短的书面报告，以及案例作业的替代品。类似地，有模拟练习，这些练习是专门为模拟游戏的使用者设计的，他们可以进一步将章节内容紧密地、明确地连接到他们的学生正在运行的模拟公司。本版本中的新内容是将模拟练习整合到 Connect 平台上。如果你的课堂内容只有 50 分钟，那么剩下的 75 分钟就可以安排学生去完成这两组练习中的问题（以及那些被称为"迷你案例"的专栏）。

教师资源库 Connect 教师资源库是你的存储库，可以存储其他资源，以提高学生在课堂上的参与度。你可以选择并使用任何可以提高教学效果的内容。

教师手册 教师手册的内容包括：

- 关于组织你的课程的建议。
- 教学大纲和课程大纲样本。
- 每一章的课堂讲稿。
- 章节末尾练习的答案。
- 所有 12 章的试题库。
- 这 27 个案例中每个案例都有一个完整的案例教学笔记。这些教学笔记中包含了有效使用案例的建议，对案例中提出的作业问题有非常详尽的答案分析，并且包含了自案例撰写以来任何重要进展的结语。

试题生成器 本书附带的试题库包含 900 多道选择题和简答题或问答题，这些试题可以通过试题生成器在 Connect™ 上获得。试题生成器是一个基于云端（cloud-based）的工具，它使教师能够统一使用那些可以在 LMS 中打印或管理的试题。试题生成器提供了一个现代化的简化界面，无须下载即可轻松配置符合课程需求的内容。试题生成器也提供了一个安全的界面来更好地保护内容，并能及时地更新以便直接进行评估。

幻灯片 为了方便授课，我们为每章提供了课件，你可以访问大约 500 个彩色的、专业的、包含核心概念、分析过程、重点及正文章节中的所有图形的幻灯片。

Create™ 这是麦格劳 - 希尔公司的定制出版程序，你可以在阅读本书的同时访问完整的阅读资料和案例（http://create.mheducation.com/thompson）。通过 Create™，你会从包括来自哈佛大学、麻省理工学院的 30 多本案例和阅读材料中选出这本书。你可以对课程自由组合，并选择最适合你的章节、案例和阅读材料。此外，你还可以从几个现成的选项和作者推荐完整的课程解决方案中选择。在预装的解决方案中，你可以找到不同的本科、MBA、速成班和其他战略课程的组合。

企业战略游戏和 GLO-BUS 在线模拟 使用这两个模拟中的一个，可以以一种强有力的、建设性的方式，将学生的情感联系到课程的主题上。我们知道，要激发学生的竞争力，使他们为现实世界的商业决策挑战做好准备的最有效的方式，就是让他们通过全球经营竞争全球市场领导地位，与同学比拼战略智慧。

致谢

我们衷心地感谢案例研究人员的贡献，感谢他们辛劳地撰写案例，感谢案例公司的配合。对于每个人，我们真诚地表示感谢。最新的、反复研究的案例对战略管理问题和实践的实质性研究的重要性再怎么强调都不过分。

在整个编写过程中，许多大学的同事和学生、生意上的伙伴，以及麦格劳 - 希尔公司的工作人员提供了灵感、鼓励和建议。与战略领域的所有教材的作者一样，我们十分感谢战略管理领域的学者，他们的研究和写作开辟了新的道路，推进了战略管理的学科发展。

此外，我们还要感谢以下审稿人，他们多年来为改进章节提供了富有经验且精彩的建议：

Robert B. Baden, Edward Desmarais, Stephen F. Hallam, Joy Karriker, Wendell Seaborne, Joan H. Bailar, David Blair, Jane Boyland, William J. Donoher, Stephen A. Drew, Jo Anne Duffy, Alan Ellstrand, Susan Fox-Wolfgramm, Rebecca M. Guidice, Mark Hoelscher, Sean D. Jasso, Xin Liang, Paul Mallette, Dan Marlin, Raza Mir, Mansour Moussavi, James D. Spina, Monica A. Zimmerman, Dennis R. Balch, Jeffrey R. Bruehl, Edith C. Busija, Donald A. Drost, Randall Harris, Mark Lewis Hoelscher, Phyllis Holland, James W. Kroeger, Sal Kukalis, Brian W. Kulik, Paul Mallette, Anthony U. Martinez, Lee Pickler, Sabine Reddy, Thomas D. Schramko, V. Seshan, Charles Strain, Sabine Turnley, S. Stephen Vitucci, Andrew Ward, Sibin Wu, Lynne Patten, Nancy E. Landrum, Jim Goes, Jon Kalinowski, Rodney M. Walter, Judith D. Powell, Seyda Deligonul, David Flanagan, Esmerlda Garbi, Mohsin Habib, Kim Hester, Jeffrey E. McGee, Diana J. Wong, F. William Brown, Anthony F. Chelte, Gregory G. Dess, Alan B. Eisner, John George, Carle M. Hunt, Theresa Marron-Grodsky, Sarah Marsh, Joshua D. Martin, William L. Moore, Donald Neubaum, George M. Puia, Amit Shah, Lois M. Shelton, Mark Weber, Steve Barndt, J. Michael Geringer, Ming-Fang Li, Richard Stackman, Stephen Tallman, Gerardo R. Ungson, James Boulgarides, Betty Diener, Daniel F. Jennings, David Kuhn, Kathryn Martell, Wilbur Mouton, Bobby Vaught, Tuck Bounds, Lee Burk, Ralph Catalanello, William Crittenden, Vince Luchsinger, Stan Mendenhall, John Moore, Will Mulvaney, Sandra Richard, Ralph Roberts, Thomas Turk, Gordon Von Stroh, Fred Zimmerman, S. A. Billion, Charles Byles, Gerald L. Geisler, Rose Knotts, Joseph Rosenstein, James B. Thurman, Ivan Able, W. Harvey Hegarty, Roger Evered, Charles B. Saunders, Rhae M. Swisher, Claude I. Shell, R. Thomas Lenz, Michael C. White, Dennis Callahan, R. Duane Ireland, William E. Burr II, C. W. Millard, Richard Mann, Kurt Christensen, Neil W. Jacobs, Louis W. Fry, D. Robley Wood, George J. Gore, William R. Soukup。

我们要感谢 Catherine A.Maritan 教授、Jeffrey A.Martin 教授、Richard S.Shreve 教授和 Anant K.Sundaram 教授对各个章节的有益评论。我们还想感谢塔克商学院的学生们，感谢他们的帮助：Alen A. Ameni, Dipti Badrinath, Stephanie K. Berger, Courtney D. Bragg, Katie Coster, Jacob Crandall, Robin Daley, Kathleen T. Durante, Shawnda Lee Duvigneaud, Isaac E. Freeman, Vedrana B. Greatorex, Brittany J. Hattingh, Sadé M. Lawrence, Heather Levy, Margaret W. Macauley, Ken Martin, Brian R. McKenzie, Mathew O'Sullivan, Sara Paccamonti, Byron

Peyster, Jeremy Reich, Carry S. Resor, Edward J. Silberman, David Washer, Lindsey Wilcox。我们也要感谢达特茅斯学院的学生：Avantika Agarwal, Charles K. Anumonwo, Maria Hart, Meaghan I.Haugh, Artie Santry，以及塔克的工作人员 Doreen Aher。

我们会一如既往地看重你对本书提出的建议和想法，牢记你对本书内容的建议和评论，并且感激你花时间提醒我们注意印刷错误和其他缺点。你可以给我们发电子邮件：athompso@cba.ua.edu, margaret.a.peteraf@tuck.dartmouth.edu, john.gamble@tamucc.edu, astrickl@cba.ua.edu。

小阿瑟·A.汤普森

玛格丽特·A.彼得拉夫

约翰·E.甘布尔

A. J. 斯特里克兰三世

目 录

第一部分

战略制定和执行的概念与技术

第 1 章

战略的内涵与重要性

::学习目标

通过本章的学习，你将能够：

1. 了解公司战略的含义，以及为什么需要与竞争对手的战略有所不同。
2. 掌握可持续竞争优势的概念。
3. 确定使一家公司从竞争对手中脱颖而出的五种最基本的战略方法。
4. 了解公司战略为何会演变。
5. 确定什么因素构成可行的商业模式。
6. 确定制胜战略的三项测试。

战略就是让自己在竞争中脱颖而出。

——迈克尔·波特（Michael Porter），教授、顾问

战略是对如何竞争做出的清晰取舍。

——杰克·韦尔奇（Jack Welch），通用电气前首席执行官

我相信人们通过精心准备和良好的战略能创造自己的运气。

——杰克·坎菲尔德（Jack Canfield），企业培训师和企业家

根据《经济学人》这本商业、经济和国际事务方面的权威杂志的说法，"商业领域战略为王。领导力和努力都是很好的，运气是很有用的，但战略决定企业的成败"[1]。运气和环境可以解释为什么有些公司拥有最初的、短暂的成功。但是，只有精心设计、实施良好、不断演变的战略才能解释为什么那些卓越的公司会设法在年复一年的时间里脱颖而出并保持优势，取悦它们的客户、股东和其他利益相关者。一提到表现卓越的公司，我们一下子就能想到苹果（Apple）、迪士尼（Disney）、星巴克（Starbucks）、Alphabet（谷歌母公司）、伯克希尔-哈撒韦（Berkshire Hathaway）、通用电气（General Electric）和亚马逊（Amazon）等，但并不只有美国企业取得了长期成功。来自不同国家的各种各样的公司，无论大小，都取得了出色的业绩，如丹麦的乐高集团（Lego Group）、英国的汇丰银行（HSBC）（银行业）、迪拜的阿联酋航空（Emirates Airlines）、瑞士劳力士（Rolex）、中国移动（China Mobile）（电信行

业），以及印度的塔塔钢铁（Tata Steel）。

在第 1 章中，我们对战略的概念进行界定并从多个角度对战略进行描述。我们将向你介绍竞争优势的含义，探索公司战略与其所追求的竞争优势之间的紧密联系。我们还将解释为什么公司战略部分是主动的，部分是被动的，为什么它们会随着时间的推移而演变，以及公司战略与商业模式之间的关系。我们将考察制胜战略（winning strategy）与其他战略的不同之处，以及为什么这一战略需要通过道德审查的考验。在本章的最后，你会清晰地理解为什么制定和实施战略是核心管理职能，以及为什么完美实施（excellent execution）所制定的卓越战略（excellent strategy）是公司长期保持良好业绩的最可靠的方法。

1.1　战略的内涵

公司的**战略**是指经理所采取的一系列用以超越竞争对手和获取卓越盈利能力的协调一致的行动。一项精心制定的战略的目标不仅仅是为了获取短期的竞争成功和利润，更是为了获取一种持久的成功，从而长期支持企业发展并确保公司的未来。要做到这一点，管理层在如何参与竞争方面的决策就必须经过深思熟虑且保持一致。[2] 这些决策包括：

- 如何在市场上进行定位；
- 如何吸引顾客；
- 如何与竞争对手展开竞争；
- 如何实现公司的业绩目标；
- 如何利用机会来开展业务；
- 如何应对变化的经济和市场环境。

> **核心概念**
> 公司**战略**是经理所采取的一系列用以超越竞争对手和获取卓越盈利能力的行动。

在大多数行业，公司在如何制定战略方面有诸多自由权。[3] 一些公司致力于实现比竞争对手更低的成本，而另一些公司以产品的卓越性或对手无法提供的更个性化的顾客服务为目标。有些公司选择更广泛的产品线，另一些公司则将全部精力投放在狭窄的产品线上。一些竞争者刻意将业务局限在本地或区域市场上，另一些却选择在全国范围、国际范围（多个国家）或全球范围（世界范围内全部或大多数主要国家市场）竞争。公司必须根据自身资源和能力以及竞争对手采用的竞争方法来选择如何与竞争对手进行最佳竞争。

1.1.1　战略是选择差异化的竞争方式

对行业内成功的竞争对手的战略进行模仿——无论是模仿产品，还是实施与之类似的市场定位——很少奏效。相反，每家公司的战略都需要有一些与众不同的元素来吸引客户，并提供竞争优势。从本质上讲，战略就是要以不同的方式进行竞争——做竞争对手不做（don't do）的事，或者他们做不到（can't do）的事。[4] 这并不意味着公司战略的关键要素必须百分之百的不同，而是必须至少在某些重要方面有所不同。当战略是基于实现下列目标的行动、商业方法和竞争性行动时，它更有可能成功：①以有别于竞争对手的方式来吸引购买者；②所定位的目标市场上强有力的竞争对手并不多。

> **贴士 1-1**
> 战略是选择与对手不同的竞争方式——做竞争对手不做的事情，甚至做他们做不到的事情。

公司的战略提供了方向和指引，包括公司应该做什么和不应该做什么。从战略上来讲，知道不做什么与知道做什么同样重要。在最好的情况下，错误的战略举措会对公司造成干扰以及资源的浪费；在最坏的情况下，错误的战略举措会使公司长期处于生存风险中，并带来意料之外的严重后果。

图 1-1 说明了公司在某一特定业务或行业中可采取的广泛战略类型。关于制定公司战略具体行动的典例，参见专栏 1-1，它描述了苹果公司成功战略的要素。

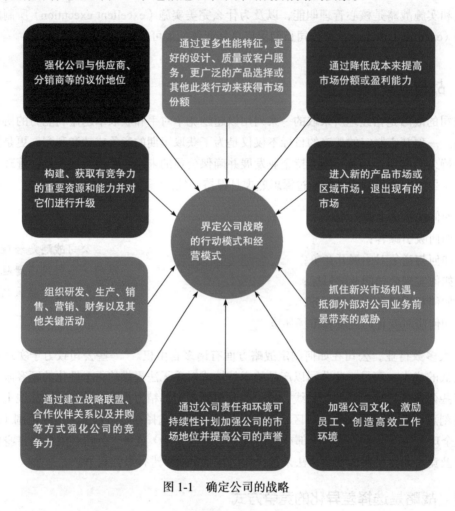

图 1-1   确定公司的战略

 专栏 1-1   苹果公司：成功战略的典范

苹果公司是世界上最赚钱的公司之一，2019 年年收入超过 2 600 亿美元。该公司连续十多年在《财富》杂志的"全球最受赞赏公司"名单上排名第一。鉴于其产品和服务在世界范围内的知名度，以及其卓越的技术创新和设计能力，这并不令人惊讶。苹果成功战略的关键要素包括：

● 设计和开发自己的操作系统、硬件、应用软件和服务。这使得苹果通过创新设计、优良的易用性以及跨平台无缝衔接的产品和问题解决方案为客户带来最佳用户体验。用户能够通过不同的设备使用 iCloud 等服务功能，这激发了用户加入苹果技术生态系统的积极性并成为培育品牌忠诚度的关键。

- 持续进行研发（R&D）投入并频繁推出新产品。苹果一直在研发方面投入巨资，每年的投入超过110亿美元，以确保持续、及时地向市场注入具有竞争力的产品、服务和技术。其成功的产品和服务包括：Mac、iPod、iPhone、iPad、Apple Watch、Apple TV和Apple Music。苹果公司目前正在投资开发苹果电动汽车和苹果太阳能。
- 对其门店进行战略性定位，并为其配备知识渊博的员工。通过运营自己的苹果专卖店并将其建在人流量大的地方，使苹果公司能够更好地为客户提供最佳的购买体验。这些商店的员工深谙硬件和软件集成的价值，并展示其在产品上独特的解决问题的方案。这种高质量的销售和售后支持使苹果能够不断吸引新客户并留住老客户。
- 扩大苹果在国内外的影响力。苹果在24个国家经营着500多家零售店。2019财年，苹果60%的收入来自国际销售。
- 以高价格维持优质品牌形象。虽然计算机行业的价格竞争异常激烈，但苹果通过专注于其独特的价值主张并有意保持溢价来维持竞争优势，进而为其产品建立了声望。
- 通过供应商关系致力于企业社会责任履行和可持续发展。苹果严格的行为准则要求其供应商遵守安全工作条件、公平对待工人和安全生产环境等方面的多项标准。
- 建设基于公开透明的多元化员工队伍。苹果相信多样化的团队使创新成为可能，并致力于在员工队伍中融入广泛的视角。苹果公司每年都会发布数据，显示在不同职能部门中女性、不同种族和民族群体的代表性。

注：与Shawnda Lee Duvigneaud共同开发。
资料来源：苹果10-K，公司网站。

1.1.2 战略和寻求竞争优势

任何战略的核心和灵魂都在于经理人在市场上所采取的相对于对手竞争优势的行动和举措。当一家公司在吸引顾客或应对竞争力方面相比竞争对手更具优势时，我们说其获得了**竞争优势**。竞争优势对于实现更大的市场成功和更高的长期盈利能力至关重要。

获得竞争优势的途径很多，但都涉及两种基本机制之一：要么向顾客提供比其他厂家更高顾客价值的产品或服务（更高的感知价值），要么比竞争对手更高效地生产竞争对手的产品或服务（更低的成本）。提供更高的价值或更有效率地提供价值，不管采用何种方式，总是要求企业实施有别于竞争对手的价值链活动，以及构建那些对手很难做到的能力。在专栏1-1中，很明显，苹果公司通过努力创造了"必备"（must-have）的、令人兴奋的新产品，在技术设备行业取得了超过竞争对手的竞争优势。这些产品设计精美、技术先进、易于使用，并在引人注目的商店中销售，同时这些商店还提供有趣的顾客体验，配有具备专业知识的员工和优质的服务等。通过以这种方式与其他竞争者区分开来，苹果公司能够为其产品收取远高于竞争对手的价格，远远超过其投入品的低成本。通过扩张政策，在几乎任何高质量的商场或城市购物区，顾客都能轻松找到苹果专卖店，从而进一步提升品牌形象并巩固客户忠诚度。像苹果公司所使用的创造性的独特战略能够确保一家公司建立相对于竞争对手的竞争优势。如果战略不具有独特性，那么就不会有竞争优势，因为企业既没有更好地满足顾客需求，也没有比对手运营得更加有效。

核心概念

如果公司能够为顾客提供与竞争对手相比更高的价值或者以更低的成本提供相同的价值，那么这家公司就获得了**竞争优势**。如果竞争对手尽最大努力匹配或超越时这一优势仍然存在，那么这一优势就是**可持续的**。

如果一家公司的竞争优势是可持续的（而不仅仅是暂时的），就会对公司的战略和未来盈利能力非常有利。使竞争优势成为**可持续的**（或持久的）而非暂时的，是让顾客有持续的理由来购买本公司而非竞争者的产品或服务的战略要素，是竞争对手尽管尽了最大努力仍无法消除、复制或克服的原因。在苹果公司的例子中，公司无与伦比的知名度，技术卓越的声誉，精美的设计，"必备"的产品，专业知识渊博的员工以及引人入胜的、顾客友好型的商店，使竞争对手很难弱化或削减苹果公司的竞争优势。苹果公司的战略不仅使其获得了可持续性的竞争优势，同时使它成为全球最受人尊敬的公司之一。

能使公司区别于竞争对手，建立强烈的顾客忠诚度并获取竞争优势的战略方法有很多，以下五种最常用，也最可靠。

（1）低成本战略：获得相对于竞争对手的成本优势。沃尔玛和西南航空公司就凭借相对于竞争对手的低成本优势在各自行业赢得了强大的市场地位。当对手发现难以匹敌低成本领先者获得更低成本的方法时，低成本战略就能够为企业带来持久的竞争优势。

（2）差异化战略：以吸引较为广泛的顾客的方式来寻求公司产品或服务相对于竞争对手的差异化。实施差异化战略成功的企业包括苹果公司（创新的产品）、强生公司（产品可靠性）、劳力士（奢华与尊贵）、宝马公司（工程设计和性能）。维持这种竞争优势的方式之一是要做到足够与众不同，以阻止聪明的竞争对手对公司产品进行复制或逼真的模仿。

（3）聚焦低成本战略：聚焦于一个狭窄的买方市场（或利基市场），取得更低的成本，进而能够以较低的价格为利基市场上的顾客服务，从而击败竞争对手。食品、保健产品以及营养补充品等商品的自有品牌制造商通常会利用其低成本优势，为超市购物的顾客提供比品牌产品更低的价格。宜家重视组合家具，组装的便捷性使其成为家具市场上一家聚焦低成本的企业。

（4）聚焦差异化战略：聚焦于一个狭窄的买方市场（或利基市场），为顾客提供定制化属性的产品或服务，以比竞争对手更好地满足顾客的专业化需求与喜好。例如，露露乐蒙（Lululemon）运动服装公司专注于提供高品质的瑜伽服，吸引了一批忠实的买家。电动汽车行业的特斯拉公司（Tesla, Inc.）、专注于社交网络业务和就业的领英（LinkedIn），以及专营西班牙特产食品的戈雅食品（Goya Foods），也是实施这一战略的例子。

（5）最优成本战略：通过满足顾客对关键质量特性、产品属性和服务属性的期望，同时超出他们的价格预期，从而为顾客提供超出其价格水平的更高的价值。这种方法将低成本战略和差异化战略结合起来，其目的是降低成本，同时提供拥有更好的差异化属性的产品或服务。折扣零售公司塔吉特（Target）公司是一个典型例子，该公司以其时尚的产品设计而闻名［该公司的产品主要是由吴季刚（Jason Wu）、罗达特（Rodarte）、维多利亚·贝克汉姆（Victoria Beckham）等设计师设计出的限量版产品，由此而闻名］，并为折扣商店购物者提供更有吸引力的购物环境。同时，关注低成本和差异化为我们展示了最优成本战略是如何为客户提供远超其支付价格的价值的。

要通过这五种战略获得优于对手的可持续竞争优势，企业既需要构筑有竞争价值的、竞争对手难以匹敌的专业技术和能力，也需要提供独特的产品。聪明的竞争对手总是能够对受市场欢迎的产品或服务进行模仿，但其要获得别的公司已经开发了一段时间并日益完善的经验、技术秘诀和专业能力，这非常困难且要花费相当长的时间。例如，斯沃琪（Swatch）手表的成功得益于令人惊叹的设计、营销和工程能力；苹果在电子音乐播放器、智能手机、电子阅读器上展现了令人印象深刻的产品创新能力；韩国现代（Hyundai）因其先进的制造流程和独一无二的质量控制体系成为全世界发展最快的汽车制造商。所有这些能力都使得竞争对手难以模仿或超越。

1.1.3 公司战略不断演变的原因

战略之所以要产生可持续性的竞争优势，其魅力在于它为公司提供了超越竞争对手的持久而并非暂时的优势。但可持续性是一个相对的概念，有些优势比其他优势持续时间更长。无论竞争优势在某一特定时间点上看起来有多么可持续，情况都会发生变化。市场环境的急剧变化或颠覆性创新发生时，再巨大的竞争优势也可能会荡然无存。因而，为了应对市场环境的不断变化、科学技术的进步、竞争对手的意外举动、顾客需求的变化、新兴市场的机遇，随着战略改进的新想法不断出现，每家公司的管理者都必须时刻准备着对公司的战略进行调整。在大多数情况下，管理层会根据事件的发展情况对战略进行调整，因此，公司战略是逐步演变的。[5] 然而，当出现类似战略明显失败或者行业状况发生巨大变化的状况时，公司有时就需要做出重大战略的转变。身处高速变化的行业环境中的企业需要反复对其战略进行调整。[6] 举例来说，如果公司所处行业的技术发展迅速，如3D打印、页岩气开采和基因工程等行业，则公司必须在一年内多次对公司战略的关键因素进行调整。当技术变化剧烈到足以"颠覆"整个行业，取代市场领导者并改变市场边界时，公司有时甚至需要"重新设计"它们为顾客提供价值的方式。

> **贴士 1-2**
>
> 环境的不断变化，以及管理层为改善战略所做的持续努力，使得公司战略会随着时间的推移而演变，这使制定战略成为一项持续进行的工作，而不是一次性的工作。

不管公司的战略演变是渐近式的还是激进式的，战略的制定从来不是一劳永逸的，而是需要不断调整的，这是非常重要的。战略制定过程包括适应新环境，并不断开展评估，确定哪些部分是做得好的、可以继续实施的，哪些部分需要改进，这些是战略制定的常规构成部分，由此，战略得以不断演变。[7]

1.1.4 战略既是主动行动，又是顺势而为

公司战略所具有的不断演变这一本质属性意味着一个传统的公司战略是以下两个方面的混合体：①主动地（proactive）制订行动计划，以提高公司的财务业绩，保持公司的竞争优势；②被动地（reactive）应对意料之外的状况和全新的市场环境。公司当前实施的绝大多数战略，要么是公司之前所制订的行动计划，后来在市场上得到了验证，要么是所制定的新举措，意在建立超越对手的领先地位，以及为了进一步提升企业财务业绩。管理层所制定的与公司运营相关的行动计划称为**深思熟虑的战略**（deliberate strategy），由主动战略要素（proactive strategy elements）构成，即那些事先计划并按照计划实现了的战略（还有些战略，虽然也是经过事先计划的，但由于种种原因没能成功，并最终被放弃），如图1-2所示。[8]

> **核心概念**
> **公司深思熟虑的战略**
> 由经过计划的主动性战略构成；其应急性战略包括随着环境变化所涌现的反应性战略。

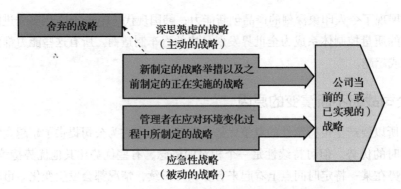

图 1-2　公司战略是主动计划和被动适应的混合体

但是，管理者必须始终愿意在出现未预料到的状况时进行必要的反应，对事先制订的战略计划进行修改或补充。但不可避免的是，市场和竞争条件会出现意想不到的转变，这时就需要做出一些战略反应。因此，公司战略的一部分总是根据变化制定的，以此来应对竞争对手发起的新的竞争行为，顾客需求的意外变化，技术发展的快速变化，新出现的市场机会，政治环境、经济环境的变化或周围环境中其他意料之外的事件。这些适应性战略调整构成了公司的**应急性战略**（emergent strategy）。因此，公司整个的战略（实现了的战略）往往是主动战略和被动战略的组合，其中有些战略因为已经过时或无效而被舍弃。一家公司实现了的战略可以在其行动模式中被观察到，这比其任何纸面战略或任何有关其战略的公开声明都具有更好的指示作用。

> **贴士 1-3**
>
> 公司战略的制定既要基于管理者的分析和选择，也要根据环境变化进行调整。

1.1.5　战略与伦理：经受得住道德审查

在选择战略备选方案时，公司经理最好采取能够经受得住道德审查的行动。仅仅将公司的战略行动限制在合法的范围内并不意味着该战略是合乎道德的。伦理和道德标准不完全受法律约束。相反，它们涉及"对"与"错"的问题，以及一个人应该做什么的责任问题。只有当一项战略不涉及从"可以做"到"不应该做"的跨越道德界限的行为时，它才是合乎道德的。例如，一家公司的战略涉及欺骗、不公平、对他人有害、有声名狼藉的行动和行为、不合理地破坏环境，那么该战略就肯定越界跨入了"不应该做"的区域。在下列情况下，公司的战略行动越界跨入"不应该做"区域，可能被视为不道德行为：①对公司产生不良影响；②对股东、客户、员工、供应商、企业经营所在社区、整个社会的合法利益和福祉产生不利影响；③它们引起公众对不适当或"不负责任"的行为、做法或结果的强烈抗议。

诚然，将某一特定战略行为归类为道德行为或者不道德行为并不总是那么容易。许多战略行动都处于灰色地带，可以被视为合乎道德，也可以被视为不合乎道德，这取决于对符合道德行为的标准的设定程度。例如，酒类产品的广告商在拥有高达 50% 未成年观众的媒体上投放广告是否合乎道德？公司雇用可能在童年就被带到美国的无证工人是否合乎道德？耐克、安德玛（Under Armor）和其他运动服装制造商向大学体育系支付大笔款项，以吸引大学运动队使用其品牌产品，这是否合乎道德？制药商在一些国家对救命药的定价高于其他国家，这是否合乎道德？一家公司无视其在特定国家的经营活动而对该国环境造成损害，即使它们符合该国的现行环境法规，这是否合乎道德？

具有强烈道德信念的高级管理人员通常积极主动地将战略行动与道德联系起来；他们不追求道德上有问题的商业机会，并坚持公司战略的所有方面都符合高道德标准。他们明确要求所有公司人员都要正直行事，并实施组织制衡，以监控组织行为、执行道德行为准则，并就任何灰色地带向员工提供指导。他们对实施符合道德的商业行为的承诺是真实的，而不是虚伪的口头承诺。

不道德的策略和行为可能造成的声誉和财务损失是巨大的。当一家公司因为某些人被指控有不当行为、不道德行为、财务造假或犯罪行为而成为公众关注的焦点时，其收入和股价通常会受到沉重打击。许多客户和供应商不愿与从事卑鄙行为或对员工的非法或不道德行为视而不见的公司做生意。警觉的客户会排斥企业不道德的策略或行为，将业务转到其他企业，警惕的供应商则谨慎行事。此外，有品格和正直的员工不想为一家战略有问题或高管德行有劣迹和缺乏诚信的公司工作。因此，公司有充分的商业理由避免使用不道德的战略要素。此外，不符合道德或不符合伦理的行为是完全错误的。

> **贴士 1-4**
>
> 战略不能仅仅因为涉及合法的行为就被视为道德的。为了达到道德标准，战略必须包括能够通过道德审查的行动和行为，即不欺骗、公平或不对他人有害、不有损他人名誉或不合理地破坏环境。

1.2 公司战略与商业模式

公司战略的核心就是公司的**商业模式**（business model）。商业模式是管理层关于如何向顾客提供有价值的产品或服务的蓝图，从而使公司足以覆盖成本并创造可观的利润。[9]商业模式有两个要素：顾客价值主张和盈利模式。顾客价值主张展示了公司设定一个让顾客感觉物有所值的价格水平来满足顾客需求。盈利模式描述的是，在确定了与顾客价值主张相关的定价的情况下，公司如何确定成本结构，以获得可接受的利润。图 1-3 是价值－价格－成本框架，展示了商业模式的要素。[10]如框架所示，顾客的价值主张可以用 V-P（价值－价格）表示，这基本上可以视为顾客在付出一定价格后所感知到的价值。每个单位的利润公式可以表示为 P-C（价格－

> **核心概念**
>
> 公司的**商业模式**说明了公司战略是如何为客户创造价值，同时又能创造足够的收入来弥补成本并实现盈利的。

成本）。简单地说，从顾客的角度来看，公司交付的价值（V）越大，且价格（P）越低，公司的价值主张就越具有吸引力。另外，在顾客价值主张（V-P）一定的情况下，成本（C）越低，该公司的商业模式盈利能力也就越强。因此，盈利模式揭示了公司是如何有效地满足客户需求并且实现顾客价值主张的。商业模式的根本问题在于它是否能够有利可图地实施其顾客价值主张。这是因为公司管理者制定了用以进行业务竞争和运营的

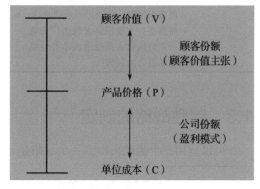

图 1-3　商业模式与价值－价格－成本框架

战略并不意味着该战略可以为公司带来盈利——可能盈利，也可能不盈利。

飞机发动机制造商劳斯莱斯（Rolls-Royce）采用创新的"按小时计费"这一商业模式，根据实际飞行时数向航空公司收取发动机租赁使用费、保养和维修费。该公司保留了发动机的所有权，并通过使用先进的传感器来优化发动机的维护和维修，从而将发动机的维护成本降到最低。吉列（Gillette）剃须刀刀片业务的商业模式是以低廉的价格出售"主产品"——剃须刀，然后通过使顾客重复购买刀片来盈利，这些刀片生产成本低廉，但可以以较高的利润率来销售。[⊖]惠普（Hewlett Packard）、佳能（Canon）和爱普生（Epson）等打印机制造商采用与吉列公司相同的商业模式——以低价格（几乎是盈亏平衡）出售打印机，并在用户重复购买墨盒和其他打印机耗材的过程中赚取高额利润。麦当劳（McDonald）首创了快餐业的商业模式——在干净、便捷的地点提供经济快捷的服务，从而为顾客提供价值。其盈利模式包括标准化的、经济实用的店铺设计，严格的原料规格，详细的操作程序，对人力资源培训的大量投入，高度依赖广告和店内促销，以实现销售。专栏 1-2 描述了无线电广播中的三种对比鲜明的商业模式。

专栏 1-2　潘多拉、天狼星和 OTA 电台广播：三种对比鲜明的商业模式

	潘多拉（Pandora）	天狼星（Sirius XM）	OTA（Over-the-Air）
顾客价值主张	• 通过免费的互联网广播服务，允许个人电脑、平板电脑和智能手机用户创建多达 100 个个性化音乐和喜剧电台 • 利用算法，根据用户的音乐偏好预测生成播放列表 • 节目只插播少量简短广告，取消了 Pandora One 订阅者的广告	• 针对交纳月租费的听众，提供卫星支持的电子音乐、新闻、体育、全国和当地天气预报、部分地区的交通报告、谈话广播节目 • 为用户提供流媒体互联网频道，以及为在线和移动收听用户提供个性化的免费商业电台 • 节目只插播少量简短的广告	• 提供免费音乐、全国和地方新闻、当地交通报告、全国和当地天气预报、谈话广播节目 • 节目中穿插大量广告
盈利模式	• 收入来源：针对不同顾客群体，向当地和全国商家出售展示广告、音频广告和视频广告；Pandora One 的无广告选项中产生的订阅收入 • 成本结构：计算机、平板电脑和智能手机软件开发相关的固定成本 • 与运营数据中心相关的固定和可变成本，以支持流式传输网络、内容版权费、营销等一系列活动 • 利润率：主要依靠大量的广告收入和订阅收入来抵消成本并创造有吸引力的利润	• 收入来源：每月订阅费、卫星无线设备销售额以及广告收入 • 成本结构：提供卫星支持的音乐传送服务和流式传输网络服务相关的固定成本 • 节目制作和内容版权费、营销和支持性活动相关的固定成本和可变成本 • 利润率：主要依靠吸引大量的订阅者，以抵消成本并创造有吸引力的利润	• 收入来源：针对全国和当地公司的广告收入 • 成本结构：与地面广播业务相关的固定成本 • 与本地新闻报道、广告销售业务、网络会员费、节目制作和内容版权费、商业生产活动以及支持性活动相关的固定成本和可变成本。 • 利润率：主要依靠足够的广告收入，来抵消成本并创造有吸引力的利润

1.3　制胜战略的制定

可以运用三个测试来检验一个战略是不是制胜战略（winning strategy）。

⊖ 吉列在刀片业务领域的商业模式可以简称为"刀架 + 刀片"模式，以较低的价格销售主产品，通过易耗品的高盈利性来赚取利润。——译者注

（1）**匹配性测试**（fit test）：战略在多大程度上与公司环境相匹配？一个战略若想取得成功，必须和行业环境、竞争环境、公司的最佳市场机会以及公司运营环境的其他相关方面相匹配。只有与当前的市场状况具有良好的外部匹配性，公司战略才能很好地发挥作用。同时，制胜战略必须根据公司的资源和竞争能力量身定做，并得到公司一系列互补的职能活动（比如公司的供应链管理、运营、销售和营销等活动）的支持。也就是说，它还必须表现出内部匹配性，与公司战略实施能力相一致。战略如果不能很好地与公司内外部的整体环境相匹配，将导致该战略的实施结果不佳或难以成功。制胜战略也体现了动态匹配性，它随着时间的推移而不断演变，即使外部和内部环境发生变化，也能与公司环境高度一致。[11]

贴士 1-5

要通过匹配性测试，战略必须展现三个维度的匹配性：

（1）外部匹配性；

（2）内部匹配性；

（3）动态匹配性。

（2）**竞争优势测试**（competitive advantage test）：战略是否有助于公司获得可持续的竞争优势？竞争优势能否持续？若一项战略未能使公司取得相对于竞争对手的持久性竞争优势，那么它也不太可能使公司产生卓越的业绩。而且，除非竞争优势是可持续的，否则卓越的绩效不可能一直持续下去。制胜战略能够使公司获得相对于主要竞争对手更加可持续性的竞争优势。竞争优势越大、越持久，它所发挥的作用越大。

（3）**绩效测试**（performance test）：战略是否能够带来卓越的公司绩效？制胜战略代表着良好的公司绩效，有两种绩效指标能说明公司战略的水平：①竞争优势和市场地位；②盈利能力和财务实力。高于平均水平的财务业绩或市场份额、竞争地位或盈利能力是制胜战略的特征。制胜战略通常意味着高于行业平均水平的财务业绩、市场份额、竞争地位或盈利能力。

与通过所有三项测试的战略相比，在上述一项或多项测试中表现不佳的现有或拟定战略显然不太可取。那些不能与公司内外部环境相匹配的新战略应该在实施前就被舍弃，而公司应该定期对现有的战略进行审查，以确保它具有良好的匹配性，能够为公司带来竞争优势及高于行业平均水平的绩效。另外，如果公司战略未能通过三项测试中的一项及一项以上，则管理层应立即对现有战略进行变革。

1.4　战略制定与战略实施的重要性

制定和实施战略是管理者面临的首要任务。首先，一个清晰且合理的战略是管理层对公司如何开展业务开出的"处方"，是获取竞争优势的路线图，是吸引顾客的行动计划，更是提升公司绩效的准则。高绩效的企业在战略制定方面几乎都具有敏锐性、创造性与前瞻性。而如果公司的战略存在问题，只是模仿其他企业的战略，或者缺乏对战略进行更大胆的尝试，那么公司是无法达到行业领先水平并保持下去的。只有极少数公司因为运气好或碰巧在正确的时机开发了正确的产品进入正确的市场而获得成功。即便如此，公司随后还是需要制定战略来充分利用它们的运气，确定哪些部分应被保留而哪些部分应被舍弃，否则这种成功将是稍纵即逝的。所以，毫无疑问的是，战略制定过程真的很重要。

其次，战略制定得再精妙，如果不能有效地实施，也不会达到其预想效果。如果公司想要在长期内取得成功，那么制定和实施战略的过程就必须齐头并进。一家成功公司的首席执行官说得好：

基本上，我们的竞争对手都熟悉我们采用的一些基本理念、技巧和方法，他们可以像我们一样自由地追求这些。通常情况下，他们和我们成功水平的不同在于制定和实施应对未来的战略的相对彻底性和自律性。

优秀的战略＋有效的战略实施＝卓越的管理

因此，制定和实施战略是管理的核心任务。在管理者所做的所有事情中，管理层在下列事项上的表现将更能从根本上影响公司的最终成败：确定公司未来发展方向，制定有效竞争的战略举措，以及完善公司内部需要做的事情，以实现良好的日常战略执行和卓越运营。事实上，优秀的战略加上有效的战略实施是卓越管理最有说服力和最值得信赖的标志。因此，使用优秀的战略制定和有效的战略实施这个双重标准来判断一家公司的管理是否良好的理由是非常充分的：公司制定的战略越好，实施得越有效，公司就越可能成为市场中的佼佼者。相反，公司如果缺乏清晰的方向，战略存在缺陷，或者不能有效地贯彻战略，这家公司的财务表现就可能不佳，会面临长期的风险并缺乏有效管理。

1.5 展望

贯穿于本书后续章节及案例部分最核心的，是运营一家企业的首要问题：要使公司成为市场赢家，管理者必须做且做好的事情是什么？而这个问题的答案就是：要做好管理工作，天生就需要良好的战略思维能力，以及对战略制定和战略实施过程进行有效管理。

本书的宗旨是为商科学生和管理者提供他们需要了解的关于战略制定和战略实施的总体概况。我们将探讨好的战略思维意味着什么，描述战略分析的核心概念和工具，并考察战略制定和实施的细节。随附的案例有助于读者培养以下能力：判定战略制定和战略实施任务完成情况，以及就存在问题的战略采取行动或对其现已实施情况提出改进方案。你所参加的战略管理课程可能也包含战略模拟练习，该练习中你将运营自己的公司并与同学运营的公司进行竞争。通过后面章节中关于战略管理概念的学习和理解，将使得你能够很好地为你的公司制定一个制胜战略，并确定如何以经济实用和有利可图的方式实施该战略。随着章节内容的学习、课程作业的完成，我们希望读者明白制定和实施战略的能力对于卓越的管理至关重要。

你在阅读本书内容并完成本书所附的活动时，可以思考一下散文家兼诗人拉尔夫·沃尔多·爱默生（Ralph Waldo Emerson）的观点："商业是一种许多人都能玩的靠技能的游戏，但很少有人能玩得很好。"如果你的努力能帮助你成为一个精明的玩家，并更能辅助你在商业上获得成功，那么你在这里花费时间和精力就是值得的。

> **贴士 1-6**
>
> 一家公司表现的优异程度直接取决于其战略的制定水平和战略实施的熟练程度。

◘ 本章要点

1. 一家公司的战略是其管理者为了超越竞争对手并实现卓越的盈利能力而采取的一系列协调一致的行动。

2. 公司战略的成功取决于与竞争对手进行不同的竞争，并获得竞争优势。

3. 与竞争对手相比，如果公司为顾客提供的价值更高，或者更有效率地生产其产品并提供服务，那么公司就获得了竞争优势。如果在竞争对手尽最大努力去达到或超越这一优势的情况下，该优势依然存在，那么该优势就是可持续的。

4. 公司战略通常会随着时间而演变，融合了：①一些公司管理者主动提升战略的积极行动计划；②应对意料之外的突发状况和新的市场状况而做出的应急性反应。

5. 公司的商业模式说明了公司战略是如何为客户创造价值，同时又能创造足够的收入来弥补成本并实现盈利的。因此，它包括两个关键要素：①顾客价值主张——满足顾客需求的计划，使得顾客在某一特定价格水平下感受到高价值；②盈利模式——成本结构计划，使得公司能够在有利可图的情况下传递顾客价值主张。这些要素体现在价值－价格－成本框架中。

6. 一个制胜战略需要通过三项测试：①匹配性测试（外部匹配性、内部匹配性、动态匹配性）；②竞争优势测试（持久的竞争优势）；③绩效测试（卓越的财务和市场表现）。

7. 道德策略必须包含能够通过道德审查测试的行动和行为，即不欺骗、公平或不对他人有害、不损害他人名誉以及不对环境造成不合理的破坏。

8. 制定和实施战略是管理的核心职能。公司的绩效表现以及市场成功程度取决于其战略制定的水平和战略实施的熟练程度。

▣ 巩固练习

1. 根据你对苹果公司现有产品和服务的消费经历，苹果公司的战略（如专栏 1-1 所述）与竞争对手区分开来了吗？这种战略是基于成本优势、差异化特征或服务于利基市场的独特需求，还是这些要素的组合？苹果公司的战略能带来可持续性的竞争优势吗？

2. 自 1994 年成立以来，亚马逊的战略要素一直在以有意义的方式演变。在回顾公司的历史和该公司的投资者关系网站（ir.aboutamazon.com）上的所有链接之后，准备一份一到两页的报告，讨论其战略是如何演变的。你的报告也应该评估亚马逊的战略是如何通过制胜战略的三项测试的。

3. 登录 investor.siriusxm.com 网站，查阅 Sirius XM 最近的财务报告以此来判断其商业模式是否依然有效。它的订阅费用是增加还是减少了？它的收入来源是怎样的？广告收入和销售设备收入是增长的还是下降的？它的成本结构是否能够带来可接受的利润率？

▣ 模拟练习

不同规模企业的管理者在制定战略时都必须考虑以下三个问题：

- 我们当前的处境如何？
- 我们从这里想要去往哪里？
- 我们将如何到达那里？

当你将这个学期开展的战略模拟练习的参赛指南或阅读手册读完，并开始决策之前，你和你的团队成员需要用非常简洁的一两段文字来回答以上三个问题。对以下这六个问题中第一个问题的回答可以从参赛指南或阅读手册中得到启发，剩下的问题需要你和你的团队成员共同讨论，以决定你们将如何运营这家虚拟的公司。

1. 在本课程的商业模拟中，贵公司的战略应包括选择哪些类型的问题？

2. 我们公司当前的处境如何？应从以下几个方面考虑这个问题：

- 你的公司财务状况良好吗？
- 你的公司目前面临哪些需要解决的问题？

3. 为什么你的公司对客户很重要？对这个问题的完整回答应该包括以下几点：

- 你将如何为你的公司设定目标或愿景？
- 你们将如何创造客户价值？
- 公司的产品或服务有哪些独特之处？

- 如何部署力量和资源以实现客户价值？
4. 贵公司商业模式的主要要素是什么？
    - 描述公司的顾客价值主张。
    - 讨论与公司的商业模式相关的盈利模式。
    - 贵公司的商业模式要想由亏转盈，需要多少收入？
5. 你们将如何建立和保持竞争优势？
    - 你认为本章讨论的基本战略和竞争方法

中，哪一种最有意义？
    - 与竞争对手相比，你将努力实现什么样的竞争优势？
    - 当你对竞争对手的竞争行为做出反应时，你设想你的战略可能会发生哪些变化？
    - 你的战略是否有能力通过制胜战略的三项测试？请解释。
6. 为什么战略实施对公司的成功很重要？

◻ 尾注

[1] B. R, "Strategy," *The Economist,* October 19, 2012, www.economist.com/blogs/schumpeter/2012/10/z-business-quotations-1 (accessed January 4, 2014).

[2] Jan Rivkin, "An Alternative Approach to Making Strategic Choices," Harvard Business School case 9-702-433, 2001.

[3] Michael E. Porter, "What Is Strategy?" *Harvard Business Review* 74, no. 6 (November–December 1996), pp. 65–67.

[4] Ibid.

[5] Eric T. Anderson and Duncan Simester, "A Step-by-Step Guide to Smart Business Experiments," *Harvard Business Review* 89, no. 3 (March 2011).

[6] Shona L. Brown and Kathleen M. Eisenhardt, *Competing on the Edge: Strategy as Structured Chaos* (Boston, MA: Harvard Business School Press, 1998).

[7] Cynthia A. Montgomery, "Putting Leadership Back into Strategy," *Harvard Business Review* 86, no. 1 (January 2008).

[8] Henry Mintzberg and J. A. Waters, "Of Strategies, Deliberate and Emergent," *Strategic Management Journal* 6 (1985); Costas Markides, "Strategy as Balance: From 'Either-Or' to 'And,'" *Business Strategy Review* 12, no. 3 (September 2001).

[9] Mark W. Johnson, Clayton M. Christensen, and Henning Kagermann, "Reinventing Your Business Model," *Harvard Business Review* 86, no. 12 (December 2008); Joan Magretta, "Why Business Models Matter," *Harvard Business Review* 80, no. 5 (May 2002).

[10] A. Brandenburger and H. Stuart, "Value-Based Strategy," *Journal of Economics and Management Strategy* 5 (1996), pp. 5–24; D. Hoopes, T. Madsen, and G. Walker, "Guest Editors' Introduction to the Special Issue: Why Is There a Resource-Based View? Toward a Theory of Competitive Heterogeneity," *Strategic Management Journal* 24 (2003), pp. 889–992; M. Peteraf and J. Barney, "Unravelling the Resource-Based Tangle," *Managerial and Decision Economics* 24 (2003), pp. 309–323.

[11] Rivkin, "An Alternative Approach to Making Strategic Choices."

第 2 章

确定公司方向：愿景、使命、目标与战略

:: 学习目标

通过本章的学习，你将能够：

1. 理解为什么公司管理者对企业发展方向有一个清晰的战略愿景是至关重要的。
2. 解释设定战略性目标和财务性目标的重要性。
3. 解释为什么各个层级的战略举措密切保持一致。
4. 识别为实现卓越运营和熟练执行战略公司必须要做的事情。
5. 理解公司董事会在监督战略管理流程方面的作用和责任。

好的战略始于正确的目标。

——迈克尔·波特，教授、顾问

目标必须经过深思熟虑，然后去实现。

——克莱顿·克里斯坦森（Clayton Christensen），
教授、顾问

没有战略的愿景只是空想。

——李·鲍曼（Lee Bolman），作家、领导力顾问

　　制定和实施战略是管理一家企业的核心和灵魂。但熟练地制定和实施战略具体都包含哪些内容呢？公司的战略方针和长期发展方向都包含哪些内容？需要做分析吗？公司是否需要一个战略计划？战略制定、战略实施过程的各个组成部分是什么？除了高管人员之外，公司的员工在多大程度上参与了战略的制定和实施过程？

　　本章概述了战略制定和实施的详细情况。重点是管理层在确定方向方面的职责——制定战略方针，设定业绩目标，并选择能够达到预期效果的战略。本章也将解释战略制定为什么是公司整个管理团队的任务，以及不同层级的管理者应该做出怎样的战略决策。本章最后考察了公司董事会在战略制定和战略实施中的作用和职责，以及良好的公司治理如何保护股东利益和促进良好的管理。

2.1　战略制定和战略实施的内容

战略的制定和实施是一个持续的过程，由五个相互联系的阶段构成：

（1）制定描绘公司长期发展方向的战略愿景、描述公司宗旨的使命陈述，以及指引公司追求该愿景和使命的一套核心价值观；

（2）设定目标来衡量公司的业绩，并追踪公司长期发展的实现进度；

（3）制定战略以使公司按管理层绘制的蓝图前行并实现绩效目标；

（4）高效地实施所选定的公司战略；

（5）根据实际情况、环境的变化、新想法和新机会，对公司的战略愿景和使命陈述、目标、战略或战略实施方式，进行进度监控、绩效评估并实施纠偏行动。

图 2-1 展示了以上战略制定与战略实施过程的五个阶段，接下来我们将进行详细介绍。战略管理过程的前三个阶段涉及战略计划的制订。**战略计划**（strategic plan）指明了公司的发展方向，给出了战略性和财务性目标，列出了用以实现预期经营成果的基本商业模式、竞争性行为和方法。[1] 这部分内容将在本章第三阶段的总结中进行详细说明。

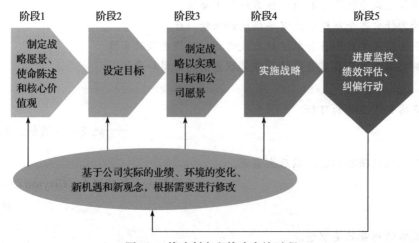

图 2-1　战略制定和战略实施过程

五阶段过程模型指出了管理层在确定战略方向、合适的目标，制定和实施战略的方法时评估企业内外部因素的必要性（见表 2-1）。在战略管理过程中，管理层做出的决策必须根据当前的经济状况、竞争环境以及公司自身的内部资源和竞争能力来确定。这些制定战略时所要考虑的因素将是第 3 章和第 4 章的重点。

表 2-1　战略制定和战略实施过程中考虑的重要因素

外部因素

坚持当前的战略路线是否为公司的增长和盈利提供了有吸引力的机会

行业成员面临怎样的竞争力量，他们的行为是增强还是削弱了公司的增长和盈利前景

驱动行业变革的因素有哪些，对公司前景会有什么影响

行业内对手各自是如何定位的，下一步可能会有什么战略动作

未来竞争成功的关键因素是什么，该行业能否为拥有这些能力的公司提供获取利润的良好前景

（续）

内部因素

公司的顾客价值主张是否有吸引力

公司具有哪些有竞争力的重要资源和能力，它们是否能够产生可持续的竞争优势

公司是否有足够的业务和竞争优势来抓住市场机会和应对外部威胁

与主要竞争对手相比，公司是否有成本优势

与主要竞争对手相比，公司的竞争力是强还是弱

图 2-1 所示的模型还说明了管理层持续评估公司业绩的必要性。公司如若出现未能实现目标的任何迹象，都需要在流程中的前四个阶段之一进行纠正性调整。可能是因为公司的执行力度不够，因此必须设计新的策略以充分发挥公司战略的潜力。如果管理层认为公司的执行力度是足够的，就应该挑战公司商业模式和战略的基本假设，并做出改变，以更好地适应竞争状况和公司的内部能力。如果公司的竞争战略方法是合理的，那么管理层可能设定了过高的绩效目标。

图 2-1 所示的战略管理过程的评估阶段也考虑到了公司愿景的变化，但是只有当管理层发现行业发生了重大变化以至于愿景过时时，这才是必要的。这种情况可以称为**战略拐点**（strategic inflection point）。当一家公司到达战略拐点时，管理层对于公司的发展方向面临着艰难的选择，因为放弃一个既定战略有相当大的风险。然而，及时地应对市场变化会降低公司陷入停滞或衰退的可能性，也会避免错失新的增长机会。

> **核心概念**
> **战略拐点**是指行业变化要求管理者考虑改变公司的战略愿景的时刻。

2.2　阶段 1：制定战略愿景、使命陈述和核心价值观

在战略制定过程的最初阶段，公司高管必须努力解决公司发展方向的问题。通过改变所提供的产品、所进入的市场或者所服务的顾客可以使公司发展前景变得更好吗？公司当前的战略路径是否提供了有吸引力的发展和盈利机会，公司的战略和长期发展方向是否需要做出一些改变？管理者需要在这些问题上认真思考，方能做出有利于公司发展方向的决策。

2.2.1　制定战略愿景

高层管理者对公司长期发展方向和最佳"产品－市场－顾客"业务组合的看法构成了公司的**战略愿景**。战略愿景描绘了管理者对于公司未来的抱负，提供了"我们要去哪里"的全貌，并很好地解释了为什么这样做有利于企业发展。由此，战略愿景为公司指明了特定的方向，描绘了公司未来发展的战略蓝图，提出了未来行动的方针，塑造了组织认同。一个表达清晰的战略愿景能够将管理层的抱负准确地传递给利益相关者（顾客、员工、股东、供应商等），并且激发公司员工齐心协力地工作。谷歌的联合创始人拉里·佩奇（Larry Page）和谢尔盖·布林（Sergey Brin）的愿景"整合全

> **核心概念**
> **战略愿景**描绘了管理者对公司未来的抱负，以及实现这些愿望的过程和方向。

球信息，使人人都能访问并从中受益"，就是一个很好的例子。作为公司的指路明灯，愿景符合利益相关者和广大公众的期望，为公司的战略行动奠定了基础，有助于公司资源的调配。

精心构思的战略愿景对特定组织而言是独特而鲜明的。好的战略愿景需要避免宽泛笼统的、自我感觉良好的陈述，例如，"我们将在所服务的每个市场上争做全球领导者以及顾客的首选。[2] 同样，有些愿景体现了管理层对"成为市场领导者""最具创新精神"或"被公认为业内最好的公司"的追求，但这样的愿景陈述对于公司的长期发展方向或管理层正在将公司打造成为何种类型的公司，并没有任何指导意义。

令人吃惊的是，大多数公司在网站和年报上所公布的愿景陈述是模糊不清的，很少提及公司未来的方向。有些愿景陈述适用于任何公司、任何行业。很多愿景读起来就像公共关系陈述——对于公司来说，有一个官方的愿景陈述是很时髦的事，于是就有人提出了那些冠冕堂皇的句子。[3] 例如，希尔顿酒店的愿景是"让世界充满阳光，让大家都受到温暖的款待"，这简直令人难以置信。愿景陈述给组织提供了一种管理工具，其实际目的是明确组织方向。作为一种有价值的管理工具，战略愿景必须能够传达出高管对公司未来的期望，为各层次的管理者制定战略决策和备战未来提供参考。它必须明确说明公司的领导人应该如何对公司进行定位，以突破现状。表 2-2 展示了一些陈述战略愿景时应该有和不应该有的措辞。专栏 2-1 对几家知名公司的战略愿景进行了评析。

表 2-2　愿景陈述措辞——注意事项

应该有	不应该有
形象化。描述公司的发展方向，以及公司想要达到的市场地位	**不要含糊和不完整**。公司的发展方向和未来计划要具体、完整
前瞻性和方向性。描述有助于公司为未来做准备的战略方针	**不要详述现在**。愿景不是公司过去和现在做了什么，而是关于"我们要去哪里"
突出重点。重点是为管理者在进行决策和资源配置时提供指导	**不要使用过于宽泛的语言**。必须避免那种让公司追求所有机遇的包罗一切的语言
留有余地。对一些方向性的设定应该在叙述上保持灵活性，以根据"市场–顾客–技术"条件的变化而进行调整	**不要使用平淡和乏味的陈述**。最好的愿景陈述应该能够鼓舞公司员工的士气，并且让股东对公司未来充满信心
确保路径的可行性。所设定的路径和方向应该在公司能够实现的范围内。而且随着时间推移，公司在实现愿景的过程中应该能展示出明显进步	**不要太笼统**。一份适用于任何行业（或者同一行业的任意公司）的愿景陈述无法提供任何指导
说明为什么发展方向具备良好的商业价值。发展方向应该符合利益相关者（特别是股东、员工和供应商）的长期利益	**不要依赖最高级**。那些声称是"最好的"或"最成功的"战略愿景通常缺乏可行性
使之令人难忘。一个清晰的愿景是简洁易懂、令人印象深刻的。在理想情况下，它应该简化为精心设计的几句话或一个口号	**不要太啰唆**。一个简明扼要的愿景陈述才会吸引人

资料来源：John P. Kotter, *Leading Change* (Boston: Harvard Business School Press, 1996); Hugh Davidson, *The Committed Enterprise* (Oxford: Butterworth Heinemann, 2002); Michel Robert, *Strategy Pure* and *Simple II* (New York: McGraw-Hill, 1992).

专栏 2-1　战略愿景实例：它们的表现如何

愿景描述	优点	缺点
全食超市（Whole Foods） 全食超市是高品质食品行业的有力领导者。我们是一家以使命为导向的公司，旨在为食品零售商树立卓越的标准。我们正在将高标准渗透到公司业务的方方面面。在全食超市，质量是一种态度 我们的口号——健康的食品，强健的人类，生机勃勃的星球——强调了我们的愿景远不止是成为一家食品零售商。客户满意度、团队成员的幸福感和卓越性、资本投资回报、环境状况的改善以及当地和更大的社区支持是衡量我们的愿景是否成功的标准 我们通过更频繁、更公开、更亲密的交流与不同利益相关者建立依赖关系。更好的沟通意味着更好的理解和信任	• 前瞻性 • 生动的 • 聚焦 • 良好商业意识	• 冗长 • 难以记住
克里格（Keurig Dr. Pepper） 随时随地满足消费者需求的行业领先的饮料生产商和经销商	• 易于传播 • 聚焦	• 缺乏独特性 • 没有前瞻性
耐克 公司培养了一种创新文化。我们为当代运动员①提供产品、服务和经验，同时为下一代解决问题	• 前瞻性 • 灵活	• 模糊 • 不聚焦

注：本栏目由 Frances C. Thunder 开发。

①每个人都可以成为运动员。

资料来源：公司网站（访问于 2016 年 2 月 12 日）。

2.2.2　传达战略愿景

只有将战略愿景层层传达给各级管理者和员工，这样的愿景才有价值。只有当公司里的每个人都熟知公司愿景，并且观察到高层管理者对愿景的承诺时，它才能为中层管理者提供指导并且激励公司员工。管理人员在提出一个全新的战略愿景和公司发展方向的时候，提供令人信服的理由是尤为重要的。当公司员工觉得没有必要重新确定公司方向时，他们往往会抵触这种战略变革。因此，为了使员工支持公司愿景，助力公司变革，管理者应解释方向变化的原因，正面关注员工的担忧，平息恐惧，鼓舞士气，并随事件发展，提供最新信息、汇报进展情况。

要想获得组织成员对愿景的支持，就要回答"我们要去哪里和为什么要去那里"，使愿景在整个组织内传播，并让高管向尽可能多的人解释愿景并且证明其合理性和可行性。在理想的情况下，高管应该以一种触及心灵和扣人心弦的方式来展示公司的愿景。一个引人入胜、令人信服的战略愿景具有巨大的激励价值，就像建造一座城堡比铺设石头更令人振奋。因此，描绘一幅令人信服的、振奋人心的企业蓝图的能力，是有效战略领导力的重要组成部分。

1. 用口号将愿景的精髓表达出来

通过把组织的发展愿景变成朗朗上口或易于记忆的口号，有助于将愿景有效地传达给员工。许多公司已经将它们的愿景概括成简洁的句子。例如，Ins（Instagram）的愿景是"捕捉和分享世界的瞬间"；嘉信理财（Charles Schwab）公司的愿景是"帮助投资者自助理财"；

仁人家园（Habitat for Humanity）的愿景是"每个人都有一个体面居住之所"。即使是苏格兰场[⊖]（Scotland Yard）的愿景也是非常吸引人的，"让伦敦成为世界上最安全的大城市"。创造一个简短的口号来表明组织发展方向和目标，反复使用它来提醒人们"我们的目标是什么以及为什么"，有助于将组织成员凝聚起来，使他们集中精力，克服公司发展道路上的障碍。

2. 一个可靠的、易于传达的战略愿景的重要性

一个深思熟虑、有力传达的战略愿景具有以下优势：①凝聚了高层管理人员对于公司长期发展方向的认识；②降低了群龙无首的决策风险；③有助于赢得组织成员的支持，从而将愿景变成现实；④为较低层次管理者制定部门目标和制定与公司总体战略一致的部门战略提供了参考；⑤帮助组织应对未来。如果高层管理人员能够在这五个方面取得显著进步，就已经迈出了确立组织方向的第一步。

2.2.3　制定公司使命陈述

战略愿景的根本特点是它涉及公司未来的战略方向——"我们前进的方向以及公司未来的业务形态"，它是鼓舞人心的。相比之下，**使命陈述**描述了公司现在的业务和宗旨——

───────────────────

贴士 2-2

战略愿景与使命陈述之间的区别是相当明确的：战略愿景描绘了公司对未来的抱负（"我们要去哪里"），而公司的使命则描述了当前业务的范围和宗旨（"我们是谁，要做什么，我们为什么在这里"）。

───────────────────

"我们是谁，要做什么，以及我们为什么在这里"，它是纯描述性的。在理想情况下，公司的使命陈述包括：①界定公司的产品/服务；②指明公司计划满足的顾客需求和所服务的客户群与市场；③塑造公司形象。一些出现在公司年报或者企业网站上的使命陈述往往太过简单，但也有一些公司在表述企业运营状况和目标方面做得很好。

以联邦快递公司的使命陈述为例，该公司长期以来不仅以一夜送达的服务而闻名，它同时也在业内率先使用了目前广泛应用的包裹跟踪系统：

联邦快递公司提供快递和速递运输服务，每天在全球范围内递送大约300万个包裹。它的服务包括一夜快递、地面重型货运、文件复印和物流服务。

值得注意的是，联邦快递的使命陈述很好地传达了"我们是谁，要做什么，我们为什么在这里"，但它没有指明"我们前进的方向"。这是很正常的，因为公司的愿景陈述才是面向未来的。

圣犹大儿童研究医院（St. Jude Children's Research Hospital）的使命陈述就是一个很好的例子："通过研究和治疗，形成促进儿童灾害性疾病治疗和预防的方法。不能因为种族、宗教或家庭支付能力而剥夺孩子的治疗权利，这与我们的创始人丹尼·托马斯（Danny Thomas）的愿景一致。"推特的使命宣言虽然简短，但仍然抓住了公司的本质："让每个人都能无障碍地即时创造和分享想法与信息。"捷蓝（JetBlue）的使命陈述的启发性就没那么强——"激发人性——无论是在空中还是在地面上"——完全没有提及它的产品和业务构成，甚至对于其他行业的许多企业也适用。可口可乐公司在200多个国家经营500多种饮料

───────────────────

⊖ 苏格兰场，又称"伦敦警察厅"。——译者注

品牌，其使命陈述也是语焉不详——"令全球人民的身体和思想更怡神畅爽；不断激励人们保持乐观向上；让我们所触及的一切更具价值"。使命陈述如果不能传达一家公司的业务活动和宗旨，那么其有效性也无从得知。

很多时候，公司会从盈利的角度来界定它们的使命，比如迪恩食品公司（Dean Foods）的使命就是"实现长期股东价值最大化"，这也是有问题的。利润更像是公司运营的目标和结果。此外，每家商业企业的存在显然是为了盈利。像盖璞（GAP）、爱德华·琼斯（Edward Jones）、本田（Honda）、波士顿咨询集团（Boston Consulting Group）、花旗集团（Citigroup）、梦工厂动画（DreamWorks Animation）和财捷（Intuit）等公司都在努力为股东赚取利润；但当谈到"我们是谁，我们从事什么业务"时，其业务就体现出本质差异。只有管理者对"为谁赚钱以及做什么赚钱"的回答才能揭示公司的真正使命和业务宗旨。

> **贴士 2-3**
> 公司的使命陈述要措辞精确，必须对公司的业务构成和宗旨进行具体陈述，以区别于其他企业并塑造公司自己的形象。

2.2.4　用公司价值观将愿景和使命连接起来

许多公司开发出一套价值观，以指导公司员工在开展公司业务和追求战略愿景与使命方面的行为举止。**价值观**（也**称核心价值观**）是指公司管理层确定的用以引导公司追求其愿景和使命的信念、特性和行为规范。价值观与公平对待、荣誉与正直、伦理行为、创新性、团队精神、对一流质量或卓越客户服务的追求、社会责任感和社区公民职责等有关。

> **核心概念**
> 公司的**价值观**是公司员工在经营公司业务和追求战略愿景与使命时所表现出来的信念、品质和行为准则。

大多数公司已经提出了 4～8 条核心价值观，它们希望员工能够实施与这些价值观相关的行为，并将其体现在企业经营中。金泰迪工作室（Build-A-Bear Workshop）拥有可爱的泰迪熊和毛绒玩具，基于六大核心价值观创造备受赞誉的工作环境：①接触；②学习；③迪熊运动；④考拉熊运动；⑤给予；⑥赛勒熊运动。美国鞋类电商网站美捷步（Zappos）为自己的 10 项核心价值观感到自豪：

（1）通过服务传递惊喜；

（2）拥抱并推动变革；

（3）创造乐趣和一点古怪；

（4）勇于冒险，富有创造力，思想开放；

（5）追求成长和学习；

（6）通过沟通建立开放和诚实的关系；

（7）建立一个积极的团队和家庭精神；

（8）花小钱办大事；

（9）要有激情和决心；

（10）谦卑。

公司真的会践行它们所宣传的价值观吗？有时会，有时不会，没有定论。一个极端的情况是，有些公司的价值观只是摆设。高层管理者只是做表面文章，价值观对公司员工的行为方式和公司运营方式影响甚微。这些公司之所以拥有价值观陈述，是因为这个概念很流行而且能使公司看起来不错。每当企业的不法行为被曝光时，这些价值观陈述的局限性就变得显而易见。最典型的例子包括大众汽车（Volkswagen）的排放丑闻，以及优步（Uber）面临多项不当行为指控和非法运营的刑事诉讼。另一个极端是那些高管致力于按照正确的价值观和原则来运营公司。这些公司的高管有意将核心价值观嵌入公司文化中——这样核心价值观就成为公司 DNA 不可分割的一部分，让公司保持运转。在这些价值观驱动的公司中，高管"言出必行"，要求员工将公司价值观融入实际行动中。

在那些所宣称的价值观是真实的而不是做表面文章的公司中，管理者采用下列两种方式中的一种，把价值观同所追求的战略愿景及使命连接起来。在那些价值观已经长期根植于企业文化的公司中，管理者会精心制定与公司既有价值观相匹配的愿景、使命、战略及营运方法；此外，他们一再强调基于价值观的行为规范如何促进公司的成功经营。如果这家公司采用了不同的愿景或战略，管理者通常会强调核心价值观是如何以及为什么继续与之（愿景或战略）相关的。公司价值观已经根深蒂固并得到真正奉行的公司几乎不会采取与其价值观相冲突的战略举措。在初创公司中，高层管理者会考虑哪些价值、信念和经营原则应该成为公司的特点，然后草拟一份价值观陈述，以供管理者和员工进行传播、讨论和修改。最终的价值观陈述应包括预期的行为，且与战略愿景和使命相联系，这样才会被正式采用。一些公司把愿景、使命和价值观整合为一个陈述或文件，提供给所有组织成员，并将愿景、使命和价值观陈述放在公司网站上。专栏 2-2 描述了汤姆鞋业（TOMS Shoes）的成功在很大程度上是由其使命性质推动的，并与其创始人的愿景和核心价值观有关。

 专栏 2-2　汤姆鞋业：为一个使命做一家公司

汤姆鞋业由布雷克·麦考斯基（Blake Mycoskie）于 2006 年在阿根廷创立，缘起于在阿根廷旅行期间他发现了许多极端贫困地区的儿童没有鞋子穿。麦考斯基回到美国，创立了汤姆鞋业，规定顾客每购买一双鞋，将会相应地赠送一双新鞋给有需要的孩子，这是一个名为 One for One® （买一捐一）的模式。许多公司都是先推出产品，然后再明确自己的使命，与之不同的是，麦考斯基以使命为出发点，然后围绕使命创建公司。尽管公司后来扩大了产品组合，但其使命本质上没有改变：

您购买每件产品后，汤姆鞋业都会帮助有需要的人。买一捐一。

汤姆鞋业的使命根植于其商业模式中。虽然麦考斯基可以成立一个非营利性组织来解决所发现的问题，但他很确定，他不想依靠捐助者为穷人提供资金，他想创建一家企业来支持自己的捐赠。通过"买一捐一"的模式，汤姆

鞋业将捐赠一双鞋的成本计入了每双鞋的售价中，使公司在向有需要的人捐赠鞋子的同时保持盈利。

汤姆鞋业的成功（以及在竞争激烈的市场中脱颖而出的能力）很大程度上归功于其使命和起源故事的吸引力。麦考斯基最初将汤姆鞋业引入洛杉矶的一家时尚商店，因为麦考斯基向他们讲述了自己创立公司的故事，这个故事被《洛杉矶时报》报道并迅速传播开来。随着公司扩大沟通渠道，汤姆鞋业继续专注于引领着他们的使命故事，以确保客户知道他们所做的不仅仅是购买产品。

随着汤姆鞋业扩展到其他产品，他们坚持买一捐一的商业模式，并将该模式推广到每类新产品上。2011 年，该公司推出了汤姆眼镜，每购买一副眼镜就会帮助一个需要的人恢复视力。此后，他们成立了 TOMS Roasting Co. 咖啡品牌，每次顾客购买咖啡时，汤姆鞋业都会

为有需要的人提供充足的水；顾客购买汤姆包袋系列，汤姆鞋业可以帮助妇女安全分娩；顾客购买汤姆公路背包系列，汤姆鞋业可以为青少年提供霸凌防范的培训。

通过在公司的商业模式中植入使命，汤姆鞋业已经真正实现了麦考斯基对履行公司使命的愿望——通过营利性业务为捐赠提供资金。汤姆鞋业甚至保证永远不会改变商业模式；麦考斯基在 2014 年将公司 50% 的股份出售给贝恩资本（Bain Capital）时，交易协议的一部分就是保持买一捐一的商业模式不变。汤姆鞋业

是一个成功的范例，证明了对核心价值观的承诺可以促进收入和回报增长。

注：本案例由 Carry S. Resor 开发.

资料来源：TOMS Shoes website, accessed February 2018, http://www.toms.com/about-toms; Lebowitz, Shana, *Business Insider*, "TOMS Blake Mycoskie Talks Growing a Business While Balancing Profit with Purpose", June 15, 2016, http://www.businessinsider.com/toms-blake-mycoskie-talks-growing-a-business-while-balancing-profit-with-purpose-2016-6; Mycoskie, Blake, *Harvard Business Review*, "The Founder of TOMS on Reimaging the Company's Mission", from January-February 2016 issue, https://hbr.org/2016/01/the-founder-of-toms-on-reimagining-the-companys-mission.

2.3　阶段 2：设定目标

管理层设定**目标**是为了将愿景和使命转化为具体的绩效目标。目标反映了管理者基于行业当前的经济状况、竞争状况和公司内部能力而对公司绩效的期望。表达清晰的目标应该是具体的、可量化的、有挑战性的，必须包含实现目标的期限。正如惠普的联合创始人比尔·休利特（Bill Hewlett）敏锐地察觉到的那样，"你不能管理那些你无法衡量的东西……只有可衡量的东西才能被做好"。[4] 具体来说，可衡量的目标在管理上是有价值的，原因有三个：①它们使整个组织齐心协力，步调一致；②它们是追踪公司的绩效和成果的

> **核心概念**
> **目标**是组织的绩效目标——管理层想要达到的特定结果。

价值尺度；③它们激励员工更加努力并以高水准完成工作。为了使公司目标更好地实现，它们还必须满足三个其他标准：必须包含实现目标的截止日期，具有挑战性但又是可以实现的。

2.3.1　设定进取性目标

无数公司的经验表明，促进公司实现良好绩效的最好方式之一就是制定足够高的绩效目标，以使组织充分发挥潜力并实现最好的结果。绩效目标为公司员工设置挑战，使之全力以赴实现在绩效上的"拓展性"收益，并会激发企业创造力，使其在提高公司财务绩效和市场地位上表现出紧迫性，在行动上更有目的性和聚焦性。设定进取性目标有助于创造一个令人兴奋的工作环境，并吸引最优秀的人才。在许多情况下，进取性目标有助于激励公司取得无与伦比的绩效表现，防止由于组织绩效略有提高就满足于现状的情况出现。

> **贴士 2-4**
> 精心设定的目标是：
> - 具体的
> - 可衡量的
> - 有时限的
> - 具有挑战性的
> - 可实现的

显然，只要付出足够的努力就能达到的进取性目标，与远远超出组织当前能力的进取性目标之间是有区别的。极端的进取性目标，包括激进的期望，往往会失败。而未能实现这些目标可能会扼杀动力，侵蚀员工信心，损害员工和公司的业绩。雅虎首席执行官玛丽莎·梅

> **核心概念**
> **进取性目标**制定了足够高的绩效目标，以使组织充分发挥潜力并实现最好结果。只有在特定条件下才能保证**极端进取性目标**的实现。

耶尔（Marissa Mayer）未能让公司重回辉煌就是一个典型的例子。

在某些情况下，极端进取性目标可以像设想的那样起作用。西南航空、3M、SpaceX 和通用电气的例子为此提供了证据。但研究表明，这种成功取决于两个条件的满足：①公司必须有充足的可用资源；②公司最近的表现必须强劲。在任何其他情况下，经理都不应该追求过于雄心勃勃的进取性目标。[5]

2.3.2 目标的类型

公司需要两种不同类型的绩效目标：一种与财务绩效相关；另一种与战略绩效相关。**财务性目标**（financial objectives）传达了管理层在财务绩效方面的目标。**战略性目标**（strategic objectives）是指与公司的市场地位和竞争地位相关的目标。公司设立的财务性目标和战略性

> **核心概念**
> **财务性目标**与管理层所设置的组织要实现的财务绩效有关。
> **战略性目标**与表明公司在加强其市场地位、竞争地位和未来的商业前景的目标结果相关。

目标都应该包括短期和长期的绩效目标。短期（季度或年度）目标主要是集中精力改进当前阶段的绩效并满足股东对公司近期发展的期望。长期目标（3～5 年）促使管理者思考现在要做什么来让公司在今后表现得更好。长期目标对于实现公司最优长期绩效至关重要，而且有助于克服短视的管理理念和对短期利益的过分关注。如果必须要在实现长期目标和实现短期目标之间进行取舍，应该优先考虑长期目标（除非实现一个或某些短期绩效目标具有独特的重要性）。表 2-3 中列出了常见的财务性目标和战略性目标。专栏 2-3 列举了三家知名公司的战略性目标和财务性目标。

表 2-3 常见的财务性目标和战略性目标

财务性目标	战略性目标
年收益增长 *x*%	赢得 *x*% 的市场份额
年税后利润增长 *x*%	取得比对手更低的总成本
年每股收益增长 *x*%	在产品性能、质量或顾客服务方面超越主要竞争对手
年分红增长 *x*%	公司收入的 *x*% 来自过去 5 年所推出的新产品的销售
纯利润率增长 *x*%	有比竞争对手更全面或更强大的技术能力
资本回报率（ROCE）或者净资产收益率（ROE）增长 *x*%	有比竞争对手更广泛的产品线
以股价不断上升的方式增加的股东价值	所拥有的品牌比竞争对手更知名或更具影响力
债券及信用评级达到 *x*	有比竞争对手更强大的全国或全球销售及分销能力
内部现金流为 *x* 美元，用于新的资本投资	始终领先于竞争对手，不断向市场推出新的或改进的产品

专栏 2-3 公司目标举例

捷蓝航空

以具有竞争力的价格提供优质产品，从而获得高于行业平均水平的利润；收入超过 66

亿美元，同比增长 3.4%；净收入 7.59 亿美元，年增长 12.0%；进一步开发票价选项、联名信用卡和"薄荷"特许经营权；承诺到 2020 年

实现总成本节约 2.5 亿至 3 亿美元；启动多年客舱重新定型计划；将所有核心 A321 飞机的座位从 190 个改为 200 个；目标是波士顿等关键城市的增长，计划在未来几年将每天 150 个航班增加到 200 个；成为南佛罗里达州首选的航空公司；通过将"薄荷"高级商务座扩展到更多横贯大陆的航线，增加西海岸的业务；优化票价结构，提高整体平均票价。

露露乐蒙

优化并战略性地增加北美的建筑面积；探索新概念，比如针对每个社区量身定制商店；建立一个强大的数字生态系统，在客户关系管理、分析和能力方面进行关键投资，以提升所有接触点的客户体验；继续通过国际扩张在全球扩张品牌，在亚洲和欧洲开设 11 家新店，其中包括在中国、韩国和瑞士开设的第一家店，在北美以外的 9 个国家共开设了 50 多家门店；到 2020 年收入增加 40 亿美元；将可比销售额总额（包括可比商店销售额和直接面向消费者的销售额）提高 6%，将毛利润占净收入的百分比或毛利率提高 51.2%；2016 财年运营收入增加 14%。

通用磨坊（GENERAL MILLS）

产生低个位数的有机净销售额增长和高个位数的每股收益增长。为股东提供两位数的长期回报。为了推动未来的增长，关注消费者至上战略，深入了解消费者的需求，并迅速做出反应，满足他们的需求，更具体地说：①通过强大的新产品阵容在全球种植谷物，包括标志性的喜瑞欧（Cheerios）新口味；②在快速增长的酸奶细分市场进行创新，以提高性能，并将酸奶平台扩展到中国的新城市；③扩大高性能品牌的分销和广告，如哈根达斯和老埃尔帕索；④通过简化支持性功能，建立一个更灵活的组织，允许更流畅地使用资源和在世界各地分享想法。增加电子商务知识，以在这一新兴渠道中获得更大发展；投资战略收入管理工具，优化促销、价格和产品组合，以推动销售增长。

注：本栏目由作者与 Kathleen T. Durante 共同开发。
资料来源：公司网站上发布的信息。

2.3.3　用平衡的方式设立目标的必要性

设定和实现财务目标的重要性是显而易见的。没有足够的获利能力和财务实力，一家公司的长期健康发展和最终生存情况将受到威胁。此外，低于行业平均水平的收益与惨不忍睹的资产负债表都会引起股东和债权人的恐慌，使高管处于危险境地。因此，公司往往把大部分注意力集中在财务结果上。然而，仅有良好的财务绩效是不够的。公司的战略绩效同样或者更加重要——它表明公司的市场地位和竞争力是恶化、保持稳定还是得以改善。更强大的市场地位和更强的竞争活力——特别是在具有竞争优势的情况下——会促进公司财务绩效的提升。

此外，公司财务绩效衡量指标是滞后指标，反映的是公司过去决策和组织活动的结果。[6] 但是，公司过去或当前的财务绩效并不能完全反映公司未来前景——财务绩效较差的企业往往能扭转局面、做得更好，而财务绩效良好的企业也可能会陷入困境。反映公司未来财务绩效和业务前景的最好和最可信的领先指标，是那些能表征公司竞争力和市场地位强弱的战略性结果。战略目标的实现过程表明该公司处于有利地位，能够维持或改善其业绩。例如，如果一家公司正在实现的远大战略目标，使其竞争优势不断增强和市场地位逐步提高，那么就有理由认为，它未来的财务绩效将比目前或过去更好。如果一家公司正在输给竞争对手，它的市场地位也正在下滑——这些现象都反映了企业战略绩效较差，且很有可能未能实现其战略目标。

因此，使用能够平衡财务性目标和战略性目标的绩效衡量体系是非常重要的。[7] 其中，

核心概念

平衡计分卡是一种广泛使用的方法，它结合了战略和财务目标，跟踪财务和战略目标的进展，并使管理人员更加全面和平衡地评价一个组织的表现。

平衡计分卡的四个维度分别是：

- 财务
- 客户
- 内部流程
- 组织（之前称为成长与学习）

最广泛使用的框架称为**平衡计分卡**（balanced scorecard）。[8] 这是一种将财务绩效目标与源自公司商业模式的特定战略目标联系起来的方法。它通过绩效指标，围绕四个维度描绘出公司的关键目标。

- 财务：列出财务目标。
- 客户：与客户和市场相关的目标。
- 内部流程：与生产力和质量相关的目标。
- 组织：与人力资本、文化、基础设施和创新相关的目标。

平衡计分卡能为公司的员工提供明确的指导方针，这个方针说明了他们的工作是如何与组织的总体目标关联的，这样他们就可以互相合作，最高效地实现这些目标。平衡计分卡方法一直被列为最受欢迎的管理工具之一。[9] 美国、欧洲和亚洲近 50% 的公司采用了平衡计分卡的方法来衡量战略性绩效和财务性绩效。[10] 已经使用平衡计分卡的组织包括 7-11（7-Eleven）、安·泰勒商店（Ann Taylor Stores）、意大利安联（Allianz Italy）、富国银行（Wells Fargo Bank）、福特汽车公司（Ford Motor Company）、威瑞森（Verizon）、埃克森美孚（ExxonMobil）、辉瑞（Pfizer）、杜邦（DuPont）、加拿大皇家武装警察（Royal Canadian Mounted Police）、美国陆军医疗司令部（U.S. Army Medical Command），以及 30 多所学院和大学。[11] 尽管平衡计分卡很受欢迎，但它也并非没有局限性。重要的是，它可能没有捕捉到特定组织的一些最重要的优先事项，例如资源获取或与其他组织的合作。此外，与大多数战略工具一样，它的价值取决于内容，也取决于实施和执行。

2.3.4 为每个组织层级设定目标

目标设定不应该只是高层管理者为全公司设定绩效目标。公司目标应被分解成组织各个独立业务、产品线、职能部门和工作单元的绩效目标。直接与其部门活动相关的具体指标，将比广泛的组织层面的目标更好地指导不同职能领域和运营层面的员工。因此，目标设定是一个自上而下的过程，必须贯穿到组织的最基层。这意味着每个组织单位都要谨慎地设定绩效目标来支持——而不是冲突或否定——公司范围内的战略性目标和财务性目标的实现。

理想的情况是团队共同努力，其中每个业务单元都为实现公司绩效目标和战略愿景做出贡献。这种（目标）一致性表明，每个业务单元都知道其战略角色，齐心协力帮助公司迈向所选择的战略方向并实现预期结果。

2.4   阶段 3：制定战略

正如第 1 章所述，将战略贯穿起来涉及一系列的"如何"：如何吸引和取悦顾客；如何与对手竞争；公司在市场上如何定位；如何应对市场环境的变化；如何抓住有利机会来开展业务；如何实现战略性和财务性目标。在备选方案中进行选择，以形成可行的商业模式，需要理解战略管理的基本原则。快速变化的商业环境需要敏锐的企业家精神，来寻找机会去做新的事情，或者用新的或更好的方式去做现有的事情。

在面临机遇选择和解决战略问题时，战略家必须接受不确定性带来的风险，以及因这些风险而带来的不适。战略家需要做出艰难的选择和对未来下注。好的战略规划不是要消除风险，而是要增加成功的机会。

这对寻找机会去做新事情或以新的或更好的方式去做现有事情的精明的企业家来说是一种奖励。[12] 公司的经营环境变化得越快，越需要管理者成为优秀的企业家，以诊断正在进行的变革的方向和力量，并及时做出战略调整。战略制定者必须关注未来变化的早期征兆，并愿意尝试以不同的方式建立未来的市场地位。当公司发展过程中出现意外障碍时，迅速并有创造性的调整应对，是管理层的职责。卓越的战略来源于不同于竞争对手的做事方式——更具创新性、更有效率、更有想象力、适应更快——而不是随波逐流。因此，好的战略制定与好的企业家精神是密不可分的，两者缺一不可。

2.4.1 战略制定与所有层级的管理者有关

公司的高层管理者显然有引领战略制定的责任。首席执行官（CEO）像轮船的船长一样，是整个公司首席方向设定者、主要目标制定者、首席战略制定者和首席战略执行者。领导战略制定、战略执行过程的最终责任在于 CEO。而 CEO 总是对战略产生的结果负全部责任，不管结果是好是坏。在一些企业中，虽然 CEO 或公司所有者会寻求其他高层管理者和关键员工的建议，但他们作为战略的总设计师将决定公司战略的关键要素。一些小型公司、由现任 CEO 创立或者 CEO 拥有杰出的战略领导才能的大公司，通常会采用以 CEO 为核心的战略制定方式。例如，特斯拉汽车公司和美国太空探索技术公司的埃隆·马斯克、Facebook 的马克·扎克伯格、亚马逊的杰夫·贝佐斯、阿里巴巴的马云、伯克希尔 - 哈撒韦公司的沃伦·巴菲特，以及洛克·希德马丁公司的玛丽莲·休森，都是主导公司战略制定的 CEO 典型。

然而，在大多数公司中，战略制定并不仅仅是 CEO 的杰作。通常情况下，其他高层管理人员——业务部门负责人，首席财务官，生产、营销和其他职能部门的副总裁，都会影响战略制定，并帮助确定主要的战略组成部分。通常，公司的首席财务官负责制定和实施财务战略；生产副总裁牵头制定公司的生产战略；市场副总裁负责制定销售和营销战略；品牌经理负责公司产品阵容中某一特定品牌的战略；等等。此外，董事会也为高层管理者的战略制定给出建议；通常情况下，所有重大战略决策都要提交董事会审查、讨论、修改并正式批准。

但是，战略制定绝不仅仅是高层管理者的职能，它还是企业主、CEO、高层管理者和董事会成员的专属领地。一家公司的运营涉及的不同产品、产业和地理区域越多，总部管理人员就越没有选择的余地，只能将相当大的战略决策权下放给负责特定子公司、部门、产品线、区域销售中心、分销中心和工厂的管理人员。对特定运营部门进行监控的现场经理对当前的市场和竞争状况、客户要求和期望以及所有其他影响战略选择的因素都有更深入的了解，因此他们对其监督下的特定业务的战略问题更熟悉。在制定具体战略时，对某一特定运营部门的日常业务十分熟悉并拥有权威的管理人员，比总部管理者更能为其所在的部门做出正确的战略决策。结果就是，如今大多数公司的战略制定和实施需要团队努力协作，公司经理都扮演其所负责职能部门战略制定的角色。

例如，通用电气是一家价值 2 130 亿美元的全球公司，

贴士 2-5

在大多数公司中，制定和执行战略需要团队协作努力，每个管理者都要在他领导的领域发挥作用，这并不仅仅是高层管理者的工作。

拥有超过 30 万名员工，业务遍布全球大约 180 个国家，业务范围包括喷气发动机、照明、发电、医学影像和诊断设备、机车、产业自动化、航空服务以及金融服务。尽管总部高层管理者可能会亲自参与制定通用电气的整体战略并制定重要的战略举措，但他们对通用电气每个部门的了解情况还不足以指导通用电气全球范围内的每一项战略举措。更确切地说，这需要通用电气整个管理团队的参与——高管、业务部门负责人、特定业务单元和产品类别的负责人，以及工厂、销售机构和分销中心的主要负责人——制订数以千计的战略计划，最终构成通用电气的整体战略。

贴士 2-6

企业经营规模越大，涉及的业务越多，战略计划的要点就越多，承担战略制定角色的管理层次就越多。

2.4.2 公司战略制定层级

在像通用电气这样的多元化公司中，需要管理多种甚至是截然不同的业务，制定一个完整的战略涉及四种不同的战略行动和计划。每种类型涉及公司整体战略的不同方面，需要不同类型的管理人员的参与，如图 2-2 所示。

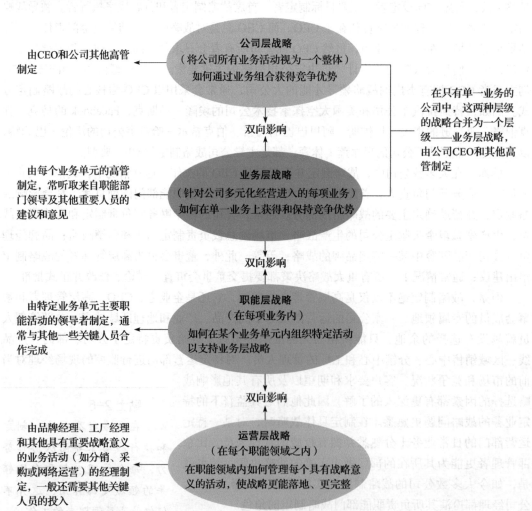

图 2-2 公司战略制定的层级

公司层战略（corporate strategy）是在多元化、多业务单元的公司中由 CEO 和其他高管一起精心设计，用来管理一系列业务的总体战略。公司层战略关注的是如何利用跨业务协同效应，将其转化为竞争优势，从而提高公司一系列多元化业务的综合绩效。它回答了公司维持或放弃什么类型的业务，进入什么新市场，以及如何选择最佳进入方式（例如，通过收购、建立战略联盟或者内部开发）。公司层战略和业务多元化是第 8 章的内容，到时我们将详细讨论。

> **核心概念**
> **公司层战略**是在一个多元化、多业务的公司中制定管理一系列业务的整体计划。
> **业务层战略**主要关注的是在单一业务公司或多元化公司的一个业务单元内，如何加强公司的市场地位，构建竞争优势。

业务层战略（business strategy）与加强市场地位，建立竞争优势，提高单一业务单元的绩效有关。尽管公司高层管理者会对业务层战略的制定产生重要的影响，但业务层战略主要是业务单元负责人的职责。在多元化公司中，公司管理者通常会认为业务层战略必须与公司层战略保持一致。业务主管至少有另外两个与战略相关的角色：①考察较低层次的战略是不是精心构思，是否与公司总体战略保持一致并充分匹配；②让公司高管（有时是董事会成员）了解正在出现的战略问题。

职能层战略（functional-area strategy）是在管理某些特定的职能活动时，如研发、生产、采购、销售和营销、分销、顾客服务、财务等，所采用的方法。例如，公司的营销战略体现了公司业务中销售和营销的战略计划；公司的产品开发战略体现了公司产品如何满足购买者需求的计划。

职能层战略是业务层战略的落实与细化。在一家企业内部，通常由各职能部门负责人负责职能层战略，最终经公司总经理批准。由于不同的职能层战略要取得良好的效果，必须和公司整体战略相一致，且相互之间要保持兼容性，所以公司业务总负责人有时会对职能层战略的内容施加强大影响。

运营层战略（operating strategy）涉及公司如何管理重要运营单位（如工厂、配送中心、采购中心）和具有战略意义的运营活动（如质量控制、材料采购、品牌管理、互联网销售）。工厂经理需要战略来实现工厂的目标，执行公司整体生产计划中与工厂有关的部分，并处理工厂中存在的任何与战略相关的问题。广告经理需要战略来获得最大的受众曝光率，并通过广告预算获得最大的销售影响力。运营层战略虽然范围有限，但在职能层战略和业务层战略的基础上增加了更多的细节，更为完整。运营层战略通常由一线管理人员负责，并接受更高层管理人员的审查和批准。

尽管运营层战略处于战略制定的最底层，但它的重要性不应被忽视。如果一家大型工厂未能实现产量、单位成本和质量的目标战略，就可能会损害公司的优质产品声誉，影响公司的销售和利润目标的实现。因此，一线管理人员是组织战略制定团队的重要组成部分。管理者不能简单地通过公司特定活动在战略层级和管理层级中所处的位置来判断其战略重要性。

在单一业务公司中，战略制定层级的最上层是业务层战略，因此单一业务公司有三个层级的战略：业务层战略、职能层战略和运营层战略。独资企业、合伙企业和所有者管理的企业（owner-managed enterprises）的战略制定和监督可能仅依赖

> **贴士 2-7**
> 只有当公司的各业务都紧密联系在一起时，公司战略才能发挥最大的效力。

几个关键人员，因此只有一个或两个战略层级。公司经营范围越大、多元化程度越高，战略计划涉及的地方越多，对战略制定具有重要作用的管理层也就越多。

2.4.3　统一战略制定层级

在理想情况下，公司的各级战略应当是紧密结合、相辅相成的，像七巧板那样组合在一起。如果公司各个层级的战略不能统一协调，就会削弱公司的整体战略并影响公司绩效。[13]公司的高层管理者有责任明确地向下级管理人员和主要员工传达公司的愿景、目标和战略构成要素来实现协调统一。中层和基层管理者如果没有首先了解公司的长期发展方向、公司主要业务构成或者业务层战略，就无法制定与整体战略一致的战略行动。因此，战略制定的一般规则是从组织的顶层开始，自上而下，从公司层战略到业务层战略，再从业务层战略到与之相联系的职能层战略和运营层战略。一旦这种自上而下的战略制定之后，更低层级的战略就必须确保支持更高层级的战略并与之保持一致。公司应该通过修改低层级战略中的那些冲突要素，或者对更高层级的战略进行调整，以适应那些低层级战略中更具吸引力的战略思路和行动，来解决战略冲突。

2.4.4　战略愿景＋使命＋目标＋战略＝战略计划

公司设定发展方向的任务包括确定战略愿景和使命、设定目标、制定战略。它们确定了公司的发展方向，描绘了战略性和财务性目标，阐明了基本商业模式，勾勒了为实现预期经营绩效所要采取的竞争举措和运营方式。这些要素共同构成了用以应对产业环境、与对手展开竞争、实现目标并在既定的战略进程中取得进展的**战略计划**（strategic plan）。[14]通常来说，战略计划包含了为该计划配置资源的承诺，以及指定的实现目标的期限。

> **核心概念**
> 公司的**战略计划**列出了在某一特定时间的发展方向、商业模式、竞争战略和绩效目标。

在那些进行定期战略评估且制订明确战略计划的公司里，战略计划通常采取书面文件的形式，传达给大多数管理人员。短期绩效目标通常以非常具体的方式表达并在员工中广泛传播，是战略计划的一部分。多数公司会将它们战略计划的关键要素进行总结，并呈现在向股东提交的年度报告中、公司网站上发布的信息中或者向商业媒体提供的声明中，而其他公司可能会出于竞争敏感性的原因，只对它们的战略计划做一些模糊的、泛泛的陈述。[15]一些小型的私营公司几乎没有书面形式的战略计划。在小型公司中，战略计划往往停留在老板的思维和指令中，通过与员工就以下议题进行交谈与讨论，体现这些公司的战略计划：公司要朝什么方向发展，需要完成什么目标，以及该如何进行下去。

2.5　阶段4：实施战略

管理战略实施活动是战略管理过程中最费力、最耗时的部分。将战略计划转化为行动和结果，检验公司管理者引导组织变革、激励员工、建立和增强竞争力、营造支持企业战略的工作氛围、达到或超越绩效目标的能力。组织各个层面必须在多条战线上采取管理行动以将战略部署到位并熟练地执行。

管理者实施既定战略的行动计划，始于评估公司必须做什么以实现预期的财务绩效和战略绩效。每家公司的管理者都必须仔细思考以下问题的答案："要执行我这一部分战略计划，我所在的领域或部门需要做什么？我应当采用什么行动才能保证该过程顺利进行？"战略实施过程中需要进行多少内部变革，取决于战略的新颖性、内部实践和竞争的能力与战略要求的能力相差多少，以及现有的工作氛围或文化能在多大程度上促进战略很好地执行。因公司内部变革的程度不同，公司可能要花费几个月到几年的时间，才能全面且高效地执行公司战略（或战略重要的更新部分）。

在大多数情况下，管理战略实施的过程包括以下几个基本方面：

- 创建一个支持战略的组织架构；
- 为组织进行人员配备，以提供所需的技能和专业知识；
- 开发和强化支持战略的资源与能力；
- 为那些对战略成功至关重要的活动配备充足资源；
- 确保公司的政策和操作流程有助于战略高效执行；
- 按照最佳实践来组织工作；
- 构建信息系统和操作系统，以使公司员工能够执行必要的活动；
- 激励员工并将奖励直接与绩效目标的实现挂钩；
- 创造有利于战略成功执行的公司文化；
- 发挥内部领导力以向前推动战略执行。

良好的战略执行需要不断追求卓越的经营。这是公司整个管理团队的工作。成功取决于经营管理者的技能与合作，他们能够推动组织进行必要的变革，并始终如一地取得良好的成果。如果公司非常顺利地实现或超过了战略性和财务性绩效目标，并且在实现战略愿景的方面取得良好进展，就可以认为管理者在战略执行上是成功的。在第 10、11 和 12 章中，我们将更全面地讨论战略实施过程的各个方面。

2.6　阶段 5：评估绩效并进行校正调整

战略管理过程的第五阶段——监测外部环境新变化，评估公司的进展并进行校正调整，从而引发了保持或变更公司愿景、使命、目标、战略或战略实施方法的决策行为。[16] 只要公司的战略能够持续通过第 1 章所讨论的制胜战略的三个测试（高匹配性、持久的竞争优势、卓越的绩效），公司高管就可能决定坚持既定方针。此时只要对战略计划进行微调并继续改进战略实施过程就足够了。

但是，一旦公司所在环境遭遇破坏性变化，管理者就需要对公司的方向和战略是否合适提出疑问。如果公司出现了市场地位下降或业绩持续下滑，公司的管理者就有责任找出原因——是制定的战略不合适，还是战略执行得糟糕，或者与二者都有关——并及时采取纠正行动。在内外环境发生变化的情况下，必须随时对公司的方向、目标和战略进行重新审视。

同样地，管理者必须要对公司的运营方式和战略实现方

贴士 2-8

一家公司的愿景、使命、目标、战略和战略实施的方法永远不会是一成不变的；评估是否以及何时进行修订是一个持续不断的过程。

法进行评估，确定哪些应该继续，哪些需要改进。高效的战略实施过程始终是组织学习的结果。战略实施总是不平衡的——在一些领域进行得很快，而在其他一些领域则不尽如人意。因此，卓越的战略实施需要谨慎地寻找改进的方法，然后随时随地进行校正调整。

2.7　公司治理：董事会在战略制定和实施中的作用

虽然制定和实施公司战略的主要责任在高层管理者身上，但公司董事会仍有责任进行强有力的监督，确保战略制定和实施过程的五个阶段能够按照有利于股东或利益相关者（包括公司的客户、员工和公司运营的社区）的方向进行。[17] 公司董事会有四项重要义务要履行。

（1）监督财务会计和财务报告情况。尽管公司高管，特别是公司的 CEO 和 CFO（首席财务官），主要负责保证公司的财务报告客观、准确地反映公司的经营成果，但董事会成员有法律义务来确保公司财务报告的准确性并保护股东利益。公司董事会必须确保公司财务报告采用公认的通用会计准则（GAAP），并保证财务控制足够到位以防止诈骗和资金滥用。几乎所有的董事会都有一个审计委员会，通常完全由外部董事（内部董事在公司中担任管理职务，直接或间接地向 CEO 汇报）组成。审计委员会监督公司财务人员的决策，并与内部和外部审计人员协商，以确保财务报告的准确性以及财务控制的充分性。

（2）对公司的方向、战略和经营方式进行批判式评价。董事会成员还应该指导管理层选择战略方向，并对管理层提出的战略行动的有效性及所蕴含的智慧做出独立的判断。当公司的战略失败或受困于战略执行错误，尤其是当盈利能力急剧下降时，董事会这方面的职责就变得更加重要。但更多情况下，许多董事发现，会议议程被合规问题所吞噬，几乎没有时间讨论具有战略重要性的事项。飞利浦电子（Philips Electronics）的董事会和管理层每年举行两三天的会议，专门评估公司的长期发展方向和各种战略议题。就是在此类会议中管理层－董事会经过讨论，决定退出半导体业务，更加注重医疗技术与家庭健康护理。[18]

（3）评估高级管理人员的战略领导能力。董事会负责评价现任 CEO 在战略领导方面的表现情况（作为加薪和奖金的基础，并据此决定留任或离职）。[19] 董事会还必须评估可能继任 CEO 职位的其他高管的战略领导技能。当现任 CEO 辞职或跳槽时，董事会必须选出继任者，要么从内部选拔，要么为了彻底改变公司的战略方针而考虑外部人选。通常情况下，外部董事通过参观公司设施以及亲自与公司员工进行交谈，来评估公司战略是否步入正轨、战略实施情况以及各类管理人员处理问题的情况。例如，通用电气的独立董事每年都要与各主要业务部门的运营主管进行一次会面，评估公司的人才储备情况并及时了解影响公司各部门新出现的战略和运营问题。家得宝（Home Depot）董事会成员每个季度都会去一次公司的门店，以确定公司业务的健康状况。[20]

（4）为高层管理者制订薪酬计划，对其符合利益相关者尤其是股东利益的行为和结果进行奖励。公司治理的一个基本原则，就是公司的所有者（股东）将运营权和管理控制权委托给最高管理层，并以薪酬作为对其的回报。作为股东的代理人，高管有明确的责任根据股东利益做出决策并经营公司［这并不意味着忽视其他利益相关者（员工、供应商、公司所在的社区和整个社会）的利益］。大多数董事会都有一个薪酬委员会，该委员会全部由公司外部董事构成，负责制定薪酬激励计划激励公司高管，以使他们能够代表股东，提高公司长期绩效。薪酬委员会的建议需要提交全体董事批准。但是，在过去的 10～15 年里，许多公司的董事会在确定高管的加薪、奖金和股票期权奖励时并没有将其与真正符合股东长期利益的绩效措施联系在一起。相反，许多公司的薪酬激励方案已经越来越多地奖励高管对短期绩效提升的贡献，最明显的是，激励高管去实现季度或年度盈利目标或按照一定比例提升股价。这会产生反作用，让公司管理者忙于提升公司的短期绩效，常常激励他们为了数百万美元的薪酬（这在许多人眼中是相当大的一笔钱），不明智地冒着商业风险，提高短期收入。关注短期绩效会损害公司长期业绩和股东利益，这已经得到证明——2008—2009 年，许多金融机构的股东财富因次级贷款、信用违约互换和抵押担保证券而大幅缩水。因此，整顿和改革高管薪酬已成为公众和公司董事会的热门话题。专栏 2-4 讨论了由于大众汽车公司的治理不力，导致 2015 年排放欺诈丑闻的发生，使该公司损失了数十亿美元，失去了利益相关者的信任。

每家公司都应该有一个强大的独立董事会，他们：①充分了解公司的绩效；②指导和评判 CEO 与其他高管；③有勇气制止董事会认为的不恰当或过分冒险的管理行为；④向股东证明 CEO 所做的事情正是董事会所期望的；⑤向高管提出洞见和建议；⑥广泛参与讨论重大决策和行为的利弊。[21] 那些缺乏决心来挑战意志坚定的或独裁的 CEO 的董事会，或者无主见的接受所有 CEO 的提议而不加询问和讨论的董事会，就等于放弃了其代表和保护股东利益的职责。

> **贴士 2-9**
>
> 有效的公司治理要求董事会监督公司的战略方向，评价公司高管，管理高管薪酬，并监督财务报告。

专栏 2-4　大众汽车公司治理失败

2015 年，大众承认在至少 1 100 万辆柴油发动机上安装了"减效装置"。这些设备使汽车能够通过排放测试，而实际上发动机排放的污染物比美国允许的水平要高出 40 倍。据估计，大众公司将花费至少 70 亿欧元来支付维修费用和诉讼费用。虽然管理层批准了作弊设备的使用，但大众监督委员会不愿承担任何责任。一些董事会成员甚至质疑董事会是否需要承担意识到此类问题的责任，他们认为"技术方面的知识不是我们需要考虑的"以及"丑闻与咨询委员会没有任何关系"。但董事会确实有责任充分了解情况，进行监督，并参与关键的决策和行动。那么是什么导致了此次公司治理的失败？为什么大众在过去 20 年中第三次卷入丑闻？

导致出现这些问题的大众董事会的关键特征似乎是缺乏独立董事。然而，在详细解释这一点之前，了解德国的管理模式非常重要。德国公司经营遵循两层治理结构，包括一个管理委员会，以及一个没有任何现任高管的独立监事会。此外，德国法律要求大公司中工人至少占监事会成员的 50%。这一结构旨在让独立董事更好地进行监督，并让更多的利益相关者参与进来。

在大众汽车的案例中，这些目标被有效地规避了。尽管大众的监事会不包括任何现任管理层，但董事长一职似乎是前高管的"旋转门"。丑闻发生期间的董事会主席费迪南德·皮耶希（Ferdinand Piëch），在 2002 年出任主席前担任 CEO 长达 9 年。最近被解除 CEO 职务的马丁·温特科恩（Martin Winterkorn），在丑闻之前原本将出任监事会主席。尽管他们曾经在过去的丑闻期间担任主管，公司仍继续将他们从管理层提升至在监事会任职。新任主席汉斯·迪特·波切（Hans Dieter Poetsch）是管理团队的一员，他并没有将美国环境保护署（EPA）的调查报告在两周之内告知监事会。

大众集团的所有权结构也是很独特的，其中，保时捷（Porsche）家族控制着超过 50% 的表决权。皮耶希是该家族的一员并担任主席到2015年，他迫使CEO们离职，并将许多不合格的家族成员安插进董事会，比如他的前保姆和现任妻子。他还赶走了具有独立思想的董事会成员，比如《德国公司治理准则》（Germany's Corporate Governance Code）的作者格哈德·克罗默（Gerhard Cromme）。在过去10年里，该公司失去了许多独立董事，只留下了一位非股东、非劳工代表。尽管皮耶希已经被撤职，但目前尚不清楚大众的董事会是否已经解决了根本问题。股东目睹了数十亿美元的损失，大众品牌也因此受损。只要董事会继续缺乏独立董事，改革就可能仍保持缓慢进程。

注：与雅各伯·M. 克兰德尔（Jacob M. Crandall）共同开发。

资料来源："Pĭech under Fire", *The Economist*, December 8, 2005; Chris Bryant and Richard Milne, "Boardroom Politics at Heart of VW Scandal", *Financial Times*, October 4, 2015; Andreas Cremer and Jan Schwartz, "Volkswagen Mired in Crisis as Board Members Criticize Piech", Reuters, April 24, 2015; Richard Milne, "Volkswagen: System Failure", *Financial Times*, November 4, 2015.

◘ 本章要点

战略管理过程包括五个相互关联的阶段：

1. 制定公司未来发展的战略愿景，界定公司当前宗旨的使命陈述，以及引导公司追求愿景和使命的一系列核心价值观。战略制定这一阶段为公司发展指明方向，激励和鼓舞公司员工，协调和引导整个组织的行动，并向股东传达管理者对公司未来的期望。

2. 设定目标以将愿景和使命转化为绩效目标，将这些绩效目标作为衡量公司绩效的标准。公司目标应该说明在什么期限之前必须完成什么绩效，完成多少。需要两大类目标：财务性目标和战略性目标。运用平衡记分卡来评估公司绩效，设定财务性目标和战略性目标。进取性目标能够激发卓越的绩效，帮助建立防火墙，防止公司甘于平庸或膨胀自满。但是，极端进取性目标只在少数情况下奏效。

3. 制定战略以实现目标并使公司沿着管理者制定的战略方向前进。单一业务公司有三个层次的战略：总体的业务层战略、职能层战略（如营销、研发、物流等），以及运营层战略（关键运营部门，如制造工厂）。在多元化、多业务公司中，战略制定包含四个不同层级：总体的公司层战略、业务层战略（公司通过多元化进入的每个业务都需要有一个）、每个业务内的职能层战略和运营层战略。因此，战略制定是一项包容性的协作活动，它不仅取决于公司高管，还涉及主要业务部门负责人、职能领域的经理和基层运营经理。

4. 实施所选定的战略并将战略计划转化为行动。为了实现所制定的财务绩效和战略绩效，公司需要对要做的事项进行评估，管理者执行既定战略的议程也就开始了。如果公司非常顺利地实现或超过了战略性目标和财务性目标，并且在实现战略愿景方面进展顺利，就可以认为管理者的战略实施过程是成功的。

5. 根据实际经验、变化的环境、新思维和新机遇来追踪发展，评估绩效，对战略进行校正调整。战略管理过程的这个阶段，引发了管理者有关保持或变更公司愿景、使命、目标、商业模式或战略实施方法的决策。

公司的愿景、使命、目标和战略共同构成了用以应对产业环境、战胜竞争对手、实现目标并朝着期望目标前进的战略计划。

董事会对股东负有责任，这使得董事会在监督公司管理层的战略制定和战略实施过程中扮演着谨慎的角色。董事会主要有四项重要职责：①确保公司出具了准确的财务报告，并进行了充分的财务控制；②严格评估公司的发展方向、战略和战略执行情况；③评估高层管理人员的战略领导能力；④为公司高层管理者制订薪酬方案，以奖励他们为满足利益相关者尤其是股东的利益所做的行为和所取得的结果。

◘ 巩固练习

1. 运用表 2-2 中的信息，评判下列愿景陈述的优缺点，列出有效要素和不足之处。完成评判以后，请将这些愿景陈述按照从好到差的顺序进行排列。

愿景陈述	有效要素	不足之处
美国运通（American Express）		
● 我们每天都在努力让美国运通成为世界上最受尊敬的服务品牌		
希尔顿酒店集团（Hilton Hotels Corporation）		
我们的愿景是成为世界旅行者的首选。希尔顿希望通过以下方式传承和发展我们的品牌：		
● 始终如一地为客户带来愉悦		
● 对我们的团队成员进行投资		
● 提供创新产品和服务		
● 持续提高绩效		
● 增加股东价值		
● 创造自豪的文化		
● 增强客户忠诚度		
万事达信用卡（MasterCard）		
● 无现金时代		
巴斯夫（BASF）		
我们是在所有主要市场成功运营的"化工公司"		
● 我们的客户将巴斯夫视为首选合作伙伴		
● 我们的创新性产品、智能解决方案及服务使我们成为化工行业最具竞争力的全球供应商		
● 我们获得高投资回报		
● 我们追求可持续发展		
● 我们视变革为机遇		
● 我们的员工共同努力来确保我们的成功		

　　资料来源：公司网站和年报。

2. 进入星巴克（investor.starbucks.com）、辉瑞（www.pfizer.com/investors）、赛富时（investor.salesforce.com）这几家公司网站中的投资者关系栏目，去找出这些公司的战略性目标和财务性目标。列出每家公司的四个目标，并指出哪些是战略性目标，哪些是财务性目标。

3. 登录沃尔玛网站中的投资者关系栏目（investors.walmartstores.com），在导航栏中点击大事记，回顾过去在各个投资者会议上的陈述。写一份一页到两页纸的报告，概述沃尔玛对投资者说过哪些与战略实施方式相关的内容。特别是，在关于员工配备、资源配置、政策和程序、信息和操作系统、持续改进、奖励和激励、公司文化与内部领导力等方面，管理层进行了哪些讨论？

4. 基于专栏 2-4 的内容，解释大众为什么不能满足有效公司治理的要求。董事会在哪些方面规避了保护股东利益的义务？大众应如何更好地选择其董事会，以避免 2015 年的排放丑闻等类似的错误？

◘ 模拟练习

1. 战略制定和战略实施过程五个阶段中的哪一个适用于你们公司？

2. 与你的联合经理人会面并且为公司提出一个战略愿景（至少一句话但不超过一段）。完成后，检查你的愿景陈述是否满足了表 2-2 中关于战略愿景注意事项的要求。若没有，做出相应的修改。什么样的口号才能抓住你们公司战略愿景的精髓，并有助于将愿景有效地传递给公司员工、股东和其他利益相关者呢？

3. 你们公司的财务性目标是什么？战略性目标是什么？
4. 你们公司战略的关键要素是什么？列举三四个。
5. 你们公司的战略实施过程考虑了哪些原则？

🔲 尾注

[1] Gordon Shaw, Robert Brown, and Philip Bromiley, "Strategic Stories: How 3M Is Rewriting Business Planning," *Harvard Business Review* 76, no. 3 (May–June 1998); David J. Collis and Michael G. Rukstad, "Can You Say What Your Strategy Is?" *Harvard Business Review* 86, no. 4 (April 2008) pp. 82–90.

[2] Hugh Davidson, *The Committed Enterprise: How to Make Vision and Values Work* (Oxford: Butterworth Heinemann, 2002); W. Chan Kim and Renée Mauborgne, "Charting Your Company's Future," *Harvard Business Review* 80, no. 6 (June 2002), pp. 77–83; James C. Collins and Jerry I. Porras, "Building Your Company's Vision," *Harvard Business Review* 74, no. 5 (September–October 1996), pp. 65–77; Jim Collins and Jerry Porras, *Built to Last: Successful Habits of Visionary Companies* (New York: HarperCollins, 1994); Michel Robert, *Strategy Pure and Simple II: How Winning Companies Dominate Their Competitors* (New York: McGraw-Hill, 1998).

[3] Davidson, *The Committed Enterprise,* pp. 20 and 54.

[4] As quoted in Charles H. House and Raymond L. Price, "The Return Map: Tracking Product Teams," *Harvard Business Review* 60, no. 1 (January–February 1991), p. 93.

[5] Sitkin, S., Miller, C. and See, K., "The Stretch Goal Paradox", *Harvard Business Review,* 95, no. 1 (January–February, 2017, pp. 92–99.

[6] Robert S. Kaplan and David P. Norton, *The Strategy-Focused Organization* (Boston: Harvard Business School Press, 2001); Robert S. Kaplan and David P. Norton, *The Balanced Scorecard: Translating Strategy into Action* (Boston: Harvard Business School Press, 1996).

[7] Kaplan and Norton, *The Strategy-Focused Organization;* Kaplan and Norton, *The Balanced Scorecard;* Kevin B. Hendricks, Larry Menor, and Christine Wiedman, "The Balanced Scorecard: To Adopt or Not to Adopt," *Ivey Business Journal* 69, no. 2 (November–December 2004), pp. 1–7; Sandy Richardson, "The Key Elements of Balanced Scorecard Success," *Ivey Business Journal* 69, no. 2 (November–December 2004), pp. 7–9.

[8] Kaplan and Norton, *The Balanced Scorecard.*

[9] Ibid.

[10] Ibid.

[11] Information posted on the website of the Balanced Scorecard Institute, balancedscorecard.org (accessed October, 2015).

[12] Henry Mintzberg, Bruce Ahlstrand, and Joseph Lampel, *Strategy Safari: A Guided Tour through the Wilds of Strategic Management* (New York: Free Press, 1998); Bruce Barringer and Allen C. Bluedorn, "The Relationship between Corporate Entrepreneurship and Strategic Management," *Strategic Management Journal* 20 (1999), pp. 421–444; Jeffrey G. Covin and Morgan P. Miles, "Corporate Entrepreneurship and the Pursuit of Competitive Advantage," *Entrepreneurship: Theory and Practice* 23, no. 3 (Spring 1999), pp. 47–63; David A. Garvin and Lynne C. Levesque, "Meeting the Challenge of Corporate Entrepreneurship," *Harvard Business Review* 84, no. 10 (October 2006), pp. 102–112.

[13] Joseph L. Bower and Clark G. Gilbert, "How Managers' Everyday Decisions Create or Destroy Your Company's Strategy," *Harvard Business Review* 85, no. 2 (February 2007), pp. 72–79.

[14] Gordon Shaw, Robert Brown, and Philip Bromiley, "Strategic Stories: How 3M Is Rewriting Business Planning," *Harvard Business Review* 76, no. 3 (May–June 1998), pp. 41–50.

[15] David Collis and Michael Rukstad, "Can You Say What Your Stratgey Is?" *Harvard Business Review,* May 2008, pp. 82–90.

[16] Cynthia A. Montgomery, "Putting Leadership Back into Strategy," *Harvard Business Review* 86, no. 1 (January 2008), pp. 54–60.

[17] Jay W. Lorsch and Robert C. Clark, "Leading from the Boardroom," *Harvard Business Review* 86, no. 4 (April 2008), pp. 105–111.

[18] Ibid.

[19] Stephen P. Kaufman, "Evaluating the CEO," *Harvard Business Review* 86, no. 10 (October 2008), pp. 53–57.

[20] Ibid.

[21] David A. Nadler, "Building Better Boards," *Harvard Business Review* 82, no. 5 (May 2004), pp. 102–105; Cynthia A. Montgomery and Rhonda Kaufman, "The Board's Missing Link," *Harvard Business Review* 81, no. 3 (March 2003), pp. 86–93; John Carver, "What Continues to Be Wrong with Corporate Governance and How to Fix It," *Ivey Business Journal* 68, no. 1 (September–October 2003), pp. 1–5. See also Gordon Donaldson, "A New Tool for Boards: The Strategic Audit," *Harvard Business Review* 73, no. 4 (July–August 1995), pp. 99–107.

第 3 章

公司外部环境评估

:: 学习目标

通过本章的学习，你将能够：

1. 识别公司外部宏观环境中具有战略意义的要素。
2. 使用分析工具来诊断公司所在行业的竞争状况。
3. 绘制行业竞争对手所在的关键集团的市场地位。
4. 判断行业前景是否对公司的发展和盈利具有足够的吸引力。

无论采取什么行动，战略的目标都是在竞争中获胜。

——大前研一（Kenichi Ohmae），顾问、作家

只关注竞争的公司将会死亡，而关注价值创造的公司则会蓬勃发展。

——爱德华·波诺（Edward de Bono），顾问、作家

持续创新是击败竞争对手的最佳方式。

——托马斯·爱迪生（Thomas A.Edison），发明家、商人

在第 2 章，我们了解到战略制定、战略实施始于对公司现状的深刻洞察。公司现状与以下两个方面特别相关：①外部环境，最值得注意的是公司所在行业的竞争状况；②内部环境，特别是公司的资源和组织能力。

对公司的外部环境和内部环境进行深入分析，是管理者成功制定与公司状况相匹配的战略的先决条件，也是公司制胜战略的第一项测试。如图 3-1 所示，战略思维始于对公司内外部环境的诊断（基于此，确定公司长期发展方向，制定战略愿景），然后对最有前景的备选战略和商业模式进行评估，最后选定具体的战略。

图 3-1 从公司现状分析到战略选择

本章介绍在制定战略决策时需要考虑的与外部环境分析相关的概念和分析工具。本章主要关注宏观环境、公司运营的特定市场区域、驱动（环境）变化的因素、竞争对手的市场地位与可能的行动，以及决定竞争成败的因素。在第4章，我们将探讨评估公司内部环境和竞争力的方法。

对一个公司的行业和竞争环境进行战略思考，需要使用一些经过验证的概念和分析工具来获得以下7个问题的明确答案：

（1）宏观环境因素和行业特征是否为卖方提供了增长的机会和有吸引力的利润？

（2）行业成员面临什么样的竞争力量，每种力量有多强？

（3）什么力量在推动行业变革，这些变革将对竞争强度和行业利润率产生什么影响？

（4）行业竞争者占据什么样的市场地位，谁的地位牢固，谁的地位不牢固？

（5）竞争对手接下来可能会采取什么战略行动？

（6）竞争成功的关键因素是什么？

（7）行业是否具备良好的盈利前景？

通过对这些问题进行分析，找到答案，是战略与外部形势有效匹配的先决条件。本章的其余部分将专门介绍获得这7个问题可靠答案的方法。

3.1 宏观环境分析

公司的外部环境包括直接的行业环境和竞争环境以及更广泛的宏观环境（见图3-2）。每一家公司所处的宏观环境均由6个要素构成：政治因素、经济因素（当地的、全国的、区域的、全球的）、社会文化因素、技术因素、环境因素（与自然环境相关的）和法律/制度因素。这些构成因素中的每一个都可能影响与公司相关的行业环境和竞争环境，其中有一些因素的影响力会更大一些。对这些要素作用的分析通常称为PESTEL分析，PESTEL是6个组成要素（政治、经济、社会文化、技术、环境、法律/制度）英文单词的缩写。

> **核心概念**
> **宏观环境**包括公司所处行业的大环境。

> **核心概念**
> **PESTEL分析**可用于评估宏观环境6个主要组成要素的战略相关性，这些要素包括政治、经济、社会文化、技术、环境和法律/制度。

由于宏观经济因素以不同的方式对不同行业产生不同程度的影响，对管理者来说，判断哪些是公司外部最具有战略意义的影响因素是很重要的。具有战略意义的影响因素是指会对公司长期发展方向、目标、战略和商业模式的决策产生影响的因素。图3-2中那些外围因素对公司战略选择的影响范围从大到小不等。那些可能产生较大影响的因素应得到最密切的关注，针对变化相对缓慢或对公司经营环境的影响相对有限的因素，公司仍然要密切关注，因为它们的影响力可能会发生变化。

例如，当严格的联邦银行新法规公布时，银行必须迅速调整其战略和贷款业务，以符合规定。卷烟生产商必须适应新的禁烟法令、政府征收更高的卷烟税的决定、越来越多的与吸烟相关的文化歧视以及新兴的电子烟技术。住房建设行业受到诸如家庭收入和购买力趋势、使购房者更容易或更难获得抵押贷款的规章制度、抵押贷款利率的变化、家庭对租房和拥有住房偏好的变化，以及购买者对住房大小、风格、价位偏好的变化的影响。食品加工、餐饮、体育和健身行业的公司在制定战略时，必须特别关注人们在生活方式、饮食习惯、休闲时间偏好，以及对待饮食搭配和健身态度等方面的变化。表 3-1 是关于宏观环境的构成要素，以及它们对部分行业或公司可能造成的影响。

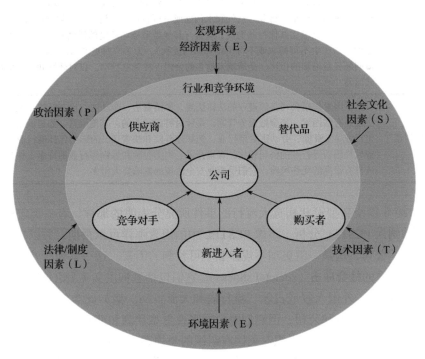

图 3-2　公司宏观环境的组成要素

表 3-1　宏观环境的六大构成要素

构成要素	描述
政治因素	相关政治因素包括税收政策、财政政策、关税、政治氛围，以及联邦银行系统等机构的实力。有些政治政策对某些类型的行业影响更大。例如，能源政策对能源生产商和高能耗企业的影响明显更大
经济因素	经济因素包括总体经济环境和一些具体因素，后者如利率、汇率、通货膨胀率、失业率、经济增长率、贸易赤字或盈余、储蓄率和人均国内生产总值等。有些行业（如建筑业）特别容易受经济衰退的影响，但是低利率等会对其产生正面影响；其他一些行业（如折扣零售业），当总体经济环境恶化时，由于消费者对价格会更敏感，这些行业反而受益
社会文化因素	社会文化因素包括社会价值观、态度、文化影响、对特定产品和服务的需求有影响的生活方式，以及人口统计因素，如人口规模、人口增长率和年龄分布等。社会文化因素因地而异，随时间而变化。例如，追求更健康的生活方式的趋势，人们的支出转向在运动设备和健身俱乐部上花费更多，并远离酒精和垃圾食品。人口统计方面呈现出人们活得更长寿这一结果对医疗保健、疗养院、旅游业、酒店业和娱乐业产生了巨大的影响
技术因素	技术因素包括技术变革的速度以及对整个社会产生广泛影响的技术开发，如基因工程、纳米技术以及太阳能技术。它们包括参与创造新知识和控制技术使用的机构，涉及研发联盟、大学主办的技术孵化器以及专利法和版权法、政府互联网监管。技术变革能催生新行业，如无人机、虚拟现实技术（VR）、可穿戴连接设备。正如云计算、3D 打印和大数据解决方案一样，它们也能颠覆其他行业（如胶片相机、音乐光碟）

（续）

构成要素	描述
环境因素	包括生态和环境因素，涉及天气、气候、气候变化和一些相关因素，如水灾、火灾以及水资源短缺。这些因素能直接影响一些行业，如保险业、农业、能源生产和旅游业。它们也可能对另一些行业产生一些间接却重大的影响，如运输和公共事业。环境考虑的相关性源于这样一个事实，即某些行业对空气和水污染或不可替代自然资源的枯竭抑或对能源/资源使用效率低下的贡献比其他行业更大，或者与其他类型破坏环境的活动密切相关（不可持续的农业做法，产生不可回收或不可生物降解的废物）。为了应对更严格的环境法规以及公众对环境问题日益增加的担忧，全球越来越多的公司正在采取行动，以对环境和生态更加负责的方式运营
法律/制度因素	这些因素包括公司必须遵守的法律法规，如消费法、劳动法、反垄断法、职业健康与安全法规。有些因素，如金融服务管制，是针对特定行业的。其他因素，如最低工资法案，对特定行业（工资低、劳动密集型行业，例如疗养院和快餐店）的影响比其他行业更大。与零售或软件编程等行业的公司相比，煤炭开采、肉类包装和炼钢等行业的许多工作都具有危险性或具有很高的受伤风险，它们受职业安全法规的影响要大得多

正如 2020 年围绕新型冠状病毒大流行的事件所充分表明的那样，有一类宏观层面的外部因素没有被纳入 PESTEL 分析。不像 PESTEL 中的因素那样可以预期，并以一种持续和可预见的方式影响公司，这是一组更加不规律和不可预测的因素。这一系列额外的因素可以被认为是对宏观环境的**社会冲击**（societal shocks），它们包括恐怖主义（无论是通过国内还是国外的代理人）、内战、外国入侵或占领、流行病和大流行病。诸如此类的社会冲击也在不同程度上影响着不同的行业和公司，但它们对公司来说更难预测和准备，因为它们往往在开始时几乎没有任何预警。"基地"组织对美国有组织的恐怖袭击现在被称为"9·11"事件（因为它们发生在 2001 年 9 月 11 日）就是一个例子。这些袭击对经济产生了重大影响，不仅在美国国内，而且对世界市场也是如此。纽约的公司遭受了巨大的损失，特别是那些在世界贸易中心大楼内和附近的公司。受到巨大影响的行业包括航空业和出口业，前者不得不将运能削减近 20%。专栏 3-1 说明了另一个这样的社会冲击——2020 年的新型冠状病毒大流行——如何对行业、企业、地区和国家产生不同的影响。

 专栏 3-1　2020 年新型冠状病毒大流行的差异化影响

虽然世界已经经历了其他一些大流行病，包括西班牙流感（在 1918—1919 年造成约 2 000 万～5 000 万人死亡），但 2020 年的新型冠状病毒大流行被预测为更具破坏性。这不仅是因为全球化导致的世界各区域之间联系更加紧密，而且还因为引发大流行的病毒，即 Covid-19，更易传播。到 2020 年 4 月 1 日，尽管这种病毒在世界上一些人口最多的国家尚未达到顶峰，但全球已有超过 31 000 人死亡。

该病毒于 2020 年 1 月上旬被确定为新病毒，迅速传播到全球各地，到 3 月底至少达到 170 个国家。不同的国家以不同的速度受到该大流行病的影响，并以不同的方式处理该危机。受 Covid-19 影响较大的国家包括中国、意大利（截至 2020 年 4 月 1 日，死亡人数占 1/3）、西班牙、法国、伊朗和美国。意大利的高死亡率可能部分是出于人口统计学的原因，其年长的人口更容易受到这种疾病的影响。但与韩国利用大规模检测来识别和控制疾病传播不同，意大利未能进行大规模检测。美国也发现自己没有足够的测试工具来实施韩国的战略，这种情况因特朗普政府在 3 月前淡化威胁的严重性而变得更加严重。

尽管美国出台了 2 万亿美元的财政刺激计划以及其他地方正在应对其经济后果的类似措施，但这种流行病的经济影响是灾难性的。随着国际投资枯竭、旅游业崩溃以及对大宗商品的需求下降，新兴市场似乎注定要承受大部分冲击。即使是富裕的国家也不能免于可怕的后果。不同的部门和行业受到不同程度的影响。在美国，酒店业和运输业以及零售、石油和天然气、体育直播和其他形式的娱乐业受到重创。小公司和低利润行业尤为脆弱，它们几乎没有能力承受如此严重的衰退。一些行业，例如医疗保健、在线零售和送货服务，却供不应求，尤其是在供应链中断的情况下。许多大公司通过转向生产满足人们所需的医疗保健用品来应对危机。通用、福特和其他汽车制造商帮助生产急需的呼吸机，而醒拓手工伏特加（Tito's Handmade Vodka）和狄龙酿酒厂（Dillon's Distillery）等开始生产洗手液。印地纺集团（Inditex）及旗下 Zara 品牌和洛杉矶服装公司（Los Angeles Apparel）等时装公司将其生产能力转向生产病号服和口罩。几乎没有一家公司不受大流行病的影响，但那些迅速采取措施以保持敏捷、控制成本、最大限度地减少失业、支持工人和供应商并加入抗击危机努力中的公司最有能力渡过难关。

资料来源："Timeline: How the new coronavirus spread", Aljazeera news, March 29, 2020; "These companies are switching gears to help address coronavirus shortages", by Chloe Hadavas, Slate, March 23, 2020; SlateStatista.com（访问于 2020 年 4 月 1 日）.

公司管理者在对外部环境进行扫描时，必须对外部环境中的状况与变化保持警惕（无论是社会冲击的形式还是 PESTEL 分析的组成部分），评估它们的作用与影响，并根据需要调整公司的方向和战略。但是，公司外部环境中对战略制定产生最大影响的因素通常与公司当前所处的行业和竞争环境有关。因此，本章重点关注公司的行业和竞争环境（见图 3-2）。

3.2　评估行业和竞争环境

在了解行业的总体经济特征后，应关注行业的竞争动态。这需要使用一些经过充分验证的概念和分析工具，包括五力模型、价值网络、驱动力、战略集团、竞争对手分析和关键成功因素。恰当地使用这些分析工具，可以为管理者们提供关于制定适合公司所处行业环境战略的所需信息。本章的其余部分将介绍管理者如何使用这些工具来传达和改进他们的战略选择。

3.2.1　五力模型

不同行业中竞争力量的特征和强度各不相同。五力模型是评价市场竞争力强弱的最有效的、使用最广泛的工具。[1] 如图 3-3 所示，该模型认为一个行业中的竞争压力来自五个方面，它们包括：①来自现有竞争者的竞争；②来自行业潜在新进入者的竞争；③来自替代品生产者的竞争；④供应商的议价能力；⑤购买者的议价能力。

运用五力模型来确定一个行业竞争状况的性质和强度包括以下三个步骤。

- 第一步：确定每种竞争力量所涉及的不同主体，以及导致每种竞争压力的具体因素。
- 第二步：评估构成每一种力量所带来的压力的强度（强、中、弱）。
- 第三步：判断五种力量整体上能否为行业带来高盈利能力。

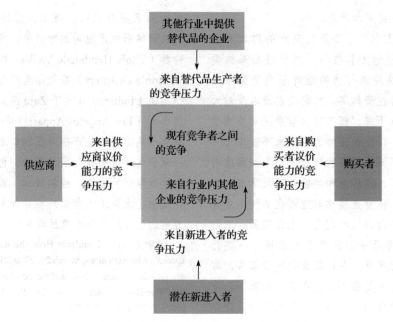

图 3-3　行业竞争分析的五力模型：一种重要分析工具

资料来源：改编自 M. E. Porter, "How Competitive Forces Shape Strategy", *Harvard Business Review* 57, no. 2 (1979), pp. 137-145; M. E. Porter, "The Five Competitive Forces That Shape Strategy", *Harvard Business Review* 86, no. 1 (2008), pp. 80-86.

3.2.2　竞争对手之间竞争所带来的竞争压力

　　五种竞争力量中最强的力量往往是现有竞争者之间在产品和服务上为争夺购买者而展开的竞争。行业中现有竞争者的竞争强度取决于许多可识别的因素。图 3-4 概括了这些因素，指出了哪些因素强化或弱化了行业内现有竞争者之间的竞争压力。

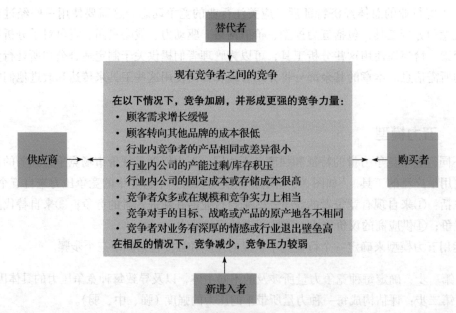

图 3-4　影响竞争强度的因素

这些因素为何会影响竞争的强度，原因如下：

- 当消费者需求增长缓慢或下降时，竞争加剧。顾客需求快速扩大为行业内所有成员带来了足够的新业务，它们不必与竞争对手争夺顾客资源就能实现增长。但是，在顾客需求缓慢增长或萎缩的市场中，公司就需要竭尽全力地通过打折、促销或其他策略，来争夺竞争对手的市场以提升销量和获取更多业务，有时候甚至会触发一场争夺市场份额的激战。

- 当消费者转向其他产品的成本较低时，竞争就会加剧。消费者从一个品牌转向另一个品牌的成本越低，卖家就越容易从竞争对手那里抢夺顾客。当品牌的转换成本很高时，顾客就不容易转换品牌，卖家会在竞争中免受敌对行为的侵害。转换成本不仅包括货币成本，还包括转换品牌带来的时间、不便和心理等方面的成本。举例来说，零售商不会轻易转向竞争对手的品牌，因为它们不愿意放弃长期以来所建立的供应关系，或不愿意承担员工再培训、获取技术支持、测试新品牌质量和可靠性的额外费用。因为对某个品牌产生了情感依恋，消费者可能不会更换品牌（例如，如果你认同哈雷摩托车品牌和生活方式）。

- 当与竞争对手的产品差异不大时，竞争就会加剧。当竞争对手之间提供的产品相同或者只有微弱的差异时，顾客没有理由来保持品牌忠诚度，这使得竞争对手更容易吸引顾客转向它们的产品和服务。而且，当不同竞争对手都提供几乎相同的产品时，顾客就会根据价格来选择产品，这会导致竞争者之间激烈的价格战。另外，竞争对手之间提供差异化大的产品会使消费者产生很强的品牌忠诚度，因为许多顾客会认为某种品牌的属性更加富有吸引力，或者更能满足他们的需求。

- 当行业内企业库存过多或产能过剩，特别是当产品固定成本或储存成本过高时，竞争就会加剧。无论何时，当市场供应过剩（产量超过市场需求），竞争者各自试图通过降价来清理未售出的库存时，竞争就会加剧。当产品易腐蚀、季节性强时，也会产生这样的效应，这是由于公司会大幅度降价以确保所有商品能够售罄。同样，当固定成本在总成本中占的比重很大，单位成本在满负荷生产时显著降低时，一旦低于满负荷，公司就会面临大幅降价的压力。未使用的产能会导致成本显著增加，这是因为用来分摊固定成本的产量少了。过高的固定成本和储存成本的压力会使得竞争对手采用价格优惠、特殊折扣、回扣和其他提升销量的竞争策略。

- 随着竞争者的数量增加，它们在规模和能力上的差距逐渐减小，竞争加剧。当市场上有很多竞争者时，公司往往会通过降价活动来获取市场份额，从而导致竞争加剧。当只有少数几个竞争者时，公司就会更加谨慎，担心竞争对手可能会对它们夺走市场份额的企图做出何种反应。有的公司担心被报复和陷入价格战，因此会在战略举动上有所克制。另外，当竞争对手在规模和能力上相当时，它们通常可以在相对公平的基础上展开竞争——与一个或某几个在市场份额、资源上拥有绝对性优势的竞争者所参与的竞争相比，一场势均力敌的竞争往往会更加激烈。

- 竞争企业的长期发展方向、目标、战略和原产地方面越多样化，竞争就越激烈。多样化的竞争群体通常包含一个或更多的特立独行者，他们愿意尝试新颖的方法或打破市场规则，从而创造更活跃、更难以预测的竞争环境。全球性竞争市场往往竞争压力更大，尤其是当市场攻击者成本较低，想要在新进入国家的市场中获得强大的立足点时。

- 当退出壁垒很高导致亏损的公司无法退出时，竞争就会加剧。在资产不容易变卖或难以转化为其他用途，工人享有工作保护权或所有者因个人原因必须保留该项业务的行业中，失败的公司往往会比其他公司经营的时间更长——即使是在他们正在亏损的时候。这种价格的大幅折扣可能会破坏一个原本具有吸引力的行业。

整体而言，可以根据之前所述的因素判断竞争强度是强、中，还是弱。当竞争强度强时，争夺市场份额的竞争就非常激烈，以至于行业内大多数公司的利润率被挤压到极低的水平；当竞争强度中时，这是一种更普遍的状态，虽然对手之间有钩心斗角的现象，但它们之间的竞争是具有活力且健康的，因而行业中的大多数公司还是能够赚取可接受的利润；当竞争强度弱时，行业中的大多数公司对它们的销售增长率和市场份额比较满意，很少采取进攻性策略来争夺顾客。竞争压力弱，意味着行业盈利能力因这一特定的竞争力量而没有下降的压力。

3.2.3　竞争武器的选择

竞争对手之间的竞争会产生许多价格竞争之外的其他竞争形式。举例来说，竞争者会借助一些营销手段，比如别出心裁的促销方式、重磅广告、回扣或低利率融资来增加销量。竞争者可以通过提供更好的性能特征、更高的质量、更好的顾客服务、更多的产品供顾客选择等方式来使产品差异化，从而与对手展开竞争。它们也可能通过快速推出新一代产品、频繁改进产品或发布新产品，努力构建更大的经销商网络，打开国外市场，或者扩大分销能力和市场占有率等手段来进行竞争。表 3-2 展示了竞争者采取的一些竞争手段，以及他们对价格（P）、成本（C）和价值（V）的主要影响，其中价值－价格－成本框架和有效商业模式的组成要素，我们在第 1 章中已经进行过讨论。

表 3-2　常见的"竞争武器"

竞争武器的类型	主要作用
价格折扣，清仓甩卖	降低价格（P），提升总销量和市场份额，如果销量的大幅增加不能抵消价格的大幅降低带来的影响，公司的利润就会降低
优惠券，为折扣商品做广告	增加总销量和总收入，降低价格（P），增加单位成本（C），可能会降低单位利润率（P-C）
大力宣传产品和服务特性，投放广告来强化公司形象	提高买方需求量，增加产品差异性和感知价值（V），增加总销量和市场份额，但可能增加单位成本（C）或降低单位利润率
通过创新来提升产品性能和质量	增加产品差异性和价值（V），提高顾客需求量，增加总销量，可能增加单位成本（C）
引进新的或改进的功能，增加产品类型以提供更好的产品选择	提高产品差异性和价值（V），延伸顾客需求，提升总销量和市场份额，可能增加单位成本（C）
增强产品或服务的定制化	提高产品差异性和价值（V），增加买方转移成本，提高总销量，通常增加单位成本（C）
建立一个更大、更优的经销商网络	拓宽接触顾客的渠道，提升总销量和市场份额，可能增加单位成本（C）
提高品质担保，提供低息融资	提高产品差异性和价值（V），增加单位成本（C），增加买方转换成本，提升总销量和市场份额

3.2.4　与新进入者的威胁有关的竞争压力

一个行业的新进入者会威胁到竞争对手的地位，因为它们将会激烈地争夺市场份额，增加行业内竞争对手的数量，并在此过程中增加行业的产能。但是，即使新进入的威胁也给行业内现有的公司带来了更多的竞争压力，从而成为一股重要的竞争力量。这是因为可信的进入威胁往往促使行业内公司降低价格并采取防御措施以试图阻止新进入者。在一个特定市场上，进入威胁的严重程度取决于两类因素：①进入壁垒的高低；②行业在位企业对新进入者的预期反应。

进入壁垒的高低。 如果行业中在位企业能够通过大幅降价和其他旨在使新进入者无利可图（取决于对这类报复的预期）的举措对新进入者进行打击，那么该行业新进入者的威胁很低。当进入壁垒较高时（由于这些壁垒存在），新进入者的威胁也较低。在以下条件下，进入壁垒很高：[2]

- 生产、分销、广告和其他活动中存在相当大的规模经济。当在位企业享有大规模运营所带来的成本优势时，新进入者必须要么大规模进入（成本高昂且可能存在风险），要么接受成本劣势进而降低盈利能力。
- 在位企业具有新进入者难以复制的成本优势。除了享有规模经济之外，行业现有公司还拥有成本优势，这些优势源于拥有专利或专有技术、与最佳和最廉价的供应商建立独家合作伙伴关系、有利的地理位置以及较低的固定成本（因为他们的设备大多已老化贬值）。公司可以从执行某些活动中积累经验，如生产制造、新产品开发或库存管理等，通过学习也能节省成本。成本节省的程度可以用学习／经验曲线来衡量。学习／经验曲线越陡，拥有最大累计产量公司的成本优势就越大。微处理器行业就提供了一个很好的例子：

  微处理器的单位制造成本在每次累计产量翻一番时下降约 20%。根据 20% 经验曲线效应，如果前 100 万个芯片单位成本为 100 美元，一旦产量达到 200 万个，单位成本将降至 80 美元（100 美元的 80%），如果产量达到 400 万个，单位成本将降为 64 美元（80 美元的 80%）。[3]

- 客户具有强烈的品牌偏好，对企业有高忠诚度。购买者对品牌的依赖程度越强，新进入者进入市场就越困难。在这种情况下，新进入者必须有足够的财力来进行广告和促销，以降低消费者对原有品牌的忠诚度，并建立自己的客户群。建立品牌认可度和顾客忠诚度需要大量的时间和金钱投入。另外，如果让顾客转移到一个新的品牌需要花费较大的成本，则新进入者必须通过折扣价格或其他方式来证明这种品牌值得消费者支付转移成本。这些壁垒阻碍了新进入者的进入，因为它们提高了新进入者的财务需求，并降低它们的预期利润。
- 专利和其他形式的知识产权保护已经到位。在许多行业中，由于在位企业在特定的年限内受知识产权保护法保护，阻止了新进入者的进入。通常情况下，公司通过"专利墙"来防止其他公司采用复制关键技术的"模仿"策略（"me too" strategy）。
- 顾客需求存在强烈的"网络效应"。在一些行业中，消费者倾向于被那些有较多人使用的产品吸引，这就是所谓的"网络效应"，因为用户网络越大，消费者需求也越旺盛。视频游戏系统就是一个例子，玩家会选择和他们的朋友使用同一系统，以便他们能够在同一个系统一起玩游戏并分享交流。当在位企业拥有庞大的用户基础时，新进入者的同类产品在吸引顾客方面就明显处于劣势。

- 资本需求高。成功进入市场所需的总投资额越高，潜在进入者的数量就越有限。对新进入者来说，最主要的资本需求涉及生产设施和设备、广告宣传和折扣促销活动、为库存和客户信贷提供资金的营运资金，以及足够多的现金来支付启动成本。
- 难以建立分销或零售网络，或者难以确保足够的零售货架空间。潜在新进入者会在分销渠道方面面临巨大的挑战。批发商可能不愿代理那些得不到顾客认可的产品。新进入者必须招募并说服零售商给予新品牌足够的陈列空间和充足的试用期。如果现有公司拥有强大的、运转良好的分销商网络，新进入者很难进入这个分销渠道。新进入者有时不得不通过降低价格使经销商和分销商获得更高的利润空间，或者以给他们大量的广告和促销补贴的方式挤进现有的分销渠道。这样的结果是，潜在进入者的利润可能会被榨干，直到产品能被足够多的顾客接受，这样才能得到分销商和零售商的支持。
- 限制性的管制政策。受管制的行业，如有线电视、通信、电力和燃气设施、广播电台和广播电视、酒类产品零售、核能源和铁路等，都需要政府的准入。政府机构通过颁发许可证和颁布有关政策来限制或禁止企业进入，比如纽约出租车运营需要有执照和许可证。政府颁布的安全法规和环境污染标准也会导致企业进入成本增加，从而形成进入壁垒。最近许多国家颁布的银行条例使新成立的小型银行尤其难以进入——遵守这些新条例并与现有银行展开激烈竞争需要非常雄厚的资金实力。
- 限制性的贸易政策。在国际市场上，东道国政府通常限制外国公司进入，并且必须批准所有的外国投资申请。各国政府一般运用关税和贸易限制（反倾销法规、本土化要求、配额等），来提高外国公司的进入壁垒，以保护国内生产者免受外来公司的竞争。

行业在位企业对新进入者的预期反应。影响进入威胁的第二个因素与行业在位企业的能力和意愿有关，它们会推出强大的防御策略，以维持自己的地位，并使新进入者更难成功竞争和盈利。如果潜在进入者断定在位企业会投入大量资金发起活动以阻止（甚至挫败）新进入者们试图通过获得足够大的市场立足点来成功竞争，那么他们在尝试进入时就会重新考虑。这类活动包括表 3-2 中列出的任何"竞争武器"，如增加广告支出，为试图吸引的客户提供特别的价格折扣，或者添加有吸引力的新产品功能（以匹配或击败新进入者的产品提供）。此类行动会增加新进入者的进入成本和失败风险，降低进入前景的吸引力。结果就是，仅仅是行业在位企业对新进入者竞争的预期就足以阻止进入者。例如，我们有理由相信，微软会极力捍卫 Windows 在计算机操作系统中的地位，以及 Office 在办公软件中的地位。这可能有助于微软持续主导这一市场空间。

然而，在某些情况下，行业在位企业并没有足够强大的竞争力来阻止潜在进入者进入，或在新进入者的道路上设置障碍以击败潜在进入者进入该行业。例如，在餐饮行业，在一个特定的地理位置上，现有的餐馆几乎没有办法阻止新餐馆的开业，或者阻止它吸引足够多的顾客来盈利。像耐克这样的劲敌也无法阻止新进入者安德玛在运动服装领域的销售和市场份额迅速增长。此外，在某些情况下，行业在位企业可能会避免采取或发起任何旨在与新进入者进行竞争的行动。在大的行业中，小型初创公司的进入通常不会对现有行业构成立即或直接的竞争威胁，它们的进入也不太可能引发在位企业的防御行动。例如，一个新的在线零售商，年销售额可能在 500 万～ 1 000 万美元之间，可以合理地期望其不会受到来自销售类似商品的更大在线零售商的竞争报复。新进入者的进入对现有行业的销售和盈利能力的负面影响越小，潜在的进入者就越有理由相信，行业内在位企业不会采取防御性反应。

图 3-5 总结了导致来自新进入者的竞争压力强弱的因素。分析这些因素，通常可以帮助管理者判断新进入者对行业的威胁是高还是低。但是，某些类型的公司——那些财政资源规模大、具有可信的竞争力和拥有受人尊敬的品牌的公司——即使进入壁垒很高也可能有能力克服这些壁垒。[4] 例如，当本田选择进入美国割草机市场时，面对美国托罗（Toro）、斯内普（Snapper）、美国工匠（Craftsman）、约翰·迪尔（John Deere）和其他公司的竞争，它轻易就克服了那些可能阻碍新进入者的进入壁垒，因为它在汽油发动机方面拥有长期的专业知识、在汽车质量和耐用性方面享有盛誉，这些都使得它立刻就赢得了房屋业主（产品使用者）的信任。因此，本田在吸引零售商来经营该公司的割草机业务或吸引顾客上的花费相对较少。同样，由于在电视、DVD 播放器和其他电子产品领域的品牌声誉，三星在进入智能手机市场方面获得了很强的信任——三星的 Galaxy 智能手机如今已成为苹果 iPhone 的强大竞争对手。

> **贴士 3-1**
>
> 即使是高进入壁垒也不足以阻止某些类型的进入者：它们拥有的资源和能力能够让它们跨越或绕过这些壁垒。

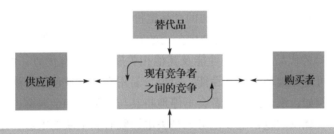

图 3-5　影响新进入者威胁的因素

一个行业的进入壁垒会随着时间的推移变强或变弱，认识到这一点也是很重要的。例如，一旦阻止潜在进入者进入功能性 3D 打印机市场的专利到期，进入该行业的竞争将愈加激烈。另外，在位企业实施的新的战略行动，如增加广告投放、加强经销商-零售商关系、加强研发以及提高产品质

> **贴士 3-2**
>
> 当前行业壁垒高，进入威胁低并不意味着未来也是如此。

量等，可能会为进入市场设置更高的壁垒。

3.2.5 来自替代品经销商的竞争压力

当消费者把两个行业的产品看作很好的替代品时，身处其中某一行业的公司更容易感受到竞争压力。替代品不包括行业内的其他品牌，这种压力来自行业外部。来自行业外的替代产品是指那些像行业内的产品一样可以为消费者实现相同或类似功能的产品。例如，眼镜和隐形眼镜的生产商面临着来自从事激光矫正手术的医生的竞争压力。与之类似，食糖生产商面临来自糖的替代品（高果糖玉米糖浆、龙舌兰糖浆和人造甜味剂）生产者的竞争压力。通过互联网提供的新闻信息给报纸出版商带来了残酷的竞争压力。智能手机制造商通过在其手机上安装更好的相机，大幅削减了手持式数码相机制造商的销量——现在大多数智能手机用户使用手机拍照，而不是携带数码相机拍照。

如图 3-6 所示，来自替代品的竞争压力的强弱取决于三个因素。在以下情况下，竞争压力更大：

（1）好的替代品很容易买到且价格诱人。容易买到且价格诱人的替代品在不侵蚀本行业整体销量的情况下为行业内公司的产品定价设置了一个上限，从而创造了竞争压力。同时，这个价格上限限制了行业内公司的利润，除非它们找到降低成本的方法。

（2）购买者认为替代品在质量、性能及其他相关属性方面有优势。由于替代品的存在，消费者不可避免地还会对其性能、特色、易用性，以及包括价格在内的其他属性进行比较。例如，纸盒的使用者会不停地将其与塑料盒和金属罐进行性价比方面的权衡。电影发烧友们越来越多地考虑是去电影院看新上映的电影，还是等到他们可以通过 Netflix、亚马逊 Prime、有线电视服务提供商和其他点播渠道观看时再看。

（3）购买者转向替代品的成本很低。低转换成本使得富有吸引力的替代品的卖家更容易吸引到消费者；高转换成本会阻碍消费者购买替代品。

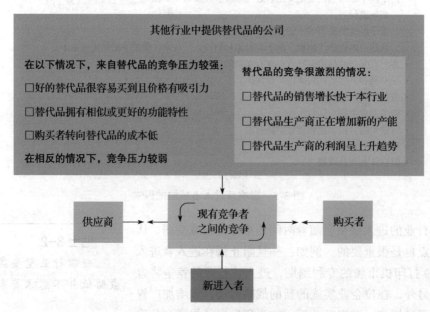

图 3-6 影响替代品竞争压力的因素

一些表明替代产品的竞争压力增强的信号包括：①替代品的销售增长速度是否快于行业的销售增长速度；②替代品生产商是否投资增加产能；③替代品的生产商是否逐步获得更高的利润。

在评估来自替代品的竞争压力之前，公司管理者必须识别哪些产品是替代品，这没有听上去那么容易，因为它涉及：①确定行业边界；②搞清楚哪些产品和服务与本行业内公司的产品和服务所满足的基本顾客需求是一样的。要确定哪些公司是直接竞争者，哪些公司是替代品生产者，就需要确定行业边界。这是视角的问题，没有硬性规定，只是说其他品牌的相同产品构成了竞争产品而不是替代品。最终，哪些可以成为好的替代品，仅仅是由购买者决定的。

3.2.6 来自供应商议价能力的竞争压力

来自行业供应商的竞争压力的强弱，取决于供应商是否有足够的议价能力来获取有利于自身的供应条款和条件的程度。议价能力强的供应商能够给行业内公司带来竞争压力，因为它们有能力向行业内公司收取更高的价格，将成本转移给行业内公司并使其难以找到更好的交易机会。例如，微软和英特尔都为个人电脑（PC）制造商提供关键零部件，它们利用自己在市场上的主导地位，不仅向 PC 制造商收取高价，还以其他方式施加其对 PC 制造商的影响力。这两家供应商对其购买商的议价能力是如此之强，以至于它们多次面临反垄断指控。在达成终止这一做法的法律协议之前，微软曾向 PC 制造商施压，要求它们制造的电脑只安装微软的软件。英特尔也曾为针对自己类似的反垄断指控辩护，但对于新推出的英特尔芯片，该公司在签单时仍将优先考虑使用英特尔芯片比例最高的 PC 制造商。成为英特尔优先客户的电脑制造商可以使用英特尔最新的芯片，从而让 PC 制造商能够赶在竞争对手之前推出新机型。

小型零售商不得不与拥有知名品牌的大型公司展开竞争，这是因为消费者在零售店进行购物的时候希望能够找到这些（知名）产品。这使得生产商拥有了一定的定价权并能够争取到对公司有利的货架进行商品展示。有些行业的工会能够把劳动力（劳动力的供应方）组织起来，因此该行业的供应商议价能力也是一个竞争因素。例如，飞行员工会已经利用它们的议价能力来增加航空运输业飞行员的工资和福利。美国最大的医疗保健工会的影响力越来越大，这为疗养院带来了更好的工资和工作条件。

如图 3-7 所示，诸多因素决定了供应商议价能力的强弱。在以下情况下，供应商议价能力更强：

- 供应商产品的需求旺盛或产品供给短缺。对某一特定产品的需求激增，议价能力会转向这些产品的供应商；供给短缺产品的供应商具有定价权。
- 供应商提供的产品（投入品）具有差异性，能够提升本行业产品的性能。某一特定投入品在提升公司所在行业产品的性能或质量方面的价值越高，供应商的议价能力就越强。相比之下，大宗商品的供应商议价能力较弱，因为行业内公司主要依据价格来选择供应商。
- 行业内公司很难转换供应商，或者转换供应商的成本较高。如果有供应商试图提高价格，且提价部分超出了转换成本，那么公司就能够转换供应商，低转换成本限制了供应商的议价能力。因此，行业内公司转换供应商的成本越高，它们的供应商的议价能力就越强。

- 供应商所在的行业由几家大公司主导，且供应商行业集中度比公司所在行业的集中度高。如果供应商的市场份额相当大，对它们的产品需求旺盛，通常它们就会拥有强大的议价能力，从而制定很高的价格，行业内公司要求其降低价格或提供其他优惠，通常会遭到拒绝。
- 公司无法通过后向一体化自主生产之前从供应商处购买的产品。按照惯例，客户自己制造（所需的零部件）是不会对供应商带来威胁的，除非客户需要的零部件的数量变得足够大，使得公司有充足的理由实施后向一体化来自己制造其所需的零部件。当行业内公司能够自己生产供应商的产品进而对供应商形成可信的威胁时，他们相对于供应商的议价能力就会相应增强。
- 供应商提供的产品在公司产品的成本中占有较小比重。某一特定零部件的成本对于产品成品的影响越大，公司对供应商提高或降低价格的反应就越敏感。当一项投入品只占总投入品成本的一小部分时，买家对价格上涨就不会那么敏感。因此，当供应商提供的原材料没有占成品成本的很大一部分时，它们的议价能力就会增加。
- 对于供应商提供的产品没有好的替代品。缺乏现有原材料的替代品增加了行业内公司对供应商的依赖程度，从而增加了对供应商的议价能力。
- 行业内公司不是供应商的主要客户。一般来说，如果供应商对一个公司的销售占了它总销售额的大部分，供应商的议价能力就比较弱。在这种情况下，供应商与其主要客户休戚与共，对它们的依赖程度也加强。那么，当供应商不与主要客户进行讨价还价时，它们的议价能力就会更强。

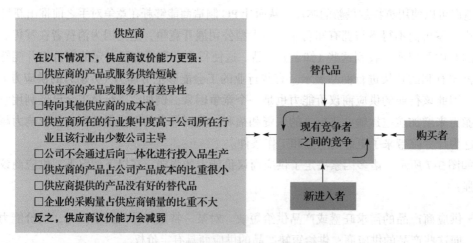

图 3-7 影响供应商议价能力的因素

在确定行业中供应商的议价能力时，认识到不同类型的供应商拥有不同的议价能力是很重要的。因此，对管理者来说，第一步就是识别供应商的类型，特别关注那些为行业提供重要投入品（原材料）的供应商。下一步是分别评估每一种类型的供应商的议价能力。

3.2.7 来自购买者议价能力和价格敏感度的竞争压力

购买者能否对行业内公司产生很强的竞争压力取决于：①购买者拥有多大的议价能力；②购买者的价格敏感度。议价能力强的购买者会要求公司提供更优惠的价格和支付条件或额外的性能和服务等，这就增加了行业内公司的成本，限制了行业的盈利能力。买家的价格敏感度使得公司难以提高价格，因为这会使得销量降低进而带来的收入下降，从而限制了公司的盈利能力。

与供应商一样，购买者在通过谈判获得有利的销售条款方面的影响力也不尽相同。个体消费者在与卖家谈判价格或其他优惠条款时，很少有议价能力。然而，他们对价格的敏感度因个人和所购买产品的类型而异（例如，是必需品还是非必需品）。同样地，小公司的议价能力通常较弱，因为它们与卖家的订单量较小。许多规模较小的批发商和零售商加入采购集团（buying groups），将购买力集中起来与制造商接洽，以获得比单独购买更好的条件。相反，大型公司买家则可能拥有相当强的议价能力。举例来说，像沃尔玛、百思买（Best Buy）、史泰博（Staples）和家得宝等大型零售商，在从供应商那里购买商品时通常拥有较强的议价能力，不仅因为它们购买量大，也因为制造商需要接触这些公司的庞大的客户群。一些像克罗格（Kroger）、艾伯森（Albertsons）、汉纳福德（Hannaford）和阿尔迪（Aldi）之类的大超市有足够的议价能力来向食品制造商索要促销补贴和一次性付款（称为进场费），这样这些大超市才会进某些品牌的货物，或将这些公司的产品放在最好的货架上。汽车制造商在向普利司通（Bridgestone）、固特异（Goodyear）、米其林（Michelin）、大陆（Continental）和倍耐力（Pirelli）等轮胎供应商购买原车轮胎时有较强的议价能力，一方面是因为它们购买量大，另一方面也是因为消费者在购买汽车时更可能购买与其所配备轮胎品牌相匹配的替换轮胎。将买方作为一种竞争压力分析的出发点是在价值链上识别不同类型的买家，然后分别分析每一种买家的议价能力和价格敏感性。重要的是要认识到，并不是一个行业产品的所有买家都有与卖家同等程度的讨价还价能力，有些买家可能对价格、质量或服务差异不那么敏感。

图 3-8 总结了决定行业中购买者议价能力的因素。其中列出了我们接下来讨论的提高买家议价能力的因素。需要注意的是，如下所述，前五个因素与决定供应商议价能力的要素是相对应的。

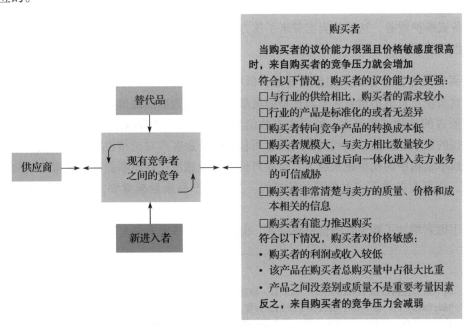

图 3-8 影响购买者议价能力的因素

以下情况下，购买者的议价能力较强：

- 相对于现有供给，购买者需求量不大。需求疲软或需求下降，以及由此带来的供应过剩形成了"买方市场"，其中逢低买进的买家（bargain-hunting buyer）会向行业内企业施加压力，要求它们提供更有利的交易条件和特殊的待遇。相反，较强的或迅速增长的市场需求形成"卖方市场"，其特点是供应紧张或短缺，这使得买家处于弱势地位，无法从企业那里获得让步。

- 行业中的产品是标准化的或差异性小。在这种情况下，购买者主要是基于商品价格进行选择，这会加剧供应商之间的价格竞争。

- 购买者转向竞争品牌或替代品的转换成本相对较低。转换成本为行业内的生产商设置了一个限度，决定了企业能够在多大程度上提升价格或降低质量而不至于失去顾客。

- 购买商规模庞大但数量相对于卖方来说较少。购买商规模越大，它们的业务对卖家越重要，卖家就越愿意让步。

- 购买者发出了通过后向一体化进入卖方所从事业务的可信威胁。像百威英博（Anheuser Busch InBev SA/NV）[一]等啤酒生产商，已经进行部分后向一体化开展金属罐生产业务，从而形成对其他规模很大的金属罐生产者的制衡，进而获得议价能力。

- 购买者充分了解卖方提供的产品（产品特性、质量、价格和顾客评价）和生产成本（价格指标）。购买者拥有的信息越多，就更有利于他们开展议价。网络上产品信息的迅速增长以及它在智能手机上的便捷访问提高了消费者的议价能力，因为他们可以利用这些信息找到或协商完成更有利的交易。现在，ShapSavvy 和 BuyVia[二]等应用程序让货比三家变得更加容易。

- 购买者可以自行决定推迟购买，甚至可能根本就不购买。如果消费者对所提供的价格不满意，他们通常可以选择推迟购买耐用消费品（汽车、主要电器等），或者拒绝购买非必需品（按摩服务、音乐会门票等）。企业客户也可以推迟购买某些项目，如工厂设备或维护服务。这就给卖家带来了压力，迫使它们向买家做出让步，这样就能避免销售数据下滑。

购买者是否都或多或少的价格敏感？ 低收入者和预算有限的消费者几乎总是对价格敏感；喜欢买便宜货的消费者天生对价格高度敏感。而因为商品的价格在大多数消费者的支出预算中所占的比例越来越大，所以大多数消费者对价格也更加敏感。同样地，被疲软的销售、激烈的竞争和其他挤压利润率的因素所包围的企业客户对价格也很敏感。随着商品成本在企业成本结构中的比例越来越大，企业对价格的敏感度也在不断提高。经常购买的商品价格上涨，会提高各类买家对价格的敏感性。另外，产品质量越重要，买家的价格敏感度就越低。

以下因素增加了购买者的价格敏感度，由此给行业带来了更大的竞争压力：

⊖ 旗下品牌包括百威（Budweiser）、莫尔森·康盛（Molson Coors）和喜力（Heineken）。

⊖ ShapSavvy 是一款利用手机摄像头来扫描标签，从而进行比价和交易的应用程序。BuyVia 是一个购物比价服务平台，提供比传统比价服务更全面的线下实体店产品价格信息，给消费者更多的购物选择。——译者注

- 当购买者的利润很低或者收入很少时，购买者的价格敏感度就会增加。对那些收入很低的消费者和勉强维持运营的公司来说，价格是其购买决策的关键考虑因素。在这种情况下，它们的高价格敏感度使得供应商难以收取高价。
- 如果企业的产品在购买者总购买量中占很大比重，购买者的价格敏感度就更高。如果一笔交易占了购买者预算或成本结构的大部分，在这种情况下买方就会更加关注价格。
- 当产品质量不是买家最关心的问题时，买方对价格更加敏感。当产品相对没有差别时，质量就不那么重要了，这导致买家更多地关注价格。但当质量影响性能，或可以降低企业买家的其他成本（节省人力成本或材料）时，价格就没那么重要了。

3.2.8　五种竞争力量的整体强度是否有利于实现良好的盈利能力

评估五力中的每一种力量是否会产生强、中或弱的竞争压力，为评估五力的整体强度能否带来良好的盈利能力奠定了基础。任何一种竞争力量都能削弱行业的盈利能力吗？在当前的竞争形势下，行业内的公司能根据现有竞争力量合理地预期可观的利润吗？

如果五种竞争力量均为行业内公司带来巨大的竞争压力，就会出现"极度没有吸引力"的行业这一极端例子：现有公司之间的竞争激烈，行业进入壁垒低，使得新进入者能够在市场中立足，来自替代品的竞争非常激烈，供应商和客户都具有相当大的影响力。来自这五方面的竞争压力使得行业利润低到不能接受的程度，使得大多数公司都遭受损失，迫使一些公司倒闭退出这个行业。然而，如果行业中这五种竞争力量都不是很强，这个行业可能缺乏竞争力。事实上，五种竞争力量中的一种就足以产生强烈的竞争压力来破坏行业利润并迫使一些公司退出该业务。

一般来说，最强的竞争力量决定了竞争压力对行业盈利能力的影响程度。因此，在对五种竞争力量的整体强度及其对行业盈利能力的影响进行评估时，管理者必须关注最强的那个竞争力量。即使有多个强大竞争力量的存在也不会加剧对行业盈利能力的影响，但这的确意味着该行业面临着多重挑战。从这个意义上说，拥有 3 ～ 5 个强大竞争力量的行业在竞争方面甚至更加"没有吸引力"。在轮胎制造、服装和商业航空等行业中，这种激烈的竞争尤为常见，从历史数据来看，这三个行业的边际利润是非常低的。

> **核心概念**
> 五种力量中最强大的那个决定了一个行业盈利能力下降的程度。

相反，当这五种竞争力量的总体影响中等或较弱时，行业中普通的公司都能合理地预期到可获得的可观利润和很好的投资回报，那么这个行业就"有吸引力"。能获得超额利润的理想的竞争环境是供应商和客户都处于弱势的谈判地位，没有好的替代品，较高的进入壁垒使得其他公司难以进入该行业，现有竞争者之间的竞争不激烈。对于那些经营不佳的公司来说，行业竞争弱是最好的，因为即使是它们也能勉强维持可观的利润——如果一家公司在行业竞争不激烈的情况下还不能获得可观利润的话，那么这家公司的业务前景确实堪忧。

3.2.9　将公司战略与竞争环境相匹配

运用五力模型逐步进行分析，不仅可以帮助战略制定者评估当前的竞争强度是否能带来良好的盈利能力，同时还能促进他们进行缜密的战略思考，从而更好地将公司战略与市场的竞争特性相匹配。实现公司业务战略与现行的竞争环境的有效匹配涉及以下两个方面的内容：

贴士 3-3
一家公司越能有效地避免竞争压力，使竞争向有利于公司的方向转变，通过战略定位抓住有利的发展机会，这家公司的战略就越有效。

（1）寻找途径使公司避免尽可能多的竞争压力。

（2）采取行动，通过改变驱动五种竞争力量的根本因素，使竞争力量向对公司有利的方向发展。

然而要在这两个方面取得进展，首先需要识别各种竞争压力，权衡每种竞争力量的相对强度，深入了解行业的竞争状况以选择适当的战略进行应对。

3.3　互补者与价值网络

并非所有行业成员之间的互动都必然具有竞争性。正如价值网络框架所展示的那样，有一些公司具有合作的潜力。与五力模型框架一样，价值网络包括对购买者、供应商和替代品的分析（见图 3-9）。但它与五力模型框架有几个重要不同。

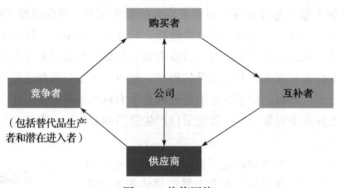

图 3-9　价值网络

首先，分析的重点是行业参与者与某一特定公司的互动。因此，如图 3-9 所示，它将该公司置于框架的中心（称为核心企业）。其次，"竞争对手"的类别不仅包括核心企业的直接竞争对手或行业竞争对手，还包括替代产品的卖方以及潜在进入者。最后，价值网络框架引入了一种新的行业参与主体，而这一类主体在五力模型框架中是没有的——互补者。**互补者**（complementor）是互补性产品的生产者，当互补产品与核心企业的产品在一起使用时，会提高公司产品的价值。例如，潜水镜和潜水用的脚蹼或鞋和鞋带的组合。

核心概念
互补者是互补产品的生产者，当补充产品与公司的产品在一起使用时，会提高公司产品的价值。

互补者的加入使人们关注这样一个事实，即市场上的成功不必以牺牲其他行业参与者为代价。合作而不是竞争是行业参与者之间互动的本质。就互补者来说，它们销量的增加有可能使得核心企业销量也会增加。但是，价值网络框架也鼓励管理者们考虑其他形式的合作互动，并意识到价值是由所有行业参与者共同创造的。例如，一家公司在市场上的成功依赖于为其投入要素建立可靠的供应链，这意味着需要与供应商建立合作关系。公司通常与供应商携手合作，以确保双方都能更顺利、更高效地运作。例如，纽威尔集团（Newell-Rubbermaid）和宝洁公司（P&G）作为沃尔玛（Walmart）、塔吉特（Target）和科尔士百货（Kohl's）等公司的供应商合作共事。即使是直接竞争对手，如果它们参与行业协会或进行联合游说活动，也可以进行合作。价值网络分析可以帮助管理者找到通过合作和竞争互动来提高他们地位的机会。

3.4 驱动变化的力量与行业动态

理解行业中竞争力量和合作力量的本质与强度至关重要，但同样重要的是明白这些力量的强度是不断发展且易于变化的。新进展和新趋势的出现改变了行业环境，所有行业都会受到影响，而有些行业的变化相对更为迅速一些。人们普遍认为，一个行业会经历起步（takeoff）、快速成长、成熟、市场饱和、增长放缓的生命周期，接下来是停滞或衰退，但这只是行业变化的一个方面，许多新进展和新趋势也会导致行业发生变化。[5] 管理层制定的任何战略都将在动态的行业环境中发挥作用，因此管理者必须考虑那些驱动行业变化的因素，以及它们是如何影响行业环境的。此外，如果能较早发现，管理者可能会影响环境变化的方向或范围，并改善发展前景。

行业和竞争环境的变化是因为竞争力量会对行业中某些参与者（竞争者、购买者、供应商和互补者）产生吸引力或竞争压力，在许多重要方面改变它们的行为。最强大的变革动因被称为**驱动力**（driving forces），因为它们在重塑行业格局和改变竞争状况方面具有最大的影响力。有些驱动力来源于宏观环境的外环（见图 3-2），而大多数来自与企业有更密切联系的行业和竞争环境。

驱动力分析有三个步骤：①识别驱动力因素有哪些；②从总体上评估变化的驱动因素是否使该行业更具吸引力；③确定需要做出哪些战略变化，以应对驱动力的影响。每一步都值得进一步讨论。

> **核心概念**
> **驱动力**是行业组织架构和竞争环境变化的主要原因。

3.4.1 识别驱动行业变化的因素

许多对行业有巨大影响力的发展都可以归为驱动力。有些驱动力比较独特且只适用于某些特定行业，但是行业变化和竞争性变化的大多数驱动力可以归为以下几类：

- 行业长期增长率的变化。行业增长率上下波动影响着行业内供需平衡、进入与退出以及竞争的特征与强度。如前所述，需求的增减是影响行业竞争强度的重要因素。但是这种影响的强度取决于行业增长率的变化对行业进入与退出的影响方式。如果行业进入壁垒低，市场需求增长会吸引更多的新进入者，增加行业竞争者的数量，改变竞争格局。
- 全球化不断加剧。发展中国家消费需求蓬勃发展，可以从外国获得低成本投入要素，以及贸易壁垒的减少等因素促进了全球化进程，最近在拉丁美洲和亚洲的许多地区都出现了这种情况。各国之间劳动力成本存在显著差异，促使制造商将劳动密集型产品的工厂设在低工资国家，并利用这些工厂供应全世界的市场需求。例如，中国、印度、越南、墨西哥和巴西的工资远远低于美国、德国和日本。全球化力量的推动力是如此的强大，以至于企业发现，除非没有必要，否则将经营范围扩展到更多国家的市场是十分有利的。全球化在很大程度上推动了能源、移动电话、钢铁、社交媒体、公共会计、商用飞机、发电设备和制药等行业的变革。

- 新兴的互联网新功能和新应用。高速互联网服务和网络协议语音（VoIP）技术的迅速普及，对在线购物日益增长的接受度，以及互联网应用程序的爆炸和普及，已经成为一个又一个行业变革的主要驱动力。互联网让亿创理财（E*TRADE）和德美利证券（TD Ameritrade）等在线折扣股票经纪商，向爱德华·琼斯（Edward Jones）和美林证券（Merri Lynch）等提供全面服务的公司发起了强有力的挑战。报纸行业还没有一个好的解决办法来应对网络媒体的冲击。

由 Coursera、edX 和 Udacity 等机构推动的大规模在线开放课程（MOOCs）对高等教育产生了深远影响。"物联网"将以更快的速度、令人眼花缭乱的应用程序和数十亿具有一系列功能的物联网设备为特色，推动行业和竞争的进一步变革。但与互联网相关的影响因行业而异。管理者面临的挑战是准确评估新兴的互联网是如何改变一个行业格局的，并将这些影响考虑纳入战略制定当中。

- 产品购买者及产品使用方式的变化。购买者的人口统计特征以及产品使用方式的变化会极大地改变竞争环境。例如，更长的平均寿命以及相对富裕的退休人员比例的上升，推动了诸如整容手术、辅助生活居所⊖和度假旅行等行业的需求增长。新兴的流媒体视频的普及对宽带提供商、无线电话运营商和电视广播公司产生了影响，为 Hulu 和 Netflix 等娱乐公司带来了机会。
- 技术变革与制造流程创新。通过引入替代品，技术进步可以导致行业发生颠覆性变化；通过开辟全新的产业领域，技术进步改变了行业格局。例如，自动驾驶技术的革命性变化已经使得谷歌、特斯拉、苹果和每家主要汽车制造商竞相开发自动驾驶汽车。
- 产品创新。持续不断的产品创新往往会吸引更多的首次购买者，使行业恢复发展活力或者增加产品差异化，从而改变行业内的竞争格局，同时对行业的竞争、进入威胁和购买者的力量等产生影响。产品创新一直是智能手机行业的一个关键驱动力，在万物更加互联的当今世界，这正在推动其他产业发生变革。例如，飞利浦公司已经推出了一个新的无线照明系统（Hue），该系统允许房主使用一款智能手机应用程序远程打开和关闭灯光，并在检测到入侵者时闪烁提示。可穿戴式动作捕捉摄像机和无人机正在颠覆数码相机行业，它能完成手持数码相机无法拍摄的照片和视频。
- 营销创新。当公司通过新的方法成功地向市场推出自己的产品时，他们可以激发买家的兴趣，扩大行业需求、增加产品差异化，降低单位成本——所有这些因素都可以改变竞争对手的竞争地位，迫使企业家对战略进行修订。例如，广告商越来越倾向于在 Facebook 和 Twitter 等社交媒体网站上投放更多的广告。
- 大公司（major firm）的进入或退出。大型公司进入行业经常带来新一轮的竞争，不仅是带来新的主要竞争者，也带来新的竞争法则。同样地，行业中大公司的退出会导致市场领导者数量的减少，留在行业中的其他领导者的主导地位得到加强，从而改变了竞争结构。
- 技术知识在公司之间与国家之间传播。随着如何完成一项特定活动或执行一项特定制

⊖ 辅助生活居所（assisted living residence）原意是指专为残疾人或不能独立生活的成年人所提供的住房设施。该术语在美国非常流行，类似于养老院，提供群体居住的环境，通常为老年人提供服务。——译者注

造技术的知识的广泛传播，产品往往变得更像商品。知识传播可以通过科学杂志、贸易出版物、工厂现场参观、供应商与顾客的口碑传播、员工的流动和网上资源来实现。

- 成本与效率的变化。增加或减少与主要竞争者之间的成本差异会极大地改变竞争现状。生产成本的下降使得平板电脑价格下降，由于全球的低收入家庭更能买得起，从而推动了平板电脑（尤其是低价机型）的销售。随着越来越多的消费者拥有笔记本电脑、iPad、Kindle 和其他平板电脑，以及低成本的电子书的出现，使得价格昂贵的精装书的销量骤降。

- 不确定性与商业风险的降低。许多公司对于是否要进入一个前景不明确或商业风险很高的行业犹豫不决，因为他们不确定要花费多少时间和资金才能克服各种技术难题并达到可接受的生产成本（太阳能产业就是如此）。然而，随着时间的推移，风险水平和不确定性不断降低，吸引追求增长的公司进入该行业寻求新机会，并进行资本投资，这也极大地改变了行业和竞争状况。

- 规制影响力和政府政策的变化。政府管制行为经常对业界惯例和战略方针产生重大影响，世界银行业最近就发生了这种情况。与政府资助的医保计划相关的新规则和监管规定正在推动医疗保健行业变革。在国际市场上，东道国政府可以通过开放国内市场来推动竞争性变革或关闭它们来保护国内企业。

- 社会关注、态度以及生活方式的变化。新兴的社会问题与态度和生活方式的变化一样都是行业变化的重要推动力。日益增长的对于气候变化的关注已经成为能源产业变革的主要驱动力。消费者对食品中化学添加剂和营养价值的关注，一直在推动餐饮和食品行业的变化。社会关注、态度和生活方式的变化也改变了竞争格局，对那些推出新产品以迎合新趋势和新环境的竞争者十分有利。

在某一特定行业中虽然可能存在多个变化的驱动力，但真正的行业驱动力可能不超过三种或四种，这些驱动力足以成为推动行业为何以及如何变化的主导力量。因此，公司的战略家必须避免将每一个变化都视作驱动力。表 3-3 列出了行业变化最常见的驱动力因素。

表 3-3　行业变化最常见的驱动力因素

☐ 行业长期增长率的变化
☐ 全球化不断加剧
☐ 新兴的互联网新功能与新应用
☐ 产品购买者及使用方式的变化
☐ 技术变革与制造流程创新
☐ 产品和营销创新
☐ 大公司的进入或退出
☐ 技术知识在公司间与国家间的传播
☐ 成本与效率的变化
☐ 不确定性和商业风险的降低
☐ 规制影响力和政府政策的变化
☐ 社会关注、态度以及生活方式的变化

贴士 3-4

驱动力分析最重要的部分是确定驱动力的综合效应增加还是减少了市场需求，增加还是降低了竞争激烈程度，增强还是削弱了行业盈利能力。

3.4.2　评估行业变革驱动力的影响

驱动力分析的第二步是判断当前的驱动力因素在总体上是否使行业环境更有吸引力。需要回答三个问题：

（1）总体而言，驱动力导致行业内产品的需求增加了还是减少了？
（2）驱动力的综合效应导致竞争激烈程度更强还是更弱？
（3）驱动力的综合效应导致行业盈利能力更高还是更低？

贴士 3-5

驱动力分析真正的作用是帮助管理者们明确需要哪些战略变革以应对驱动力的影响。

要对驱动力的综合效应有深入理解，则需要分别考察每个驱动力因素的可能影响，因为各驱动力的作用方向可能并不一致。例如，某个驱动力可能刺激产品需求，而另一个则抑制需求。驱动力对行业需求的净效应是上升或下降取决于力量最强的那个变革驱动力。

3.4.3　调整战略以准备应对驱动力的影响

行业动态战略分析的第三步——战略制定的真正关键之处——管理者应该明确需要做出什么战略性调整来应对驱动力的影响。但是，采取"正确的"行动来应对由驱动力带来的行业变化和竞争变化，首先要准确诊断影响行业变化的驱动力以及这些驱动力对行业环境和公司业务的影响。管理者如果不能识别行业变化的驱动力及其影响，或者他们的观点存在问题，则很难做出机敏而及时的战略调整。所以不能忽视驱动力分析，它具有重要的实践价值，而且是对行业发展方向进行战略性地思考以及如何提前应对变革的基础。

3.5　战略集团分析

在一个行业内，公司通常以不同的价格 / 质量范围进行销售，吸引不同类型的买家，所覆盖的地理市场区域不同。一些公司拥有比其他公司更有吸引力的市场地位。了解哪些公司的市场地位较强，哪些较弱，是分析行业竞争结构的一个重要组成部分。揭示行业内竞争者市场地位的最好技术工具是**战略集团图**（strategic group mapping）。

核心概念

战略集团图是一种展示竞争对手在行业中所占据的不同市场或竞争地位的工具。

3.5.1　用战略集团图评估关键竞争者的市场地位

一个**战略集团**（strategic group）是由同行业内具有相似竞争手段和市场地位的竞争者所组成的。同一个战略集团中的公司在许多方面彼此相似。比如拥有相同的产品线宽度，在相同的价格 / 质量范围内进行销售，使用相同的分销渠道，依靠相似的技术方法，在几乎相同的地域竞争，或者提供给购买者功能相似的产品、服务和技术支持。[6]对战略选择进行评估需要研究存在什么战略集团，确定每个集团内部的公司，并确定是否存在竞争的"空白区域"，在此区域内竞争者能够创造和捕获全新的需求。在这个过程中，战略集团图还可以展示行业内战略集团的数量及其各自的市场地位。

构造战略集团图的过程非常简单直接：

核心概念

战略集团是一群具有相似竞争手段和市场地位的行业竞争对手。

- 识别行业内公司采用的战略方法所体现出来的竞争特征。在创建战略集团图时使用的典型变量是价格/质量范围（高、中、低）、地理覆盖地域（本地、区域、全国、全球）、产品线宽度（宽、窄）、服务提供的完善程度（不提供不必要服务、有限服务、全部服务）、分销渠道的使用情况（零售、批发、网络销售、多种方式）、纵向一体化程度（没有、部分、完全）和通过多元化进入其他行业的程度（没有、部分、大量）。
- 选择其中两个变量组成一对变量，将这对变量绘制到二维变量图中。
- 将在图上占据相同位置的公司划分到同一战略集团。
- 将每个战略集团画在同一圆圈内，圆的大小代表该战略集团占行业销售额比重的大小。

这就产生了一个类似于专栏 3-2 所示的美国比萨连锁行业的二维图。

 专栏 3-2　比萨连锁行业中几家公司的相对市场地位：以战略集团图为例

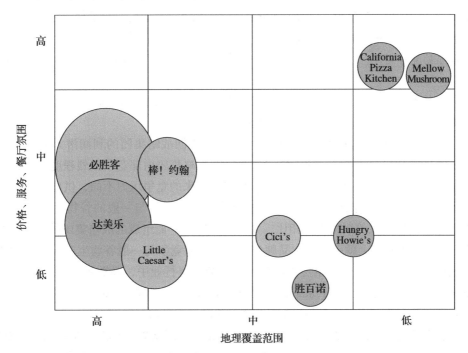

注：根据收益规模，圆的大小大致成比例绘制。

绘制战略集团图时，需注意几个原则。

第一，选为坐标轴的两个变量应该不是高度相关的；若它们是高度相关的，则图中圆圈将沿对角线下降，这样就不会显示出竞争对手的相对位置，就和从一维变量图所获得的信息一样。例如，如果拥有较宽产品线的公司采用多重分销渠道，而拥有较窄产品线的公司采用单一分销渠道，仅仅看分销渠道的差异，得不到关于竞争地位的新信息。

第二，被选为坐标轴的变量应该显示出行业内竞争对手之间的重要差异，如果竞争者在两个变量上都有差异，它们在图上的位置就呈分散状态，从而显示出它们的定位方式的差异性。

第三，这些被选为坐标轴的变量不一定是定量的或连续的，相反，它们可以是用类别和组合表示的离散变量。

第四，图上所绘制圆圈的大小与每个战略集团中公司的总销售额成正比，这样能够反映每个战略集团的相对规模。

第五，如果有两个以上的好的变量可被选为坐标变量，则可以绘制出若干幅图，从不同角度揭示行业竞争结构中的竞争关系，没有必要用最好的一幅图来描述竞争企业的市场地位。

3.5.2 战略集团图的作用

战略集团图在许多方面都有启示作用，最重要的作用就是确定行业内哪些公司是直接竞争对手，哪些是距离较远不会直接竞争的对手。在同一战略集团中的公司是最直接的竞争对手；其次是位于直接相邻的战略集团中的竞争对手。通常，那些在战略集团图上相距很远的公司，几乎不会产生竞争。例如，沃尔玛的客户群、商品选择和价格定位，与尼曼（Neiman Marcus）或萨克斯第五大道（Saks Fifth Avenue）精品百货店的差异是如此之大，以至于不能将它们称为直接竞争对手。同样的原因，云岭（Yuengling）生产的啤酒实际上并没有与帕布斯特（Pabst）生产的啤酒产生竞争。

> **贴士 3-6**
>
> 战略集团图揭示了哪些公司是直接竞争对手，哪些是距离较远的竞争对手。

此外，战略集团图还告诉我们，并非图上所有的位置都有相同的吸引力。[7] 以下两个原因可以说明为什么一些位置会比另一些更具吸引力。

（1）五种竞争力量所带来的竞争压力可能造成不同战略集团的利润潜力差异很大。不同战略集团里的公司利润前景可好可坏，这是因为战略集团内部竞争激烈程度不同，潜在进入者给每个集团带来的压力不同，行业外的替代品带来的竞争压力不同，供应商或顾客的议价能力也因战略集团而有所差异。例如，在即食谷类行业，与一般的谷物生产商或小型的天然谷物生产商所组成的战略集团相比，大品牌谷物生产商组成的战略集团的进入壁垒（资本要求、品牌忠诚度等）就高得多。品牌生产商之间的竞争与一般谷物生产商之间的竞争的差异，使得战略集团内部的竞争更为激烈。在服装零售行业中，马歇尔（Marshall's）和 TJ MAXX 之间的竞争比普拉达（Prada）、巴宝莉（Burberry）、古驰（Gucci）、阿玛尼（Armani）和其他高端时装零售商之间的竞争更加激烈（因此利润率更低）。

（2）行业驱动力可能对某些战略集团有利，而对其他战略集团不利。同样，行业驱动力可以提升一些战略集团的商业前景，而对其他战略集团的商业前景产生不利影响。例如，在能源行业，太阳能和风能等可再生能源生产商，由于技术的改进和增长以及对气候变化日益增长的关心，正在逐渐超过以化石燃料为基础的生产商。那些受驱动力不利影响的战略集团内的公司会试图转移到一个相对有利的位置。如果我们知道某些公司正在试图改变它们在战略集团图上的竞争位置，就可以在图中加上箭头以指向这些公司的目标方向的圆圈，以此了解对手之间的竞争动向。

> **贴士 3-7**
>
> 一些战略集团之所以处于更有利的地位，是因为它们面临的竞争力量较弱，或者是因为行业驱动力对它们产生了有利影响。

因此，战略集团图分析总是需要就如下问题得出结论：图上的哪个位置是"最佳的"以及为什么。哪些公司或战略集团是因为它们在战略集团图上所处的位置而注定会发展繁荣？哪些公司或战略集团注定要陷入困境？如何解释为什么战略集团图上的某些位置比另一些位置更好？因为一些战略集团相比于其他战略集团来说更有吸引力，那么有人可能会问为什么位置不佳的公司不能简单地移动到更具吸引力的位置呢？答案是因为**移动壁垒**（mobility barrier）限制了集团之间的流动，就像进入壁垒阻止人们轻易进入有吸引力的行业一样。最有利可图的战略集团可能会受到高移动壁垒的保护。

> **核心概念**
> **移动壁垒**限制了公司从一个战略集团进入同一行业中另一个更具吸引力的战略集团。

3.6　竞争对手分析与 SOAR 框架

除非一家公司关注竞争对手的战略和处境，并且对它们即将采取的举措有所了解，否则它就会盲目地卷入一场竞争战。就像体育运动一样，侦察比赛对手是比赛计划的重要部分。收集与主要竞争对手的战略方向和可能举措相关的竞争情报信息，将使得公司能够准备好防御性反制措施，在制定自身的战略举措方面有一定的信心，如竞争对手可能的市场应对策略，如何利用竞争对手可能产生的失误。问题在于去哪里寻找这样的信息，因为竞争对手很少公开披露它们的战略意图。如果不能直接获取信息，采用什么指标最好呢？

迈克尔·波特的**竞争对手分析 SOAR 框架**，指出了竞争对手可能采取的战略举措和战略对策的四种指标。如图 3-10 所示，包括竞争对手的战略、目标、资源和能力，以及对自身和所在行业的假设。根据竞争对手在这四个维度上的特点，

> **贴士 3-8**
> 研究竞争对手过去的行为和偏好有助于预测竞争对手下一步可能会采取什么行动，并在竞争中获胜。

可以了解竞争对手的战略特征，进而判断其行为倾向。所谓行为倾向指的是竞争对手可能采取的竞争行动，以及他们可能对公司的竞争所做出的反应。通过列出关于一个（或一组）竞争对手与 SOAR 框架的四个元素中的每一个相关的所有信息，可以对竞争对手有一些了解。并且这类线索的知识可以帮助公司预测这些行动会如何影响自己，以及该如何应对。也就是说，公司知道应该做什么来保护自己或获得优势；面对竞争对手的下一步行动该如何做。

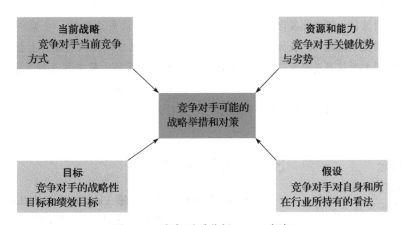

图 3-10　竞争对手分析 SOAR 框架

当前战略。要成功预测竞争对手下一步的行动，公司战略家需要充分了解每个竞争对手的当前战略，以此来了解其行为模式和最佳战略选择。需要考虑的问题包括：竞争对手在市

场上是如何定位的？其竞争优势（如果有的话）的基础是什么？竞争对手在做什么类型的投资（这显示了它的成长轨迹）？

目标。对竞争对手目标的评估应该不仅包括财务性目标，也包括战略性目标（如与市场份额相关的目标）。更重要的是考虑对手在多大程度上能够达成这些目标，以及它们是否面临着提升绩效的压力。拥有良好财务绩效的竞争对手可能会对其战略进行微调并继续执行。绩效欠佳的竞争对手通常会选择采取新的战略行动。

资源和能力。当前拥有的资源和能力既能促进也能限制竞争对手的战略举措和对策。因此，竞争对手的资源和能力（以及为获取新的资源和能力所做的努力）是其未来战略行动（或是针对贵公司举动所做的回应）的重要信号。评估竞争对手的资源和能力不仅包括评估它们的优势，还要评估它们的劣势。

假设。竞争对手的高层管理者如何看待它们当前的战略处境，会对竞争对手的行动方式产生很大影响。举例来说，那些相信它们"大到不能倒"（too big to fail）的银行，可能会承担比财务稳健更多的风险。评估竞争对手的假设包括考虑它们对于自身和所在行业的看法。

关于这四种分析要素的信息常常能从公司刊物、公司网站发布的信息（尤其是近期高管向证券分析师所做的报告）和一些类似于年报与10-K文件中找到。很多公司都有竞争情报部门，它们从获得的信息中筛选出有用的信息，从而了解竞争对手最新的战略概况。[8]

进行必要的侦察工作是耗时的，但是对竞争对手进行仔细侦察，以预测竞争对手的下一步举措，可以帮助管理者做出有效对策（甚至可能击败竞争对手），以及在制定公司最优行动方向时，将竞争对手的可能回应考虑在内。尽管收集此类信息很重要，但这些活动永远不应该越过道德界限（参见专栏3-3）。

 专栏 3-3　商业伦理与竞争情报

收集竞争对手情报的人有时会越过诚实调查与不道德甚至非法行为之间的界限。例如，打电话给竞争对手以获取有关价格、新产品推出日期或工资水平的信息是合法的，但在此类电话中歪曲自己的公司隶属关系是不道德的。在贸易展览会上向竞争对手的人员打听信息是合乎道德的，当且仅当你佩戴着标明准确公司隶属关系的名牌时。

雅芳一度曾指使其人员搜查玫琳凯（MKC）

总部外的垃圾箱，从而获得了有关其最大竞争对手的信息。当MKC官员得知此事并提起诉讼时，雅芳声称它没有做任何违法的事情，因为1988年最高法院的一个案件裁定，公共财产（在本案中，是人行道）上留下的垃圾任何人都可以获得。雅芳甚至制作了在MKC现场清除垃圾的录像带。雅芳赢得了诉讼——雅芳的行为虽然合法，却几乎不符合道德标准。

核心概念

关键成功因素是那些在行业生存和发展中起关键作用的因素，包括战略要素、产品和服务属性、运营方式、资源和竞争能力。

3.7　关键成功因素

一个行业的**关键成功因素**（key success factors，KSF），是那些对行业中的公司在市场上生存和繁荣能力影响最大的竞争性因素：独特的战略要素、产品属性、运营方式、资源和竞争能力，这些因素能够区分竞争者的强弱以及盈亏。关键成功因素在本质上对于竞争成功而言十分重要，以至于行业

中的所有公司必须密切关注它，否则就很可能成为行业的落后者或失败者。关键成功因素的
重要性还体现在，公司战略要素在多大程度上反映了行业关键成功因素的要求决定了公司是
否能够满足行业生存和繁荣的基本标准。因此，根据当前和预期的行业状况和竞争状况来确
定行业关键成功因素，始终是分析和制定战略时优先考虑的事情。公司战略家需要充分了解
行业格局，才能从所有影响竞争成功的因素中找出最为关键的那些。

关键的成功因素因行业而异，甚至在同一行业内也随着变化驱动力和竞争状况因时而
异。但是不管环境如何变化，一个行业的关键成功因素总是由以下三个问题来推断：

（1）购买者是根据什么来选择行业内竞争性的产品品牌的？也就是说，什么产品和服务
属性是至关重要的？

（2）考虑到市场上竞争对抗的本质，公司需要具备什么样的资源和竞争能力才能在竞争
中成功？

（3）哪些缺点最能使公司处于明显的竞争劣势地位？

影响竞争成功的关键因素很少会超过五个。而且在这些关键因素中，也只有两三个是最
重要的。因此管理者们应该牢记的是，识别关键成功因素——确定哪些因素对竞争成功最重
要——一定要抵制诱惑，不要将影响甚微的因素视为关键成功因素。

例如，在啤酒行业，尽管购买者类型各异（批发商、零售商、终端消费者），但最重要的
是要了解啤酒饮用者的偏好和购买行为。他们的购买行为是由价格、口味、获取的便利性和
营销驱动。因此，关键成功因素包括强大的分销商网络（在零售点、酒吧、餐厅、体育馆等
出售啤酒的地方充分展示和宣传品牌）和创意广告（吸引啤酒饮用者购买本公司品牌的啤酒，
从而通过现有的批发和零售渠道拉动啤酒销售）。因为大型分销商和零售连锁店拥有强大的
买家力量，竞争成功的关键在于运用一些机制来抵消这种力量，而广告（拉动需求增长）就
是一种手段。因此，关键成功因素也包括卓越的产品差异（如微酿）、足够的公司规模和品牌
能力（如民族品牌）。关键成功因素也包括充分发挥酿造能力（使制造成本保持在低位，以抵
消广告、品牌、产品差异化的高成本）。

准确判定行业的关键成功因素也使公司更有可能制定正确的战略。行业的关键成功因素
指向那些行业中每个公司为留住顾客和应对竞争都要予以重视的因素。如果公司的战略没有
体现行业的关键成功因素，那么就不太可能获得足够的利润以维持该业务。

3.8 行业的盈利前景

本章中提到的每个框架——PESTEL、五种力量分析、驱动力、战略集团、竞争对手分析
和关键成功因素，为行业盈利前景提供了有用的视角，将它们组合在一起能提供更为丰富和
细致的信息。因此，评估行业和竞争环境的最后一步是利用每一项分析结果，来确定该行业
能否有助于公司竞争成功以及获得有吸引力的利润。以下几点是得出结论的重要因素，包括：

- 公司如何受到宏观环境因素的影响；
- 强大的竞争力量是否将行业盈利能力挤压到低于平均利润水平之下；
- 互补者或合作行为是否能够改善公司的发展前景；

- 现有的驱动力对行业盈利能力的影响是有利还是不利；
- 公司是否占据了比竞争对手更强的市场地位；
- 这是否会在竞争性互动过程中发生变化；
- 公司的战略是否很好地体现了行业的关键成功因素。

按常理来说，如果行业内的公司有很好的机会获得高于平均水平的利润，那么可以预期，该行业环境基本上是有吸引力的；如果行业内公司的利润前景非常低，那么该行业未来就根本没有吸引力。

然而，如果认为某个行业对所有公司和潜在进入者来说，都具有或没有同等的吸引力，则是错误的。[9] 吸引力只是相对的而非绝对的，需要从具体公司的角度来得出这样或那样的结论。例如，尽管行业环境比较恶劣，一家处在有利竞争地位的公司仍有大量的机会来抓住行业内较弱竞争对手的漏洞。与此同时，对行业内公司有吸引力的行业可能对行业外的公司就缺乏吸引力，因为要挑战当前市场领导者的难度较大，或者因为它们在其他地方能够找到更有吸引力的机会。

贴士 3-9

对于所有行业内企业和所有潜在进入者来说，行业具有吸引力或缺乏吸引力的程度是不同的。

当公司认为行业在本质上具有吸引力，能为公司提供好的机遇时，就应该大胆地投资来抓住这个机会，并改善其长期竞争地位。当实力强大的竞争者认为行业吸引力逐渐变弱，它可能只会选择保护公司现有的市场地位，谨慎地投资，并在其他行业中寻找机会。在缺乏吸引力的行业中竞争力较弱的企业的最佳选择可能是找一个买家，或许是让竞争对手来收购自己的公司。

◘ 本章要点

对公司外部环境进行战略性思考，要求探讨以下八个问题：

1. 哪些是宏观环境中具有战略意义的要素？它们如何影响一个行业及其企业？不同的行业受到外部宏观环境影响的方式各有差异。运用 PESTEL 分析模型来识别哪些要素具有战略意义是公司适应外部环境的第一步。

2. 行业内企业面临哪些竞争力量，每种力量的强度如何？竞争强度是五种力量的组合：①行业内的竞争；②市场新进入者的威胁；③替代品销售者的入侵；④供应商的议价能力；⑤购买者的议价能力。必须逐个对这五种力量进行考察，并评估它们的综合强度。但是，一种强大的竞争力量能够足以使行业的平均盈利能力保持在一个较低的水平。运用五力模型进行分析能够帮助战略制定者思考如何避开最强的竞争力量，找到扩张的最佳

领域，或者改变现有的竞争环境，以便能获得更有利于公司的盈利前景。

3. 目前行业中有哪些合作的力量，公司如何利用它们来获得优势？从本质上来看，行业内企业之间的互动方式不仅是竞争，他们还可以开展合作。当一个行业的产品或服务的互补品很重要时尤其如此。价值网络框架帮助管理者评估企业之间合作和竞争互动对他们的影响。

4. 哪些因素推动了行业变化，它们对竞争强度和行业盈利能力有哪些影响？由于某些行业驱动力诱发或促使行业变化，行业或竞争环境因此而受到影响。首先要确定影响所分析行业的 3～4 个最重要的变化驱动因素（从更多的潜在驱动因素中选出）。一旦确定了行业驱动力因素，就要分析它们是否在发挥作用，是单独发挥作用还是一起发挥作用，

进而使行业环境的吸引力变大还是变小。

5. 行业竞争者处于什么样的市场地位——谁占有强大的地位，谁没有？战略集团图用于分析竞争对手市场地位的相似性、差异性、优势和劣势，是颇有价值的分析工具。处于相同或相近战略集团的企业是直接的竞争对手，而战略集团图上相距较远的企业之间几乎没有威胁或者没有直接威胁。战略集团图告诉我们，图上某些位置比其他位置更有利。不同战略集团的利润前景可能不同，因为行业驱动力和竞争力量可能对不同的战略集团产生不同的影响。此外，移动性壁垒限制了群体之间的流动，就像进入壁垒阻止公司轻易进入有吸引力的行业一样。

6. 竞争对手接下来可能会采取什么战略举措？预测竞争对手的行动能够帮助公司准备好有效的对策。在这方面，使用竞争对手分析SOAR框架是很有帮助的。

7. 获得竞争成功的关键因素是什么？行业的关键成功因素，是行业的所有企业为了在该行业生存和盈利必须具备的特殊的战略要素、产品属性、运营方式、资源和竞争能力。任何行业的关键成功因素都可以通过三个基本问题进行推断：①购买者是根据什么来选择行业内竞争性的产品品牌的？②企业需要具备哪些资源和竞争能力才能在竞争中成功？③哪些缺点最能使企业处于明显的竞争劣势地位？

8. 行业是否具有良好的盈利前景？行业分析的最后一步是对问题1～7中所用到的分析框架的分析结果进行总结：PESTEL、五种力量分析、驱动力、战略集团、竞争对手分析和关键成功因素。运用多重视角判断行业前景，其结论更稳定、更细致。总的来说，如果通过运用每个框架，得出的答案都显示公司的利润前景将高于行业平均水平，那么行业环境对那家公司就具有吸引力。对于一家公司看起来具有吸引力的环境，从另一家公司的角度来看可能没什么吸引力。

显然，对于公司外部环境开展富有洞察力的诊断是制定与行业和竞争环境相匹配战略的关键的第一步。要对外部环境进行前沿的战略思考，管理人员必须知道应该提出哪些问题以及运用什么分析工具来回答这些问题。这就是本章为什么要着重于提出正确的问题，解释概念和分析方法，并指出要重点分析的内容。

▣ 巩固练习

1. 利用有机贸易协会（Organic Trade Association）网站（www.ota.com），以及《有机报告》（*Organic Report*）杂志网站（theorganicreport.com）上的信息，对有机食品行业进行简要分析。基于这些网站提供的信息，绘制有机食品行业的五力模型，并简要分析五种竞争力量的特性与强度。

2. 根据专栏3-2中的战略集团图，分析哪些比萨连锁店是Hungry Howie's最直接的竞争对手？根据该图，California Pizza Kitchen与哪个战略集团竞争最少？你认为为什么在战略集团图中必胜客区域的上方没有比萨连锁店？

3. 登录www.restaurant.org，找到美国全国餐饮协会（National Restaurant Association）发布的行业年度报告书。根据最新报告中的信息，你认为宏观环境因素和行业的经济特征会给行业内企业提供富有吸引力的增长机会和盈利能力吗？请解释。

▣ 模拟练习

1. 表3-1中所列的哪些要素对于你们公司所在行业来说最具有战略意义？

2. 五种竞争力量中哪种力量为你们公司带来的竞争压力最大？

3. 你所在行业的竞争者可以用来提升效率和增加市场份额的"竞争武器"有哪些？查看表3-2以帮助你确定各种竞争要素。

4. 在你们公司所在的行业中哪些因素影响着行

业竞争强度？利用图3-4以及相关的讨论，确定对行业竞争强度影响最大的具体要素。你认为所在行业的竞争者为争夺更好的市场地位、增加销量和市场份额而产生的竞争，是激烈的、很强的、较强的、适中的，还是相对较弱的？为什么？

5. 在你的公司所在的行业中存在驱动力吗？如果有，这些驱动力会产生怎样的影响？它们是否会导致竞争更加激烈？会导致利润率更高还是更低？列出至少两项你们公司为了应对驱动力的负面影响而采取的行动。

6. 绘制一幅战略集团图，显示你所在行业中各公司的市场地位。你认为哪些公司处于最有吸引力的位置？哪些公司的位置最弱？哪些公司想要移动到战略集团图上的其他位置？

7. 你认为在你所在的行业要成为一个成功的竞争者必须具备哪些要素？请列举至少三条。

8. 通过你对行业的整体评估，你是否认为行业中的竞争对手有足够的增长和盈利机会？

◘ 尾注

[1] Michael E. Porter, *Competitive Strategy* (New York: Free Press, 1980); Michael E. Porter, "The Five Competitive Forces That Shape Strategy," *Harvard Business Review* 86, no. 1 (January 2008), pp. 78–93.

[2] J. S. Bain, *Barriers to New Competition* (Cambridge, MA: Harvard University Press, 1956); F. M. Scherer, *Industrial Market Structure and Economic Performance* (Chicago: Rand McNally, 1971).

[3] Ibid.

[4] C. A. Montgomery and S. Hariharan, "Diversified Expansion by Large Established Firms," *Journal of Economic Behavior & Organization* 15, no. 1 (January 1991).

[5] For a more extended discussion of the problems with the life-cycle hypothesis, see Porter, *Competitive Strategy*, pp. 157–162.

[6] Mary Ellen Gordon and George R. Milne, "Selecting the Dimensions That Define Strategic Groups: A Novel Market-Driven Approach," *Journal of Managerial Issues* 11, no. 2 (Summer 1999), pp. 213–233.

[7] Avi Fiegenbaum and Howard Thomas, "Strategic Groups as Reference Groups: Theory, Modeling and Empirical Examination of Industry and Competitive Strategy," *Strategic Management Journal* 16 (1995), pp. 461–476; S. Ade Olusoga, Michael P. Mokwa, and Charles H. Noble, "Strategic Groups, Mobility Barriers, and Competitive Advantage," *Journal of Business Research* 33 (1995), pp. 153–164.

[8] Larry Kahaner, *Competitive Intelligence* (New York: Simon & Schuster, 1996).

[9] B. Wernerfelt and C. Montgomery, "What Is an Attractive Industry?" *Management Science* 32, no. 10 (October 1986), pp. 1223–1230.

第 4 章

公司资源、能力和竞争力评估

:: 学习目标

通过本章的学习，你将能够：

1. 评估公司的战略运行情况。
2. 基于市场机会和外部威胁来评估公司的优势和劣势。
3. 解释公司的资源与能力对于获得竞争优势的关键作用。
4. 理解价值链活动如何影响公司的成本结构和客户价值主张。
5. 解释公司竞争态势的综合评估如何帮助管理者就下一步的战略行动做出关键决策。

当然，拥有在行业中至关重要的独特性是非常关键的。

——辛西娅·蒙哥马利（Cynthia Montgomery），教授兼作家

如果你没有竞争优势，就不要去开展竞争。

——杰克·韦尔奇，通用电气公司前 CEO

从长远来看，组织能在竞争激烈的市场中取得成功，是因为与竞争对手相比，他们做了某些顾客更为看重的一些事情。

——罗伯特·海耶斯（Robert Hayes）、加里·皮萨诺（Gary Pisano）
和大卫·阿普顿（David Upton），教授兼顾问

在第 3 章中我们讲述了如何利用行业分析和竞争分析工具来评估公司的外部环境，为制定与公司外部环境相匹配的战略奠定了基础。在本章中，我们将探讨评估公司内部环境的工具，包括公司资源和能力的集合，以及它在价值链上所执行的活动。内部分析能够让管理者确定他们的战略能否获得明显优于竞争对手的竞争优势（在特定的外部环境下）。内部评估与外部分析结合在一起，能够帮助我们理解如何对公司进行重新定位，以利用新机会，应对新威胁。分析的焦点将集中于以下六个问题：

（1）公司当前战略的运行效果如何？

（2）与市场机会和外部威胁相关的公司优势和劣势是什么？

（3）公司最重要的资源和能力是什么，以及它们是否会给公司带来相对于竞争对手的持
久竞争优势？

（4）公司的价值链活动如何影响其成本结构和客户价值主张？

（5）与主要竞争对手相比，公司的竞争力是强还是弱？

（6）哪些战略议题和问题值得管理层优先考虑？

在探讨这些问题的答案时，会用到五种分析工具：资源和能力分析、SWOT 分析、价值
链分析、标杆法和竞争强度评估。这五种工具都是揭示公司竞争力，帮助公司管理人员将他
们的战略与公司的具体情况相匹配的有价值的技术。因此，这将使公司能够通过第 1 章中关
于制胜战略的三项测试中的第一项（匹配性测试）。

4.1 公司目前战略的运作效果评估

在评估一家公司目前战略的运行情况之前（针对问题 1），最佳的入手方式是清楚地了解
该战略的内容。首先要考察公司的竞争方式。公司最近采取了哪些举措来吸引顾客，提升其
市场地位，例如，是否降价，改善产品设计，增加新特性，投放广告，进入新的区位市场，
或者与竞争对手合并？公司是基于低成本还是提供更好的产品来争取竞争优势？公司是集中
精力服务于宽泛的客户市场还是一个狭窄的利基市场？公司在研发、生产、营销、财务、人
力资源和信息技术等职能领域的战略，以及公司与其他公司建立战略联盟的努力，都进一步
体现了公司战略的特征。图 4-1 显示了单一业务公司的战略的主要内容。

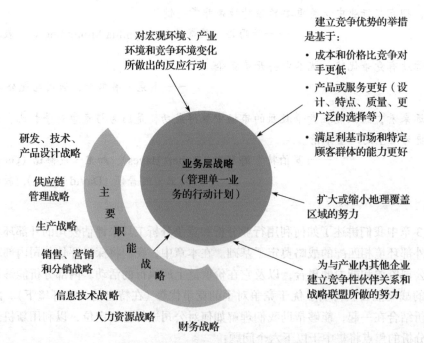

图 4-1　识别单一业务公司的战略要素

确定战略的有效性需要更深入的分析。衡量一家公司战略运作情况的两个最佳指标是：
①公司是否在财务实力和盈利能力方面取得了进步；②公司的竞争优势和市场地位是否正在

提高。如果公司在实现业绩指标方面持续存在不足，以及相对于竞争对手来说市场业绩不佳，这就足以表明，公司制定的战略较差或战略执行不力，或者是两者兼而有之。衡量公司战略运作情况的具体指标包括：

- 公司销量和盈利增长的趋势；
- 公司股价走势；
- 公司的整体财务实力；
- 公司的客户留存率；
- 新客户开发率；
- 内部流程改进的情况，如缺陷率、订单履行、交货时间、库存天数和员工生产力。

公司目前的整体业绩越强，其战略越有可能经过周密构思且执行情况良好。公司的财务状况和市场地位越弱，其当前战略势必越遭受质疑，也就越有必要进行根本性的变革。表 4-1 汇编了最常用来评估公司的财务绩效和资产负债表的财务指标。

表 4-1 关键财务指标：计算方法及含义

指标	计算方法	含义
盈利能力比率		
1. 毛利率	$\dfrac{销售收入 - 已售商品成本}{销售收入}$	反映了可用于支付运营费用和产生利润的收入所占的百分比
2. 营业利润率（或销售回报率）	$\dfrac{销售收入 - 营业费用}{销售收入}$ 或 $\dfrac{营业收入}{销售收入}$	反映了不考虑利息支出和所得税的当前业务的盈利情况。利息及税项前盈利在财务和会计中称为息税前利润（EBIT）
3. 净利率（或销售净回报率）	$\dfrac{税后利润}{销售收入}$	反映了每单位销售额的税后利润
4. 总资产收益率	$\dfrac{税后利润 + 利息支出}{总资产}$	测量公司的总资产回报。利息支出加上税后利润作为分子，因为总资产是由债权人和股东提供的
5. 资产回报率（ROA）	$\dfrac{税后利润}{总资产}$	测量股东在公司总资产上赚取的收益
6. 股本回报率（ROE）	$\dfrac{税后利润}{股东权益总额}$	测量股东对公司资本投资的回报。12% ~ 15% 的回报率是平均水平
7. 投入资本回报率（ROIC），有时指使用资本回报率（ROCE）	$\dfrac{税后利润}{长期负债 + 股东权益总额}$	测量股东对公司货币投资的回报。回报率越高，表明长期资产的利用效率越大
流动性比率		
1. 流动比率	$\dfrac{流动资产总额}{流动负债总额}$	反映公司利用可以在短期内转化为现金的资产来支付流动负债的能力。比率应该高于 1.0
2. 营运资金	流动资产总额 - 流动负债总额	可用于公司日常运营支出的现金。大量的营运资本表明公司在不需要借债或筹集更多股权资本的前提下，拥有很多的内部资本用于：①按时清还公司负债；②扩张财务库存、增加应收账款、扩大运营基础

（续）

指标	计算方法	含义
杠杆比率		
1. 资产负债率	$\dfrac{总负债}{总资产}$	测量借贷资金（长期或短期债务）多大程度上被用来维持公司运营。比率越低越好，高比率意味着过度使用债务和更大的破产风险
2. 长期资产负债率	$\dfrac{长期负债}{长期负债 + 股东权益总额}$	用来测量公司信誉和资产负债表实力。它表明公司长期贷款方和股东所占的资本投资的比例。低于 0.25 的比例比较合适，因为比例越低，表明公司筹集追加资金的能力就越强。债务与资产比大于 0.5 表明公司严重依赖长期借贷，信誉较低和资产负债表实力较弱
3. 负债权益比率	$\dfrac{总负债}{股东权益总额}$	反映负债（包括长期和短期负债）和股东投资金额的平衡情况。比率低于 1.0 时，比率越低，公司的借债能力越强；比率高于 1.0 时，使借债人处于危险地位，标志着资产负债表能力较弱，常常导致信用等级降低
4. 长期负债权益比率	$\dfrac{长期负债}{股东权益总额}$	反映长期负债与股东权益在公司长期资本结构中的平衡。比率低表明在需要的情况下筹集追加资金的能力较强
5. 利息保障（或偿付）倍数	$\dfrac{营业收入}{利息费用}$	测量每年支付利息费用的能力。贷款机构通常坚持最低比率为 2.0，但高于 3.0 的贷存比意味着信用水平将逐步提高
经营比率		
1. 库存天数	$\dfrac{库存余额}{销售成本 \div 365}$	反映库存管理效率。库存天数越少越好
2. 存货周转率	$\dfrac{销售成本}{库存余额}$	反映每年的库存周转数量。存货周转率越高越好
3. 平均收款期	$\dfrac{应收账款}{总销售额 \div 365}$ 或 $\dfrac{应收账款}{日均销售额}$	反映公司从做成一笔交易到接收到现金支付的平均等待时间。平均收款期越短越好
其他重要的财务绩效指标		
1. 普通股股息收益率	$\dfrac{年度每股股息}{当前每股市价}$	测量股东以股息形式获取的收入。一般股息收益率是 2%～3%；增长迅速的公司股息收益率通常低于 1%；增长缓慢的公司可以达到 4%～5%
2. 市盈率（P/E）	$\dfrac{当前每股市价}{每股收益}$	市盈率高于 20%，表明投资者对公司前景和盈利增长很有信心；如果低于 12%，表明公司未来盈利有风险或增长缓慢
3. 派息比例	$\dfrac{年度每股股息}{每股收益}$	反映支付股息占税后利润的百分比
4. 内部现金流	税后利润 + 折旧	粗略地估计公司在支付完营业费用、利息和税收之后剩下的现金。这部分钱可以用作股息或融资资本支出

（续）

指标	计算方法	含义
其他重要的财务绩效指标		
5. 自由现金流	税后利润 + 折旧 - 资本支出 - 股息	粗略地估计公司在支付完营业费用、利息、税收、股息和理想的业务再投资之后剩下的现金。公司的自由现金流越大，公司运用内部资金发起新战略举措、偿还债务、进行新的并购、回购股票、增加股利支付的能力就越强

4.2 公司的优势与劣势分析

检查前面讨论的财务和其他指标可以明确战略的运行情况，但这些指标几乎不能告诉你潜在的原因——为什么它有效或无效。为了解战略成功或失败的原因，最简单、最易使用的工具就是 **SWOT 分析**。SWOT 是一个缩写，代表公司的内部优势（strength）、劣势（weakness）、市场机会（opportunity）和外部威胁（threat）。SWOT 分析又称为情境分析。好的 SWOT 分析可以通过仔细观察公司的优势与劣势以及其与竞争对手的优势和劣势的关系来解释为什么一个战略是有效的（或无效的）。公司的优势是否足以弥补其劣势？公司的战略是否建立在这些优势的基础上，并避免了公司的劣势？公司的实力是否超过了竞争对手，还是被对手压倒了？类似地，SWOT 分析可以帮助确定一个战略是否有效地抵御外部威胁，重新定位公司以抓住市场机会。

长期以来，SWOT 分析一直是最流行和战略家最广泛使用的诊断工具之一。从大公司到小公司，从政府机构到教堂和学校等非营利组织，SWOT 分析都得到卓有成效地使用。SWOT 分析受欢迎的部分原因在于它的易用性，但也因为它不仅可以用来评估战略的有效性，而且从一开始就可以为制定战略提供基础，使得该战略能够利用公司的优势，克服公司的劣势，瞄准最佳机会，防范竞争和宏观环境中的威胁。此外，SWOT 分析可以通过分析目前运行良好的战略，以帮助公司确定其是否处于一个有利的状态，既可以追求新的市场机会，又能防御未来发展的潜在威胁。

> **核心概念**
> **SWOT 分析**，又称为情境分析，是一种流行的、易用的工具，可以用来评估一家公司的优势和劣势、市场机会以及外部威胁。

> **贴士 4-2**
> 将公司的战略建立在最具竞争力的优势上，这些优势使公司有绝佳的机会获得市场成功。

4.2.1 识别公司的内部优势

内部**优势**是指公司擅长的事情或能增强其市场竞争力的特性。

评估公司优势大小的方法之一就是询问：公司哪些活动做得好？此问题将注意力放到公司执行关键业务的技能水平上——如供应链管理、研发、生产、分销、销售和营销以及顾客服务等。公司在执行不同业务方面的技巧或熟练度，可以从最差（也许只是第一次尽力去做）到做得比业内其他公司都好。

当一家公司从能够勉强执行一项活动提高到能够持续地、以可接受的成本执行它时，我

核心概念

竞争力是公司已经学会的且熟练执行的一项活动。

核心概念

核心竞争力是公司能够熟练完成的对公司战略和竞争成功至关重要的一项活动。

贴士 4-3

独特能力是一种能使公司比竞争对手更好地执行一系列特定活动的能力。

们就称它具有了**竞争力**（competence），换句话说，是一种真正的能力。如果说一家公司在某些活动领域有优于竞争对手的能力，那么就称它拥有**独特竞争力**（distinctive competence）。**核心竞争力**（core competence）是一种熟练执行的内部活动，该活动对公司的战略至关重要，通常也是独特的。核心竞争力是一种比竞争力更具竞争价值的优势，因为该活动在公司战略中居于核心地位，且有利于公司获得盈利和取得市场成功。通常，核心竞争力作为公司增长背后的引擎，可以用来创造新市场或新的产品需求。宝洁公司在品牌管理方面拥有核心竞争力，这使得它开发了一系列市场领先的消费品组合，包括宝洁恰敏（Charmin，浴室用纸品牌）、汰渍（Tide）、佳洁士（Crest）、丹碧丝（Tampax）、玉兰油（Olay）、风倍清（Febreze）、乐芙适（Luvs）、帮宝适（Pampers）和速易洁（Swiffer）。耐克在设计和营销创新性运动鞋与运动服装方面具有核心竞争力；家乐氏（Kellogg）在早餐麦片的开发、生产和销售方面具有核心竞争力。

4.2.2 识别公司的劣势

内部**劣势**，是指公司缺乏的或（与竞争对手相比）做得较差的事情，或者使公司在市场上处于不利地位的条件，其可被视为公司竞争力不足。公司的内部劣势涉及以下几个方面：①在重要的业务领域，技术、专业技能或智力资本较差或不成熟；②缺乏具有市场竞争重要性的实物资产、组织资产和无形资产。几乎所有公司在竞争中都会面临这种或那种的不足。公司的劣势是否会给公司带来竞争弱点，取决于这种劣势在市场中的重要程度和能否利用优势来弥补劣势。

核心概念

公司的**优势**代表其竞争性资产；公司的**劣势**是构成竞争性负债的那些缺点。

表 4-2 列举了在汇总公司的优势和劣势时需要考虑的注意事项。评估公司的优势和劣势就像是构建公司的战略性资产负债表，优势代表的是竞争性资产，劣势代表的是竞争性负债。显然，最理想的情况是公司的竞争性资产远远超过其竞争性负债。

表 4-2 如何识别公司的优势、劣势、机会和威胁

优势与竞争性资产	劣势与竞争力不足
• 良好的财务状况以支撑业务增长	• 缺乏独特的核心竞争力
• 强大的品牌形象或声誉	• 对消费者需求缺乏关注
• 独特的核心竞争力	• 产品质量较差
• 强于竞争对手的成本优势	• 资产负债表状况很差，债务过多
• 有吸引力的客户群	• 高于竞争对手的成本
• 专有技术，卓越的技术水平，重要专利	• 与竞争对手相比，产品线过窄
• 对供应商和购买者有很强的议价能力	• 品牌形象或声誉不佳

（续）

优势与竞争性资产	劣势与竞争力不足
• 卓越的产品质量 • 地理覆盖范围广或者具有强大的全球分销能力 • 建立了联盟或合资企业以获取有价值的技术、竞争力或有吸引力的区域市场	• 缺乏足够的分销能力 • 缺乏管理层级 • 受困于内部运作问题或设备陈旧 • 工厂产能利用率过低
市场机会	**外部威胁**
• 满足日益上升的顾客对行业产品的需求 • 服务于更多的顾客群或细分市场 • 扩张到新的区位市场 • 扩大公司产品线以满足更广泛的顾客需求 • 开发新的产品线或进入新的业务领域 • 利用有吸引力的国外市场中贸易壁垒不断降低的机会 • 利用竞争对手发生的不利变化 • 收购竞争对手或那些拥有专有技术和能力的公司 • 利用新兴技术的发展进行创新 • 加入战略联盟或合资企业	• 竞争加剧 • 市场增长速度减缓 • 可能有新竞争对手进入 • 顾客和供应商的议价能力提高 • 消费者的需求和偏好转向别的行业的产品 • 人口结构的不利变化可能会抑制对本行业产品的需求 • 不利经济状况对关键供应商或分销商造成威胁 • 技术变化，尤其是能破坏公司独特能力的颠覆性技术 • 限制性的对外贸易政策 • 新的监管规则所带来的高成本 • 信贷紧缩 • 能源或其他关键投入要素价格上升

4.2.3　识别公司的市场机会

市场机会是战略制定的一个重要因素。实际上，如果没有首先识别公司的市场机会，并评估每个机会能带来的增长潜力和利润潜力，管理人员就不能恰当地调整战略来适应公司所处的环境。公司的市场机会取决于公司所处的主流环境（prevailing circumstance），这就导致公司的市场机会可能很丰富，也可能很稀缺；可能是短暂的，也可能是持久的；从极具吸引力到有趣的，再到不适合；等等。

新兴的和快速变化的市场有时蕴含着巨大或黄金机会，然而通常对公司的管理人员而言，要在其他公司之前发现并抓住这个"迷雾般的未来"是很难的。[1]但是随着迷雾逐渐散开，黄金机会总是能被迅速地抓住，而且抓住这些机会的公司通常都是那些密切关注市场动向的公司，它们迅速准备利用不断变化的市场环境。表 4-2 列举了一些能带来潜在市场机会的因素。

4.2.4　识别外部威胁

通常，公司外部环境的某些因素会给公司的盈利能力和竞争力带来威胁。威胁可能会来自出现了更便宜或更好的技术，国外低成本竞争者进入公司最重要的市场，新规则给公司带来的麻烦比竞争对手更大，不利的人口变化以及公司经营所在的国家发生政变等情况。

外部威胁为公司带来的不幸可能只是一般性的（所有的公司在开展业务的过程中都会碰到一些威胁），也可能足以使公司的处境变得危险。只有在极少数情况下，市场动荡可能会带来突然死亡的威胁，使公司陷入空前的危机和生存之战。2008—2009 年，世界上许多主要金融机构都陷入了由高风险抵押贷款造成的那场史无前例的金融危机之中。次级抵

贴士 4-4

仅仅列出一家公司的优势、劣势、机会和威胁是远远不够的。SWOT 分析的好处在于对公司状况的总结，以及从四个方面列表中得出战略改进方面的启示。

押贷款证券的信用评级被夸大，房价暴跌、市场上充斥着与抵押贷款相关的投资（债务抵押债券），这些投资的价值突然蒸发了。管理层的工作就是识别影响公司未来前景的各种威胁，并评估什么样的战略行动能够降低或抵消它们的影响。

4.2.5 SWOT分析透露的内容

SWOT分析不仅仅是做出四个列表。在制定新战略时，它提供了一个坚实的基础，有助于理解如何定位公司，以抓住新商业机会，获得竞争优势，以及如何弥补竞争力的不足以减轻外部威胁。在评估现有战略的有效性时，SWOT分析可以用来收集关于公司整体业务情况的信息（因此称为情境分析）；它可以帮助将这些信息转化为可行的战略举措。图4-2展示了从SWOT分析中获取洞察力所需的步骤。

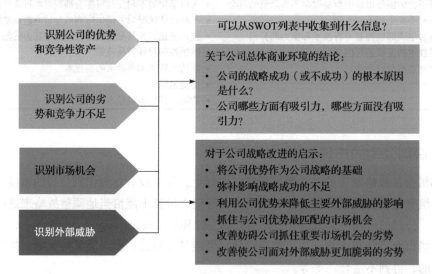

图4-2 SWOT分析的步骤

SWOT分析的妙处在于简单，但这也是它的主要局限。为了更深入、更准确地了解公司的情况，需要更复杂的工具。第3章介绍了一套分析公司外部情况的工具。在本章的其余部分，我们将从公司的资源和能力入手，更深入地了解公司的内部情况。

4.3 公司的资源、能力与持久竞争优势

本部分与问题3有关，旨在回答以下问题：公司最重要的资源和能力是什么，它们是否会给公司带来优于竞争对手的持久竞争优势？

> **核心概念**
>
> 公司的资源和能力代表了它的**竞争性资产**，并且决定了其竞争力大小及在市场中取得成功的能力。

公司内部环境的一个基本要素是其资源和能力的状况。公司的资源和能力是它的**竞争性资产**，决定其市场竞争力强弱。竞争性资产平庸的公司几乎总是在行业中处于落后地位。

资源和能力分析为管理者提供了一个强大的工具，该工具可以用于评估公司的竞争性资产，并确定这些资产能否为公司在市场竞争中获得成功提供必要的支持。这一过程包含两个步骤：第一步是识别公司的资源和能力；第二步是对这

些资源与能力进行仔细研究，以确定哪些是最具竞争力的，它们能否创造优于竞争对手的可持续竞争优势。[2] 第二步需要用到资源竞争力四项测试。

4.3.1　识别公司的资源和能力

公司的资源和能力是公司竞争战略的基本组成部分。在制定战略时，管理者必须了解如何评估公司全部的资源和能力。但在做这些之前，管理者和战略决策者首先要对这些资源和能力进行更精准的界定。

简单来说，**资源**是公司拥有或控制的生产性投入或竞争性资产。公司掌握着很多不同种类的资源，这些资源在种类和质量上都有差异。有些资源质量更高，有些资源更具竞争价值，能够为公司带来优于竞争对手的竞争优势。例如，公司的品牌是一种资源，研发团队也是一种资源，一些像可口可乐和施乐这样的品牌是众所周知的，具有持久的品牌价值，而其他品牌的知名度则比普通商品稍微高一些。同样地，一些研发团队会因为成员的杰出才能、团队的构成、经验和化学反应，而比另一些团队更富创造力和生产力。

能力或**竞争力**是指公司执行一些内部活动的胜任力。能力或竞争力在形式、水平和竞争重要性上存在差异，有些能力具有更大的竞争性价值。美国运通（American Express）在品牌管理和营销方面具有卓越的能力；星巴克（Starbucks）的员工管理、培训和不动产能力驱动其快速发展；微软的能力在于开发计算机操作系统和用户软件，如微软办公软件。组织能力通过组织资源的配置而得以开发和加强。[3] 例如，雀巢（Nestlé）对其 2 000 多个食品、饮料和宠物护理品牌的品牌管理能力，得益于该公司品牌经理的知识、营销部门的专业技能，以及公司与近 200 个国家的零售商的关系。戈尔公司（W. L. Gore）在其纺织品、医疗及工业品领域的产品创新能力，得益于其合伙人的个人主动性、创造性天赋、技术专长，以及公司鼓励责任和创造性思维的文化。

1. 公司资源的类型

识别公司资源的一个有效方法就是进行分类查找，如表 4-3 所示。广义上讲，资源可以被分为两大类：**有形资源**和**无形资源**。尽管人力资源是构成公司资源基础的最重要资源之一，但我们仍将其归入无形资源，以强调公司人力资源的技能、才华和知识所发挥的作用。

表4-3　公司资源的类型

有形资源

- 物质资源：土地和不动产；制造工厂，设备或分销设施；商店、工厂、分销中心的位置，包括其地理位置的整体格局；对自然资源（如矿藏）的所有权或使用权
- 财务资源：现金和现金等价物；有价证券；其他金融财产，比如公司的信用评级和借贷能力
- 技术资产：专利、版权、生产技术、创新技术、工艺流程
- 组织资源：信息和通信系统（卫星、服务器、工作站等）；其他计划、合作和控制系统；公司的组织设计和报告结构

贴士 4-5

资源和能力分析是一个强大的工具，用于评估公司的竞争性资产，并确定这些资产是否能够为公司获得相对于市场竞争对手的可持续竞争优势。

核心概念

资源是公司拥有或控制的竞争性资产；**能力**（或者**竞争力**）是指公司能够完成一些内部活动的能力。通过有效部署公司的资源来开发和启用公司能力。

（续）

无形资源
• 人力资产和智力资本：员工的教育、经验、知识、才智、累积学习和隐性知识；组织中的集体学习，专业团队和工作小组的智力资本和专有知识；关键工作人员对重要业务职能的了解；管理才能和领导技能；特定人员的创造力和创新性 • 品牌、公司形象和声誉资产：品牌名称、商标、公司/产品形象、顾客忠诚度和商誉；公司在质量、服务和可信度方面的声誉；与供应商和合作伙伴在公平交易方面的声誉 • 关系：提供技术、专门知识或地理市场的联盟企业、合资企业或伙伴关系；供应商或分销商网络；与各类合作伙伴建立的信任 • 公司文化和激励体系：公司内部的行为规范、商业准则和根植于内在的信念；员工对公司理念的依恋度；公司员工的薪酬体系和激励水平

有形资源是最好识别的，因为它们是那些可以被触及或量化的资源。显然，它们包括各种物质资源，如制造设备和矿产资源；但是也包括公司的财务资源、技术资源和组织资源，如公司的通信和控制系统。值得注意的是，按照惯例，即使某些技术资源，如版权和商业机密，可能会被归类为无形资源，但技术资源仍属于有形资源。

无形资源很难辨别，但它们往往是公司最重要的竞争性资产。它们包括各种人力资产和智力资本，以及公司的品牌、形象和声誉资产。尽管无形资源本身没有物质形态，但它们通常通过一些有形物质体现。因此，公司的技能和知识资源体现在管理者和员工身上；公司的品牌体现在公司标识或产品标签上。其他重要的无形资源包括公司与供应商、购买者和各种合作伙伴的关系，公司的文化和激励体系。

分类列出公司的资源，可以防止管理者在不经意间忽略那些对公司竞争至关重要的资源。有时某些资源的类型很难确定，例如，工作团队在开发新产品方面的专业技能，可以视为技术资产、人力资产或者智力资本和知识资产；员工的职业道德和工作动力，可以归纳到公司的人力资产或它的文化和激励体系中。在这方面，重要的是记住，如何对资源进行分类不是最重要的，而是要将公司所有类别的资源盘点清楚。在识别公司资源的时候对资源进行分类的真正目的是确保在评估公司的竞争性资产时，不会遗漏公司的任何资源。

2. 识别组织能力

公司能力比资源更为复杂。事实上，公司能力是在利用公司资源的过程中建立起来的，并利用到了一些资源组合。实质上，所有组织能力都是以知识为基础，体现在人和公司的智力资本或包含了隐性知识的组织流程和制度之中。例如，亚马逊的快速交付能力靠的是其执行中心管理者的知识，与联合包裹（UPS）的关系，以及其商家正确预测库存流量的经验。博士音响（Bose）在听觉系统设计方面的能力来自研发团队的优秀工程师以及公司追求创新和设计的强大文化。

由于具有复杂性，组织能力比资源更难进行归类，因此能力的搜索和识别更具挑战性。但是，仍有两种方法可以更加系统地发现和识别公司的能力。第一种方法是先将公司资源列成一份完整的清单。由于能力来自资源，并在资源使用的过程中得到练习，通过公司的资源就能够很好地了解公司可能累积了何种类型的能力。这种方法仅仅通过观察公司的资源，然后考虑公司是否（以及在多大程度上）能够建立相关能力。举例来说，一支卡车车队、最新的射频识别（RFID）追踪技术以及一套自动化配送中心，可能预示着公司在物流和分销方面有着复杂的能力。由拥有基因学专业知识的顶级科学家组成的研发团队，可能会在开发新的基因疗法或更广泛的生物技术方面拥有强大的能力。

第二种方法是从职能视角来识别公司的能力。许多能力都与特定的职能活动有关，它们所使用的资源通常只与一个部门或组织单元有关。注塑成型（injection molding）、连续浇铸（continuous casting）或金属冲压（metal stamping）的能力与制造有关；直销、降价促销或数据库营销的能力都与销售和营销职能有关；基础研究、战略创新或新产品开发能力与公司的研发职能有关。这种方法要求管理者调查公司开展的各项职能活动以找到与每个职能相关的不同能力。

第二种方法存在一个问题，那就是很多公司的最重要能力天生就是跨职能的。跨职能的能力利用了各种不同资源，而且本质上具有多维性，它们来自在不同组织单位工作的，拥有不同类型专业知识的人员所开展的有效合作。例如，沃比派克公司（Warby Parker）通过跨职能设计流程开发出受市场欢迎的眼镜。其设计能力不仅来自它的创意设计师，同时也来自它们在市场研究和工程方面的能力，以及它们与供应商和制造公司的关系。跨职能能力和其他复杂的涉及许多相互关联和紧密集成的竞争性资产的能力，有时被称为**资源束**（resource bundles）。

> **核心概念**
> **资源束**是围绕一个或多个跨职能能力所形成的一组相互关联、紧密集成的竞争性资产的集合。

不要忘记对公司的资源束进行识别，这是非常重要的，因为它们可能是公司的竞争性资产中最重要的部分。即使资源束中的单个资源无法通过资源竞争力的四项测试（如下所述），但资源束有时是可以的。举例来说，尽管宠物公司 PetSmart 的供应链和营销能力与竞争对手 Petco 不相上下，但前者在客户服务能力（包括动物美容、兽医和日托服务）方面已经并将继续超越竞争对手。耐克在造型设计能力、营销研究技能、专业代言、品牌名称和管理知识方面的资源束使其在运动鞋类和服装行业保持了 20 多年的领先地位。

4.3.2 评估公司资源和能力的竞争力

要评估公司的竞争力，仅仅通过识别公司的资源和能力来探索其实际能力（caliber）是远远不够的。[4]因此，资源和能力分析的第二步，是确定公司的哪些资源和能力更具竞争力，以及它们在多大程度上帮助公司获取相对于竞争对手的可持续竞争优势。正如在第1章中所界定的那样，当一家公司拥有对其战略至关重要且优于对手的竞争性资产时，它们就能获取竞争优势。如果这种优势能够一直持续，即使竞争对手尽最大努力也无法超越，我们就说公司拥有了可持续**竞争优势**。对于公司来说，尽管要获取可持续竞争优势可能比较困难，但这是一个重要的战略目标，因为它使公司有可能取得有吸引力的长期盈利。

> **核心概念**
> 回想一下，**竞争优势**意味着你可以为客户创造比竞争对手更多的价值（V），或者以更低的成本（C）创造同样的价值。换句话说，你的 V-C 优于竞争对手的 V-C。V-C 就是我们所说的由一家公司产生的经济价值。

1. 资源竞争力的四项测试

对资源和能力竞争力的评估是看公司能通过四项测试中的几项。[5]这些测试被称为**可持**

续竞争优势 VRIN 测试，VRIN 是一个缩写，分别是指有价值的（valuable），稀缺的（rare），难以模仿、难以复制的（inimitable）和不可替代的（nonsubstitutable）。前两项测试决定了资源或能力能否带来竞争优势；后两项测试决定了竞争优势能否持续。

（1）资源或组织能力在竞争方面是**有价值的**吗？要具有竞争价值，公司的资源或能力必须直接与公司战略相关，使公司成为一个更加有效的竞争者。除非资源或能力可以促进公司战略的有效性，否则它就无法通过第一项测试。衡量有效性的一个指标是，这种资源能否改进顾客价值主张或盈利模式，进而强化公司的商业模式（见第 1 章）。谷歌未能利用其技术资源和软件创新能力使谷歌钱包产品获得成功，在 2016 年被放弃之前，谷歌钱包亏损超过 3 亿美元。虽然这些技术资源和软件创新能力等使谷歌成为世界头号搜索引擎，但事实证明，它们在移动支付行业的价值较低。

（2）资源或能力是**稀缺的**吗，是竞争对手所缺乏的吗？公司间非常普遍或很容易获取的资源和能力，不能成为竞争优势的来源。任何品牌化谷物制造商都拥有有价值的营销能力和品牌，这是即食谷物行业的关键成功因素，所以它们不是稀缺的。但奥利奥（Oreo cookies）的品牌优势却是稀缺的，它为卡夫食品（Kraft Foods）带来了更多的市场份额，也提供了如金色奥利奥（Golden Oreos）、奥利奥薄饼（Oreo Thins）和多层夹心奥利奥（Mega Stuf Oreos）等品牌延伸的机会。一种资源或能力如果仅仅被某一行业或特定竞争领域中的少数公司拥有，就可以被看作稀缺的。因此，尽管综合管理能力从绝对意义上来说不是稀缺的，但是在世界上的一些欠发达地区和一些业务领域中它们还是相对稀缺的。

（3）资源或能力是**难以模仿、难以复制的**吗？竞争对手模仿的难度越大、成本越高，该资源或能力就越有可能为公司提供可持续的竞争优势。当资源和能力具有独特性（极好的地理位置、受到专利保护的技术、富有才华的人才和有上进心的员工），资源和能力必须要用

很长的时间以一种难以模仿的方式来建立（知名品牌、掌握复杂工艺技术、多年累积的经验和学习），以及培育资源和能力所需的财务支出或大规模运作只有少数企业可以承受时（全球经销商和分销商网络），资源是很难被复制的。资源和能力如果体现了很高水平的**社会复杂性**（公司文化，管理层或研发团队的人际关系，与顾客和供应商建立的信任关系）和**因果模糊性**，该资源或能力也是很难模仿的。因果模糊性这一术语凸显了复杂资源所具有的难以厘清的本质，如新药开发的错综复杂的过程。难以复制的资源和能力是重要的竞争性资产，有利于维持公司长期的市场地位和持续盈利。

（4）资源或能力是**不可替代的**吗，是否不受不同类型资源和能力的替代威胁的影响？即使资源在市场竞争中是有价值的、稀缺的、难以复制的，但如果竞争对手拥有等价的替代资源，这种资源能带来竞争优势的能力就会大打折扣。例如，有的制造商依靠自动化在生产活动中获得基于成本的优势，但它们的这种技术优势会因为竞争对手通过使用廉价劳动力进行

离岸制造而不复存在。只有当资源的替代品尚未出现时，该资源才能带来可持续的竞争优势。

绝大多数公司都不具备杰出的资源或能力禀赋，使它们能以很高的分数通过四项测试。大多数公司的资源都是好坏参半的——一两种非常有价值，一些还不错，更多的是差强人意。能够通过四项测试中第一项的资源和能力是有价值的。作为战略有效性的关键贡献者，它们与公司的竞争力相关，但不能保证竞争优势。它们可能仅仅提供与对手公司的竞争均势（competitive parity）。

要通过前两项测试需要做的事情更多，它要求资源和能力不仅是有价值的，还是稀缺的。这个门槛更高，只有当资源和能力具有竞争优势（competitively superior）时才能通过。有竞争优势的资源和能力是公司真正的战略性资产。它们为公司提供了优于竞争对手的竞争优势，哪怕只是短期的。

要通过后两项测试，资源必须能够使公司在竞争中维持竞争优势。在竞争对手努力进行模仿和寻找具有同样价值的替代资源时，这种优势必须也能持续。评估替代资源的可得性（availability of substitutes）在所有测试中是最难的，因为替代品更难辨识，但关键是寻找那些由其他公司拥有或开发的与本公司的核心资源和能力具有相同功能的资源和能力。[6]

虽然只有极少数公司才拥有能够通过四项测试的资源和能力，但是它们能够带来可持续竞争优势和更大的盈利潜力。开市客（Costco）就是一个很好的例子，它凭借强有力的员工激励计划和供应链管理能力领先仓储式俱乐部领域竞争对手超过 35 年。林肯电气公司（Lincoln Electric Company）虽然没那么著名，但是它所取得的成就一点都不差，其焊接类产品在 100 多年间都处于世界领先地位，这是因其针对生产工人所推出的独特的计件奖励制以及由该制度所推动的无与伦比的员工生产力和产品质量。

2. 必须对公司的资源和能力进行动态管理

即使像开市客和林肯电气这样的公司也不能满足于既得的成就。某种关键资源竞争对手最初是复制不了的，但随着时间的推移，它们可能会开发出越来越好的替代品。如果不能得到妥善管理，资源和能力会和其他资产一样贬值。技术、顾客偏好、分销渠道或者是其他竞争要素的任何颠覆性变化，都能够破坏战略资产的价值，使资源和能力"从钻石变为废铁"。[7]

为了保持资源和能力的竞争力，公司必须对其进行持续强化和培育，有时为了抓住新兴市场的机会，可能还要对其进行拓展和深化。[8]组织的资源和能力的老化会削弱公司的竞争力，需要对它们进行更新、修改甚至是淘汰或者替换，这样才能应对当前市场的变化和公司战略变革。管理层在动态管理公司的资源和能力时面临两方面的挑战：①对现有竞争性资产进行持续改造；②密切关注开发全新能力的机会。

3. 动态能力的作用

对公司最有价值的资源和能力进行重新调整和更新是非常重要的，意识到这一点，公司就会确保这些活动的持续进行。通过将这些活动纳入它们常规的管理职能中，它们能够获取那些使公司持续良好运转的必要经验。在这一点上，它们更新和完善竞争性资产的能力本身就是一种能力——**动态能力**

贴士 4-6

公司需要动态变化资源和能力的组合，以维持其竞争力，并帮助其推动改善绩效。

核心概念

动态能力是指公司不断修改现有资源和能力或创建新资源和能力的能力。

（dynamic capability）。动态能力是改善、深化和增强公司现有资源和能力的一种能力。[9]它包括逐步提升公司现有资源和能力的能力，正如丰田积极升级公司的节能型混合动力发动机技术，并不断调整著名的丰田生产系统。同样，宝马（BMW）的管理层开发了混合动力发动机设计的新组织能力，使该公司能够推出其备受推崇的 i3 和 i8 插电式混合动力汽车。动态能力还包括在公司原有的竞争性资产组合基础上增加新资源和能力的能力。一种方法是通过并购。例如，通用汽车与韩国电子公司 LG 公司的合作，使通用汽车能够开发一个生产电动汽车的制造和工程平台。这使得通用汽车能够击败特斯拉和日产等公司，推出首款价格合理、续航能力强的纯电动汽车——雪佛兰博尔特电动汽车（Chevy Bolt EV）。

4.4 公司的成本结构、客户价值主张与价值链活动

当竞争对手将价格降至"难以置信的低"水平，或者新的市场进入者以令人惊讶的低价推出一款伟大的新产品时，公司的管理人员常常会感到震惊。虽然不太常见，但新进入者也可以通过提供一种产品来冲击市场，这种产品的质量水平会上升到如此高的水平，以至于顾客愿意放弃其他卖家，即使他们不得不为该新产品支付更高价格。苹果的 iPhone 7 和 iMac 电脑似乎就是如此。

不管公司在竞争中的质量定位如何，它都必须在顾客价值主张方面保持竞争力，才能具备继续竞争的资格。例如，巴塔哥尼亚（Patagonia）的价值主张对于那些重视质量、选择的多样性和企业环境责任的客户仍然具有吸引力，他们需要的不是更便宜的外套。自 1925 年问世以来，《纽约客》（*The New Yorker*）的客户价值主张经受住了时间的考验，为读者提供了精心制作的专题写作的读物。

回想一下我们在第 1 章中对客户价值主张的讨论：提供给客户的价值（V）取决于其所支付的价格满足客户需求的程度（V-P）。客户需求的满足程度取决于产品或服务的感知质量以及其他更有形的属性。与竞争对手相比，公司能有利地提供的客户价值越高，就越不容易受到竞争对手的攻击。对于管理人员而言，关键是要密切关注：与竞争对手相比，公司如何经济高效（cost-effectively）地为客户提供价值。如果它们能够用更低的成本为顾客提供相同的价值（或以相同的成本提供更大的价值），它们就能维持竞争优势。

判断公司的成本和顾客价值主张是否具有竞争力，有两个非常有用的分析工具：价值链分析和标杆管理。

4.4.1 公司价值链的概念

每个公司的业务都由在生产、营销、交付和支持其产品或服务过程中所进行的一系列活动组成。公司内部进行的各种活动组成了**价值链**（value chain）——这样称呼是因为公司活动的根本目的是为顾客创造价值。

如图 4-3 所示，公司的价值链包括两大类活动：为顾客

> **贴士 4-7**
> 公司能够提供的顾客价值比直接竞争对手越大，其在竞争中所受到的冲击就越小。

> **贴士 4-8**
> 公司的成本比直接竞争对手越高，其在竞争中所受到的冲击就越大。

> **核心概念**
> 公司的**价值链**识别出了创造客户价值的主要活动和相关支持活动。

创造价值的基本活动；为促进和提高基本活动绩效所必需的支持活动。[10] 公司价值链的主要活动和次要活动的类型因公司业务的具体情况而不同，因此，图 4-3 中列举的基本活动和支持活动只是说明性的，并不全面。例如，喜达屋酒店与度假村（Starwood hotels and resorts）等酒店运营商的基本活动包括选址和建设、预订以及酒店运营（入住和退房、维护和客房管理、餐饮和送餐服务、会议）；驱动成本和影响顾客价值的主要支持活动包括雇用和培训酒店员工以及总体的行政管理。供应链管理对于波音公司和亚马逊公司来说至关重要，但 Facebook、WhatsApp 或高盛（Goldman Sachs）的价值链中却没有这一活动。销售和营销对 GAP 和 Match.com 来说是重要活动，但是对石油钻探公司和天然气管道公司来说作用却很小。客户交付是达美乐比萨的一项重要活动，但对星巴克和邓肯甜甜圈（Dunkin Donuts）的作用则微不足道。

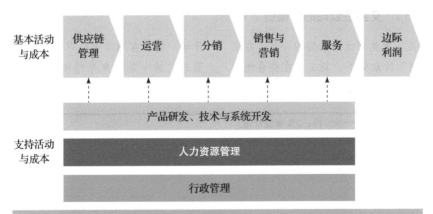

基本活动

- 供应链管理：与采购燃料、能源、原材料、零部件、货物和来自供应商的消耗品相关的活动、成本和资产；接受、存储和分发来自供应商的投入品；检验；库存管理
- 运营：与将投入品转化为最终的产品相关的活动、成本和资产（生产、装配、包装、设备维护、设施、运营、质量保证、环境保护）
- 分销：与将产品分销给顾客相关的活动、成本和资产（成品仓储、订单处理、拣货和包装、运送、运输车辆管理，建立和维护经销商和分销商网络）
- 销售与营销：与销售人员努力、广告和促销、市场调研与规划以及供应商/分销商的支持相关联的活动、成本和资产
- 服务：与为顾客提供帮助相关的活动、成本和资产，如安装、零部件交付、保养和维修，技术援助、顾客问询和投诉等

支持活动

- 产品研发、技术与系统开发：与产品研发、工艺研发、工艺设计改进、设备设计、计算机软件开发、通信系统、计算机辅助设计与制造、数据库功能、电脑支持系统开发相关的活动、成本和资产
- 人力资源管理：与招聘、雇用、培训、职业规划、职工薪酬相关的活动、成本和资产；劳动关系活动；开发基于知识的技能和核心竞争力
- 行政管理：与一般行政管理、会计和财务、法律与法规事务、安全和保障、管理信息系统、形成战略联盟与战略伙伴合作以及其他"间接"功能相关的活动、成本和资产

图 4-3　典型的公司价值链

资料来源：基于迈克尔·波特在《竞争优势》（*Competitive Advantage*, New York: Free Press, 1985: 37-43）中的讨论。

价值链关注价值创造活动，是检验公司客户价值主张和商业模式运行情况的理想工具。它使得我们能够深入了解公司的成本结构和提供低价的能力。它揭示了公司重视那些提高差异化和支持更高价格的活动，如服务和营销。价值链也包含边际利润（P–C），因为利润是补偿公司所有者和投资者的必要条件，它们承担了风险并提供资金。将边际利润和价值创造活动放在一起考察十分重要，因为除非企业能在盈利（具有较高的投资回报率）的情况下提供顾客价值，否则它将无法长期生存。如第 1 章所述，除了关注顾客价值主张，好的商业模式也必须重视公司的盈利模式。

专栏 4-1 是艾芙兰（Everlane，Inc.）执行的各种价值链活动的成本，该公司是一家主要在线上销售的美国服装零售商。

 专栏 4-1　艾芙兰公司的价值链

艾芙兰是一家生产休闲服装的公司，在所谓"彻底透明"的政策下，其工厂在符合伦理道德的管理下，设计能经久耐用的服装。从一开始，它就在网站上公布成本和利润明细。下面是它的一条修身牛仔裤的价格明细（单位：美元）：

材料（11 盎司①牛仔布——98% 棉；2% 弹性纤维）	12.78
硬件（金属紧固件、装饰件）	2.15
人工费	7.50
货物成本	**22.43**
运输	1.90
进口关税	3.70
总成本	**28.03**
零售价	**68.00**
边际利润（零售价 – 总成本）	**39.97**
传统零售商的平均价格	**140.00**

① 1 盎司 =28.35 克。

资料来源：Everlane.com/about（访问于 2020 年 2 月 8 日）.

1. 比较竞争对手的价值链

通过对所从事的活动逐项进行分析，价值链分析有助于比较竞争对手是如何向客户传递价值的。即使是同一行业的竞争对手所从事的活动也可能完全不同。例如，对于一个自己制造所有的零部件并且独立完成组装的制造商来说，其价值链中"运营"活动不同于那些从外部供应商那里购买需要的零部件，仅仅执行组装工作的竞争对手的"运营"活动。每项活动的执行方式可能影响公司的相对成本地位和差异化能力。因此，即使是对竞争对手价值链的不同之处做个简单比较，也能揭示竞争的差异性。

2. 通过公司的基本活动和支持活动识别出内部成本结构的主要组成部分

公司价值链中所有基本活动和支持活动的联合成本决定了公司的内部成本结构。此外，每项活动的成本决定了公司的总成本相对于竞争对手是有利的还是不利的。价值链分析和标杆管理法分析的作用就是通过开发数据来比较公司与主要竞争对手在每项活动上的成本，并找出哪些内部业务是成本优势或劣势的来源。

　　评估公司的成本竞争力需要运用会计上所称的作业成本法（activity-based costing）来确定每项价值链活动的成本。[11]公司的总成本应该在多大程度上被分解为某些特定活动的成本，取决于了解这些活动相对于广义活动的成本有多大价值。至少，需要对基本活动和支持活动进行成本评估，但是如果公司发现自己相比竞争对手处于成本劣势，或者希望找出造成成本劣势的确切源头或活动，可能就有必要对每个大类之下的具体活动进行成本核算。然而，公司自身的内部成本可能还不足以评估它的产品和顾客价值主张相比竞争对手是否具有竞争力。竞争对手之间的成本和价格差异可能来源于由供应商或将产品传送给最终消费者或终端用户的分销商的业务活动，这种情况下公司的整个价值链系统就变得十分重要。

贴士 4-9

　　一家公司的成本竞争力不仅取决于内部执行活动的成本（它自己的价值链），还取决于其供应商和分销渠道盟友的价值链成本。

4.4.2　价值链系统

　　公司的价值链处于一个更大的活动体系中，它包括供应商的价值链，也包括了将产品和服务传递给最终消费者的分销商和零售商的价值链。这个价值链系统（有时也叫纵向链）的意义远远超出了公司成本。它可以影响产品质量等增强产品差异性的属性，对于公司的顾客价值主张和盈利能力也具有重要意义。[12]供应商的价值链与公司价值链是相关的，因为供应商开展活动，在生产和交付公司采购的投入品时会产生成本，而公司自身的价值创造活动会使用这些投入品。这些投入品的成本、性能特点和质量会影响公司自己的成本和产品差异化能力。公司所做的帮助供应商降低价值链成本或改进产品质量和性能的活动，都能增强公司自身的竞争力，这也是公司选择与供应商合作来管理供应链活动的重要原因。[13]例如，汽车制造商鼓励它们的零部件供应商在汽车组装厂附近建厂，以便于及时交货，降低库存和运输成本，并促进在零部件设计和生产调度上的密切合作。

　　同样地，分销渠道伙伴的价值链也与本公司相关，因为：①公司分销商和零售商的成本与利润是最终消费者所支付价格的一部分；②分销商的活动会影响销量和顾客满意度。由于这些原因，不直接向最终消费者销售的公司会与分销渠道合作伙伴（包括公司的直接客户）紧密合作，以互惠的方式从事价值链活动。例如，汽车制造商总是倾向于和汽车经销商紧密合作，利用经销商的保养和维修服务来创造更高的销量和顾客满意度。橱柜生产商严重依赖于分销商和终端零售商的销售和促销活动，以及分销商和零售商是否通过低成本运营的方式实现以低价创造巨额销量。

　　结果就是，准确评价公司的竞争力，必须仔细检查将公司的产品或服务交付给最终用户的整个价值链系统中价值链活动的性质和成本。图 4-4 展示了一个典型的价值链体系，该体系包含供应商、购买商和其他前向渠道合作者（如果有的话）的价值链。与公司价值链一样，构成价值链系统的具体活动因产业而异。制浆与造纸产业的价值链系统的基本活动（木材培植、砍伐、磨浆和造纸）与家电产业价值链系统的基本活动（零部件生产、组装、批发和零售）不同，也与计算机软件产业的基本活动（编程、刻盘、营销、分销）不同。一些价值链也可能包括战略合作伙伴，它们的活动同样可能影响最终产品的价值和成本。

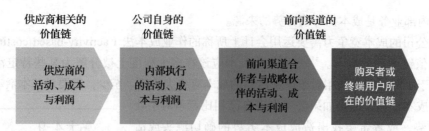

图 4-4　典型的价值链系统

资料来源：参照迈克尔·波特在《竞争优势》(*Competitive Advantage*, New York: Free Press, 1985: 35)一书中所展示的单一产业价值链。

4.4.3　标杆管理法：评估价值链活动的成本和效益的工具

标杆管理法（benchmarking）需要详细比较不同公司开展价值链上各种活动的方式——如何购买原材料，如何管理存货，如何组装产品，将新产品投入市场的速度有多快，客户订单如何填写并发货，然后对不同公司在这些活动上的成本和效益进行比较。这种比较通常是在同一行业的公司之间进行的，但是标杆管理法也可以运用到与其他行业中公司的价值链活动进行标杆管理。[14] 标杆管理法的目标是识别执行活动的最佳方法，并对这些最佳实践进行模仿。它可以用来对公司内部价值链活动或整个价值链系统中的活动进行对标管理。

> **核心概念**
> **标杆管理法**是在了解其他公司如何执行活动并借鉴其"最佳实践"的基础上，改善公司价值链活动的有力工具。

> **核心概念**
> **最佳实践**是一种执行活动的方法，与其他方法相比，该方法始终能带来更好的结果。

最佳实践（best practice）是一种开展活动或业务流程的方法，与其他方法相比，该方法始终能带来卓越绩效。[15] 一种方法必须至少被一家企业采用，并证明其在降低成本、提高质量或性能、缩短时间要求、提高安全性或实现其他一些积极的运营效果方面始终更有效之后，才能成为真正的最佳实践。因此，最佳实践确定了在价值链活动中实现卓越运营的途径。

施乐公司是运用标杆管理法使公司成为更具成本竞争力的先驱者，而且施乐公司在实施标杆管理法时，不只局限于办公设备的对手，而是将标杆管理推广到与施乐业务相关的任何活动的任何一家"世界级"的公司。其他公司也迅速掌握了施乐的方法。丰田公司的经理人员通过研究美国超市补充货架的方法，产生了零库存发货的理念。西南航空公司通过研究赛车赛道上工作人员的行为，从而压缩了航班在计划降落点的停航时间。据报道，《财富》"500强公司"中有超过 80% 的公司运用标杆管理法，在成本和其他重要的竞争要素方面与竞争对手进行比较。专栏 4-2 展示了太阳能行业中运用标杆管理法的一个实践案例。

 专栏 4-2　太阳能产业的标杆管理

太阳能发电的成本正在迅速下降，导致太阳能价格的下降，太阳能公司的市场也在扩大。根据太阳能行业协会的数据，2016 年安装了超过 11 千兆瓦的太阳能供电电力设施，足以为大约 180 万户家庭供电。与此同时，太阳能领域的竞争正变得越来越激烈。截至

2017 年，46 家公司在美国累计安装了超过 45 千兆瓦的太阳能供电电力设施。

　　随着竞争的加剧，标杆管理在评估太阳能公司相对于其他公司的成本和价格定位方面发挥着越来越重要的作用。这通常是用太阳能资产产生的每千瓦时总安装和生产成本来衡量，称为"平准化能源成本"（LCOE）。千瓦时是出售给消费者的电量单位。

　　在 2008 年，作为美国最大的太阳能公司之一的 SunPower 使用了标杆管理法，其目标是到 2012 年太阳能 LCOE 减少 50%。这种早期的标杆管理通过提供更低的价格来帮助公司抵御新的市场进入者。但在随后的几年里，从 2009 年到 2014 年，整个行业太阳能 LCOE 下降了 78%，导致该公司意识到，需要一个更积极的方法来管理下降的定价压力。2017 年，SunPower 的季度收益显示，该公司通过简化公司结构，加大了在标杆价格上的竞争力度；从非核心资产剥离；多元化，超低成本、大规模的公用太阳能市场，进入住宅和商业太阳能市场，可以更容易在价格上竞争。

　　继续预测和适应太阳能价格下跌需要可靠的行业标杆成本数据。国家可再生能源实验室（NREL）的季度美国太阳能光伏系统成本标杆管理（Quarterly U.S. Solar Photovoltaic System Cost Benchmark），按投入来细分行业太阳能成本，包括太阳能模块、结构硬件和电气组件，以及劳动力和土地费用等软成本。这使得像 SunPower 这样的公司能够评估它们的组件成本与标杆成本相比如何，并提醒 SunPower 太阳能价格将随着时间的推移继续下跌。

　　要让太阳能在美国发电中发挥主要作用，成本必须不断降低。随着太阳能公司竞相降低成本，标杆管理法将继续成为决定定价和市场定位的核心战略工具。

注：与 Mathew O'Sullivan 开发。

资料来源：Solar Power World, "Top 500 Solar Contractors" (2017); SunPower "The Drivers of the Levelized Cost of Electricity for Utility-Scale Photovoltaics" (2008); Lazard, "Levelized Cost of Energy Analysis, Version 8.0" (2014).

　　标杆管理法的困难之处不在于是否去做，而在于如何得到其他公司的做法和成本方面的信息。有时，公司可以通过从出版物、贸易组织、行业研究公司收集所需要的信息，或者通过与资深的行业分析师、顾客、供应商交谈来完成标杆管理法。有时，可以安排实地考察竞争或非竞争公司的设施，去实地观察它们是如何操作的，比较其做法和流程，还可以交换生产率和其他成本因素方面的信息。然而，即使这些公司同意参观设施并回答问题，也不太可能共享其具有竞争敏感性的成本信息。此外，如果参与对比的两家公司使用不同的成本核算体系，就无法进行同类成本比较。

　　然而，获取标杆管理信息的第三个且非常可靠的来源已经出现。各家公司对成本标杆对比和识别最佳实践方面的兴趣呈爆炸式增长，使得咨询公司和多家协会收集标杆数据，发布最佳实践信息，提供匿名公司的成本对比数据。相关咨询公司有埃森哲（Accenture）、科尔尼（A. T. Kearney）、标杆网——标杆交易（Benchnet—The Benchmarking Exchange）、最佳实践有限公司（Best Practices，LLC）⊖等，相关协会包括质量服务标杆管理信息交换中心（QualServe Benchmarking Clearinghouse）和战略规划机构标杆管理咨询委员会（Strategic Planning Institute's Council on Benchmarking）等。由独立的

> **贴士 4-10**
> 将公司活动的成本与竞争对手的成本进行标杆对比，为公司是否具有成本竞争力提供了有力的证据。

⊖　最佳实践有限公司是一家研究、咨询和出版公司，在最佳实践基准领域处于全球领先地位，专注于制药、生物技术、医疗设备、卫生保健技术和其他创新产业。——译者注

机构收集信息，所提供的报告中隐去公司的真实名称，这样就可以避免将公司敏感的竞争数据泄露给竞争者的问题，减少了公司员工在收集竞争对手数据方面的不道德行为的可能性。专栏 4-3 讨论了标杆管理法的伦理维度。

 专栏 4-3　标杆管理和道德行为

由于标杆管理合作伙伴之间的讨论可能涉及竞争性敏感数据，可能会引起对贸易限制或不当商业行为的质疑，战略规划机构标杆管理咨询委员会和全球标杆管理网络敦促所有参与标杆制定的个人和组织遵守基于道德的行为准则。该准则基于以下原则：

- 合法性原则。避免进行可能引发贸易限制的讨论或相关行动：市场或客户分配方案、定价、交易安排、操纵投标、贿赂或挪用。如果成本是定价的一个要素，不要与竞争对手讨论成本。
- 交换原则。在任何标杆管理的交流中，提供与您所需要的信息相同级别的信息。
- 保密原则。将标杆交换视为涉及个人和组织的机密。未经参与标杆管理的合作伙伴的事先同意，不得在合作组织之外传播所获得的信息。未经伙伴允许，不得对外宣称参与某项研究。

- 使用原则。仅出于改善合作公司内部运营的目的，使用通过标杆合作获得的信息。在外部使用或交流标杆合作伙伴的名称、数据或观察到的实践，需要得到该合作伙伴的许可。作为顾问或客户，未经允许，不要将该公司的标杆管理研究结果运用到另一家公司。
- 第一当事人接触原则。尽可能通过合作伙伴公司指定的标杆管理联系人进行联系。在与其他主体进行沟通或履行责任方面，要与该联系人达成一致意见。
- 第三方接触原则。在回应联系人的提供姓名的请求之前，请获得该人的许可。
- 准备原则。在每个阶段都做好充分准备，展示对标杆管理过程的效率和有效性的承诺，特别是在最初的合作接触中。

资料来源：BPIR.com (Business Performance Improvement Resource), https://www.bpir.com/benchmarking-code-of-conduct-bpir.com/menu-id-56.html（访问于 2020 年 8 月 2 日）。

行业协会是另一个可用于标杆管理法的数据来源。例如，在水泥行业，波特兰水泥协会（Portland Cement Association）公布了该行业的关键工厂级数据，使公司能够了解自己的工厂是成本领先还是落后。一些政府机构也提供标杆管理法所需的数据，这类数据在电力定价中起着重要的作用。

4.4.4　弥补成本或价值劣势的战略选择

价值链分析和标杆管理法的结论可能会使公司发现相对于竞争对手的成本或价值上的劣势。这些信息对公司制定战略行动以消除劣势和提升盈利能力非常重要。有了此类性质的信息，公司就能找到通过更低的成本或更具吸引力的客户价值主张来提升竞争力的新途径。在公司总的价值链系统中，管理者可以尝试从三个主要方面提升其传递顾客价值的效率和效益：①公司自身的内部活动；②价值链系统中的供应商活动；③价值链系统中前向渠道的活动。

1. 改进内部执行的价值链活动

管理人员可以使用以下战略方法中的任何一种，来降低价值链中内部执行活动的成本并提升公司的成本竞争力。他们可以在整个公司中实施最佳实践，尤其是在成本较高的活动上。他们可以重新设计产品或其零部件，以降低零部件的高成本，或者使制造或组装更快、更经济；他们可以将高成本的活动（如制造）转移到能以更低成本开展这些活动的地理区域，或者将活动外包给成本更低的供应商或承包商。

为了提高公司客户价值主张的有效性和加强差异化，管理人员可以采取多种方法。他们可以在质量、营销和客户服务方面采用最佳实践。他们可以将资源重新分配到满足买方最重要的购买标准的活动中，这将极大影响到为顾客提供的价值。他们可以采用新的技术，以促进创新、改进设计和提高创造力。第 5 章将讨论通过管理价值链活动，从而降低成本和提高客户价值的其他方法。

2. 改进与供应商相关的价值链活动

与供应商相关的成本劣势可以通过向供应商施压以获得更低的价格，转向价格更低的替代性的投入品，以及与供应商密切合作以达成双方均节约成本的共识来加以解决。[16] 例如，供应商准时交货可以降低公司的库存和内部物流成本，也可以让供应商节省仓储、运输和生产调度成本，对双方来说是双赢的结果。在少数情况下，公司会发现，通过后向一体化进入高成本供应商的业务，从而进行内部生产而非从外部购买，这样成本更低。

同样，一家公司可以通过供应商来提升客户价值主张。一些方法包括选择和保留符合更高质量标准的供应商，向供应商提供基于质量的激励，以及将供应商纳入设计流程。供应商提供的零件的缺陷减少，不仅可以提高整个价值链系统的质量，还可以降低成本，因为生产过程中产生的浪费和中断很少。

3. 提升分销伙伴的价值链活动

以下三种方法可以在产业价值链的前端实现更好的成本竞争力：

- 迫使分销商、零售商和其他前向的渠道合作者降低成本和利润。
- 与前向渠道伙伴紧密合作以识别出降低成本的双赢机会，例如，一家巧克力生产商发现，用油罐车运输数量巨大的散装液体巧克力而不是把它们凝固成 10 磅[⊖]重的巧克力块运输，不仅可以节省糖果制造商的拆包成本和融化成本，而且可以节约自己的塑条成本和包装成本。
- 转向更加经济实惠的分销战略，包括选择成本更低的分销渠道（可能是通过网络直接销售）或进行前向一体化，建立公司自己的零售网络。

通过价值链系统前端的活动来强化差异化的方法包括：①与前向伙伴（经销商、分销商和零售商等）合作开展广告和促销活动；②与下游卖家建立排他性的合作机制，或者利用其他机制激励它们努力提高所交付的客户价值；③创建并执行下游活动的标准，并在实践中协助培训渠道伙伴。例如，通过独家销售哈雷摩托车并满足哈雷标准的零售商，哈雷戴维森（Harley-Davidson）在销售过程中提高了顾客的购物体验和购物感受。百事可乐（Pepsi）和可口可乐（Coca Cola）的装瓶厂与克罗格（Kroger）、普布利克斯（Publix）和赛弗威（Safeway）等大型食品连锁店合作开展促销活动。

⊖　1 磅 =0.454 千克。

4.4.5　将公司擅长的价值链活动转化为竞争优势

相对于竞争对手，一家将其价值链活动或价值链系统管理得最好的公司，很有可能从其竞争优势中获利。一家公司的价值创造活动可以在以下两个方面为公司带来竞争优势：

- 它们有利于带来比竞争对手更高的效率和更低的成本。
- 它们提供了差异化的基础，所以顾客愿意为公司的产品或服务支付相对更高的价格。

要获得基于成本的竞争优势，需要管理层下定决心努力在执行价值链活动时兼顾成本效益。这种努力必须是坚持不懈的，而且必须渗透到价值链的每项活动中去。这样做的目的是持续降低成本，而并非一次性地或断断续续地做。像多来店（Dollar General）、纽柯钢铁（Nucor Steel）、爱尔兰瑞安航空公司（Irish Airline Ryanair）、T.J.Maxx⊖和法国折扣零售商家乐福（Carrefour）这样的公司，都在低成本管理价值链活动方面非常成功。

基于差异化的竞争优势也需要持续不断的努力。卓越的声誉和品牌需要随着时间的推移通过那些传递一致和强化信息的持续投资活动逐渐建立。基于质量的差异化需要对整个价值链中保证质量的活动进行严格的管理。尽管差异化的基础（如地位、设计、创新、顾客服务、可靠性和形象）在不同的公司追求差异化优势时可能不同，但成功的公司在追求差异化时会依据一个协调价值链活动的原则，这个原则旨在实现差异化。例如，劳力士（地位）、布劳恩（Braun）（设计）、Room and Board（工艺）、美捷步（Zappos）与里昂比恩（L.L.Bean）（顾客服务）、Salesforce.com 和特斯拉（创新）、联邦快递（可靠性）。

价值链活动与公司资源和能力的关系

公司所开展的价值创造活动与它拥有的资源和能力存在紧密的联系。一个组织的能力或竞争力意味着公司所具备的行动能力；相反，价值创造活动发起了公司行动。就资源和能力而言，活动就是检验它们实力和发挥它们作用的地方。当公司从事一项价值创造活动时，它们会动用公司特定的资源和能力来促进活动顺利开展。举例来说，品牌建设活动依赖人力资源，比如经验丰富的品牌经理（包括他们在这个领域内的知识和专长），以及组织在广告和营销方面的能力。降低成本的活动可能源于公司的库存管理，以及库存跟踪系统这类特定资源。

由于价值链活动与支持其发展的资源和能力的这种对应关系，价值链分析可以作为评估公司竞争优势的另一个工具，用来进行资源和能力分析。既有价值又稀缺的资源和能力，为公司提供了获取竞争优势所需的必要条件。拥有这种竞争性资产的公司具有巨大的发展潜力。当把这些资产全部运用到价值创造活动时，这种潜力就因其竞争优势而得以实现。资源分析是识别公司具有竞争优势的资源和能力的一种工具，但是它们的价值及其竞争优势只有当它们被利用之后才能进行客观的评估。价值链分析和标杆管理法提供了进行这种客观评估的信息数据。

> **贴士 4-11**
>
> 价值链分析和标杆管理法提供了客观评估公司的资源和能力是否具有竞争力所需的数据类型。

⊖　美国专卖低价打折产品的零售公司。——译者注

公司的活动与其资源和能力也存在一种动态的关系。价值创造活动不仅仅是资源和能力潜力实现的载体，也有利于能力的形成和发展。构建竞争优势的过程始于管理层在执行某个重要价值链活动时努力构建组织专长。随着持续不断的实践和对公司资源不断的投资，这些活动上升到可靠的组织能力的水平。高管将不断成长的组织能力视为公司战略的基石之时，该能力就成了公司的核心竞争力。然后，随着组织学习的深入和熟练程度的不断提高，核心竞争力可能发展成为独特竞争力，使公司在执行重要的价值链活动时相对于竞争对手有优势。如果给予公司重要的市场竞争影响力，该优势就能产生优于竞争对手的有巨大吸引力的竞争优势。这种竞争优势的产生是基于成本还是差异化（或两者兼有），将取决于公司在这段时期内对竞争力构建活动类型的选择。

> **贴士 4-12**
> 公司在执行价值链活动时，利用那些使公司能够在差异化或成本上胜过竞争对手的资源，将会为公司带来竞争优势。

4.5 公司竞争态势评估

运用资源分析、价值链分析和标杆管理法来评估公司在价值和成本方面的竞争力是必要的但是并不够，公司还需要对其总体竞争优势进行更加全面的评估。需要认真回答以下两个问题：首先，在决定市场成功的每个重要因素上，相对于竞争对手，公司排位情况如何？其次，考虑到所有因素，公司相对于主要竞争对手是否存在一个绝对的竞争优势或者劣势？

要回答这两个问题，一个简便易用的方法是，对公司及其关键竞争对手在行业关键成功因素、关键竞争性资源和能力以及价值链活动上的优势进行量化评级。进行竞争优势评估所需的大部分信息来自之前的分析。行业和竞争分析揭示了区分行业中成功者和失败者的关键成功因素和竞争力量。标杆管理法和辨别关键竞争对手法，为评估对手在成本、关键产品属性、顾客服务、形象和声誉、财务实力、技术水平、分销能力和其他要素方面奠定了基础。资源和能力分析揭示了在特定的外部环境下，哪些是重要的竞争性资源和能力，以及公司的竞争优势是否是可持续的。SWOT 分析为公司整体状况提供了更加全面和更具前瞻性的分析。

进行竞争优势评估的第一步是列出行业关键成功因素和其他竞争优势或劣势的衡量指标（通常 6～10 个指标就足够了）。第二步是基于它们的相对重要性为每个竞争优势的衡量指标确定权重（指标的权重总和必须为 1）。第三步是计算加权强度得分，方法是在每个强度指标上给每个竞争者打分（用 1～10 作为总体范围：1 表示非常脆弱；10 表示非常强大），再乘以所对应的权重，从而计算出加权优势。第四步是对每个因素的加权评价的得分进行汇总，得到每家公司竞争优势的评估值。第五步是通过总体的竞争优势得分，得出关于公司的绝对竞争优势或劣势程度的结论，并且对优势和劣势进行具体说明。

表 4-4 是一个竞争优势评估的例子，假设一家公司（ABC 公司）与两个竞争对手展开竞争。在这个例子中，相对成本是竞争优势最重要的评估指标，其他优势评估指标则没那么重要。在某个指标上得分最高说明公司在该指标上具有隐藏的竞争优势，而优势的大小则反映在公司与竞争对手加权得分的差异程度上。例如，竞争对手 1 相对成本优势的加权得分为 3.00，说明该公司相对于 ABC 公司（在相对成本上的加权得分为 1.50）具有相当大的成本优

势，而相对于竞争对手2（在相对成本上的加权得分为0.30）具有更大的成本优势。逐项衡量的评级方法揭示了公司最强和最弱的竞争领域以及与谁竞争。

表4-4 竞争优势加权评估举例

关键成功因素 / 优势指标	权重	竞争优势评估（分数范围：1= 非常脆弱；10= 非常强大）					
		ABC 公司		竞争对手 1		竞争对手 2	
		优势评级	加权得分	优势评级	加权得分	优势评级	加权得分
质量 / 产品性能	0.10	8	0.80	5	0.50	1	0.10
声誉 / 形象	0.10	8	0.80	7	0.70	1	0.10
生产能力	0.10	2	0.20	10	1.00	5	0.50
技术能力	0.05	10	0.50	1	0.05	3	0.15
经销网络 / 分销能力	0.05	9	0.45	4	0.20	5	0.25
新产品创新能力	0.05	9	0.45	4	0.20	5	0.25
财务资源	0.10	5	0.50	10	1.00	3	0.30
相对成本地位	0.30	5	1.50	10	3.00	1	0.30
客户服务能力	0.15	5	0.75	7	1.05	1	0.15
权重汇总	**1.00**						
竞争优势总加权评级			**5.95**		**7.70**		**2.10**

竞争优势总得分表明所有不同的优势指标是如何加起来的——公司相对于每个竞争对手来说总体上是处于绝对优势还是劣势。公司的优势总加权得分越高，说明公司相对于竞争对手的整体竞争力越强。公司加权总得分与分数较低的对手之间的差距越大，表明公司隐藏的绝对竞争优势越大。因此，竞争对手1的总加权得分为7.70，表明该公司相对于竞争对手2（总体加权得分为2.10）的绝对竞争优势大于相对于ABC公司（总体加权得分为5.95）的绝对竞争优势。相反，公司与得分较高的公司相比，分数差距越大，说明公司的绝对竞争劣势越大。竞争对手2的分数为2.10，相对于ABC公司（总体竞争优势得分为5.95）的绝对竞争劣势大于相对于竞争对手1（总体竞争优势得分为7.70）的绝对竞争劣势。

> **贴士 4-13**
>
> 加权竞争优势得分高意味着拥有强大的竞争地位和竞争优势；得分低意味着较弱的竞争地位和竞争劣势。

竞争优势评估的战略启示

除了表明公司相对于竞争对手的强弱之外，竞争优势评级也可以用来指导设计一个攻防兼备的英明战略。例如，如果ABC公司希望采取进攻性举措来获取额外销量和市场份额，这种进攻性应该直接指向从竞争对手2（总体优势得分较低）那里抢夺顾客，而不是竞争对手1（总体优势得分更高）。此外，尽管ABC公司在以下方面评级较高：公司的技术能力（10分）、经销网络/分销能力（9分）、新产品创新能力（9分）、质量/产品性能（8分）、声誉/形象（8分），这些优势指标的重要性加权较低——这表明ABC公司在某些领域具有优势，但是无法将这些领域的优势转化为市场上的竞争力。即使如此，ABC公司还是在五个领域远远优于竞争对手 2, 而且它的成本比竞争对手 2 低得多 (ABC 公司的相对成本地位得分为 5, 而竞争对手 2 的得分为 1) ——而相对成本地位在所有优势指标中占据了最大的权重。与竞争对手 2 相比, ABC 公司在客户服务能力 (其重要性排名第二) 方面也具有更强的竞争力。ABC 公司的优势体现在竞争对手 2 相对较弱的那些领域中, 因此, ABC 公司处在攻击竞争对手 2 的有利位置上。实际上, ABC 公司确实有能力说服竞争对手 2 的大量顾客转向购买它们的产品。

但是 ABC 公司通过大幅降价手段来抢夺竞争对手 2 的顾客的时候应该慎重一些, 因为竞争对手 1 会把该行为视为一种抢夺其顾客的进攻行为。而竞争对手 1 在低价格竞争上拥有更好的竞争地位, 因为它在相对成本评价上有着很高的得分, 而低成本对行业竞争非常重要 (相对成本地位的权重为 0.30)。竞争对手 1 相比于 ABC 公司和竞争对手 2 较强的相对成本地位, 其拥有足够的低成本优势来应对 ABC 公司任何的降价行为。显然, ABC 公司对于竞争对手 1 的任何报复性削价行为都无力抵抗——竞争对手 1 可以轻易地通过价格战, 抢夺销量和市场份额, 战胜 ABC 公司和竞争对手 2。如果 ABC 公司想要抵御来自竞争对手 1 降价的冲击, 就需要将降低成本作为公司战略的一部分。

这里的关键是, 一家有竞争力的公司应该利用优势来决定采取什么战略举措。当公司拥有的优势恰好是竞争对手的劣势时, 考虑采取进攻性的举措来攻击对手的竞争弱势是明智的。当公司的重要劣势恰好是竞争对手的优势时, 考虑采取防御性的举措来规避竞争劣势就是明智的。

> **贴士 4-14**
> 一家公司的优势得分能够确定它相对于竞争对手的优势和劣势, 并直接指导其进攻和防御行动, 从而增加竞争优势, 规避竞争劣势。

4.6 确定值得管理层关注的战略性问题

最后和最重要的分析步骤就是, 公司管理者应该将注意力集中于为了使公司在未来几年里能在财务和竞争上更加成功, 需要注意和解决的公司重大战略问题。这一步需要利用行业分析和公司内部实力评估的结果。这一步的任务是清楚地认识公司将面对何种战略和竞争挑战, 公司有何种竞争劣势需要弥补, 公司的管理者应该优先关注哪些具体问题。明确管理层需要解决的具体问题, 将决定下一步采取什么行动来提升公司绩效和改善商业前景的决策提上了议程。

"优先清单" 中必须全力以赴解决的问题包括: 如何规避由新的外国竞争者所带来的市场挑战; 如何应对竞争对手发起的降价; 如何降低公司高额的成本; 如何在消费需求下降的情况下维持公司目前的增长率; 是否要收购缺乏优势的竞争对手来弥补公司的竞争劣势; 是否需要向国外市场扩张; 是否需要重新定位公司并且转向不同的战略集团; 当顾客对替代产品的兴趣与日俱增时该做什么; 以及公司做什么来应对顾客群体老龄化问题。因此, 优先清单中的问题总是集中在 "如何……" "关于……该做什么", 以及 "是否要……"。优先清单的目的是确定那些管理者需要注意的具体议题, 而不是指出具体要采取什么行动。决定做什么、进行什么战略行动、采取什么战略举措, 这些是下一步要考虑的事情。

> **贴士 4-15**
> 问题 "优先清单" 是管理层应该优先关注的战略问题议程。

贴士 4-16

一个好的战略必须包含处理阻碍公司未来几年财务和竞争成功的所有战略问题和障碍的方法。

如果优先清单上的事项相对较少，则表示公司的战略通常处于正确的轨道上，并且与公司的总体情况十分匹配。此时，公司管理层没有必要考虑如何改变目前的战略。不过，如果公司所面临的问题十分严重，并表明公司目前的战略并不适合于未来道路，则制定一个更好的战略的任务就必须放在管理层行动议程中的首要位置。

● 本章要点

评估公司在市场上与对手竞争能否获取成功的能力时，需要考虑六个关键问题：

1. 公司当前战略的运行效果如何？这需要公司根据财务业绩和市场地位来评估战略。公司的总体业绩越好，越不需要进行根本性的战略改变；公司的业绩越差，越需要质疑公司当前的战略。

2. 从与市场机会和外部威胁相关的内部优势和劣势来看，公司的整体情况如何？这个问题可以借由 SWOT 分析来获得答案。公司的优势和竞争性资产具有战略关联性，因为它们是最符合逻辑，并且最具有吸引力的战略要素。内部劣势也很重要，因为它们可能代表着公司需要改进的薄弱之处。外部机会和威胁同样重要，因为一个好的战略必须瞄准最富吸引力的机会，并且防范阻碍公司未来健康发展的外部威胁。

3. 公司最重要的资源和能力是什么？它们能否为公司带来可持续竞争优势？公司的资源可以通过本章介绍的有形/无形资产来识别。公司的能力可以通过资源属性来确定，也可以在公司中的不同职能领域中找到。第二个问题可以通过资源竞争力的四项测试——VRIN 测试找到答案。如果公司的资源和能力是具有竞争价值的、稀缺的，公司就将拥有优于竞争对手的竞争优势；如果这种资源和能力同时也是难以复制的（难以模仿的），且不存在好的替代品（不可替代的），那公司就可能保持这种优势，即使竞争对手做出最大的努力也无法超越这种优势。

4. 公司的成本结构和价值主张是否具有竞争力？评价公司状况好坏的一个迹象，是看与行业内的竞争对手相比它的成本是否具有竞争力；另一个迹象是比较它与竞争对手在差异化方面的表现——如何有效传递顾客的价值主张。价值链分析和标杆管理法是必不可少的工具，可以用来确定公司是否很好地执行特定职能和活动，成本是否和对手保持一致，是否以不同的方式提高顾客价值，是否需要改进某些内部活动和业务流程。它们通过提供单个职能活动层面的数据对资源和能力分析形成了很好的补充，这些数据提供了更加客观的证据，来证明单个资源和能力，或者资源和相关活动集合是否具有竞争优势。

5. 总体来说，公司是强于还是弱于主要竞争对手？这里主要的评估包括公司是如何在行业关键成功因素和其他竞争成功的主要因素上与竞争对手相匹敌的，公司是否以及为什么拥有绝对竞争优势或竞争劣势。运用表 4-4 中展示的方法对竞争优势进行定量评估，指出公司的优势和劣势所在，为公司应该在哪些方面捍卫或提升其市场地位提供了洞见。通常，公司的竞争战略应该基于公司的优势制定，并旨在改变公司劣势。当一家公司在竞争对手较弱的领域内拥有重要的优势时，考虑采取进攻性的举措来攻击对手的竞争弱势是明智的；当一家公司在竞争对手较强的领域内具有明显的劣势时，考虑采取防御性的举措来规避竞争劣势就是明智的。

6. 管理者应该优先关注哪些战略性问题？这个分析步骤聚焦于解决那些阻碍公司成功的战略性问题。它包括利用与公司竞争情况相关的行业分析、资源分析以及价值链分析，识别出一张为使公司取得未来几年财务成功和竞争成功而必须解决的问题的"优先清单"。实际上，确定战略和要采取的战略行动是在提出值得管理者优先关注的问题之后。

就像充分的行业分析那样，对公司与主要竞争对手的竞争状况进行扎实的分析是制定良好战略的重要前提。

◘ 巩固练习

1. 运用表 4-1 所提供的财务指标和下面提供的 Urban Outfitters, Inc. 的财务报表信息，计算 Urban Outfitters 2018 年和 2019 年的如下财务比率：

   a. 毛利率；

   b. 营业利润率；

   c. 净利率；

   d. 利息保障（或偿付）倍数；

   e. 股本回报率；

   f. 资产收益率；

   g. 负债权益比率；

   h. 库存天数；

   i. 存货周转率；

   j. 平均收款期。

   基于以上比率，2018—2019 年 Urban Outfitters 公司的财务绩效是提升了、变弱了还是保持稳定？

Urban Outfitters 公司的综合收益表（2018—2019 年）

（单位：千美元，"每股"数据除外）

	2018 年	2019 年
净销售额（总收入）	3 616 014	3 950 623
销售成本	2 440 507	2 603 911
销售及一般行政费用	915 615	965 399
营业收入	259 892	381 313
其他收入（费用）		
其他费用	（4 840）	（6 325）
利息收入和其他（净）	6 314	10 565
税前收入	261 366	385 553
备付所得税	153 103	87 550
净收入	108 263	298 003
每股基本收益	0.97	2.75
稀释后的每股收益	0.96	2.72

资料来源：Urban Outfitters, Inc., 2019.

Urban Outfitters 公司的综合资产负债表（2018—2019 年）

（单位：千美元，"每股"数据除外）

	2018.01.31	2019.01.31
资产		
流动资产		
现金和现金等价物	282 220	358 260
短期投资	165 125	279 232
应收账款（净）	76 962	80 461
商品库存	351 395	370 507
预付费用及其他流动资产	103 055	114 296
总流动资产	978 757	1 202 756
净财产和设备	813 768	796 029
递延所得税及其他流动资产	160 255	161 730
总资产	1 952 780	2 160 515

（续）

	2018.01.31	2019.01.31
负债和所有者权益		
流动负债		
应付账款	128 246	144 414
应付薪酬和福利	36 058	54 799
应付费用和其他流动负债	195 910	187 431
总流动负债	360 214	386 644
长期债务	0	0
递延租金及其他负债	284 773	291 663
总负债	671 417	651 877
承付款项与或有负债		
股本		
优先股面值 0.000 1 美元；10 000 000 股授权；无发行和流通的股票	0	0
普通股面值 0.000 1 美元；200 000 000 股授权；105 642 283 和 108 248 568		
股已发行且在外流通	11	11
附加资本	0	684
留存收益	1 489 087	1 300 208
股东权益总额	1 489 098	1 300 903
总负债和股权	2 160 515	1 952 780

资料来源：Urban Outfitters, lnc., 2019 10-K.

2. 以肉桂卷闻名的 Cinnabon 是一家美国连锁店，通常位于高人流量地区，如机场和商场。它们在超过 48 个国家经营着 1 200 多家面包店。关于资源竞争力的四项测试中，它的店铺网络通过了几项？运用你对这个行业的常识，进行 SWOT 分析并做出解释。

3. 回顾专栏 4-1 关于艾芙兰生产和销售牛仔裤的平均成本，将它与图 4-3 所示的典型的价值链活动进行比较。然后回答以下问题：

    a. 公司的哪些成本与图 4-3 所示的价值链基本活动相对应？

    b. 公司的哪些成本与图 4-3 所描述的支持活动相对应？

    c. 哪些价值链活动对于保持艾芙兰的竞争优势可能是重要的？并做出解释。

4. 运用表 4-3 中的方法和你作为一个车主所拥有的知识，为通用汽车及其竞争对手福特、克莱斯勒、丰田和本田做出竞争力评估。这五个汽车制造商的关键成功因素和优势都应该加以评估：成本竞争力、产品线宽度、产品质量和可靠性、财务资源和盈利情况以及顾客服务。你的竞争力评估透露了哪些关于每个汽车制造商整体竞争力的信息？丰田竞争成功的最主要因素是什么？你的分析中涉及丰田的竞争劣势吗？做出解释。

🔘 模拟练习

1. 运用表 4-1 中的公式和公司最新财务报告中的数据，计算你所在公司的以下财务绩效：

    a. 营业利润率

    b. 总资产收益率

    c. 流动比率

    d. 营运资金

    e. 长期资产负债率

    f. 市盈率

2. 根据你们公司最新的财务报告和所有出现在行业报告中与公司绩效相关的其他可获取的数据，列出公司表现最好的三项财务绩效指标，以及最差的三项财务绩效指标。

3. 你能找出哪些表明你的公司战略运行良好（或是运转不够好，公司绩效落后于对手公司）的有力证据？

4. 你的公司的内部优势和劣势是什么？存在什么有利于促进公司成长和利润增加的外部市场机会？你和你的联合经理人能看见哪些会对贵公司未来的健康发展产生影响的外部威胁？上述 SWOT 分析对贵公司的现状和未来前景有何启示？从"相当强"和"尤其弱"方面看，你的公司现状的吸引力在哪个层级？

5. 你的公司拥有核心竞争力吗？如果有，是什么？

6. 你的公司价值链的关键要素是什么？参考图 4-3 回答。

7. 运用表 4-4 中的方法，对你的公司和你与联合经理人认为同本公司相近的其他两个竞争对手进行竞争力权重评估。

◘ 尾注

1 Donald Sull, "Strategy as Active Waiting," *Harvard Business Review* 83, no. 9 (September 2005), pp. 121–126.
2 Birger Wernerfelt, "A Resource-Based View of the Firm," *Strategic Management Journal* 5, no. 5 (September–October 1984), pp. 171–180; Jay Barney, "Firm Resources and Sustained Competitive Advantage," *Journal of Management* 17, no. 1 (1991), pp. 99–120.
3 R. Amit and P. Schoemaker, "Strategic Assets and Organizational Rent," *Strategic Management Journal* 14 (1993).
4 Jay B. Barney, "Looking Inside for Competitive Advantage," *Academy of Management Executive* 9, no. 4 (November 1995), pp. 49–61; Christopher A. Bartlett and Sumantra Ghoshal, "Building Competitive Advantage through People," *MIT Sloan Management Review* 43, no. 2 (Winter 2002), pp. 34–41; Danny Miller, Russell Eisenstat, and Nathaniel Foote, "Strategy from the Inside Out: Building Capability-Creating Organizations," *California Management Review* 44, no. 3 (Spring 2002), pp. 37–54.
5 M. Peteraf and J. Barney, "Unraveling the Resource-Based Tangle," *Managerial and Decision Economics* 24, no. 4 (June–July 2003), pp. 309–323.
6 Margaret A. Peteraf and Mark E. Bergen,

"Scanning Dynamic Competitive Landscapes: A Market-Based and Resource-Based Framework," *Strategic Management Journal* 24 (2003), pp. 1027–1042.
7 C. Montgomery, "Of Diamonds and Rust: A New Look at Resources," in C. Montgomery (ed.), *Resource-Based and Evolutionary Theories of the Firm* (Boston: Kluwer Academic, 1995), pp. 251–268.
8 Constance E. Helfat and Margaret A. Peteraf, "The Dynamic Resource-Based View: Capability Lifecycles," *Strategic Management Journal* 24, no. 10 (2003).
9 D. Teece, G. Pisano, and A. Shuen, "Dynamic Capabilities and Strategic Management," *Strategic Management Journal* 18, no. 7 (1997), pp. 509–533; K. Eisenhardt and J. Martin, "Dynamic Capabilities: What Are They?" *Strategic Management Journal* 21, no. 10–11 (2000), pp. 1105–1121; M. Zollo and S. Winter, "Deliberate Learning and the Evolution of Dynamic Capabilities," *Organization Science* 13 (2002), pp. 339–351; C. Helfat et al., *Dynamic Capabilities: Understanding Strategic Change in Organizations* (Malden, MA: Blackwell, 2007).
10 Michael Porter in his 1985 best seller *Competitive Advantage* (New York: Free Press).
11 John K. Shank and Vijay Govindarajan,

Strategic Cost Management (New York: Free Press, 1993), especially chaps. 2–6, 10, and 11; Robin Cooper and Robert S. Kaplan, "Measure Costs Right: Make the Right Decisions," *Harvard Business Review* 66, no. 5 (September–October, 1988), pp. 96–103; Joseph A. Ness and Thomas G. Cucuzza, "Tapping the Full Potential of ABC," *Harvard Business Review* 73, no. 4 (July–August 1995), pp. 130–138.
12 Porter, *Competitive Advantage*, p. 34.
13 Hau L. Lee, "The Triple-A Supply Chain," *Harvard Business Review* 82, no. 10 (October 2004), pp. 102–112.
14 Gregory H. Watson, *Strategic Benchmarking: How to Rate Your Company's Performance against the World's Best* (New York: Wiley, 1993); Robert C. Camp, *Benchmarking: The Search for Industry Best Practices That Lead to Superior Performance* (Milwaukee: ASQC Quality Press, 1989); Dawn Iacobucci and Christie Nordhielm, "Creative Benchmarking," *Harvard Business Review* 78 no. 6 (November–December 2000), pp. 24–25.
15 www.businessdictionary.com/definition/best-practice.html (accessed December 2, 2009).
16 Reuben E. Stone, "Leading a Supply Chain Turnaround," *Harvard Business Review* 82, no. 10 (October 2004), pp. 114–121.

第 5 章

五种通用竞争战略

∷学习目标

通过本章的学习，你将能够：

1. 理解五种通用战略之间的差异，解释在一些特定竞争条件下，为什么某些竞争战略比其他战略更有效。

2. 识别公司获取低成本竞争优势的主要途径。

3. 辨识公司通过产品或服务与竞争对手实现差异化从而获取竞争优势的主要途径。

4. 解释最优成本战略的特点——低成本战略和差异化战略的混合体。

一切都与战略定位和竞争相关。

——米歇尔·哈钦斯（Michele Hutchins），顾问

战略定位是指实施与竞争对手不同的活动或以不同的方式实施类似的活动。

——迈克尔·波特，教授、作家、摩立特咨询（Monitor Consulting）
联合创始人

我艰难地学会了如何在商业中定位，以及如何迎合正确的细分市场。

——夏菲·马瑟（Shaffi Mather），社会企业家

公司可以采用任何一种基本方法来获取相对于竞争对手的竞争优势，但无论是哪一种方法都意味着要向顾客提供比竞争对手更多的价值，或者比竞争对手更有效率地提供价值。对顾客而言，更多的价值可能意味着能够以更低廉的价格获得好产品，或者是愿意支付更多费用的优质产品，或者是由产品价格、产品特性、服务以及其他有吸引力的产品属性等组成的最优价值组合。更高的效率意味着公司能以更低的成本向顾客传递特定水平的价值。但是，无论公司以何种方式向消费者传递价值，几乎都会要求公司实施异于竞争对手的价值链活动，并构建竞争对手无法轻易匹敌的具有竞争价值的资源和能力。

本章描述了五种通用竞争战略。每一种竞争战略都代表了一种完全不同的市场竞争方法。采用何种竞争战略是公司在制定总体战略并着手寻求竞争优势时的首要决策。

5.1 通用竞争战略的类型

公司的竞争战略体现了该公司在市场上进行定位、取悦顾客、抵御竞争威胁以及取得某种特定的竞争优势的具体努力。任何两家公司——即使是同一行业的公司，采用每个细节上都非常相似的竞争战略的可能性是微乎其微的。然而，当我们剥去细枝末节去寻找真正的实质时，可以发现区分不同竞争战略的两个最大因素可归结为：①公司的目标市场是宽泛的还是狭窄的；②公司正在追求的竞争优势是与低成本还是与差异化相关。这两大因素构成了四种不同的竞争战略，再加上一个混合战略，从而形成五种通用竞争战略类型，如图 5-1 所示。[1]

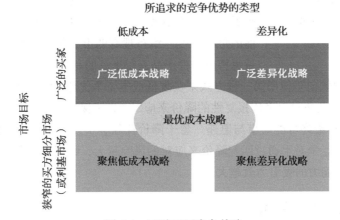

图 5-1　五种通用竞争战略

资料来源：根据迈克尔·波特在《竞争战略》（*Competitive Strategy*, New York: Free Press, 1980）中讨论的三种战略进行扩展。

（1）广泛低成本战略（broad low-cost strategy）：力争在同类产品上实现比竞争对手更低的总成本，通常通过低于竞争对手的定价来吸引广泛的买家。

（2）广泛差异化战略（broad differentiation strategy）：试图通过提供与竞争对手差异化的产品来吸引广泛的买方。

（3）聚焦低成本战略（focused low-cost strategy）：聚焦于狭窄的买方细分市场（或利基市场）的需求，并以比竞争对手更低的成本来努力满足这部分市场需求（从而能够以更低的价格为这部分利基市场的顾客服务）。

（4）聚焦差异化战略（focused differentiation strategy）：聚焦于狭窄的买方细分市场（或利基市场），相比竞争对手来说，能够为利基市场的顾客提供更好地满足其品位和要求的定制化产品。

（5）最优成本战略（best-cost strategy）：努力以比竞争对手更低的成本提供高端产品属性。作为"最优成本"生产商，公司能够提供与竞争对手产品相似的高档的、多功能的产品属性，而且定价较低，从而为客户提供更高的性价比。这是一种混合策略，它以一种独特而且通常有效的方式把前面四种战略选择的元素整合在一起。它的吸引力可能聚焦在某一细分市场，也可能聚焦于广泛的大众市场。

本章的其余部分将重点探讨这五种通用竞争战略的详细内容，以及它们之间的差异。

5.2　广泛低成本战略

在一个有众多对价格敏感的购买者的市场中，努力实现相对于竞争对手更低的总成本是一种强有力的竞争方式。当公司做到行业中成本最低而不仅仅是几家具有相对低成本的竞争者之一时，这家公司就实现了**低成本领先**。但低成本生产商的首要战略目标是显著降低成本——不一定是绝对的最低成本。为了取得相对于竞争对手的成本优势，公司管理者必须开发买方认为必要的性能和服务。一件产品如果过于简单，消费者会认为其所能提供的价值不大，而不管该产品的价格如何。

> **核心概念**
> **广泛低成本战略**的本质是，以比竞争对手更低的成本为广大的买家生产商品或提供服务。

公司有两种方式可以将低成本优势转化为优异的利润绩效。其一是利用低成本优势，制定低于竞争对手的价格，并吸引大量对价格敏感的买方，以增加总利润；其二是保持目前的价格不变，维持现有的市场份额，利用低成本优势，通过每售出一件产品获得更高的利润率来提高总利润。

虽然许多公司倾向于使用第一种方式来实现低成本竞争优势（用更低的价格向竞争对手发起进攻），但如果竞争对手采用报复性的降价来应对（为了保住它们的顾客群以及防止销售损失），则这一战略最终可能会事与愿违。急于降价往往会引发价格战，降低所有参与价格战的公司的利润。竞争对手通过匹配降价来应对的风险越大，则第二种方式，即利用低成本优势实现更高盈利能力的吸引力就越大。

5.2.1　获得成本优势的两种主要途径

为了获得相对于竞争对手的低成本优势，公司在整个价值链上的累计成本必须低于竞争对手。主要有两种途径可以实现这一点：[2]

> **贴士 5-1**
> 相对于竞争对手的低成本优势可以通过更低的价格与更高的市场份额或更高的利润率两种方式转化为卓越的盈利能力。

（1）开展内部价值链或价值链系统活动时比竞争对手更具成本效益。

（2）重组公司的整体价值链以消除或规避一些产生成本的活动。

1. 价值链活动成本效益管理

公司要想在价值链管理中比竞争对手更有成本效益，管理者必须不断去寻找在价值链每一个环节上可能节约成本的机会。每一项活动都必须进行节约成本审查，公司所有的员工都必须发挥他们的聪明才智，为公司想出新颖而有效的降低成本的方法。需要特别注意一系列**成本驱动**（cost drivers）**因素**，这些因素对公司的成本有很大的影响，并可

> **核心概念**
> **成本驱动因素**是对公司成本有很大影响的因素。

用作降低成本的杠杆。图 5-2 给出了最重要的成本驱动因素。

通过有效利用成本驱动因素进行成本削减的方法包括：

（1）捕捉所有可获得的规模经济。规模经济源于通过增加经营规模降低单位成本的能力。规模经济可能在价值链的不同节点上产生（包括价值链系统的内部或其他地方）。通常来说，大型工厂往往比小型工厂运营更经济，尤其当工厂能全天自动运行时。当投入端有一

个大型仓库运营，或者在产出端有一个大型配送中心，则很有可能实现规模经济。在全球产业中，在世界范围内销售基本标准化产品，而非为每个国家的市场单独制造产品（每一种产品的规模都较低），往往能降低单位产品成本。在广告业中也存在规模经济效应。例如，安海斯－布希英博公司/内华达州（Anheuser-Busch InBev SA/NV）在 2020 年之所以能够支付美国橄榄球超级碗大赛（Super Bowl）上 30 秒 560 万美元的广告，是因为这笔成本能够分摊到公司所销售的数以亿计的百威啤酒中。

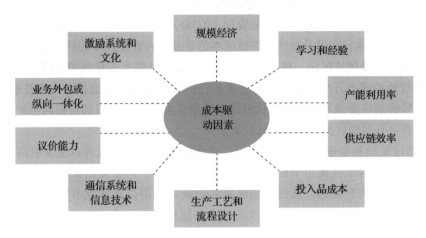

图 5-2　成本驱动因素：降低公司成本的关键

资料来源：改编自迈克尔·波特的《竞争优势》（*Competitive Advantage*, New York: Free Press, 1985）。

（2）充分发挥经验和学习曲线效应的优势。随着公司员工的学习和经验的累积，实施一项活动的成本会随时间推移而下降。学习和经验的经济效应可能源于磨合和掌握新引进的技术，利用工人的经验和建议去配置更有效的厂房布局和装配程序，以及通过重复选址和修建新的厂房、配送中心或零售店而产生的额外速度和效果。

（3）以最大产能运行设备。当价值链活动包含与大量固定成本相关的活动时，公司能否实现产能最大化或近似最大化运作，对单位产品成本会产生重大影响。较高的产能利用率使资产折旧和其他固定成本可以分摊到更大的总产量上，从而降低每一单位的固定成本。资本密集型的业务越多，固定成本占总成本比例越大，非产能最大化下运营的单位成本也就越高。

（4）提升供应链的效率。与供应商合作，简化订购和采购过程，通过"零库存"实践减少库存持有成本，降低运输成本和材料处理成本，并寻找其他节约成本的机会，这是一种常用的缩减成本的方法。当公司在成本高效的供应链管理方面具有独特竞争力时，如高露洁－棕榄（Colgate-Palmolive）或联合利华（Unilever，世界领先的消费品公司），相对于不那么擅长的竞争对手而言，有时就能取得很大的成本优势。

（5）在轻微牺牲或不牺牲产品质量和性能的情况下，使用更低成本的投入。如果某些原材料和零部件的成本"过高"，公司可以转而使用更低成本的原材料或零部件，甚至在产品设计时可以完全不使用该高成本的零部件。

（6）利用公司与相关供应商或价值链系统上其他相关者的议价能力来获得优惠。例如，家得宝拥有强大的向供应商议价的能力，能通过大宗采购来获得价格折扣。

（7）利用在线系统和尖端软件来实现运营效率。例如，与供应商一起共享数据和生产计划，以及一起使用企业资源计划（ERP）和制造执行系统（MES）软件，可以减少零部件库存，缩短产品生产时间，以及减少劳动力需求。

（8）改进工艺设计，采用先进的生产技术。通常，生产成本可以通过如下方式得以缩减：利用面向制造的设计程序（DFM）和计算机辅助设计（CAD）技术，挖掘出更加集成和高效的生产方法；投资开发高度机械自动化的生产技术；转向大规模定制化的生产流程。戴尔在奥斯汀、得克萨斯的高度自动化的 PC 装配厂，就是使用先进生产技术和流程设计的典型例子。大量的公司都是全面质量管理（TQM）系统、业务流程再造、六西格玛（Six Sigma）方法以及其他旨在提升效率和缩减成本的业务流程管理技术的热心用户。

（9）利用业务外包或纵向一体化的成本优势。如果外部专业化公司凭借其专业知识和数量，可以用较低的成本开展活动，那么将某些价值链活动外包可能比在内部开展更加经济。另外，有时候将供应商或者分销渠道伙伴的活动整合在一起，可以通过提高生产效率、减少交易成本或者更有利的议价地位来降低成本。

（10）通过奖励和企业文化来激励员工。公司的激励体系不仅可以激发更高的工人生产率，还可以激发来自工人提出节约成本创新方面的建议。企业文化也可以激发工人在生产率和持续改进方面的自豪感。通过激励体系和企业文化得以实现成本缩减的知名公司包括以"20 000 名队友"（20 000 teammates）为特点的纽柯钢铁公司（Nucor Steel）、西南航空和DHL 快递（联邦快递的竞争对手）。

2. 通过改造价值链系统降低成本

通过重新设计公司的价值链系统，以消除或者完全避开某些产生成本的价值链活动，往往会形成显著的成本优势。这种价值链改造包括：

- 绕过分销商与零售商的活动和成本，向消费者直销。为了规避对分销商和零售商的需求，公司可以：①建立自己的直销队伍，虽然这样会增加维持和支持销售队伍的成本，但可能比采用独立的分销商和零售商模式来获取购买者的成本要低；②在公司的网站上开展销售业务，因为网站运营和商品运输的成本可能比通过分销商–零售商渠道进行销售的成本要低得多。价值链上批发和零售部分的成本经常占据消费者最终支付价格的 35% ～ 50%，因此建立直销团队或开展线上销售可能会大大节省成本。

- 通过剔除低附加值或不必要的工作环节和活动来简化运营。在沃尔玛，一些由制造商提供的商品直接配送到零售店，而不是通过沃尔玛的配送中心、由沃尔玛的卡车运送。在其他情况下，沃尔玛会将到达其配送中心的制造商卡车上的商品直接装载到即将开往指定卖场的沃尔玛卡车上，而不是将货物移至沃尔玛配送中心。许多连锁超市已经转而采购在肉类加工厂就已经切块包装好的肉类，然后以待售形式运送到超市，从而大大减少店内的肉类屠宰和切割活动。

- 通过让供应商的厂房或仓库靠近公司的位置来减少材料的处理和运输成本。让供应商的厂房或仓库位置建在靠近公司自己厂房设备的地方，使零部件能准时送达准确的工作站，在那里，它们将被用于组装公司的产品。这不仅降低了进货的运输成本，同时减少甚至消除了公司为进货零部件而修建和管理仓库的需要，并使工厂人员根据装配需要将库存转移到工作站。

专栏 5-1 阐明了先锋集团（Vanguard）成长为投资管理行业低成本领导者所遵循的路径。

专栏 5-1 先锋集团（Vanguard）成为投资管理领域低成本领导者之路

先锋集团是目前全球最大的投资管理公司之一。通过引领低成本被动指数投资，发展成为行业巨头。在积极交易中，投资经理会因为对卖出和买进哪只股票的明智决定而获得相应报酬，而这将产生交易费用和管理费用。相比之下，被动指数投资组合的目标是反映标准普尔 500 指数、道琼斯工业平均指数或纳斯达克指数等主要市场指数的走势。其产生的费用更少，可以用更低的运营成本进行管理。在投资行业，用来比较运营成本的一个指标是费用比率，即一项投资中，费用所占的百分比。2019年，先锋集团的费用比率低于 14% 的行业平均值。先锋集团是首家利用这一在当时被低估的事实的公司：从长远来看，管理良好的指数基金，由于成本和费用较低，通常表现优于积极交易的竞争对手。

先锋集团通过多种方式为客户提供低成本的投资选择。通过创建长期跟踪指数的基金，客户不会产生通常在积极管理基金中的交易和管理费用。可能更重要的是，先锋集团是依靠独特的客户 – 所有者结构创建的。当客户与先锋集团一起投资时，就成了先锋集团的所有者。这种结构有效地排除了寻求分享利润的传统股东。在客户所有权下，任何超过运营成本的回报都会返还给客户或投资者。

先锋集团还通过其他方式降低了成本。值得注意的是它对员工和组织结构的关注。该公司以员工流动率低（8%）和组织结构扁平化为傲。在一些情况下，先锋集团能够利用快速跟随者的优势。在竞争对手推出这些产品后，它又推出了几条产品线。作为一个快速的跟随者，它可以更快地开发出更好的产品，扩大规模，这都进一步降低了其成本结构。

低成本的结构并没有以牺牲性能为代价。先锋集团目前拥有 410 只基金，3 000 多万投资者，管理资产规模超过 5.5 万亿美元，增长速度超过所有竞争对手的总和。在 *Money* 杂志 2020 年 1 月公布的推荐投资基金中，先锋集团的基金占 44%。

先锋集团的低成本战略非常成功，行业专家将之称为先锋效应。先锋效应是指这家投资管理巨头给竞争对手带来的压力，迫使它们降低费用，以应对先锋集团的低成本价值主张。

注：与韦德拉纳·B.格雷特雷克斯（Vedrana B. Greatorex）共同开发。

资料来源：https://www.nytimes.com/2017/04/14/business/mutfund/vanguard-mutual-index-funds-growth.html; https://investor.vanguard.com; Sunderam, A., Viceira, L., & Ciechanover, A. (2016) *The Vanguard Group, Inc. in 2015*: *Celebrating 40*. HBS No. 9-216-026. Boston, MA: Harvard Business School Publishing; Money.com; About Vanguard.com/Fast Facts About Vanguard.

3. 通过改造价值链以缩减成本的公司举例

纽柯钢铁公司（以下简称"纽柯"），是美国最盈利的钢材制造商、世界最大的钢材生产者之一，通过采用相对便宜的电弧熔炉和持续锻造工艺，彻底重组了制造钢材生产的价值链。使用电弧熔炉融化回收的废钢材减少了传统钢厂所使用的许多步骤，传统钢厂使用昂贵的焦炉、基本氧气高炉、铸锭脚轮以及多种类型的精加工设备，混合并提炼铁矿石、焦炭、石灰石和其他成分制造它们的钢铁产品，而纽柯的价值链系统所需的员工少得多。因此，与传统钢厂相比，纽柯生产的钢材，资金投资低得多、劳动力少得多、运营成本低得多。纽柯以更简单快捷的价值链方式取代传统钢材生产的价值链方式，使它成为世界上成本最低的钢材生产者之一，从传统钢材公司手中夺取了巨大的市场份额，并获得了诱人的利润。尽管大量非法补贴进口对北美其他钢铁市场造成了严重破坏，但这一做法仍使该公司保持了稳定的盈利。

西南航空通过重构商务航空的传统价值链，极大地节约了成本，从而能为旅行者提供超低的票价。西南航空精于节省飞机在登机口的周转时间（大约需要25分钟，而竞争对手需要45分钟），因而它的飞机每天可飞行更长的时间。它每天可以用更少的飞机安排更多的航班，因而西南航空每架飞机的平均收益高于竞争对手。西南航空不提供指定座位、将行李转运至联运航空公司，也不提供头等舱的座位和服务，因此省去了与这些属性相关的所有成本。公司快速且友好的在线预订系统使电子订票更方便，并减少了电话预订中心和机场柜台的员工数量。它还使用自动的登机设备，减少了终端检票人员数量。公司精心设计的点对点航线体系，使得乘客的联运、延误和总行程时间最小化，实现了大约75%的西南航空乘客可以直飞目的地，同时也降低了西南航空公司的航班运营成本。

> **贴士 5-2**
>
> 比竞争对手更善于管理，找到更快、更准确、更具成本效益地执行价值链活动的方法，就能成功取得相对于竞争对手的低成本优势。

5.2.2　广泛低成本战略成功的关键

虽然广泛低成本公司靠节俭制胜，但它们在能从业务中节省成本的资源和能力的投资上很少犹豫。事实上，拥有此类竞争性资产并确保它们保持优势地位，对实现作为低成本领先者的竞争优势至关重要。例如，沃尔玛自创立之初便一直都是最先进技术的早期采用者，然而沃尔玛在投资新技术之前，都会精心估算采用新技术能带来多少成本节约。通过持续投资复杂的、竞争对手难以仿效的成本节约型技术，沃尔玛的低成本优势已经持续了超过45年。

> **贴士 5-3**
>
> 低成本生产商在市场竞争中处于最佳位置，体现在它们能赢得对价格敏感的买方业务，设定市场价格的底线且仍能赚取利润。

优步（Uber）和来福车（Lyft）采用了令人生畏的低成本战略和创新型商业模式，在全球数百个地点展开了猛攻，彻底颠覆并似乎永远改变了它们所涉足的出租车市场的竞争。最重要的是，优步和来福车的超低票价导致对出租车服务的需求大幅增加，尤其是对这两家低成本公司所提供的服务。其他以成功使用广泛低成本战略而闻名的公司还包括航空领域的精神航空（Spirit Airlines）、易捷航空（Easyjet）和瑞安航空（Ryanair），小型汽油发动机领域的百利通公司（Briggs & Stratton），网络和电信设备领域的华为，圆珠笔领域的比克公司（Bic），鞋类领域的喜健步公司（Stride Rite），以及链锯领域的普朗公司（Poulan）。

5.2.3　低成本战略的适用条件

在以下条件下，低成本战略变得更加有吸引力和竞争力：

（1）竞争对手间的价格竞争激烈。低成本供应商处于最有利的地位，它们可以发起基于价格的竞争，击败竞争对手获取市场份额，赢得价格敏感型顾客的交易，在激烈的价格竞争中维持盈利，在价格战中生存下来。

（2）竞争对手间的产品基本是相同的，且可以从很多热心的卖家那里轻易买到。市场上的产品雷同或供给过多为激烈的价格竞争创造了条件；在这样的市场上，效率低下、成本偏高的公司的利润被挤压得最厉害。

（3）可以实现对买家有价值的产品差异化方法很少。当买方不太在意产品属性或品牌之间的差异时，买方对产品价格差异几乎总是敏感的，那些提供最低价格的品牌往往是行业领先者。

（4）买方对卖家产品的转换成本低。低转换成本使得买方可以灵活地转而购买具有同等质量的低价产品或定价有吸引力的替代产品。低成本领先者在用低价吸引潜在顾客选购其产品时占据有利地位。

（5）买家对价格敏感，或者有讨价还价的能力。当买家主要关注价格或有强大的议价能力时，低成本战略就变得很有必要。

5.2.4　追求低成本战略应规避的误区

低成本生产商可能犯的最大错误（第一大误区）就是采取过度激进的降价措施。较高的单位销量和市场份额并不能自动转换为更高的利润，降价会导致销售的单位产品的利润率下降。因此，只有当低价所带来的单位销售额的增加量足够抵消由于单位利润率降低而造成的收入损失时，降低价格才能提高盈利能力。进行简单的计算就可以说明这一点：假定一家公司以 10 美元的价格、9 美元的成本和 1 美元的利润可以卖出 1 000 个产品，现在将价格下降 5% 至每个 9.5 美元——这将公司的利润率减少到每个 0.5 美元。如果单位成本保持在 9 美元，那么它需要 100% 的销售增长率实现 2 000 个销量，这样也仅仅是抵消利润率的下降部分，并回到 1 000 美元的总利润。因此，降价能带来更高还是更低的盈利能力取决于降价所带来的销量多少，以及单位成本会随着销量的增加而下降多少。

第二大误区就是所依赖的降低成本的方法其实容易被竞争对手模仿。如果竞争对手发现复制领先者的低成本方法相对容易或者便宜，领先者的优势将过于短暂，无法在市场上形成有价值的优势。

第三大误区就是过度关注降低成本。公司不能太过热衷于追求低成本，以至于使公司的产品过于缺乏特色而无法对买方产生吸引力。此外，极力降低成本的公司必须谨防忽视买方对价格的敏感性下降、买家对附加功能或服务的兴趣增加，或者改变买家使用产品方式的新开发。否则，如果买方开始选择更高档的或功能更丰富的产品时，公司就有失去市场的风险。

即使这些误区都避免了，低成本战略仍然存在风险。创新的竞争对手可能会找到将价值链成本变得更低的方法，也可能会突然出现成本节约方面的重大技术突破。而且，如果低成本生产商对它现有的经营方式投入过大，那么公司快速转向新的价值链方法或新技术的成本将是非常昂贵的。

贴士 5-4

降低价格并不会带来更高的总利润，除非单位销量的额外收益足以抵消由于单位利润率降低而造成的收入损失。

贴士 5-5

低成本生产商的产品必须总是包含足够多的属性，以吸引潜在买方——低价本身并不总能吸引买家。

5.3　广泛差异化战略

当购买者需求和偏好太过多样化而标准化产品不能完全满足其需求时，差异化战略是很有吸引力的。成功的产品差异化需要仔细研究，以确定买方会认为哪些特性是有吸引力的、有价值的和值得购买的。[3] 然后，公司必须将这些顾客想要的属性整合到自己的产品或服务中，使其与竞争对手提供的产品或服务区别开来。当广大购买者发现该公司的产品比竞争对手的更有吸引力，并且值得在一定程度上支付更高的价格时，广泛差异化战略的目的就实现了。

成功的差异化战略能够让公司做到如下几点：

- 为其产品索要溢价；
- 增加单位销量（因为差异化的属性赢得了更多的顾客）；
- 赢得买方对品牌的忠诚度（因为购买者被差异化的特征牢牢吸引，并与公司及其产品建立了联系）。

核心概念

广泛差异化战略的实质是提供独特的产品属性，使广大购买者认为这些属性很有吸引力，值得支付更高的价格。

如果公司产品能够以足够高的价格出售或者能够带来足够多的单位销量从而超过因实现差异化而付出的额外成本，差异化就能增加利润。当买方不重视品牌的独特性或者公司的差异化特征很容易被竞争对手模仿时，公司的差异化战略就会失败。

公司可以从多个角度追求差异化：独特的口味，如红牛、李施德林；多种功能，如微软办公软件、苹果手表；选择范围广和一站式购物，如家得宝、阿里巴巴；服务卓越，如丽思·卡尔顿酒店、诺德斯特龙百货（Nordstrom）；零部件供应便捷，如约翰·迪尔（John Deere）、摩根汽车公司（Morgan Motors）；工程设计和性能，如奔驰、宝马；高级时尚设计，如普拉达、古驰；产品可靠性，如惠尔浦（Whirlpool）、LG 和博世（Bosch）等大型家用电器；品质制造，如米其林；技术领先，如 3M 公司的黏合和涂层产品；全方位服务，如嘉信银行（Charles Schwab）的股票经纪；产品选择范围广泛，如金宝汤公司（Campbell's soups）和菲多利食品公司（Frito-Lay snack foods）。

5.3.1　通过价值链管理创造差异化属性

差异化既不是从营销和广告部门孵化出来的，也不仅仅限于各种各样的质量和服务。差异化机会存在于整个公司的价值链和价值链系统的活动中。然而，管理者可以采用的最为系统化的方法是关注**价值驱动因素**（value driver），这一系列因素类似于成本驱动因素，在创造差异化方面特别有效。图 5-3 列出了一些重要的价值驱动因素。基于价值驱动因素，管理者可以用来增强差异化的方法包括：

（1）创建吸引广泛买家的产品特性和性能属性。产品的物理特性和功能特性对差异化有很大的影响，包括增加用户安全性、加强环境保护等特性。造型和外观是服装行业和机动车辆行业的主要差异化因素。在双筒望远镜和移动设备领域，尺寸和重量都很重要。大多数采用广泛差异化战略的公司都特别注意在其产品或服务中融入新颖的特性，特别是那些能提高性能和功能的特征。

（2）提升顾客服务或增加附加服务。在交付、退货、维修等环节中，更好的客户服务在创造差异化和优质的产品特性方面同样重要。例如，为买方提供良好的技术支持、更高质量的维修服务；为顾客提供更多更好的产品信息；为终端用户提供更多更好的培训材料、更好的信用条款、更快速地订单处理，以及更大的客户便利性。

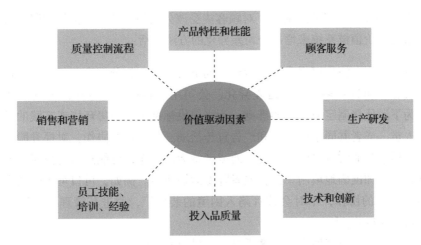

图 5-3　价值驱动因素：塑造差异化优势的关键

资料来源：改编自迈克尔·波特的《竞争优势》(*Competitive Advantage*, New York: Free Press, 1985)。

（3）投资与生产有关的研发活动。从事生产方面的研发能够使公司以有效的成本实现定制生产，通过产品"版本化"（versioning）提供更广泛的产品种类和选择，或者改进产品质量。许多生产商已经开发出柔性制造系统，使得不同的型号和产品版本能够在同一条生产线上生产。能够为买方提供定制化产品是一项强大的差异化能力。

（4）努力开展创新和技术改进。成功创新是更频繁地在市场中取得胜利的途径，也是一种强大的差异化要素。如果通过专利保护和其他方式证明创新很难被复制，就可以为公司提供可持续的先发优势。

（5）追求持续的质量改进。质量控制流程可以减少产品缺陷，防止过早的产品失败，延长产品生命周期，提供更长的保修期使其产品更划算、更加经济合理，从而带给终端用户更多的便利性，或者改善产品外观。那些质量管理体系符合认证标准（如 ISO 9001 标准）的公司，能够提升它们在客户心中的质量声誉。

（6）增加市场营销和品牌建设活动。营销和广告会对买方感知的价值产生巨大影响，进而影响到他们是否愿意为公司的产品支付更多的费用。即使存在微小的有形差异，营销和广告也可以创造差异化。例如，盲测（blind taste tests）结果显示，即使是最忠实的百事可乐或可口可乐的饮用者，也很难将两者区分开来。[4] 品牌创造了顾客忠诚度，增加了转向另一种产品的感知"成本"。

（7）寻找高品质的投入品。投入品质量最终会产生溢出效应，影响公司最终产品的性能或质量。例如，星巴克在咖啡排名中名列前茅，部分原因是它对从供应商处采购的咖啡豆有非常严格的要求。

（8）强调提升公司员工技能、专长和知识的人力资源管理活动。拥有高智力资本的公司，往往就有能力产生各种想法以推动产品创新、技术进步以及改善产品设计和产品性能、改进生产技术和实现更高的产品质量等。精心设计的激励薪酬体系往往能激发有才能的员工的智慧，开发和实施有效的产品差异化新属性。

改造价值链系统以增加差异化

正如追求成本优势可能涉及整个价值链系统一样，差异化优势也是如此。上游供应商的活动或者下游分销商和零售商的活动，对顾客接受该公司的产品及其价值主张有着意义深远的影响。通过变革价值链系统来增加公司差异化的方法包括：

- 与下游渠道盟友协作以提升顾客价值。同下游伙伴，如分销商、经销商、代理商和零售商协作，可以从多方面促进差异化。公司用于影响渠道盟友价值链活动的方法包括：为下游伙伴制定应遵守的准则，为之提供标准化的销售环境或实践的模板，培训渠道人员，或者共同举办促销和广告宣传活动。与零售商协作，对提升购买体验和树立公司形象是非常重要的。与批发商或者承运商协作，可能意味着公司能更快地向客户交货，更加准确地填制单证，或者降低运输成本。例如，可口可乐公司十分看重与装瓶分销商的协作，不时会接管陷入困境的装瓶厂，改进其管理、升级其工厂和设备，再投入运营。[5]

- 与供应商协作以更好地满足顾客需求。与供应商合作是实现更有效的差异化战略的有力途径之一。与供应商协作可以改善影响产品功能和质量的多个因素。这对于仅从事装配业务的公司来说尤为如此，比如戴尔（Dell）的个人电脑业务和杜卡迪（Ducati）的摩托车业务。与供应商之间的密切协作，还可以加速新产品的开发周期或加快向终端客户交付产品进而增强差异化。与供应商之间的牢固关系还意味着，当行业中（原材料）出现供不应求的现象时，公司要求的供给能够被优先满足。

5.3.2　通过广泛差异化战略传递卓越价值

差异化战略依赖于以独特的方式满足顾客需求，或者通过诸如创新或有说服力的广告等活动来创造新的需求。其目的是为消费者提供竞争对手无法提供的产品——至少在满意度水平方面。实现这一目标有四种基本途径：

第一种途径，是在产品中引入能降低买方产品使用总成本的产品属性和用户功能。这是在建立差异化优势中最不明显、最容易忽略的途径。这是一个差异化因素，因为这可以帮助公司客户在它们的市场上更具有竞争力，并且更有利可图。原材料和零部件生产商赢得产品订单的方式通常如下：减少购买者的原材料浪费（提供按尺寸切割的零部件），降低购买者的存货要求（提供准时交货），使用在线系统减少购买者的采购和订单处理成本，以及提供免费的技术支持。这种差异化途径也能吸引那些寻求节省其整体消费成本的个体消费者。可以通过增加节能属性（节能家电和节能灯泡有助于节省购买者的水电费；节能汽车降低了购买者的汽油费用），或者通过增加保养的时间间隔和产品的可靠性来降低购买者的保养和维修费用，这样就能使得买方使用公司的产品更划算。

第二种途径，是引入有形的产品特性以增加顾客对产品的满意度，如产品规格、功能、样式。可通过以下方式来实现：增加产品的功能、加强设计、节约用户时间，使产品更可靠、更清洁、更安全、更安静、更易使用、更便携、更方便，以及比竞争对手品牌更持久。例如，智能手机生产商竞相推出多用途且菜单功能更简洁的新一代产品。

贴士 5-6

差异化可以基于有形的或无形的产品属性。

第三种途径，是引入无形的产品特性，以非经济的方式提高消费者满意度。丰田的普锐斯（Prius）和通用汽车的雪佛兰博尔特（Chevy Bolt）之所以能够吸引环境意识强的汽车购买

者，不仅是因为这些驾车者希望能够助推全球二氧化碳排放量的减少，还因为他们认同其传递的形象。宾利、拉夫·劳伦、路易·威登、巴宝莉、卡地亚以及蔻驰等拥有基于差异化的竞争优势，这与购买者对地位、形象、声望、高档时尚、技术卓越性以及生活中更美好事物的渴望相联系。有助于公司实现差异化的无形资产超越产品属性，扩展到公司的声誉以及客户关系或信任。

　　第四种途径，是向买方表明公司产品的价值。某些具有差异化特征的价值很容易被买家发现，但在某些情况下，买家可能难以弄清楚他们对产品的体验会是什么样子的。因此，成功的差异化营销者会竭尽全力让买家了解产品的价值，并且使用各种不同的价值信号。典型的价值信号包括：高价（在高价格意味着高质量和高性能的情况下）、比竞争产品更具吸引力或更有趣的包装、强调产品突出属性的广告内容、宣传册及销售推广的质量，以及卖家设施的奢华和氛围。设施的性质对高端零售商以及那些经常被客户光顾的公司来说很重要，它们使潜在购买者意识到卖方销售人员的专业精神、外表及个性，或者使潜在顾客意识到公司拥有有声誉的客户。价值信号在下列情况下尤为重要：①当差异化的本质是基于无形特征，因而较为主观和难以量化时；②当购买者第一次购买并且不确定他们对产品的体验是什么样时；③当回头客生意不多时；④当购买者不熟练时。

　　无论采用哪种方式，实现成功的差异化战略首先要求公司在客户服务、市场营销、品牌管理以及技术等方面具备创造和支持差异化的能力。也就是说，公司的资源、能力以及价值链活动必须与战略的需求很好地匹配。为了使战略能为公司带来竞争优势，公司向买方交付价值的能力必须足够独特，以使公司的产品能与竞争对手的区分开来。公司的独特能力在竞争中必须能够体现卓越性。有大量的公司基于其独特能力实现了差异化。例如，安德森医疗中心（M.D. Anderson）、梅奥诊所（Mayo Clinic）和克利夫兰诊所（Cleveland Clinic）这样的健康医疗机构，它们拥有治疗某些疾病的专业知识和设备，而大多数医院和医疗供应者都无法效仿。在美国，当重大新闻事件发生时，许多人就会收听收看福克斯新闻（Fox News）和美国有线电视新闻网（CNN），因为它们有能力让记者迅速到达现场，暂停播放常规节目（不会损失与常规节目相关的广告收入），并把大量的时间花在有新闻价值的故事上。

贴士 5-7

易于复制的差异化特性不能产生可持续的竞争优势。

　　最成功的差异化是那些竞争对手难以复制的差异化。事实上，这样就可以实现基于差异化的可持续竞争优势。尽管竞争对手资源丰富，可以及时克隆出几乎任何有形的产品属性，但那些具有社会复杂性的无形属性则比较难以模仿，如公司的声誉、与买家建立的长期关系以及形象等。能够带来转换成本从而对买方形成锁定效应的差异化也能为公司带来可持续优势。例如，如果买方在学习使用某种系统中进行了持续投资，则不太可能转向购买竞争对手的系统（这就阻止用户更换微软的 Office 产品，尽管事实上其他应用程序也具有卓越的功能）。通常来说，当差异化是基于良好的品牌形象、受专利保护的产品创新、复杂的技术优势、卓越的产品质量和可靠性的声誉、基于关系的客户服务以及独特竞争力时，公司就能建立更持久、盈利空间更大的竞争优势。

5.3.3　差异化战略的适用条件

　　在以下市场环境下，差异化战略将会最有效：

- 买方对产品的需求和产品的用途是多样化的。不同的买方偏好使得行业竞争者能够通过产品属性使自己与众不同，从而吸引特定的购买者。例如，顾客对菜单选择、氛围、定价以及客户服务的多元化偏好，使得餐厅在开发差异化的产品服务方面具有特别广泛的自由度。其他一些具备买方需求多样化特征的行业还包括杂志发行业、汽车制造业、鞋业以及厨房用品行业。

- 对购买者有价值的产品或服务进行差异化的方法很多。如果行业内的竞争者有机会增加产品或服务特性，那么该行业很适合开展差异化战略。例如，连锁酒店可以在地理位置、房间的大小、客户服务范围、酒店内餐饮、床上用品、家具的质量和奢华程度等方面进行差异化。同样地，化妆品生产商也可以基于声誉和形象、抗衰老配方、紫外线防护、零售场所的排他性、抗氧化剂和天然成分的含量或禁止动物试验等建立差异化。诸如化学品、矿藏以及农产品这样的基本品就几乎很难差异化。

- 几乎没有竞争对手采用类似的差异化方法。最好的差异化方法就是基于竞争对手不看重的属性去尝试吸引购买者。当差异化竞争者在创造价值时采用自己独特的方式而不是试图在相同的属性上区别于竞争对手时，会遇到较少的直接竞争。当大量的竞争者努力将差异化建立在相同属性的基础上时，最可能的结果就是弱化品牌差异性以及形成"战略拥挤"（strategy overcrowding）——竞争者最终都会以相同的产品抢夺相同的购买者。

- 技术变革节奏快，竞争围绕着快速演进的产品特性展开。快速的产品创新以及频繁推出下一代产品可以提高购买者的兴趣，并为公司提供追求明显差异化路径的空间。在智能手机、可穿戴式网络设备、供业余爱好者使用和商业使用的无人机、汽车车道检测传感器以及电动汽车等领域，竞争对手陷入了一场持续的战斗中，试图通过推出更好的下一代产品让自己脱颖而出。如果公司未能开发出新的、改进过的产品或独特的性能，很快就会在市场上失去竞争力。

5.3.4　追求差异化战略应规避的误区

差异化战略失败的原因可能有以下几个：

（1）如果差异化战略将易于快速复制的产品或服务属性作为关键点，那么该战略总是可疑的。快速模仿意味着没有竞争者能够实现差异化，因为无论何时，一旦一家公司引入一些能引起买方青睐的价值创造活动，快速跟进的模仿者就会迅速重建同等地位。这就是为什么公司要想用差异化赢得持续的竞争优势，就必须寻找对于竞争对手来说模仿起来耗时或者烦琐的价值创造来源。

贴士 5-8

任何有效的差异化特性都会吸引模仿者。

（2）当消费者认为公司产品的独特属性没有什么价值时，差异化战略也会受到影响。这样，即使公司成功地使自己的产品和竞争对手的区别开来，如果公司产品无法为买方提供足够的价值，其差异化战略带来的销量和利润只会令人失望。无论何时，如有大量的潜在购买者把公司提供的差异化产品看成是无差异的，则公司的差异化战略就会深陷困境。

（3）第三大误区就是公司在努力实现产品差异化方面支出过大，降低了利润。公司为取得差异化所做的努力通常都会增加成本——而且是大幅度的，因为营销和研发是费用高昂的工作。能够盈利的差异化的关键在于，使实现差异化的单位成本低于差异化属性所带来的价格溢价（从而提高单位销售的利润率）；或者通过实现足够多的销量来增加总利润，以抵消单位利润率较低所带来的影响。如果公司在追求代价昂贵的差异化中走得太远，可能会导致难以接受的低利润甚至亏损。

在差异化战略制定中其他常见的错误还包括：

- 与竞争对手的产品相比，公司在质量、服务或性能方面的改进微不足道。竞争对手产品之间差异细微，对于购买者来说可能既不明显也不重要。如果公司想要拥有极为忠诚的客户，并且建立相对于竞争对手的差异化优势，从而获得超额利润，那么公司的战略就必须着眼于较大而不是较小的产品差异性。如果一个市场上实现差异化的公司比实现微弱差异化的公司的业绩好不了多少，且出现顾客忠诚度低、品牌转换成本低的现象，那么没有一家公司有足够的差异化优势来实现溢价。
- 过度差异化以至于产品质量、特性或服务水平超出了大多数购买者的需求。一系列令人眼花缭乱的特色和功能不仅抬高了产品价格，而且可能存在风险：大量购买者可能会认为不太高级的、价格更低的品牌更有价值，因为他们几乎没有机会使用到产品的高级功能。⊖
- 价格溢价过高。虽然购买者可能被产品豪华的特性所吸引，但是他们可能会认为相对于差异化属性所带来的价值而言，产品的价格过高。公司必须防止潜在客户将其看成是"敲竹杠"（price gouging）。通常情况下，差异化产品溢价幅度越大，消费者转向购买其他价格较低的竞争对手的产品的可能性就越高。

贴士 5-9

过度差异化和定价过高是差异化战略致命的错误。当购买者对基本品感到满意，并且认为"附加"属性不值更高价格时，低成本战略就能够击败差异化战略。

5.4 聚焦（或利基市场）战略

与广泛低成本战略和广泛差异化战略不同的是，聚焦战略将注意力集中于整个市场的一个狭窄部分。目标市场或利基市场可以是地理细分市场（如新英格兰）、客户细分市场［如年轻的城市创意人士或"雅创客"（yuccies）］或者产品细分市场（如某一个产品大类下面的某类具体型号或版本）等形式。社区咖啡（Community Coffee）是美国最大的家族式专业咖啡零售商，地理位置上以服务于路易斯安那州和跨墨西哥湾的社区为中心。社区咖啡仅占全国咖啡市场的一小部分，但销售额记录已超过 1 亿美元，并在美国东南部赢得了大批追随者。专注于特定产品或细分市场的公司还包括：Zipcar（市区按小时、按日租车）、爱彼迎（Airbnb）和 HomeAway（VRBO 的所有者，由业主提供住宿租赁）、福克斯新闻频道（Fox News Channel）和 HGTV（有线电视）、蓝色尼罗河（Blue Nile，在线珠宝）、特斯拉汽车（Tesla Motors，电动汽车）以及 CGA 保险公司（在高尔夫球锦标赛上提供保险以支付利润丰厚的一杆进洞奖金的专业公司）。小型酿酒厂、本地面包店、提供住宿和早餐的旅馆、零售精品店等也扩大了它们的业务，为狭窄或本地细分市场提供服务。

⊖ 该现象又称"性能过剩"（performance oversupply），从而为其他企业留下了市场空间和创新空间。可参见克里斯坦森（1997）关于破坏性创新的相关研究。——译者注

5.4.1 聚焦低成本战略

聚焦低成本战略旨在通过以低于竞争对手的成本（通常价格也更低）服务目标利基市场的买方来确保竞争优势。当公司通过只服务于一个明确定义的买方细分市场的顾客可以显著降低成本时，这种战略具有相当大的吸引力。与服务于目标利基市场的竞争对手相比，获取成本优势的途径与低成本领导者相同——使用成本驱动因素比竞争对手更有效地执行价值链活动，并寻求创新方式，减少不必要的价值链活动。低成本战略和聚焦低成本战略之间唯一真正的区别就是公司吸引的购买者群体的规模——前者的产品吸引几乎所有买方群体和细分市场，而后者旨在仅满足狭窄细分市场中买方的需求。

6号汽车旅馆（Motel 6）、斯利普客栈（Sleep Inn）、速8酒店（Super 8）这样的廉价型汽车旅馆连锁店，迎合了那些对价格敏感、只想花钱在一个干净简朴的地方过夜的旅行者。专栏5-2描述了阿祖卡尔诊所（Clinícas del Azúcar，CDA）是如何专注于降低糖尿病护理成本，使其能够解决墨西哥的一个主要健康问题。

 专栏5-2　阿祖卡尔诊所的聚焦低成本战略

尽管糖尿病是一种可以控制的疾病，但在墨西哥，它却是导致死亡的主要原因。超过1 400万的成年人（占成人总数的14%）患有糖尿病，350万个病例仍未确诊，每年因相关并发症死亡的人数超过80 000例。这场公共卫生危机主要是由于获得负担得起的高质量医疗的机会有限造成的。由于经济和时间限制，大约90%的人口无法获得糖尿病治疗；私人护理每年花费高达1 000美元（大约45%的墨西哥人年收入不到2 000美元），同时，公共诊所的平均等候时间超过5个小时。然而，阿祖卡尔诊所（CDA）正在迅速推广一种解决方案，该方案采用聚焦低成本战略，为低收入患者提供他们负担得起、方便的医疗服务。

通过不懈地仅专注于目标人群的需求，CDA将糖尿病治疗成本降低了70%以上，门诊就诊次数减少了80%以上。达到这一结果的关键是使用专有技术和精简的护理系统。首先，CDA利用基于证据的算法（evidence-based algorithms）来诊断患者，其测试费用只占传统诊断测试费用的一小部分。类似地，它所推出的移动推广服务显著降低了患者离开CDA设施后管理糖尿病的成本。其次，CDA重新设计了护理流程，以实现简化的"病人流程"，无须向其他医疗服务机构多次转诊，并将必要的专业人员和设备集中在一个医疗机构中。因此，CDA已成为糖尿病治疗的一站式机构，可以提供糖尿病治疗的各个方面服务。

要旨：CDA的成本结构使得它可以将糖尿病治疗的价格保持在很低的水平，节省患者的时间和金钱。患者从三种不同的护理方案中选择，从预防到全面护理，每年支付的费用在70～200美元。随着可负担性和便利性的增加，据CDA估计，其已经为病人节省了200万美元以上的医疗费用，并将很快为10%～80%的人口提供负担得起的、高质量的医疗服务。这些成果吸引了包括奋进公司（Endeavor）、绿色回声（Echoing Green）、克林顿全球倡议（Clinton Global Initiative）在内的主要投资机构的投资。因此，CDA和其他人预计，到2020年，CDA将从服务大约5 000名患者的5个诊所发展到服务于整个墨西哥超过10万名患者的50多家诊所。

注：与大卫·B. 沃歇尔（David B. Washer）共同开发。

资料来源：www.clinicasdelazucar.com; "Funding Social Enterprises Report", *Echoing Green*, June 2014; Jude Webber, "Mexico Sees Poverty Climb Despite Rise in Incomes", *Financial Times online*, July 2015, www.ft.com/intl/cms/s/3/98460bbc-31e1-11e5-8873-775ba7c2ea3d.html#axzz3zz8grtec; "Javier Lozano", Schwab Foundation for Social Entrepreneurship online, 2016, www.schwabfound.org/content/javier-lozano.

聚焦低成本战略在实践应用中相当普遍。例如，开市客、BJ's 仓储俱乐部（简称 BJ's）和山姆会员店（Sam's Club）以批发价格向小公司和喜欢买便宜货的人出售大量商品。生产自有品牌产品的生产商，通过专注于生产仿制名牌产品的一般性商品，并且直接销售给想要低价品牌的零售连锁店，从而在产品开发、营销、分销以及广告方面实现低成本。百利高公司（Perrigo Company Plc）已成为非处方保健产品制造和自我护理方面的领先者，该公司专注于为沃尔玛（Walmart）、西维斯（CVS）、沃尔格林（Walgreens）、来爱德（Rite Aid）、西夫韦公司（Safeway）等零售商生产自有品牌，其 2018 年销售额接近 50 亿美元。

5.4.2　聚焦差异化战略

聚焦差异化战略涉及提供优质的产品或服务，以满足狭窄、明确界定的买方群体的独特偏好和需求。聚焦差异化战略的成功使用取决于：①寻求独特的产品或服务属性的买方细分市场是否存在；②公司创造有别于同一目标市场上竞争对手的产品和服务的能力。

例如，生产洗浴、美体和美容产品的摩顿布朗（Molton Brown）、生产高性能汽车的布加迪（Bugatti）以及提供住宿的四季酒店（Four Seasons Hotel）等公司都针对那些想要拥有世界级品质的产品和服务的高端买家，采取了成功的基于差异化的聚焦战略。事实上，大多数市场都包含一个愿意为获得最优质的产品而支付高额溢价的买方细分市场，这就为某些追求基于差异化的聚焦战略、以市场金字塔顶端为目标的竞争者开启了战略之窗。在 2017 年被亚马逊收购的全食超市（Whole Foods Market），通过迎合注重健康的消费者——他们更青睐有机、天然、低加工和本地种植的食品——已经成为美国最大的有机和天然食品超市连锁店。全食公司以其所能找到的最高质量的有机食品和天然食品为自豪；公司通过评估其产品的原料、新鲜度、口味、营养价值、外观和安全性来界定质量。专栏 5-3 描述了羽绒服公司加拿大鹅（Canada Goose）是如何通过聚焦差异化战略成为一个受欢迎的冬季服装品牌的。

 专栏 5-3　加拿大鹅的聚焦差异化战略

打开《人物》（People）的冬季刊，你很可能会看到一个明星穿着"加拿大鹅"皮大衣的照片。该品牌大衣可以通过独特的红白蓝臂章识别出来，在艾玛·斯通（Emma Stone）和布莱德利·库珀（Bradley Cooper）等电影明星身上、纽约市街头以及《体育画报》（Sports Illustrated）的封面上都能看到。最近，得益于聚焦差异化战略，加拿大鹅在规模约 1.2 万亿美元的时尚产业中迅速发展。通过瞄准高档买家并提供独特功能性和时尚属性，加拿大鹅每件大衣可以收取近 1 000 美元的费用，且从不打折出售。

虽然加拿大鹅 1957 年就成立了，该公司只是最近才转而实施聚焦差异化战略，使其成为豪华大衣市场领先者。2001 年，丹尼·赖斯（Dani Reiss）接任公司首席执行官，并做出了两个重要决定。首先，他削减了自有品牌和非外衣的生产，以便专注于加拿大鹅业务的品牌外衣部分；其次，尽管许多北美竞争者将生产转移到亚洲以提高利润率，但赖斯决定在加拿大生产。幸运的是，这两项战略决定直接带来了公司目前的成功。虽然其他奢侈品品牌，如盟可睐（Moncler），有着相似的定价，但没有竞争者的产品能像"加拿大制造"的加拿大鹅大衣一样，实现应对恶劣冬季天气的承诺。根据加拿大的传统，使用来自加拿大本土的资源，真正的土狼皮毛（人性化地捕捉它们），并承诺在零下 25℃ 的温度下提供温暖，让加拿大鹅在销售大衣时脱颖而出。公司独特的加拿大产品使其在消费者中广受欢迎，这体现在消费者愿意为极其优质和温暖的冬季外衣支付高额溢价。

自从加拿大鹅转向聚焦差异化战略以来，该公司的收入和受欢迎度在全球范围内大幅增长。在2001年赖斯的战略决策之前，加拿大鹅的年收入约为300万美元。10年内，公司的年收入增长超过了4 000%；截至2019年年底，其在50多个国家的销售收入总额已超过8.3亿美元。按照这样的速度，只要冬季依然低温，加拿大鹅将一直是热销商品。

注：与阿瑟·J.桑特里（Arthur J. Santry）共同开发。

资料来源：Drake Bennett, "How Canada Goose Parkas Migrated South", *Bloomberg Businessweek*, March 13, 2015, www.bloomberg.com; Hollie Shaw, "Canada Goose's Made-in-Canada Marketing Strategy Translates into Success", *Financial Post*, May 18, 2012, www.financialpost.com; "The Economic Impact of the Fashion Industry", *The Economist*, June 13, 2015, www.maloney.house.gov; 公司网站（访问于2020年1月26日）.

5.4.3　聚焦低成本或差异化战略的适用条件

当下列条件满足得越多，以低成本或差异化为基础获得竞争优势的聚焦战略就会越来越具有吸引力：

- 目标利基市场足够大，可以盈利，并提供良好的增长潜力。
- 行业领先者选择不参与该利基市场竞争，在这种情况下，聚焦战略实施者可以避免与行业中最大、最强的竞争对手正面交锋。
- 对于在多个细分市场的竞争者来说，既要能满足利基市场买方的特殊需求，还要能满足主流客户的期望，可能是代价不菲或非常困难的。
- 产业中存在大量不同的利基市场和细分市场，因此允许采用聚焦战略的公司选择最适合自己资源和能力的利基市场。此外，随着利基市场的增多，市场空间足够大，使得实施聚焦战略的公司能够专注于不同的细分市场，并避免在同一细分市场抢夺相同的客户。
- 即使有也是极少数竞争对手会尝试聚焦于相同的目标细分市场，这一条件可以降低细分市场过度拥挤的风险。

将公司所有竞争努力集中在单一利基市场的优势是相当可观的，特别是对于中小企业来说，它们可能缺乏资源广度和深度去满足需求更为复杂的更广泛的客户群。YouTube因专注于在网上发布短视频剪辑而家喻户晓。棒！约翰比萨、小恺撒（Little Caesars）和达美乐比萨通过专注于送货上门的细分市场而创造了可观的业务。

5.4.4　聚焦低成本或差异化战略的风险

聚焦战略有几个风险。第一个风险就是利基市场外的竞争对手有可能寻找到一些有效的方式来达到采用聚焦战略的公司在服务目标利基市场方面的能力——可能通过设计出一些特定的产品和品牌来吸引目标市场中的买家，或者通过开发能够抵消聚焦战略实施者优势的专业知识和能力。在酒店行业，大型连锁集团，如万豪酒店和希尔顿酒店，已经推出了多品牌战略，这使它们可以在多个酒店细分市场同时开展有效竞争。希尔顿的旗舰酒店拥有完善的服务和设施，吸引游客和度假者前往主要的度假胜地；旗下的华尔道夫酒店（Waldorf Astoria）、康拉德酒店及度假村（Conrad Hotels & Resorts）、希尔顿酒店及度假村（Hilton Hotels & Resorts）和逸林酒店（DoubleTree Hotels），为商务旅客和度假人士提供豪华住宿。

它的霍姆伍德套房（Homewood Suites）、大使套房（Embassy Suites）和惠庭酒店（Home2 Suites）则以"宾至如归（home away from home）"为理念，专门提供给住宿 5 晚及以上的旅客。此外，它拥有近 700 家希尔顿花园酒店（Hilton Garden Inn）和 2 100 家希尔顿汉普顿酒店（Hampton by Hilton），以满足那些寻求以实惠价格享优质住宿的游客。希尔顿真意（Tru by Hilton）是该公司最新推出的品牌，专注于为注重价值的旅行者寻求基本住宿。希尔顿还开发了古玩收藏（Curio Collection）、挂毯系列（Tapestry Collection）和嘉悦里（Canopy）项目，这些酒店专门提供时尚、独特的装饰和个性化服务，吸引寻求独特住宿的年轻专业人士。多品牌战略对像希尔顿这样的大公司具有吸引力，正是因为它们能使公司进入一个利基市场，从那些采用聚焦战略的公司那里夺取业务。

第二个风险就是利基市场顾客的偏好和需求随着时间的推移转向市场中主流买家所期望的产品属性的可能性。买方细分市场之间差异化的缩小会降低聚焦者所在利基市场的进入壁垒，并会吸引毗邻细分市场的竞争对手在该市场开展竞争。

第三个风险就是细分市场太有吸引力以至于竞争对手蜂拥而至，从而加剧了竞争并瓜分细分市场的利润。同时，总是存在细分市场增长放缓的风险，增长率低到聚焦战略者未来的销量和利润增长前景变得难以接受的程度。

5.5　最优成本（混合）战略

为有效利用最优成本战略，公司必须有能力以比对手更低的成本将高品质的属性融入产品中。当一家公司能以比对手更低的成本将更具吸引力的特性、优异的产品性能或质量，或更令人满意的客户服务引入到其产品中时，该公司就享有"最优成本"的地位——以低成本提供拥有高档属性的产品或服务。最优成本供应商能利用低成本优势制定比竞争者更低的价格，却仍能赚取可观的利润。如图 5-1 所示，**最优成本战略**是低成本战略和差异化战略的混合体，同时结合了两者的特点。它们可能针对广泛的或狭窄的（聚焦的）客户群体。实施最优成本战略的公司通常是直接瞄准那些重视价值的买家，他们寻求以稍微低一些的价格来获取更好的产品和服务。注重价值的购买者通常不会选择低廉的低端产品和昂贵的高端产品，但他们愿意为那些有吸引力、有用性的附加特性与功能支付"合理"的价格。最优成本战略的本质，就是相对于提供相似产品的竞争对手，以更低的价格满足客户对出色的特性的需求，从而为客户提供物超所值的价值。[6]

最优成本战略与低成本战略是不同的，因为增加有吸引力的属性会产生额外的成本（低成本生产商则通过向购买者提供较少附加服务的基本产品来避免这些成本）。此外，这两个战略瞄准的目标市场明显不同。最优成本战略的目标市场面向的是重视价值的购买者——寻求以相对较低价格获取具有吸引力的附加品质和功能，无论他们是代表一个广泛的市场还是更集中的细分市场。追求价值的购买者（与寻求以低价购买基本产品的价格敏感购买者有明显的差异）往往占据着某一产品或服务市场的购买者群体中相当大的部分。最优成本战略不同于差异化战略，因为它需要具备以比其他高端生产商更低的成本提供高端功能的能力。这意味着其有能力为买家提供更高性价比的产品。

成本最高的生产者不必提供最好的终端产品和服务（尽管他们可能会）；通常情况下，质量水平比平均水平要好。这种定位使公司能够直接瞄准大量具有价值意识的买家，他们正在以经济的价格寻找更好的产品或服务。注重价值的买家往往回避廉价的低端产品和昂贵的高端产品，但他们很愿意支付"合理"的价格，以获得他们认为有吸引力和有用的额外性能和功能。最优成本战略的本质是，在满足买方对更好质量渴望的同时，能够与同类产品的竞争对手相比，收取更低的价格，从而提供更高的性价比。

丰田在其雷克萨斯（Lexus）汽车系列上使用了经典的最优成本战略。该车型的一系列高性能、高品质特征设计使其车型的表现与奢华度，可与梅赛德斯、宝马、奥迪、捷豹、凯迪拉克、林肯相媲美。为了表明其在奢侈品市场的定位，丰田建立了一个独立于丰田经销商的雷克萨斯经销商网络，致力于提供卓越的客户服务。最重要的是，丰田利用其在制造高质量汽车方面的大量专业知识，能够以比其他豪华车制造商低得多的成本制造出高技术和高品质的雷克萨斯车型。为了利用其较低的制造成本，丰田将其雷克萨斯车型的定价低于同类的奔驰、宝马、奥迪和捷豹车型，以吸引注重价值的豪华车购买者购买雷克萨斯。价格差异通常是非常显著的。例如，2017 年，一辆装备精良的雷克萨斯 RX 350（一款中型 SUV）标价为54 370 美元，而一辆装备精良的奔驰 GLE 级 SUV 标价为 62 770 美元，一辆装备精良的宝马 X5 SUV 标价为 66 670 美元。

5.5.1　最优成本战略的适用条件

当市场中的产品差异化较为普遍，以及市场中数量相当多的重视价值的购买者追求的是中档产品而不是廉价的基础产品或昂贵的、高端的产品时，最优成本战略的效果最好。在这样的市场中，最优成本生产商需要把自己定位于靠近中端市场，即以低于市场均价的价格提供中等质量的产品，或者以市场均价或比市场均价略高的价格向市场提供高质量的产品。但正如雷克萨斯的例子所示，一家能够比竞争对手更高效地生产顶级产品的公司，也会很好地追求最优成本战略。在经济萧条时期，当大量的购买者成为重视价值的购买者，并为质优价廉的产品和服务所吸引时，最优成本战略也同样有效。但是，除非公司拥有资源、专业知识和能力来以比对手更低的成本引入高档产品或服务属性，否则采用最优成本供应商战略是不明智的。专栏 5-4 描述了乔氏超市（Trader Joe's）如何应用聚焦最优成本战略的原则，在竞争激烈的杂货店行业蓬勃发展。

 专栏 5-4　乔氏超市的聚焦最优成本战略

在过去的 50 年里，乔氏超市通过在乔氏超市品牌下以高性价比提供有限选择的、但非常受欢迎的自有品牌产品，从而拥有了一群狂热的追随者。通过实施聚焦最优成本战略，乔氏超市在以低利润著称的杂货业务中取得了成功。如今，乔氏超市每平方英尺[○]的年销售额超过 2 000 美元——几乎是全食超市的两倍。

乔氏超市成功的关键，也是其战略的重要部分，是其独特的产品选择方法。乔氏超市主要销售自有品牌商品，因此成本较低，价格也较低。同时，通过对特定产品的精挑细选，还设法确保其品牌具有非常高的质量。该公司的政策是迅速用另一种更有吸引力的产品取代任何不受欢迎的产品。这是有回报的：当你问美国消费者哪个杂货店代表质量时，乔氏超市高居榜首。在最近的 **YouGov** 品牌指数调查中，

○　1 平方英尺 =0.093 平方米。——译者注

近 40% 的消费者认为乔氏超市的产品质量最好——在其竞争对手中排名最高。虽然乔氏超市提供的库存单位（SKUs）远少于一家典型的杂货店——只有 4 000 个，而克罗格（Kroger）或西夫韦（Safeway）的库存单位超过 50 000 个——但对客户来说，这也有助于保持成本和价格低廉。它会带来更高的库存周转（零售效率的关键衡量）、更低的库存成本和更低的租金，因为这意味着在任何一个地方，乔氏超市的店面都可以更小。

乔氏超市也有意将其门店设在拥有注重价值、欣赏质量的客户的地区。乔氏超市通过评估人口统计信息来确定潜在的扩展站点。这使得乔氏超市能够专注于为受过教育的年轻单身人士和夫妇服务，这些人可能买不起更昂贵的杂货，但更喜欢有机食品和即食产品。考虑到它占据较小的零售空间，乔氏超市可以选址于步行区域和城市中心，这些都是它选择的客户群居住的社区所在地。由于其专注于最优成本战略，该公司的忠实客户不太可能在短期内放弃排队购买可口的玉米萨尔萨酱或有机冷萃咖啡。

注：与斯蒂芬妮·K. 伯杰（Stephanie K. Berger）共同开发。

资料来源：公司网站；Beth Kowitt, "Inside the Secret World of Trader Joe's", *Fortune* (August 2010); Elain Watson, "Quirky, Cultlife, Aspirational, but Affordable: The Rise and Rise of Trader Joes", Food Navigator USA (April 2014; Janie Ryan, "The Surprising Secrets Behind Trader Joe's Supply Chain", Elementum.com, (December 13, 2018).

5.5.2　最优成本战略的风险

实施最优成本战略公司的最大弱点，就是受到使用低成本战略的公司以及使用高度差异化战略的公司的双面挤压。低成本战略的生产商可以用低价格吸引最优成本战略公司的客户（尽管产品属性不太具有吸引力）；高度差异化战略的公司可以通过展现更好的产品属性来抢夺最优成本战略公司的客户（即使它们的产品标价更高）。因此，想要取得成功，采用最优成本战略的公司就必须用明显更低的成本提供更具特色的产品或服务，从而以更低的价格击败高度差异化的供应商。同样地，必须为购买者提供品质明显更优的产品，来证明公司的价格高于低成本领先者的合理性。换句话说，它必须为购买者提供更具吸引力的客户价值主张。

5.6　通用竞争战略的特征比较

决定选择哪一种通用竞争战略来支撑公司整体战略并不是一件小事。这五种通用竞争战略为公司在市场和竞争环境中设定了不同的定位，每一种都为公司将如何努力战胜竞争对手建立了一个中心主题。随着市场环境的发展，公司就战略改进进行讨论，而每一种战略都为公司运营设定了一些边界或指导。每种竞争战略在产品线、生产重点、营销重点以及战略维护的方式上都存在差异，如表 5-1 所示。

表 5-1　五种通用竞争战略的特征比较

	广泛低成本	广泛差异化	聚焦低成本	聚焦差异化	最优成本
战略目标	广泛的市场	广泛的市场	购买者需求和偏好有明显不同的狭小市场	购买者需求和偏好有明显不同的狭小市场	对价值敏感的买家，可以聚焦也可以不聚焦
竞争战略基础	比竞争者更低的总体成本	为买方提供具有吸引力、不同于对手的产品或服务的能力	在服务利基市场顾客时，整体成本低于竞争对手	对利基市场顾客有特殊吸引力的属性	能够以比竞争对手更低的成本整合高端功能和属性

（续）

	广泛低成本	广泛差异化	聚焦低成本	聚焦差异化	最优成本
产品线	几乎不带任何附加值的好的基础品（质量可接受、选择范围有限）	产品种类繁多、选择范围广、强调差异化性能	根据利基市场顾客的品位和要求量身定制的性能和属性	根据利基市场顾客的品位和要求量身定制的性能和属性	产品属性有吸引力，性能多样化；质量较好但不一定最好
生产重点	在不牺牲可接受的质量和基本性能的前提下，持续寻找降低成本的方法	增加买家愿意支付的任何差异化功能；争取产品的卓越性	不断寻求降低产品成本，以满足利基市场顾客的基本需求	小规模生产或定制产品，能满足利基市场的品位和要求	以比竞争对手更低的成本增加有吸引力的性能和更好的质量
营销重点	价格低、价值好；将降低成本的产品特性作为宣传重点	兜售差异化性能；收取溢价以弥补差异化性能的额外成本	宣传满足利基市场顾客需求的经济合算的产品性能	宣传产品如何最好地满足利基市场的期望	强调物有所值
维持战略的关键点	努力在每个业务领域逐年降低成本	强调持续创新，改进产品或服务，不断创新以保持领先于模仿的竞争者	坚持以最低的总成本服务于利基市场；不要进入其他细分市场或者提供别的产品来扩大市场，这样会模糊公司形象	坚持比对手更好地服务于利基市场；不要进入其他细分市场或者提供别的产品来扩大市场，这样会模糊公司形象	强调产品或服务的持续改进和不断创新，同时不断努力提高效率
所需资源和能力	从价值链系统中削减成本的能力。例如，大规模自动化工厂，效率导向型文化，议价能力	与质量、设计、无形资产以及创新相关的能力。例如，营销能力，研发团队，技术	降低利基市场上产品成本的能力。例如，降低利基市场所需要的特定产品的投入成本，批量生产能力	满足利基市场顾客独特需求的能力。例如，定制生产，密切的客户关系	同时提供更低成本和更高质量/差异化的性能。例如，实施全面质量管理，大规模定制

因此，选择采用哪种通用竞争战略，会影响业务的运营方式以及价值链活动管理方式的方方面面。决定采用哪种通用竞争战略或许是公司所做出的最重要的战略承诺，它往往推动公司决定采取的其他战略行动。

5.6.1 成功的竞争战略以资源为基础

要想成功带来良好业绩并获得竞争优势，公司的竞争战略就必须与其内部状况很好地匹配，并且必须有一系列合适的资源、专项技能、竞争能力来作为基础。低成本战略要想取得成功，公司就必须拥有使其成本低于竞争对手的资源和能力。这就意味着公司要通过更有效地利用成本驱动因素，拥有比竞争对手更具成本效益的管理价值链活动的专长，或者具有能避开竞争对手正在执行的某些价值链活动的创新能力。为了在差异化战略中取得成功，公司必须拥有比竞争对手更有效地利用价值驱动因素的资源和能力，并在其产品中增加大众买家会感兴趣的属性。成功的聚焦战略（包括低成本和差异化）要求具有能够在满足利基市场顾客需求和偏好方面做出杰出工作的能力。成功地采用最优成本战略需要有以更低的成本来增加高档产品或服务

贴士 5-10

公司的竞争战略应该与它的内部情况很好地匹配，并建立在利用它所收集的具有竞争价值的资源和能力的基础之上。

属性的资源和能力。对于所有类型的通用战略而言，竞争优势的成功维持取决于拥有竞争对手难以复制的资源和能力，而且没有好的替代品。

5.6.2 通用战略与获得竞争优势的三种不同途径

正如公司的资源和能力决定了其通用战略选择，通用战略的选择也决定了获得竞争优势的三种方法。显然，低成本战略的目标是获得相对于竞争对手的成本优势，差异化战略努力为消费者创造相对更多的感知价值，而最优成本战略的目标是在两个方面都比平均竞争对手做得更好。战略的基础是广泛的还是聚焦的，这与所采用的基本方法没有区别，如图 5-4 所示。

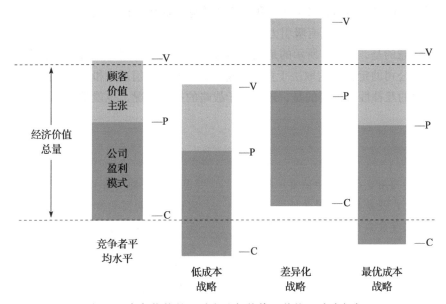

图 5-4　竞争优势的三种方法与价值－价格－成本框架

通过使用价值－价格－成本框架，我们可以更好地理解这是如何运作的，我们在第 1 章中运用了该框架介绍了不同类型的商业模式。图 5-4 根据价值－价格－成本框架说明了获得竞争优势的三种基本方法。最左边的图代表的是竞争对手生产商品的平均成本（C）、顾客价值（V）以及产品价格（P）。产品给客户带来的价值（V）和生产成本（C）之间的差值即总经济价值（V-C）。如第 4 章所言，如果一家公司的战略产生了更多的总经济价值，那么它就比另一家公司具有竞争优势。正是这种高于竞争对手的总经济价值，让公司能够为客户提供更好的价值主张，或赚取更大的利润（或两者兼有）。虚线便于将竞争对手的平均成本（C）和顾客感知价值（V）与三种基本的通用战略（低成本、差异化、最优成本）所产生的成本和价值进行比较。通过这种方式，它还有助于比较三个具有代表性的一般战略与平均竞争对手产生的总经济价值，从而揭示每种战略的竞争优势的性质。

如图 5-4 所示，低成本战略的目标是实现比一般竞争对手更低的成本，牺牲消费者的部分感知价值。如果成本的下降小于感知价值的下降，那么低成本领先者的总经济价值（V-C）将大于其竞争对手平均产生的总经济价值，低成本领先者将具有竞争优势。图 5-4 所示的低成本战略显然是很好的例子。与低成本战略一样，该公司选择了比一般竞争对手更低的价格。结果是，即使 V 值更低，低成本的领先者也会向消费者提供更有吸引力的（更大的）消费者价值主张（用深色表示），并发现自己拥有更好的盈利模式（用浅色表示）。

相比之下，差异化战略的例子表明，其成本可能远超那些竞争对手的平均水平。但在成功的差异化战略下，差异化产品的感知价值（V）的上升将大大弥补这一劣势，使差异化产品相对于平均竞争对手具有明显的竞争优势（更大的 V-C）。虽然在这个例子中收取的价格比竞争对手的平均价格高出很多，但这种差异化战略既能带来更大的消费者价值主张（深色），也能带来更高的利润（浅色）。

对最优成本战略的描述表明，一家公司追求的是中间立场，既不提供市场上价值最高的商品，也不提供成本最低的商品。但与一般竞争对手相比，它在这两项得分上都做得更好，从而获得了更多的总经济价值（V-C）和实质性的竞争优势。再一次，这个例子显示了一个更大的客户价值主张和一个更有吸引力的盈利模式。

最后要注意的是，图 5-4 所示的是成功的通用竞争战略的例子。通用竞争战略的成功绝不仅仅取决于公司的定位。这取决于竞争环境（公司的外部情况）和公司的内部情况，包括其资源和能力的互补性。重要的是，还取决于战略的执行情况，也就是本书最后三章讨论的主题。

◉ 本章要点

1. 决定采用五种通用竞争战略中的哪一种——广泛低成本、广泛差异化、聚焦低成本、聚焦差异化或最优成本，也许是公司所做得最重要的战略承诺。它将推动公司后续战略举措的执行，同时为获得压倒竞争对手的竞争优势定下了基调。

2. 在采用广泛低成本战略并试图取得压倒竞争对手的低成本优势时，公司必须在管理价值链活动上比对手更具成本效益，或者必须找到创新的方法来消除会产生成本的活动。有效运用成本驱动因素是相当关键的。低成本战略在下列情况下尤其有效：价格竞争激烈且与竞争者销售的产品几乎相同；差异化的方法不多；购买者的转换成本较低；购买者是价格敏感者或有议价能力。

3. 广泛差异化战略旨在通过增加买家认为有价值且愿意为之支付更高价格的产品或服务的属性，建立竞争优势。这取决于对价值驱动因素的合理利用。成功的差异化战略使公司可以：①为其产品收取溢价；②增加单位销量（如果新增的购买者是通过差异化特性吸引过来的）；③获得顾客对品牌的忠诚度

（因为一些购买者被差异化特性深深吸引，因而一直购买和使用公司的产品）。下列情况下，差异化战略会取得良好的效果：购买者有不同的产品偏好；几乎没有竞争对手使用相同的差异化方式；技术变化节奏快并且竞争是围绕产品特性的快速更新换代展开。如果竞争对手能快速复制公司差异化所强调的有吸引力的产品属性，公司的差异化努力无法激起大量购买者的兴趣，公司在其差异化产品上花费过多，或者试图为其差异化的额外产品而收取过高费用，差异化战略注定会失败。

4. 聚焦战略可以通过更低的成本服务于目标利基市场的买方，或者通过开发专业化能力为利基市场买方提供更能满足其需求的有吸引力的差异化产品来实现竞争优势。基于低成本或者差异化的聚焦战略在下列情况下将会变得更具吸引力：目标细分市场大到有利可图并且有很好的发展潜力；对多个细分市场的竞争对手来说，既要满足目标细分市场的特殊需求，又要满足主流客户的需求较为昂贵或者比较困难；一个或多个细分市场需求

与聚焦战略者的资源和能力相匹配；几乎没有别的竞争对手尝试在相同的目标细分市场竞争。

5. 最优成本战略通过以比竞争对手更低的成本提供有吸引力或高档的产品特性来创造竞争优势。最优成本战略可以是广泛的，也可以是聚焦的。最优成本战略最适用于宽泛的或狭窄的细分市场，具有价值意识的买家希望用更少的钱购买更好的产品和服务。

6. 在所有的情形下，竞争优势取决于在竞争中拥有卓越的资源与能力，该资源和能力与所选择的通用战略实现良好的匹配。如果公司的资源、能力和价值链活动使得竞争对手难以匹敌且没有很好的替代品，那么就能为公司带来竞争优势，保持该优势就能为公司带来可持续竞争优势。

◘ 巩固练习

1. 百思买（Best Buy）是美国最大的消费电子产品零售商，2019 财年销售额近 430 亿美元。百思买与开市客、山姆会员店、沃尔玛、塔吉特等竞争对手在价格上展开了激烈的竞争，但也因其一流的客户服务为消费者熟知。百思买的顾客评价说，百思买的销售人员对公司的产品了如指掌，能直接引导他们到达难以找到的商品的准确位置。百思买的消费者同时还称赞其个人电脑显示器、数码媒体播放器以及其他电子产品的展示样机都充好了电，以备顾客在店内使用。百思买的奇客分队（Geek Squad）技术支持和安装服务是许多顾客重视的额外的顾客服务特性。

   你认为百思买的竞争战略有什么特点？它可否归类为低成本战略、差异化战略，或是最优成本战略？此外，该公司是专注于一个狭窄的市场，还是追求一个广泛的市场？请解释说明。

2. 专栏 5-1 展现了先锋集团作为投资管理行业低成本领导者的地位。根据专栏中提供的信息，解释先锋集团如何在行业中建立低成本优势的，以及为什么低成本战略可以在该行业中取得成功？

3. USAA 是一家《财富》500 强的保险和金融服务公司，2018 年销售额超过 300 亿美元。该公司由 25 名军官于 1922 年创立，当时他们决定为对方的车辆投保，如今继续将其成员限定为现役和退役军人、军官候选人、隶属于 USAA 成员的军人的配偶和成年子女。该公司获得了无数的奖项，包括 2014 ～ 2019 年被《财富》杂志评为"全球最受尊敬的公司"，以及 2010 ～ 2019 年的"100 家最适宜工作的公司"。你可以在 www.usaa.com 上了解更多有关该公司历史和战略的信息。

   你觉得 USAA 的竞争战略有什么特点？它可否归类为低成本战略、差异化战略，或是最优成本战略？此外，公司是选择了专注于狭窄的市场，还是追求广泛的市场？请解释说明。

4. 浏览肯德拉·斯科特（Kendra Scott）的网站 www.kendrascott.com，看你是否可以鉴别出至少三种该公司寻求区别于其他珠宝公司的方法。是否有理由相信肯德拉·斯科特的差异化战略已成功产生竞争优势？为什么？

◘ 模拟练习

1. 五种通用竞争战略中，哪一种战略最适合在贵公司的商业模拟中实现成功竞争？

2. 哪些竞争对手看起来在采用低成本战略？

3. 哪些竞争对手看起来在采用差异化战略？

4. 哪些竞争对手看起来在采用最优成本战略？

5. 在商业模拟中，哪些成本驱动因素或价值驱动因素对于创造卓越的总经济价值是重要的？

6. 贵公司取得压倒竞争对手公司的持续竞争优势的行动计划是什么？列举至少三种（最好三种以上）公司为了赢得这种竞争优势而做出的或者打算做出的特定类型的决策。

● 尾注

[1] Michael E. Porter, *Competitive Strategy: Techniques for Analyzing Industries and Competitors* (New York: Free Press, 1980), chap. 2; Michael E. Porter, "What Is Strategy?" *Harvard Business Review* 74, no. 6 (November–December 1996).

[2] Michael E. Porter, *Competitive Advantage: Creating and Sustaining Superior Performance* (New York: Free Press, 1985).

[3] Richard L. Priem, "A Consumer Perspective on Value Creation," *Academy of Management Review* 32, no. 1 (2007), pp. 219–235.

[4] jrscience.wcp.muohio.edu/nsfall01/FinalArticles/Final-IsitWorthitBrandsan.html.

[5] D. Yoffie, "Cola Wars Continue: Coke and Pepsi in 2006," Harvard Business School case 9-706-447.

[6] Peter J. Williamson and Ming Zeng, "Value-for-Money Strategies for Recessionary Times," *Harvard Business Review* 87, no. 3 (March 2009), pp. 66–74.

第 6 章

强化公司的竞争地位：战略行动、时机和经营范围

:: 学习目标

通过本章的学习，你将能够：

1. 理解是否、如何以及何时采取进攻性或者防御性的战略行动。
2. 识别何时成为先行者、快速跟进者或后进者是最有利的。
3. 解释公司通过并购进行横向扩张的战略优势和风险。
4. 说明公司通过纵向一体化扩大经营范围的优势和劣势。
5. 确认适合将某些价值链活动进行外包的条件。
6. 理解如何发挥战略联盟和伙伴关系的优势、最大限度地减少其劣势。

每次当你看到可能的合并或收购时，你看到的是为股东创造价值的可能性。

——迪利普·桑哈维（Dilip Shanghvi），太阳制药公司创始人兼总经理

联盟已成为当代战略思维的一个组成部分。

——《财富》(Fortune) 杂志

关于外包的重要一点是，它是一个非常强大的可以利用人才、提高生产效率和缩短工作周期的工具。

——阿齐姆·普莱姆基（Azim Premji），威普罗有限公司（Wipro Limited）
董事长（印度第三大外包商）

一旦公司确定了所要采用的五种通用竞争战略中的一种，注意力就转向了公司可以采用的其他战略行动，以此来支撑其竞争战略并使公司总体战略的作用最大化。第一组决策关注的是采取进攻性还是防御性的竞争行动，以及实施这些行动的时机；第二组决策关注的是扩张或收缩公司业务活动的宽度（或者公司在整个产业价值链上的经营范围）。总的来说，必须考虑使用下列方法来提升公司的竞争地位：

- 是否发动进攻并采取咄咄逼人的战略行动来提升公司的市场地位。
- 是否采用防御战略来保护公司的市场地位。

- 何时采取新的战略行动——成为先行者、快速跟进者或后进者的利弊各在何处。
    - 是否通过合并或收购行业中的其他公司来加强公司的市场地位。
    - 是否通过后向或前向一体化进入产业价值链的更多环节。
    - 哪些价值链活动（如果有的话）应该进行外包。
    - 是否与其他企业建立战略联盟或者合作伙伴关系。

本章将会详细介绍每一种战略增强措施的利弊。

6.1 进攻战略：提升公司的市场地位

无论公司采取了五种通用竞争战略的哪一种，总有那么一个时刻，公司应该发起进攻（go on the offensive）来改善其市场地位和经营绩效。当公司发现只有以牺牲竞争对手为代价才有机会获得有利的市场份额，或者当公司别无选择，只能削弱强大的竞争对手的竞争优势时，就需要发起**战略攻势**（strategic offensive）。例如，Facebook、亚马逊、苹果和谷歌等公司都采取强硬措施，积极追求竞争优势，并通过竞争优势获利——领先的市场份额、良好的利润空间，以及快速成长。[1]最佳的进攻往往需要具备若干原则：①持续专注于建立公司的竞争优势，然后努力将其转化为可持续优势；②将资源用于竞争对手最难以进行防御的地方；③采用出其不意的方式；④有能力通过迅速、果断的行动来击败对手。[2]

> **贴士 6-1**
> 有时候公司的最佳战略选择是抓住主动权，继续攻击，并发动战略攻势以改善其市场地位。

6.1.1 发起进攻的原因

一般来说，在对手都很强大的环境下挑战他们是非常艰难的。[3]利用竞争对手的缺点发动进攻总比挑战竞争对手的优势有更大的成功机会，尤其是当这些弱点是致命性的，而实力较弱的竞争对手在毫无防备的情况下可能会措手不及从而被击败。

战略攻势应该利用公司最强大的竞争力资产——最有价值的资源和能力，如知名品牌、高效的生产或分销系统、更强的技术能力，或者卓越的质量声誉。但是，考察一家公司的优势也应该考虑竞争对手的优势和劣势。战略进攻应该基于相对目标竞争对手而言最具竞争力的优势。如果一家公司拥有特别好的客户服务能力，就能够吸引那些客户服务能力不如自己的竞争对手的客户进行购买。同样地，特别关注那些竞争对手所忽视或对手没有很好服务的客户群也可能是有益的。最好的进攻是利用公司最强大的资源和能力攻击对手防御最薄弱的地方。

公司如果没能将战略进攻与自身的竞争优势和最擅长的部分联系起来，就如同用玩具枪去打仗——成功的希望非常

> **贴士 6-2**
> 最好的进攻是利用公司最强大的资源和能力攻击竞争对手最薄弱的地方。

渺茫。例如，对一家成本相对较高的公司来说，发起降价攻势是愚蠢的。同样地，企业在研发和新产品开发方面没有具备较强技术实力的情况下就发起产品创新攻势是不明智的。主要的进攻战略如下：

（1）以更低的价格提供与对手相当或者更好的产品。如果竞争对手没有用降价来进行回应，并且购买者深信其产品质量和竞争对手一样好或者更好，那么低价就能获得市场份额。然而，只有当增加的销量足以抵消因降价而减少的利润时，这样的战略才能增加总利润。降价攻势最好由第一家取得成本优势的公司发起。[4] 英国易捷航空公司使用了这种战略，第一个大力削减成本，以更关注低价格而不是飞行设施或者服务的这类休闲旅客为目标客户，成功地向英国航空公司（British Air）、意大利航空公司（Alitalia）和法国航空公司（Air France）等竞争对手发起了攻势。[5] 精神航空正在美国航空市场采用这一策略。

（2）通过率先推出下一代产品来超越竞争对手。在科技行业中，技术更新换代时期是赶超老牌竞争对手的恰当时机。Eero⊖ 比领势（Linksys）和美国网件（Netgear）早了近一年将其全屋覆盖 Wi-Fi 系统推向市场，这帮助 Eero 获取了相当大的市场份额，并在 Wi-Fi 系统的前沿创新方面树立了声誉。

（3）追求持续的产品创新，从创新较少的竞争对手手中夺取销量和市场份额。持续推出新产品和改良产品，能够给竞争对手带来巨大的压力，尤其是当竞争对手的新产品开发能力薄弱时。但只有在公司能够持续全力输送并维持购买者对其新产品的热情时，才能持续使用这类进攻战略。

（4）追求颠覆性产品创新以创造新市场。虽然这种战略比持续创新战略的风险更大，成本更高，但如果成功的话，它可能会改变游戏规则。颠覆性创新通过用少数试用用户来完善新产品，然后迅速将其推广到整个市场，试图使众多消费者快速接受一个全新的、更好的价值主张。例如在线大学、推特、Venmo、Campus Book Rentals⊜ 和 Waymo（Alphabet 旗下的自动驾驶科技公司）。

（5）采纳或改进其他公司（竞争对手或其他公司）的好创意。仓储式家庭装饰中心这一想法并非源于家得宝公司联合创始人阿瑟·布兰克（Arthur Blank）和伯尼·马库斯（Bernie Marcus），他们从之前任职的公司 Handy Dan Home Improvement 那里了解到"大箱子"这一概念。但他们很快就对该公司的商业模式进行了改进，并在产品线宽度和客户服务方面将家得宝推向新高度。具有进攻意识的公司往往能快速采纳好创意（未受专利或其他法律保护的限制），并在此基础上建立自己的竞争优势。

（6）采用打了就跑或者游击战术，从骄傲自大或者注意力分散的竞争对手手中夺取市场份额。"游击式进攻"的做法包括偶尔降低报价（为了赢得大单，或者抢夺竞争对手的关键客户），不定时地采用密集的促销活动突袭竞争对手（提供试用优惠从而吸引竞争对手的客户），或者举办特别活动吸引那些在满足顾客需求方面遇到困难的对手的客户。[6] 游击式进攻战略特别适合那些既没有资源也没有市场知名度，无法向行业领先者发动全面攻击的小型公司。

（7）先发制人以获取行业有限的资源或抓住难得的机会。[7] 先发制人的做法在本质上具有独一无二的特性——无论谁先发动进攻，都能获得竞争对手难以匹敌的竞争力资产。先发制人的进攻例子包括：①确保在特定地区或国家有最好的经销商；②在新的购物中心或十字路口获取最有利的位置；③通过独家合作关系、长期合同或者收购，绑定最可靠、高质量的

⊖　Eero 是美国一家智能无线路由器研发商。——译者注
⊜　成立于 2007 年的一个销售廉价教科书和教科书租赁的网站。——译者注

供应商；④快速采取行动，低价收购陷入困境的竞争对手的资产。但这无法保证取得成功，因为先发制人的进攻并不能完全阻止对手跟进，它只是确保公司处于一个竞争对手不能轻易胜过的最好的位置。

进攻战略究竟需要多长的时间才能有好的收效，视竞争环境而异。[8]如果买家（对于公司开展大幅度降价、令人耳目一新的广告活动，或者发布颠覆性创新产品）能立即做出回应，所需时间就短。如果客户对创新产品的接受需要一定时间，或者公司需要耗费数年的时间调试新技术或建立新的生产能力，公司就可能需要较长时间才能确保竞争优势地位。但是，一个进攻战略到底需要多长时间才能提高公司的市场地位，以及能否成功做到，还部分取决于市场竞争对手是否意识到威胁并开始做出回应。同时，竞争对手是否做出回应取决于他们是否有能力做出有效回应，以及他们是否觉得回应进攻是值得的。[9]

6.1.2   选择进攻目标

进攻型企业需要分析挑战哪个竞争对手以及如何发起挑战。最好的进攻目标如下：[10]

- 市场领先者存在缺陷。当一家公司只做到了市场份额领先而服务市场的能力不足时，它是很好的进攻目标。领先者容易受到攻击的情况包括买家不满意、产品线较差、技术老化或厂房和设备过时、痴迷于通过多元化进入其他产业，以及出现财务问题等。在向强大的市场领先者发起挑战时，需要警惕其中巨大的风险，因为这样做可能会白白浪费宝贵的资源，或者只是在行业内发起了一场惨烈的却毫无利润可言的市场份额之争。

- 市场第二大公司的薄弱之处恰好是挑战者的擅长之处。当挑战者的资源和能力很适合用在攻击行业第二大公司的劣势方面时，行业第二大公司就是特别理想的进攻目标。

- 挣扎在破产边缘的公司。用加快消耗其财务力量和竞争地位的方式挑战一家处于困境的公司，能够削弱其决心并加速其退出市场的步伐。在这种情况下，攻击竞争对手获利最多的细分市场是有意义的，因为这样最能威胁到它的生存。

- 能力有限的本地小公司以及区域性公司。因为小公司通常拥有有限的专业知识和资源，而能力更多更强的挑战者在抢夺其最优质的客户时占据有利地位——特别是需求快速变化、要求越来越复杂的那些客户，他们可能已经在考虑选择更具有全面服务能力的供应商。

6.1.3   蓝海战略：一种特殊的进攻战略

蓝海战略（blue-ocean strategy）是指放弃与现有市场中的竞争对手进行市场份额的争夺，创造新的细分市场，并且在这个市场上能够创造和抓住全部新的需求，从而寻求显著巨大的竞争优势。[11]该战略认为存在两种截然不同的市场。第一种有明确的产业边界，竞争的游戏规则明确，所有的公司都在试图通过获取更大的份额来超越对手。在这种市场中，由于竞争对手对成功者的快速模仿或还击，激烈的竞争限制了公司快速发展以及获得可观利润的前景。第二种市场是"蓝海"，这里产业尚未形成，没有竞争，公司如果能用新型产品创造新需求，就有大把的机会盈利和快速成

> **核心概念**
> **蓝海战略**：通过发现或开辟新的行业细分市场来创造全新需求，从而实现收入和利润的增长。

长。"蓝海"代表着开放的机会，使首家探索未知领域的公司可以在没有竞争的水域里顺利航行。

蓝海市场的一个极好例子是在线拍卖产业，由易趣（eBay）创建并占据市场主导地位。其他创造蓝海市场的公司，包括飞机租赁行业的奈特杰（NetJets）、吹发造型行业的 DryBar、提供有限服务的"背包客"酒店行业的途恩酒店（Tune Hotels）、提供共享乘车服务的优步和来福车，以及现场娱乐行业的太阳马戏团（Cirque du Soleil）。太阳马戏团彻底改造了传统的马戏表演，其引进了全新的客户群——成人和企业客户，这些客户不像林林兄弟马戏团（Ringling Brothers）那样的传统马戏的顾客，并且愿意支付数倍于传统马戏标价的价钱来体验这种具有惊人视觉效果和明星气质的杂技表演。澳大利亚酿酒商卡塞拉葡萄酒公司（Casella Wines）利用蓝海战略为其黄尾（Yellow Tail）品牌找到了一些不存在竞争的市场空间。通过创造一种旨在吸引更广泛市场（包括啤酒和烈酒饮用者）的产品，黄尾能够挖掘大量的新需求，成为美国历史上成长最快的葡萄酒品牌。专栏 6-1 讨论了易集（Etsy）如何利用蓝海战略在在线零售领域开辟新的竞争空间。

 专栏 6-1　易集在手工艺品网上零售业的蓝海战略

易集（Etsy），一个网上手工艺品零售市场，源自纽约三位企业家的灵感——他们发现易趣对于那些希望在网上销售自己独一无二产品的手艺人和工匠来说显得太大且无效。虽然易趣的定时拍卖模式为寻找便宜商品的消费者带来了令人兴奋的体验，但相比之下，易集促进了深思熟虑的消费者与出售独特手工制品的工匠之间的联系。易集的买家看重工艺，并且想知道这些物品是如何制作的、是谁制作的。对于许多喜欢个性化购物体验的易集买家来说，与卖家建立直接关系的能力非常重要。易集买家购买的物品涉及从 5 美元的装饰品到 50 美元的手工服装，再到 2 000 美元的定制咖啡桌。

易集在最初没有竞争的领域蓬勃发展。2015 年，让许多人惊讶的是，易集的首次公开募股（IPO）是由纽约市最大的风险资本支持的。到 2018 年，其拥有 3 900 万活跃买家

并由 210 万手艺人和工匠提供产品。同年，该公司的商品销售总额超过 39 亿美元。易集向卖家收取 3.5% 的交易费和 20 美分的挂牌费，并从支付手续费和出货标签的销售中获得额外收入。该公司的收入从 2012 年的 7 460 万美元增长到 2018 年的 6.037 亿美元。

易集蓝海战略的巨大成功引起多方关注。2016 年 5 月，亚马逊宣布将推出一个名为 Handmade 的手工艺品网站。亚马逊认为，向主要会员免费提供 2 天的送货服务就能击败易集。确实，易集的股价在 2016 年急剧下跌，但到 2019 年年底，该公司的股价回升至其 IPO 首日收盘价 22.24 美元的近 3 倍。易集战略的实力和实施的质量将决定其是否能够在资金充足的新竞争者进入其专攻的在线零售行业的情况下继续蓬勃发展。

注：与 Rochelle R. Brunson 和 Marlene M. Reed 共同开发。

蓝海战略在短期内为公司提供了巨大的机会，但不能保证公司长期的成功，因为长期成功更多地取决于公司是否可以保护好其开创的市场地位，并能维持它的早期优势。吉尔特集团（Gilt Groupe）便是典型的案例，该公司在网上奢侈品零售领域开辟了新的竞争空间，却眼睁睁地看着蓝海最终变红。它先期成功吸引狂热的跟随者快速涌入奢侈品"闪购"行业，包括 Haute Look、RueLaLa、Lot18 和 MyHabit.com。新的竞争对手不仅争夺在线客户——

在线客户可以从一个网站转到另一个网站而不用付出任何成本（因为会员资格是免费的），而且他们也争夺未售出的设计师作品。曾经估值超过 10 亿美元的吉尔特集团最终在 2016 年仅以 2.5 亿美元的价格被卖给了萨克斯第五大道（Sak's Fifth Avenue）的所有者哈德逊湾公司（Hudson's Bay）。

6.2   防御战略：捍卫市场地位和竞争优势

贴士 6-3

好的防御战略有助于保护企业的竞争优势，但很少能带来竞争优势。

在竞争激烈的市场中，所有企业都面临着来自竞争对手的攻击性挑战。防御战略的目标是降低被攻击的风险，削弱任何攻击产生的影响，并诱导挑战者转移进攻目标。虽然防御战略通常不能增强公司的竞争优势，但是肯定可以帮助公司巩固竞争地位，保护公司最有价值的资源和能力不被模仿，并捍卫公司的竞争优势。防御战略可以采取以下两种形式中的一种：阻止挑战者的行动或发出对攻击可能会强烈报复的信号。

6.2.1   挡住挑战者发动进攻的道路

捍卫公司现有地位的常用方法，就是采取行动来限制挑战者的竞争性进攻的选择范围。可以用于阻挡潜在挑战者发起进攻的方法有许多。防御者可以引进新性能、增加新型号或者拓宽产品线，以此消除与正在寻找机会的挑战者之间的差距和空缺。它可以通过维持公司自己的经济型定价选择，来阻止竞争对手试图以更低的价格进行攻击。通过延长保修期、对新上市的产品或价格变动进行提前宣布、提供免费培训和服务支持、向最愿意体验的顾客提供优惠券和样品赠送，来打消购买者尝试竞争对手产品的念头。它可以诱使潜在买家重新考虑转换商家，也可以挑战竞争对手产品的质量或安全性。最后，防御者可以给予经销商大量的折扣或更好的财务支持，从而令他们没有动力与别的供应商合作，或者劝服他们成为独家经销商，从而迫使竞争对手使用其他分销渠道。

6.2.2   向挑战者发出可能会报复的信号

向挑战者发出信号，说明自己在遭受攻击时会进行强烈报复，这样做既可以说服挑战者不要发动进攻，也可以使其转而采用威胁较小的进攻方式。这两个目标都能让挑战者知道他们发起的进攻将会得不偿失。可以通过如下方式向潜在的挑战者发出警示：

贴士 6-4

一个有效的防御战略，发出信号后需要有令人信服的行动。

- 公开宣布管理层致力于维持公司现有市场份额。
- 公开承诺公司将实施匹配竞争对手的条款或价格的政策。
- 持有大量现金和有价证券。
- 不定期地针对较弱竞争者的竞争行为发起猛烈回击，来强化公司强悍的防御者形象。

但是，要成为有效的防御战略，发出信号后需要有令人信服的行动。

6.3　战略行动的时机选择

何时采取战略行动与采取何种行动一样至关重要。当存在**先发优势和劣势**（first-mover advantage and disadvantage）时，时机尤其重要。在特定条件下，第一家发起战略行动的公司可以取得后进者难以逾越的竞争优势。然而，由于先行者也面临一些严重不足，所以首先行动也不能保证成功。事实上，在某些情况下成为快速跟进者甚至后进者更有利。因为战略行动的时机是非常重要的，因此对于公司的战略家来说，意识到先发优势和劣势的本质以及有关每种行动的有利条件是很重要的。[12]

> **核心概念**
> 由于**先发优势和劣势**，竞争优势可以在何时采取行动以及采取何种行动中产生。

6.3.1　先发优势的适用情况

市场先驱和其他类型的先行者通常都承受着比后进者更大的风险和开发成本。如果市场对其先发行动反应良好，那么市场先驱者将从垄断地位中获益（因为成为第一个进入市场的），以便弥补投资成本并获取可观的利润；如果该公司开创性举措所带来的竞争优势在其他公司后期进入时也能持续下去，那么公司的先行优势将会更大。然而，这类优势能达到何种程度，取决于跟随者是否或者有多迅速地借助先行者的成功，并对先行者的行为进行模仿或改善。

以下六种情况，最可能会出现先发优势。

（1）当先行有助于建立公司声誉并创造强大的品牌忠诚度时。客户对先行者品牌的忠诚可以形成一种约束力，使后期进入者试图从先行者手中带走客户和抢夺市场份额的努力无法成功。例如，Open Table⊖早期的网上餐厅预订服务使其成功建立了一个强大的品牌，并推动了它在全球的扩张。

（2）当先行者的客户面临较高的转换成本时。当客户投入大量资金用于学习使用特定公司产品或者购买特定品牌的互补品时，转换成本可以保护先行者优势，也可以来自激励客户继续购买产品的会员忠诚计划或长期合约。例如，新鲜直达（FreshDirect）为其杂货配送客户节省的费用越多，这些客户订阅的服务期限就越长。

（3）当知识产权保护可阻止对先行者行动的快速模仿时。在某些行业中，专利、版权以及商标等形式的产权保护，可阻止对早期行动者先发行动的模仿。例如，医药业的先发优势非常倚重专利保护，而且该行业的专利竞争非常普遍。然而，在其他的行业中，专利提供的保护较为有限，也经常被规避。不同国家的产权保护也不一样，因为它们依赖于国家的法律制度和执法机制。

（4）当领先优势使得先行者比竞争对手更早地获得规模经济或在学习曲线上领先时。如果先行者具有显著的规模优势，那么拥有较小的市场份额的后进者将面临相对较高的生产成本。这一劣势将使后进者更难获得份额并打破先行者的规模优势。当学习曲线陡峭，并且学

⊖　Open Table 是一家美国在线餐厅预订服务公司，由 Sid Gorham、Eric Moe 和 Chuck Templeton 于 1998 年 7 月 2 日创立，总部设在加利福尼亚州的旧金山。1998 年，这家餐厅开始在旧金山经营，选择有限。餐厅使用该公司的后端软件来处理网站上的预订，从而为食客和餐厅提供一个实时预订系统。该服务已经扩展到 80 多个国家的 5 万多家餐厅。——维基百科，译者注。

习受专利保护时，先行者能受益于基于产量的成本优势。随着经验的累积和经营规模的扩大，这些优势会越来越大。这种类型的先行优势是自我强化的，并且可以长期保持。本田在小型多功能汽车上的优势就归功于这一效应。

（5）当先行者能够为行业设定技术标准时。在许多科技行业，市场将最终趋于单一的技术标准。通过建立行业标准，先行者可以获得巨大的优势，这种优势像以经验为基础的优势一样，随着时间的推移不断增强。然而，为了追求这种优势可能导致早期行动者之间的标准之争，因为每一个先行者都渴望设定行业标准。赢得此战争的关键在于，基于强大的、快速周期的产品开发能力，获得关键客户和供应商的支持，以及采用渗透定价，并与互补产品的生产商建立联盟等。

（6）当网络效应强大到越来越多的消费者不得不选择先行者的产品或服务时。正如第3章所描述的，当消费者能从其他消费者使用相同产品或服务中获益时，网络效应就会发挥作用，这种益处会随着使用该产品的消费者数量的增加而增加。FaceTime⊖就是一个例子。你认识的在手机或其他设备上使用FaceTime的人越多，如果你也使用FaceTime，你就越能够与他们进行视频对话，这一好处会随着你圈子里的用户数量增加而增长。网络效应也可能发生在供应商身上。再如，易趣多年来一直享有相当大的先发优势，这不仅是因为早期的品牌知名度，还因为其在供需方面强大的网络效应。越多的供应商选择在易趣上拍卖其物品，易趣对其他想要这样做的人来说也就越有吸引力，因为拍卖的物品数量越多，吸引的潜在买家也就越多，这反过来又吸引了越来越多的人来拍卖物品。强大的网络效应是自我强化的，并且可能导致先行者的"赢者通吃"的局面。

专栏6-2描述了廷德（Tinder）是如何在手机交友领域获得先发优势的。

 专栏6-2　廷德：向右滑动取得先行者的成功

廷德是一款简单的滑动式交友应用软件，于2012年进入市场，并在不到一年的时间里获得了超过100万的月活跃用户。在其他交友应用软件已经存在的情况下，廷德开启了滑动现象，从而简化了网上找到真爱的过程，也使交友应用软件的使用变得司空见惯。到2014年，廷德每天处理的滑动次数超过10亿次，用户平均每天在这款应用上花费一个半小时（如今，普通用户花在Facebook、Instagram、Snapchat和推特上的时间加起来约为一个小时）。

廷德的快速起步很大程度上是因为它易于使用、没有其他交友服务软件那样费时的问卷调查，而且很有趣，有一种让许多人上瘾的游戏元素。此外，廷德通过"病毒营销"的方式

在大学校园推出，帮助它迅速在"兄弟会"和"姐妹会"等社团组织中获得认可。在这些社团中，"关键影响者"将其知名度提升到临界点。但它的持续成功更多地是因为它获得了领先优势，因为它是第一个进入手机交友领域的大公司。

在交友服务行业，网络效应（应用软件的用户的受益会随着同一应用软件用户数量的增加而增加）决定了竞争力。通过率先致力于确保本地社交领域的高使用率，廷德从强大的本地网络效应中获益颇多。随着不断普及，越来越多的用户发现其是最具吸引力的应用软件，因为很多人都在使用它，从而强化了其网络效应优势，并且吸引越来越多的人下载廷德应用软件。随着用户量的增加，廷德获得了其他典

⊖　FaceTime是苹果公司iOS和Mac OS X内置的一款视频通话软件。——译者注

型的先发优势，比如声誉提升、学习曲线效率提高以及投资者兴趣增加。到 2019 年，廷德拥有近 800 万用户，使其成为美国最受欢迎的网上交友应用软件。

廷德的先发优势并没有阻止其他公司进入手机交友市场。事实上，廷德的巨大成功导致了新进入者的激增，许多公司纷纷模仿廷德最受欢迎的功能。尽管如此，廷德的先发优势在许多方面都起到了保护作用。廷德的用户群远远超过竞争对手的用户群。当其他应用软件试图迎头赶上时，廷德已经推出了新的订阅产品和其他付费功能，将其市场份额优势转化为盈利优势。目前，多数分析师将廷德视为具有最

高商业潜力的手机交友应用软件。凭借 30 亿美元的估值和在 2017 年 8 月成为苹果营收最高的应用软件的出色表现，廷德似乎将继续发展下去。

注：与林赛·韦尔考克斯（Lindsey Wilcox）和查尔斯·K. 阿努莫沃（Charles K. Anumonwo）共同开发。

资料来源：https://www.inc.com/issie-lapowsky/how-tinder-is-winning-the-mobile-dating-wars.html; http://www.adweek.com/digital/mediakix-time-spent-social-media-infographic/; www.pewresearch.org/fiact-tank/2016/02/29/5-facts-about-online-dating/; https://www.forbes.com/sites/stevenbertoni/2017/08/3l/tinder-hits-3-billion-valuation-after-match-group-converts-options/#653a516f34f9; 公司网站；J. Clement. Statista, November 22, 2019.

6.3.2 后发优势或先发劣势的情形

在某些情况下，成为熟练的后进者而不是先行者是有利的。以下四种情形下会存在后发优势（或先发劣势）：

- 当市场先行者的成本高于所产生的收益，而模仿者可以以低得多的成本获得类似的收益。后进者可以学习先行者的经验，并避免重复先行者犯下的代价高昂的错误，这是常有的事。
- 当创新者的产品处于初级阶段，没有达到消费者的期望，这时市场后进者可以用性能更好的产品从先行者手中将这些顾客争取过来。
- 当市场快速变化（由于技术或顾客需求的快速变化），使后进者有机会用更具吸引力的新版产品来赶超先行者。
- 当市场不确定性使得难以确定何种产品会最终成功时，后进者可以等到市场需求明朗后再行动。
- 当客户对先行者的忠诚度很低，并且先行者的技能、专有技术和行动很容易被复制甚至被超越的时候。
- 当先行者必须对互补性资产或基础设施进行风险投资时（并且追随者可能以低成本或低风险享受这些投资）。

6.3.3 要不要成为先行者

在衡量成为市场先行者、快速跟进者以及后进者之间的利弊时，关键在于在特定行业中，成为市场领先者的竞赛是一场历时 10 年的马拉松还是一场仅需 2 年的乱跑。在马拉松比赛中，慢速行动者受影响不会太大——先发优势会稍纵即逝，快速跟进者甚至后进者有充足的时间赶上。[13] 因此，公司在决定是积极主动地（作为先行者）还是小心谨慎地（作为后进者）抓住所出现的市场机会时，其大胆创新的发展速度非常重要。例如，全球手机用户从1 000 万上升到 1 亿用了 5 年半的时间，而全球家庭宽带用户数量增长到 1 亿用了近 10 年的

时间。从这里我们可以知道每个新出现的机会都存在市场渗透曲线。通常，这一曲线存在拐点，在该拐点处，商业模式日渐成熟，购买者需求激增，市场开始腾飞。在快速上升的市场渗透曲线中（例如，电子邮件的使用、通过互联网观看电影），会较早到达拐点，或者在曲线缓慢抬升时会晚一些到达拐点（例如，电动汽车、太阳能和风能，以及供大学生学习的电子教科书）。因此，寻求通过成为先行者来获得竞争优势的公司都需要思考以下这些尖锐的问题：

- 市场腾飞是否取决于当前市场上还没有开发出来的互补产品或服务？
- 在购买者需求激增之前需要新的基础设施吗？
- 购买者需要学习新的技能或采取新的行为吗？
- 购买者转向新上市的产品或服务时，其转换成本高吗？
- 市场中存在有影响力的竞争者来拖延或者破坏先行者的努力吗？

当这些问题的答案都是肯定的，那么公司就必须小心了，不要投入太多的资源来过早地开发市场机会——这场比赛很可能是超过 10 年的马拉松，而不是仅需 2 年的短跑。[14] 另外，如果市场属于赢者通吃的类型，强大的先发优势将使早期进入者远离竞争，并阻止后进者取得任何进展。因此，尽管存在风险，公司也要迅速采取行动（成为先行者）。

6.4　通过界定经营范围强化公司的市场地位

除了考虑竞争行动以及其行动的时机外，还有一组可能影响公司市场地位的管理决策。这些决策涉及公司经营的范围——公司活动的广度及其市场覆盖范围的大小。与**公司经营范围**（scope of the firm）相关的决策关注公司内部将会开展哪些业务活动，以及不会开展哪些业务活动。

> **核心概念**
> **公司经营范围**是指公司内部开展的业务活动范围、其产品和服务的广度、市场的覆盖范围和业务组合情况。

以拉夫·劳伦公司（Ralph Lauren Corporation）为例。与 Rambler's Way 这家拥有小型连锁零售店的可持续服饰公司形成鲜明对比的是，拉夫·劳伦公司为全球约 13 000 家主要大型百货商店和专业零售商设计、营销和分销时尚服饰及其他商品。除此之外，该公司自己还经营着近 500 家零售店、650 多家基于折扣的店内店和 10 多个电商网站。经营范围决策还需要考虑为市场哪些环节提供服务——相关决策涉及地理细分市场以及产品和服务范围。拉夫·劳伦近 50% 的销售额都来自北美之外，其产品线包括服饰、香水、家居饰品、眼镜、手表、珠宝以及手提包和其他皮革制品。其品牌阵容包括 Polo Ralph Lauren、Club Monaco、Chaps 和 Double RL，以及 Ralph Lauren Collection 品牌。

诸如此类的决策，本质上决定了公司的边界以及在这个边界内公司的各项经营活动的协作程度。这也与公司业务发展的方向和程度有关。本章，我们将会讨论与公司业务层战略相关的不同类型的业务范围决策问题。在随后两章中，我们将介绍公司经营范围的另外两个维度。第 7 章侧重于国际扩张——把公司的地理范围扩大到国外市场。第 8 章讨论公司层战略的话题，该战略涉及通过多元化进入不同业务领域。经营范围问题是公司层战略的核心。

企业经营范围的几个维度都与业务层战略相关，做好这些维度的工作，可以使公司巩固其在特定市场上的地位。**横向范围**（horizontal scope），即公司向市场所提供产品和服务的范围。公司可以通过并购其他市场参与者的方法来扩大其横向范围。通过纵向一体化方式扩大公司的纵向范围也能影响公司市场战略的成功。**纵向范围**（vertical scope）是指公司参与整个产业价值链中各项活动的程度，从最初的原材料生产到零售直到售后服务活动。**外包**决策涉及另外一个业务范围维度，因为从企业所参与的价值链活动来看，外包缩小了公司的边界。我们将在接下来的部分讨论每种情况的利与弊。因为采取**战略联盟和伙伴关系**方式为纵向一体化和并购战略提供了另一种选择，并且有时也会用于促进外包战略，因此我们将在本章结束时讨论与这种性质合作机制相关联的利益和挑战。

> **核心概念**
> **横向范围**是指公司在重点市场中提供的产品和服务细分的范围。

> **核心概念**
> **纵向范围**是指企业的业务活动参与从原材料生产到最终销售和服务活动这一整个产业价值链活动的程度。

6.5 横向并购战略

并购是提升公司市场地位常用的战略。合并是两家或多家公司联合成为一家公司，这家新创的公司通常会取一个新的名字。收购是指一家公司（收购方）购买并吸收另一家公司（被收购者）。合并与收购之间的不同更多地体现在所有权、管理控制、财务安排的细节，而不是战略和竞争优势。无论是通过合并还是收购来实现联合，最终新创公司的资源和竞争能力都是相同的。

横向并购涉及企业在相同的产品和服务市场上开展经营活动，为公司快速扩大规模和扩展核心业务的横向范围提供了一个行之有效的方法。例如，AMR 公司（美国航空公司的母公司）与全美航空公司（US Airways）的合并扩大了公司的运营规模，并扩大了其在地理上的覆盖范围，从而创建了世界上最大的航空公司。

并购战略通常力求达到五个目标。[15]

（1）公司合并后的经营更具成本效益。当一家公司收购同一行业的另一家公司时，通常会出现许多业务重叠，这时就需要关闭部分效率较低的工厂或者将分销和销售部分进行合并与精简。同样地，经常会通过合并和精简如财务会计、信息技术、人力资源等管理活动，进一步减少管理活动成本。由于对供应商议价的能力变得更强，与供应链伙伴的合作关系也更密切，合并后的公司也能够降低供应链成本。通过促进行业的统一并去除过剩的产能，这样的联合也能降低行业的竞争，并提高行业的盈利能力。

（2）扩大公司经营的地域范围。扩大公司经营的地域范围最佳和最快捷的方法之一就是收购在想要进入的市场上经营的竞争对手。公司的规模随着地域范围的扩张而扩大，由此带来的另一个好处就是提升了公司向供应商以及买家讨价还价的能力。随着公司经营的区域范围不断扩大，公司知名度和品牌知名度得到了提升，也便于公司实施产品差异化。例如，度假租赁服务商 HomeAway 公司依靠积极的横向并购战略在将其覆盖范围扩展到整个美国的同时，也在国际上进行扩张。目前，该公司拥有 50 个网站，以 23 种语言在 190 个国家提供度假租赁服务。此后，旅游公司亿客行（Expedia）收购了 HomeAway，从而将其业务横向扩展到度假租赁产品门类——这是接下来要讨论的内容。

（3）将公司业务扩展到新的产品门类。为了给消费者提供更有效的产品组合或者便捷的一站式购物体验，公司需要经常填补其产品线中存在的缺口。例如，消费者可能更倾向于从单一供应商手里获得整套的软件应用程序，因为这家供应商可以为公司的问题提供更全面的解决方案。要拓宽公司的产品线，相较于引入公司自己的新产品来填补空缺，收购可能是更快捷有效的方法。2018 年，绿山咖啡（Keurig Green Mountain）以 187 亿美元收购胡椒博士集团（Dr Pepper Snapple Group），从而大幅扩展了其饮料产品的范围。

（4）快速获得新技术或者其他资源和能力。通过收购增加公司的技术知识或者扩展公司的技能，可以使公司不用在构建想要的资源和能力方面耗费时间与精力。思科历史上收购了200 多家公司，从而拥有了更广的技术能力和产品宽度，因此提升了它作为互联网建设与运行领域全球最大硬件、软件以及服务供应商的地位。

（5）引领那些因技术变化和新商机而边界模糊的产业之间的融合。身处快速周期的行业或者边界发生变化的行业，公司可以使用收购战略来避免因产业发展方向判断失误所带来的损失，增强其满足不断变化的需求的能力，以及灵活响应不断变化的买方需求和技术要求。医药行业与健康保险公司和福利管理行业的融合，导致了信诺（Cigna）和快捷药方公司（Express Scripts）以及 CVS 健康和安泰公司（Aetna）在 2018 年的合并。

专栏 6-3 描述了沃尔玛如何采用横向并购战略，将业务扩展到电子商务领域。

 专栏 6-3   沃尔玛通过横向并购向电子商务扩张

随着传统零售业和在线零售业之间的界限开始模糊，沃尔玛通过横向并购扩大了其在电子商务领域的影响力。2016 年，沃尔玛收购了 Jet.com，这是一家创新的美国电子商务初创公司，旨在与亚马逊竞争。Jet.com 从超过2 400 家零售商和品牌合作伙伴那里采购从家居用品和电子产品到美容、服装和玩具的一切产品并进行销售。Jet.com 对那些订购多种商品、使用借记卡而不是信用卡或选择不退换货选项的顾客给予奖励；通过降低价格，将节省的成本回馈给顾客。Jet.com 的低价方式与沃尔玛的低价策略非常契合。此外，沃尔玛希望通过此次收购来帮助其加速电子商务的增长，提供有价值的电子商务知识和能力，增加其在线产品的广度，并吸引新的客户群。

同其他实体零售商一样，沃尔玛也面临着因顾客期望变化而引起的一系列问题。消费者越来越重视种类繁多的产品、便捷的购物体验和低廉的价格。由于在网上比较价格很容易，消费者的价格敏感性有所提高。作为传统零售商，沃尔玛面临着来自亚马逊的激烈竞争，后者是世界上最大、发展最快的电子商务公司。亚马逊拥有似乎无穷无尽的商品库存、卓越的客户服务、搜索引擎营销的专长，以及对广大消费者群体的吸引力，给全球零售业带来了压力。

对 Jet.com 的收购是建立在沃尔玛应对外部压力的基础上，并作为全渠道零售商（即实体零售商、在线零售商或移动零售商）继续发展。在对自己的在线渠道 Walmart.com 进行了大量投资之后，该公司正在寻找其他方式来吸引顾客，比如降低价格，扩大产品种类，提供最简单、最方便的购物体验。Jet.com 的产品广度、面向千禧一代和高收入客户群体的渠道，以及最佳的同档次定价算法，将加速沃尔玛在所有这些优先事项上的进展。

自收购以来，Jet.com 已经持续扩大其自有品牌百货业务，进一步加大了与亚马逊旗下的亚马逊生鲜（AmazonFresh）百货业务的竞争。最近，沃尔玛还收购了几家在线服装公司，从而促进了 Jet.com 的服装业务，进一步扩大了沃尔玛在电子商务领域的影响力。其中包括鞋类电商网站 ShoeBuy（亚马逊旗下 Zappos 的竞争对手）、男装成衣电商 Bonobos、户外用品品牌 Moosejaw，以及时尚女装品牌 Modcloth。虽然沃尔玛的电子商务销售额仍比不上亚马逊，但随着零售业继续转型，这对沃尔玛来说是一个有希望的开始。

注：与迪普蒂·巴德林纳特（Dipti Badrinath）共

同开发。

资料来源：http://www.businessinsider.com/jet-walmart-weapon-vs-amazon-2017-9; https://news Walmart.com/2016/08/08/walmart-agrees-to-acquire-jetcom-one-of-the-fastest-growing-e-commerce-companies-in-the-us; https://www.fool.com/invasting/2017/10/03/1-year-later-wal-marts-jetcom-acquisition-is-an-un.aspx; https://blog.walmart.com/business/20160919/five-big-reasons-walmart-bought-jetcom。

并购有时并不能产生预期效果的原因

尽管有许多成功案例，但并购并不总是产生预期效果，[16] 所带来的成本节约可能比预期小得多。竞争能力的提高可能需要更长的时间来实现，或者，更糟糕的是，可能根本就不会实现。企业文化的整合可能因为组织成员的坚决抵抗而停滞不前。被收购公司的核心人员在被收购后可能因为看不到希望而离开，而留下的员工由于不认同新制定的变革措施，公司的士气可能会降到惊人的低水平。管理风格和操作流程的不同也很难调和。此外，对于负责对新收购的企业进行整合的管理者来说，在决定放弃哪些业务活动以及将哪些业务活动与收购企业进行融合时，可能会犯错。

有许多并购案例很明显是失败的。2012 年，谷歌斥资 125 亿美元收购陷入困境的智能手机生产商摩托罗拉公司，事后证明与"增强谷歌的安卓生态系统"（谷歌宣称的本次收购的原因）这一目标差距甚远。谷歌投资超过 13 亿美元用于研发新产品和改造摩托罗拉生产线，试图来重振摩托罗拉智能手机业务，但销量不佳并造成巨额亏损，于是，2014 年谷歌以 29 亿美元的价格将摩托罗拉移动公司出售给中国 PC 制造商联想（不过谷歌保留了对摩托罗拉大量专利组合的所有权）。联想对摩托罗拉的收购是否会赚钱，依旧没有定论。

6.6　纵向一体化战略

通过纵向一体化战略扩大公司的纵向经营范围，为公司提供了另一种增强核心市场地位的方法。**纵向一体化公司**（vertically integrated firm）是指参与产业价值链系统中多个环节的公司。因此，如果一家制造商投资设备来生产以前从供应商处购买的零部件，或者开设自己的零售连锁店以避开之前的经销商，那么它就是在进行纵向一体化。纵向一体化公司的一个很好的例子是枫叶食品公司（Maple Leaf Foods），它是加拿大一家主要的生产新鲜肉和加工肉的公司，其最畅销的品牌包括枫叶和施奈德（Schneiders）。枫叶食品公司从事生

> **核心概念**
> **纵向一体化公司**就是指在产业价值链系统中参与一个以上环节的公司。

猪和家禽生产，有自己的养猪场和家禽养殖场；有自己的肉类加工和生产设施；将自己的产品打包，并分销到自己的配送中心；为批发商及零售商开展营销、销售和客户服务活动，但是并未参与肉类加工纵向链的最后一个环节——零售。

纵向一体化战略可以把公司的业务活动向后扩展到供给源，或者向前扩展到终端用户。当高档珠宝生产商和零售商——蒂芙尼公司（Tiffany & Co.）开始自行采购、切割、抛光自己的钻石时，其是沿钻石供应链进行后向一体化；矿业巨头戴比尔斯集团（De Beers Group）

和加拿大的阿泊钻石（Aber Diamond）进入珠宝零售业务时，则进行了前向一体化。

公司寻求纵向一体化的方式包括，开展纵向价值链上其他环节的业务活动，或者收购一家已经开展了公司想要进入的业务活动的企业。纵向一体化战略可以是旨在实现全面一体化（参与纵向价值链上所有环节），或者部分一体化（在所选择的纵向价值链环节上占得一席之地）。公司也可以执行锥形一体化战略，在纵向价值链中的任何特定环节，既可自营，也可进行外包。例如，石油公司向它们的炼油厂提供的石油有的是自家开采的，也有一些是从别的生产者处购买的——它们采用的就是锥形后向一体化战略。蔻驰手提包的配件制造商蔻驰公司不仅有全价店和工厂直销店，还通过第三方百货公司销售其产品，它采用的就是锥形前向一体化战略。

6.6.1 纵向一体化战略的优势

在适当的条件下，纵向一体化战略往往能大大增强公司的技术能力，提升公司的竞争地位，并提高其盈利能力。[17] 重要的是要记住，除非纵向一体化所带来的额外投资被证明能够提升企业的成本优势、差异化或竞争优势，否则纵向一体化在战略上或利润方面是得不到任何回报的。

1. 通过后向一体化获得更大的竞争力

通过后向一体化战略进入零部件生产活动（也可以向具有这方面专业知识的供应商购买）来节约成本和提高盈利性，这比想象的要难。为了能通过**后向一体化**（backward integration）战略来节约成本和实现盈利，公司必须能够：①达到与外部供应商相同的规模经济；②在质量没有下降的情况下赶上甚至超过外部供应商的生产效率。这两种结果实际上都不太容易实现。首先，公司内部需求通常都太小而达不到低成本经营的最佳规模。例如，如果实现规模经济的最低产量为100万个单位零件，而公司的内部需求仅为25万个单位零件，那么其生产成本水平远远达不到外部供应商的生产成本水平（而外部供应商可能很容易找到需要购买100万或更多数量零件的买家）。此外，如果外部供应商本身拥有丰富的生产经验，它们使用的部分技术很难获得，或者开发新一代零部件或跟上零部件生产的技术需要重要的研发专业知识，那么要达到供应商的生产效率就问题重重。

> **核心概念**
>
> **后向一体化**涉及进入先前由供应商或行业价值链系统早期阶段定位的企业执行的活动；前向一体化涉及更接近终端用户的价值链系统活动。

尽管如此，公司仍然有机会通过自己从事更多的产业价值活动环节，而不是由外部供应商提供，来提高成本地位和竞争力。有几种方式可以使后向垂直一体化有助于形成基于成本的竞争优势。当可选择的供应商几乎没有或所需提供的物品是主要部件时，纵向一体化战略可以通过制约供应商的能力来降低成本。通过协调生产工艺流程和避免出现会打乱生产计划的瓶颈问题和延误问题，纵向一体化还可以降低成本。当公司拥有不想让对手获得的专有技术时，由企业内部实施与这项专门技术相关的增值活动是有益的，即使这些活动可以由外部公司完成。

苹果公司决定通过后向一体化自行生产 iPhone 手机芯片，主要是因为芯片是其手机成本的较大组成部分，供应商议价能力较强，而内部生产将有助于协调设计任务并保护苹果专有的 iPhone 技术。美国国际纸业公司（International Paper Company）通过后向一体化进入纸浆领域，在其造纸厂附近设立纸浆厂，协调了生产工艺流程，节约了能源，降低了运输成本。当然，该公司这么做的部分原因是外部供应商通常不愿意根据买家的需求在特定位置进行投资。

如果公司决定自己从事这些可以从外部获取的活动，并能够为企业带来更好的产品质量或服务，改善客户服务的水平，或者以其他方式提高最终产品的性能，后向一体化就能够产生基于差异化的竞争优势。有时，沿着产业价值链体系进行一体化来进入更多的环节，可以提升公司的差异化能力，增强公司核心竞争力，精通关键技能或具有战略意义的技术，或者为产品增加可带来更大顾客价值的属性。西班牙衣服生产商印地纺集团成功推出 Zara 这一品牌并实施后向一体化，进军纺织、服装设计和生产环节。通过严格控制流程并把染色环节推迟到后期，Zara 能对流行的变化趋势快速反应，并为消费者提供最热门的商品。亚马逊和奈飞通过建立亚马逊影业（Amazon Studios）和奈飞原创（Netflix Originals）实现后向一体化，为其流媒体服务提供高质量的原创内容。

2. 通过前向一体化增强公司竞争力

与后向一体化一样，**前向一体化**（forward integration）可以增强竞争力，有助于在成本方面以及差异化（或价值）方面形成竞争优势。在成本方面，前向一体化能够提高效率，降低或消除那些在价值链系统中拥有较强议价能力的公司的议价能力，进而降低成本。前向一体化使制造商更好地接近终端用户，增强市场知名度和品牌知名度。例如，哈雷摩托车公司（Harley-Davidson）和杜卡迪（Ducati）摩托车公司拥有自营的零售店，这些零售店实质上也是小型的博物馆，里面布满图解，营造了一种氛围，有助于销售摩托车及其装备，以及各类纪念品、衣服和其他体现本品牌特色的商品。另外，像好事达（Allstate）和恒达理财（Edward Jones）这样的保险公司以及证券公司通过专注于建立关系，拥有了使消费者与当地机构以及公司的办公人员进行互动的差异化能力。

在许多产业中，独立销售代理商、批发商以及零售商同时代理不同品牌的同类产品，但它们并不归附于任何一家公司的品牌，它们倾向于积极销售任何能带来最大利润的产品。为了避免依赖于各有所忠的批发商和零售商，固特异公司（Goodyear）实施了前向一体化，建立了公司自营的以及特许经营的轮胎零售店。像蔻驰、安德玛（Under Armour）、佩珀里奇农场（Pepperidge Farm）、Bath & Body Works、耐克、汤米·希尔费格（Tommy Hilfiger）和安·泰勒（Ann Taylor）这样的消费品公司已经实施前向一体化进入零售环节，并在工厂直销购物中心开设自己的品牌商店，确保它们能够销售积压物品、滞销物品和残次品。

有些生产商选择通过公司网站直销来实施前向一体化。如果可以通过提升品牌认可度、提高客户满意度或降低经销成本，产生相对于竞争对手的成本优势，从而使面向最终用户的价格更低，那么绕过传统的批发 / 零售，取而代之进行直销和网络零售会是有吸引力的。此外，如果行业中大量的消费者更乐意进行网上购物，卖家也不得不把网络作为其零售渠道。然而，一家公司大力推动网上销售，与此同时又不遗余力地通过批发商和零售商网络向消费者促销商品，则是直接与其经销商进行竞争。这种行为构成了渠道冲突，并使谈判变得异常艰难。一家积极尝试网上直销的公司传递出来的信号是对其经销商的战略承诺较弱，并想要蚕食经销商的销售和发展潜力。这一行为可能的结果就是惹怒经销商并失去它们的青睐。很可能发生的情况的是，由于触怒其经销商所损失的销量比在网上直销的还要多。因此，如果公司所处的行业中经销商的大力支持与青睐是至关重要的，公司就会得出结论：避免渠道冲突是重要的，它们应该通过与经销商合作而不是与之竞争来设计自己的网站。

6.6.2 纵向一体化战略的劣势

除可能带来渠道冲突以外，纵向一体化还有一些明显的缺点。[18]纵向一体化最为严重的缺点包括：

- 纵向一体化使公司在行业中的投资增多，因此增加了经营风险（如果行业扩张和盈利能力意外出现问题怎么办）。
- 公司原有的技术和设备可能会使得公司在采用先进技术或更有效率的生产方法时比较慢。从外部供应商处购买零部件的公司，总能买到市场上最新、最好并且最便宜的零部件，而纵向一体化公司因工厂陈旧、技术过时可能会选择继续生产次优零部件而不是承受注销未贬值资产所带来的高昂成本。
- 纵向一体化可能导致公司缺乏适应不断变化的买方需求的灵活性。决定不使用外部供应商生产的零部件是一码事，而停止使用公司自产的零部件则是另一码事（这可能会意味着解雇员工、注销在相关设备和设施方面的投资）。前向一体化或后向一体化使公司陷于只能依靠公司内部活动和供给渠道的局面。尽管拥有制造方面的专业技术，但全球大多数汽车制造商一致认为，从一流供应商那里购买大部分零部件会比自己生产零部件带来更大的设计灵活性、更高的质量以及更低的成本。
- 如果公司生产水平低于有效标准的最低水平，纵向一体化可能无法使公司实现规模经济。小公司尤其可能会面临自行生产的成本劣势。
- 纵向一体化产生各种各样的能力匹配问题。例如，在汽车制造中，轮轴最有效的生产规模与散热器的有效规模是不同的；同样地，又与生产发动机和变速器的有效规模不同。因此，构筑在公司内部生产适当数量的轮轴、散热器、发动机和变速器的能力——以最低的单位成本，这给公司带来了巨大的挑战和操作上的复杂性。
- 前向一体化或后向一体化通常需要开发新的资源和能力。零部件生产、组装、批发和零售以及通过网络直销等，代表着不同的业务活动类型，所涉及的产业不同，需要不同的关键成功因素。许多制造商历经艰难困苦终于明白，它们缺乏利用好所拥有的批发和零售网络的技能，与公司的优势不匹配，并降低了公司整体利润。同样地，试图自行生产大量部件的公司很可能发现，很难跟上产品生产中所使用的每个部件的技术进步和前沿实践。

在与供应商建立密切合作关系并构建有效的供应链管理系统的当今世界，很少有公司在实施后向一体化战略进入供应商业务领域后能够获得成功。最好的原材料和零部件供应商都紧跟先进技术和最佳实践，擅长制造高质量的产品，按时交付，并尽可能地降低成本和价格。

6.6.3 权衡纵向一体化的利弊

总而言之，纵向一体化战略既有优势也有劣势。衡量的技巧有赖于：①纵向一体化是否能够在降低成本、建立专长、保护专门技能或增加差异化等方面提高战略关键活动的绩效；②纵向一体化会对投资成本、灵活性以及响应时间产生什么影响；③协调覆盖多个纵向价值活动会产生什么样的管理成本；④公司获得开展价值链其他环节业务的技术和能力的难度有多大。纵向一体化战略是否被采用需根据哪些能力和增值活动真正应由公司内部执行，哪些由外部供应商来做会更好更便宜而定。如果没有实在的收益，前向一体化或后向一体化不太可能是有吸引力的战略选择。

电动汽车制造商特斯拉公司把纵向一体化作为其战略的中心，如专栏 6-4 所述。

 专栏 6-4　特斯拉的纵向一体化战略

与许多汽车制造商不同，特斯拉从部件制造一直到汽车销售和维修都采用纵向一体化。在该公司 2017 年 118 亿美元的收入中，大部分来自电动汽车销售和租赁，其余收入来自为这些汽车提供的服务和销售家用电池组和太阳能系统。

作为电动汽车制造商的核心，特斯拉利用前向和后向一体化来实现多个战略目标。为了推动供应链关键部分的创新，特斯拉投资了一家名为 gigafactory 的大型工厂，生产持久电动汽车所需的电池。根据特斯拉前生产副总裁的说法，需要频繁更新的关键部件和新零件的内部制造使该公司能够快速学习并更快推出新版本。此外，加强工程和制造之间的密切联系使特斯拉能够更好地控制产品设计。特斯拉采用前向一体化战略，通过拥有自己制造的汽车分销体系和服务来改善客户体验。其经销商网络使特斯拉能够直接向消费者销售和处理维护需求，而无须依赖有时具有竞争优先权的第三方。

除了纵向整合电动汽车的制造和分销之外，特斯拉还利用这一战略建立了必要的生态系统，以为汽车使用提供进一步的售后支持。许多消费者认为电动汽车的续航里程有限、充电时间长，因此无法长途旅行。为此，特斯拉正在建设一个超级充电网络来克服这一痛点。

通过投资于这一项目，在司机从传统的汽油动力汽车转向电动汽车之前，特斯拉无须等待另一家公司提供驾驶员所需的关键基础设施。类似地，特斯拉销售太阳能发电和存储产品，使客户更容易转向以可持续能源为动力的交通工具。

虽然特斯拉促进世界向可持续能源转型的战略需要在整个价值链上进行大量投资，但这一战略并非没有挑战。与电池不同，座椅的战略重要性有限，但特斯拉仍决定自行生产 Model 3 座椅。虽然没有迹象表明座椅是 2017 年生产延迟的主要原因，但将资源转移到培养新的制造能力上可能会加剧问题严重性。尽管特斯拉的纵向一体化策略并没有缺点，但它使公司能够快速推出创新的新产品，并推出可以供汽车广泛使用的网络。到 2020 年年初，投资者将特斯拉的估值提升至 800 亿美元，高于其他美国主要汽车制造商。

注：与爱德华·J. 西尔伯曼（Edward J. Silberman）共同开发。

资料来源：Tesla 2017 Annual Report; G. Reichow, "Tesla's Secret Second Floor", *Wired*, October 18, 2017, https://www.wired.com/story/teslas-secret-second-floor/; A. Sage, "Tesla's Seat Strategy Goes Against the Grain... For Now", *Reuters*, October 26, 2017, https://www.reuters.com/article/us-tesla-seats/teslas-seat-strategy-goes-against-the-grain-for-now-idUSKBN1CVODS; Yahoo Finance.

6.7　外包战略：缩小经营范围

与纵向一体化战略相比，就企业内部所开展的业务活动而言，外包战略缩小了公司的经营范围。**外包**（outsourcing）涉及将通常由内部执行的某些价值链活动承包给外部供应商。[19] 例如，许多电脑生产商，已经把原本在内部完成的组装活动的整个流程外包给专业的制造商，这些制造商规模更大，经验更足，对零部件生产商的议价能力更强，因而运营效率更高。几乎所有品牌服装公司自身都具有设计、营销和分销产品的能力，但它们将所有面料制造和服装生产活动都进行外包。星巴克发现，从个体种植者那里购买咖啡豆远比自己经营咖啡种植业务更有优势，因为这些个体种植者分布在世界上大多数咖啡种植区域。

在以下情况下，公司将某些价值链活动外包是具有战略意义的：

- 由外部专业公司来做会做得更好或所需费用更少的活动。通常，如果一项活动由外部公司来做会更有效，那公司通常就不应该自己来做，除非当一项活动具有战略决定性意义，必须由内部控制时。例如，高露洁公司（Colgate-Palmolive）通过与 IBM 达成外包协议，每年能降低 10% 以上的信息技术方面的运营成本。
- 该活动对于公司是否能够获得可持续竞争优势并不重要。例如，将维护服务、数据处理、数据储存、附加福利管理、网站运营等支持性活动进行外包已经司空见惯。例如，许多规模较小的公司发现，将福利管理、培训、招聘、雇用和工资发放等人力资源活动外包给专业人士，如 XcelHR、Insperity、Paychex 和 Aon Hewitt，会具有优势。
- 外包提高组织的灵活性以及加快了上市时间。如果当前的供应商落后于其竞争对手时，外包能给予公司更换供应商的灵活性。而且，与仓促对内部运营进行调整以替换过时的能力或试着采取和掌握新技术相比，寻找新的已经拥有所需能力的供应商，往往更快、更容易、风险更小、成本更低。
- 降低公司由技术和购买者偏好不断变化所带来的风险。当公司对某些零部件和服务进行外包时，其供应商就有责任采用最先进的技术或进行重新设计和升级，来适应公司引进新一代产品的计划。如果供应商提供的产品不受买方青睐，或者因技术变化不再受市场欢迎，受影响的是供应商而不是公司。
- 外包使公司专注于核心业务，利用关键资源，精益求精。当公司集中所有的资源和能力于几项活动时，其能力更能得到提升。例如，贝纳通·希思黎公司（United Colors of Benetton and Sisley）将手提包和其他皮革制品的生产外包出去，而将精力投入到为人们所熟知的服装品牌上。苹果公司将 iPod、iPhone 和 iPad 的生产外包给中国合约制造商富士康，而自身专注于设计、市场营销和技术创新等方面。惠普和 IBM 已经把它们的部分制造工厂出售给外部企业，并且承诺从这些企业，而并非新开设的企业中回购产品。

外包价值链活动的风险

外包最大的风险在于公司可能会将错误的价值链活动外包出去，进而使自己的能力空心化。[20] 例如，近年来急于降低运营成本的公司选择外包那些具有战略重要性的活动，如产品开发、工程设计、复杂的生产任务等——恰恰是这些能力决定了一家公司引领产品持续创新的能力。虽然这些公司能够通过将这些价值链活动进行外包来降低运营成本，但由于关于下一代产品的许多前沿想法和技术都来自外界，因此它们引领创新产品开发的能力被削弱了。

外包的另一个风险源于缺乏直接控制。仅通过合同和公平交易，可能很难监督、控制并且协调外部各方的活动，可能会出现意外问题，导致交货误期或成本超支等，并可能难以友善解决。而且，基于合同的外包可能会出现问题，因为外部合作者缺乏根据外包公司内部价值链的需要进行投资的动力。

像思科这样的公司对这些危险始终保持警惕之心。思科通过设计合约制造商必须使用的生产方法，以防止失控，保护其制造技术。思科为其源代码申请了设计专利，因此从源头上控制技术进步，并保护其创新不被模仿。此外，思科已经开发了在线系统，以监控合约制造商的工厂运用状况，这样，当出现问题时它们就能立即获悉并决定是否介入。

> **贴士 6-5**
> 公司必须要掌握自己的命运，防范可能会造成公司资源和能力空心化的外包活动。

6.8　战略联盟与伙伴关系

通过建立战略联盟与合作伙伴关系，公司既获得了纵向一体化、外包以及横向并购等所带来的益处，又能使所产生的相关问题最小化。公司经常用合作战略来替代纵向一体化或横向并购。正如我们在第 7 章和第 8 章中所描述的那样，公司也会采用战略联盟与伙伴关系，通过国际化扩张和多元化战略来扩大它们的经营范围。战略联盟与合作关系也是当下缩小公司经营范围最为常见的方法之一，同时也是一种管理外包的有效方式（以代替传统的、纯粹以价格为导向的合同）。

例如，石油和天然气公司进行了大量的纵向一体化，但壳牌石油公司和墨西哥国家石油公司（Pemex，墨西哥一家国有石油公司）发现，与单独经营相比，它们在得克萨斯州共同出资的 Deer Park Refinery 降低了投资成本和风险。戴姆勒 - 克莱斯勒合并的巨大失败使戴姆勒公司在横向并购中可能会存在的问题方面积累了代价高昂的教训；事实证明，雷诺 - 日产 - 三菱的战略联盟在开发生产插电式电动汽车和推出日产聆风（Nissan Leaf）方面更成功。

许多公司采用战略联盟来解决外包可能出现的问题——思科的联盟体系可以防范丧失控制，保护其专有制造技术，密切监控合作伙伴的流水线操作，同时将精力放在设计新一代的转换器、路由器，以及其他与网络相关的知名设备上。

战略联盟（strategic alliance）是一种两家或多家独立公司之间的正式协议，根据协议，它们同意通过合作达到一些战略相关的目标。通常，战略联盟可能涉及共担财务责任、共享资源和能力、共担风险、共同控制以及相互依靠。战略联盟通常的表现形式是合作营销、销售或分销、联合生产、联合设计、联合开发新技术或新产品项目。它们因合作持续的时间和合作的范围而异。一些战略联盟规划为长期协议，涉及广泛的合作活动；相反，另一些则是为了实现更有限的短期目标。

> **核心概念**
> **战略联盟**是两家或两家以上独立公司之间达成的正式协议，它们同意为达成共同目标而进行合作。

合作关系的建立可能需要签订合约，但是通常在合作伙伴之间，它们不会达成正式的所有权关系（虽然有时候联盟成员会为其他成员保留少数股权）。

合资企业（joint venture）是一种涉及所有权关系的特殊类型的战略联盟。一家合资企业是由两个或者多家公司共同出资建立的一家新的公司实体，各方同意共享收益、共担支出并共同控制这个新的实体。由于合资企业涉及建立一家共享产权的企业，因此与其他联盟形式相比，它们会更持久但风险也更高。在其他类型的战略联盟中，伙伴间合作不是那么死板，彼此保持相互独立的状态。如果战略联盟没有成功，合作者可以随时选择离开或者减少合作的承诺。

> **核心概念**
> **合资企业**是一种通过成立一家独立的公司实体所建立起来的伙伴关系，合作各方共享产权，共同控制，共享收益，共担成本。

当联盟具有如下目标而不仅仅是一份给各方带来便利的商业协议时，它就是"战略性的"：[21]

（1）有助于达成重要的业务目标（例如，降低成本，或者通过更优品质、附加属性、更具耐用性等形式向消费者传递更多价值）。
（2）有助于建立、加强或维持核心竞争力或竞争优势。
（3）有助于弥补重要资源不足或竞争劣势。
（4）有助于抵御竞争威胁，或者降低公司业务蕴含的重大风险。
（5）增加了对供应商或购买者的议价能力。
（6）有助于带来重要的新市场机遇。
（7）加快了新技术开发或产品创新。

在某些行业中，战略合作是一种备受青睐的途径，这些行业内的新技术正沿着多条途径迅速发展，而且一项技术的进步会产生溢出效应并影响其他技术（通常行业界限是模糊的）。每当这些行业在多个领域同时经历高速的技术性进步时，企业发现，即使是在它们自己的专业领域，为保持技术领先优势，与其他企业建立合作关系也是十分重要的。在这样的行业中，联盟能加快学习周期、快速获得最新一轮技术知识，以及开发动态能力。联盟将具有不同技能和知识库的公司聚集在一起，开辟了学习机会以帮助合作公司更好地利用自己的资源和能力。[22]

2017年，戴姆勒与汽车供应商罗伯特·博世有限公司（Robert Bosch GmbH）达成协议，为客户开发可以通过智能手机应用程序呼叫的自驾出租车，目标是未来10年左右在城市地区使之成为现实。

> **贴士 6-6**
> 已经结成多个联盟的公司需要像管理投资组合一样管理各联盟。

微软一直与多家公司合作，以推进医疗行业的技术进步。该公司2017年与精鼎医药（PAREXEL，一家临床研究机构）的联盟旨在利用它们的联合能力加速药物开发，并尽快为患者带来新的治疗方法。2018年，该公司与免疫测序公司Adaptive Biotechnologies联手，利用微软人工智能方面的能力，寻找能够早期检测癌症和其他疾病的方法。

由于战略联盟有诸多好处，许多大公司都加入了30～50个联盟，并且一些公司所加入的联盟数量已经成百上千。跨国医疗保健公司罗氏成立了罗氏全球合作部（Roche

Partnering），来管理其 190 多个战略联盟。已经结成多个联盟的公司需要像管理投资组合一样管理它们的联盟，终止那些已经达成了目标的或者成效较差的联盟，结成有前景的新联盟，重组现有联盟来改正绩效问题，或者改变合作的方向。

6.8.1　战略联盟的益处

建立联盟与合作伙伴关系能够给公司带来多大的收益似乎与以下六个因素有关：[23]

（1）选择好的合作伙伴。好的合作伙伴必须为合作关系带来互补性优势。联盟成员间拥有的优势不相重叠的程度越高，潜在的协同作用就越大，可能存在的需要协调的问题和冲突就越少。此外，一个好的合作伙伴需要（与其他伙伴）分享其对联盟整体目标的看法，并为联盟制定与公司目标相匹配或者互补的具体目标。强有力的伙伴关系还取决于关键人员之间良好的"化学反应"，以及各方关于如何构建和管理联盟方面的一致意见。

> 贴士 6-7
>
> 最好的联盟是经过精心选择的，专注于特定的价值链活动和获得特定的竞争效益。它们使公司能够建立自己的优势并学习他人长处。

（2）对文化差异敏感。公司之间的文化差异可能使它们的人员难以进行有效的合作。文化差异在同一国家的公司之间都可能出现问题，但当这些合作伙伴来自不同国家时，问题往往会被扩大。除非成员之间相互尊重各自的文化差异，包括源于不同地方文化和当地商业惯例的差异，否则不太可能出现有效的合作关系。

（3）意识到联盟必须使双方都受益。获得信息的同时也必须分享信息，合作关系必须保持坦率和信任。如果任何一方在信息上敷衍塞责，或者试图欺骗对方，那么由此引起的摩擦可能很快就会侵蚀进一步合作的价值。富有成效的合作关系需要双方之间开诚布公，实施值得信任的行为。

（4）确保双方履行各自的承诺。为了产生预期收益，合作双方必须履行其对联盟的承诺。对于工作分工，双方必须均觉得完全公平，且双方必须充分受益。

（5）构建在需要时能够迅速采取行动的决策流程。在许多情况下，技术和竞争的快速变化需要同样快速的决策流程。如果合作者之间陷入争论或等待获得内部高层同意，则联盟会停滞不前，无所作为。

（6）管理学习过程，然后随着时间推移调整联盟协议以适应新环境。长期持续成功的关键之一就是对联盟的性质和构架进行调整，以适应不断变化的市场环境、新兴技术和客户需求。明智的联盟能够很快就认识到不断调整合作方式的好处，这样就可以适应变化的环境，并克服有效的合作关系建立中出现的任何问题。

大多数旨在分享技术或提供市场准入的联盟都是暂时的，只持续几年的时间。然而，这不一定表示联盟失败。因为已经实现了当初制定的目标，战略联盟在数年之后可能会解散；实际上，许多联盟预设了期限，其是为了实现特定的短期目标而成立的。然而，长期合作可能会带来更大的战略效益。当以下情形出现时，联盟更有可能长期存续：联盟中合作各方不存在正面竞争，如供应商或分销商结盟；已经建立了信任关系；合作双方均认为持续合作符合双方利益，可能是因为涌现了新的学习机会。

6.8.2　战略联盟与伙伴关系的不足

虽然战略联盟有利于公司获得纵向一体化、并购以及外包的好处，但同样也存在一些缺点。由于对联盟的协同效应过度乐观，或者资源和能力组合方面不匹配，预期收益可能无法实现。当通过联盟实施外包时，依赖其他公司获得必要的专业知识和能力方面的风险并没有降低——事实上，这可能是这类联盟的致命弱点。此外，开展合作还存在其他缺陷。最大的危险就是合作伙伴可能会获取公司专用的知识、技能或者商业机密，使得其拥有可与公司匹敌的核心优势，因而使公司损失来之不易的竞争优势。当联盟中各方是行业内的对手，或者结盟的目的是合作研发时，这种风险最大，因为这类伙伴关系需要广泛交流机密信息。

管理者需要关注的问题是何时采用战略联盟，以及何时选择另一种方法来实现目标。答案取决于每种方法的相对优势以及每种受欢迎的组织形式的适用条件。

战略联盟相对于纵向一体化或横向并购的优势体现在以下三个方面：

（1）它们通过促进资源共享和风险分担降低合作各方的投资成本和风险。当投资需求和不确定性比较高时，这是尤其重要的，例如，当行业内尚未出现主导性的技术标准时。

（2）它们的组织形式更加灵活，可以对不断变化的环境做出更具适应性的响应。当环境条件或技术快速变化时，保持灵活性是至关重要的。此外，在这种情况下的战略联盟可以促进各方合作者开发动态能力。

（3）它们的配置速度更快——当速度最重要时，这是一个关键因素，即当处于赢者通吃类型的竞争环境时，速度是最重要的。例如，在主导工艺设计的角逐中，或者行业的经验曲线较为陡峭时，存在较大的先发优势。

使用战略联盟而不是常规交易关系来管理外包活动的关键优势是：监控合作伙伴活动能力的增强；合作伙伴更愿意做出关系专用性投资。常规交易关系因为承诺较少，没有建立信任而使得这方面的投资较少。

此外，在某些情况下，一些其他组织机制比联盟和伙伴关系更受欢迎。当战略联盟和伙伴关系不足以让公司获得所需的资源和能力时，并购会特别合适。所有权关系会比伙伴关系更稳定，允许合并或收购各方对运营进行密切整合，并形成更多的内部控制和自主权。当有价值的专门技能的知识产权保护有限时，或者公司担心被奉行机会主义的合作伙伴利用时，其他组织机制也会比联盟更合适。

虽然对于管理者来说，理解战略联盟与伙伴关系在什么情况下最可能（和最不可能）有用是很重要的，但了解如何管理它们也很重要。

6.8.3 如何使战略联盟发挥作用

令人惊讶的是，有大量的联盟从未达到预期效果。尽管战略联盟的数量每年增长约25%，但每年仍有60% ～ 70%的联盟以失败告终。[24]联盟的成功取决于伙伴之间的合作程度、其反应能力和适应内外部环境变化的能力，以及如果情况允许的话，它们进行重新谈判的意愿。成功的联盟需要真正的同一战线式的合作，而不仅仅是进行常规交易的沟通。除非合作伙伴高度重视每个联盟者带来的贡献，并且合作会带来珍贵的双赢结果，否则联盟注定会失败。

　　尽管平均来看，战略联盟追踪记录都很糟糕，但许多公司已经学习如何成功地管理战略联盟并经常挑战这些平均记录。拥有三星电子科技的三星集团，成功管理了一个由超过1 300家合作伙伴组成的联盟生态系统，使从全球采购到本土营销再到合作研发的活动都能富有成效。那些能更成功地管理战略联盟与伙伴关系的公司通常都具备如下因素：

- 它们创建了一个管理联盟的系统。公司需要系统地管理它们的联盟，就像管理其他部门一样。这就意味着需要建立流程来管理从合作伙伴的选择到联盟终止程序的联盟管理的不同方面。为了确保各公司的管理者遵守例行程序，许多公司都会创建一套清晰的流程，包括流程模版、手册以及类似的东西。
- 它们与合作伙伴建立关系并建立信任。建立牢固的人际关系是战略联盟成功运转的一个关键因素，因为这些关系有助于打开沟通、协调活动、调整利益以及建立信任的渠道。
- 它们通过建立保障措施来保护自己不受机会主义威胁。有许多方法可用于保护公司不会被不值得信任的合作伙伴利用，或者不会在无意间失去对关键资产的控制，包括非竞争条款的合同保障能够提供另一种形式的保护。
- 它们向合作伙伴做出承诺，并确保其合作伙伴也做出相应承诺。当合作伙伴为合伙企业做出值得信赖的承诺时，他们就有更强的积极性去履行，就不太可能搭乘其他合作伙伴的努力的"便车"。因此，基于股权的联盟往往比非股权联盟更成功。[25]
- 它们让学习成为管理流程中的常规部分。公司总是有机会向合作伙伴学习，但是组织学习并不是自动发生的。实际上，除非学习被系统地纳入公司的日常惯例和实践中，否则学习并不能增加公司的知识储备。

　　最后，管理者应该意识到，与其他任何管理一样，联盟管理是一项组织能力。经过不断努力、积累经验和学习，联盟管理能力会随着时间的推移而提高。正因如此，明智的做法是慢慢开始，通过设计简单的联盟来实现有限的短期目标。短期合作伙伴关系获得成功通常会为更广泛的合作打下基础。尽管在战略联盟成立之初希望其能开展长期合作，但是如果分阶段展开合作，合作伙伴将能够学习如何最有成效地合作，如此一来，成功的概率会更大。

🔲 本章要点

1. 一旦公司确定了采用五种通用竞争战略中的某一种，其注意力就转向如何进行战略有关方面的选择：①竞争行动；②行动的时机；③能够执行其竞争方式的经营范围，以及整体战略能力的最大化。

2. 一般来说，进攻战略应以公司的战略资产为基础，利用公司的优势在竞争对手最薄弱的竞争领域攻击竞争对手。

3. 公司有许多提高其市场地位的进攻战略选择：利用成本优势基于价格或价值攻击竞争

对手；利用新一代技术超越竞争对手；持续的产品创新；吸取和改进其他公司的最佳创意；利用游击战术攻击毫无戒心的竞争对手和争夺市场份额；发动先发制人的攻击。蓝海型进攻战略通过创造与现有竞争者无关的新行业或者独特的细分市场，使公司在没有直接竞争对手的情况下创造并抓住全部的新需求，从而获得令人瞩目的新竞争优势。

4. 防御战略的目的是降低被攻击的风险，削弱发生的任何攻击的影响，并诱使挑战者选择别的竞争者作为攻击目标。以保护公司地位为目的的防御战略通常采取下列形式进行防御：①阻击挑战者的行动；②传递强烈反击信号的行动。

5. 追求竞争优势也与战略行动的时机有关。公司管理者必须仔细考虑先行者、紧密跟随者或后进者的优势和劣势。

6. 公司经营范围的决策，即公司将在内部执行哪些活动，不执行哪些活动，也能够影响公司市场地位的实力。公司经营范围是指公司的活动范围、提供的产品和服务的宽度、现有地理市场的范围，以及公司的业务组合。公司可以扩张它的横向范围（中心市场更广），或者纵向范围（在开始于原材料的生产并结束于终端销售和客户服务的产业价值链系统上，向上游或下游扩张）。横向的并购（市场竞争者的结合）为公司提供了一种扩大公司横向范围的方式；纵向一体化扩大了公司的纵向范围。

7. 横向并购通常有五个目标：降低成本、扩大地理覆盖范围、增加产品类别、获得新技术或其他资源和能力，以及为行业的融合做准备。

8. 前向一体化或后向一体化，只有通过降低成本或增加差异化优势提高公司的竞争地位时，才有战略意义。另外，纵向一体化的缺点（增加投资、增加业务风险、增加技术变革的脆弱性、降低产品变更的灵活性以及潜在的渠道冲突），很可能超过其任何优势。

9. 外包将原来由公司内部执行的部分价值链活动外包给外部的供应商，因此缩小了公司的经营范围。在以下情形下，外包可以增强公司的竞争力：①这项活动由外部专业公司执行会更好或花费更少；②这项活动并不是公司获得持续竞争优势能力的关键；③通过外包提高了组织灵活性、加快了决策速度、缩短了时间周期；④减少公司的风险；⑤允许公司致力于其核心业务，并专注于公司最擅长之处。

10. 战略联盟与伙伴关系提供了一种方法，可以使公司获得某些由纵向一体化、外包以及横向并购所带来的益处，与此同时，把相关问题最小化。战略联盟与伙伴关系可以充当纵向一体化和并购的替代方案，也可以作为外包的补充，通过公平交易对外包进行更多的控制。

11. 满足以下条件通常能更好地管理联盟的公司：①创建管理联盟的系统；②与合作伙伴建立关系的同时建立信任；③通过设立保护措施保护自己不受投机取巧者威胁；④对合作伙伴做出承诺并要求其合作伙伴也做出相应的承诺；⑤使学习成为管理流程例行的一部分。

■ 巩固练习

1. Live Nation Entertainment 经营着音乐场所，为音乐艺术家提供管理服务，并每年在 40 个国家举办超过 35 000 场演出和 100 个音乐节。该公司收购了 House of Blues、与 Ticketmaster 合并，并在美国、澳大利亚和英国获取了音乐会和音乐节推广的业务许可。公司如何利用横向一体化来增强其竞争地位？这些举动主要是进攻的还是防守的？根据其战略行动的时机，Live Nation 或 Ticketmaster 是否获得了竞争优势？

2. 特斯拉公司迅速成为美国汽车公司中的佼佼者。专栏 6-4 描述了特斯拉如何将纵向一体化作为其战略的核心部分。特斯拉选择在价值链的哪个环节进入并开展业务？纵向一体化和其生态系统的整合如何帮助公司建立竞争优势？纵向一体化是否加强了其市场地位？解释为什么能或者为什么不能。

3. 在互联网上进行搜索，查找至少两家与提供专业服务的公司签订了外包协议且处于不同行业的公司。另外，描述公司选择外包的价值链活动。这些外包协议是否有可能威胁到这些公司的竞争能力？

4. 利用大学图书馆的商业研究资源，找出两个关于公司如何依赖战略联盟或合资企业来替代横向或纵向一体化的例子。

◘ 模拟练习

1. 为获得行业排名，贵公司更依靠进攻战略还是防御战略？贵公司有什么先行者策略选择？这些先行者策略选择都具有潜在的竞争优势吗？

2. 行业内横向并购的优势是什么？

3. 行业内纵向一体化战略的利弊各是什么？

4. 你认为在商业模拟中外包的利弊各是什么？

◘ 尾注

[1] George Stalk, Jr., and Rob Lachenauer, "Hardball: Five Killer Strategies for Trouncing the Competition," *Harvard Business Review* 82, no. 4 (April 2004); Richard D'Aveni, "The Empire Strikes Back: Counterrevolutionary Strategies for Industry Leaders," *Harvard Business Review* 80, no. 11 (November 2002); David J. Bryce and Jeffrey H. Dyer, "Strategies to Crack Well-Guarded Markets," *Harvard Business Review* 85, no. 5 (May 2007).

[2] George Stalk, "Playing Hardball: Why Strategy Still Matters," *Ivey Business Journal* 69, no.2 (November–December 2004), pp. 1–2; W. J. Ferrier, K. G. Smith, and C. M. Grimm, "The Role of Competitive Action in Market Share Erosion and Industry Dethronement: A Study of Industry Leaders and Challengers," *Academy of Management Journal* 42, no. 4 (August 1999), pp. 372–388.

[3] David B. Yoffie and Mary Kwak, "Mastering Balance: How to Meet and Beat a Stronger Opponent," *California Management Review* 44, no. 2 (Winter 2002), pp. 8–24.

[4] Ian C. MacMillan, Alexander B. van Putten, and Rita Gunther McGrath, "Global Gamesmanship," *Harvard Business Review* 81, no. 5 (May 2003); Ashkay R. Rao, Mark E. Bergen, and Scott Davis, "How to Fight a Price War," *Harvard Business Review* 78, no. 2 (March–April 2000).

[5] D. B. Yoffie and M. A. Cusumano, "Judo Strategy–the Competitive Dynamics of Internet Time," *Harvard Business Review* 77, no. 1 (January–February 1999), pp. 70–81.

[6] Ming-Jer Chen and Donald C. Hambrick, "Speed, Stealth, and Selective Attack: How Small Firms Differ from Large Firms in Competitive Behavior," *Academy of Management Journal* 38, no. 2 (April 1995), pp. 453–482; William E. Rothschild, "Surprise and the Competitive Advantage," *Journal of Business Strategy* 4, no. 3 (Winter 1984), pp. 10–18.

[7] Ian MacMillan, "Preemptive Strategies," *Journal of Business Strategy* 14, no. 2 (Fall 1983), pp. 16–26.

[8] Ian C. MacMillan, "How Long Can You Sustain a Competitive Advantage?" in Liam Fahey (ed.), *The Strategic Planning Management Reader* (Englewood Cliffs, NJ: Prentice Hall, 1989), pp. 23–24.

[9] Kevin P. Coyne and John Horn, "Predicting Your Competitor's Reactions," *Harvard Business Review* 87, no. 4 (April 2009), pp. 90–97.

[10] Philip Kotler, *Marketing Management*, 5th ed. (Englewood Cliffs, NJ: Prentice Hall, 1984).

[11] W. Chan Kim and Renée Mauborgne, "Blue Ocean Strategy," *Harvard Business Review* 82, no. 10 (October 2004), pp. 76–84.

[12] Jeffrey G. Covin, Dennis P. Slevin, and Michael B. Heeley, "Pioneers and Followers: Competitive Tactics, Environment, and Growth," *Journal of Business Venturing* 15, no. 2 (March 1999), pp. 175–210; Christopher A. Bartlett and Sumantra Ghoshal, "Going Global: Lessons from Late-Movers," *Harvard Business Review* 78, no. 2 (March-April 2000), pp. 132–145.

[13] Costas Markides and Paul A. Geroski, "Racing to Be 2nd: Conquering the Industries of the Future," *Business Strategy Review* 15, no. 4 (Winter 2004), pp. 25–31.

[14] Fernando Suarez and Gianvito Lanzolla, "The Half-Truth of First-Mover Advantage," *Harvard Business Review* 83, no. 4 (April 2005), pp. 121–127.

[15] Joseph L. Bower, "Not All M&As Are Alike–and That Matters," *Harvard Business Review* 79, no. 3 (March 2001); O. Chatain and P. Zemsky, "The Horizontal Scope of the Firm: Organizational Tradeoffs vs. Buyer-Supplier Relationships," *Management Science* 53, no. 4 (April 2007), pp. 550–565.

[16] Jeffrey H. Dyer, Prashant Kale, and Harbir Singh, "When to Ally and When to Acquire,"

Harvard Business Review 82, no. 4 (July–August 2004), pp. 109–110.

[17] John Stuckey and David White, "When and When Not to Vertically Integrate," *Sloan Management Review* (Spring 1993), pp. 71–83.

[18] Thomas Osegowitsch and Anoop Madhok, "Vertical Integration Is Dead, or Is It?" *Business Horizons* 46, no. 2 (March–April 2003), pp. 25–35.

[19] Ronan McIvor, "What Is the Right Outsourcing Strategy for Your Process?" *European Management Journal* 26, no. 1 (February 2008), pp. 24–34.

[20] Gary P. Pisano and Willy C. Shih, "Restoring American Competitiveness," *Harvard Business Review* 87, no. 7-8 (July–August 2009), pp. 114–125; Jérôme Barthélemy, "The Seven Deadly Sins of Outsourcing," *Academy of Management Executive* 17, no. 2 (May 2003), pp. 87–100.

[21] Jason Wakeam, "The Five Factors of a Strategic Alliance," *Ivey Business Journal* 68, no. 3 (May–June 2003), pp. 1–4.

[22] A. Inkpen, "Learning, Knowledge Acquisition, and Strategic Alliances," *European Management Journal* 16, no. 2 (April 1998), pp. 223–229.

[23] *Advertising Age*, May 24, 2010, p. 14.

[24] Patricia Anslinger and Justin Jenk, "Creating Successful Alliances," *Journal of Business Strategy* 25, no. 2 (2004), pp. 18–23; Rosabeth Moss Kanter, "Collaborative Advantage: The Art of the Alliance," *Harvard Business Review* 72, no. 4 (July–August 1994), pp. 96-108; Gary Hamel, Yves L. Doz, and C. K. Prahalad, "Collaborate with Your Competitors–and Win," *Harvard Business Review* 67, no. 1 (January–February 1989), pp. 133–139.

[25] Y. G. Pan and D. K. Tse, "The Hierarchical Model of Market Entry Modes," *Journal of International Business Studies* 31, no. 4 (2000), pp. 535–554.

第 7 章

国际市场竞争战略

::学习目标

通过本章的学习，你将能够：

1. 确定公司选择参与国际市场竞争的主要原因。
2. 理解各国不同的市场条件如何以及为何会影响公司在国际市场的战略选择。
3. 识别进入国外市场的五种主要模式之间的差异。
4. 确定开展国际化竞争的三大战略途径。
5. 解释公司如何利用国际化经营来提高整体竞争力。
6. 识别在发展中国家市场上开展竞争的特征。

我们当前的关键词是全球化、新产品、新业务和速度。

——金井务（Tsutomu Kanai），日立前主席兼总裁

你别无选择，只能在全球化和信息革命形成的世界中运作。只有两种选择：适应或死亡。

——安迪·格鲁夫（Andy Grove），英特尔前主席兼首席执行官

在全球竞争中，最重要的是正确的战略。

——冯必乐（Heinrich von Pierer），西门子股份公司前首席执行官

任何一家渴望在 21 世纪成为行业领导者的公司，都必须从全球而非仅以国内市场领导者的角度来考虑公司的未来发展。目前，世界经济正在加速全球化，以前没有对国外公司开放市场的国家逐渐对市场进行了开放，雄心勃勃、增长迅速的公司竞相在越来越多的国家市场建立更强大的竞争地位，信息技术也弱化了地理距离的重要性。全球化的力量正在改变许多产业的竞争格局，为公司提供了更具吸引力的新机会，同时也带来了新的竞争威胁。因此，身处竞争激烈的产业里，公司面临着要在国际市场上制定出成功竞争战略的压力。

本章重点介绍扩大国内市场边界，以及在少数几个或许多国家的市场中进行竞争的战略选择。在探索这些战略选择的过程中，我们引入了诸如波特国家竞争优势钻石模型等概念，并讨论了有利于采用多国、跨国和全球化战略的具体市场环境。本章内容还包括：各个国家

在文化、人口和市场环境方面的差异性；进入国际市场的战略选择；在最有优势的国家配置价值链活动的重要性；在中国、印度、巴西、俄罗斯和东欧等发展中国家的市场中竞争的特殊情况。

7.1　公司决定进入国际市场的原因

公司可能基于以下五个主要原因，而选择在其国内市场以外进行扩张：

（1）为了获取新客户。向国外市场扩张提供了增加收入、利润和长期发展的潜力；当公司在其本土市场增长机会日益萎缩时，向国外市场扩张就成为一个特别有吸引力的选择。公司选择在国际市场竞争的主要原因是通过在国际上扩张来延长其产品的生命周期，就像本田（Honda）在其经典的 50-cc 摩托车——本田幼兽（Honda Cub）上所做的那样（在日本推出 60 多年后，该款车在发展中国家市场仍然很畅销）。更大的目标市场也为公司提供了更快速获得大规模投资回报的机会，这对于研发密集型行业尤为重要，因为这些行业的发展是快节奏的，竞争对手也在快速地进行模仿和创新。

（2）通过规模经济、经验和增加的购买力来实现更低的成本。许多公司被迫在多个国家销售，因为只在国内销售的销量不足以在产品开发、制造或营销中实现完全的规模经济。类似地，公司在国际上进行扩张，以提高它们积累经验的速度，并降低学习曲线。国际扩张也可以通过更大的集中购买能力来降低公司的投入成本。欧洲国家的市场规模相对较小，国内销量有限，这也解释了为什么像米其林、宝马和雀巢这样的公司很早就开始在欧洲各地销售它们的产品，然后又进入北美和拉丁美洲的市场。

（3）获得低成本的生产投入品。处在以自然资源为基础的行业（如石油、天然气、矿物、橡胶和木材）内的企业通常会发现，在国际舞台上进行运营是十分必要的，这是因为其原材料来自世界的不同地区，而从源头进行采购更具成本效益。也有部分其他公司进入国际市场是为了获取低成本的人力资源，这一点尤其适用于劳动力成本占总生产成本比例较高的产业。

（4）进一步挖掘公司的核心竞争力。公司可以通过进一步利用其核心竞争力，将其在国内市场的领先地位扩展到区域或全球市场。H & M 集团正利用其时尚零售方面的优势，扩大其在国际上的影响力。截至 2020 年，它在 74 个国家拥有超过 5 000 家零售店，并在继续扩大其全球影响力。另外，就像星巴克和麦当劳所做的那样，企业通常可以通过复制其成功的商业模式，将其作为国际业务的基本蓝图，在国际上利用其资源。[1]

（5）获得国外市场的资源和能力。进入国外市场的一个日益重要的动机是为了获取公司在国内市场上可能无法获得的资源和能力。企业经常在国外进行收购，或者加入跨国联盟，以获得与自身互补或可以向合作伙伴学习的能力。[2] 在其他情况下，公司选择在其他国家建立业务，是为了利用当地的分销网络，获得当地的管理或营销专业知识，或者获得专业技术知识。

此外，作为其他公司的供应商，当它们的主要客户进行国际化时，它们也会在国际上进行扩张，以满足它们的客户在国外市场的需求，并保持作为其关键供应链合作伙伴的地位。例如，当汽车公司在国外进行扩张时，大型汽车零部件供应商经常在其附近开设新工厂，以便及时将零部件送到工厂内。类似地，沃尔玛最大的家用产品供应商之一纽威尔乐柏美集团（Newell-Rubbermaid）也跟随沃尔玛进军国外市场。

7.2 跨国竞争使战略制定更为复杂的原因

制定一项在一国或多国家进行竞争的战略从本质上来讲十分复杂，原因有五个。第一，不同的国家在不同的行业内有不同的母国优势，有效地进行跨国竞争需要理解这些差异的存在。第二，在世界不同地区内实施特殊的价值链活动时，存在本地优势。第三，因政治和经济状况不同，不同国家的商业环境存在差异。第四，在国外市场运营时，公司面临着汇率会发生不利变动的风险。第五，消费者品位和偏好的差异，可能使公司面对产品和服务是定制还是标准化之间的权衡。

7.2.1 母国产业竞争优势与波特钻石模型

某些国家以其在特定产业的优势而闻名。例如，智利在铜、水果、鱼类产品、纸浆、化学品和葡萄酒等行业具有竞争优势；日本以在电子产品、汽车、半导体、钢铁产品和特种钢等领域的竞争优势而闻名。一国在哪些行业更有可能构筑竞争优势，取决于一系列用来描述该国商业环境的因素，且因国而异。因为强大的公司构成了强大的产业，所以进行国际扩张的公司采取的战略通常会基于这些因素。迈克尔·波特将这些因素归纳为四个方面，提出了国家竞争优势钻石模型（见图 7-1）。[3]

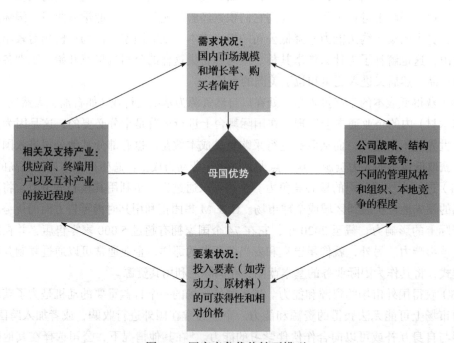

图 7-1　国家竞争优势钻石模型

资料来源：改编自迈克尔·波特的《国家竞争优势》（The Competitive Advantage of Nations, *Harvard Business Review*, March-April 1990, pp.73-93）。

1. 需求状况

一个行业的国内市场的需求状况包括市场的相对规模、增长潜力，以及国内购买者需求的特性。不同的人口规模、收入水平和其他的人口统计因素导致了各国的市场规模和增长率存在巨大的差异。在本国市场中规模更大、更重要的行业往往往往会吸引更多的资源，并比其他行业发展得更快。例如，由于人口结构和收入水平的差异，美国和德国的豪华汽车市场比阿根廷、印度、墨西哥和中国要大得多。但同时，豪华汽车在印度、中国、巴西和马来西亚等发展中国家的市场增长潜力要远高于英国、丹麦、加拿大和日本等较为成熟的经济体。中国汽车市场增长潜力巨大，2017 年新车销量达到 2 890 万辆，超过美国 1 720 万辆的销量，使中国连续 8 年成为全球最大的汽车销售市场。[4] 国内买家对一个行业的产品的需求可以促进创新能力的增强和产品质量的提高。这样的条件培育了更强大的行业，使得这些公司能够将本土市场优势转化为在国际舞台上的竞争优势。

2. 要素状况

要素状况描述的是行业内公司生产产品和服务所需的原材料与其他投入品（称为生产要素）的可获得性、质量和成本。这些相关生产要素因行业而异，但可以包括不同类型的劳动力、技术知识或管理知识、土地、财务资本和自然资源，也可能包括一个国家的基础设施要素，比如交通、通信和银行系统。例如，在印度，通过高效的、完善的国家渠道将食品杂货、个人护理用品和其他包装产品分发给该国的 1 300 万家零售商（2020 年）；在中国，分销主要是地方性的，并且国家网络在分销大多数产品方面能力有限。因此，在相关要素状况有利的情况下，就会培育出竞争能力强的行业和企业。

3. 相关及支持产业

强大的产业通常在有相关产业集群的地区发展起来，包括在同一价值链系统内的其他产业（如零部件和设备供应商、分销商）和互补产品的制造商或技术上相关的产品的制造商。例如，跑车制造商法拉利（Ferrari）和玛莎拉蒂（Maserati）位于意大利的"发动机技术区"，该地区还包括其他与赛车相关的公司，比如杜卡迪摩托车，以及数百家小型供应商。作为相关产业集群的一员而发展起来的公司，其优势主要来自与关键供应商的密切协作以及整个集群中更多的知识共享，从而提高了它们的效率和创新性。

4. 公司战略、结构和同业竞争

不同的国家环境培育出了不同类型的管理、组织和战略。例如，战略联盟对于亚洲或拉丁美洲国家的公司来说是一种更为常见的战略，它们强调的是组织的信任与合作，而那些来自北美的公司则更看重个人主义。此外，各国在各自行业的竞争性对抗方面也存在差异。国内市场的激烈竞争往往会磨炼国内企业的竞争能力，并为它们在国际上的竞争做好准备。

对于特定国家的某一行业来说，其竞争力想要变强，钻石模型涉及的这四个因素必须都对该行业有利。当一个行业满足这些条件时，该行业就很可能会出现能够在国际舞台上成功竞争的公司。因此，钻石模型可以用来揭示几个问题的答案，这些问题对于在国际市场上的竞争是很重要的。首先，它可以帮助预测进入某一行业的外国企业最有可能来自哪个国家，这可以帮助管理者应对新的国外竞争者，因为模型也揭示了一些关于新竞争对手优势的基本信息。其次，它可以揭示哪个国家的市场上国外竞争对手实力最弱，从而帮助管理者决定先进入哪个国外市场。最后，它关注的是一个

贴士 7-1

钻石模型可用于：

（1）预测外国进入者最有可能来自哪些国家；

（2）决定首先进入哪个国外市场；

（3）为不同的价值链活动选址在最佳的国家。

国家商业环境的特点，这些特点可以使公司蓬勃发展，因此它揭示了在该国开展特定业务活动的好处。所以，钻石模型有助于确定在哪里开展价值链活动最为有利，这是我们接下来要讨论的话题。

7.2.2　寻找区位优势

越来越多的公司开始将价值链活动的不同环节放到世界的不同地方，以利用各国不同的区位优势。这一点在制造业活动中尤为明显。工资率、工人生产率、能源成本等方面的差异，通常会导致国与国之间生产成本的差距颇大。通过将工厂设立于某些国家，一些行业的公司可以获得重大的制造成本优势，因为投入品成本较低（尤其是劳动力成本），政策条件有利，靠近供应商和技术相关行业，或者自然资源较为独特等。在这种情况下，低成本国家成为（全球）主要的生产基地，其大部分产出都出口到世界其他地区。那些在低成本国家建立生产设施的公司（或从这些国家的合同制造商那里采购产品的公司），与成本较高国家的竞争对手相比具有竞争优势。一些国家的制造成本竞争优势尤为明显，如中国、印度、巴基斯坦、柬埔寨、越南、墨西哥、巴西、危地马拉、菲律宾以及非洲和东欧的几个国家，成为劳动力密集制造品（特别是纺织品和服装）的重要产地。2016 年，制造业工人每小时工资平均大约为：印度 3.27 美元，菲律宾 2.06 美元，中国大陆 3.60 美元，墨西哥 3.91 美元，中国台湾 9.82 美元，匈牙利 8.60 美元，巴西 7.98 美元，葡萄牙 10.96 美元，韩国 22.98 美元，新西兰 23.67 美元，日本 26.46 美元，加拿大 30.08 美元，美国 39.03 美元，德国 43.18 美元，以及瑞士 60.36 美元。[5] 中国成为世界工厂也离不开劳动力成本相对较低这一条件——世界主要制造公司几乎都在中国有自己的生产设施。

对于其他类型的价值链活动来说，投入要素的质量或可获得性是更重要的考虑因素。蒂芙尼公司进入加拿大采矿行业，以获得可以被证明为"无冲突"（conflict free）的钻石，而不是为非洲地区的战争或不道德的采矿条件提供资助。许多美国公司在印度和爱尔兰等国设立了呼叫中心，用英语来交流，其工作人员受过良好的教育。其他公司将研发活动定位于有著名研究机构和训练有素的科学家和工程师的国家。同时，由于担心交货期太短以及运输成本低，一些国家往往比其他国家在配送中心建设方面更有优势。

7.2.3　东道国政府政策和经济状况的影响

各国在政府政策和经济状况方面的差异既影响了国外进入者的机会，也影响了在东道国境内活动的风险。一些国家的政府渴望吸引外国投资者，因此它们竭尽全力营造一个对局外人来说有利的商业环境。另外，当政府急于刺激经济增长、创造更多的就业机会、提高公民的生活水平时，通常会制定旨在刺激商业创新和资本投资的政策，爱尔兰就是一个很好的例子。它们可能会提供诸如减税、低成本贷款、场地选址和场地开发援助等激励措施，以及政府资助的工人培训，以鼓励企业建设生产和分销设施。当新的与商业有关的问题或发展出现时，"亲商"政府就会向商界领袖寻求建议和策略。当需要出台更为严厉的商业法规时，政府会努力使过渡到更严厉的法规在某种程度上有利于企业，而不是敌对的。

此外，政府有时会制定一些政策，从商业的角度来看，这些政策会降低在一国境内设立设施的吸引力。例如，公司运营的性质可能会使其在遵守国家环境法规方面的成本特别高。一些政府向国内企业提供补贴和低息贷款，使它们能够与外国公司竞争。为了阻止国外商品进口，各国政府可能会故意制定烦琐的程序和针对外国货物的海关检查的要求，并可能对进口商品征收关税或配额。此外，它们还可以规定，制造产品所用的一定比例的零部件要从当地供应商那里获得，需要事先获得资本支出项目的批准，并限制从该国撤出资金，要求当地公司或投资者对外国公司的经营拥有部分所有权。有时政府可能会设限出口，以确保充足的本地供应，并对进口和本地生产的商品的价格进行管制。政府的这种做法会使得该国的商业环境变得不那么具有吸引力。在某些情况下，为了阻止公司在该国设立设施甚至在该国销售产品，政府会频繁地进行此类行为。

一个国家的商业环境与在其境内经营活动相关的政治和经济风险有关。**政治风险**（political risk）体现在：弱势政府所带来的不稳定性、该国民众越来越有可能反抗独裁政府领导人、可能会对外资企业实施新的繁重立法或监管以及未来选举可能会产生腐败或专制政府领导人。在政府认为对国家福利至关重要的行业中，有时政府会将这一行业国有化，并没收外国公司的资产。例如，2012 年，阿根廷将该国最大的石油生产商 YPF 国有化，该公司归西班牙石油巨头 Repsol 所有。2015 年，阿根廷将所有的铁路网国有化，其中就有一些原本属于私人所有。其他政治风险包括因战争或政治动荡而导致的投资损失、监管变化造成的经营不确定性、恐怖主义造成的安全风险以及腐败等。**经济风险**（economic risk）与一个国家的经济和货币体系的不稳定性有关——通货膨胀率是否会飙升，或者政府失控的赤字支出或高风险的银行放贷行为是否会导致国家货币

> **核心概念**
> **政治风险**源于国家政府的不稳定性或弱势，以及对外国企业的敌意。
> **经济风险**源于一国货币体系、经济和监管政策的不稳定性，以及缺乏产权保护。

体系崩溃，并陷入长期的经济困境。在一些国家，盗版的威胁、缺乏对知识产权的保护也是经济风险的来源。另一个风险则是不同货币的价值波动，这是我们接下来要详细讨论的一个因素。

7.2.4　不利汇率变化的风险

当公司在许多不同的国家生产和销售其产品和服务时，它们就会受到货币汇率时而有利时而不利变化的影响。不同货币之间的汇率每年可相差 20% ～ 40%，变化有时是渐进的，有时是急剧的。汇率的大幅度变化会产生重大风险的原因有两个：

（1）它们很难预测，因为涉及的因素多种多样，而且这些因素在什么时候、将会发生多大的变化都是不确定的。

（2）它们带来了很大的不确定性，使得很难确定哪些国家是低成本生产制造的代表，哪些竞争对手在市场上占据上风。

为了说明与汇率波动相关的经济和竞争风险，以一家美国公司为例，该公司在巴西设有制造工厂（货币是雷亚尔），并将大部分巴西制造的商品出口到欧盟市场（货币是欧元）。为了方便计算，假设汇率是 4 巴西雷亚尔兑 1 欧元，在巴西制造的产品的制造成本是 4 巴西雷亚尔（或 1 欧元）。现在假设汇率从每欧元兑 4 雷亚尔变为每欧元兑 5 雷亚尔（这意味着雷亚尔贬值，欧元走强）。因此，在巴西生产这种产品更具有成本优势，因为按照新汇率计算，在巴西生产该产品的成本已经降至 0.8 欧元（4 雷亚尔 ÷5 雷亚尔 ＝ 0.8 欧元）。故与欧洲同类产品的生产商相比，巴西的生产商显然在竞争中处于有利地位。另外，如果相对于欧元，

巴西雷亚尔的价值上涨，导致汇率变为 3 雷亚尔兑换 1 欧元，同样成本为 4 雷亚尔的巴西产品（或 1 欧元）现在的生产成本变为 1.33 欧元（4 雷亚尔 ÷3 雷亚尔 =1.33 欧元），这与同样生产该产品的欧洲公司相比，巴西的生产商处于较弱的竞争地位。显然，当欧元坚挺的时候（汇率为 1 欧元兑 5 巴西雷亚尔），在巴西制造产品并在欧洲销售的吸引力要远远大于欧元疲软（汇率为 1 欧元兑 3 巴西雷亚尔）时对生产商的吸引力。

关于上一个例子还有另一面。当汇率从 4 雷亚尔每欧元变为 5 雷亚尔每欧元时，不仅是巴西生产商的成本竞争力相对于同一产品的欧洲生产商更强，而且巴西生产的以前成本为 1 欧元的产品现在成本仅为 0.8 欧元，也能以比之前更低的欧元价格卖给欧盟的消费者。换句话说，欧元走强和雷亚尔走弱的结合，降低了巴西制造的产品在欧盟成员国市场中的销售价格，这可能会刺激巴西制造的产品在欧洲的销售，并促进巴西对欧洲市场的出口。相反，如果汇率从 4 雷亚尔每欧元变为 3 雷亚尔每欧元，这就会使得巴西生产商在成本上的竞争力相对于欧洲生产同样产品的生产商更弱，因为巴西生产商制造该产品的成本由先前的 1 欧元变为现在的 1.33 欧元，这将会提高该产品在欧洲市场上的销售价格，从而削弱欧洲消费者对巴西产品的需求，并且也会降低巴西产品出口到欧洲市场的数量。这样一来，巴西出口商可能就会有这样的经历：①每当巴西雷亚尔相对欧元贬值时，欧洲市场对其商品的需求就会增加；②每当雷亚尔相对欧元升值时，欧洲市场对其商品的需求就会下降。因此，从在巴西设有制造工厂的公司的角度来看，巴西雷亚尔走弱这一汇率变动是有利的，而巴西雷亚尔升值这一汇率变动是不利的。

此前的讨论表明，汇率变动对国内制造商应对国外竞争对手的能力产生了重大影响。例如，美国制造商与低成本国外进口商之间存在激烈的竞争，当美元走弱时，低成本国外进口商就会从中获益。出现这种情况的原因有如下几个：

- 美元兑外国货币贬值，提高了国外竞争对手在那些货币相对于美元走强国家生产商品的成本。美元走弱会降低或消除外国制造商相对于美国制造商的成本优势（并有助于保护美国工人的生产工作）。
- 对美国消费者来说，美元走弱使以美元计算价格的外国商品变得更加昂贵，这抑制了美国消费者对外国商品的需求，刺激了美国消费者对美国制造的商品的需求，同时也减少了美国进口外国商品的数量。
- 美元走弱使美国制造的商品在货币相对于美元升值的国家中，以更低的价格出售给消费者。这样的低价刺激了外国买家对现在相对便宜的美国商品的需求，从而刺激美国商品出口国外，并为美国制造工厂创造更多就业机会。
- 美元走弱会使公司在本币相对于美元走强的外国市场中赚取更大的利润。例如，如果美国的制造商在欧洲市场上获得 1 000 万欧元的销售利润，当美元兑欧元汇率走弱时，这 1 000 万欧元就可以转换成更多的美元。

贴士 7-2

汇率波动会为公司在国外市场上的竞争力带来重大的经济风险。当产品生产所在国家的货币相对于进口国的货币升值时，出口商就处于不利地位。

因此，美元走弱对工厂位于美国的公司来说是一种经济上有利的汇率转变。美元贬值增强了美国制造工厂的成本竞争力，并增加了消费者对美国制造的商品的需求。当美元的

价值预计在未来一段时间内仍将保持疲软时，外国公司就有动力在美国建立生产设施，并为美国消费者生产商品，而不是从那些因美元贬值而生产成本被推高的外国工厂那里出口相同的商品到美国。相反，对于在美国设有工厂的公司来说，美元走强是一个不利的汇率变化，因为它使这些工厂相对外国工厂的成本竞争力下降，削弱了外国对美国制造产品的需求。同时，美元走强也削弱了外国公司在美国建立生产设施并为美国消费者生产商品的动机。同样的道理也适用于那些在欧盟设有工厂的公司，在那里欧元是当地货币。当欧元相对于其他货币疲软时，与那些工厂设在本币相对欧元升值的国家的外国竞争者相比，在欧盟生产产品的公司更具成本竞争力；当欧元兑其他货币走强时，则削弱了在欧盟拥有工厂的公司的成本竞争力。

> **贴士 7-3**
> 当本国货币相对于低成本产品进口国的货币走弱时，面临来自低成本进口竞争压力的国内公司将从中获益。

7.2.5　人口、文化和市场环境的跨国差异

购买者对特定产品或服务的偏好有时在不同国家或地区之间差异很大。在法国，消费者更喜欢波轮式洗衣机，而欧洲其他大多数国家的消费者更喜欢使用滚筒式洗衣机。在中国，香港人更喜欢小型家电，但台湾人则更偏爱大型家电。抹茶、黑芝麻和红豆等口味的冰激凌对东亚地区客户的吸引力比对美国和欧洲客户的吸引力更大。有时，由于不同地方的产品标准是不一样的，在一个国家适用的产品设计在另一个国家是不适用的。例如，在美国，电气设备运行采用 110 伏的电力系统，但是在一些欧洲国家，该标准是 240 伏的电力系统，那么这些欧洲国家就需要使用不同的电气设计和部件。文化也会影响消费者对产品的需求。例如，在韩国，很多家长即使有钱也不愿意购买电脑，因为他们担心孩子会因为玩电脑视频游戏，成为网络"上瘾者"而分散学业注意力。[6]

因此，在国际市场上运营的公司必须权衡，是否以及在多大程度上针对每个国家的市场实行产品定制，以迎合当地消费者的口味和偏好，还是追求一种在全球范围内提供标准化产品的战略。虽然生产与当地口味非常相符的产品更能吸引本地买家，但根据不同国家间的标准定制产品很可能会因为设计和部件的种类繁多，生产运行时间短，以及增加库存处理和配送物流的复杂性而增加生产和分销成本。另外，跨国公司提供的更为标准化的产品，能够带来规模经济和学习曲线效应，从而降低单位生产成本，并有助于实现低成本优势。因此，在各个国家本土化公司产品的市场压力与降低成本的竞争压力之间的矛盾，是涉足国外市场业务的公司必须解决的重大战略问题之一。

7.3　进入国际市场的战略选择

一旦一家公司决定拓展海外市场，就必须考虑进入国外市场的问题。有五种主要的进入模式可供选择：

（1）建立国内生产基地，向国外市场出口商品。

（2）许可国外公司在国外生产和分销该公司的产品。

（3）在国外市场采用特许经营战略。

（4）通过收购或内部开发在国外市场建立子公司。

（5）依靠与外国公司合作的战略联盟或合资企业。

采用哪种进入模式取决于多种因素，包括公司战略目标的性质，公司关于是否拥有在国外经营所需的全部资源与能力方面的地位，贸易壁垒等国家特定因素，以及所涉及的交易成本（例如，与合作伙伴签订合同和监督其遵守合同条款的成本）等。就所需投资水平和相关风险而言，这些选择存在相当大的差异，但是较高的投资和风险水平通常会为公司带来更大的所有权和控制权。

7.3.1　出口战略

以国内工厂为生产基地向国外市场出口商品，是追求国际销售的一个很好的初始战略。这是一种保守的国际试水方法。一开始出口所需的资金通常很少，现有的生产能力足以生产出口商品。对于以出口为基础的进入战略，制造商可通过与有进口经验的外国批发商签订合同，让其全盘处理其所在国家或地区的整个分销和营销业务，从而有限地涉足国外市场。然而，如果要更有利地维持对这些业务的控制，制造商可以在某些或所有的国外目标市场建立自己的分销和销售组织。不管怎样，以本国为基础的生产和出口战略都有助于最大限度地减少公司对外国的直接投资。这种战略普遍受到中国、韩国、意大利公司的青睐——产品在国内设计和制造，然后通过进口国家的本地渠道进行分销。公司在国外市场的主要职能是建立一个分销商网络，可能还会开展促销和品牌意识宣传活动。

从长远来看，能否成功实施出口战略，取决于国内生产基地的相对成本竞争力。在某些产业中，公司选择在一个产出能力超过任何一国市场需求的工厂内集中生产，从中获得额外的规模经济和学习曲线效应，出口使公司能够获取这类经济效应。然而，在如下情况下，出口战略容易失败：①本国制造成本远远高于竞争对手在外国设厂的制造成本；②国外市场的产品运输成本相对较高；③出现不利的汇率变化；④进口国征收关税或构筑其他贸易壁垒。除非出口商能够保持其生产和运输成本的竞争优势，确保其产品在当地有充分的分销和营销支持，并能有效地规避货币汇率的不利变化，否则其战略成功实施将会受限。

7.3.2　许可战略

当一家拥有有价值的技术诀窍、有吸引力的品牌或独特的专利产品的公司既没有内部的组织能力，也没有进入国外市场的资源时，通过许可战略进入国外市场是有意义的。许可战略还有一个优点，就是可以避免将资源投入到不熟悉的、政局动荡的、经济不稳定的或有其他风险的国家市场的风险。通过向外国公司提供技术许可、商标许可或生产权许可，公司可以从专利使用费中获得收入，同时将进入外国市场的成本和风险转移给被许可方。许可战略的一个缺点是，承担风险的伙伴也可能是最大受益者。迪士尼吸取了这一教训，当时它依靠许可协议开设了第一家国外主题公园——东京迪士尼乐园，当这个项目获得巨大成功时，获得暴利的是它的许可合作伙伴日本东方乐园公司（Oriental Land Company），而不是迪士尼。许可战略的另一个缺点是为外国公司提供有价值的技术诀窍，并因此存在失去对该技术使用权控制的风险，在某些情况下，监控被许可方和保护公司的专有技术是十分困难的。但是，如果潜在的专利权许可费是可观的，并且获得许可的公司是值得信赖的和有信誉的，那么许可战略是一个非常有吸引力的选择。许多软件和制药公司都使用许可战略参与国外市场竞争。

7.3.3 特许经营战略

许可战略适合制造商和拥有专利技术的公司，而特许经营战略往往更适合用于服务企业和零售企业的国际化扩张。麦当劳、百胜品牌（必胜客、肯德基、塔可钟和 WingStreet 的母公司）、优比速服务站（UPS Store）、乐通（Roto-Rooter）、7-11 和希尔顿酒店都使用特许经营战略在国外市场建立业务。特许经营战略与许可战略有许多相同的优势。特许经营商承担建立国外连锁店的大部分成本和风险；特许经营授权人（franchisor）只需要花费资源来招募、培训、支持和监督特许经营商（franchisee）。特许权经营商面临的最大问题是保持质量控制。外国特许经营商并不总是使产品质量保持前后一致或符合标准，尤其是当地文化不强调质量的问题时。由此产生的一个问题是，是否允许外国特许经营商对特许经营授权人的产品进行修改，以更好地满足当地买家的口味和期望。麦当劳是否应该让每个国家的特许经营商在其菜单上有一定的自主选择余地？在中国的肯德基特许经营店是否使用对中国消费者更有吸引力的调料？或者，是否应该要求全球范围内的所有特许经营者必须严格地使用相同的菜单，不能做任何改变？

7.3.4 国外子公司战略

选择参与国际竞争的公司通常倾向于直接控制其在国外市场运营的方方面面。那些想要直接参与所有重要价值链活动的公司，通常会通过收购当地的公司或重新建立新的运营机构的方式来建立全资子公司。从公司内部白手起家建立的子公司被称为**内部创业公司**（internal startup）或**新设公司**（greenfield venture）。

收购当地企业是两种选择中较为迅速的一种，这可能是消除诸如获取当地分销渠道、建立供应商关系、建立与政府官员和其他关键支持者的工作关系等方面进入壁垒的风险最小、成本效益最高的方式。收购正在运营中的企业，可以使收购公司直接将其资源和人员转移到新收购的企业上，将被收购企业的业务活动重新导向并整合到公司的运营中，使公司的战略部署到位，加速建立强大的市场地位。

> **核心概念**
> **新设公司**（或**内部创业公司**）是指重新建立的一家涵盖整体运营的子公司。

具有并购意向的公司必须考虑的一件事，是溢价收购当地成功的公司，还是以低价收购陷入困境的竞争对手。如果收购公司对当地市场知之甚少，但拥有充足的资本，那么收购一家实力雄厚、市场地位强的公司往往是更好的选择。然而，当收购者看到有希望可以将一家弱势公司转变成一家强大的公司，并且拥有完成该项活动所需的资源和管理知识的时候，陷入困境的那家公司则可以成为一项更好的长期投资。

当一家公司已经在多个国家开展业务，拥有自建以及监管子公司的经验，并且有充足的资源与能力为新子公司迅速整合和配置成功竞争及盈利所需的人员和其他需要的东西时，就可以通过自建子公司进入一个新的国家。另外四种情形同时发生的话，就很适合采用自建子公司战略：

- 自建子公司比收购的成本更低。
- 增加新的生产能力不会对当地市场的供需平衡产生不利影响。

- 自建子公司能够获得良好的分销渠道（可能是因为该公司的品牌效应）。
- 自建子公司拥有可与当地竞争对手相竞争的规模、成本结构和能力时。

就像其他的进入战略一样，在国外市场新设公司也存在各种问题。它们意味着成本高昂的资本投资，有极高的风险。它们需要公司从他处调用大量的其他资源。如果那些国家没有强大、运转良好的市场和机构来保护外国投资者的权利并提供其他法律保护，这一战略效果并不好。此外，与其他国际扩张方式相比，新设公司存在着一个重要劣势：它们进入市场的速度最慢，尤其是当公司的目标是获得相当大的市场份额时。另外，成功的新设公司可能会提供更高的回报，补偿了它们的高风险和较慢的增速。

> **贴士 7-4**
>
> 合作战略涉及与外国合作伙伴建立联盟或合资公司，是公司进入外国市场的一种常见方式。

7.3.5 联盟和合资企业战略

与外国公司建立战略联盟、合资公司以及其他合作协议是公司进入国外市场时广泛使用的一种方式。[7]外国合作伙伴熟悉当地政府法规，了解消费者购买习惯和产品偏好，建立了分销渠道关系等，这些都让公司获益良多。[8]日本和美国的公司都在积极地与欧洲公司结成联盟，以便更好地在拥有27[⊖]个成员国的欧盟（以及将要成为欧盟成员国的5个国家）市场上进行竞争。许多美国和欧洲公司都在与亚洲公司合作，努力进入中国、印度、泰国、印度尼西亚等亚洲市场。

实施跨国联盟战略的另一个原因是在生产或营销中寻求规模经济。通过联合生产组件、组装模型和销售产品，公司可以实现成本节约，这是仅凭其小批量生产所不能做到的。采用跨国联盟战略的第三个原因是共享分销设施和经销商网络，从而加强了联盟中伙伴与买家的联系。跨国联盟战略的第四个好处是相互学习及增加专业知识，这是通过联合研究、分享技术诀窍、相互学习彼此的制造方法，以及了解如何调整销售和营销方法以适应当地的文化和传统等活动获得的。第五个好处是，跨国盟友可以将其竞争能量更多地投向共同的对手；通过合作可能有助于其缩小与领先公司的差距。最后，联盟是使世界各地的公司就重要技术标准达成一致的一种特别有用的方式，如各种PC设备标准、互联网相关技术标准、高清电视和移动电话的标准。

> **贴士 7-5**
>
> 跨国联盟使追求增长的公司能够扩大其地域范围，加强其在国外市场的竞争力；与此同时，它提供了灵活性，允许公司保留一定程度的自主权和经营控制权。

跨国联盟战略是获得上述好处的一种很有吸引力的方式（与并购外国公司相比），因为它允许公司保持其独立性（合并则不然），并避免公司使用稀缺的财务资源进行收购。更重要的是，联盟提供了一种灵活性，即一旦公司实现其目标或难以获得好处，就可以随时放弃，而合并和收购则是一种持久的战略安排。[9]

联盟战略也可为预期的合并铺平道路；在做出更长久的战略安排前，联盟战略可以检验一下与外国合作伙伴合作的价值和可行性。专栏 7-1 描述了沃尔格林公司（Walgreens）是如

⊖ 原书中为 28 个成员国，由于英国于 2020 年 1 月 31 日正式"脱欧"，故欧盟成员国减少为 27 个。——译者注

何使用联盟战略来实现对联合博姿公司（Alliance Boots）的收购，以促进其在国外的扩张的。

 专栏 7-1　沃尔格林博姿联盟公司：通过联盟以及合并进入国外市场

沃尔格林药店自 1901 年在芝加哥南部开了第一家商店开始，逐步发展成为美国最大的连锁药店。沃尔格林是"自助服务"药店的先行者，该公司在第二次世界大战之后迅速构建了一个庞大的本国商店网络，并因此取得了成功。沃尔格林公司一直实施以增长为重点的战略，到 21 世纪初，该公司已经几乎使美国零售药店市场饱和了。到了 2014 年，75% 的美国人居住在距沃尔格林 5 英里⊖以内的地方。但是该公司核心业务模式面临威胁。沃尔格林公司严重依赖药房销售，这些销售收入通常来自病人以外的个体（如政府或保险公司）。随着政府和保险公司开始削减成本，沃尔格林的核心业务开始面临风险。为了缓解这些威胁，沃尔格林公司希望进入国外市场。

沃尔格林公司找到了一个理想的国际合作伙伴——联合博姿公司。该公司总部位于英国，在全球拥有 3 300 家门店，遍布世界 10 余个国家。与联合博姿公司的合作具有多项战略优势，如允许沃尔格林公司快速进入国外市场，以及获取互补的资产和专业知识。首先，它让沃尔格林公司获得了在美国已经饱和的零售药店之外的新市场。其次，它为沃尔格林公司提供了新的批发药品收入来源。联合博姿在批发药品销售方面拥有庞大的欧洲分销网络；

沃尔格林公司可以利用这个网络和相关的专业知识在美国建立一个类似的销售网络。最后，合并联合博姿公司将会增强沃尔格林公司的市场地位和与生产商的议价能力，从而加强沃尔格林公司的现有业务能力。鉴于这些优势，沃尔格林公司迅速与联合博姿公司达成合作，并于 2014 年将两家公司合并为沃尔格林博姿联合公司（简称"沃博联"）。沃博联是目前全球最大的药物购买者之一，能够与制药公司和其他供应商进行强有力的谈判，以实现其现有业务的规模经济。

到目前为止，市场对这次合并反响良好。自 2012 年第一次传出合作消息以来，沃博联的股票价值已经翻了一倍多。然而，该公司仍在努力整合，且面临着新的风险，如在新设合并的过程中出现汇率波动。随着制药行业的不断巩固，沃尔格林公司的战略性国际收购行为，无疑将使其在未来继续发展壮大。

注：与 Katherine Coster 共同开发。

资料来源：Company 10-K Form, 2015, Investor.walgreensbootsalliance.com/secfiling.cfm?filingID=1140361-15-38791&CIK=1618921; L. Capron and W. Mitchell, "When to Change a Winning Strategy", *Harvard Business Review*, July 25, 2012, hbr.org/2012/07/when-to-change-a-winning-strat; T. Martin and R. Dezember, "Walgreen Spends $6.7 Billion on Alliance Boots Stake", *The Wall Street Journal*, June 20, 2012.

与国外合作伙伴进行战略联盟的风险

然而，与国外合作伙伴联盟或合资也存在不足。有时候，一个本地合作伙伴的知识和专长会比预期的价值更低（因为其知识会被快速变化的市场条件所淘汰，或者操作方式已经过时）。跨越国界的盟友通常必须克服语言和文化障碍，并弄清楚如何应对各式各样的（或相互冲突的）经营实践。制定一个双方都同意的协议并监督合作伙伴遵守协议条款的交易成本可能很高。沟通、信任建立以及协调方面的成本也并不是小数。[10] 通常，合作伙伴很快就会发现它们之间的目标和战略存在冲突，在如何持续合作的问题上存在深刻的意见分歧，或者在公司价值观和道德标准上存在重大差异。当合作伙伴之间的紧张局势加剧，工作关系不融

⊖　1 英里 =1 609 米。

洽时，所期望的共同利益就不可能实现。[11] 关乎联盟成败的关键人物之间几乎没有化学反应是很普遍的——这些人需要很好地合作，但这种和谐关系可能永远也不会出现。而且，即使联盟能够发展出富有成效的人际关系，它们仍有可能难以达成一致来处理关键问题、迅速推出新举措，以及跟上技术的快速发展或不断变化的市场条件。

联盟或合资公司面临的一个令人担忧的问题是，如果联盟合作伙伴能够完全获得其他公司的专有技术特长或其他具有竞争价值的能力，那么该公司会面临丧失某些竞争优势的风险。在那些引发双方对直接交流的信息和交换的专业知识产生怀疑的竞争敏感领域，联盟公司会努力使合作更加有效。而这就需要联盟公司在一段时间内以真诚的态度进行多次会议，以解决什么该共享，什么该保持专有，以及合作协议该如何制定的问题。

即使联盟对双方来说是双赢，但也存在过度依赖外国合作伙伴来获取基本专业知识和竞争能力的危险。公司想要成为全球市场的领导者，就需要开发自己的资源和能力，掌握自己的命运。在全球 50 个或更多国家开展业务的经验丰富的跨国公司发现，与处于全球化初期的公司相比，更不需要加入跨国联盟。[12] 在全球运营的公司重视培养了解不同国家"体系"运作模式的高级管理人员，此外，仅仅通过雇用经验丰富的本地经理就可以利用当地的管理人才和技能，从而规避与当地公司合作的风险。跨国合作的一个经验是，与帮助一家公司实现和维持全球市场的领先地位相比，它能够更有效地帮助公司在全球市场开发新的机会。

7.4 国际化战略：三种主要的方法

从广义上讲，公司的**国际化战略**是其同时在两个或多个国家间竞争的战略。通常情况下，公司通过进入一个或可能是少数几个国外市场开始在国际上竞争——在有现成市场的国家销售其产品或服务。但随着公司在国际上的进一步扩张，将不得不面对两种相互矛盾的压力：对本土需求的响应以及在全球范围提供标准化产品的有效收益前景。当一家公司在两个或两个以上的国外市场运营时，必须解决的最重要的战略问题可能是，决定采用何种竞争方式来最好地应对这些竞争压力。[13] 图 7-2 显示了公司解决这一问题的三种战略选择：多国战略、全球战略或跨国战略。

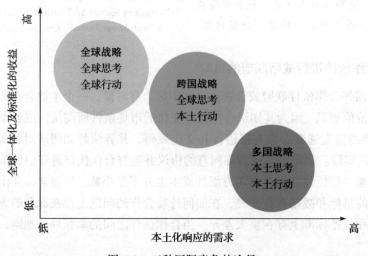

图 7-2　三种国际竞争的途径

7.4.1 多国战略：本土思考、本土行动

多国战略（multidomestic strategy）是指公司在不同的国家之间改变其产品供应和竞争方法，以满足不同的买方需求和不同的本土市场条件。这就要求公司根据本地市场生产不同版本的产品，并根据当地的风俗、文化、法规和市场要求调整营销和分销方式。在食品工业中，公司通常会改变产品的成分，并用当地的品牌销售本土化的产品，以迎合特定国家的口味和偏好。各国政府对有助于减少一氧化碳、烟雾和其他排放物质的汽油添加剂的要求几乎是不一样的。由于这些跨国配方的差异以及客户对当地品牌名称的熟悉程度，英国石油公司（BP）在其汽油和服务站业务部门采用了本土化战略。例如，该公司以其 BP 和 Arco 品牌在美国销售汽油，但在德国、比利时、波兰、匈牙利和捷克共和国的市场上以 Aral 品牌销售汽油。英国石油公司拥有的润滑油专家嘉实多公司（Castrol），生产超过 3 000 种不同配方的润滑油，以满足不同气候、车辆类型和用途以及具有不同国家市场特征的设备使用需求。

> **核心概念**
> **多国战略**是指公司根据国家的差异选择不同的产品和竞争方式，以适应不同的买方偏好和市场条件。这是一种**本土思考、本土行动**的国际战略，将决策下放至地方市场。

从本质上讲，多国战略代表了一种**本土思考、本土行动**的国际战略方法。当人口、文化和市场条件的显著跨国差异导致对本土响应需求很高时，以及当标准化带来的效率提高的潜力有限时，最适合采用本土思考、本土行动的战略制定方法（见图 7-2）。只有当决策权下放，给予当地管理者在制定和执行战略方面相当大的自由度时，本土思考、本土行动的方法才有可能实现。赋予当地经理决策权，使他们能够专注于特定的市场需求，并迅速响应当地需求的变化。此外，这也使他们能够专注于自身的竞争优势，建立相对于当地的竞争对手而言令人羡慕的市场地位，及时对竞争对手的行为做出反应，并瞄准新的机会。[14]

尽管优势明显，但本土思考、本土行动战略也存在三大缺点：

（1）阻碍了公司的能力、知识和其他资源的跨国转移，因为公司并没有努力进行跨国整合或协调。这可能会使公司整体上缺乏创新性。

（2）由于设计和部件的种类繁多，每种产品的生产时间缩短，库存处理和分配物流的复杂性也会增加，增加了生产成本和分销成本。

（3）不利于建立单一全球竞争优势。当一家公司的竞争方式和产品供应因国家而异时，其竞争优势的特性和规模也会有所不同。多国战略最多只能够产生一组具有不同类型和强度的本土竞争优势。

7.4.2 全球战略：全球思考、全球行动

全球战略（global strategy）与多国战略形成鲜明对比，因为全球战略采取了一种标准化、全球一体化的方式来生产、包装、销售、配送产品和服务。采用全球战略的公司在全球各地销售相同品牌的相同产品，在所有国家或地区使用相同的分销渠道，并在全球范围内以相同的能力和营销方式

> **核心概念**
> **全球战略**是指公司在其所在的所有国家或地区采用相同的基本竞争策略，在全球销售标准化产品，努力打造全球品牌，并通过强大的总部控制协调其在全球范围的活动。它代表了一种**全球思考、全球行动**的战略方式。

进行竞争。尽管为适应少数几个东道国的特殊环境，公司的战略或产品提供方式略有改变，但基本竞争方式（低成本、差异化、最优成本或聚焦）仍然在全球范围内保持得非常完整，且当地管理人员密切执行全球战略。

全球思考、全球行动（think-global，act-global）的方法促使公司管理者在世界范围内整合和协调公司战略行动，并扩张到大多数有大量购买需求的国家。其战略重点是构建一个全球品牌，并积极寻求机会，将公司的思想、新产品和能力从一个国家转移到另一个国家。全球战略的特点是生产和分销等价值链活动相对集中。例如，虽然为了降低运输成本可能有不止一个制造工厂和配送中心，但它们的数量往往很少。在公司发展过程中要实现全球战略的效率，就需要共享资源和最佳实践，整合价值链活动，而且能力一旦培育出来就要从一个地方转移到另一个地方。通过集中决策和强有力的总部控制就可以促进这些目标的实现。

由于全球战略不能满足差异化的地方需求，因此当标准化带来显著的效率收益，以及不同国家和地区的买方需求相对一致时，就是一种合适的战略选择。尤其在由于规模经济或经验的累积（使公司沿学习曲线前行）成本大幅度下降时，采用全球标准化和一体化的战略尤其有益。如果它能让公司在全球范围内有效地复制其成功的商业模式，或者通过将固定成本和风险分摊到更大的产量上来进行更高水平的研发，那么全球战略就是有利的。企业在一些全球竞争性的产业内竞争必须要采用这一战略。

苹果、诺基亚和摩托罗拉移动公司（Motorola Mobility）等消费电子公司倾向于采用全球战略。开发通用的技术标准是支持使用全球战略的一个因素，全球会计和财务报告标准的兴起也是如此。只要国家间的差异小到可以在全球战略框架内解决，那么全球战略就是可取的，因为公司可以更容易地统一其业务，并致力于建立各国统一的品牌形象和声誉。此外，相对于国内外竞争对手而言，使用全球战略的公司更能集中全部资源获取持续的低成本或基于差异化的竞争优势。

然而，全球战略存在若干缺点：①不能使公司像当地的竞争对手那样精确地满足本地需求；②对当地市场环境变化、新的机会关系以及竞争威胁的反应较弱；③提高了运输成本，而且关税可能会更高；④由于管理全球一体化企业的任务更为复杂，因此需要更高的协调成本。

7.4.3 跨国战略：全球思考、本土行动

跨国战略［transnational strategy，有时称为全球本土化（glocalization）］在战略制定时同时纳入了全球化和本土化要素。当本土响应需求较高且从标准化中获得收益较高时，就需要这种中间型战略，如图 7-2 所示。跨国战略鼓励公司使用一种**全球思考、本土行动**（think-global，act-local）的方法来平衡这些竞争目标。

> **核心概念**
> 跨国战略是一种**全球思考、本土行动**的战略方法，它结合了多国战略和全球战略要素。

公司通常采用大规模定制技术来实现跨国战略，使它们能够以一种高效、半标准化的方式解决当地的偏好问题。麦当劳、肯德基和星巴克已经发现了在不同国家定制菜单且不影响成本、产品质量和运营效率的方法。联合利华（Unilever）会根据本地市场对其产品的需求迅速做出反应，同时在某些职能领域实现全球规模经济。奥的斯电梯公司（Otis Elevator）发现，在当地需求差异化大的国家竞争时，比如中国，跨国战

略会比全球战略带来更好的结果。通过将传统的单一品牌战略转变为针对不同细分市场的多品牌战略，奥的斯电梯公司在中国实现市场份额的翻番，9 年内收入增加了 6 倍。[15]

通常来说，大多数经营国际业务的公司都会在客户需求和市场条件允许的情况下采取全球战略。艺电有限公司（Electronic Arts，EA）有两家主要的设计工作室——一家在不列颠哥伦比亚省的温哥华，另一家在洛杉矶，还在旧金山、奥兰多、伦敦和东京等地拥有小型设计工作室。这种设计工作室的分散化有助于 EA 针对不同文化设计游戏，例如，伦敦工作室主导设计了符合欧洲消费者偏好的 FIFA 足球游戏，在游戏中复制了现实中存在的体育场、相关标志和球队名册；美国工作室主导设计的游戏包括 NFL 橄榄球、NBA 篮球和 NASCAR 赛车游戏。

跨国战略远比其他战略更有利于调动和利用子公司的技能与能力。但是，和其他国际竞争战略一样，跨国战略也有明显的缺陷：

（1）是所有国际战略中最难执行的战略，因为它增加了根据情境条件调整战略要素的复杂性。

（2）由于需要同时追求相互矛盾的目标，它们对组织提出了很大的要求。

（3）实施这一战略很可能成本高昂、耗时耗力，而且结果是不确定的。

专栏 7-2 解释了四季酒店（Four Seasons Hotels）是如何利用跨国战略实现成功竞争的。表 7-1 总结了三种国际竞争方式的优缺点。

 专栏 7-2　四季酒店：本地特色，全球服务

四季酒店是位于加拿大多伦多的一家豪华酒店，在世界上许多知名旅游景点和商业中心拥有 100 多处房产。四季酒店拥有世界上最挑剔的客户。其主要竞争对手丽思·卡尔顿酒店致力于在全球打造一种统一的服务体验，与此相反，四季酒店通过巧妙地将当地建筑和文化体验与全球一致的豪华服务相结合，赢得了市场份额。

当进入一个新的市场时，四季酒店总是寻找当地的投资合作方。这个当地的投资者所带来的当地风俗和商业关系的建议对开发一个新的四季酒店至关重要。四季酒店还坚持雇用当地的建筑师和设计顾问，而不是使用在其他地方工作的建筑师或设计师。尽管在新兴市场这可能是一个巨大的挑战，但从长远来看，拥有一个真正的本地团队是十分值得的。

每个四季酒店的具体布局和规划也是独一无二的。例如，当四季酒店在印度孟买开设酒店时，大型宴会厅空间是为迎合印度的婚礼市场而设计的。在印度，婚礼通常会吸引数以千计的宾客。在进入中东市场时，四季酒店为男性和女性设计了各自的祈祷室。在巴厘岛举行婚礼是很常见的事情，因此酒店就为客人提供天气预报，配合其社交活动安排。在任何情况下，四季酒店的目标都是为顾客提供真正的当地体验。

在给酒店配备员工时，四季酒店试图在雇用熟知当地文化的当地人和了解四季酒店 DNA 的外籍员工或"文化承载者"之间取得良好的平衡。它还使用全球系统来跟踪客户偏好，并采用全球一致的服务标准。四季酒店声称，它对客人的服务水平在全球都是一样的，但是没有任何一种住宿体验是一样的。

虽然设计独特的建筑和住宿体验需要花费更多的时间和精力，但这样做是四季酒店为实现其高级客户所要求的当地体验而进行的战略性权衡。同样，它也认识到，维护全球一致的操作流程和服务标准也很重要。四季酒店在全球思考和本土行动之间取得了正确的平衡——这是真正的跨国战略的标志。因此，该公司因卓越的服务和在豪华酒店业的市场领先地位而享有国际声誉。

注：与 Brian R. McKenzie 共同开发。

资料来源：四季酒店年报和公司网站；2014 年 2 月 22 日对四季酒店执行副总裁 Scott Woroch 的采访。

表 7-1　多国战略、全球战略和跨国战略的优缺点

	优点	缺点
多国战略 （本土思考、本土行动）	• 能够更精确地满足每个市场的特定需求 • 能够快速响应本土市场需求的变化 • 能对当地竞争对手的行动做出具体回应 • 能够更快响应当地的机会和威胁	• 阻碍资源和能力共享或跨市场转移 • 生产和配送成本更高 • 不利于形成世界范围的竞争优势
全球战略 （全球思考、全球行动）	• 由于规模经济和范围经济降低了成本 • 由于能跨市场转移最佳实践而产生更高的效率 • 通过知识共享和能力转移提高创新能力 • 带来全球品牌和声誉的好处	• 不能精确满足当地需求 • 对当地市场环境变化的响应缓慢 • 更高的运输成本和关税 • 更高的协调和整合成本
跨国战略 （全球思考、本土行动）	• 提供了本土响应和全球一体化两种好处 • 使资源和能力能够跨国转移与共享 • 提供了灵活协调的好处	• 更加复杂和更难执行 • 目标相互冲突，可能难以协调，需要平衡 • 执行的成本更大更耗时

7.5　通过国际经营获取竞争优势

公司通过在国外市场扩张来获得竞争优势（或抵消国内劣势）的重要方式有三种。第一，可以利用区位优势来降低成本或实现更大的产品差异化。第二，可以将具有竞争力的宝贵资源和能力从一个国家转移到另一个国家，或是跨国分享这些资源与能力，以扩大其竞争优势。第三，可以从跨境协调国内竞争对手无法获得的机会中受益。

贴士 7-6

在国际上竞争的公司可以在世界市场上寻求竞争优势，只要它们能够将价值链活动定位在那些被证明是最有利的国家。

7.5.1　利用位置建立竞争优势

要利用位置来建立竞争优势，公司必须考虑两个问题：①是否将其在少数几个特定国家开展的活动集中起来，或将活动分散到许多国家；②在哪些国家开展哪些活动。

1. 集中开展经营活动的情况

对于一家公司来说，当出现下列情形时，将其经营活动集中在几个地方就会变得非常重要。

- 在某些地理位置的制造成本或其他活动成本明显低于其他地区。例如，由于劳动力成本低廉，世界上许多运动鞋都是在亚洲（中国大陆、越南和印度尼西亚）制造的；由于中国台湾地区劳动力成本较低、技术水平高，许多电脑的电路板都在中国台湾地区生产。

- 生产或分销中存在显著的规模经济。在零部件生产或最终组装中，存在可观的规模经济往往意味着，公司成本的大幅度下降是通过几家高效的工厂而非那些分散在世界各地的小型工厂实现的。位于日本、韩国和中国台湾的数码相机和 LED 电视制造商利用其规模经济，以这种方式成功建立了低成本优势。而要取得低成本领先的地位，公司的产量通常需要是全球最大的（与品牌占有率或市场份额不同），并将生产集中在一个或几个巨型工厂。有些公司甚至利用这些工厂生产竞争对手品牌的产品，以进一步提高与生产相关的规模经济。同样，公司可以通过建立服务于世界主要区域市场（如北美洲、拉丁美洲、欧洲和中东以及亚太地区）的大型分销中心来降低其分销成本。

- 所从事的价值链活动存在显著的学习经验效应。在一些产业中，通过在一些地方集中生产，学习曲线效应能够让制造商降低单位成本、提高质量或更快地掌握一项新技术。沿学习曲线前行的关键是将生产集中在少数几个地点，以尽可能快地增加工厂的累积产量（从而增加工厂劳动力的经验）。

- 某些位置拥有卓越的资源，可以更好地协调相关活动，或者提供其他有价值的优势。公司通常会将研究机构或复杂的生产设施选在特定的国家，以利用其受过技术培训的人才库。阿迪达斯将其第一家机器人"极速工厂"（speedfactory）设在德国，以利用其卓越的技术资源，并接受公司总部（在德国）的强力监督。在实施即时库存（just-in-time inventory）带来巨大的成本节约或装配型公司与关键供应商有长期合作协议的地方，零部件制造工厂可能会聚集在总装工厂周围。客户服务中心或销售办事处可能会设在特定的国家，以有助于和附近的关键客户建立牢固关系。由于美国是主要市场，所以空中客车公司（Airbus）在亚拉巴马州建立了一个商用飞机主要组装基地。

2. 分散从事经营活动的情况

在某些情况下，将活动分散在不同地点比集中生产更有利。与买家相关的活动——比如分销、营销和售后服务——通常必须在买家附近进行。这就需要公司把执行这些活动的能力定位在公司拥有大量客户的每个国家或地区。例如，生产采矿和石油钻探设备公司在世界各地都有维修点，以满足客户对快速设备维修和技术援助的需求。大型会计师事务所在许多国家设有办事处，为其国际企业客户的海外业务服务。当高昂的运输成本、规模不经济和贸易壁垒使公司在一个地方运营的成本过高时，将活动分散到多个区域很重要。许多公司从多个地点分销产品，以缩短向客户交付的时间。此外，分散活动有助于规避汇率波动、供应中断（由于罢工、自然灾害或交通延误）以及不利的政治发展所带来的风险。当活动集中在单一地点时，这种风险通常更大。

跨国公司有充分的理由将与买方相关的活动分散到许多国际地点，诸如材料采购、零部件制造、成品组装、技术研究和新产品开发等活动都可以与买方地点分离，并在优势所在地进行。例如，零部件可以在墨西哥制造，技术研究在法兰克福完成，新产品在菲尼克斯开发和测试，组装工厂设在西班牙、巴西、中国台湾或美国南卡罗来纳州。资金可以从条件最为优惠的地方筹集。

7.5.2　通过跨国共享、转移资源和能力建立竞争优势

当一家公司拥有具有竞争力的宝贵资源和能力时，公司也许能够通过国际扩张来进一步利用它们。如果公司资源在国外环境中仍然具有价值，那么进入新的国外市场就可以将公司基于资源的竞争优势延伸到更广阔的领域。例如，蒂芙尼、卡地亚和劳力士等公司利用它们

强大的品牌优势，将其差异化竞争优势延伸到远远超出其母国起源的地方。在上述每一种情况下，奢侈品牌的名字都代表了一种宝贵的竞争资产，可以很容易地被公司的所有国际商店共享，使得它们能够吸引买家，并在更广泛的地域范围内获得更高的市场渗透率。

公司扩大国际竞争优势的另一种方式是将技术诀窍或其他重要的资源和能力从一个国家的业务中转移到其他国家的业务中。例如，如果一家公司在一个工厂发现了更快、更有成本效益地组装产品的方法，那么该技术就可以被转移到该公司在其他国家的组装工厂。惠尔浦努力将其在北美洲、拉丁美洲、欧洲和亚洲的产品研发与制造业务联系起来，这使其能够加速家电新性能研发，在不同国家销售的家电产品中统一推出这些性能，并打造经济高效的全球供应链。惠尔浦有意识地努力整合和协调其在世界各地的各种业务，这帮助它实现了卓越运营，并加快了产品创新上市的速度。沃尔玛通过将其在分销和折扣零售方面的大量资源能力转移到其在28个国家的零售部门这一战略，正在扩大其国际业务。

跨国共享或转移资源和能力为公司提供了一种具有成本效益的方式，以更充分地利用其核心竞争力，并将其竞争优势扩大到更广泛的地理市场。跨国共享或转移已经开发的资源和能力的成本，与创建它们所花费的时间和巨大的费用相比是很低的。此外，通过将它们部署到国外，将固定开发成本分摊到更大的单位销量上，从而有助于降低单位成本，并在新进入的地理市场中形成基于成本的潜在竞争优势。即使共享或转移的资源和能力必须适应当地的市场条件，这通常也能以较低的额外成本来完成。

以迪士尼主题公园为例。美国主题公园的成功部分源于其核心资源，比如迪士尼的品牌名称和米老鼠等具有广泛吸引力和全球知名度的卡通形象。随着迪士尼在国际上的扩张，这些资源可以自由地与新的主题公园共享。迪士尼还可以将其主题公园复制到新的国家（地区），因为开发其核心资源、公园景点、基本公园设计和运营能力的成本已经支出了。即使公园需要适应当地的各种条件，但在国外复制其主题公园的成本也还是相对较低的。因此，在东京、巴黎、香港和上海建立迪士尼乐园时，迪士尼能够利用迪士尼品牌和公园等资源赋予的差异化优势。此外，通过进入新的海外市场，迪士尼凭借跨境资源共享、低成本能力转移和商业模式复制带来的效率提升，进一步增强了其竞争优势。

跨国界共享、转移资源和能力也可能有助于发展更广泛或更深入的能力——帮助公司在一些有竞争力的领域取得主控深度。例如，本田在全球范围内建立的质量声誉始于摩托车，但这使该公司在多个国家市场的汽车和户外动力设备领域都占据了一席之地。一个国家的客户基数往往太小，不足以提供实现这种深度所需的资源积累，这在发展中国家或受保护的市场上尤其如此，因为这些市场不需要有竞争力的资源。通过在更大的国际范围内施展能力，公司可以获得把能力提升到更高工作水平的经验。通过面对更具挑战性的国际竞争对手，公司可能会被激发出更强大的竞争力。此外，通过进入国际市场，公司可以向国际竞争对手、合作伙伴或收购目标学习来增强其能力。

然而，跨境资源共享和能力转移并不能保证竞争成功。例如，资源或能力能否赋予国外竞争优势，取决于每个特定市场的对抗状况。如果国外市场的竞争对手拥有优越的资源和能力，那么这一市场的进入者就会发现自己处于竞争劣势，即使它在国内有资源优势，并且可以以低成本转移资源。此外，由于生活方式和购买习惯在国际上存在差异，在一个国家有价值的资源和能力可能在其他国家没有价值。有时在一国广受欢迎或口碑不错的品牌，在其他国家的本土竞争中几乎没有竞争力。

7.5.3 跨国协作的好处

与纯粹的国内竞争对手相比，在国际市场上进行竞争的公司拥有另一种竞争优势：它们能够协调不同国家的活动并从中获益。[16] 例如，国际制造商可以将生产从一个国家的工厂转移到另一个国家的工厂，以利用汇率的波动来应对零部件短缺，或者从工资或能源成本的变化中获利。公司生产计划可以在全球范围内进行协调，如果一个地方的产品价格突然上升而另一个地方的产品价格下降，那么产品就可以从一个配送中心转移到另一个配送中心。通过协调公司活动，国际公司也可以提高它们对东道国政府的影响力，或者适应关税和配额的变化。通过将工作量从异常沉重的地方转移到人员未被充分利用的地方，也可以提高效率。

7.6 跨国战略举措

虽然国际竞争者可以采用第 6 章讨论的任何进攻性和防御性战略举措，但有两种战略举措特别适合在国际上竞争的公司。第一种是国际竞争者基于独特市场定位所发起的进攻性举措，该公司可能在不止一个国家拥有强大或受保护的市场地位。第二种是涉及多市场的防御性举措。

7.6.1 发动战略进攻

开展国际竞争的企业有一个优势是有可能拥有不止一个重要的、可能受到保护的利润来源。这可能会为公司带来财务优势，可以在选定的国家市场进行战略进攻。多个利润来源所带来的财务能力使国际竞争者有足够的财务实力对唯一利润来自国内市场的国内竞争者发动攻势。跨国公司可以灵活地在国内公司的本土市场压低价格或发起高成本营销活动，以牺牲国内公司的利益来抢占市场份额。在这些市场上，微薄的利润甚至亏损都可以用其在海外市场赚取的可观利润来补贴——这种做法被称为**跨市场补贴**（cross-market subsidization）。跨国公司可以调整其降价幅度以迅速进入并夺取市场份额，或者它可以稍微降低价格以逐步进入市场（也许超过 10 年或更长时间），这样就不会突然威胁到本地公司，引发政府的保护主义行动。如果本地公司采取相应的降价策略或增加营销费用进行回击，这样就会使其整个收入流和利润基础受到侵蚀。即使该公司是本地市场的领先者，它的利润也会受到严重挤压，竞争实力也会受到削弱。

> **核心概念**
>
> **跨市场补贴**是指利用从一个市场上转移的资源和利润来支持公司在另外一个市场上的竞争性进攻，这是一种强有力的竞争武器。

当国际竞争者采取极端的削价进攻时，可能会引起不正当"倾销"的指控。当公司在国外市场以这样的价格销售产品时，会被视为倾销：①远低于其在国内市场上的正常销售价格；②远低于其单位产品的总成本。几乎所有国家的政府都可以通过对倾销公司所在国家的进口商品征收特别关税，来对察觉到的倾销行为进行打击。事实上，在过去 10 年里，随着国家间贸易的迅速增长，大多数国家的政府都加入了世界贸易组织（WTO），该组织致力于促进各国之间的公平贸易并积极监管倾销行为。那些被认定有倾销行为的公司经常受到来自本国政府勒令其停止这种行为的压力，特别是如果这些不利关税影响到同一国家的无辜公司，或者特殊关税的出现带来国际贸易战恐慌。

7.6.2　防御国际竞争对手

涉及多个国家市场的跨境策略也可以用来作为抵御具有多个盈利市场的竞争对手的战略举措。如果公司发现自己在一个国家的市场上受到了国际竞争对手的攻击，一种应对方法就是在其他国家的关键市场上对竞争对手进行反击，最好是在竞争对手最不受保护且损失最大的地方。当竞争对手在世界各地基本相同的市场上相互竞争并参与多市场竞争时，这是一种可能的选择。

贴士 7-7

多市场竞争是指竞争对手在许多相同的市场中相互竞争的情况。

核心概念

当公司在多个地理市场上相互竞争时，跨境反击的威慑可能足以阻止激进的进攻行动，并鼓励国际竞争对手之间**相互牵制**。

对于拥有至少一个主要市场的公司来说，在竞争对手的关键市场中拥有一席之地，就足以阻止竞争对手对其进行激进的攻击。其原因在于公司涉足竞争对手现有的关键市场和其他地方的高利润市场，可以向对手发出一个信号：如果竞争对手攻击公司的一个关键市场，公司就能迅速扩大生产（由利润中心提供资金）进行竞争性反击。

当国际竞争对手在多国市场上相互竞争时，因为害怕这场战争会升级为一场跨境竞争的报复行动，这种威慑效应可以限制它们对彼此采取激进行动。这种**相互牵制**（mutual restraint）倾向于稳定多市场竞争对手之间的竞争地位。虽然它可能会阻止公司以牺牲竞争对手的利益为代价来获得主要市场份额，但它也可以防止代价高昂的竞争战，这种竞争战可能会侵蚀两家公司的盈利能力且不会带来任何补偿性收益。

7.7　在发展中国家市场竞争的战略

争夺全球领先者地位的公司必须考虑在中国、印度、巴西、印度尼西亚、泰国、波兰、墨西哥和俄罗斯等发展中经济体市场上进行竞争，这些国家的业务风险很大，但随着它们的经济发展和生活水平向工业化国家的水平攀升，增长机会也是巨大的。[17] 在当今世界，渴望领导国际市场（或持续快速增长）的公司不能忽视这些国家提供的市场机会或技术和管理人才的基础。例如，2018 年，凭借超过 14 亿人口的购买力，中国成为世界第二大经济体（仅次于美国）。中国对消费品需求的增长，使其成为全球第五大奢侈品市场，销售额高于德国、西班牙和英国等发达市场。因此，任何渴望成为世界市场领导者的公司都不能忽视在所谓的"金砖四国"（巴西、俄罗斯、印度和中国）以及亚太其他地区、拉丁美洲和东欧建立有竞争力的市场地位的战略重要性。

然而，根据发展中国家的市场情况量身定做产品，往往不仅涉及生产产品时的微小变化，而且企业还要更加熟悉当地的文化。麦当劳不得不在亚洲部分地区提供蔬菜汉堡，并重新考虑其价格，因为这些价格如果还以其本国的标准制定，那么就只有富人才能买得起。家乐氏一直难以成功地推出自己的麦片，主要是因为许多欠发达国家的消费者早餐是不吃谷类食品的。在印度，一次性包装的洗洁精、洗发水、泡菜、止咳糖浆和食用油是很受欢迎的，因为它们能让买家购买他们需要的东西即可，这样就可以节省现金。因此，许多公司发现在发展中国家采用类似于发达国家市场中的战略是危险的。[18] 通常，公司需要在尝试一些或很多次后才能找到一个有效的战略组合扭转当地市场局面。

在发展中国家市场竞争的战略选择

为适应发展中国家市场有时出现的不寻常或富有挑战性的情况，公司的战略制定有以下几种选择：

- 准备在低价的基础上进行竞争。发展中国家市场的消费者往往高度关注价格，这可能会给那些低成本的本地竞争对手带来优势，除非公司能找到以低价和更好的产品吸引买家的方法。例如，为了进入印度洗涤剂市场，联合利华不得不开发一种低成本的洗涤剂（命名为 Wheel），建造新的低成本生产设施，将洗涤剂设计成一次性使用量的包装，以便以很低的单价出售，用手推车将产品分发给当地商人，并开展经济的营销活动，包括在建筑物上喷涂标志和在商店附近演示。这个新品牌很快就获得了 1 亿美元的销售收入，并在 2014 年成为印度美元销售额最高的洗涤剂品牌。联合利华在印度复制了这一战略，推出了低价洗发水和除臭剂包装，并在南美推出了名为 Ala 的洗涤剂品牌。

- 调整公司商业模式的各个方面，以适应发展中国家独特的当地环境。例如，霍尼韦尔（Honeywell）在美国和欧洲以外销售工业产品和服务超过 100 年了，其使用的是一种国外子公司模式，这种模式只关注国际销售活动。当霍尼韦尔进入中国，发现中国的客户在进行购买决策时，不仅考虑产品或服务的质量和价格，而且还考虑国外公司在中国创造的关键岗位数量。霍尼韦尔在中国增加了约 150 名工程师、策略师和营销人员，以展示其支持中国经济发展的承诺。霍尼韦尔在进入印度工业产品和服务市场时，复制了其"东方服务于东方"（East for East）的战略。霍尼韦尔在中国开展业务的 10 年里，以及在印度扩张的 3 年内，这两个新兴市场销售额占据了该公司全球增长的 30%。

- 尝试改变当地市场，以更好地匹配公司在其他地方的经营方式。一家国际公司经常有足够的市场影响力来推动当地市场运作方式发生重大改变。当日本的铃木（Suzuki）进入印度时，引发了印度汽车零件制造商的质量革命。当地的零部件供应商与铃木在日本的供应商合作，并与日本专家合作生产更高质量的产品。在接下来的 20 年里，印度公司开始精通制造顶级汽车零部件，比日本以外任何国家的公司赢得更多的质量奖，并作为亚洲和世界其他地区的许多汽车制造商的供应商打入全球市场。马恒达（Mahindra & Mahindra）是印度首屈一指的汽车制造商之一，其产品质量得到了众多组织的认可。其中最值得注意的奖项是其在君迪亚太公司（J.D. Power Asia Pacific）的新车整体质量排名中位列第一。

- 当调整公司的商业模式以适应当地环境对公司来说是不切实际或不经济的做法时，公司就需要远离这样的发展中国家市场。家得宝公司成功扩张到墨西哥，但避免进入其他发展中国家，因为其优质、低价和周到的客户服务价值主张依赖于：①良好的高速公路和物流系统使库存成本最小化；②员工持股计划帮助激励店员提供良好的客户服务；③住房建设和房屋维修方面的高劳动力成本鼓励业主亲自动手。在北美市场，家得宝依靠这些因素取得了惊人效果，但该公司发现它在中国无法依靠这些因素，并于 2012 年退出中国市场。

公司进入巴西、俄罗斯、印度和中国等发展中国家市场的经验表明，盈利很少能快速或轻易实现。为公司的产品建立一个市场通常是一个长期的过程，包括对消费者进行再教育，在广告上进行大量投资以改变消费者的品位和购买习惯，以及升级当地的基础设施（如运输系统、分销渠道等）。在这种情况下，公司必须有耐心，在当地环境系统下经营以改善基础设施，一旦市场起飞的条件成熟，为创造可观的收入和利润奠定基础。

7.8 防御全球巨人：发展中国家的本土公司战略

如果正在寻求机会的、资源丰富的跨国公司希望进入发展中国家市场，当地公司可以选择哪些战略以求生存？结果是，本土公司面对全球巨头的形势并不严峻。对发展中国家市场上本土公司的研究已经揭示了五种战略，证明本土公司可以抵御具有全球竞争力的公司。[19]

（1）利用全球巨头在本地分销网络或基础设施上的不足来开发商业模式。在许多情况下，全球巨头所拥有的大量资源对在发展中国家市场开展业务几乎没有什么帮助。由于缺乏完善的本地批发商和分销商网络、电信系统、消费者银行以及广告所必需的媒体等，大型跨国公司很难将在发达市场已得到验证的商业模式迁移到新兴市场。新兴市场有时偏爱那些熟悉当地语言和文化的本土公司，而且本土公司的管理层会选择大量有责任心的员工来执行劳动密集型任务。盛大（Shanda）网络公司是中国大型多人在线角色扮演游戏的开发商，通过向本地零售商销售预付卡，克服了中国缺乏成熟的信用卡网络的问题。该公司专攻网络游戏，弥补了中国缺乏软件保护的不足。一家总部位于印度的电子公司，开发了一款专为印度数百万小店主设计的一体式商业机器，可以有效应对该国频繁的停电问题。

（2）利用对当地客户需求和偏好的敏锐理解，创造出个性化的产品或服务。当发展中国家市场中大部分客户具有强烈的本地需求时，一个好的战略选择是专注于那些偏爱本地风格的顾客，并接受被全球品牌吸引的顾客的流失。[20]本土公司也许能够敏锐地利用其本土地位优势——熟悉当地消费者的偏好，具有传统产品方面的专业知识，形成了长期的客户关系。一家小型的中东手机制造商与三星、苹果、诺基亚和摩托罗拉等行业巨头进行竞争，它们销售了一款专为穆斯林设计的手机，手机里装载了《古兰经》，用以在祈祷时提醒人们，并配备了指向麦加的指南针。总部位于深圳的腾讯公司通过对中国行为和文化的独特理解，成为中国即时通信领域的领导者。

（3）充分利用大型跨国公司不熟悉当地劳动力市场的特点。缺乏国外进入者所拥有的技术能力的本地公司，可以依靠它们对当地劳动力的更好理解来抵消任何不利因素。例如，分众传媒（Focus Media）是中国最大的户外广告公司，它主要依靠低成本的劳动力，以低技术的方式更新公司位于 90 多个城市的超过 17 万块液晶显示屏和广告牌，而跨国公司在中国运营使用的是电子联网屏幕，可以远程改变信息。分众传媒采用如下工作模式：一群员工骑着自行车到每个显示屏前，通过 U 盘或 DVD 上的程序来更改广告。印孚瑟斯技术公司（Infosys Technologies）和萨蒂扬软件技术服务公司（Satyam Computer Services）等印度信息技术公司的人力成本一直低于国际竞争对手美国电子数据系统公司（EDS）和埃森哲

（Accenture），因为它们熟悉当地的劳动力市场。大型国际公司在班加罗尔和德里这样的城市中心进行了大量的招聘工作，推动了这些城市工程和计算机科学类的工资上涨，而本地公司则将招聘工作转移到国外公司不熟悉的二线城市。

（4）利用收购和快速增长战略更好地抵御有扩张意识的跨国公司。随着中国、印度尼西亚和巴西等发展中国家市场发展潜力的显见，本土公司必须努力扩大其规模并尽快提升竞争力，以抵御更强大的国际巨头丰富的资源储备。在发展中国家，大多数成功的公司都快速出击寻求兼并与收购，首先在全国范围内建立领先地位，随即进军国际市场。印度最大的铝生产商印度铝业（Hindalco）一直遵循这条道路，以实现其全球主导地位的雄心壮志。公司首先通过收购印度本土的公司，获得了足够的经验和信心，最终收购了拥有世界级能力的大型国外公司。[21] 当中国开始放开其对外贸易政策时，联想意识到其在中国长期占据市场主导地位无法承受戴尔和惠普等国际新进入者的冲击。因此，联想通过收购 IBM 的电脑业务以迅速获得 IBM 全球公认的个人电脑品牌、研发能力以及在发达国家的现有分销渠道。这使得联想不仅能够在抵抗全球巨头进军本土市场时坚守阵地，也能在全球范围内开拓新的市场。[22]

（5）将公司的专业知识转移到跨国市场，并采取行动在国际层面进行竞争。当来自发展中国家的公司拥有适合于在其他国家市场竞争的资源和能力时，将其专长转移至国外市场的计划成为一种可行的战略选择。墨西哥最大的媒体公司 Televisa 利用其在西班牙文化和语言学方面的专长，成为世界上最多产的西班牙语"肥皂剧"制作方。通过不断提升其能力并借鉴其在国外市场的经验，公司有时可以将自身转变成能够在全球范围内竞争的公司，成为新兴的全球巨头。印度的桑德拉姆公司（Sundaram）开始进军国外市场，成为向通用汽车提供散热器盖的供应商，当通用汽车第一次决定将这部分生产外包时，公司获得了这个机会。作为通用汽车供应商网络的参与者，该公司了解了新兴的技术标准，建立了自己的能力，并成为首批实现 QS 9000 质量认证的印度公司之一。凭借其获得的专业知识和得到的满足质量标准的认可，桑德拉姆公司随后能够在日本和欧洲寻求供应汽车零部件的机会。

专栏 7-3 讨论了微信（中国最受欢迎的即时通信应用程序）成功挡住国际社交媒体竞争对手背后的战略。

 专栏 7-3　微信在中国抵御国际社交媒体巨头的战略

微信是一款类似于 Whatsapp 的中国社交媒体和即时通信应用程序，用户可以聊天、发布照片、网上购物、分享信息和音乐。它还在继续增加新功能，如微信游戏和微信支付，允许用户以电子方式支付，很像 Venmo[⊖]。该公司现在拥有超过 10 亿多活跃用户，这证明了其战略的成功。

在将国际竞争对手拒之门外方面，微信也取得了令人难以置信的成功。由于中国的审查制度和法规，中国的社交媒体公司相对于外国竞争者具有先天优势。然而，这并不是微信成为中国人生活中不可缺少的一部分的原因。

微信之所以能够超越国际竞争对手，是因为其能够更好地了解并预测中国客户的需求。

⊖　美国贝宝旗下一款数字支付软件。——译者注

微信增加了一些功能，允许用户在交通高峰期查看交通违章情况，购买电影票，以及预约挂号。由于挂号排队难问题比较普遍，预约挂号是一项在中国客户中非常受欢迎的功能。本质上，微信在城市为急需的信息和商品构建分销网络。

微信对当地习俗的理解也是国际竞争对手无法比拟的。为了推广微信支付，微信推出了中国春节抢红包活动，用户可以在微信上赢得虚拟红包。红包是中国春节的传统礼物。微信支付的用户在该活动推广后的一个月内从3 000万增长到了1亿。到2020年，超过10亿的微信活跃用户中有许多人在使用微信支付。春节后，微信继续允许用户发红包，并在随后几年继续开展春节推广活动，取得了成功，就连中国的一些头部企业也被微信打败了。竞争对手阿里巴巴的创始人马云承认微信红包活动使微信领先于他的公司，是对他的公司发起的"偷袭珍珠港事件"。中国的技术专家指出，这次红包推广活动是马云的噩梦，因为它将微信推到了中国P2P支付的最前沿。

微信不断开发新功能的战略也让竞争者望而却步。作为中国的"万能应用"，微信现在已经渗透到中国的各行各业，会继续将外国竞争者挡在门外。

注：与 Meaghan I. Haugh 共同开发。

资料来源：Guilford, Gwynn. "WeChat's Little Red Envelopes Are Brilliant Marketing for Mobile Payments." *Quartz*, January 29, 2014; Pasternack, Alex. "How Social Cash Made WeChat the App for Everything", *Fast Company*, January 3, 2017; "WeChat's World", *The Economist*, August 6, 2016; Stanciu, Tudor. "Why WeChat City Services Is a Game-Changing Move for Smartphone Adoption", *TechCrunch*, April 24, 2015.

◨ 本章要点

1. 在国际市场上竞争的公司能够：①获得新客户；②通过更大的规模经济、更好的学习和增加购买力来降低成本；③获得低成本的生产投入；④进一步挖掘公司的核心竞争力；⑤获得国外市场的资源和能力。

2. 由于五个原因使得制定跨国竞争战略更为复杂：①不同的国家在不同的行业内有不同的母国优势；②在世界的不同地区内进行价值链活动有本地区位优势；③不同的政治和经济条件使得商业环境在某些国家比在其他国家更有利；④在国外市场运作时，公司面临着汇率变动的风险；⑤消费者品位和偏好的差异，给公司带来了挑战，需要在产品和服务的定制与标准化之间进行权衡。

3. 在国际上进行扩张的公司所采用的战略通常基于母国优势，根据国家竞争优势钻石模型而定，这一战略与需求状况，要素状况，相关及支持产业，公司战略、结构和同业竞争有关。

4. 进入国际市场有五种战略选择。包括维持国内生产基地和向国外市场出口货物，许可国外公司在国外生产和分销该公司的产品，采用特许经营战略，通过收购或新设公司方式建立国外子公司，以及使用战略联盟或其他合作伙伴关系。

5. 公司在进行国际竞争时必须在三种不同战略中做出选择：①多国战略，即一种"本土思考、本土行动"的战略；②全球战略，即一种"全球思考、全球行动"的战略；③跨国战略，即一种"全球思考、本土行动"的战略。多国战略适合这样的公司：为了适应不同的购买者的偏好和市场条件，必须向各国提供不同的产品和使用不同的竞争方法。当采取标准化的、全球一体化的方法可以获得可观的成本效益，并且几乎不需要本地响应能力时，全球战略效果最好。当对本地响应能力需求很高并且采用全球一体化方法能获得巨大利益时，就需要采用跨国战略。使用这种战略的公司，在所有市场上采用相同的基本竞争战略，但仍然对其产品和运营的某些方面进行个性化定制，以适应当地市场环境。

6. 在国际市场上，公司可以通过三种方式获得竞争优势（或抵消国内劣势）。第一种方法是在各国之间以降低成本或实现更大的产品差异化的方式来定位各种价值链活动。第二种方法是利用国际竞争者的能力，通过经济有效地共享、复制或转移其最有价值的资源和能力来扩展其竞争优势。第三种方法是寻求仅在国内的竞争者无法获得的跨境协作带来的好处。

7. 有两种战略举措特别适合在国际上竞争的公司。第一种是通过跨市场补贴在国际市场上发动战略进攻，利用在一个市场中转移的资源和利润来支持公司在另一个市场上发起竞争性进攻。第二种是在国际多市场竞争中用来鼓励竞争对手之间相互牵制的防御性举措，表明每家公司都有财政能力在受到威胁时进行强有力的反击。对于拥有至少一个高利润或固若金汤市场的公司来说，在竞争对手的关键市场上开展业务，足以阻止竞争对手对其进行激进的攻击。

8. 争相成为全球领先者的公司必须考虑在发展中国家市场上开展竞争，比如巴西、俄罗斯、印度和中国，这些国家中有的商业风险相当大，但增长的机会也非常大。为了在这些市场上取得成功，公司通常必须：①在低价的基础上进行竞争；②调整公司商业模式的各个方面，以适应发展中国家独特的当地环境；③尝试改变当地市场，以更好地匹配公司在其他地方的经营方式。在发展中国家市场上，盈利能力不太可能迅速或轻易地实现，这通常是因为改变购买习惯和消费者品位需要进行投资，增加政治和经济风险，或者需要升级基础设施。有时，公司应该远离某些发展中国家市场，直到进入市场的条件更适合其商业模式和战略。

9. 发展中国家市场上的本土公司可以通过以下方式与国际大型公司竞争：①利用大型公司在本地分销网络或基础设施方面的缺陷开发商业模式；②利用对当地客户需求和偏好或本地关系的敏锐理解；③充分利用大型跨国公司对当地劳动力市场不熟悉的特点；④利用收购和快速增长战略更好地抵御有扩张意识的国际公司；⑤将公司的专业知识转移到跨国市场，并在国际范围展开竞争行动。

🔲 巩固练习

1. 欧莱雅在 140 个国家拥有超过 500 个品牌的美容产品，该公司的国际战略是在全球 43 个工厂生产这些产品。对于欧莱雅的国际战略，公司网站（www.loreal.com/careers/who-you-can-be/operations）的运营部分以及新闻稿、年报和简报中进行了讨论。为什么公司选择采用国外子公司战略？相对于出口战略，化妆品、香水和护发产品行业的全球采购和生产是否具有战略优势？

2. 联盟、合资企业和与国外公司的合并是公司进入国际市场广泛使用的方式。这样的战略安排有许多目的，包括了解不熟悉的环境，以及获得外国合作伙伴的互补资源和能力的机会。专栏 7-1 说明了沃尔格林公司是如何通过联盟进入国外市场的战略，随后又与同一合作公司合并的。这种进入战略的目的是什么？为什么它对沃尔格林这样的公司有意义？

3. 假设你负责制定一个国际公司在全球 50 多个国家销售产品的战略。你面临的问题之一是采用多国战略、全球战略还是跨国战略。

   a. 如果你所在公司的产品是移动电话，你认为采用哪一种战略更好？为什么？

   b. 如果你所在公司的产品是干汤料和罐装汤，那么多国战略是否比全球战略或跨国战略更可取？为什么？

   c. 如果你所在公司的产品是大型家用电器，如洗衣机、炉灶、烤箱和冰箱，那么追求多国战略、全球战略或跨国战略是否更有意义？为什么？

4. 利用你所在大学图书馆的商业研究资源和互联网资源，识别并讨论通用汽车在中国市场上开展竞争的三种关键战略。

◘ 模拟练习

　　以下问题是针对在国际市场上运营的模拟参与者的。如果你的公司只在一个国家竞争，那么就跳过这部分的问题。

1. 若将汇率变动考虑在内，你和你的管理伙伴会在多大程度上调整公司的战略？换句话说，你们是否采取了行动来尽量减少不利汇率变动的影响？

2. 若将进口关税或进口税的地域差异考虑在内，你和你的管理伙伴会在多大程度上调整公司的战略？

3. 下列在国际上成功竞争的方法各有什么特点？
   - 多国战略，或"本土思考、本土行动"的方法。
   - 全球战略，或"全球思考、全球行动"的方法。
   - 跨国战略，或"全球思考、本土行动"的方法。

解释你的答案，并指出两三个影响贵公司在两个或多个地理区域竞争的主要战略要素。

◘ 尾注

[1] Sidney G. Winter and Gabriel Szulanski, "Getting It Right the Second Time," *Harvard Business Review* 80, no. 1 (January 2002), pp. 62–69.

[2] P. Dussauge, B. Garrette, and W. Mitchell, "Learning from Competing Partners: Outcomes and Durations of Scale and Link Alliances in Europe, North America and Asia," *Strategic Management Journal* 21, no. 2 (February 2000), pp. 99–126; K. W. Glaister and P. J. Buckley, "Strategic Motives for International Alliance Formation," *Journal of Management Studies* 33, no. 3 (May 1996), pp. 301–332.

[3] Michael E. Porter, "The Competitive Advantage of Nations," *Harvard Business Review*, March–April 1990, pp. 73–93.

[4] Tom Mitchell and Avantika Chilkoti, "China Car Sales Accelerate Away from US and Brazil in 2013," *Financial Times*, January 9, 2014, www.ft.com/cms/s/0/8c649078-78f8-11e3-b381-00144feabdc0.html#axzz2rpEqjkZO.

[5] U.S. Department of Labor, Bureau of Labor Statistics, "International Comparisons of Hourly Compensation Costs in Manufacturing 2012," August 9, 2013. (The numbers for India and China are estimates.)

[6] Sangwon Yoon, "South Korea Targets Internet Addicts; 2 Million Hooked," *Valley News*, April 25, 2010, p. C2.

[7] Joel Bleeke and David Ernst, "The Way to Win in Cross-Border Alliances," *Harvard Business Review* 69, no. 6 (November–December 1991), pp. 127–133; Gary Hamel, Yves L. Doz, and C. K. Prahalad, "Collaborate with Your Competitors—

and Win," *Harvard Business Review* 67, no. 1 (January–February 1989), pp. 134–135.

[8] K. W. Glaister and P. J. Buckley, "Strategic Motives for International Alliance Formation," *Journal of Management Studies* 33, no. 3 (May 1996), pp. 301–332.

[9] Jeffrey H. Dyer, Prashant Kale, and Harbir Singh, "When to Ally and When to Acquire," *Harvard Business Review* 82, no. 7–8 (July–August 2004).

[10] Yves Doz and Gary Hamel, *Alliance Advantage: The Art of Creating Value through Partnering* (Harvard Business School Press, 1998); Rosabeth Moss Kanter, "Collaborative Advantage: The Art of the Alliance," *Harvard Business Review* 72, no. 4 (July–August 1994), pp. 96–108.

[11] Jeremy Main, "Making Global Alliances Work," *Fortune*, December 19, 1990, p. 125.

[12] C. K. Prahalad and Kenneth Lieberthal, "The End of Corporate Imperialism," *Harvard Business Review* 81, no. 8 (August 2003), pp. 109–117.

[13] Pankaj Ghemawat, "Managing Differences: The Central Challenge of Global Strategy," *Harvard Business Review* 85, no. 3 (March 2007).

[14] C. A. Bartlett and S. Ghoshal, *Managing across Borders: The Transnational Solution*, 2nd ed. (Boston: Harvard Business School Press, 1998).

[15] Lynn S. Paine, "The China Rules," *Harvard Business Review* 88, no. 6 (June 2010), pp. 103–108.

[16] C. K. Prahalad and Yves L. Doz, *The*

Multinational Mission: Balancing Local Demands and Global Vision (New York: Free Press, 1987).

[17] David J. Arnold and John A. Quelch, "New Strategies in Emerging Markets," *Sloan Management Review* 40, no. 1 (Fall 1998), pp. 7–20.

[18] Tarun Khanna, Krishna G. Palepu, and Jayant Sinha, "Strategies That Fit Emerging Markets," *Harvard Business Review* 83, no. 6 (June 2005), p. 63; Arindam K. Bhattacharya and David C. Michael, "How Local Companies Keep Multinationals at Bay," *Harvard Business Review* 86, no. 3 (March 2008), pp. 94–95.

[19] Tarun Khanna and Krishna G. Palepu, "Emerging Giants: Building World-Class Companies in Developing Countries," *Harvard Business Review* 84, no. 10 (October 2006), pp. 60–69.

[20] Niroj Dawar and Tony Frost, "Competing with Giants: Survival Strategies for Local Companies in Emerging Markets," *Harvard Business Review* 77, no. 1 (January–February 1999), p. 122; Guitz Ger, "Localizing in the Global Village: Local Firms Competing in Global Markets," *California Management Review* 41, no. 4 (Summer 1999), pp. 64–84.

[21] N. Kumar, "How Emerging Giants Are Rewriting the Rules of M&A," *Harvard Business Review*, May 2009, pp. 115–121.

[22] H. Rui and G. Yip, "Foreign Acquisitions by Chinese Firms: A Strategic Intent Perspective," *Journal of World Business* 43 (2008), pp. 213–226.

第 8 章

公司层战略：多元化与多业务公司

:: 学习目标

通过本章的学习，你将能够：

1. 解释业务多元化何时以及如何提高股东利益。
2. 描述相关多元化战略如何提供匹配且有竞争优势的多业务战略。
3. 识别非相关多元化战略的优点与风险。
4. 使用分析工具来评估公司的多元化战略。
5. 了解多元化公司为了巩固其战略并改善公司绩效可以采取的四种主要战略。

我想我（成功）靠的可能是梦想、多元化和从不错过任何一个视角。
　　　　　　　　——沃尔特·迪斯尼（Walt Disney），迪士尼公司的创始人

从公司的每一项业务中获利，不做输家。
　　　　　　　　——杰克·韦尔奇（Jack Welch），通用电气的传奇 CEO

母公司与子公司之间的匹配是一把双刃剑：匹配得好可以创造价值，匹配得差可以摧毁它。
　　　　　　——安德鲁·坎贝尔（Andrew Campbell）、迈克尔·古尔德（Michael Goold）和
　　　　　　马库斯·亚历山大（Marcus Alexander），教授、作家和顾问

本章我们将战略制定的层次从单一业务公司上升到多元化公司。由于多元化公司是单一业务的集合，所以战略制定的任务更为复杂。在单一业务公司中，管理者们必须提出一个能够在单一行业环境中竞争成功的计划——在第 2 章我们称之为业务战略（或业务层战略）。但在多元化公司中，战略制定的挑战包括评估多个行业环境，制定一系列业务战略，确保每个战略针对多元化公司业务涉及的每一个行业领域。多元化公司的高层管理人员还必须更进一步制定公司整体（或公司层）战略，以提高公司整体业务绩效，并将多样化的业务组合起来形成一个合理的整体。

在本章的第一部分，我们介绍多元化战略的内容，多元化何时以及为何具有重要战略意义，公司业务多元化的各种途径，以及相关的和不相关的多元化战略的优缺点。本章第二部

分探讨了如何评估多元化公司业务组合的吸引力、如何判断公司是否具有好的多元化战略，以及改善多元化公司未来绩效的战略选择。

8.1 多元化战略的任务

公司高层管理者直接负责制定多元化公司的整体公司战略的任务涉及以下三个不同方面。

（1）选择要进入的新行业并决定进入方式。实行多元化战略需要管理层决定进入哪些新行业，然后是每个新行业领域的进入方式，是通过新建业务，还是收购一家在目标行业中已存在的公司，或是与另一家公司建立合资企业或战略联盟。行业的选择取决于多元化的战略依据（正当性），在后续章节中将进一步讨论选择何种多元化。

（2）寻求机会利用战略上匹配的跨业务价值链关系获得竞争优势。该任务是确定是否有机会通过以下方式加强多元化公司的业务：将具有竞争力的宝贵资源和能力从一个业务转移到另一个业务；将不同业务领域间具有相关性的价值链活动组合起来，以实现更低的成本；多个业务共同使用一个有影响力且备受推崇的品牌；鼓励业务之间的知识共享和协作活动。

（3）采取行动提升公司业务集合的综合绩效。提升公司整体业务绩效的战略选择包括：①密切关注现有的业务组合，并获取这些业务所带来的机会；②通过进入其他的行业扩大多元化的范围；③通过剥离表现不佳的业务或那些不再适合管理层长期计划的业务来缩小多元化的范围；④通过剥离一些业务、并购或重组其他业务来全面重组整个公司的业务组合，使公司的业务组合焕然一新。

这三项任务要求高、耗时长的天然属性，解释了公司管理者为什么通常不愿沉浸在业务层战略细节的制定和执行中。相反，正常的程序是将业务层战略的领导职责授权给每个业务单元的负责人，给予他们制定在特定行业环境下适合其业务运营的战略的自由空间，并要求他们为财务和战略结果负责。

8.2 多元化的时机选择

只要公司在现有行业中有充足的利润增长机会，就不太迫切需要追求多元化。但在买方需求惨淡或下降的成熟行业和市场，增长机会往往有限。此外，行业状况的不断变化——新技术的出现、替代产品的冲击、买方偏好的快速变化以及竞争变得越来越激烈——可能会削弱公司实现收入和利润持续增长的能力。例如，借记卡和在线账单支付日益增长的使用，会对支票印刷业务产生怎样的影响？移动电话公司和互联网协议语音（VoIP）营销商，对远程供应商如美国电话电报公司（AT&T）、英国电信（BT）和日本电话电报公司（NTT）的收入又会产生怎样的影响？因此，当单一业务公司面临市场机会减少和主营业务销售停滞不前的状况时，采用多元化战略进入新行业总是最值得考虑的。

多元化决策意味着广泛的可能性。公司可以通过多元化进入密切相关的业务或完全不相关的业务，从而使当前的收入和利润的来源发生或大或小的变化。它可以进入一两个大的新业务市场或者进入较多的小众业务市场。另外，公司可以通过收购现有公司、从零开始创建新业务，或者与一家或多家公司组建合资企业进入新业务，从而实现多元化。然而，在任何情况下，多元化的决策必须将公司经济方面的原因作为出发点。

8.3　创造股东价值：多元化的终极理由

对于公司来说，多元化不仅仅是将业务风险分散到不同行业那么简单。原则上来说，多元化只有在能为股东带来额外的长期经济附加值时，才能被认为是明智的或合理的，而且这种价值是股东无法通过独自购买不同行业公司的股票或投资共同基金将其投资分散到几个行业来获得的。只有通过以下三项**公司优势测试**（test of corporate advantage）[1]，公司通过多元化开拓新业务的举措才有可能创造股东价值。

（1）行业吸引力测试。公司通过多元化进入的行业必须在结构上具有吸引力（在五种竞争力量方面），具有与母公司相匹配的资源需求，并为增长、盈利和投资回报提供良好的前景。

（2）进入成本测试。目标行业的进入成本不能太高而无法实现潜在的良好盈利能力。然而，在这里存在一个"左右为难"（catch-22）的问题。一个行业的增长前景和长期盈利能力越具有吸引力，进入该行业的成本就越高。对于初创公司而言，具有吸引力的行业的进入壁垒可能很高——因为如果进入壁垒低的话，新进入者的涌入将很快削弱行业高盈利的潜力。同时，如果选择并购一家处于吸引力行业的有较好市场地位的公司，往往需要高昂的并购成本，这使得公司很可能通不过进入成本的测试，因为一家成功且不断发展的公司的所有者通常会提出一个能够反映它们业务利润前景的收购价格。

（3）协同效应测试。多元化开拓新业务必须为公司现有业务和新业务提供这样的潜力：现有业务和新业务由同一个公司经营会比它们各自独立经营更好地发挥作用，这种效果称为**协同**（synergy）。例如，假设 A 公司通过收购另一个行业的 B 公司来实现多元化。如果 A 公司和 B 公司未来几年的综合利润并没有超过各自本来可以赚取的利润，那么 A 公司的多元化不会给其股东带来任何附加价值。因为 A 公司的股东只需购买 B 公司的股票就可以获得相同的 1+1=2 的结果。多元化只有产生 1+1=3 的效果时，才会为股东带来长期增值，即它们在同一家公司运营比每家公司独立运营业绩更好。

多元化举措必须通过这三项测试才能长期增加股东价值。只通过一项或两项测试的多元化举措是令人质疑的。

> **核心概念**
>
> 为了增加股东价值，通过多元化发展新业务必须通过三项**公司优势测试**：
> 1. 行业吸引力测试；
> 2. 进入成本测试；
> 3. 协同效应测试。

> **核心概念**
>
> 通过多元化为股东创造额外价值，需要建立一个整体大于部分之和的多业务公司，这样 1+1=3 的效应称为**协同效应**。

8.4　业务多元化的途径

开拓新业务的方式可以采取三种形式中的任何一种：并购、内部创业，或者与其他公司一起创办合资企业。

8.4.1 通过并购现有业务实现多元化

并购是一种通过多元化进入另一个行业常用的方式。并购不仅比尝试自建新业务更快，还提供了一种克服进入壁垒的有效方法，这些壁垒包括技术知识获取、供应商关系构建、规模经济的实现、品牌知名度打造和足够的经销渠道等。并购通常也用于获取与并购公司互补且无法在公司内部开发的资源和能力。并购正在经营的公司可以让并购方直接着手在目标行业建立强大市场地位的任务，而不用花力气去从头开发和补充从事该业务所必需的知识、经验、经营规模和市场声誉。

> **核心概念**
>
> **并购溢价**或控制权溢价是指所提供的价格超过目标公司并购前的市场价值。

但是，并购现有业务可能会代价不菲。并购另一家公司的成本不仅包括并购价格，还包括为确定被并购公司的价值而进行尽职调查的成本、谈判并购交易的成本以及将被并购公司业务整合到多元化公司投资组合中的成本。如果被并购的公司是一家成功的公司，并购价格还将包括比并购之前公司市场价值高得多的溢价，以获得对公司的控制权。例如，奢侈品公司 Michael Kors 以 12 亿美元收购奢侈品配饰品牌 Jimmy Choo，这其中就包含了比 Jimmy Choo 股价高 36.5% 的溢价。支付溢价是为了说服目标公司的股东和管理者，同意该交易符合他们的经济利益。美国公司支付的平均溢价在过去 15 年中，通常在 20% ~ 25% 之间。

虽然并购为开拓新业务提供了一种非常诱人的方式，但许多并购未能达到之前的期望值。[2] 实现并购的潜在收益需要被并购公司成功地融入并购公司的文化、系统和结构中，这可能是一项既花钱又耗时的过程。如果并购方高估潜在收益并支付了超过已实现收益的溢价，那么并购将无法实现长期股东价值。高昂的整合成本和过高的溢价是并购无法通过进入成本测试的两个原因，但在并购方面拥有丰富经验的公司能够更好地避免这类问题。[3]

8.4.2 通过内部开发进入新业务

通过内部开发实现多元化涉及从零开始创建一个新的业务子公司。内部开发已成为公司实现多元化的一种日益重要的方式，经常被称为**公司创业投资**（corporate venturing）或新项目投资开发（new venture development）。尽管从头开始建立新业务通常是一个耗时的过程且充满不确定性，但它避免了通过并购进入该业务所遭遇的相关陷阱，并能使公司最终实现更大的利润。在缺乏好的并购对象的时候，它也为进入新的行业提供了可行的途径。

> **核心概念**
>
> **公司创业投资**（或新项目投资开发）是将新业务发展为公司既定业务运营的过程。它也被称为企业创业或内部创业，因为它要求大企业具备企业家精神。

然而，通过内部开发进入新业务也会面临一些重大障碍。如果要开发的新业务与公司现有业务有非常大的区别，内部新建子公司不仅需要克服行业壁垒，而且必须投资新的生产能力、开发供应资源、雇用和培训员工、建立分销渠道、发展客户群等。因此，内部创业相关的风险可能相当大，并且失败的可能性通常较高。此外，公司的文化、结构和组织体系可能会阻碍创新，使公司创业难以蓬勃发展。

一般而言，只有在以下情况下，新业务的内部开发才具有吸引力：①母公司已拥有与新业务相关和从事有效竞争所需的大部分内部资源和能力；②有充足的时间发展该业务；③内部创业进入成本低于并购进入的成本；④新增产能不会对行业供需平衡产生不利影响；⑤现有公司可能对新进入者分割市场的行为反应缓慢或无效。

8.4.3 利用合资企业实现多元化

通过合资企业进入新业务至少在三种情况下是有效的。[4] 首先，有些市场机会由一家公司单独开发太过于复杂、不太经济或风险太大，合资企业是一个很好的工具。其次，当新行业的机会所需要的能力更为广泛、知识更为专业化，且已经超越了单个公司自己能够掌握的范围时，合资企业才有意义。卫星通信、生物技术和将硬件、软件与服务融为一体的网络化系统，需要开展协同开发互补式创新，并同时处理包含金融、技术、政治和监管等因素在内的错综复杂网络。在这种情况下，将两个以上公司的资源和能力聚集起来是一种更明智、风险更小的方法。最后，当多元化经营涉及在国外开展业务时，公司有时会利用合资企业来实现新的行业多元化。然而，正如第 6、7 章所讨论的，与其他公司合作存在明显的缺点，因为可能存在目标冲突、合资企业最佳运营模式的分歧以及文化冲突等。合资企业通常是最不持久的进入方式，经常仅仅能维持至合作者决定各走各的路为止。

8.4.4 选择进入模式

如何以最佳方式进入新业务领域——无论是通过内部创业、并购还是合资企业，取决于对四个重要问题的回答：

- 公司是拥有通过内部创业进入新业务所需的所有资源和能力，还是缺少某些关键资源？
- 是否存在需要克服的进入壁垒？
- 速度是公司成功进入的重要因素吗？
- 哪种进入方式对于实现公司目标成本最低？

1. 关键资源和能力的问题

如果公司拥有开展新业务所需的所有资源，或者能够轻松购买和租赁任何缺少的资源，则公司可以选择通过内部创业进入新业务。然而，如果关键资源不能轻易购买或租赁，那么公司必须通过并购或合资企业来获得这些资源以开展新业务。美国银行（Bank of America）并购美林证券（Merrill Lynch）就是为了获得其缺少的投资银行部门所需的关键资源和能力。并购这些额外能力补充了美国银行在对公银行业务方面的优势，并为该公司开辟了新的商业机会。公司通常并购其他公司作为进入国外市场的一种方式，在这些市场中，它们缺乏当地的市场知识、分销能力以及与当地供应商或客户的关系。麦当劳并购意大利唯一的国家汉堡包连锁店 Burghy 就是一个很好的例子。[5] 如果缺少良好的并购机会，或者公司希望避免并购和整合另一家公司所导致的高成本，它可能选择通过合资企业进入。这种类型的进入模式具有分散进入新业务风险的额外优势，这种优势在不确定性很高的时候尤其具有吸引力。戴比尔斯（De Beers's）与奢侈品公司 LVMH 的合资企业不仅为戴比尔斯提供了进入钻石零售业务所需的营销能力，还可以与合作伙伴共担风险。

2. 进入壁垒的问题

第二个需要考虑的问题是，进入壁垒是否会阻止新进入者在行业中获得立足点并取得成功。如果进入该行业的壁垒低且该行业由小公司构成，内部发展可能是公司首选的进入方式。如果进入壁垒很高，但公司拥有克服壁垒的必要资源和能力，它仍然能够轻松进入。例如，如果一家多元化公司拥有广泛知名度和信誉，就可以克服关于声誉优势的进入壁垒。但是，如果无法轻易克服进入壁垒，那么唯一可行的进入途径就是并购一家成熟的公司。虽然进入壁垒也可以通过具有强大互补性的合资企业来克服，但由于缺乏行业经验，这种模式却成为一种更不确定的选择。

3. 速度的问题

速度是确定新业务进入模式的另一个决定性因素。当速度起决定性作用时，并购就是一种有利的进入方式，快速变化的行业就是如此，快速行动者可以获得长期的定位优势。在先行者可以获得经验优势的行业中速度是非常重要的，随着时间的推移企业沿学习曲线下行，这些优势会越来越大。在技术型行业中，速度也十分重要，因为公司会竞相建立行业标准或领先技术平台。但在其他情况下，在技术或消费者偏好的不确定性得到解决，并从早期进入者的失误中吸取教训之后公司再进入新市场可能会更好。在这些情况下，合资企业或内部开发可能更合适。

4. 相对成本的问题

考虑到采取多元化战略需要通过进入成本测试，哪种进入模式最具成本效益是一个关键问题。并购可能是一种高成本的进入模式，因为需要支付高于目标公司股价的溢价。当溢价较高时，并购价格将大大超过被并购公司单独立运营时的价值。公司是否值得付出这么高的代价将取决于并购后所组成的新公司通过协同效应创造了多少额外价值。而且，并购的真实成本必须包括识别和评估潜在目标、谈判价格和完成交易其他事项时所产生的**交易成本**（transaction cost）。通常，公司会向投资银行、律师和其他机构支付高额费用以获取它们的建议并协助完成交易过程。最后，计算真实成本还必须考虑将被并购公司整合到母公司业务组合中时产生的成本。

> **核心概念**
> **交易成本**是完成商业协议或交易的成本，高于交易价格。它们可以包括寻找有吸引力目标的成本、评估其价值的成本、讨价还价的成本以及完成交易的成本。

合资企业可以提供一种节约此类进入成本的方法。但即使采用合资企业的方式，也必须考虑组织协调成本和交易成本，包括达成协议条款的成本。如果伙伴关系不能顺利进行且无法建立信任，那么这些成本可能会很高。

8.5 多元化路径选择：相关多元化与非相关多元化

一旦公司决定实施多元化，它就面临是通过多元化进入**相关业务**（related business）、**非相关业务**（unrelated business）还是两者兼而有之的决策。所谓相关业务，指的是公司的各业务的价值链具有跨业务共性，且这种业务共性对于企业从事市场竞争是非常重要的。也就是说，从它们如何执行关键价值链活动方面以及执行这些活动所需的资源和能力的角度看，各业务之间存在密切的关联性。相关多元化的最大吸引力在于，公司可以通过将这些跨业务的共性转化为竞争优势，创造股东价值，从而使公司整体上的表现优于单个业务的总和。所谓非相关业务，指的是各业务之间所需的资源和关键价值链活动完全不同，不存在具有竞争重要性的跨业务共性。

接下来的两部分将探讨相关和非相关多元化的具体内容。

> **核心概念**
>
> **相关业务**拥有具有竞争价值的跨业务价值链和资源共性；**不相关业务**具有不同的价值链和资源要求，在价值链上没有跨业务共性。

8.6　相关多元化

相关多元化战略是指公司开发那些在相应的价值链活动上具有良好战略匹配性的业务。当不同业务价值链上的一项或多项活动具有足够的相似性，为跨业务共享或转移这些活动中所需的资源和能力带来机会时，就存在**战略匹配**（strategic fit）。[6] 换言之，这意味着公司不同业务之间存在共性，且这些共性对于竞争至关重要。这类机会主要包括：

> **核心概念**
>
> 只要构成不同业务价值链的一项或多项活动充分类似，就为跨业务共享或转移活动执行中的资源和能力提供了机会，就存在**战略匹配**。

- 在不同业务的价值链间转移专业知识、技术知识或其他具有竞争价值的战略性资产。例如，谷歌能够将软件开发人员和其他信息方面的技术专家，从其他业务应用转移到开发 Android 移动操作系统和个人电脑的 Chrome 操作系统，极大地促进了这些新的内部创业计划的成功。

- 通过将相关的价值链活动整合起来运营从而在不同业务之间分摊成本。例如，通常可以在一个工厂制造来自不同业务的产品，使用相同的仓库进行运输和分销，或者当要将不同业务的产品销售给同类型的客户时，使用相同的一支销售队伍。

- 探索共用知名品牌。例如，雅马哈在摩托车行业的名气使公司在进入个人摩托艇业务方面立即获得了信誉和认可，使其能够在不花费大量广告费用为 WaveRunner 建立品牌标识的情况下，就获得巨大的市场份额。同样，苹果公司生产易于操作的电脑的声誉就是一项具有竞争力的资产，有助于公司通过多元化进入数字音乐播放器、智能手机和智能手表业务。

- 共享其他资源（品牌除外）以支持跨业务相应价值链活动。当迪士尼并购漫威漫画（Marvel Comics）时，管理层确保漫威的标志性形象，如蜘蛛侠、钢铁侠和黑寡妇，与迪士尼其他许多业务共享，包括其主题公园、零售店、电影部门和电子游戏业务（迪士尼的漫画形象最初是从米老鼠开始，一直以来都是它最有价值的资源之一）。像福特这样的汽车公司跨业务共享诸如与供应商的关系和经销商网络这样的资源。

- 参与跨业务协作和知识共享，以创建新的具有竞争优势的资源和能力。执行密切相关价值链活动的业务之间可以抓住机会来携手合作、分享知识和人才，并共同创造新的能力（例如，几乎没有缺陷的组装方法或提高新产品上市速度的能力），这些均有利于提升竞争力和公司绩效。

相关多元化是基于与关键价值链活动的匹配——这些活动在每个业务单元的战略中发挥着核心作用，且与产业关键成功因素有关。这种匹配有助于实现资源和能力的共享或转移，这些资源和能力可以使这些活动得以开展，并成为每个企业发展竞争优势的基础。通过促进这种重要竞争性资产的共享或转移，相关多元化可以提升每个业务竞争成功的前景。

相关多元化利用的资源和能力是**专属性资源和能力**（specialized resource and capability）。这意味着它们有非常具体的应用；它们的使用严格限定在有限的业务范围内，在这些业务中的应用是完全相关的。由于它们适用于特定的应用，因此专属性资源和能力必须用于特定类型行业中的特定业务才能发挥价值；但在特别行业或业务范围之外的应用，其效用则会受到限制。这与**通用资源和能力**（如一般管理能力、人力资源管理能力和一般会计服务）形成对比，后者可以广泛应用于各种行业和业务类型。

> **核心概念**
>
> 相关多元化涉及分享或转移专业资源和能力。与**通用资源和能力**相比（可以广泛应用于各种行业和业务类型中），**专属性资源和能力**具有非常具体的应用，它们的使用仅限于有限范围的行业和业务类型。

欧莱雅是全球最大的美容产品公司，收入超过 300 亿美元，在充分利用高度专属性资源和能力的基础上，欧莱雅成功实施相关多元化战略。它们包括 18 个皮肤病学和化妆品研究中心、有关皮肤和毛发护理的研发能力和科学知识、毛发和皮肤护理产品的专利和秘方，以及专门为测试毛发和皮肤护理产品的安全性而开发的机器人应用。这些资源和能力对于专注于人类皮肤和毛发产品的业务非常有价值——它们是专门被用于此类应用的，但是，它们在这种有限的应用范围之外就没有价值了。为了能最大化发挥这些资源的潜在价值，欧莱雅已经将业务多元化引入化妆品、护发产品、护肤产品和香水领域（但不包括食品、运输、工业服务，及任何其他与其专属性资源形成竞争、但与自身多元化业务关系不大的领域）。基于那些创造价值的专属性资源和能力以及它们所驱动的价值链活动之间的跨业务联系，欧莱雅的业务得以相互关联。

康宁（Corning）最具竞争力的专属性资源和能力是与光纤和特种玻璃及陶瓷相关的专业技术应用。在其 165 年的历史中，它对基础玻璃科学和光学领域的相关技术有着无与伦比的理解。现在，它的能力涵盖了各种尖端技术，包括定制玻璃成分、特种玻璃熔化和成型、精密光学、高端透射涂层和光学机械材料等领域的专业知识。康宁利用这些专属性能力在五个相关的细分市场领域占据全球领先地位：基于玻璃基板的显示技术；使用陶瓷基板和滤波器的环境技术；用于光通信的光纤和电缆及连接的解决方案；支持研究和药物发现的生命科学；以及使用先进光学和特种玻璃解决方案的专业材料。康宁通过多元化所进入的细分市场具有相关性，这是因为它们依赖于公司的专属性能力，且它们都要从事诸多相同的价值链活动。

通用磨坊（General Mills）凭借在"厨房化学"和食品生产技术领域的能力，已经通过多元化进入密切相关的食品系列业务中。它在美国的四个零售部门——餐饮和烘焙、谷类食品、零食以及和酸奶——包括老埃尔帕索（Old El Paso）、绿色巨人（Green Giant）、幸运符（Lucky Charms）和通用磨坊品牌谷类食品、自然谷（Nature Valley）、安妮有机食品（Annie's Organic）、品食乐（Pillsbury）、贝蒂·克罗克（Betty Crocker）以及优诺酸奶（Yoplait）等品牌。最初，由于错误地认为所有食品业务都是相关的，公司通过多元化进入餐饮业务。直到 20 世纪 90 年代中期退出这些业务，该公司得以提高其整体盈利能力并巩固了其现有业务的市场地位。它为我们提供的经验教训，应被任何一家多元化公司的管理者引以为鉴，即产品相关性不是制定相关多元化战略的关键。相反，业务之间必须在关键价值链活动以及支持这些活动的专属性资源和能力方面相关联。[7] 例如，西铁城控股公司（Citizen Holdings Company），其产品之间看起来似乎是不同的（手表、机床和平板显示器），但它们共同依赖于微型化专业知识和先进精密技术。

实施相关多元化战略的公司，也可能有机会共享或转移其通用资源和能力（如信息系统、人力资源管理实践、会计和税务服务、预算编制、规划、财务报告制度、法律和监管事务方面的专门知识以及附加福利管理系统），而资源共享或转移最具竞争价值的机会总是来自对它们的专属性资源和能力的利用。其原因是，专属性资源和能力驱动关键的价值创造活动，这些活动既将业务（在其价值链上存在战略匹配的地方）连接起来，又与公司所在市场的关键成功因素相关。图 8-1 说明了在相关业务的价值链中，存在哪些共享或转移专属性资源和能力的机会。尽管通用资源和能力可以在多种业务单元间共享，但这种资源共享本身并不能成为相关多元化战略的支柱，认识到这一点是很重要的。专栏 8-1 提供了一些成功实施相关多元化战略的公司的例子。

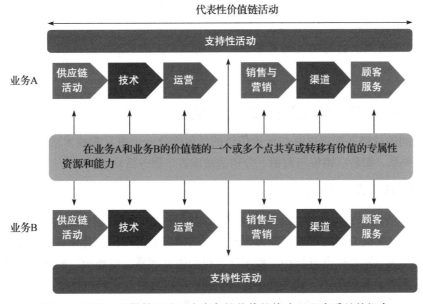

图 8-1　相关业务提供了从具有竞争性价值的战略匹配中受益的机会

 专栏 8-1　实施相关多元化战略的企业举例

印地纺集团

印地纺最初是一家生产女性服装的小型家族企业，后来发展成为世界上最大、最成功的时装零售商之一。然而，该企业不仅仅是一家零售商，它涉及生产时装的方方面面：设计、制造、分销和零售。它的成长是由收购以及内部增长和发展驱动的。到 2020 年，印地纺拥有 8 个不同的品牌或业务线：Zara、Zara 家居（Zara Home）、普安倍尔（Pull&Bear）、麦西姆·杜特（Massimo Dutti）、巴适卡（Berksha，包括 BSK 和 Man 品牌）、斯特拉迪瓦里斯（Stradivarius）、奥依修（Oysho，女性内衣、沙滩装和运动）

和尤特奎（Uterqüe，配饰、皮具）。

新闻公司

新闻公司（News Corp）成立于 2013 年，当时新闻集团（News Corporation）被拆分为两家独立的公司：21 世纪福克斯（21st Century Fox）和新闻公司。此举使新闻公司得以专注于报纸和出版业务，而 21 世纪福克斯保留了新闻集团的其他部分（主要是电视和电影）。新闻公司如今自称是一家大众传媒公司，投资网络包括《纽约邮报》、哈珀柯林斯出版社（Harper Collins Publishers）、澳大利亚新闻公司、英国新闻公司、美国新闻市务公司（News America Marketing）、Storyful（一家社交媒体新闻通讯社）、道琼斯公司和 Move（一家房地产信息提供商）。澳大利亚新闻公司实际上涵盖了全国性、都市、地区和社区报纸；而英国新闻公司也有类似的广度。尽管由于互联网相关的发展，报业受到了普遍的冲击，新闻公司最近宣布道琼斯和《华尔街日报》的订阅业绩创下了纪录——这是新闻公司最重要的两家控股公司。

金佰利克拉克公司（Kimberly-Clark Corporation）

金佰利克拉克是一家总部位于得克萨斯的跨国公司，主要生产纸类个人护理产品。其产品包括舒洁（Kleenex）、好奇（Huggies）、拉拉裤（Pull-Ups）、Cottonelle、斯科特（Scott）、比瓦（Viva）、高洁丝（Kotex），以及得伴（Depend）等标志性品牌。该公司将其产品分为五个相关的业务线：成人护理、婴儿和儿童护理、家庭护理、女性护理和 K-C 专业。其产品覆盖超过 175 个国家并在全球得到认可和信赖。金佰利专注于消费者和金融领域，即使在经济衰退时期，金佰利也能保持其稳定的业绩和增长纪录，因为它提供的产品类型总是供不应求。公司 2020 年及以后的前景依然乐观。

资料来源：公司网站，维基百科；https://www.businesswire.com/news/home/20200207005506/en/News-Corp-AnnouncesRecord-Setting-Subscriber-Performances-Dow; https://finance.yahoo.com/news/kimberly-clarks-impressive-momentum-continue-130001056.html（访问于 2020 年 2 月 10 日）。

8.6.1 识别价值链上各业务在战略上的匹配性

业务之间的战略匹配可以存在于价值链的任何部分——研发和技术活动、供应链活动、与供应商的关系、制造、销售与营销、分销活动或客户服务活动。[8]

1. 供应链活动的战略匹配性

在供应链活动方面具有战略匹配的业务可以更好地共同发挥作用，因为它们能够转移采购材料，共享物流方面的资源和能力，与共同的供应链合作伙伴合作，或者更多地使用托运人，以获得进货零部件批量折扣。戴尔计算机与微处理器、电路板、磁盘驱动器、内存芯片、平板显示器、无线功能、长寿命电池和其他 PC 相关组件领域市场领先的供应商建立战略合作伙伴关系，是戴尔实现在服务器、数据存储设备、网络组件和 LED 电视领域多元化战略的重要组成部分，这些产品包括许多 PC 常见的组件，可从为戴尔提供 PC 组件的战略合作伙伴处采购。

2. 研发和技术活动的战略匹配性

在研发或技术开发方面具有战略匹配的业务，共同执行比单个执行的表现更好，因为可以节约研发方面的潜在成本，缩短新产品上市时间以及实现更多的产品或工艺创新。此外，一项业务的技术进步可能会增加双方的销量。技术创新推动有线电视公司多元化进入高速互联网接入（通过使用有线调制解调器），并进一步通过单线或通过互联网协议语音（VoIP）技术向住宅和商业客户提供本地和长途电话服务。这些多元化的努力已经使诸如迪视（DISH）、无线通信（XFINITY）和康斯卡特（Comcast）等公司现在开始提供电视、互联网和电话套餐服务。

3. 与制造活动相关的战略匹配性

如果多元化公司在质量控制和具有成本效益的生产方式方面的专业知识可以转移到另一个业务时，就可通过与制造相关活动进行跨业务战略匹配。爱默生电气公司（Emerson Electric）通过多元化进入链锯业务后，将其在低成本制造方面的专业知识转移到新并购的贝尔德 - 普朗（Beaird-Poulan）业务部门。这一转移推动了贝尔德 - 普朗的新战略——成为链锯产品的低成本供应商——并从根本上改变了其链锯的设计和制造方式。同时，与生产相关的价值链共性的另一个好处是能够将生产整合，减少工厂的数量，从而能显著降低整体生产成本。例如，雪地车制造商庞巴迪（Bombardier）进军摩托车行业时，它在组装雪地车的制造工厂设置摩托车装配线。当盛美家（Smucker）并购宝洁公司旗下积富（Jif）花生酱业务时，该公司能够将这两个品牌的花生酱产品的生产制造结合起来，以便在采购花生方面增加与供应商谈判的筹码。

4. 销售和营销活动的战略匹配性

通过多元化进入在销售和营销活动方面有密切关联性的业务会产生各种节省成本的机会。当产品直接销售给同一客户时，通常可以通过使用一支销售队伍，而不是使用两支不同的销售队伍来拜访客户，从而降低销售成本。相关业务的产品可以在相同网站上推广，可以共用同一媒体广告和销售手册。通过整合订单处理和账单以及使用相同促销广告，从而降低成本。当全球电动工具制造商百得（Black & Decker）并购维克多（Vector）产品时，它能够利用自己的全球销售团队销售新并购的维克多电源逆变器、车载电池充电器和可充电聚光灯，因为其电动工具的客户（如凯玛特、家庭中心和硬件商店等折扣店）本身就销售维克多生产的产品。

当不同业务使用类似的销售和营销方式时，就会产生第二类好处。在这种情况下，可能会有宝贵的机会将销售、推销、广告和产品差异化技能从一个业务转移到另一个业务。宝洁公司的产品系列包括帮宝适纸尿裤、玉兰油美容产品、汰渍洗衣粉、佳洁士牙膏、魅力（Charmin）卫生纸、吉列（Gillette）剃须刀和刀片、速易洁（Swiffer）清洁用品、欧乐 B（Oral-B）牙刷以及海飞丝洗发水。所有这些业务都有不同的竞争对手、不同的供应链以及不同的生产要求，但它们都通过相同的批发分销系统，在共同的零售环境中销售给相同的购买者，并且需要相同的营销和推销技能。

5. 与分销相关的战略匹配性

对于分销活动密切相关的各业务来说，共同执行比单个执行的表现更好，因为共享同一分销设施或使用许多相同的批发分销商和零售经销商可以节省成本。在康纳尔（Conair）公司并购安利高（Allegro Manufacturing）的旅行包和旅行配件业务后，它将自己的吹风机和卷发器配送中心与安利高的配送中心整合，从而为这两个业务部门节省了成本。同样，由于康纳尔产品和安利高的颈托、耳塞、行李标签和洗漱用品包是由相同类型的零售商（折扣店、连锁超市和连锁药店）销售，因此康纳尔能够说服许多零售商接受安利高的产品。

6. 客户服务活动的战略匹配性

与客户服务活动相关的战略匹配性可以实现成本节约或差异化优势，就像在价值链的其他节点上所做的那样。例如，通过将密切相关业务产品的售后服务和维修机构整合到一起，可以节省成本。同样，不同业务可以经常使用相同的客户服务部门。例如，一家在天然气、水、电器维修服务和家庭安全服务的业务上进行多元化的电力企业，可以使用相同的客户数据网络、相同的呼叫中心和当地办公室、相同的计费账务系统以及相同客户服务基础设施以支持其所有产品和服务。通过将客户服务的最佳实践转移到一系列相关业务中，或者通过共享诸如客户偏好的方面的专属信息等资源，多业务公司可以通过高质量的客户服务创造差异化优势。

8.6.2 战略匹配、范围经济和竞争优势

多元化公司的不同业务单元的价值链活动上的战略匹配性为**范围经济**（economies of scope）——一个不同于规模经济的概念——开创了机会。规模经济是指直接通过大规模经营产生的成本降低。例如，大型工厂的单位成本可能低于小型工厂。相比之下，范围经济是指多个业务（更大的经营范围）同时运营所产生的成本降低。范围经济直接源于相关业务在价值链上的战略匹配性，这反过来又使业务之间能够共享资源或以低成本将资源从一个业务转移到另一个业务。这种范围经济只有从事相关多元化的公司才有，因为它们是相关业务之间共同进行研发、在业务间直接调用管理人员、使用共同的生产或分销设施、共享销售队伍或经销商网络、使用相同知名品牌名称等的结果。业务间资源共享和转移的范围经济越大，相关多元化战略给予多元化企业超越竞争对手成本优势的可能性就越大。

> **核心概念**
>
> **范围经济**是指通过多业务经营（更大的经营范围）产生的成本降低。这与规模经济形成鲜明对比，规模经济来自更大的经营规模。

从战略匹配到竞争优势，盈利能力提升，以及实现股东价值

范围经济可以带来成本优势，是因为资源共享使多业务公司将资源成本分摊到各业务中，并避免了获取和维护重复资源——每个业务都有自己的资源——的费用。但相关多元化公司也可以通过其他方式从战略匹配中受益。

在公司的业务之间共享或转移有价值的特殊资产可以帮助每个业务更熟练地执行其价值链活动。这可以通过一种或两种基本方式转化为企业的竞争优势：①相对于竞争对手，企业可以实现更高的效率和更低的成本；②为差异化提供基础，以便客户愿意为这些业务的产品和服务支付相对更高的费用。无论是这两种方式中的一种或两种，具有有效执行相关多元化战略的公司可以提高其业务获得竞争优势的机会。

多元化公司业务之间的关联性越大，公司将战略匹配性转化为竞争优势的机会就越大。战略逻辑和商业逻辑是引人注目的：相对于未实施多元化的竞争对手和通过多元化努力不能获得同等战略匹配益处的竞争对手来说，通过相关业务在价值链上的战略匹配性所获得的收益，可以使多元化公司获取竞争优势。[9] 这种潜在的竞争优势为公司提供了可靠的盈利基础以及超过公司业务作为单独企业所能赚取的投资回

> **贴士 8-1**
>
> 多元化进入相关业务，能够获得有竞争价值的战略匹配益处，使该业务作为公司一部分所取得的财务业绩比作为独立企业的财务业绩更好，从而明确增加了股东价值，并满足协同效应测试。

报。将潜在竞争优势转化为更高的盈利能力就是在股东价值增长方面实现 1+1=3——这是满足协同效应测试（better-off test）和证明公司多元化努力的商业价值的必然结果。

这里需要注意五个方面的事项：

（1）通过相关多元化战略获取跨业务战略匹配的收益，这是仅仅持有不同行业公司的股票组合所不能实现的股东价值。

（2）只有通过相关多元化的战略，才可能获得跨业务战略匹配的收益。

（3）多元化公司业务之间的关联性越大，公司将战略匹配性转化为竞争优势的机会就越大。

（4）跨业务战略匹配性的收益来自业务之间具有竞争价值的资源和能力的转移或共享——专用于某些领域的资源和能力以及仅在特定类型的行业和业务才有价值的资源和能力。

（5）当公司通过多元化进入相关业务时，跨业务战略匹配的收益并不会自动实现，只有在管理层成功地采取内部行动去获取它之后才会实现。

专栏 8-2 描述了卡夫食品集团公司（Kraft Foods Group，Inc）与亨氏控股公司（H. J. Heinz Holding Corporation）通过合并来追求相关多元化战略的战略匹配收益。

 专栏 8-2　卡夫和亨氏合并：追求跨业务战略匹配的收益

卡夫和亨氏在 2015 年夏天完成了 626 亿美元的合并，成为北美第三大、世界第五大的食品和饮料公司。这次合并是基于这样一种理念，即两家公司之间的战略匹配程度足以使它们作为合并后的企业比作为两个单独的公司创造更多的价值。作为一家联合企业，卡夫亨氏将能够利用其跨业务价值链活动和相似资源来有效地生产、分销和销售利润丰厚的食品加工产品。

卡夫和亨氏产品共享许多相同的原料（牛奶、糖、盐、小麦等），这使得新公司可以利用其作为一家更大的企业而增加的议价能力来与供应商达成更好的交易，利用供应链活动中的战略匹配来实现更低的投入成本和更高的对内物流效率。此外，由于这两个品牌都是专门从事预包装食品的，因此在生产流程和包装技术方面有充足的与制造相关的战略匹配，使新公司能够调整和简化生产操作。

与分销有关的战略匹配将使分销渠道和运输网络完全一体化，从而提高对外物流效率，减少产品从工厂转移到商店的运输时间。卡夫亨氏公司目前正在考虑利用亨氏的全球平台在国际上扩展卡夫的产品。通过利用亨氏已经高度发展的全球分销网络和品牌熟悉度（关键属性资源），卡夫可以更容易地进入全球预包装和加工食品市场。由于这两个品牌产品销售的零售店类型相似（连锁超市、批发零售商和当地杂货店），因此，随着合并后的公司议价能力的增强，它们现在能够获得更大的货架空间。

销售和营销活动的战略匹配将使公司能够开展统一的、更有效的广告活动。为此，卡夫亨氏公司正努力将其营销能力整合到一家营销公司之下。另外，通过合并研发团队，卡夫亨氏公司可以推出创新产品，这些产品可能吸引市场上越来越多的活跃的和健康意识强的买家。由于兼并整合活动总是需要时间的，因此卡夫亨氏公司的许多潜力和预期协同作用尚未实现。

注：与 Maria Hart 共同开发。

资料来源：www.forbes.com/sites/paulmartyn/2015/03/31/heinz-and-kraft-merger-makes-supply-management-sense/; fortune.com/2015/03/25/kraftmess-how-heinz-deal-helps/; www.nytimes.com/2015/03/26/business/dealbook/kraft-and-heinz-to-merge.html?_r=2; 公司网站（访问于 2015 年 12 月 3 日）.

8.7　非相关多元化

实现跨业务战略匹配并不是非相关多元化的动机。实施非相关多元化战略的公司，通常愿意以多元化进入其高管认为有机会实现持续、良好财务业绩的任何行业的任何业务。这类公司经常被贴上大集团的标签，因为它们的业务范围很广，涉及不同行业。从事非相关多元化的公司几乎总是通过并购一家现有的公司进入新业务，而不是通过在自己的公司结构内新建子公司或建立合资企业来进入新业务。

贴士 8-2

任何行业的任何业务多元化的意愿都不太可能导致成功的非相关多元化。即使是非相关多元化，成功的关键也在于为股东创造经济价值。

对于非相关多元化战略，如果并购能够通过行业吸引力和进入成本测试，并且有良好的财务业绩前景，则其被认为是具有潜力的。因此，对于非相关多元化战略，公司管理层会花费大量时间和精力筛选并购对象，并使用以下标准评估保留或剥离现有业务的利弊：

- 该业务能否达到公司的盈利和投资回报的目标。
- 该业务是否处于具有诱人的发展潜力的行业。
- 该业务规模是否足以对母公司的利润做出重大贡献。

但成功实现非相关多元化的关键除了这些考虑因素，还要确保该战略也通过了协同效应测试。这项测试不仅要求收入的增长，还要求利润的增长——这超出了共同基金或控股公司所能达到的水平，后者只拥有企业的股份而不增加任何价值。除非将业务合并在同一公司的盈利能力超过作为独立公司，否则该战略无法为股东创造经济价值。除非公司真是如此，否则公司没有理由进行非相关多元化，因为高管有责任使公司所有者（股东）长期价值最大化。专栏 8-3 提供了一些成功实施非相关多元化的公司的例子。

 专栏 8-3　追求非相关多元化战略的公司举例

塔塔

塔塔（TATA）集团是一家全球企业，2020年总收入超过 1 150 亿美元。它的业务涉足 11 个垂直行业领域。垂直行业包括信息技术、钢铁、汽车、消费和零售、基础设施、金融服务、航空航天和国防、旅行和旅游业、电信和媒体以及评级、投资。在这 11 个垂直行业中，有 30 个或以上独立管理的公司。其中最著名的包括：塔塔汽车（Tata Motors）、塔塔钢铁（Tata Steel）、塔塔化工（Tata Chemicals）、泰坦（Titan，主营珠宝和眼镜）、塔塔电力（Tata Power）、塔塔通信（Tata Communications）、塔塔消费（Tata Consumer Products）、塔塔资本（Tata Capital）、塔塔咨询（Tata Consultancy

Services）和印度酒店（Indian Hotels）。

伯克希尔－哈撒韦

伯克希尔－哈撒韦（Berkshire Hathaway）是一家拥有悠久而成功历史的美国企业集团，其成功源于其董事长兼首席执行官沃伦·巴菲特明智的投资和收购策略。其控股范围包括一个保险集团、一个能源集团、一个金融产品集团，以及一个涵盖制造业、服务业和零售业的多元化集团。伯克希尔－哈撒韦公司全资拥有的公司包括 GEICO、冰雪皇后（Dairy Queen）、金霸王（Duracell）、鲜果布衣（Fruit of the Loom）、伯灵顿北方圣太菲铁路运输公司（Burlington Northern Sante Fe Railway）和黑尔斯博格钻石公司（Helzberg Diamonds）。它还拥有许多其他公司的大量股份，包括美国银行、西南航空、卡夫亨氏、美国运通和可口可乐。

雅马哈公司

雅马哈公司（Yamaha Corporation）不再包括雅马哈汽车公司（Yamaha Motor Co.，摩托车、雪地摩托、船只和机动产品制造商），它仍是该公司的主要股东。但即使没有 Yamaha Motor，雅马哈公司仍然生产各种各样的产品。公司生产世界上所有类型的乐器，以及相关的音频设备和通信设备，是最大生产商。此外，它还涉足工业机器人、家电、体育用品、工业机械及零部件、特种金属、高尔夫产品、度假村、半导体等领域。

资料来源：公司网站，维基百科（访问于 2020 年 2 月 14 日）。

8.7.1　通过非相关多元化创造股东价值

鉴于缺乏创造竞争优势的跨业务战略匹配，通过非相关的多元化来建立股东价值最终取决于母公司通过其他方式提升业务（并使业务组合变得更好）的能力。这一努力的关键是母公司作为企业母公司所发挥的作用。[10] 如果公司拥有强大的母合能力（parenting capability）——包括培育、指导、梳理和管理下属业务的能力，那么，企业母公司就可以推动其业务向前发展，并帮助它们在市场竞争中获得成功。母公司还通过在业务之间共享或转移通用资源和能力——可用于任何类型行业的竞争性资产，使这些资源和能力可以在各种业务类型中得到利用。母公司在非相关多元化中所利用的一般资源类型包括：公司的声誉、信用评级和进入金融市场的机会；治理机制；管理培训方案；企业伦理计划；中央数据和通信中心；共享管理资源，如公共关系和法律服务；以及用于预算、财务报告和质量控制等功能的通用系统。

1. 公司母合成功的益处

母公司成功扶持其业务的最重要方式之一是提供高级别的监督和指导。[11] 大型多元化公司的高层管理人员在各种业务环境中积累了多年的经验，他们往往能够向公司各业务子公司的负责人提供解决问题的专业技能、创造性的战略建议以及关于如何提高竞争力和财务业绩的一流建议和指导，这对于新并购的小型企业来说尤其如此。特别是来自公司管理层精明的指导可以帮助子公司取得比单靠业务部门负责人的努力更好的业绩。例如，德事隆集团（Textron）创始人罗伊尔·利特尔（Royal Little）在担任 CEO 期间，其卓越的领导能力是公司成为执行非相关多元化战略典范的一个重要原因。利特尔的大胆举措将该公司从最初的一家小型纺织品制造商转变为一家以贝尔（Bell）直升机、塞斯纳（Cessna）飞机以及众多行业中其他强势品牌而闻名的全球巨头。诺姆·韦斯利（Norm Wesley）是财富品牌集团（Fortune Brands）的前首席执行官，在他执掌公司期间，推动了公司股价的大幅上涨。在他的领导下，财富品牌成为价值 70 亿美元的产品制造商，产品包括烈酒［如占边威士忌和黑麦威士忌、杰彼斯（Gilbey's）金酒和伏特加、拿破仑干邑］、高尔夫产品（如冠军高尔夫球和球杆、FootJoy 高尔夫鞋和服装、斯科蒂-卡梅伦推杆）、五金器具（如摩恩水龙头、美国锁安全装置）。此后，财富品牌拆分为两个独立的实体，比姆公司（Beam Inc.）和财富品牌家居与安全（Fortune

> **核心概念**
>
> **公司母合**是指多元化公司通过提供顶级管理专业知识、纪律控制、财务资源以及其他类型的一般资源和能力（如长期规划系统、业务发展技能、管理发展流程和激励系统）在扶持其组成业务方面发挥的作用。

Brand Home & Security）。

母公司还可以通过向其业务提供其他类型的一般资源，用以降低业务的运营成本或提高其运营效率，从而为其业务创造附加值。公司总部的管理资源就是一个典型例子，通常包括法律服务、会计专门知识和税务服务，以及管理基础设施的其他要素，如风险管理能力、信息技术资源和公共关系能力。母公司为单个业务提供诸如此类的通用资源支持，可以降低整个公司的营业成本来创造价值，否则每一项业务还要再执行重复的活动。

与具体产品类型不相关的公司品牌是公司另一种类型的通用资源，可以在不相关业务之间进行共享。例如，通用电气已成功地将其 GE 品牌应用于诸如医疗产品和医疗保健（医疗保健）、喷气发动机（航空）以及电力和水优化技术（电力和水）等不相关产品和业务。以这种方式应用的集团品牌有时被称为"**伞品牌**"（umbrella brands）。在多元化公司的单个业务中使用知名企业名称（GE）不仅可以降低成本（通过将开发和维护品牌的固定成本分摊到多个业务中），还可以通过将其产品与消费者信任的品牌相联系来增强每个业务的客户价值。以类似的方式，公司因精心制作的产品、产品可靠性或可信赖性而享有的声誉，可以使客户更愿意购买多元化公司更大业务范围的产品。激励系统、财务控制系统和公司文化是其他类型的通用公司资源，可以有助于提升各种业务的日常运营。企业高管的母合活动还可能包括招聘和雇用有才华的经理来经营单独的业务。

> **贴士 8-3**
>
> 伞品牌是可应用于各种业务类型的企业品牌名称。同样地，这是一种可以在非相关多元化中使用的通用资源。

接下来，我们将讨论母公司为其不相关的业务增值的其他两种常用方法。

2. 跨业务财务资源的审慎配置

通过重新分配一些业务的剩余现金流，不仅能为其他业务的资本需求提供资金（这实质上是让公司充当内部资本市场），而且也可能为母公司自身创造价值。在信贷异常紧张的时期（例如，2008 年开始的全球银行危机之后）或资本市场不发达的经济体中，这种行动可能尤为重要。在这种情况下，凭借其强大的财务资源，母公司可以通过将资金从产生过剩现金（超过其自身运营需求和新的资本投资机会所需的资金）的业务部门转移到具有诱人增长前景却现金短缺的其他业务部门来增加价值。母公司发挥其内部资本市场运作的能力提高了公司整体的业绩，并增加了股东价值，这是因为：①高层管理人员比外部融资者更容易获得有关公司内部投资机会的信息；②它能够提供由于金融市场条件差而无法获得的资金。

3. 并购和重组被低估的公司

母公司为非相关业务增值的另一种方式是以低价收购表现不佳的公司，然后通过不时地大幅提高其盈利能力来进行重组经营。**重组**（restructuring）是指对公司的运营进行整顿和精简——合并产能过剩的工厂、出售闲置资产、减少不必要的开支、改进产品、整合管理职能以降低营业成本，以及其他提高公司运营效率和盈利能力的活动。重组通常会涉及将经验丰富的管理人员调任到新购公司，要么更换高层管理人员，要么临时直接介入，直到公司业务恢复盈利或者即将成为主要市场竞争者。

当多元化公司所收购的新业务表现远低于母公司认为可以实现的水平时，通常会进行重组。在重振业绩不佳的公司中如果多元化公司具备了扭亏为盈（turnaround）的能力，就可以将这些能力应用于相对广泛的非相关行业。纽威尔品牌（Newell Brands），其多元化的产品线包括 Rubbermaid 食品收纳盒、Sharpie 钢笔、Graco 婴儿车和汽车座椅、Goody 发饰、Calphalon 炊具和 Yankee 蜡烛，这些业务的价值链活动不同。由于它发展了强大的扭亏为盈能力，以至于公司会为被收购公司打上"纽威尔"的烙印（Newellize）。

要想基于重组成功实施非相关多元化战略，母公司需要具有相当强的专业知识以识别业绩不佳的目标公司和协商有吸引力的并购价格，这样每次并购都能通过进入成本测试。英国传奇企业集团汉森信托（Hanson Trust）因詹姆斯·汉森勋爵（Lord James Hanson）和戈登·怀特勋爵（Lord Gordon White）具备这方面的能力，从而取得了令人印象深刻的盈利记录。

8.7.2　非相关多元化战略实现股东价值增值的途径

非相关多元化战略要产生超过业务单元作为独立实体运营的财务结果，企业高管必须做三件事才能通过满足公司优势的三项测试：

（1）通过多元化进入的行业可以产生持续的良好收益和投资回报（通过行业吸引力测试）。

（2）谈判获得有利的并购价格（通过进入成本的测试）。

（3）通过高层管理者的监督和资源共享、财政资源分配和投资组合管理，以及重组业绩不佳的业务，进行优质的企业扶持（通过协同效应测试）。

优秀的母公司了解其所掌握的各类资源的性质和价值，并知道如何在整个业务中有效地利用这些资源。与其他多元化公司相比，那些能够为其业务创造更多价值的公司就拥有所谓的**母合优势**（parenting advantage）。当一家公司拥有母合优势时，其高层管理人员就最有可能制定并执行一项能满足公司优势的所有三项测试且真正提高股东长期经济价值的非相关多元化战略。

> **核心概念**
> 　当比其他公司更有能力通过高水平的指导、监督和其他的公司层面的贡献来提高其单个业务的综合绩效时，多元化公司就拥有**母合优势**。

8.7.3　非相关多元化战略的缺点

非相关多元化战略有两个重要的不利因素削弱了其优势：管理要求较为严苛和竞争优势潜力有限。

1. 管理要求严苛

成功地管理一系列在不同的行业和竞争环境中运营的各个业务是一个极具挑战性和异常困难的任务。[12] 例如，考虑到像通用电气、国际电话电报公司（ITT）、三菱和巴蒂集团（Bharti Enterprises）等公司拥有数十家子公司，生产数百种甚至数千种产品。虽然总部高管可以从第三方来源收集有关行业的信息，或在不时访问不同子公司的经营时询问很多问题，并尽力了解公司的不同业务，但他们仍然严重依赖于业务部门负责人的简报和"数字管理"（managing by the numbers），也就是说，他们需要密切跟踪每个子公司的财务和运营结果。当业务状况正常且各个业务单元的负责人能够始终如一地满足其要求时，通过数字进行管理就足够了。但是，如果一旦业务子公司出现问题，集团管理层不得不深入到它不太了解的某一业务子公司的问题时，平时所采取的数字管理就会出现问题。由于每家业务子公司在某个时刻都有可能遇到困难，因此，从管理角度来看，非相关多元化战略在一定程度上是有风险的战略。[13] 只需一两个未预见到的问题或重大战略失误——更有可能是在缺乏严密的公司监督情况下——就有可能导致公司收益急剧下降，致使母公司股价暴跌。

因此，对广泛多元化的业务进行有效监管，做起来可能比听起来困难得多。在实践中，只有相对较少的公司已经证明它们具有完成任务的最高管理能力。拥有非相关多元化战略但未能持续提供良好财务业绩的公司，要比在非相关多元化战略中获得成功的公司多得多。[14] 除非一家公司真正拥有母合优势，否则非相关多元化的结果将是 1 + 1 = 2 甚至更少。

2. 竞争优势潜力有限

除了每个业务子公司独立经营时产生的竞争优势之外，非相关多元化战略可提供的额外的竞争优势有限。与相关多元化战略不同的是，非相关多元化并不提供跨业务战略匹配的利益，无法使每个业务能够以更有效的方式开展其关键价值链活动。寻求非相关多元化的、资金充沛的母公司可以为其子公司提供急需的资金，可以在依赖通用的公司资源的活动中实现范围经济，甚至可以提供一些管理知识来帮助解决特定业务部门的问题，但在提高单个业务部门的竞争力方式方面，公司却不能给予相关资源。与促进相关多元化的高度专业化资源相比，支持非相关多元化的通用资源往往价值相对较低。原因很简单，因为这些资源更普通。除非它们具有极高的质量（例如，通用电气举世闻名的综合管理能力或纽威尔扭亏为盈的能力），否则通用性的资源和能力本质上不太可能成为多元化公司提供竞争优势的来源。在具有竞争性的价值链活动中，如果没有战略匹配所带来的潜在竞争优势，在大多数情况下，不相关业务集团的综合业绩仅仅是各个业务部门在独立经营情况下可以实现的业绩总和。

贴士 8-4

仅仅依靠通用性的资源和公司高管的专业知识来管理一系列不相关的业务，与相关多元化战略相比，在提高股东价值方面不具优势。

8.7.4　追求非相关多元化战略的误区

公司有时因为对非相关多元化战略的原因理解有误，从而实施非相关多元化战略。这些原因包括：

- 降低风险。将公司的投资扩散到一系列不同的行业来分散风险，但这样并不能创造长期的股东价值，因为公司的股东可以通过投资多元化的股票和债券投资组合，更灵活（更有效）地降低风险。

- 公司成长。虽然非相关多元化可以使公司实现快速或持续的增长，但仅仅为了发展目的而追求发展的公司不太可能最大化股东价值。因为只有提高盈利能力即为股东创造额外价值的增长，才能证明执行非相关多元化战略的合理性。

- 稳定性。有时管理者追求广泛的多元化，是希望公司某些业务的市场下跌趋势能被其他业务的周期性上涨所部分抵消，从而减少收益波动。然而，事实上，并没有令人信服的证据表明，在经济衰退和经济紧张时期，实施非相关多元化战略的公司整体盈利会比实施相关多元化战略的公司的盈利更稳定或更不易受影响。

- 管理层动机。非相关多元化战略可以为管理人员提供好处，如更高的报酬（随着公司规模和多元化程度的增加而增加）和降低失业风险。出于这些原因追求多元化，可能会降低股东价值，并违背管理者的受托责任。

由于非相关多元化战略至多只能为股东创造有限的长期经济价值，因此管理人员不要采取错误的非相关多元化方式使问题恶化就显得至关重要，这样可能破坏而不是创造股东价值。

贴士 8-5

只有提高盈利能力——为股东创造附加值——才能证明非相关多元化战略是合理的。

8.8 相关 - 非相关多元化战略组合

公司可以自由选择进入相关或不相关业务。实际上，在实践操作中，多元化公司的业务构成差异很大。一些多元化公司实际上是真正的业务主导型公司——一个主要的"核心"业务占总收入的 50% ～ 80%，其余就是一些小型的相关或不相关业务。一些多元化公司围绕着少数几个（2 ～ 5 个）相关或不相关的业务进行业务范围较窄的多元化（narrowly diversified）。另一些公司则围绕着大量的相关业务、不相关业务或这两者的混合业务进行范围较宽的多元化（broadly diversified）。一些多业务公司已经通过多元化进入到不相关的领域，但在每个领域都有相关业务的集合——这样就形成了相关业务组成的若干个不相关业务群构成的投资组合。公司有足够的空间来制定其多元化战略，以吸纳相关和非相关多元化的元素，这可能适合它们自己的竞争资产配置和战略愿景。相关 - 非相关多元化战略的组合对拥有多种有价值的竞争资产的公司具有特别的吸引力，这些资产涵盖从通用性资源到专属性资源和能力的各个方面。

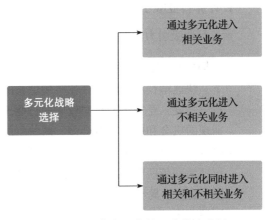

图 8-2 显示了追求多元化的公司可使用的各种选择。

图 8-2 追求多元化的三种战略选择

8.9 多元化公司的战略评估

多元化公司的战略分析建立在用于单一业务公司的概念和方法的基础上。但还有一些其他方面需要考虑，并需要掌握一些新的分析工具。评估多元化公司战略的优缺点并决定采取什么措施来改善公司绩效的流程涉及六个步骤：

（1）评估公司通过多元化所进入的各个行业的吸引力，包括单个和整体。

（2）评估公司业务单元的竞争力，并绘制九宫格矩阵，以同时描绘行业吸引力和业务单元竞争力。

（3）评估公司各业务单元在价值链上的跨业务战略匹配程度。

（4）检查公司的资源是否与目前各业务的要求相符合。

（5）对业务的绩效前景从最好到最差进行排序，并确定母公司在为各种业务配置资源时的优先顺序。

（6）制定新的战略举措，提高公司整体绩效。

这些步骤背后的核心概念和分析技术值得进一步讨论。

8.9.1　步骤1：评估行业的吸引力

在评估多元化公司战略的能力时，一个主要考虑因素是公司业务运营所在行业的吸引力。需要考虑以下几个问题：

- 公司多元化进入的每个行业对公司来说是一个好市场吗——它是否通得过行业吸引力测试？
- 公司所处的行业中，哪些最具吸引力？哪些最不具吸引力？
- 公司所投资的整个行业群有多大吸引力？

多元化公司所处的行业（无论是单个行业还是整体行业）越具有吸引力，取得良好的长期业绩前景就越好。

1. 计算行业吸引力得分

衡量行业吸引力的简单可靠的分析工具是基于以下衡量标准计算量化的行业吸引力得分：

- 市场规模和预期增长率。大型行业比小型行业更具吸引力，在其他条件相同的情况下，快速增长的行业往往比缓慢增长的行业更具吸引力。
- 竞争强度。竞争压力相对较弱的行业比竞争压力较强的行业更具吸引力。
- 涌现的机会和威胁。机会多、威胁少的行业比机会少、威胁多的行业更具吸引力。
- 跨行业战略匹配的存在。一个行业的价值链和资源需求与该公司经营的其他行业的价值链活动越匹配，该行业对追求相关多元化的公司就越具吸引力。然而，在评估行业吸引力时，跨行业战略匹配度并不是致力于非相关多元化战略的公司所考虑的因素。
- 资源要求。相比于资本和其他资源要求可能给公司财务资源和组织能力造成压力的行业，资源要求在公司可接受范围内的行业更具吸引力。
- 社会、政治、规制和环境因素。在消费者健康、安全或环境污染等领域存在重大问题的行业或受到严格监管的行业，与没有此类问题的行业相比，其吸引力更小。
- 行业盈利能力。具有良好利润率和高投资回报率的行业通常比历史利润低或不稳定利润的行业更具吸引力。

然后，每个吸引力衡量指标都被赋予一个权重，以反映其在确定行业吸引力方面的相对重要性，因为并非所有吸引力度量都同等重要。一个行业的竞争强度几乎总是获得很高的权重（比如0.20～0.30）。对于实施相关多元化战略的公司，战略匹配因素应该被赋予很高的权重，但对于采用非相关多元化战略的公司而言，与其他行业的战略匹配可能完全从吸引力测量清单中剔除。反映重要性权重的总和必须为1。

最后，在确定的行业吸引力衡量指标的基础上，使用1～10级的等级量表（其中高等级表示高吸引力，低等级表示低吸引力）对每个行业进行评级。在这里请注意，一个行业的竞争越激烈，该行业的吸引力等级越低。同样，与某一特定行业相关的资源要求超出母公司的能力范围越多，吸引力等级就越低。另外，由于具有良好的竞争优势和增加股东价值的潜力，存在良好的跨业务战略匹配应该被给予很高的吸引力等级。然后，通过将在每个衡量标准上所定的吸引力等级乘以相应的权重来计算加权吸引力得分。例如，一个等级为 8、权重为 0.25 的等级，吸引力加权得分是 2.00。所有吸引力衡量标准的加权总分提供了整个行业的吸引力得分。该评级过程如表 8-1 所示。

表 8-1　计算行业吸引力的加权得分

行业吸引力衡量指标	权重	行业吸引力评价					
		行业 A		行业 B		行业 C	
		吸引力等级	加权得分	吸引力等级	加权得分	吸引力等级	加权得分
市场规模和预期增长率	0.10	8	0.80	3	0.30	5	0.50
竞争强度	0.25	8	2.00	2	0.50	5	1.25
涌现的机会和威胁	0.10	6	0.60	5	0.50	4	0.40
跨行业战略匹配	0.30	8	2.40	2	0.60	3	0.90
资源要求	0.10	5	0.50	5	0.50	4	0.40
社会、政治、规制和环境因素	0.05	8	0.40	3	0.15	7	1.05
行业盈利性	0.10	5	0.50	4	0.40	6	0.60
权重合计	**1.00**						
行业吸引力加权总得分			**7.20**		**2.95**		**5.10**

注：等级尺度 1 = 对公司非常没有吸引力；10 = 对公司非常有吸引力。

2. 解读行业吸引力得分

得分远低于 5 分的行业可能无法通过行业吸引力测试。如果公司的行业吸引力得分都在 5 分以上，那么可以得出结论：该公司所处的行业在整体上具有吸引力。但随着得分低于 5 分的行业数量增加，特别是如果得分低的行业占公司收入的很大一部分，该行业群的吸引力明显降低。

要使多元化公司成为表现出色的公司，其收入和利润的很大一部分必须来自具有较高吸引力得分的业务单元。特别重要的是，多元化公司的主要业务应该来自具有良好增长前景以及高于平均盈利能力水平的行业。若公司收入和利润的很大一部分来自增长缓慢、盈利能力低下、竞争激烈或其他令人不安的行业中，这往往会拖累整个公司的业绩。因此，处于行业吸引力最差的业务单元是潜在的剥离对象，除非它们的地位足够强大，足以克服行业环境中缺乏吸引力的方面，或者它们是公司业务构成中具有战略重要性的组成部分。

8.9.2　步骤 2：评估业务单元的竞争力

评价多元化公司的第二步是评估各个业务单元在各自行业中的竞争优势。对各业务单元在行业中的实力和竞争地位进行评估，不仅可以揭示其在行业中取得成功的机会，而且还可以为将各业务单元从竞争最强到竞争最弱进行排名以及为对所有业务单元作为一个整体进行竞争优势评估提供依据。

1. 计算每个业务单元的竞争力得分

可以使用类似于衡量行业吸引力的过程来量化每个业务单元的竞争力。以下因素用于量化多元化公司的业务子公司的竞争力：

- 相对市场份额。业务单元的相对市场份额被定义为业务单元的市场份额与行业内最大竞争对手公司持有的市场份额之比，市场份额以单位而非货币衡量。例如，如果业务单元 A 的市场领先份额为 40%，而其最大竞争对手的市场领先份额为 30%，则业务单元 A 的相对市场份额为 1.33（请注意，只有在各自行业中处于市场份额领先地位的业务单元才能拥有大于 1 的相对市场份额）。如果业务单元 B 拥有 15% 的市场份额，而 B 的最大竞争对手拥有 30% 的市场份额，则 B 的相对市场份额为 0.5。业务单元的相对市场份额低于 1.0 越多，其竞争力和市场地位相对于竞争对手就越弱。

- 相对于竞争对手的成本。相对于主要竞争对手而言，成本较低的业务单元在其行业中的定位往往比努力保持与主要竞争对手成本均等的业务单元更为牢固。只有在这样的情况下，一个业务单元的竞争实力才不会因为成本高于竞争对手而受到损害，即该业务单元为使其产品与众不同而付出了更高的成本，而其客户愿意为与众不同的产品功能支付溢价。

- 在关键产品属性上，具有匹配或击败对手的能力。公司的竞争力部分取决于能否满足买方对功能、产品性能、可靠性、服务和其他重要属性的期望。

- 品牌形象和声誉。在大多数行业中，一个众所周知且备受推崇的品牌是宝贵的竞争性资产。

- 其他具有价值的竞争性资源和能力。有价值的资源和能力，包括通过合作伙伴关系获得的资源和能力，能提高公司成功竞争和争取行业领先地位的能力。

- 从与其他业务单元的战略匹配中受益的能力。与公司内部其他业务的战略匹配可以增强业务部门的竞争力，并可能提供竞争力。

- 与关键供应商或客户议价的能力。拥有议价的能力意味着竞争力，并可能成为竞争优势的来源。

- 相对于竞争对手的盈利能力。持续高于平均水平的盈利能力是竞争优势的信号，而持续低于平均水平的盈利能力通常表示竞争劣势。

在确定了一套与各个业务部门的情况相匹配的竞争力衡量指标后，公司需要确定权重，以表明每个衡量指标的重要性。与为行业吸引力指标分配权重时一样，重要性权重的总和必须为 1。然后，使用 1 ～ 10 级的等级量表（其中较高等级表示竞争力强，较低等级表示竞争力弱），在每项衡量指标上为每个业务单元定级。如果获得的信息太有限，以至于无法确定业务单元某项特定的衡量指标等级值时，通常最好的办法是赋予其 5 级，这样可以避免总分偏高或偏低。加权竞争力评级的计算方法是，把每个衡量指标上业务单元的等级与赋予的权重相乘。例如，一项等级为 6、权重为 0.15 的竞争力，产生的加权竞争力得分为 0.90。所有衡量指标的加权得分之和提供了业务单元整体竞争力的定量衡量标准。表 8-2 提供了三个业务单元竞争评级的计算样本。

表 8-2　计算多元化公司业务单元的竞争力加权得分

竞争力衡量标准	权重	竞争力评价					
		业务单元 A		业务单元 B		业务单元 C	
		竞争力等级	加权得分	竞争力等级	加权得分	竞争力等级	加权得分
相对市场份额	0.15	10	1.50	2	0.30	6	0.90
相对于竞争对手的成本	0.20	7	1.40	4	0.80	5	1.00
在关键产品属性上，具有匹敌或击败对手的能力	0.05	9	0.45	5	0.25	8	0.40
从与其他业务单元的战略匹配中获益的能力	0.20	8	1.60	4	0.80	8	0.40
与供应商或客户议价的能力	0.05	9	0.45	2	0.10	6	0.30
品牌形象和声誉	0.10	9	0.90	4	0.40	7	0.70
其他具有价值的资源或能力	0.15	7	1.05	2	0.30	5	0.75
相对于竞争对手的盈利能力	0.10	5	0.50	2	0.20	4	0.40
权重合计	1.00						
竞争力加权得分合计			7.85		3.15		4.85

注：等级尺度 1= 非常弱；10= 非常强。

2. 解读竞争力得分

竞争力得分在 6.7 分以上（1～10 分制）的业务单元是所处行业强有力的市场竞争者；得分在 3.3～6.7 的业务单元，相对于竞争对手有中等程度的竞争力；得分低于 3.3 的业务单元，则处于较弱的市场竞争位置。如果多元化公司的业务单元的竞争力得分都在 5 分以上，那么可以得出结论：公司业务单元都是各自行业中较为强大的市场竞争者。但随着得分低于 5 分的业务单元数量的增加，有理由怀疑公司能否在竞争地位相对较弱的众多业务中表现出色。当分数较低的业务单元占公司收入的很大一部分时，这种担忧就显得更加重要。

3. 利用九宫格矩阵同时刻画行业吸引力和竞争力

行业吸引力和业务竞争力得分可以用来描述多元化公司中每个业务的战略地位，纵轴表示行业吸引力，横轴表示竞争力。将纵轴划分为三个部分（高、中、低吸引力），并把横轴也分为三个部分（强、一般和弱竞争力），这样就形成了一个九宫格。如图 8-3 所示，在 1～10 的评分等级中，得分为 6.7 或更高的表示行业吸引力较高，分数为 3.3～6.7 分表示中等吸引力，分值低于 3.3 表示吸引力较低。同样，高竞争力定义为大于 6.7 的分数，平均竞争力定义为 3.3～6.7 的分数，低竞争力定义为低于 3.3 的分数。每个业务单元根据其整体吸引力得分和竞争力得分绘制在九宫格矩阵上，并用"气泡"表示出来。每个气泡的大小表示该业务产生的收入占公司总收入的百分比。图 8-3 中的气泡坐标使用了表 8-1 中的三个行业的吸引力得分和表 8-2 中的三个业务单元的竞争力得分。

业务单元在"行业吸引力 – 竞争力"矩阵中所处的位置，为公司部署资源提供了有价值的指导。位于行业吸引力 – 竞争力矩阵左上角三个单元格中的业务（如业务 A）具有良好的行业吸引力和竞争力。

接下来优先考虑的是位于从左下角延伸到右上角的三个对角线单元格中的业务（如业务单元 C）。此类业务通常在母公司的资源分配排名中具有中等优先级。然而，位于对角线方格中的中等优先权的一些业务单元，可能比其他业务具有更光明或更暗淡的前景。例如，位于矩阵右上方单元格中的小型业务单元，尽管处于一个极具吸引力的行业，但可能在其行业中处于一个很弱的竞争地位，且无法证明其成为强大市场竞争者所需的投资和资源是合理的。

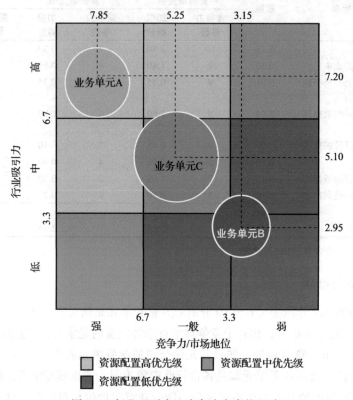

图 8-3　行业吸引力-竞争力九宫格矩阵

注：圆的大小反映了该业务单元占整个公司收入的比例。

位于矩阵右下角三个单元格中的业务单元（如业务单元 B）具有相对较低的行业吸引力和较小的竞争力，因此成为表现不佳、几乎没有改善潜力的业务单元。它们对公司资源的要求最低，并可能是被剥离（出售给其他公司）的首选业务单元。然而，在某些情况下，位于右下方三个单元格的业务会产生相当可观的正现金流。保留此类业务，并将其现金流转用于为利润增长潜力更大的业务单元的扩张提供资金可能更有意义。

行业吸引力-竞争力九宫格矩阵为多元化公司在为其不同业务单元分配资源和投资资本时，对考虑行业吸引力和业务竞争力的原因提供了清晰、有力的逻辑。一种良好的情况是将资源集中在那些具有较高行业吸引力和竞争力的业务上，在对九宫格中中等位置的业务进行投资时要精心挑选，并从吸引力和竞争力都较低的业务中撤出资源，除非它们提供了卓越的利润或现金流潜力。

8.9.3　步骤 3：确定多元化公司战略匹配的竞争价值

虽然业务不相关的多元化公司可以绕过这一步骤（因为非相关多元化在设计上不具备战略匹配度这一要素），但公司业务的战略匹配度是评估一家公司相关多元化战略的核心。但这里需要的不仅仅是识别战略匹配，更重要的是战略匹配可以产生多少竞争价值。与范围经济相关的成本节约是否可以使一个或多个个体业务相对于竞争对手具有基于成本的优势？多少竞争价值将会来源于技能、技术或知识资本的跨业务转移或竞争资产的共享？利用一个强大的伞形品牌或企业形象能否加强业务并显著增加销售额？跨业务协作以创建新的竞争能力能否显著提高业绩？如果没有重要的跨业务战略匹配和公司为获取收益而做出的不懈努力，人们就不得不怀疑，多元化公司的业务是否会比这些业务单独经营业绩更好。

贴士 8-6

跨业务战略匹配对提高多元化公司业务绩效的价值越大，公司相关多元化战略的竞争力就越强。

图 8-4 说明了比较公司业务价值链、识别机会以便利用具有竞争价值的跨业务战略匹配的过程。

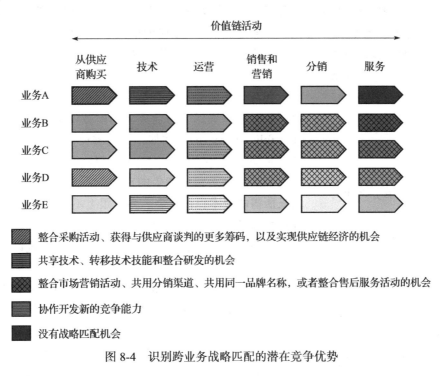

价值链活动

	从供应商购买	技术	运营	销售和营销	分销	服务
业务A						
业务B						
业务C						
业务D						
业务E						

◫ 整合采购活动、获得与供应商谈判的更多筹码，以及实现供应链经济的机会

▰ 共享技术、转移技术技能和整合研发的机会

▨ 整合市场营销活动、共用分销渠道、共用同一品牌名称，或者整合售后服务活动的机会

▤ 协作开发新的竞争能力

■ 没有战略匹配机会

图 8-4　识别跨业务战略匹配的潜在竞争优势

8.9.4　步骤 4：检查资源是否匹配良好

多元化公司的业务需要表现出良好的**资源匹配性**（resource fit）。实施相关多元化战略的公司，当公司的业务在其价值链的某些重要环节上拥有与市场成功要求相匹配的专属性资源时，就存在良好的资源匹配度。匹配资源在相关多元化中很重要，因为它们有助于促进资源共享和低成本的资源转移。在实施非相关多元化的公司中，当公司拥有切实的母合能力或拥有能在公司业务间共享或转移的通用资源的能力时，就存在资源匹配。实施相关多元化的公司以及采用相关－非相关多元化战略组合的公司，也可以从公司的母合能力和其他通用资源的使用中受益。所有类型的多业务公司的资源匹配的另一个方面是，公司是否拥有足够的资源来支持

核心概念

追求相关多元化的公司，当其业务沿着价值链具有与资源要求相匹配的专用资源时，表现出**资源匹配性**；如果母公司拥有足够的公司资源（母合资源和通用资源）来支持其业务需求并增加价值时，则追求非相关多元化的公司也具有资源匹配性。

它们的业务群不会因分散太多而力不从心。

1. 财务资源的匹配

财务资源匹配最重要的方面是，一家多元化公司能否产生足够的内部现金流，以满足其业务的资本需求、支付股息、履行债务义务（财务资源，包括公司借款或以其他方式筹集资金的能力，这是一种通用资源）。虽然通常可以在金融市场上筹集到额外资本，但对于多元化公司来说，拥有健康的、可以支持其业务组合财务要求的**内部资本市场**（internal capital market）非常重要。多元化公司能够通过内部产生的现金流而非股票发行或借款为其业务投资提供资金的程度越大，其财务资源匹配能力就越强，企业对外部财务资源的依赖就越少。在信贷市场条件紧张的情况下，这可以提供相对于单一业务竞争对手的竞争优势，这与近年来在美国和国外市场的业务往来实质一样。

在基于不同业务具有不同的现金流和投资特征的基础上，实行用以确保公司业务之间财务匹配的**投资组合方法**（portfolio approach）。例如，快速增长行业中的业务单元通常都是**现金猪**（cash hogs），之所以给予这样的称谓，是因为它们从内部运营中产生的现金流不足以为其业务运营和增长所需的资本提供资金。为了跟上不断增长的买方需求，快速增长的业务通常需要大规模的年度资本投资——用于购买新设施和新设备、新产品开发或技术改进以及用于支持库存扩张和更大经营基础的额外营运资金。因为现金猪的财务资源必须由母公司提供，所以公司管理者必须确定继续向现金猪业务注入新资金是否具有良好的财务和战略意义。

相比之下，在成熟行业中拥有领先市场地位的业务单元可能是**现金牛**（cash cows），因为它们产生的现金盈余超过了为其业务提供充足资金所需的数额。在增长缓慢的行业中，市场领导者产生的现金流量往往超过增长和再投资所需的数额，这是因为行业领先地位往往产生有吸引力的收益，并且所在行业增长缓慢，因此每年的投资要求通常相对不高。虽然从成长的角度来看不具有吸引力，但从财务资源的角度来看，现金牛是有价值的业务。它们产生的盈余现金流可用于支付公司股息、融资并购，以及为投资公司有前景的现金猪提供资金。对于多元化公司来说，保持现金牛的健康状况，巩固和维护其市场地位，以保持其现金产生能力，并有持续的财务资源部署到其他地方，是具有重要的财务和战略意义的，如通用电气将其先进的材料、设备服务、电器和照明业务视为现金牛业务。

> **核心概念**
> **强大的内部资本市场**允许多元化公司通过将资金从产生自由现金流的业务单元转移到需要额外资本的业务单元以扩大并实现其增长潜力来增加价值。

> **核心概念**
> 确保公司业务之间财务匹配的**投资组合方法**基于这样的事实：不同的业务具有不同的现金流和投资特征。

> **核心概念**
> **现金猪**业务产生的现金流太小，不足以为其增长提供充分资金；因此，它需要注入现金以提供额外的周转资本，并为新的资本投资提供资金。

> **核心概念**
> **现金牛**业务产生的现金流超过其内部要求，从而为母公司提供资金，用于投资现金猪业务、为新的并购提供资金或支付股息。

将一组多元化的业务视为现金流和现金需求（当前和未来的现金流）的集合，有助于理解多元化的财务影响，以及为什么拥有较好财务资源的业务是很重要的。例如，当一家多元化公司的现金牛业务产生大量现金流，足以为有前景的现金猪业务提供投资所需的资金时，该多元化公司的业务就展现出良好的财务资源匹配。理想情况下，随着时间的推移，投资于前景看好的现金猪业务会使其成长为能够自我支持的明星业务，这些业务在具有吸引人的、高速增长的市场上拥有强大或领先的竞争地位且具有高盈利性。明星业务往往是未来的现金牛。当明星业务的市场开始成熟、增长放缓时，该业务的竞争力会产生比业务自身投资所需还要更多的现金流。因此，"成功序列"是从现金猪到年轻的明星业务（但也许仍然是现金猪），再到自我支持的明星业务，最后成为现金牛。虽然从现金牛和现金猪的角度来观察多元化公司的做法已经不那么流行了，但它说明了一种分析财务资源匹配性并在不同业务组合中分配财务资源的方法。

除了现金流因素外，在评估多元化公司的业务是否表现出良好的财务匹配度时，还有两个其他因素需要考虑：

- 公司的任何单个业务在为实现公司整体绩效目标做出充分贡献方面是否存在财务问题？如果一项业务在公司财务资源中占据与其规模不成比例的份额，而同时对公司的利润贡献不足或微不足道，那么该业务就表现出较差的财务匹配度。太多表现不佳的业务降低了公司的整体业绩，并最终限制了股东价值的增长。
- 该公司是否有足够的财务实力为其不同业务提供资金并维持健康的信用评级？当多元化公司业务组合的资源需求过度影响了公司的财务状况，并威胁和损害到其信用评级时，该多元化公司的战略就通不过资源匹配度测试。包括苏格兰皇家银行（Royal Bank of Scotland）、花旗集团（Citigroup）和汇丰银行（HSBC）在内的许多全球大银行最近发现，它们资本不足，资金过度扩张，被迫出售部分业务资产以满足监管要求并恢复公众对其偿付能力的信心。

2. 非财务资源的匹配

正如多元化的公司必须有足够的财务资源来支持其每个业务一样，它还必须有足够充足的管理、行政和其他母合能力来支持其所有不同的业务。以下两个问题有助于揭示多元化公司是否有充足的非财务资源：

- 母公司是否拥有（或能够开发）各业务取得成功所需的特定资源和能力？有时，公司在其核心业务中积累的资源被证明与其在多元化业务中取得成功所需的竞争力不相匹配。例如，英国的一家多业务公司 BTR 发现，该公司的资源和管理技能非常适合扶持其工业制造业务，但不适合扶持其分销业务［国家轮胎服务公司（National Tire Services）和得克萨斯州萨默斯集团（Texas-based Summers Group）］。因此，BTR 决定剥离其分销业务，并专注于小型工业制造业的多元化。对于追求相关多元化战略的公司而言，公司的竞争资产与某一行业关键成功因素之间的不匹配，可能严重到有必要剥离该业务或不再并购新业务。相反，当一家公司的资源和能力与目前尚未涉足的行业的关键成功因素很匹配时，就十分有必要去认真考虑并购这些行业内的公司，并扩大公司的业务范围。

- 母公司的资源是否因其一项或多项业务的资源需求而过度紧张？多元化公司必须防止过度消耗其资源和能力，这种情况可能发生在：①公司进行疯狂并购，并要求管理层迅速地吸纳和监督许多新的业务；②公司缺乏足够的资源来完成将技能和能力从一个业务转移到另一个业务。公司多元化的范围越广，涉及的问题就越大：公司高管是否因管理如此多的不同业务而负担过重。此外，公司多元化战略越需要将现有的专业知识或技术转移到新业务，就越要求其必须投入更多的时间和资金来开发足够充足的资源库，以为这些业务提供实现成功所需的资源和能力。[15] 否则，它的资源库最终会分散在许多业务中，错过实现 1 + 1 = 3 的机会。

8.9.5 步骤 5：对业务单元排序并决定资源分配的优先权

一旦从行业吸引力、竞争力、战略匹配和资源匹配的角度对多元化公司的战略进行了评估，下一步就是利用这些信息对业务的绩效前景按照从最佳到最差的顺序进行排序。这种排序有助于高层管理人员为每项业务分配资源支持和资本投资的优先级。

在行业吸引力 - 竞争力九宫格矩阵中，不同业务的位置为识别机会较高的业务和机会较低的业务提供了有力的依据。通常情况下，处于具有吸引力的行业中且竞争力强的业务，比处于没有吸引力的行业中竞争力弱的业务具有更好的业绩前景。此外，快速增长行业的业务收入和盈利前景通常要比缓慢增长行业的业务要好。一般而言，利润和增长前景最光明、在九宫格矩阵中处于具有吸引力的位置以及有坚实的战略匹配和资源匹配的业务子公司，应获得公司资源分配的最高优先权。然而，在将不同业务的前景从最佳到最差排序时，通常明智的做法是还要考虑每个业务过去在销售增长、利润增长、对公司收入的贡献、投资于业务的资本回报率和经营现金流等方面的业绩。虽然过去的业绩并不总能可靠地预测未来业绩，但它确实表明一个业务是否已经有了良好的业绩或有需要克服的问题。

分配财务资源

图 8-5 显示了多元化公司配置财务资源的主要战略和财务选择。公司剥离未来发展前景最差的以及缺乏足够战略匹配性或资源匹配性的业务，是获得具有更好的发展机会、更好的资源匹配性的业务，从而产生额外资金的最佳方式之一。来自现金牛业务的自由现金流增加了公司可有效调配的资金池。理想情况下，多元化公司将拥有充足的财务资源来加强或发展

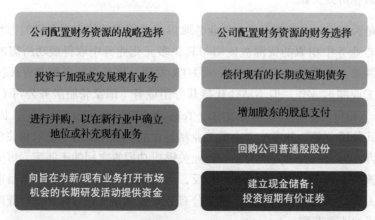

图 8-5　多元化公司配置财务资源的主要战略和财务选择

现有业务，进行公司所需的新并购，为其他有前途的业务机会提供资金，偿还现有债务，并定期增加股东红利或回购股份。但实际上，公司的财务资源是有限的。因此，为了充分利用现有资金，高层管理人员必须将资源引导至具有最佳发展前景的业务，并剥离或将最少资源分配给前景不佳的业务，这也就是为什么将各种业务的业绩前景从最佳到最差进行排序如此重要。企业财务资源的战略使用通常应该进行严格的财务考虑（见图 8-5），即必须有充分的证据证明它能改善公司资产负债表的结构或使股东获得更好的投资回报。

8.9.6 步骤 6：制订新的战略行动方案来提升公司整体绩效

从前面五个分析步骤中得出的结论为制订战略行动方案、提高多元化公司整体绩效做了充分的准备工作。战略选择可归纳为四大类型（见图 8-6）：

（1）紧跟现有的业务群，并抓住这些业务中出现的机会。

（2）通过在新行业中进行新并购来扩大公司的业务范围。

（3）剥离某些业务，缩减业务范围。

（4）重组公司的业务阵容，为公司的业务构成注入新的面貌。

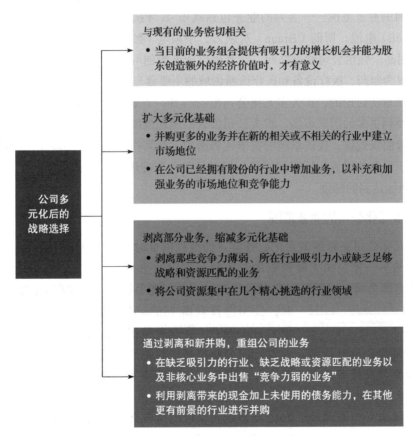

图 8-6 公司多元化后的四种主要战略选择

1. 与现有的业务密切相关

当公司现有业务提供有吸引力的增长机会，并能为股东创造经济价值时，坚持现有业务群的战略选择就是有意义的。只要公司现有的业务具有良好的前景并与公司的多元化战略保持一致，那么公司的业务结构就没有必要进行重大变化。企业高管可以把注意力集中放在每一个业务的最佳回报上，进而将公司资源引向最具潜力和盈利能力的领域。要想从目前的业务阵容中获得更佳的业绩，"该做什么"的具体细节必须取决于对每个业务所处环境以及母公司多元化战略的分析。

2. 扩大多元化公司的业务范围

多元化公司有时会发现，在新行业（无论是相关行业还是不相关行业）建立市场地位是值得的，主要是由于以下几个激励因素在起作用：其一是缓慢的业绩增长，这使得新并购业务所具有的潜在收入和利润增长看起来颇具吸引力。其二是将资源和能力转移到其他相关或互补业务的潜力。其三是由于技术、立法或人口结构变化引起的一项或多项公司核心业务的迅速变化情况。例如，美国通过立法允许银行、保险公司和股票经纪人进入彼此的业务，这激发了大量的并购和兼并，以创建能够满足客户多种金融需求的全方位服务的金融企业。其四，也是非常重要的一点，增加公司新业务的激励因素是为了补充或增强公司的一个或多个现有业务的市场地位和竞争能力。宝洁公司通过并购吉列公司，加强和拓展了在个人护理和家用产品方面的业务范围——吉列的业务包括欧乐 -B 牙刷、吉列剃须刀和剃须刀刀片、金霸王（Duracell）电池、博朗（Braun）剃须刀、小家电（咖啡机、搅拌机、吹风机和电动牙刷）和洗漱用品。强生公司通过并购，在其赖以成名的创可贴和婴儿护理业务之外进行多元化经营，并成为制药、医疗设备和医疗诊断领域的主要参与者。

正如第 7 章所讨论的，扩大多元化公司范围的另一个重要途径是通过将现在经营的业务地理范围扩展到更多的国家市场。扩大公司经营的地理范围，可以完全获取规模经济以及学习曲线和经验曲线效应，提供卓越的竞争优势潜力。在某些业务中，实现完全的规模经济或者充分受益于经验曲线效应所需的销量，超过了在一个或几个国家市场范围内（尤其是小型市场）经营所能达到的销量。

3. 收缩多元化公司的业务范围

一些多元化公司在管理多元化业务群方面遇到困难时，选择退出其中一些业务。将公司直接出售给另一家公司无疑是剥离业务时最常用的选择。2017 年，三星电子将其印刷业务出售给惠普公司，以便更好地专注于其核心的智能手机、电视和存储芯片业务。但有时，公司选择**剥离**（spin-off）的业务单元有足够的资源和能力自主经营。在这种情况下，母公司可选择通过首次公开发行向公众出售股份或将新公司的股份分配给母公司的股东，从而将不想要的业务剥离为财务和管理上独立的公司。易趣在 2015 年以估值 450 亿美元剥离贝宝，是易趣在 2002 年收购贝宝时支付资金的 30 倍。2018 年，农药生产商 FMC 公司剥离了锂电池的业务以专注于核心业务，提高盈利能力。

贴士 8-7

剥离是指母公司通过首次公开发行股票或将新公司的股份分配给母公司的股东，从而剥离某项业务而成立独立公司。

当高层管理人员认为公司的多元化经营范围太广，并且公司可以通过专注于少数业务来提高长期绩效时，公司通常会选择缩减多元化经营。但是，公司剥离一个或多个现有业务还

有其他重要原因。有时公司不得不考虑剥离一个业务，因为曾经有吸引力的行业的市场环境已经严重恶化。另外，由于缺乏足够的战略或资源匹配性，或者由于是长期发展潜力受到质疑的现金猪，或者相对于盈利能力的可能收益而言，弥补其竞争劣势过于昂贵，这样的业务都有可能成为主要的剥离对象。有时，公司收购了正处于下滑状态的业务，尽管管理层已经尽了最大努力，但最终的结果并不像预期的那样。而某些业务部门的业绩不佳必然会发生，从而引发了是否剥离或保留这些业务部门并试图扭转局面的问题。其他一些业务尽管也有足够的财务业绩，但可能不像最初想象的那样与公司其他部门很好地契合。例如，百事公司剥离了旗下快餐餐饮业务（肯德基、必胜客和塔可贝尔），转而专注于公司核心的软饮料和小吃食品业务，在这些业务中，公司的专业资源和能力可以增加更多价值。

有时，从战略匹配性的角度来看，有意义的多元化活动结果却同公司文化的匹配性较差。[16]当制药公司多元化进入化妆品和香水业务时，与开发神奇的药物来治愈疾病这一更为崇高的任务相比，公司发现它们的员工对化妆品这类本质上"轻浮"的产品毫无敬意。在医药公司的医学研究和化学合成专业知识与以时尚和市场为导向的化妆品业务之间缺乏共同的价值观和文化兼容性，使得多元化所进入的业务尽管有技术共享潜力、产品研发匹配性，分销渠道也在一定程度上重叠，却最终失败。

在决定是否或何时剥离业务子公司时，一个有用指南就是要考虑到："如果我们今天不在这个行业，我们现在会想要进入这个行业吗？"如果答案是否定的或可能是否定的，则应考虑剥离。除此之外，业务应该被剥离的另一个信号是，当业务对另一家公司的价值大于对目前母公司的价值时，在这种情况下，如果公司出售该业务，并从业务价值匹配的并购方收取溢价，股东就能获得满意的回报。

4. 重组多元化公司的业务

在公司范围内进行多元化重组（公司重组）涉及剥离一些业务或并购其他业务，以使公司的业务群焕然一新。[17]当公司的财务绩效受到以下因素的威胁时，就很有必要对公司的业务群进行彻底的重组：

- 公司的资源和能力与其追求的多元化类型之间存在严重不匹配。
- 太多的业务处于缓慢增长、下滑、利润率低或其他原因导致的缺乏吸引力的行业。
- 太多竞争力较弱的业务。
- 威胁一个或多个关键业务生存的新技术的出现。
- 一个或多个关键业务部门的市场份额持续下降，正成为更多市场领先的竞争对手的牺牲品。
- 过重的带息债务负担，严重侵蚀盈利水平。
- 没有达到预期的失误型并购。

有时，公司重组可能是由特殊情况引起的：例如，当公司遇到千载难逢的机会需要进行大规模的并购，以至于它不得不出售几个现有的业务部门来为新的并购融资，或者当公司需要出售一些业务来筹集资金，以便用于未来的技术或产品进入一个潜在的大行业。随着业务被剥离，公司重组通常包括将剩余业务部门调整为一个战略匹配性最佳的业务群，然后重新调配剥离业务所产生的现金流，以偿还债务或进行新的并购，从而加强母公司在其所看重的行业业务的市场地位。

在过去 10 年中，公司重组已成为许多多元化公司的流行战略，特别是那些已广泛多元化进入许多不同行业和业务线的公司。谷歌就是一个典型的例子，在过去 20 年里，它收购了 200 多家不同类型的业务。这种快速扩张导致了 2015 年的公司重组，创建了一个新的控股公司，名为字母表（Alphabet），互联网服务以外的业务被转移到其中，每个业务都由自己的首席执行官管理。谷歌仍然是其核心互联网服务业务的伞形公司，如 YouTube、Waze、Android 移动操作系统和谷歌搜索。最终，谷歌也被并入 Alphabet，成为其最大的子公司。这次重组让谷歌稍微瘦身，更多地专注于其核心业务，同时让更多不相关的公司在 Alphabet 下获得更大的独立性。据称，重组已经完成了大部分目标。另外，迪斯尼为了抓住成长的机会将公司改组为 4 个部门，Hulu 在实现进一步增长的同时采取了精简的措施，《华尔街日报》也在努力转向数字化战略。

专栏 8-4 讨论了威富公司（VF Corporation）、北面（North Face）和其他流行的"生活方式"服装品牌的制造商如何使用重组战略使其不同类型公司的管理合理化。

 专栏 8-4　威富公司的重组战略

拥有 120 年历史的威富公司通过积极的并购战略，成为世界最大的服装、鞋类、配件企业。它们并购的品牌包括北面、添柏岚（Timberland）、威格（Wrangler）、李氏（Lee）、杰斯伯（Jan Sport）、诺蒂卡（Nautica）、逸客（Eagle Creek）、Smart Wool 和 Altra Footwear。然而，最近几年，公司高层开始注意到，由于分销渠道、客户需求和增长模式的不同，不同业务领域的管理要求也不同。解决方案是重组公司，这是典型的战略性举动，因为在这两种不同类型的业务之间缺乏良好的战略匹配度。

2019 年，公司分裂为两个独立的组织，将威富的牛仔裤业务转移到一家独立的上市公司（一种被称为剥离的举动）。新公司名为

Kontoor Brands 公司，包括威格、李氏、Rock & Republic 等品牌，以及威富 Outlet 业务。威富公司（也被称为 VFC）将保留更具活力、行动更快、更活跃的生活方式品牌。此次剥离是为了让 VFC 旗下增长较快的、与 Kontoor 更为保守的姊妹业务不太相关的业务部门寻求机会。这也将使 VFC 中的品牌能够以更灵活的方式应对时尚界的快速变化。虽然剥离总会伴随着风险和不确定性，比如业务中断的风险，以及管理资源的临时转移，但 2019 年公司全年收入增长了 13%，未来前景看起来很乐观。

资料来源：公司网站，https://www.thestreet.com/investing/stocks/v-f-corp-ceo-why-we-just-made-one-of-the-biggest-decisions-in-our-company-history-14681383（访问于 2020 年 2 月 4 日）。

🔲 本章要点

1. 多元化的目的是创造股东价值。只有当多元化的企业集团在单一母公司的支持下，比

它们作为独立的企业表现得更好时，多元化才能为股东创造价值。多元化的目标不

仅仅是实现 $1+1=2$ 的结果，而是认识到 $1+1=3$ 带来的重要好处，即所谓的协同效应。要想让新业务多元化有增加股东价值的前景，它必须能够通过三项公司优势测试：行业吸引力测试、进入成本测试和协同效应测试。

2. 进入新业务的方式可以采取三种形式中的任何一种：并购、内部创业或合资企业。选择哪种方式最好取决于公司的资源和能力、行业进入壁垒、速度的重要性和相对成本。

3. 多元化有两种基本方法：进入相关业务或进入不相关业务。相关多元化的基本原理是从战略匹配中受益：多元化进入与自己的价值链相匹配的业务，然后通过在匹配的价值链活动中共享或转移资源和能力，利用战略匹配获得竞争优势。

4. 非相关多元化战略放弃了在价值链层面上通过战略匹配所得到的竞争优势潜力，但是，该战略可以从公司母合或一般资源和能力的共享和转移中获取竞争优势潜力。优秀的母公司可以通过以下方式使其业务受益：①提供高层监督和其他公司资源；②在业务组合中配置财务资源（在某种情况下）；③重组业绩不佳的并购。

5. 与非相关多元化相比，相关多元化提供了更强有力的创造股东价值的基础，因为在相关多元化中利用的专属性资源和能力，与大多数情况下相对普通且更容易模仿的非相关多元化的通用资源和能力相比，往往是更有价值的竞争性资产。

6. 分析公司多元化战略优缺点的六个步骤如下所述。

步骤1：评估公司已多元化进入的各个行业的长期吸引力。确定行业吸引力需要制定一个行业吸引力指标列表，每个指标可能具有不同的重要性权重。

步骤2：评估公司每个业务单元的相对竞争力。对每个业务的竞争实力进行评级的目的是清楚地了解哪些业务在本行业中是强势的竞争者，哪些业务是弱势的竞争者，以及其

优势或劣势产生的根本原因。通过绘制行业吸引力-竞争力九宫格矩阵将行业吸引力的结论与竞争力的结论结合起来，该矩阵可以帮助公司确定每个业务的前景，以及在分配公司资源和投资资本时每个业务应给予的优先级别。

步骤3：检查跨业务战略匹配的竞争价值。当业务的价值链与其他业务单元存在关系时，一项业务更具战略吸引力，可以提供以下潜能：①整合运营以实现范围经济；②在业务间转移技术、技能、专业知识或其他资源能力；③利用令人信任的品牌名称或其他资源来增强差异化；④在公司业务之间共享其他有竞争力的宝贵资源；⑤通过跨业务协作建立新的资源和竞争能力。跨业务战略匹配是一种重要的途径，可以产生超出任何业务单独运营所能实现的竞争优势。

步骤4：检查公司的资源是否符合其当前业务阵容的资源需求。采用相关多元化战略的公司，当公司的业务在其价值链的某些重要环节上拥有与市场成功要求相匹配的专属性资源时，就存在资源匹配。在实施非相关多元化的公司中，当公司拥有切实的母合能力或拥有能在公司业务间共享或转移的通用资源时，就存在资源匹配。当多元化公司的业务间存在财务资源匹配时，公司能产生足以满足业务资本需求、支付红利、偿还债务以及其他保持财务稳健所需的内部现金流。

步骤5：对业务的绩效前景从最好到最差进行排序，并确定母公司为每项业务分配资源的优先级。判断业务部门绩效最重要的考虑因素是销售增长、利润增长、对公司收入的贡献以及投资于业务的资本回报率。通常，处于具有吸引力的行业且竞争力强的业务部门应成为公司资源支持的首选。

步骤6：制订新的战略行动方案来提升公司整体绩效。这一步骤需要使用先前步骤的结果，以此为基础从下面四种不同战略途径中选择一种改进多元化公司绩效：①密切关注现有的业务，并抓住这些业务中出现的机

会；②通过进入其他行业扩大公司的业务范围；③通过剥离业绩不佳的业务，缩减多元化公司的业务范围；④通过多次剥离或并购，重组业务。

🔲 巩固练习

1. 看看你是否能识别出使下列公司的业务相关联的价值链联系。尤其是，你应考虑是否存在以下跨业务机会：①转让技能和技术；②结合相关价值链活动以实现范围经济；③利用知名品牌或其他资源来增强差异化。

Bloomin 品牌

- 傲虎（Outback）牛排餐厅
- 卡拉巴（Carrabba）意大利烧烤
- Bonefish Grill（市场上新鲜的优质海鲜）
- 弗莱明顶级牛排餐厅和酒吧（Fleming's Prime Steakhouse & Wine Bar）

欧莱雅

- 美宝莲（Maybelline）、兰蔻（Lancôme）、赫莲娜·鲁宾斯坦（Helena Rubinstein）、艾西（essie）、科颜氏（Kiehl's）和植村秀（Shu Uemura）化妆品
- 欧莱雅（L'Oréal）和柔辛/卡森（Soft Sheen/Carson）的护发产品
- 丽得康（Redken）、美奇丝（Matrix）、欧莱雅专业美发、卡诗（Kérastase）护发和护肤产品
- 拉夫·劳伦（Ralph Lauren）和乔治·阿玛尼香水（Giorgio Armani）
- 碧欧泉（Biotherm）护肤产品
- 理肤泉（La Roche-Posay）和薇姿（Vichy Laboratories）医学护肤

强生

- 婴儿用品（爽身粉、洗发水、润肤油、护肤液）
- 邦迪创可贴和其他急救产品
- 女性健康和个人护理产品（Stayfree、Carefree、Sure & Natural 等）
- 露得清（Neutrogena）、阿维诺（Aveeno）护肤品
- 非处方药（泰诺、布洛芬、法莫替丁、胃能达、硝酸咪康唑）
- 处方药
- 假肢和其他医疗设备
- 外科手术和医院使用产品
- 娇生（Acuvue）隐形眼镜

2. 请仔细阅读 3M 公司在其网站上列出的业务组列表。你如何描述该公司的相关多元化战略、非相关多元化战略或相关与非相关多元化的组合战略？并说明理由。

- 消费产品——面向家庭和办公室，包括便利贴和胶带
- 电子与能源——为电子和能源市场客户提供技术解决方案
- 医疗保健——医疗保健专业人员的产品
- 工业——磨料、黏合剂、特殊材料和过滤系统
- 安全防护——安全防护产品、图形解决方案

3. ITT 是一家以技术为导向的工程和制造公司，其业务部门和产品如下：

- 工业加工部门——工业泵、阀门和监控系统；化学、石油和天然气、采矿、纸浆和造纸、电力和生物制药市场的售后服务
- 运动技术部门——汽车和铁路市场的耐用制动片、减震器和减震技术
- 互连解决方案——用于生产汽车、飞机、轨道车辆和机车、油田设备、医疗设备和工业设备的连接器和配件
- 控制技术——能量吸收、减振设备、传感器和调节器，以及用于生产机器人、医疗设备、汽车、水下设备、工业设备、飞机和军用车辆的运动控制设备

根据以上清单，你认为 ITT 的业务组合反映的是相关多元化战略、非相关多元化战略还是相关与非相关多元化的组合战略？ITT 业务之间存在的战略匹配会产生什么效益？此外，ITT 应考虑并购哪些类型的公司以提高股东价值？并做出解释。

◘ 模拟练习

1. 如果你的公司有机会利用多元化战略来进入其他产品或业务，你会选择追求相关多元化战略、非相关多元化战略还是二者的组合？解释为什么。

2. 你的公司拥有哪些特定的资源和能力，并可借此实施多元化战略，进入哪些令人青睐的业务？指出通过将这些资源和竞争能力转移到新购入的相关业务，可以获得哪些战略匹配收益。

3. 如果公司选择实施相关多元化战略，那么可以通过多元化战略进入哪些行业或产品类别，使公司实现范围经济？列出至少两三个这样的行业或产品类别，并指出进入每一个行业或产品类别可能产生具体的成本节约。

4. 如果公司选择实施非相关多元化战略，那么它可以通过多元化战略进入哪些行业或产品类别，以便在新进入的业务或产品类别中充分利用现有品牌和公司形象？请至少列出两三个这样的行业或产品类别，并指出通过将公司的伞品牌名称转移到每个行业或产品类别可能获得的具体收益。

◘ 尾注

[1] Michael E. Porter, "From Competitive Advantage to Corporate Strategy," *Harvard Business Review* 45, no. 3 (May–June 1987), pp. 46–49.

[2] A. Shleifer and R. Vishny, "Takeovers in the 60s and the 80s—Evidence and Implications," *Strategic Management Journal* 12 (Winter 1991), pp. 51–59; T. Brush, "Predicted Change in Operational Synergy and Post-Acquisition Performance of Acquired Businesses," *Strategic Management Journal* 17, no. 1 (1996), pp. 1–24; J. P. Walsh, "Top Management Turnover Following Mergers and Acquisitions," *Strategic Management Journal* 9, no. 2 (1988), pp. 173–183; A. Cannella and D. Hambrick, "Effects of Executive Departures on the Performance of Acquired Firms," *Strategic Management Journal* 14 (Summer 1993), pp. 137–152; R. Roll, "The Hubris Hypothesis of Corporate Takeovers," *Journal of Business* 59, no. 2 (1986), pp. 197–216; P. Haspeslagh and D. Jemison, *Managing Acquisitions* (New York: Free Press, 1991).

[3] M.L.A. Hayward, "When Do Firms Learn from Their Acquisition Experience? Evidence from 1990–1995," *Strategic Management Journal* 23, no. 1 (2002), pp. 21–29; G. Ahuja and R. Katila, "Technological Acquisitions and the Innovation Performance of Acquiring Firms: A Longitudinal Study," *Strategic Management Journal* 22, no. 3 (2001), pp. 197–220; H. Barkema and F. Vermeulen, "International Expansion through Start-Up or Acquisition: A Learning Perspective," *Academy of Management Journal* 41, no. 1 (1998), pp. 7–26.

[4] Yves L. Doz and Gary Hamel, *Alliance Advantage: The Art of Creating Value through Partnering* (Boston: Harvard Business School Press, 1998), chaps. 1 and 2.

[5] J. Glover, "The Guardian," March 23, 1996, www.mcspotlight.org/media/press/guardpizza_23mar96.html.

[6] Michael E. Porter, *Competitive Advantage* (New York: Free Press, 1985), pp. 318–319, 337–353; Porter, "From Competitive Advantage to Corporate Strategy," pp. 53–57; Constantinos C. Markides and Peter J. Williamson, "Corporate Diversification and Organization Structure: A Resource-Based View," *Academy of Management Journal* 39, no. 2 (April 1996), pp. 340–367.

[7] David J. Collis and Cynthia A. Montgomery, "Creating Corporate Advantage," *Harvard Business Review* 76, no. 3 (May–June 1998), pp. 72–80; Markides and Williamson, "Corporate Diversification and Organization Structure."

[8] Jeanne M. Liedtka, "Collaboration across Lines of Business for Competitive Advantage," *Academy of Management Executive* 10, no. 2 (May 1996), pp. 20–34.

[9] Kathleen M. Eisenhardt and D. Charles Galunic, "Coevolving: At Last, a Way to Make Synergies Work," *Harvard Business Review* 78, no. 1 (January–February 2000), pp. 91–101; Constantinos C. Markides and Peter J. Williamson, "Related Diversification, Core Competences and Corporate Performance," *Strategic Management Journal* 15 (Summer 1994), pp. 149–165.

[10] A. Campbell, M. Goold, and M. Alexander, "Corporate Strategy: The Quest for Parenting Advantage," *Harvard Business Review* 73, no. 2 (March–April 1995), pp. 120–132.

[11] Cynthia A. Montgomery and B. Wernerfelt, "Diversification, Ricardian Rents, and Tobin-Q," *RAND Journal of Economics* 19, no. 4 (1988), pp. 623–632.

[12] Patricia L. Anslinger and Thomas E. Copeland, "Growth through Acquisitions: A Fresh Look," *Harvard Business Review* 74, no. 1 (January–February 1996), pp. 126–135.

[13] M. Lubatkin and S. Chatterjee, "Extending Modern Portfolio Theory," *Academy of Management Journal* 37, no.1 (February 1994), pp. 109–136.

[14] Lawrence G. Franko, "The Death of Diversification? The Focusing of the World's Industrial Firms, 1980–2000," *Business Horizons* 47, no. 4 (July–August 2004), pp. 41–50.

[15] David J. Collis and Cynthia A. Montgomery, "Competing on Resources: Strategy in the 90s," *Harvard Business Review* 73, no. 4 (July–August 1995), pp. 118–128.

[16] Peter F. Drucker, *Management: Tasks, Responsibilities, Practices* (New York: Harper & Row, 1974), p. 709.

[17] Lee Dranikoff, Tim Koller, and Anton Schneider, "Divestiture: Strategy's Missing Link," *Harvard Business Review* 80, no. 5 (May 2002), pp. 74–83.

第 9 章

伦理、企业社会责任、环境可持续性与战略

:: 学习目标

通过本章的学习，你将能够：

1. 理解为什么商业中的道德行为标准与一般道德标准并无不同。

2. 识别导致不道德的企业战略和行为的情况。

3. 辨识商业伦理失范的代价。

4. 理解企业社会责任和环境可持续性的概念，以及企业如何平衡这些责任和对股东的经济责任。

一家运行良好的公司必须有高度和一贯的道德标准。

——理查德·布兰森（Richard Branson），维珍（Virgin）大西洋航空公司和维珍集团的创始人

当可持续发展被视为公司的生存问题时，我相信你可以创造巨大的变化。

——喀麦龙·辛卡莱（Cameron Sinclair），爱彼迎的社会创新主管

显然，在资本主义或市场经济中，公司有盈利和实现业务增长的责任。上市公司的管理人员承担受托人的责任，通过经营业务，为公司股东创造价值——这是一项法律责任。同样清楚的是，公司和员工有责任遵守法律和政府的规定。但是，公司是否也有责任在法律要求之外，让所有员工有责任去遵守高道德标准呢？除了满足所服务顾客的需求和偏好外，公司是否有义务为改善社会做出贡献？公司是否应该拿出一部分资源来改善社会，体现社会良知？是否应该审查其战略行动，以防其对后代产生不利影响？

本章主要阐述公司在制定和实施战略，进而为客户和股东创造价值的过程中，是否需要履行以下义务：①行为合乎伦理道德；②做一个忠诚的企业公民，将某些资源用于提高员工和所在社区乃至整个社会的福利；③采取保护自然资源、后代利益和地球福祉的商业实践活动。

9.1 商业伦理的内涵

伦理关系到行为的对错标准。**商业伦理**（business ethics）是将伦理原则和标准用于商业

组织的行动与决策及其员工的行为。[1]商业伦理准则与一般伦理准则并没有本质的差别。为什么？因为商业行为必须根据社会的是非标准来判断，而不是根据一套只适用于商业情境的特殊伦理标准来判断。如果不诚实是非伦理和不道德的，那么在商业活动中对顾客、供应商、员工、股东、竞争者以及政府的失信行为也同样应该是非伦理和不道德的。如果不故意伤害他人是伦理的要求，那么从伦理角度来看，公司有义务迅速召回有缺陷或者不安全产品，不管召回成本如何；如果一个社会认为贿赂是不道德的，那么公司员工不应该为了

> **核心概念**
> **商业伦理**是将道德原则和道德标准应用于商业组织活动及其员工的行为。

赢得政府合同而向政府官员行贿，或者为了获得或保持生意而向顾客提供好处。简而言之，商业伦理行为需要遵守关于正确或错误行为的公认准则。因此，管理人员在制定和实施战略时有义务——实际上也有责任——遵守道德规范。

9.2 伦理标准的来源：普遍的还是依赖于当地规范

所有的社会文化都有对是与非、公平与不公平、道德与非道德的理解。但是对于伦理标准在不同文化间的适用程度，以及跨国公司是否可以在其运营的不同地区使用同样的伦理标准，存在三种截然不同的观点。

9.2.1 伦理普遍主义学派

根据**伦理普遍主义**（ethical universalism）学派，最基本的是非观是对所有人普遍适用的（universal），超越了文化、社会和宗教。[2]例如，所有国家的人都认为应该诚实（不撒谎、不故意欺骗）。同样地，几乎所有文化和宗教都认为，做人要正直，不欺骗或伤害他人，以礼待人。

> **核心概念**
> 根据**伦理普遍主义**学派的观点，最基本的是非观是对所有人普遍适用的。

不同文化和国家在行为的对错方面形成了相同的道德标准，由此产生了适用于所有社会、所有公司和所有商人的普遍伦理标准。这些普遍伦理准则阐明了哪些品质和行为是美德，是一个好人应该信奉并表现出来的。所以，伦理普遍主义学派的信奉者认为，社会所有成员（包括世界上所有公司的所有员工）都应该遵守这些普遍伦理标准。[3]例如，大多数社会的人都认为，公司故意让员工接触有毒化学品和有害物质，或者将明知道不安全或者有害的产品销售给用户，是不道德的。

伦理普遍主义的优势是它吸收了多种社会文化的共同观点，提出了与公司所在的国家和文化有关的商业伦理行为和非伦理行为的清晰界限。这意味着，针对那些不因当地文化信仰、传统或宗教信仰而发生重大变化的基本道德标准，跨国公司可以制定一套适用其全球业务的伦理准则。这样就可以避免因在世界各地工作的公司员工所面临的不同的道德标准所带来的滑坡效应（slippery slope）。

9.2.2 伦理相对主义学派

毫无疑问，存在一些普遍的道德准则（如诚实和可信），但在何为伦理或非伦理行为方面，不同社会仍存在分歧。事实上，由于宗教信仰、社会习俗、传统、核心价值观和行为准

则不尽相同，常常导致各国在关于公平或不公平、道德或不道德、伦理上对或错的判断标准上存在差异。例如，欧洲和美国的管理人员建立了保护员工人身权利的商业行为准则，涉及行动自由、言论自由、隐私保护等方面。在日本，管理人员认为，尊重社会的集体利益是更为重要的伦理考量。伊斯兰国家的管理人员则采用符合穆罕默德教义的伦理标准。所以，**伦理相对主义**（ethical relativism）学派认为，以一个"放之四海而皆准"的模板来判断商业行为和公司员工的行为是否符合道德是不合适的。相反，伦理相对主义学派的基本论点是，特定行为在伦理上的对错取决于发生地的国家和文化的伦理准则。对于公司来说，当伦理标准存在国家和文化差异的时候，当地的伦理准则优先于母国的伦理准则。[4] 伦理相对主义者认为，商业伦理几乎不是绝对的，因此，在评判一家公司在多个市场上的行为的伦理正确性时，没有绝对一致的判断标准。

> **核心概念**
>
> **伦理相对主义**学派认为，国家和文化之间由于宗教信仰、风俗、行为规范的不同，导致存在关于对错的不同的伦理标准。这些不同的标准意味着商业活动行为的对错取决于当地最流行的伦理标准。

> **贴士 9-1**
>
> 伦理相对主义学派认为，不可能有一套"放之四海而皆准"的伦理规范来约束公司员工的行为。

这就需要制定当地的伦理标准，以符合当地风俗习惯、当地关于个人所受待遇的公平性和合理性的理解，以及当地的商业实践，由此产生了多种伦理标准，同时也形成了一些具有挑战性的伦理困境。以下两个例子为证。

1. 使用未成年劳工

工业化国家禁止使用未成年劳工。社会活动家认为使用童工是不道德的，公司既不应该雇用 18 岁以下的儿童，也不应该进口雇用童工的外国供应商的任何产品。许多国家已经通过立法来禁止雇用未成年劳工，至少都对雇用未满 18 岁儿童进行规制。但埃雷特里亚、乌兹别克斯坦、缅甸、索马里、津巴布韦、阿富汗、苏丹、也门和其他 50 多个国家则认为儿童是潜在的且必不可少的劳动力。在印度、俄罗斯和巴西等国家，童工保护法往往执行不力[○]。[5] 截至 2016 年，国际劳工组织估计，大约有 1.52 亿 5～17 岁的童工，其中约有 7 300 万在从事危险工作。[6]

尽管让儿童从事有害的工作或进行长时间的工作会受到谴责，但是如果没有这些年轻家庭成员的工作劳动，一些落后国家的贫穷家庭就无法维持生活；对贫困家庭而言，让他们的孩子上学而非工作是不切实际的。如果这些孩子（特别是 12～17 岁的人群）不被允许工作——由于工业化国家维权组织的施压——他们将被迫上街乞讨，或者去寻找从事贩毒或卖淫等"地下"经济的工作。[7] 因此，如果商业组织禁止所有未成年人参加工作，是否符合这些童工、其家人和国家的最大利益呢？在认识到这一问题后，反对童工的组织开始重点针对某些形式的童工，如奴役童工和危险工作。宜家（IKEA）就是一家努力阻止供应商使用任何

○ 美国也存在童工现象，如 2020 年 1 月，契普多墨西哥餐厅（Chipotle Mexican Grill）因在马萨诸塞州发生约 1.3 万起非法雇用童工事件被罚款 140 万美元，这是该州历史上最重大的童工案件。这些违规行为发生在 6 个地点，涉及雇用未成年人超过法定工作时间上限。2019 年，汉堡王、Qdoba、麦当劳和温蒂汉堡（Wendy's）也因类似的童工侵权行为支付了罚款。参见 https://onlabor.org/the-state-of-modern-child-labor/。——译者注

形式童工的公司。它的做法远远超出了标准和保障措施，包括旨在解决其供应商所在社区的根本社会问题的措施。

2. 支付贿赂与回扣

跨国公司面临着一个棘手的问题：不同国家行贿程度不同。[8] 在许多东欧、拉丁美洲和亚洲的国家，为获得政府合同，取得执照或许可证，或者协助行政裁决，向政府官员行贿是习以为常的。[9] 在一些发展中国家，如果不向官员行贿，任何公司（外国公司或本国公司）都很难将货物运出海关。俄罗斯等国家高层管理者在为公司购买材料时经常通过职务上的权力获得回扣。[10] 同样，在许多国家，为了发展公司业务而向潜在客户行贿是正常的。一些人认为向政府官员行贿以使货物顺利通关，或者向顾客支付款项以发展业务，相当于为服务支付酬金，这与人们给服务员小费是一样的。[11] 这种说法看似合理，却存在道德陷阱（moral quicksand）。

在那些贿赂和回扣观念已经根深蒂固的国家，公司通过伦理行为准则规定禁止行贿，并认真执行禁令是十分困难的。在这些国家遵守公司的伦理行为准则通常就等于被没有这种顾虑的竞争对手抢走生意，这一结果就等于惩罚了那些有道德的公司及其员工（可能因此失去销售佣金和奖金）。另外，贿赂不仅违反公司的伦理准则，也有违反法律的风险。美国《反海外腐败法》（Foreign Corrupt Practices Act，FCPA）禁止美国公司向政府官员、政治党派、政治候选人等对象行贿。经济合作与发展组织（OECD）制定了反贿赂标准，将国际商业交易中的外国公职人员贿赂定为刑事犯罪——35 个 OECD 成员国和 7 个非成员国都采用了这一标准。

尽管法律禁止行贿，但行贿行为仍然存在。截至 2017 年 1 月，OECD 对 443 名个人和 158 个团体发起外国贿赂刑事诉讼。至少有 125 人被判入狱。2017 年，在一场全国性的阿片类药物危机中，Insys Therapeutics 制药公司的执行董事长因贿赂医生滥开该公司的阿片类药物而被捕。同年，石油服务行业的巨头哈里伯顿（Halliburton）同意支付 2 920 万美元，以了结美国证券交易委员会《反海外腐败法》执行部门对其提出的指控；它们的一名高管不得不支付 7.5 万美元的罚款。全球零食公司吉百利（Cadbury Limited）/亿滋国际（Mondelez International）被罚款 1 300 万美元，原因包括为获得在印度新建巧克力工厂的批准而支付非法款项。其他被卷入近期贿赂案件的知名公司包括摩根大通（JPMorgan），制药公司葛兰素史克（GlaxoSmithKline）、诺华（Novartis）和阿斯利康（AstraZeneca），赌场公司拉斯维加斯金沙集团（Las Vegas Sands），以及飞机制造商巴西航空工业公司（Embraer）。

3. 为什么伦理相对主义适用于跨国公司时是有问题的

根据伦理相对主义的原则来确定对错问题，给试图决定在公司实施何种伦理标准的跨国公司带来了重大问题。但是在缺乏更高层次道德罗盘指导的情况下，解决在不同国家运营时所面临的伦理标准的冲突问题，的确是一种滑坡效应。考虑一下以伦理相对主义为名的一家跨国公司伦理不一致的情况，它们宣称除非该行为是符合当地惯例且通常被当地法律部门所无视，否则不允许从事回扣活动。同样的问题，跨国公司在允许雇用童工的国家宣称雇用童工是符合伦理的，同时在其他国家的工厂宣称雇用童工从伦理上说是不合适的。如果一个国家的文化对环境恶化或使工人暴露于危险环境（有毒化学品或身体伤害）的做法是可接受的，跨国公司是否应该在该国降低伦理标准，而在其他国家却将同样的行为视为伦理上是错误的？

商界领袖如果以伦理相对主义标准来为公司在不同国家执行相互冲突的伦理标准进行辩护，他们想要在公司范围内树立或执行伦理标准时就会缺乏道德基础。相反，如果一家公司的伦理标准因国家而异，向员工传达的明确信息就是，公司没有自己的伦理标准或信念，更愿意将伦理对错的判断标准交由经营所在的国家来决定。没有更高层次的道德罗盘指导，而使用多重伦理标准，公司员工高水平伦理行为的基础就很少存在。当相关法律规定相互冲突时，它可能使公司和个人直接面临法律诉讼事件。

> **贴士 9-2**
>
> 跨国公司基于伦理相对主义构建行为准则在伦理上是有问题的，这相当于建立了一个相互冲突的伦理标准的迷宫。

9.2.3 伦理和综合社会契约理论

综合社会契约理论（integrative social contracts theory）对伦理普遍主义和伦理相对主义持中立态度。[12] 该理论认为，一家公司所遵循的伦理标准受两个因素共同影响：①少量普遍伦理准则，被公认为所有情境下的行为设定了合法的伦理边界；②当地的文化、传统与价值观等进一步规定了什么是道德上允许的行为。普遍伦理准则将多种文化和社会观念结合起来，形成了任何个人、群体、组织和公司在任何情况下都必须遵守的"社会契约"。在这种社会契约边界内，当地文化或群体可以具体规定哪些其他行为在伦理上是允许的或不允许的。虽然这个体系为特定国家（或当地文化、职业甚至是公司）留下了"道德自由空间"，使其能够对其他的行为是否被允许做出具体解释，但始终优先考虑普遍的伦理准则。因此，当地伦理标准比普遍伦理标准只会更加严格。例如，法律和医疗行业都有广告的伦理标准，这些标准超出了广告不能虚假和误导的普遍准则。

> **核心概念**
>
> **综合社会契约理论**认为，基于多元社会集体观的普遍伦理准则形成了一种"社会契约"，所有个人和组织在任何情况下都有义务遵守这种"社会契约"。在这个社会契约的范围内，当地文化或群体可以规定哪些其他行为在伦理上是被/不被允许的。

综合社会契约理论的优势在于，其融合了伦理普遍主义与伦理相对主义中的精华。而且，综合社会契约理论为跨国公司的管理人员解决跨国伦理准则冲突指明了方向：公司道德规范中涉及普遍道德规范的部分必须在全球范围内执行，但在普遍道德规范的边界内，存在道德多样性的空间，东道国文化有机会对跨国公司在该国经营业务单位的道德和道德标准施加一定影响。

> **贴士 9-3**
>
> 综合社会契约理论认为，遵守普遍的或"一阶"伦理准则应始终优先于当地的或"二阶"准则。

支付贿赂和回扣问题很好地说明了综合社会契约理论在商业中的应用。在许多国家，这种行为很普遍，但这并不意味着贿赂是真正合乎道德的。实际上，几乎世界上所有的宗教（如佛教、基督教、印度教、伊斯兰教、犹太教、锡克教和道教）与所有的伦理学派都谴责贿赂和腐败行为。因此，跨国公司能够据此合理地推断出一个普遍的伦理准则——不管当地的习俗如何，销售结果如何，公司员工的贿赂和收受回扣行为都不能被宽恕。

> **贴士 9-4**
>
> 在涉及普遍适用的伦理规范的情况下（如行贿），在何为伦理允许何为伦理不允许上不能妥协。

9.3　伦理标准影响战略制定和执行的方式及原因

许多公司已经在其所公布的官方伦理行为准则中就应遵守的伦理义务进行了规定。例如，在美国，2002 年通过的《萨班斯－奥克斯利法案》（Sarbanes-Oxley Act），要求上市公司必须具有一套伦理准则，否则就要以书面形式向证券交易委员会解释没有伦理准则的原因。但是，拥有伦理准则的公司的高层管理者明白，根据强制性要求提出的伦理准则和真正为公司提供指导的伦理准则之间存在很大差异。[13] 他们知道一家公司的伦理准则是否仅仅在做表面文章，是看它在战略制定和日常运营中所占的比重。在审查新的战略计划、政策或运营状况时，致力于高标准的高管们会着重考虑三个方面的问题：

- 我们所提议的行动是否完全符合伦理行为准则？是否存在值得关注的模棱两可的问题？
- 战略（或政策或运营）的任何方面看上去是否存在伦理上的问题？
- 所提议的行动是否会在伦理方面引起客户、员工、供应商、股东、竞争者、社区活动人员、监管机构或者媒体的异议？

只有提出以上问题——或是在开放性讨论中，又或是公司管理者的思维习惯使然——公司的战略计划或日常运营的方式才不会与其伦理准则脱节。如果一家公司的高管坚持信守公司的伦理准则，他们会果断拒绝不符合标准的战略活动和经营方式。然而，在对伦理采取敷衍态度的公司，他们之所以将所宣称的伦理准则与公司战略和经营实践联系起来，主要是出于避免因所通过的行动方案之后被认为是不符合伦理的且可能是非法的而陷入窘境，可能受到惩处目的。

虽然大部分公司的管理者都谨慎确保公司战略是合法的，但相关证据表明，他们并不总是小心翼翼地确保战略和经营活动都是合乎伦理的。近年来，三星、神户制钢（Kobe Steel）、信用评级公司艾可菲（Equifax）、美国联合航空（United Airlines）、几家行业领先的投资银行和许多抵押贷款机构的管理人员都被曝存在伦理失当行为。2017 年，性骚扰指控困扰了许多公司，包括电影公司韦恩斯坦公司（Weinstein Company LLC）和娱乐巨头 21 世纪福克斯公司（21st Century Fox）。制定的战略无法通过道德审查测试，将会导致巨额罚金、公共关系恶化、因股价暴跌使股东损失数十亿美元、刑事诉讼以及公司管理层被定罪等。这些丑闻的后果使得管理层在制定战略时更加关注法律和伦理规范。

9.4　不道德的企业战略和行为的驱动因素

在最近备受瞩目的商业丑闻中，"企业的天职是获取盈利而不是严守道德"这一思维方式是非常明显的，除此之外，不道德商业行为的产生，还有其他三个主要驱动因素：[14]

- 监督不当，致使不择手段地追求私利。
- 公司管理人员面临达到或超过短期业绩目标的巨大压力。
- 将盈利能力和经营业绩置于伦理行为之上的公司文化。

9.4.1　监督不当，致使不择手段地追求私利

那些痴迷于财富、权力、地位和自身利益的人，在追求个人利益的过程中，往往无视伦理准则。在贪婪和野心的驱使下，他们在漠视规则或不择手段实现目标时，很少感到不安。

这种对商业伦理的普遍漠视会促使公司采取各种不道德的战略行动和行为。正如专栏 9-1 所描述的，拼车公司优步因为被曝出众多丑闻而使声誉败坏，其首席执行官被迫辞职就是一个很好的例子。

专栏 9-1　优步违反道德的行为及其后果

点对点的拼车公司优步被认为改变了交通行业，颠覆了出租车市场，改变了消费者出行的方式。但它对道德的漠视导致了无数丑闻，名誉受损，市场份额被竞争对手抢走，联合创始人特拉维斯·卡兰尼克（Travis Kalanick）被罢免首席执行官职位。优步倍受批评的道德丑闻包括以下几点：

性骚扰和有害的职场文化。 2017 年 6 月，优步解雇了 20 多名员工，原因是一项调查发现，该公司多年来一直存在广泛的性骚扰。报告性骚扰事件的女员工受到其经理的报复，而向高级主管报告这些事件却毫无回应。

危机期间实施价格欺诈。 在遭遇飓风桑迪和 2017 年伦敦桥遇袭等紧急情况时，优步都对服务进行了加价。这招致了很多指责，而在同一时期其竞争对手的乘车服务则实施免费或低价策略。

数据泄露并侵犯用户隐私。 自 2014 年以来，由于数据泄露，超过 70 万名司机的姓名、电子邮件地址和执照信息以及超过 6 500 万名用户的个人信息被泄露。此外，2016 年，该公司向一名黑客支付了 10 万美元赎金，以防被入侵的司机和用户的个人数据泄露，但该公司在超过 6 个月的时间里都没有公开披露这一情况。

对用户安全关注不足。 在优步的一名司机作为密歇根州卡拉马祖（Kalamazoo）大规模枪击案的主要嫌疑人被捕，以及一系列指控

其司机存在性侵和不当行为的报告之后，优步（对司机）审查不严格的做法才得以曝光。2018 年，一名行人不幸被优步的一辆自动驾驶汽车撞死，这进一步使公众质疑优步对安全的重视程度。

不正当竞争行为。 当新兴的竞争对手 Gett 在纽约成立时，优步的员工数百次先下单再取消，故意浪费司机的时间，然后向司机提供现金，让他们放弃 Gett 加入优步。优步也被指控对来福车采取了类似的做法。

优步这些违反道德的行为并没有为其带来经济效益。这导致其大量市场份额被美国市场上最大竞争对手来福车占领。2017 年 1 月，优步被认为在反对禁止特定国家移民的立法的抗议活动中哄抬价格，其市场份额在一周内下降了 5%。虽然优步的道德困境并不是来福车市场份额和扩张速度提高的唯一原因，但优步的不道德行为给其品牌带来的负面印象，为其竞争对手提供了品牌和市场份额增长的重要机会。如果优步的文化和公司治理实践没有真正的改变，优步涉及的道德丑闻很可能会继续浮出水面。

注：与爱伦·艾米丽（Alen A. Amini）共同开发。

资料来源：https://www.recode.net/2017/8/31/16227670/uber-lyft-market-share-deleteuber-decline-users; https://www.inc.com/associated-press/lyft-thrives-while-rival-uber-tries-to-stabilize-regain-control-2017.html; https://www.entrepreneur.com/article/300789.

核心概念

内幕交易 即管理者利用权力追求私人利益而不是公司利益，借助内幕信息进行违规交易。

公司董事会实施负责任的公司治理和监管是必要的，可以防范内幕交易和为掩盖公司管理者的行为而进行的信息操纵。当管理者利用地位获得私人利益而不是公司利益时，就可能会发生**内幕交易**（self-dealing）。正如第 2 章所述，董事会（特别是薪酬委员会和审计委员会）的职责是防范此类行为。公司必须设立强大的、独立的董事会对公司财务行为进

行适当的监督，并要求高层管理人员对自己的行为负责。

缺乏适当监督的一个特别令人震惊的例子是，抵押贷款和银行业务的丑闻导致美国房地产行业陷入危机，让很多购房者陷入悲惨境地。发生这种丑闻是因为银行和抵押贷款公司有意采取的不道德策略，它们通过故意降低贷款标准，向那些收入不足以支付每月房贷的购房者发放所谓的次级贷款，从而提高它们从住房抵押贷款中赚取的费用。一旦这些贷款公司从贷款中赚取费用，便重新包装贷款，以掩盖其真实性质，并将其拍卖给毫不知情的投资者，当高风险借款人开始拖欠贷款时，这些投资者就会遭受巨大的损失（后来，政府强制要求一些将这些打包贷款拍卖掉的公司以拍卖价格回购它们，并自行承担损失）。美国 49 个州的司法部部长对这种广泛和系统的欺诈行为提起诉讼，美国最大的五家银行（美国银行、花旗银行、摩根大通、富国银行和联合汽车金融公司）支付了 260 亿美元以达成最终和解。和解协议中的新规定旨在提高对抵押贷款公司的监督，改革公司的政策和实践。该协议包含一套强有力的监督和执行机制，有助于防止未来类似的滥用行为。[15]

9.4.2　公司管理人员面临达到或超过短期业绩目标的巨大压力

当关键员工忙于满足投资者和金融分析师的季度和年度销售及预期利润时，他们往往会感到巨大压力，会想尽一切办法维护其业绩良好的声誉。高业绩公司的高管们明白，投资者将盈利增长放缓的轻微迹象视为危险信号，从而公司的股价会下跌。此外，如果公司为融资而大量借债，增长放缓或利润下降会导致信用评级的下降。短期绩效目标的压力——不扰乱分析师、投资者和信贷机构的预期——促使目光短浅的管理者采取短期战略，而忽视长期利益。有时压力会促使公司员工不断灵活掌握规则进而忽视了伦理边界。[16] 一旦为了"达到或超过目标数字"而跨越了伦理边界，就很容易实施更加极端的不道德行为。

为了达到其苛刻的利润目标，富国银行对其员工施加了巨大的压力，要求他们完成销售指标，以至于许多员工以欺诈的方式开设客户账户作为回应。2017 年，在这些做法曝光后，该银行被迫向客户返还 260 万美元，并向政府支付 1.86 亿美元罚款。富国银行的声誉遭受重创，股价暴跌，首席执行官也丢了工作。

因为公司高管的薪酬在很大程度上取决于公司业绩，所以他们常常感到财务业绩的压力。在过去 20 多年里，越来越多的公司董事会将巨额奖金、股票期权奖励以及其他薪酬福利作为高管实现绩效目标的报酬。丰厚的报酬使得高管有强烈的个人动机去改变规则，实施有利于实现目标的行为。近来公司丑闻的根源多是会计操纵，高管们从不当会计活动或其他不正当活动中获得巨大利益，这些活动使他们能够达到目标，并获得各种奖励，对冲基金经理通常能获得 1 000 万美元至 10 亿美元的奖励。

短期主义（short-termism）的根本问题在于，它既不能为顾客创造价值，也不能提高公司的市场竞争力；从长远来看，短期主义牺牲了增加公司利润与股东价值的机会。为追求利润而忽视伦理，将为股东带来极高风险——随着肮脏行为的败露，公司股价大幅下跌、公司品牌形象受损，这使得股东价值远远低于从前，而重建工作可能极其艰巨，需要花费大量时间和资源。

> **核心概念**
> **短期主义**是指管理者倾向于过度关注短期业绩目标，而忽视长期战略目标。从长远来看，这可能会导致伦理失范和公司业绩不佳。

9.4.3 将盈利能力和经营业绩置于伦理行为之上的公司文化

当公司的企业文化滋生了道德败坏或不道德的工作氛围时，公司就会允许员工可以无视"什么是对的"，采取任何可以避免惩罚的行为或策略。诸如"其他人都这么做""为了完成工作可以改变规则"的文化规范渗透到了工作环境中。在这样的公司里，不道德的人肯定会淡化遵守符合伦理的战略行动和商业行为。此外，当环境变得具有挑战性时，使用不道德手段的文化压力会促使原本受人尊敬的人做出不道德行为。公司文化在道德上误入歧途的一个完美例子就是安然，这家公司现已倒闭，但却臭名昭著，它被认为实施了美国历史上规模最大的商业欺诈之一。[17]

安然公司的领导者向员工施加压力，要求他们在寻找如何增加当前收益方面具有创新性和积极性——不择手段。安然公司实施年度"末位淘汰"（rank and yank）业绩评估非常清楚地表明，业绩至上。在这个过程中，排名在后 15% ～ 20% 的员工会被解雇。安然公司的"末位淘汰"制度成了提高收入和利润的聪明方法，即使这有时意味着需要突破既有政策（和法律限制）。事实上，在安然公司中，如果越线行为能够产生利益就会受到赞扬。

安然公司的文化是高业绩、高回报，最优秀的员工（取决于谁取得了最佳业绩）能够获得巨额奖励。在安然公司的汽车日（Car Day），公司会向最成功的员工展示一大批豪华跑车。可以理解的是，员工希望被视为安然明星团队的一员，并获得公司给予最优秀、最聪明员工的福利。高额的物质奖励，公司聘用和提拔雄心勃勃、干劲十足的员工，以及崇尚竞争的结果导向的企业文化，使安然公司以打压竞争对手和内部残酷至极而闻名。该公司"不惜一切代价"的思维模式培育了一种文化，这种文化逐渐地、越来越快地侵蚀了伦理标准，最终使得安然公司所宣称的正直、尊重的价值观成为笑谈。2001 年秋天，安然公司进行会计欺诈等大量恶行暴露，导致了公司在几周内破产——这是有史以来最大的破产案之一，投资者损失达到了 640 亿美元。

相反，当崇高的伦理准则根植于企业文化中时，文化可以作为一种强大的机制，传播伦理行为规范，让员工认同公司的道德标准、商业原则和价值观。在这种情况下，伦理准则或公司价值观声明中包含的伦理原则被视为公司的身份、自我形象和运营方式不可或缺的一部分。伦理是非常重要的，这一信息在组织上下以及组织的战略、决策中响亮而清晰地回响。

9.5 公司战略应合乎伦理的原因

公司战略应合乎伦理的原因有以下两点：①不符合伦理的战略在道德上是错误的，会对公司及其员工的性格产生不良影响；②合乎伦理的战略可以是好业务并且服务于股东的个人利益。

9.5.1 伦理型战略的道德基础

管理者不会冷静地评估采取何种战略方针——在做战略决策时，他们遵守伦理原则和标准的决心大小肯定会发挥作用。通常情况下道德品质高尚的管理者（例如，他们诚信、正直，真正关心公司如何以受人尊敬的方式开展业务）会制定合乎伦理的战略。道德原则高尚的管理者，通常会倡导并严格遵守企业伦理准则，并真诚地致力于维护公司的价值观和商业伦理原则。他们通过遵守公司价值观，并践行公司的商业原则与伦理标准来表明自己的承诺。他们明白，采纳价值观和伦理准则与确保在公司的实际战略和商业行为中严格遵守准则是不同的。因此，道德原则高尚的管理者会有意识地选择能够经受起最严格的道德审查的战略行动——他们不会容忍伦理上存在争议的战略。

9.5.2　伦理型战略的商业基础

采取伦理型战略除了道德方面的原因以外，商业方面的原因也非常充分。追求非伦理战略，容忍非伦理行为，不仅损害公司的名誉，还可能导致一系列代价高昂的后果。从图 9-1 可以看出，当公司的非伦理行为被曝光，公司员工的不当行为成为媒体头条，公司被迫弥补其过失时，公司可能会产生多种成本。公司违背伦理道德的行为越严重，成本就越高，对公司（以及相关人员的声誉）的损害也越大。在一些备受关注的例子中，违反道德规范的成本可达数亿甚至数十亿美元，尤其是当它们引发社会公愤，给许多人带来伤害的时候。对行为失当的高管的惩罚会更严厉，例如臭名昭著的金融家、庞氏骗局的作恶者伯纳德·麦道夫（Bernie Madoff）被判 150 年的有期徒刑。

显性成本	内部管理成本	无形或隐性成本
• 政府罚款 • 集体起诉和其他旨在处罚公司违法行为和对他人造成伤害行为的诉讼引起的民事处罚 • 因较低的股价（可能还有较低的股息）给股东带来的成本	• 公司发生的法律和调查成本 • 为公司员工进行矫正教育和伦理培训的成本 • 采取纠正措施的成本 • 与确保未来合规相关的行政成本	• 客户流失 • 名誉损失 • 员工士气低落、更加玩世不恭 • 员工流动率提高 • 招聘成本增加，难以吸引人才 • 降低员工生产力 • 更为严厉的政府规制所带来的成本

图 9-1　伦理不当行为暴露为公司带来的成本

资料来源：改编自 Terry Thomas, John R. Schermerhorn, and John W.Dienhart, "Strategic Leadership of Ethical Behavior," *Academy of Management Executive* 18, no. 2 (May 2004), p. 58.

公司伦理失范所造成的后果远超过因行为不当而做出补偿的成本。消费者通常会避开那些卷入伦理丑闻的公司。修复公司受损的名声既费时又费钱。声誉受损的公司也很难招聘到并且留住优秀的员工。大多数道德正直的员工不愿意同流合污，不愿意妥协，也不愿意使自己的个人名誉因这样的公司而受到负面影响。债权人对债务人的不道德行为感到不安，因为这会带来潜在的商业后果，进而提高贷款违约的风险。

贴士 9-5

公司的非伦理行为一旦被发现便会给股东带来巨大损失。非伦理商业行为的代价高昂，而且修复受损的公司名声需要数年时间。

总之，公司的非伦理行为会给股东带来巨大损失，包括减少收入、增加成本、降低利润、降低股价、损害公司名誉等。因此，在很大程度上，伦理型战略与道德行为都是好的商业行为。大多数公司已意识到以赢得供应商、员工、投资者和社会认可的方式进行经营的价值。所以，这些公司愿意采用能够通过审查的伦理型战略。即使公司的管理者并没有很高的道德标准，但他们也有充分的理由在伦理界线内经营，哪怕是为了：①避免不道德行为所引起的窘迫、丑闻、惩处、罚款以及可能的监禁；②避免因在其监督下的人员对道德标准执行不力和不道德行为而被追究责任。专栏 9-2 讨论了百事公司对高伦理标准的承诺，以及它们将伦理原则付诸实践的方法。

 专栏 9-2　百事公司如何将伦理准则付诸实践

百事公司是全球领先的食品和饮料公司之一，旗下拥有乐事和 Ruffles 薯片、桂格燕麦片（Quaker Oatmeal）、纯果乐（Tropicana）果汁、激浪（Mountain Dew）和轻怡百事（Diet Pepsi）等标志性品牌，净收入超过 650 亿美元。百事公司还以致力于合乎伦理的商业实践而闻名，自国际领先智库美国道德村协会（Ethisphere Institute）启动"世界最具道德企业"奖项以来，百事就一直位列其中。百事公司的《全球行为准则》（Global Code of Conduct）在确保公司位于世界各地的员工、经理和董事遵守公司的高伦理标准方面发挥关键作用。该准则围绕四个关键的经营原则为百事公司的道德管理提供了具体的指导，包括如何做出决策，如何对待他人，以及如何在全球范围内开展业务等，这四个原则分别是：①工作场所——尊重；②市场——诚信；③商业活动——合乎伦理；④股东——责任。从本质上讲，百事公司的行为准则制定了一系列行为规范，这些规范定义了公司的文化。

即使有强大的合乎伦理的文化，在一个拥有 263 000 多名员工的全球组织中实施一套行为准则仍然具有挑战性。作为协助，百事成立了全球合规与道德部，主要负责推广、监督和执行该守则。百事公司要求所有级别的员工都

需参加年度行为准则培训，形式包括在线课程和参加经理主持的研讨会。关于贿赂等问题，百事公司还会根据角色和地域，以更有针对性的方式进行合规培训。除此之外，百事公司还有一些其他交流方式贯穿全年，如内部通信文章和来自领导层的信息，从而进一步强化了年度培训效果。

当员工面临伦理困境时，百事公司鼓励他们寻求指导。同时，公司还鼓励员工提出他们所关切的问题，并有义务报告任何违反伦理守则的行为。为此，百事公司建立了多种渠道，包括由独立第三方运营的热线。所有涉嫌违规的报告都按照公司政策进行审核，旨在促进调查过程和纠正措施的一致性（可能包括终止雇用）。百事公司还设立了一个由同行提名的年度伦理领导力奖，旨在表彰员工的杰出伦理行为。

百事公司的领导层相信，他们对伦理原则的承诺帮助公司吸引和留住了最优秀的人才。事实上，百事公司已经被列为全球最能吸引人才的公司之一。此外，该公司还经常被列为全球最受尊敬的公司（《巴伦》杂志，*Barron*）和全球最受赞赏的公司（《财富》杂志，*Fortune*）。

资料来源：公司网站，https://ethisphere.com/pepsico-performance-purpose/。

9.6　战略、企业社会责任和环境可持续性

企业有义务促进社会进步，这是过去 50 年里备受争议的话题，这一观点起源于 19 世纪，当时工业革命后发展势头良好的公司开始为工人提供住宅和其他便利设施。20 世纪 60 年代，公司高管应该平衡所有利益相关者（包括股东、员工、顾客、供应商、社区乃至整个社会）利益的观念开始盛行。若干年后，美国 200 家最大公司的首席执行官形成了

一个自称为"商业圆桌会议"（Business Roundtable）的组织，强烈支持**企业社会责任**（corporate social responsibility, CSR）：

> 公司管理面临的根本问题之一是平衡股东对最大收益的期望与其他优先事项。股东必须获得良好回报，但其他利益相关者（顾客、员工、社区、供应商和整个社会）的合理要求也必须得到适当关注……（大多数管理者）认为通过明智地考虑以平衡所有利益相关者的合法权益，公司将可以最好地服务于股东的利益。

> **核心概念**
> **企业社会责任（CSR）**
> 是指公司有责任进行良好运作，为员工提供良好的工作环境，鼓励员工多样性，保护环境，积极努力地提高当地社区和整个社会的生活质量。

如今，企业社会责任的思想在西欧、美国、加拿大，以及巴西、印度等发展中国家引起了共鸣。

9.6.1　企业社会责任和良好企业公民的概念

企业社会责任的本质是，公司应在战略行动中兼顾股东利益与成为企业公民的义务。基本论点是，公司管理者应在运营过程中表现出社会良知，特别是要考虑到管理决策与企业行为如何影响员工、当地社区、环境和整个社会的福祉。[18] 因此，以对社会负责的方式行事不仅包括参与社区服务项目和向慈善机构以及其他有价值的事业捐款。履行社会责任还需要采取行动，赢得所有利益相关者的信任和尊重——以诚实和合乎伦理的方式经营，努力使公司成为良好的工作场所，表现出对环境的真正尊重、努力促进社会进步等。正如图 9-2 描绘的那样，企业社会责任通常包括以下要素：

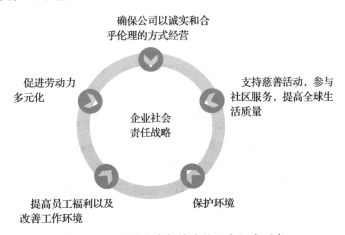

图 9-2　企业社会责任战略的五个组成要素

- 努力采用合乎伦理的战略，遵守伦理原则进行业务经营。企业社会责任的必要组成部分之一是公司对遵守伦理原则的真诚承诺，因为非伦理行为与良好的企业公民和企业社会责任行为是不相容的。
- 参与慈善捐助，支持社区服务，参与更广泛的慈善活动，为弱势群体的生活带来改变。一些公司通过参与大量慈善活动和社区活动来履行慈善义务，例如，思科、领英、**IBM** 和谷歌支持各种社区活动、艺术活动和社会福利活动。另外一些公司更喜欢将精力集中于更小的范围内。麦当劳建立"罗纳德·麦当劳之家"（为在附近医院接受治疗的重病儿童家庭提供住所）。基因泰克公司（Genentech）和许多制药公司开展处方援助项目，以很少的费用或免费为需要的病人提供昂贵的药物。公司经常鼓励员工通过参与同自身贡献相匹配的项目来支持慈善事业和参与社区服务，并以此来强化公司在慈善方面的努力。

- 采取措施保护环境，特别是尽量减少或消除公司自身经营活动对环境造成的不利影响。企业社会责任要求公司积极努力地成为环境的好管家。这意味着公司利用现有最好的科学技术，将公司业务对环境产生的危害降低到现行环境条例所要求的水平以下。它还意味着公司花费一定的时间和金钱改善环境，甚至超越公司自身的行业边界，例如，参与循环再利用项目，采取节能措施，支持当地水资源清洁活动，等等。全天然冰激凌制造商哈根达斯曾经在社交媒体开展知识普及活动，旨在提高人们对蜜蜂数量减少所带来的危险的认识，它还拿出一部分利润为相关研究提供资金。迪士尼公司为自身制定了严格的环境目标，并制定了"绿色标准"激励员工保护环境。

- 创造能够提高员工生活质量的工作环境。许多公司重视改善员工的工作和生活质量，具体行动包括为员工提供日托服务、灵活的工作安排、工作场所的运动设施、照顾生病家人的特殊假期、在家工作的机会、职业发展指导、教育培训机会、参观工厂和办公室的活动、特殊安全计划等。

- 组建一支由不同性别、种族、国籍等的员工所组成的多元化劳动力队伍。在美国，许多大型公司建立了劳动力多元化项目，甚至采取了一些额外的措施来吸引少数族裔的员工，并包容所有群体和观点。在一些公司，多元化项目还延伸至供应商，例如，从女性或者少数民族经营的小公司采购物品。追求劳动力多元化可以为公司带来积极影响。在可口可乐公司，战略的成功取决于让全世界的消费者成为该公司饮料的忠实消费者，因此建立一个包容所有种族、宗教、民族、利益和人才的公共形象具有重要的战略价值。

核心概念

企业社会责任战略是公司选择追求的社会责任活动的特定组合。公司投入时间、金钱和其他资源来支持企业社会责任活动。

公司所选择的致力于追求社会责任的特定组合阐明了**企业社会责任战略**（corporate social responsibility strategy）。企业社会责任战略的具体内容因公司而异，通常与公司的核心价值观相关联。很少有公司能像伯特小蜜蜂（Burt's Bees）那样成功地将企业社会责任完全无缝地整合至整个组织中，该公司成立专门委员会，致力于领导组织实现关于企业社会责任的三大目标：自然福祉、人道主义责任、环境可持续性。通用磨坊的企业社会责任战略围绕三个主题：服务顾客（通过提供更健康、更方便食用的食物）、服务社区（通过向社区事业进行慈善捐款，参与社区志愿服务项目）和服务环境（通过努力保护自然资源，减少能源和水资源的使用，促进循环利用，开展其他促进环境可持续性的活动）。[19] 星巴克的企业社会责任战略包含四个主题（以合乎伦理的方式采购、积极参与社区服务、保护环境、支持农民），这些主题都与公司采购咖啡的方式有关，这也是公司实施差异化战略的关键要素。一些公司还会使用其他的术语来描述企业社会责任战略，例如，企业公民、企业责任或可持续负责任企业等。专栏 9-3 描述了沃比·帕克公司（Warby Parker）履行企业社会责任的方法——确保社会责任体现在公司所有行动和努力中。

 专栏 9-3　沃比·帕克：将企业社会责任和平价时尚相结合

2010 年，沃比·帕克成立。自成立以来，该公司以 95 美元的折扣价格销售了 100 多万副高端时尚眼镜，比另一家生产商同类眼镜的平均价 500 美元低了约 80%。该公司在美国拥有超过 70 家门店，建立了世界上最强大的品牌之一；它的净推荐值（衡量某个客户将向其他人推荐该产品的可能性的指数）始终在 90 分左右——比美捷步（Zappos）和苹果等公司高。

在"买一送一"（Buy a Pair，Give a Pair）项目下，500 多万副眼镜已分发给 50 多个国家的贫困人口。沃比·帕克也支持像视觉春天（Vision Spring）这样的合作伙伴，使它们能够提供基本的眼科检查，并让当地人学会如何以极低的价格生产和销售眼镜，从而提供职业培训并提高这些社区的生活水平。捐赠一副眼镜对受赠人的影响一般是个人收入增加 20%，生产率提高 35%。

为了成为一家有责任心的公司，沃比·帕克不仅关注国际合作伙伴。该公司自愿在"环境""员工""客户""社区"和"治理"等领域成为标杆，对经济利益之外的结果显示出极致的奉献精神。它被公认是求职的首选，并能频繁地吸引顶尖人才加入公司。它坚持极高的环境标准，致力于成为碳中和公司。

在沃比·帕克公司，开展对社会有益的行动固然很重要，但公司也关注顾客的关键作用。两位创始人花费大量时间与供应商建立合作关系，以确保产品质量，并投资进行精益生产以最小化成本，尽力提高顾客满意度。这一切所带来的净效应就是公司经济状况非常健康——每平方英尺[○]销售额大约为 3 000 美元，仅次于苹果专卖店——财务状况稳定，足以承担顾客满意之外的责任。

沃比·帕克公司创始人将责任感融入公司的 DNA，并使每一次商业成功都能产生积极效果。该公司最近被《快公司》杂志（*Fast Company*）评为"最具创新精神公司"的第一名，并且随着公司的扩张，它将继续培养忠实追随者——产品的追随者和 CSR 的追随者。

注：与杰里米·P. 莱希（Jeremy P. Reich）共同开发。
资料来源：Warby Parker and "B Corp" websites; Max Chain, "Warb Parker Sees the Future of Retail", *Fast Company*, February 17, 2015（访问于 2016 年 2 月 22 日）; Jenn Avins, "Warby Parker Proves Customers Don't Have to Care about Your Social Mission", *Quartz*, December 29, 2014（访问于 2016 年 2 月 14 日）.

尽管各公司在如何制定和实施企业社会责任战略上有很大的差异，但已经出现了关注企业社会责任的组织（如欧洲企业社会责任协会，CSR Europe），以帮助企业分享最佳的企业社会责任实践。此外，相关标准也已经出台，如 ISO 26000——国际标准组织（ISO）为社会责任制定的新的国际公认标准。[20]《企业责任》杂志（*Corporate Responsibility*）的"全球 100 家最佳企业公民"，或者《公司爵士》杂志（*Corporate Knights*）的"全球 100 家最具可持续性公司"等榜单上展示的便是有着强烈企业社会责任感的公司。

企业社会责任和三重底线

公司承担企业社会责任活动通常旨在改善公司的"三重底线"（triple bottom line，TBL），

○　1 平方英尺 =0.093 平方米。——译者注

即三种类型的绩效指标：经济、社会和环境。如图 9-3 所示，公司的目标是在这三个方面同时取得成功。[21] 这三个指标通常被称为"人类、地球、利润"的"三大支柱"。人类代表的

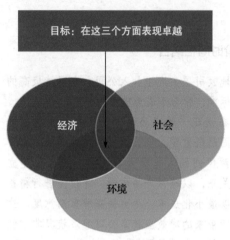

是企业社会责任战略中的各种社会活动，例如，支持捐赠活动、参与社区服务和改善利益相关者的生活；地球代表的是公司对生态的影响和环境保护实践；三重底线中利润的意义更为广泛，不仅包括公司为股东所赚取的利润，也包括公司创造的整体价值和它强加给社会的全部成本。例如，宝洁公司最畅销的产品之一——速易洁（Swiffer）清洁系统，不仅有着环保型设计，而且所带来的宏观经济影响优于那些不那么环保的产品：它可以降低对市政水源的需求，节约加热拖把用水的电力，并且不会增加水道和废物处理设施所需洗涤剂的用量。耐克公司认为，通过可持续的方式来生产创新型产品，有助于它实现人类、地球和利润的平衡，并认识到可持续性是其

图 9-3　三重底线：在衡量公司绩效的三个指标上表现卓越

获得未来盈利能力的关键。汤姆斯（TOMS）鞋业公司也提出了自己的战略来保持良好的三重底线，该公司每售出一双鞋，就为 50 多个不同国家的贫困儿童捐赠一双鞋。

许多公司重视在新闻发布会上列举企业社会责任战略的有益成果，并发布供消费者和投资者查阅的专题报道。西南航空（Southwest Airlines）将报告作为其企业责任承诺的重要组成部分，该公司在其网站上发布了公司年度报告，描述了该公司在"人类、地球、利润"中的每一个支柱方面的举措和成就。三重底线报告作为日益重要的一种方式，也逐渐成为公司向利益相关者展示企业社会责任成果的重要途径，也是利益相关者要求公司为其社会影响负责的重要方式。使用标准报告框架和指标，如全球报告倡议组织（Global Reporting Initiative）制定的框架和指标，可提高透明度，促进企业和行业对企业社会责任工作进行基准测试。

投资公司已经创建了共同基金，这些基金由三重底线表现优异的公司组成，以吸引具有环境和社会意识的投资人的资金。道琼斯世界指数（Dow Jones World Index）综合考虑经济绩效、环境绩效和社会绩效三个方面，使用如公司治理、改善气候状况、劳动实践等指标进行衡量，选择了 2 500 家上市公司中的前 10% 构成了道琼斯可持续发展全球指数（Dow Jones Sustainability World Index）。表 9-1 展示了一些入选 2013 年道琼斯可持续发展指数的公司。

表 9-1　2013 年入选道琼斯可持续发展指数的公司

名称	目标市场	国家 / 地区
标致雪铁龙集团	汽车及零部件	法国
西太平洋银行集团	银行	澳大利亚
CNH 工业公司	资本货物	英国
通用公证行（SGS SA）	商业和专业服务	瑞士
乐金电子公司	耐用消费品和服装	韩国
洲际酒店集团	消费者服务	英国

（续）

名称	目标市场	国家 / 地区
瑞银集团	多元化金融	瑞士
泰国石油	能源	泰国
麦德龙股份公司	食品和必需品零售	德国
Coca-Cola HBC AG	食品、饮料和烟草	瑞士
雅培公司	保健设备和服务	美国
汉克尔公司	家庭和个人产品	德国
安联保险	保险	德国
阿尔戈斯集团	材料	哥伦比亚
培生公司	媒体	英国
罗氏制药公司	制药、生物技术与生命科学	瑞士
迈瑞卡集团	房地产	澳大利亚
纺织设计工业公司	零售	西班牙
先进半导体工程公司	半导体和半导体设备	中国台湾
阿玛迪斯技术集团	软件和服务	西班牙
柯尼卡美能达公司	技术硬件与设备	日本
皇家 KPN 电信	电信服务	荷兰
皇家邮政集团	运输	英国
红电集团	公用事业	西班牙

资料来源：改编自 RobecoSAM AG, www.sustainability-indices.com/review/industry-group-leaders-2017.jsp（访问于 2018 年 3 月 4 日）.

9.6.2　可持续性和可持续商业实践的含义

"可持续性"（sustainability）一词有很多用法。在许多公司中，可持续性等同于企业社会责任；在一些人看来，可持续性这一术语正逐渐取代企业社会责任。事实上，道琼斯可持续发展全球指数指出，可持续性和三重底线的三种类型的绩效衡量指标等同。

然而，通常情况下，可持续性的含义更有针对性，它指的是公司与环境和自然资源使用之间的关系，包括土地、水、空气、植物、动物、矿物、化石燃料和生物多样性。人们普遍认识到，自然资源是有限的，其消耗和退化的速度威胁到它们的再生能力。由于企业是自然资源的最大使用者，管理和维护这些资源对企业长远的经济利益至关重要。

对一些公司而言，这一议题对公司的商业模式和战略的持续生存力具有直接和明显的影响。太平洋天然气电力公司（Pacific Gas and Electric）已经开始测量其供应链的全部碳足迹，以成为一个更环保、更高效的能源生产商。[22] 由于预测未来会出现全球水资源短缺的危机，可口可乐和百事可乐等饮料公司开始重新思考其商业模式。对于其他公司来说，这种影响虽然不是那么直接，但所有公司都是商业生态系统的组成部分，其经济稳健取决于自然资源的可获得性。作为响应，大部分大公司已经开始改变它们的经营方式，强调开展**可持续商业实践**（sustainable business practice），即满足当前需求而又不损害未来需要的做法。许多公司也开始将环境可持续性纳入战略制定中。

> **核心概念**
> **可持续商业实践**是指既满足当前需求而又不损害未来需要的做法。

环境可持续战略（environmental sustainability strategy）需要通过深思熟虑和协调一致的行动，以保护自然资源和生态系统的方式经营企业，防止最终对地球造成危害，从而实现数百年可持续发展。[23] 环境可持续性的一个方面是使地球自然资源的使用保持在能够通过可持续经营方式加以补充的水平内。科学家表示，随着全球人口的增长、收入与生活水平的提高，某些资源（如原油、淡水、海洋中的食用鱼）更多地被消耗，目前这些资源已经达到不可持续或即将不可持续的水平。另一个方面是减少温室气体和其他形式的大气污染对不良气候和大气变化的影响。环境可持续性还包括使用可持续性能源、使用可循环再造材料、运用可持续方法种植食物（降低表层土壤消耗，少用杀虫剂、除草剂、化肥和其他可能损害人类健康或者生态系统的化学制品）、保护栖息地、依据环保原则管理废物、努力使经济增长不以环境恶化为代价（科学家认为，经济增长历来伴随着环境恶化）。

> **核心概念**
> 　　**公司**的**环境可持续战略**包括深思熟虑的行动，以保护环境和自然资源，为后代维持生态系统，防止最终对地球造成危害。

联合利华是一个业务多元化的生产商，产品包括加工食品、个人护理用品、家庭清洁产品，是众多致力于追求可持续经营方式的公司之一。该公司使用了 11 个可持续发展指标衡量食品加工业务，并且开展了许多活动来改善供应商的环境绩效。例如，为使用节水灌溉系统的番茄供应商提供低利率的特殊融资，在印度实施培训项目以帮助黄瓜种植者减少 90% 的农药使用，同时提高 78% 的产量。联合利华还重组了许多内部流程，以提高公司在可持续发展措施方面的整体表现。例如，自 2008 年以来，该公司通过实施可持续发展举措，将产品生产中的用水量减少了 37%。联合利华还重新设计了许多产品的包装，以节约自然资源、减少消费者浪费。为了每年可节约 150 吨的塑料树脂（相当于每年减少 1 500 万个空瓶子），公司重新设计丝华芙（Suave）洗发水瓶身形状。作为立顿茶的生产商，联合利华是世界上最大的茶叶采购商；为推行三重底线方法实现可持续农场管理，该公司致力于从热带雨林联盟认证的农场采购所有茶叶。专栏 9-4 阐述了联合利华为推进可持续发展采取的措施。

专栏 9-4　联合利华致力于可持续发展

2017 年，联合利华营业收入超过 537 亿欧元，是全球最大的公司之一。该公司的主要品牌有多芬（Dove）、亚克斯（Axe）、美乃滋（Hellman's）和露雪（Heartbrand）等，平均每天有超过 20 亿人在使用该公司的产品。众所周知，联合利华致力于可持续发展，在环球扫描公司（GlobeScan）针对可持续企业的全球可持续发展调查中，它比最大竞争对手的得分高出 2.5 倍。

联合利华以尽可能透明、明确的方式实施其可持续发展计划，这在联合利华可持续生活计划（Unilever Sustainable Living Plan，USLP）中有充分体现。2010 年首席执行官保罗·波尔曼（Paul Polman）发布该计划，将公司的目标定为 2020 年前商业规模扩大一倍，环境污染减半。重要的是，USLP 一直指引公司前行，公司投入了大量的资源和时间以实现可持续发展目标。该计划的目标、年度进度报告每年会更新一次。

波尔曼认为，联合利华实施可持续发展活动不仅是慈善事业，实际上还是一种对公司有利的行为。该公司在最近的年度报告中称，

"经济增长和可持续发展并不冲突"。波尔曼坚持认为这是现代社会实现利润最大化的方式，是一种理性的商业思维。

为了帮助实施该计划，联合利华还制订了一项公司问责计划。每年，联合利华根据《联合国全球契约》(UN Global Compact)、《全球报告倡议指数》(Global Reporting Initiative's Index) 和《联合国千年发展目标》(UN Millennium Development Goals) 对公司发展进行评估。该公司在年度可持续发展报告中描述了可持续发展活动的进展。到 2018 年，联合利华已经帮助超过 6.01 亿人改善了他们的健康和卫生习惯，并帮助 71.6 万小农户改善了他们的农业做法和 / 或收入。

联合利华还创造了新的经营方式，以实现更加雄伟的目标。该公司成立了一个核心团队，致力于在公司内部推广可持续发展实践，这是该公司经营方式的重大转变。此外，联合利华还设立了"行动一小步，改变一大步"(small actions, big differences) 专项基金，鼓励员工为实现可持续发展目标而提出创新理念。为了减少废物排放量，并将可持续性努力延伸至整个供应链，该公司与供应商合作，采购可持续农产品，使可持续发展水平从 2010 年的 14% 提高到 2017 年的 56%。

注：与拜伦 G 佩斯特 (Byron G. Peyster) 共同开发。

资料来源：www.globescan.com/component/edocman/?view=document&id=179&Itemid=591; www.fastcocreate.com/3051498/behind-the-brand/why-unilever-is-betting-big-on-sustainability; www.economist.com/news/business/21611103-second-time-its-120-year-history-unilever-trying redefine-what-it-means-be; 公司网站（访问于 2016 年 3 月 13 日）.

9.6.3　制定企业社会责任和可持续战略

虽然企业社会责任和环境可持续战略有多种形式，但那些既能创造有价值的社会效益，又能优先满足顾客需求的战略，有助于公司建立竞争优势。[24] 例如，尽管碳排放可能是富国银行等金融机构普遍关注的一个社会问题，但福特公司减少碳排放的可持续发展战略既产生了环境效益，也帮助公司建立了竞争优势。2019 年，福特在欧洲推出的福特探险家 (Ford Explorer) 插电式混合动力 SUV 可容纳 7 名乘客，并拥有 40 公里的零排放城市行驶里程。福星 (Fusion) 和探索者等混合动力车型的开发，帮助福特赢得了对燃料敏感的消费者的好感，并为公司树立了新的绿色形象。绿山公司 (Keurig Green Mountain，现在是 Keurig Dr. Pepper 的子公司) 致力于保护环境，同时也致力于改善咖啡种植社区的生计。它们的重点包括三个主要解决方案：①帮助农民提高他们的农业技术；②解决当地缺水问题，做好气候变化规划；③加强农民组织建设。绿山公司的消费者意识到了公司的这些努力，他们购买绿山咖啡，在一定程度上也是为了鼓励该做法。

企业社会责任战略和环境可持续战略如果与企业具有竞争力的重要资源和能力或价值链活动相联系，则更有可能有助于建立企业的竞争优势。因此，相比于软件和电子公司、服装制造商，进行自然资源开采、电力生产、木制和纸制品制造、汽车制造、化学品生产的公司通常更加重视解决环境问题。鼓舞员工士气，吸引、留住最优秀和最聪明的员工对公司的成功至关重要，因此公司乐于提高员工福利，为员工提供积极良好的工作环境，以培养员工的情感承诺和奉献精神，真正体现"员工是公司最大的资产"。安永 (Ernst & Young) 是全球第三大会计公司，在过去的 20 年里，它每年都被《财富》杂志评选为"最适合工作的 100 家公司"。长期以来，它以尊重差异、培养个性和促进包容性而闻名，因此，它在 150 多个国家的 245 000 多名员工可以感受到价值、参与和授权，以创造性的方式为公司的客户服务。

全食食品超市是一家规模达 142 亿美元的连锁超市，专营有机食品和天然食品，其环境可持续战略与公司价值链活动联系紧密，帮助公司形成了差异化竞争优势。该公司的采购政策鼓励连锁店从当地农民手中购买新鲜水果和蔬菜，并对加工食品中 400 多种不健康或不环保的常见成分进行筛选。变质食品会被送到地区堆肥中心（而不是垃圾填埋场）进行处理，公司使用的所有清洁产品都是可生物降解的。该公司还创建了动物慈善基金会（Animal Compassion Foundation），鼓励以自然和人道的方式饲养家畜，并鼓励其所有车辆使用生物燃料。

并不是所有的公司都把企业社会责任战略和环境可持续战略与价值链、商业模式或行业相联系。例如，高乐氏基金会（Clorox Company Foundation）对为年轻人服务的项目提供支持，将捐赠重点放在非营利组织、学校和大学。但是只有使企业社会责任战略成为其日常经营的一部分，公司的很多计划才能真正有效。正如荷兰皇家壳牌（Royal Dutch/Shell）的一位高管所言，企业社会责任"不是化妆品；它必须根植于我们的价值观。它必须改变我们的经营方式"。[25] 环境可持续计划同样如此。

> **贴士 9-6**
> 既能创造有价值的社会效益又能优先满足顾客需求的企业社会责任战略和环境可持续战略，可以帮助企业建立竞争优势。只关注社会效益可能有助于提升公司声誉，却很难提高公司的市场竞争力。

9.6.4　企业社会责任和可持续商业实践的道德基础

公司以对所有的利益相关者（而不仅仅是股东）都有利的方式行事的道德基础可以归结为"这是一件正确的事"。每个公司都应该遵纪守法、树立公民意识并且造福社会。[26] 在当今社会和政治环境下，大部分商界领袖都意识到企业社会责任活动的重要性，认为有义务做良好企业公民。但是，也有观点认为，公司的运作是以与社会成员之间隐含的社会契约为基础。根据该契约，社会赋予公司合理销售商品或服务并获得利润的权利。作为这种"经营许可"的回报，企业有义务成为一个负责任的公民，促进公共福利公平共享，不做危害他人的事情。这种观点明确为企业带来了道德压力，要求企业诚信经营，为员工提供良好的工作条件，做好环境管理，并展示出良好的企业公民形象。

> **贴士 9-7**
> 公司的每一项行动都代表着公司的形象。

9.6.5　企业社会责任和可持续商业实践的商业基础

除了对承担企业社会责任和进行环境可持续经营进行道德方面的讨论以外，从商业的角度来看，有充分理由说明企业应该具有公德心，并将时间和资源投入到社会责任活动、环境可持续发展活动，做良好的企业公民。

- 可以增加顾客光顾量。强有力的可见的社会责任或环境可持续战略有助于公司吸引消费者，因为消费者通常更喜欢支持优秀的企业公民。公司主动承担社会责任的一些行为会给它们带来更多客户，比如班杰瑞公司（Ben & Jerry）、全食食品超市、石原农场（Stonyfield Farm）、汤姆斯、绿山公司和巴塔哥尼亚。越来越多的公司认识到，实施企业社会责任战略对所有文化和人口结构的人（妇女、退休人员和族裔）都有好处。

- 对社会责任行为的坚定承诺可以减少名誉受损的风险。公司如果不重视社会责任，则更容易受到丑闻的影响。消费者、环保组织和人权组织会批判行为不当的公司，并将消息散布给媒体、上传至网络。压力群体会进行广泛的负面宣传，进行抵制，并影响有相似感受或富有同情心的消费者不去购买公司的产品。

研究表明，公众抵制公司产品会导致公司股价下跌。[27] 一家大型石油公司的 CEO 表示，当由于社会责任和环境可持续原因使得公司名誉受损，对公司而言所付出的最大代价让他对公司的未来感到堪忧，因为他们无法招聘到优秀的年轻毕业生。耐克的联合创始人和前首席执行官菲尔·奈特（Phil Knight）意识到，许多年来，耐克公司因为没有改善亚洲生产基地的恶劣工作环境，使耐克成为低薪、强迫加班、虐待员工的代名词。[28] 因此，耐克开始加大努力，监管生产耐克鞋的合同制造商的 800 家工厂。就像奈特所言，"好鞋子来自好的工厂，而好的工厂应具有良好的劳工关系"。尽管如

贴士 9-8
公司或其品牌的公众形象越高，其活动受到的审查力度越大，越有可能成为压力群体的目标对象。

此，耐克公司仍不断地收到人权主义者的抱怨，称其监管程序是有瑕疵的，公司没有付出足够的努力来改善工厂工人的困境。这说明一旦公司的名誉受损则很难恢复。

- 企业社会责任活动和可持续商业实践可以降低成本，有利于招聘与留住员工。与名誉受损的公司相比，在企业社会责任与可持续商业实践方面声誉良好的公司更能吸引和留住员工。在致力于改善社会的公司工作，有些员工会感到愉悦。这有助于降低员工流动率，提高员工生产率，为公司降低招聘成本和培训费用等。例如，星巴克为全职和兼职员工提供全面的福利待遇，大大降低了员工离职率，这是因为管理者努力让星巴克成为一个很好的工作场所，努力践行公司的社会责任。可持续性商业实践通常可以带来更高的经营效率。例如，美国再生纸制造商通过提高纤维回收率，帮助公司节约了 2 万吨的废纸，这使公司成为行业中成本最低的制造商。强生公司通过帮助公司 2/3 的员工戒烟和开展一系列健康活动，使公司在过去 10 多年里节约了 2.5 亿美元的医疗费用。[29]
- 企业社会责任和环境可持续战略可能会增加收入。企业社会责任战略与环境可持续战略能够鼓励创新，进而带来新产品和增加收入的机会，如雪佛兰伏特（Chevy Bolt）和日产凌风（Nissan Leaf）电动汽车。在大多数情况下，盈收机会与公司核心产品相关。例如，可口可乐和百事可乐都有果汁业务，以此替代碳酸饮品，向消费者提供更健康的饮料。通用电气拓展风力涡轮机业务，因此增加了收入。在其他情况下，盈收机会则与减少浪费和使用公司生产的副产品的创新方法有关。美国泰森食品（Tyson Foods）公司利用其肉制品业务带来的大量动物粪便，为 B-52 轰炸机生产喷气发动机燃料。史泰博公司在所有经销店安装了太阳能电池板，成为美国最大的可再生能源生产商之一。
- 精心构思的企业社会责任战略和可持续经营方式符合股东的长期利益。当实施企业社会责任战略与环境可持续战略能够带来客流量增加、收入机会增多、成本降低、生产率提高、名誉受损风险降低时，它们有助于公司创造经济价值，提高盈利能力。一项针对领先企业的为期两年的研究发现，改善环境和开发环保产品可以提高每股收益、盈利能力和赢得合同的可能性。社会和环境绩效方面表现突出的公司，股价比入选道琼斯世界指数的 2 500 家公司的平均水平高出 35% ~ 45%。[30]135 项研究回顾表明，

良好的公司行为和财务绩效之间有着微弱的正相关关系；只有 2% 的研究发现企业社会责任会损害股东的利益。[31] 此外，对社会负责的商业行为有助于避免或预防可能的法律和监管行动，这些行动会给公司带来高昂的代价。在某些情况下，可以制定出既有利于公司建立竞争优势，又有利于创造社会价值的企业社会责任战略。例如，沃尔玛与其供应商合作，降低包装材料的使用量，修改运送车辆的路线，减少了 1 亿英里的路程，使成本降低约 2 亿美元，既获得了低成本优势，又减少了二氧化碳排放量。[32] 因此，有效的社会责任战略，可以产生最符合股东利益的结果。

贴士 9-9

很少有确凿的证据表明，企业社会责任活动会损害股东的利益。

贴士 9-10

创造顾客价值和降低成本的社会责任战略，在增加公司利润和股东价值的同时，也能满足其他利益相关者的利益。

总之，重视社会责任与环境可持续性的公司能够提高公司知名度和经营效率，同时也可以降低风险，提高员工的忠诚度和创新精神。总的来说，那些特别努力保护环境（超出法律要求）的公司，积极参与社区事务，慷慨支持慈善事业和造福社会的项目，更有可能被视为良好的投资对象和合作伙伴。股东可能更看重企业社会责任带来的商业利益，特别是当它带来更多的客户价值、更高的生产率、更低的运营成本和更低的经营风险时——所有这些能够增加公司的盈利能力和股东价值的活动，也能满足其他利益相关者的利益。

当然，公司有时能从不良行为中获利——将与其活动有关的环境成本和其他社会成本转嫁到整个社会，公司能够攫取大量的短期利润。多年来，大型香烟厂商将吸烟的健康成本转嫁于他人，罔顾对消费者和公众造成的伤害，获得了大量利润。直到最近，它们才不得不为它们的行为付出高额赔偿。不幸的是，香烟制造商不是唯一一试图逃避为其经营活动造成的社会危害支付费用的企业。杜绝此类行为通常取决于：①维权社会团体在宣传公司不负责任造成的不良后果方面的有效性，以及在收集公众意见方面的有效性；②为纠正不良行为制定的相关法律法规；③具有社会意识的消费者转向其他商家购买的决策。

📕 本章要点

1. 伦理关系到行为的对错标准。商业伦理是将伦理原则和标准用于商业组织的行动与决策及其员工的行为。商业伦理准则与一般伦理准则并没有本质的差别。

2. 关于跨国公司伦理准则的普遍性，有以下三种思想学派：

   - 根据伦理普遍主义学派，不同文化和国家对什么是正确和错误行为的共同理解产生了适用于所有社会、所有公司和所有商人的普遍伦理准则。

   - 根据伦理相对主义学派，不同的社会文化和习俗有着不同的价值观和是非标准。因此，伦理准则必须根据当地的风俗习惯和社会习俗来定，并且可以因文化或国家的不同而有所差异。

   - 根据综合社会契约理论，综合多种文化和社会的共同观点形成了普遍伦理原则，基于普遍伦理原则形成了"社会契约"，每个人在任何情况下都有义务遵守。在这种社会契约的范围内，地方文化或团体可以规定哪些行为是伦理上不允许的。但是，普遍伦理规范总是优先于当地伦理规范。

3. 除了"企业的天职是获取盈利而不是严守道德"的思维方式外，还存在三项非伦理商业行为的主要驱动因素：①监督不当，使个人不择手段地追求私利；②公司管理人员要达到或超过短期业绩目标的巨大压力；③将盈利能力和经营业绩置于伦理行为之上的公司文化。相反，当崇高的伦理准则根植于公司文化中时，公司文化可以成为促进企业伦理行为的强大机制。

4. 公司道德失范会带来三种类型的成本：①显性成本，如罚款、处罚、股价下跌；②内部管理成本，如法律成本、纠正措施成本；③无形或隐性成本，如客户流失、公司声誉受损等。

5. 企业社会责任是指企业有义务以受人尊重的方式开展经营，为员工提供良好的工作条件，鼓励员工多元化，做好环境管理者，支持企业所在社区和整个社会的慈善事业。企业社会责任战略是公司选择追求的社会责任活动的特定组合。

6. 三重底线指的是公司在三个方面的表现：经济、社会和环境，通常指的是利润、人类和地球。越来越多的公司开始报告它们在这三个方面的绩效。

7. "可持续"这一词汇有很多用法，但最常用来表示公司和环境、公司和自然资源的关系。可持续商业实践是指既满足当前需求而又不损害未来需要的做法。环境可持续战略包括有计划的采取行动，保护自然资源、生态系统和地球环境，以达到可持续发展的目标。公司的环境可持续战略包括采取深思熟虑的行动，以保护环境和自然资源，为后代维持生态系统，防止最终对地球造成危害。

8. 既创造有价值的社会效益又优先满足顾客需求的企业社会责任战略和环境可持续战略，可以帮助企业建立竞争优势。

9. 承担企业社会责任和进行环境可持续发展的道德基础可以归结为：这是一件正确的事情。实施企业社会责任和环境可持续战略的充足理由是，这是一项好事：可能有助于增加客流量，降低损害声誉事件的风险，为增加收入和降低成本提供机会。精心设计的企业社会责任和环境可持续战略符合股东的长期利益，因为它们能够避免或事先预防代价高昂的法律和监管行动。

◘ 巩固练习

1. 戴尔公司被公认为是一家合乎伦理的公司，最近它致力于成为一家更环保、可持续发展的企业。在浏览了戴尔网站（www.dell.com/learn/us/en/uscorp1/about-dell）的"关于戴尔"部分后，准备一份清单，列出8项具体的政策和计划，以帮助公司实现在保持创新和盈利的同时推动社会和环境变化的愿景。

2. 利用大学图书馆资源，准备一到两页的分析报告，分析最近的伦理丑闻。你的报告应该：①讨论导致非伦理企业战略和行为的因素；②概述因企业伦理缺失而给公司造成的损失。

3. 基于专栏9-3提供的信息，解释沃比·帕克公司的企业社会责任战略是如何在市场上取得成功的。公司对社会责任的承诺对各利益相关者群体有何影响？你如何评价它的三重底线绩效？

4. 英国户外服装公司Páramo获得了2016年《卫报》可持续商业奖（《卫报》随后停止了颁奖）。该公司的织物技术和化学品使用的讨论参见https://www.theguardian.com/sustainable-business/2016/may/27/outdoor-clothing-paro-toxic-pfc-greenpeace-fabric-technology。请描述Páramo的商业实践是如何让它的大胆举动得到认可的。这些计划如何帮助公司建立竞争优势？

◘ 模拟练习

1. 什么因素使你的公司以合乎道德的方式开展经营？

2. 你的公司是如何履行企业社会责任的？公司的企业社会责任战略包含哪些要素？你对该战略有什么建议？

3. 如果一些股东抱怨公司的企业社会责任活动

过少或者过多，你会如何回答？

4. 你的公司是否努力以可持续方式经营？公司可以采取哪些具体行动，为环境的可持续发展做出更大的贡献？

5. 在你的公司，环境可持续战略在哪些方面最符合股东的长期利益？它是否可以帮助公司建立竞争优势或者提高盈利能力？

● 尾注

[1] James E. Post, Anne T. Lawrence, and James Weber, *Business and Society: Corporate Strategy, Public Policy, Ethics*, 10th ed. (New York: McGraw-Hill, 2002).

[2] Mark S. Schwartz, "Universal Moral Values for Corporate Codes of Ethics," *Journal of Business Ethics* 59, no. 1 (June 2005), pp. 27–44.

[3] Mark S. Schwartz, "A Code of Ethics for Corporate Codes of Ethics," *Journal of Business Ethics* 41, no. 1–2 (November–December 2002), pp. 27–43.

[4] T. L. Beauchamp and N. E. Bowie, *Ethical Theory and Business* (Upper Saddle River, NJ: Prentice-Hall, 2001).

[5] www.cnn.com/2013/10/15/world/child-labor-index-2014/ (accessed February 6, 2014).

[6] U.S. Department of Labor, "The Department of Labor's 2013 Findings on the Worst Forms of Child Labor," www.dol.gov/ilab/programs/ocft/PDF/2012OCFTreport.pdf.

[7] W. M. Greenfield, "In the Name of Corporate Social Responsibility," *Business Horizons* 47, no. 1 (January–February 2004), p. 22.

[8] Rajib Sanyal, "Determinants of Bribery in International Business: The Cultural and Economic Factors," *Journal of Business Ethics* 59, no. 1 (June 2005), pp. 139–145.

[9] Transparency International, *Global Corruption Report*, www.globalcorruptionreport.org.

[10] Roger Chen and Chia-Pei Chen, "Chinese Professional Managers and the Issue of Ethical Behavior," *Ivey Business Journal* 69, no. 5 (May–June 2005), p. 1.

[11] Antonio Argandoa, "Corruption and Companies: The Use of Facilitating Payments," *Journal of Business Ethics* 60, no. 3 (September 2005), pp. 251–264.

[12] Thomas Donaldson and Thomas W. Dunfee, "Towards a Unified Conception of Business Ethics: Integrative Social Contracts Theory," *Academy of Management Review* 19, no. 2 (April 1994), pp. 252–284; Andrew Spicer, Thomas W. Dunfee, and Wendy J. Bailey, "Does National Context Matter in Ethical Decision Making? An Empirical Test of Integrative Social Contracts Theory," *Academy of Management Journal* 47, no. 4 (August 2004), p. 610.

[13] Lynn Paine, Rohit Deshpandé, Joshua D. Margolis, and Kim Eric Bettcher, "Up to Code: Does Your Company's Conduct Meet World-Class Standards?" *Harvard Business Review* 83, no. 12 (December 2005), pp. 122–133.

[14] John F. Veiga, Timothy D. Golden, and Kathleen Dechant, "Why Managers Bend Company Rules," *Academy of Management Executive* 18, no. 2 (May 2004).

[15] Lorin Berlin and Emily Peck, "National Mortgage Settlement: States, Big Banks Reach $25 Billion Deal," *Huff Post Business*, February 9, 2012, www.huffingtonpost.com/2012/02/09/-national-mortgage-settlement_n_1265292.html (accessed February 15, 2012).

[16] Ronald R. Sims and Johannes Brinkmann, "Enron Ethics (Or: Culture Matters More than Codes)," *Journal of Business Ethics* 45, no. 3 (July 2003), pp. 244–246.

[17] Kurt Eichenwald, *Conspiracy of Fools: A True Story* (New York: Broadway Books, 2005).

[18] Timothy M. Devinney, "Is the Socially Responsible Corporation a Myth? The Good, the Bad, and the Ugly of Corporate Social Responsibility," *Academy of Management Perspectives* 23, no. 2 (May 2009), pp. 44–56.

[19] Information posted at www.generalmills.com (accessed March 13, 2013).

[20] Adrian Henriques, "ISO 26000: A New Standard for Human Rights?" *Institute for Human Rights and Business*, March 23, 2010, www.institutehrb.org/blogs/guest/iso_26000_a_new_standard_for_human_rights.html?gclid=CJih7NjN2aICFVs65QodrVOdyQ (accessed July 7, 2010).

[21] Gerald I. J. M. Zetsloot and Marcel N. A. van Marrewijk, "From Quality to Sustainability," *Journal of Business Ethics* 55 (2004), pp. 79–82.

[22] Tilde Herrera, "PG&E Claims Industry First with Supply Chain Footprint Project," GreenBiz.com, June 30, 2010, www.greenbiz.com/news/2010/06/30/-pge—claims-industry-first-supply-chain-carbon-footprint-project.

[23] J. G. Speth, *The Bridge at the End of the World: Capitalism, the Environment, and Crossing from Crisis to Sustainability* (New Haven, CT: Yale University Press, 2008).

[24] Michael E. Porter and Mark R. Kramer, "Strategy & Society: The Link between Competitive Advantage and Corporate Social Responsibility," *Harvard Business Review* 84, no. 12 (December 2006), pp. 78–92.

[25] N. Craig Smith, "Corporate Responsibility: Whether and How," *California Management Review* 45, no. 4 (Summer 2003), p. 63.

[26] Jeb Brugmann and C. K. Prahalad, "Cocreating Business's New Social Compact," *Harvard Business Review* 85, no. 2 (February 2007), pp. 80–90.

[27] Wallace N. Davidson, Abuzar El-Jelly, and Dan L. Worrell, "Influencing Managers to Change Unpopular Corporate Behavior through Boycotts and Divestitures: A Stock Market Test," *Business and Society* 34, no. 2 (1995), pp. 171–196.

[28] Tom McCawley, "Racing to Improve Its Reputation: Nike Has Fought to Shed Its Image as an Exploiter of Third-World Labor Yet It Is Still a Target of Activists," *Financial Times*, December 2000, p. 14.

[29] Michael E. Porter and Mark Kramer, "Creating Shared Value," *Harvard Business Review* 89, no. 1–2 (January–February 2011).

[30] James C. Collins and Jerry I. Porras, *Built to Last: Successful Habits of Visionary Companies*, 3rd ed. (London: HarperBusiness, 2002).

[31] Joshua D. Margolis and Hillary A. Elfenbein, "Doing Well by Doing Good: Don't Count on It," *Harvard Business Review* 86, no. 1 (January 2008), pp. 19–20; Lee E. Preston, Douglas P. O'Bannon, Ronald M. Roman, Sefa Hayibor, and Bradley R. Agle, "The Relationship between Social and Financial Performance: Repainting a Portrait," *Business and Society* 38, no. 1 (March 1999), pp. 109–125.

[32] Leonard L. Berry, Ann M. Mirobito, and William B. Baun, "What's the Hard Return on Employee Wellness Programs?" *Harvard Business Review* 88, no. 12 (December 2010), p. 105.

第 10 章

构建具有良好战略执行力的组织：人员、能力和结构

:: 学习目标

通过本章的学习，你将能够：

1. 理解为成功地执行战略，管理人员必须要完成的事情。
2. 理解为什么招聘、培训和留住正确的人是战略执行过程中的重要组成部分。
3. 意识到良好的战略执行需要不断开发和提升组织的资源与能力。
4. 识别并构建战略支持型组织结构以及开展组织工作。
5. 掌握在执行选定战略的过程中，集中决策与分散决策的优势和劣势。

战略失败的原因往往是由于没有得到良好的执行。

——拉里·博西迪（Larry Bossidy），霍尼韦尔公司前 CEO；

拉姆·查兰（Ram Charan），作家、顾问

我试图激励员工，协调其个人目标与组织目标保持一致，然后让他们全力以赴。

——约翰·D. 刘（John D. Liu），

埃塞克斯资产管理公司（Essex Equity Management）CEO

人不是最重要的资产，正确的人才是。

——吉姆·柯林斯（Jim Collins），教授、作家

战略制定完成之后，战略管理的重点便转向战略执行和获得良好的结果。为落实并调动组织执行战略，不仅需要精心制定战略，更需要不同的管理技能。战略制定主要是对市场条件、组织资源与能力进行的分析驱动型活动，而战略执行主要是对人员、资源、业务流程、组织结构等进行的运营驱动型活动。成功的战略执行依赖于与他人协作；借助他人完成工作；建立及加强竞争力；构建适合的组织结构；合理地配置资源；制定支持战略的政策、规范和体系；灌输有关任务执行的纪律。战略执行是一项以行动为导向的任务，检验管理者领导组织变革、改善日常运营、创造和培养战略支持型文化，以及实现或超越绩效目标等方面的能力。

经验丰富的管理者清楚地意识到，制定合适的战略计划远比执行该计划和实现目标结果

容易得多。对美国、欧洲和亚洲 400 位首席执行官进行的研究发现，战略执行的卓越性是公司面临的首要挑战。[1]一位管理者称："对我们而言，决定战略方向容易，困难的是让组织按照新的优先事项行事。"[2]这就需要管理者发挥高明的领导力，就新战略的实施原因进行令人信服的沟通，解答员工疑问，赢得关键员工的支持，建立有关执行战略、推进任务和实现目标的方式的共识。这是因为组织成员不会仅仅因为高级管理者宣布了新战略，便接受它并积极地向前推进以实现战略。公司员工必须由衷理解为什么需要一个新的战略方向，以及新战略将把他们带往何处。[3]显然，当旧战略的问题凸显，或者公司已经陷入财务危机时，实施变革就容易得多。

然而，成功执行新战略举措的挑战性，远远超出了克服变革阻力的管理能力。真正使战略执行比战略制定更加艰难、更加耗时的原因是，战略执行过程涉及大量管理活动与多种执行和推进战略的方式，可能会产生各种突发事件。这需要优秀的管理者运用"管理智慧"来准确判断应该采取的行动、及时取得良好结果的方式；还需要出色的管理技能和毅力，以使各种活动得到落实，并将各工作组的努力融入正常运作的整体中。战略执行过程通常持续几个月到几年，具体取决于建立共识和组织变革的程度。如果想真正很好地执行战略，需要的时间将更多。

与制定战略一样，执行战略也是整个管理团队的工作而非几个高管人员的职责。虽然组织的首席执行官和主要部门（业务部门、职能部门和关键运营单位）的管理者对战略执行结果负主要责任，但是战略执行过程通常也涉及许多价值链活动和其他所有部门。高层管理者需要中层管理者和基层管理者的积极支持和帮助，在各运营单位建立起新的操作实践，以实现熟练的战略执行。中层和基层管理者必须保证一线员工能够熟练开展具有战略关键性的价值链活动，以实现全公司的绩效目标。因此，不论以何种方式，公司全体人员都应积极地参与战略执行过程。

10.1 战略执行框架

执行战略的管理方式必须依据公司的具体情况而定。对现有战略进行微小改动，与实施激进的战略变革不同。成功执行低成本领先战略的方式，与执行高端差异化战略的方式不同；金融危机期间在陷入困境的公司中执行新战略，与在运营状况良好的公司提升战略执行情况也不相同。此外，不同管理人员进行战略执行以实现组织变革的能力不同。因此，不存在一套能够适用于所有类型的公司和战略或所有类型的管理人员的战略执行秘诀。相反，战略执行的具体措施，即管理者的"待办事项清单"，代表着管理者根据所处情况对最优战略执行方式所做出的判断。

> **核心概念**
> 良好的战略执行需要公司所有人的努力。所有管理人员都有战略执行责任，所有员工都应是战略执行过程中的积极参与者。

10.1.1 战略执行过程的基本活动

虽然有必要根据当前情况调整公司战略执行的具体措施，但无论在什么情况下，都需要包含一些基本管理实践。战略执行过程中有 10 项基本管理活动（见图 10-1）。

（1）为组织配备能够很好地执行战略的人（管理者和员工）。

（2）开发成功执行战略所需的资源和组织能力。

（3）构建战略支持型组织结构。

（4）为战略执行分配充足的资源（预算和其他方面）。

（5）制定促进战略执行的政策和程序。

（6）运用业务管理流程，以推动战略的持续改进（价值链活动的执行方式）。

（7）构建支持战略执行活动的信息和操作系统。

（8）将奖励与绩效目标直接挂钩。

（9）塑造促进战略执行的公司文化。

（10）发挥必要的领导力以推动战略的执行。

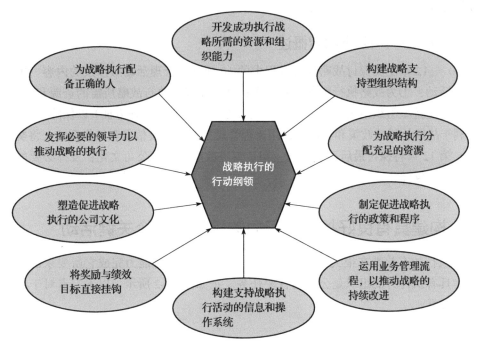

图 10-1　战略执行过程中的 10 项基本管理活动

管理者关于上述 10 项基本管理活动的执行情况对战略执行结果（或是取得巨大成功，或是走向彻底失败，或是介于两者之间）有着决定性的影响。

在制订战略执行计划时，管理者应首先对组织必须采取的措施进行探索性评估，以便成功执行战略。每一个管理者都需要思考："为了成功地执行战略，在职责范围内我需要做些什么？我应该做些什么来及时完成这些事情？"每个管理者都有责任准确地决定如何进行必要的内部变革。强干的管理者有能力判断组织需要开展什么活动来较好地实施所选择的战略，以及如何有效完成这些活动。他们精于促使员工实施以结果为导向的行为，彻底实施正确行动以实现目标结果。[4]

战略失败往往是由于执行不力。因此，战略执行是一项关键的管理工作。判断战略执行状况的两个指标是：公司是否正在实现绩效目标；公司是否以有利于全公司卓越运营的方式开展价值链活动。在地理区域上较为分散的大公司，高层管

贴士 10-1
战略失败往往是由于执行不力。因此，战略执行是一项关键管理工作。

贴士 10-2
战略执行良好的两个标志是：公司正在实现绩效目标；熟练开展具有战略关键性的价值链活动。

理者的行动议程主要包括协调各方及时进行沟通，达成向前推进的共识，在关键组织单元中任命合适的管理人员推进关键流程，合理地分配资源，确定战略执行的截止日期和改进方式，奖赏优秀的执行者，亲自引领战略变更过程。因此，组织越大，战略执行越是依赖于总经理的协作能力和执行能力，因为他们能够在组织基层推进所需的变革并实现目标。在小公司中，高层管理者能够直接与基层管理者和员工进行交流，可以亲自精心策划行动步骤，观察战略执行过程，决定战略执行的力度和速度。不论公司规模和变革程度的大小，管理者都应根据具体情况，敏锐地把握要做什么，以及如何去做。之后，处于公司战略关键领域的员工必须挺身而出，才能实现预期的结果。

10.1.2　第 10 ～ 12 章内容概述

第 10 ～ 12 章主要探讨战略执行过程中的 10 项基本管理活动所涉及的内容。本章将探讨前三项活动：①为战略执行配备正确的人；②开发成功执行战略所需的资源和组织能力；③构建战略支持型组织结构。第 11 章涉及分配资源（预算和其他方面）以保障战略的执行；制定有利于战略执行的政策和程序；运用流程管理工具；安装信息和操作系统；将奖励与绩效挂钩。第 12 章将探讨最后两项活动：塑造促进战略执行的公司文化；发挥必要的领导力以推动战略的执行。

10.2　构建具有良好战略执行力的组织：三个关键活动

战略执行的有效性在很大程度上取决于一个组织是否有能力完成它所要求的任务。因此，构建具有执行力的组织是公司的首要任务。正如图 10-2 所示，以下三点对于组织建设活动至关重要。

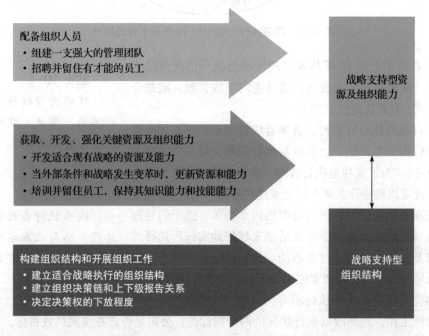

图 10-2　构建具有良好战略执行力的组织：三个关键行动

（1）配备组织人员。组建一支强大的管理团队，招聘并留住具有所需经验、技能和智力资本的员工。

（2）获取、开发和强化良好战略执行所需的资源及能力。积累所需的资源，提高执行关键价值链活动的能力，提升适应市场环境和满足客户期望的能力。

（3）构建组织结构和开展组织工作。组织价值链活动和业务流程，建立决策链和上下级报告关系，并确定对基层管理者和一线员工的权力下放程度等。

战略执行的关键在于拥有支持战略执行的资源和组织能力，并且随时可以对资源和能力进行部署。这些资源及能力通常包括公司人力资源（管理者和其他方面）的技能、能力、经验和知识积累（见图 10-2）。同时，高效的战略执行在很大程度上也取决于各类有胜任力的员工，但是，由于战略实施过程会涉及较多的管理任务，而且领导作用在战略执行中必不可少，因此组建一个强大的管理团队对战略执行来说尤为重要。

如果公司正在执行的是一项全新的战略，那么公司可能需要在其他方面增加资源和能力。因为战略资产可能贬值，环境总是在发生变化，所以即使战略变动很小，在战略执行过程中也需要对组织的资源和能力进行修正、更新、升级。因此，增强公司的核心竞争力并确保它们适合当前的战略也是公司的首要任务。

建立适合战略执行的组织结构和进行组织工作是战略执行成功的另一项关键因素。与战略相匹配的组织结构能够促进战略的执行，而不合适的组织结构则可能导致更高的官僚成本和沟通协调的障碍。

10.3　配备组织人员

如果公司无法吸引并留住优秀的管理者与拥有合适技能和智力资本的员工，那么公司就难以开展成功执行战略所需的活动。

10.3.1　组建一支强大的管理团队

组建一支有能力的管理团队是组织建设任务的基础。[5]不同的战略和公司环境常常要求不同的人员结构，这些人员应有不同的背景、经验、管理风格和专业技能，最重要的是公司应为关键管理职位配备优秀的管理人员，他们应具有清晰的思维，擅长于厘清待做事项，能够熟练地管理员工，最终带来好的业绩。[6]有挑战性的战略任务应分配给那些有能力和才能处理这些战略计划，并且能够把工作做好的管理者。如果没有一个有能力的、以结果为导向的管理团队，执行中可能会因为错过最后期限、方向错误或做很多无用功以及管理不当而被阻碍。管理人员能力太弱往往难以获得最佳结果——在他们监督下完成的工作质量会大打折扣。[7]相反，有能力的管理者懂得如何推动组织变革，如何激励和引导公司走上一流的战略执行之路。他们能够提出具有针对性和深度的问题，并充分了解业务细节以确保周围人的决策是合理的，即辨别出为实施战略所要求的资源是否有意义；他们擅长指挥他人来完成工作，一部分原因是他们知人善任，能够确保手下有合适的员工，并给员工分配合适的工作，另一部分原因是他们知道如何激励他人。他们具备卓越的社交能力和高情商。他们会跟进工作，仔细管理进程，在必要时做出调整，不遗漏重要的细节。

有时，公司现有的管理团队可以胜任这项工作。如果现有的管理团队无法胜任工作，公司可能需要从内部提拔合适的员工，或者从外部引进经验、才干和领导风格更适合当前环境的人才。在公司处于转型时期或经济快速增长时期，当公司经理缺乏必要的专业知识时，公司会从外部引进人才填补关键职位，这是一种标准的组织建设方法。任何情况下，重要的是识别和替换没有能力的、无法及时有效地进行所需变革的管理者。一个管理团队要有效执行战略，管理者必须意识到组织变革的必要性，并有能力付诸实施。

> **贴士 10-3**
>
> 组建一支具备不同经验、技术和能力的管理团队，是推动战略执行的第一步。

组建管理团队的首要目标是凝聚大量有才能的管理者，他们能够作为变革先锋，推动战略的卓越执行。同事的素质、同事间自由交换意见的程度、讨论改进公司运营的方式，以及他们共同处理事务和解决问题的能力，都会影响管理者的成功。当一流的管理者得到其他一流管理者的帮助和支持时，在管理团队内产生的整体效应会大于单个管理者的效应之和——优秀的管理者组建团队共同工作，比一个或两个卓越的管理者单独行动所能达到的结果更好。[8]

专栏 10-1 描述了德勤公司开发优秀员工和一流的管理团队的高效方式。

 专栏 10-1　德勤会计师事务所的管理开发

德勤是全球最大的专业服务公司，它重视招聘、留住和培养人才。通过提供学习和发展项目，德勤能够为合作伙伴创建强大的人才库。德勤在员工职业生涯的各个阶段都强调学习和发展，这使得该公司获得了很多赞誉。例如，它在《首席执行官》杂志的"最佳私营企业领袖"名单上排名第一；被列入《财富》杂志"最适宜工作的 100 家公司"榜单。以下项目有助于德勤成功地执行其人才战略：

- 清晰的职业道路。在最初的招聘阶段与整个任期内，德勤为员工制定了一条清晰的职业发展道路。它指明了员工晋升到公司各个层级的预期时间，以及所需的能力和经验。透明的职业道路，深入的绩效管理流程，可以帮助员工清楚地了解他们的表现。这对于表现卓越的员工来说是一种激励工具，会促进他们的职业发展。
- 正式的培训项目。与其他领先的组织一样，德勤也有一个培训项目，以确保应届大学毕业生获得成功所需的培训和工具。德勤对正式培训的承诺在公司内部的各个层面都是显而易见的。员工晋升时会进入"里程碑"学校，这是一个为期一周的模拟训练，模拟员

工在过渡到职业发展新阶段时所面临的真实商业环境。此外，德勤为所有员工安排了强制性的培训时间，以确保员工的持续发展。

- 为高绩效者提供的特别项目。德勤还提供奖学金和项目，帮助员工获得新技能，提高他们的领导力发展水平。例如，"全球伙伴"（Global Fellows）计划让优秀的执行者与组织中的高级领导人合作，以促进跨国界客户服务的发展。德勤还成立了"新兴领导者发展"（Emerging Leaders Development）计划，该项目利用技能建设、360 度反馈，以及一对一的高管培训，帮助高绩效管理者和高层管理者为合作做准备。
- 赞助，而不是指导。为了培养下一代领导人，德勤已经实施了正式的指导计划以期为领导力的发展提供支持。德勤用"赞助"这个词来形容这项计划。赞助者的任务是对个人进行投资并从中受益。德勤帮助有上升空间的领导者，培养新的能力，拓展业务网络，磨炼他们的技能，以促进他们事业的发展。

注：与希瑟·利维（Heather Levy）共同开发。
资料来源：公司网站；www.accountingweb.com/article/leadership-development-community-service-integral-deloitte-university/220845（访问于 2014 年 2 月）.

10.3.2　招聘、培训和留住有才能的员工

战略的成功执行不仅需要组建一支强大的管理团队，还需要为组织配备各种类型的合适的员工，以开展价值链活动。员工的素质始终是成功执行战略的重要因素。比如梅赛德斯 - 奔驰、字母表公司（Alphabet）、斯堪的纳维亚航空公司（SAS）、波士顿咨询公司（Boston Consulting Group）、爱德华·琼斯（Edward Jones）、快速贷款公司（Quicken Loans）、基因科技公司（Genentech）、财捷公司（Intuit）、赛富时（Salesforce）、高盛投资（Goldman Sachs）等公司齐心协力，招募它们能找到的最优秀、最聪明的人才，然后用优厚的报酬、快速晋升的职业成长机会以及有趣的任务留住他们。拥有一批智慧与能力并存的"A 级员工"对它们来说非常重要。

> **贴士 10-4**
> 在许多行业中，对于好的战略执行而言，增加公司的人才库和构建智力资本比额外的投资资本项目更为重要。

Facebook 致力于雇用它们能找到的最聪明、最有才华的程序员，并以优厚的薪金和从事前沿技术项目的挑战来激励他们。麦肯锡公司是世界领先的管理咨询公司之一，它们只在美国排名前 10 位的商学院招聘最优秀的 MBA 学生，这些人才对于麦肯锡为全球顶级企业提供高水平咨询的战略至关重要。全球领先的会计师事务所不仅根据应聘者的会计专业知识，而且还根据他们是否具备与客户和同事良好相处所需的人际技巧来筛选他们。美捷步致力于雇用对工作感兴趣并能从中找到快乐的人才。该公司不采用传统的招聘方式，而是要求将被录用的员工加入一个名为美捷步圈子（Zappos Insiders）的社交网络，在那里他们将与公司员工互动，并有机会展示自己加入公司的热情。美捷步在寻找适合自己文化的人才方面非常挑剔，只有 1.5% 的求职者得到了工作机会。

对于高科技企业来说，挑战在于员工的工作团队中要有才华横溢、富有想象力、精力充沛的人，这些人能够迅速给新想法带来生机，并将戴尔公司一位高管所称的"嗡嗡声"（hum）注入组织。[9]"人才是我们最大的财富"这句谚语可能看起来很老套，但形容高科技企业非常合适。戴尔在测试应聘者时，除了考察技术外，还考察他们对不确定性和变化的容忍度、团队协作能力和快速学习能力。像领英、瑞信（Credit Suisse）、艾迪欧（IDEO）、亚马逊、谷歌和思科这样的公司在招聘、雇用、培养、发展和留住人才方面有了新突破——几乎所有的员工年龄都是 20 多岁和 30 多岁。思科通过并购以及努力留住并购公司关键员工的方式，追赶前 10% 的公司。思科的高管认为，由明星工程师、程序员、管理者、销售人员和后勤人员组成的骨干团队，是公司执行战略、保持全球领先的互联网基础设施产品和技术提供商地位的支柱。

> **贴士 10-5**
> 最优秀的公司致力于招聘和留住有才能的员工——目标是让公司所有员工（管理者和各级员工）成为真正有竞争力的资产。

公司在意识到有才干、有活力的人才的重要性之后，为了给岗位配备最优秀的人员，提出了几点常见的做法：

（1）在对应聘者进行甄选和评价上花费相当大的精力——只选用那些有合适的技术、精力、主动性、判断力、学习能力以及与公司工作环境和文化相匹配的人格特质的人。

（2）为员工提供贯穿其职业生涯的培训。

（3）为有潜力的员工提供具有挑战性、趣味性以及技能拓展类的工作。

（4）跨职能和跨地理界限进行人员的岗位轮换。在跨国公司，为人们提供在各种国际环境中获得经验的机会越来越被视为职业发展的重要部分。

（5）营造一个有激励性的、有吸引力的工作环境，让员工把公司看作一个理想的工作场所。

（6）鼓励员工挑战现有的工作方式，提出创新性的运营方式和对新产品或新业务的想法。追求进取的公司致力于创造良好氛围，让员工意识到自己的观点很重要。

（7）通过升职、加薪、发放绩效奖金、分配给员工股票期权与资产所有权、设立福利套餐（包括健康保险）与退休套餐，以及其他福利（灵活的工作时间、现场日托等），留住有才华、高绩效的员工。

（8）指导业绩一般的员工以提高他们的技术和能力，淘汰表现不佳的员工。

10.4　开发和构建关键资源与组织能力

在战略执行的过程中，组织建设的首要任务是构建和加强公司资源与能力的组合，以执行具有战略作用的价值链活动。正如第4章所述，公司获得相对于竞争的持续优势的机会取决于其资源组合的质量。在制定战略的过程中，管理人员很可能已经很好地识别出了它所需要的关键战略资源和能力。但要使战略执行过程得以进行，就需要购买或开发这些资源和能力，并对其进行合理使用，根据需要对其进行升级，然后随着市场条件的变化对其进行调整。

如果正在实施的战略中有新的重要元素，那么管理者可能不得不去获取新的资源，显著提高或巩固企业的能力，甚至增加新的能力，以便使战略计划就位并熟练地执行它们。但是，即使公司战略没有发生实质性变化，要使战略得到良好执行，仍然需要不断提升公司的资源和能力，使之保持在最佳状态，并能更加熟练地执行价值链活动。

10.4.1　构建和提升组织能力的三种途径

构建正确的组织能力，并使其得到良好的磨炼，是一项费时且在管理上具有挑战性的工作。虽然可以通过发现行业内最佳或世界上最好的公司如何执行特定活动来获得一些帮助，但尝试复制然后改进其他人的能力谈何容易。这就好比只靠研究传奇的奥运金牌得主肖恩·怀特，是不太可能成为世界级的单板滑雪U形池运动员的。

贴士 10-6

构建新的组织能力的过程包括多个阶段，通常需要花费数月乃至数年的时间。这不是一蹴而就的事情。

尽管存在困难，但通过不懈的努力，开展精心策划的组织行动以及持续的实践，公司仍有可能精通于能力建设。实际上如第4章所述，通过把能力建设活动确立为战略执行工作的常规部分，一些公司能够开发动态能力，来帮助它们管理资源和应对能力变化。最常见的能力构建方法包括：①从内部开发和强化组织能力；②通过并购获取能力；③通过合作伙伴关系开发新的组织能力。

1. 从内部开发和强化组织能力

组织在寻求解决问题的方法时，从组织内部入手努力创建或者提升组织能力是一个渐进的过程，需要采取一系列深思熟虑和精心策划的步骤。这个过程是复杂的，因为能力是各类技能和技术诀窍的产物，它们被整合到组织惯例中并通过跨职能、跨部门、跨地区的团队的共同努力部署在活动系统中。例如，加快新产品进入市场的能力需要研发、工程和设计、采购、生产、营销和分销人员的共同努力。类似地，提供卓越客户服务的能力需要客户呼叫中心（接受订单和答复询问的地方）、装运和送达、应收票据和账目以及售后服务人员之间的团队合作。当管理者设定开发特定能力的目标并围绕该目标组织活动时，构建组织能力的过程就开始了。[10]

因为这是一个循序渐进的过程，所以首先要培养做事的能力，无论多么的不完美或效率低下。这需要挑选拥有相关技能和经验的员工，员工按照需要提升个人能力，然后将个人的努力塑造成共同的努力以创造组织能力。在这个阶段，取得的进步可能是断断续续的，因为它依赖于实验以积极寻找替代解决方案，并在试错中学习。[11]

> **贴士 10-7**
>
> 公司的能力必须不断更新，以便与不断变化的客户期望和竞争环境以及新的战略活动保持一致。

随着经验的积累，员工学会了如何以可接受的成本持续良好地执行活动，这种能力就演变成了一种可靠的能力。要达到这一点，需要持续地投入资源和系统地努力改进流程并创造性地解决出现的问题。组织能力的改进来自任务的重复以及个人和团队的实践学习。但是，通过促使人们更刻苦努力的学习，或采取有助于实现预期目标的激励措施，可以加快这一过程。[12] 在市场环境急剧变化时，这对于公司成功执行战略至关重要。

当外部环境和公司战略变化时，更新和重塑公司已有的能力通常比重新构建新的能力更容易，且更省时。保持组织能力在最佳状态可能只需要持续地运用，并在必要时进行微调。类似地，如果涉及对开发已久的能力进行重新组合并利用现有的资源，则增加一项能力可能相对不那么费劲。例如，1970 年，威廉斯－索诺玛（Williams-Sonoma）首次将销售扩展到实体店以外，当时它发布了一份所售商品的目录，并发放到美国各地的客户。该公司通过收购园艺产品目录 Hold Everything 和陶瓷谷仓（Pottery Barn）扩展了邮购业务，于 2000 年开始网上零售，并为陶瓷谷仓和威廉斯－索诺玛推出了电子商务网站。能力的不断更新使威廉姆斯－索诺玛在 2019 年创造了超过 56 亿美元的收入，成为美国最大在线零售商之一。丰田汽车正在赶超通用汽车，成为全球领先的汽车制造商。该公司积极改进节能混合动力引擎技术，并不断改进其著名的丰田生产系统，提升其已熟练掌握的以相对较低的成本生产高质量汽车方面的能力。

开发竞争能力的管理行动主要有两种：要么加强公司的技术库、知识库和经验库，要么协调和整合各个工作小组和部门的工作。第一种行动可以在所有管理层面进行，但第二种行动最好由高级管理人员精心策划，因为他们不仅深知战略执行中强大能力的重要性，也有能力加强个人、群体和部门之间的合作与协调。[13]

2. 通过并购获取能力

有时，公司提升自己能力的最佳方式是收购（或兼并）另一家有足够资源和能力的公司。[14] 无论是带来更强大的资源和能力组合，还是增加新产品或服务，收购都可以为公司创造价值。速度优势是通过这种方式获取新能力的主要优势，因为在公司内部开发新能力通常需要数年时间，甚至劳而无功。总之，并购的重要性有以下两点：①当公司没有能力在内部创造所需的能力时（可能是因为它离现有能力太远）；②当行业状况、技术或竞争对手正在迅速发展，时间至关重要时。

同时，通过这种方式获取能力并非没有困难。能力包括很多隐性知识和复杂的惯例，这些是无法轻易地从一个组织单元轻松转移到另一个组织单元的。这可能会限制新能力的使用范围。例如，Facebook 公司收购了制造虚拟现实耳机的公司 Oculus VR，以获取可增强社交媒体体验的功能。然而，将这一能力转移并融合到 Facebook 公司的其他部门中谈何容易。因为许多新的技术无法实现预期的收益，特别是当这两家公司的支持系统和流程中存在潜在的不兼容时，整合两家公司的能力也成了一项挑战。此外，由于公司内部能力的整合至关重要，公司中总是存在这样的风险：在新的管理体系下，所获得的能力可能不像以前那样富有成效。最糟糕的情况是，收购使得原本想要获得的能力被削弱或破坏。

3. 通过合作伙伴关系开发新的组织能力

获取有价值的资源与能力的第三种方式是：与供应商、竞争者或拥有前沿专业知识的其他公司建立伙伴关系。采取这一行动有三种基本方法：

- 将不擅长的业务外包给关键供应商或其他供应商。这一举措是否明智取决于开发内部能力是否是公司长期成功的关键。如果不是，外包可能是一个不错的选择，尤其对于那些规模太小、资源有限、无法在内部执行全部战略的公司来说。
- 与在资源和能力上互补的公司进行合作，建立合资企业、战略联盟或其他类型的合作关系，以实现共同的战略目标。这需要发起行动来识别最有潜力的合作伙伴，并与之建立合作关系。由于合资企业的成功在很大程度上取决于合作程度，因此在挑选合作者时，要关注其管理风格、文化和目标，以及资源和能力。在过去的 15 年里，通过与供应商紧密合作来实现互利互惠已经成为获得供应链活动所需能力的常用方法。
- 建立合作伙伴关系的目的是向合作伙伴学习做事方式、内化其方法进而获得其所拥有的能力。当双方都可以从对方身上学到一些东西，并可以实现对双方都有利的结果时，这种方法就可行。例如，公司有时会达成合作营销协议，允许合作伙伴共用彼此的经销网络，以便在公司未开拓经销商的地理区域扩大销售。但如果预期收益只是单方面的，这种协议更有可能涉及滥用信任。因此，它不仅使合作企业处于危险之中，而且还会使得合作伙伴以同样的方式对待公司或拒绝与公司进行进一步的交易。

当伙伴关系涉及不同行业的公司时，合作的风险往往较小。在竞相开发自动驾驶汽车的过程中，大多数汽车制造商都在与一家或多家研发无人驾驶的硬件和软件公司建立合作伙伴关系，以补充自己的内部能力。这些公司包括自动驾驶软件的开发商，如谷歌母公司字母表公司（Alphabet）旗下的 Waymo，自动驾驶卡车初创公司 Aurora Innovation，特斯拉，自动驾驶公司 Oxbotica 和 Zoox；用于发现道路障碍物与读取交通标志和信号的两种相互竞争的雷达系统（雷达和激光雷达）的制造商；计算平台公司，如英伟达（Nvidia）、高通（Qualcomm）、英特尔；以及无人驾驶技术系统公司，如无比视（Mobileye）、博世、安波福（Aptiv）。

耐克与瑞士的蓝标公司（Bluesign Technologies）建立了战略合作伙伴关系，如此一来，与耐克签订合同的数百家纺织制造工厂便能得到两种创新的蓝标认证。这些认证使纺织制造商能够获得 3 万多种化学品生产的材料，而这些化学品都经过严格评估，能够在服装产品中安全使用。在这种情况下，合作伙伴共同努力，各尽其能，所取得的成果对各方都是有益的。

10.4.2　员工培训的战略地位

当公司所制定的战略需要不同的技能、竞争能力和运营方式来支撑时，培训和再培训就显得特别重要。当组织致力于构建基于技术的竞争力时，培训同样具有战略重要性。在很多业务领域，培训是一项关键活动，因为这些业务领域的技术诀窍变化非常迅速，除非其员工掌握最前沿的知识和专业技能，否则公司就会丧失竞争能力。成功的战略执行会确保培训这一职能活动有充足的资金支持，并确保培训活动的有效性。如果需要新技能、更深层次的技能，或者需要构建或使用新的能力来更好地执行所选择的战略，就需要在行动议程中优先考虑培训工作。

培训的战略意义并没有被忽视。全球已经有 4 000 多家公司建立了内部"大学"来负责培训工作，促进持续的组织学习，并提升组织的知识资源。通用电气一直以其卓越管理培训项目而闻名，培训地设在纽约市外的克罗顿维尔（Crotonville）。麦当劳拥有一个占地 13 万平方英尺的培训机构，它们称之为"汉堡大学"。

许多公司会为新员工开设培训课程，资助各种能力培训项目，并为员工支付接受额外的大学教育、参加职业发展课程以及取得各种专业证书相关的学费和其他费用。许多公司为员工提供全天候在线培训课程。越来越多的公司希望各层级员工都能在自己的职业发展中发挥积极的作用，并承担起保持自己的技能与公司需求同步的责任。

10.4.3　战略执行能力和竞争优势

随着公司在执行战略方面做得越来越好，就像其他组织能力一样，它们在战略执行方面构建了能力。卓越的战略执行能力使公司能够从它们的其他资源和竞争能力中获得最大收益，从而有助于公司商业模式的成功。但战略执行的卓越性也可以成为更直接的竞争优势来源，因为更有效的战略执行可以降低成本并使得为客户提供更多价值成为可能。卓越的战略执行能力还可以使公司更快地对市场变化做出反应，并通过新产品和新服务击败新进入者。这可以使公司保持市场支配地位并从中获利。专栏 10-2 介绍了 Zara 公司获取竞争优势的方式。

贴士 10-8

在战略易于被竞争对手复制的情况下，卓越的战略执行能力是可持续竞争优势的唯一来源。

 专栏 10-2　Zara 的战略执行能力

Zara 是印地纺集团的主要子公司，是一家领先的"快时尚"零售商。一旦普拉达等高端时尚店中出现新设计，Zara 的设计团队就开始着手更改服装设计，以生产具有大众零售价格且高端时尚的产品。Zara 的战略很有智慧，但并不是独一无二的，它的竞争优势在于战略执行。Zara 价值链活动的每一步都致力于商店衣服的快速上新，实现高周转率，通过战略设计和执行带动流量。

首先是快速生产流程。Zara 的设计团队从高级时装中汲取灵感，并从店铺中获得几乎实时的反馈，创造出最新的款式。商品制造主要在西班牙、北非和土耳其等地区，这些地区的劳动力成本都很高。Zara 会将工厂战略性地关闭一段时间，以增加市场应变能力，降低劳动力成本。整个生产过程，从设计到投入实体店，Zara 只需要两周时间，而其他零售商需要 6 个月。传统的零售商 80% 的产品是在时装季开始时就生产出来，而 Zara 只有 50%～60%，这意味着有超过一半的产品在时装季中进行设计和制造。Zara 只制造小批量产品，这样特定款式的衣服会在几天内售完，既避免了打折，也能引起顾客的购买兴致。Zara 致力于最大限度地提高营业额和周转率，这为公司的战略执行创造了真正的优势。

Zara 也擅长于吸引客流。首先，批量小和新品上市频繁（每个商店接近每周两次）吸引客户经常光顾并快速购买。Zara 的顾客平均每年会光顾 17 次，而 Gap 则是四五次。平均而言，Zara 商品只在店里停留 11 天。其次，Zara 没有在广告上花钱，但它选址在小镇上最昂贵的零售地段，而且总是靠近它所模仿的高级时装店。实体店之间距离很短，形成了一个高级时装圈，繁忙的街道吸引了大量人流。总体而言，Zara 通过将设计、生产、广告和选址与快时尚（极其快速、灵活）这一整体战略紧密结合，在战略执行的每一个层面都创造了竞争优势。

注：与莎拉·帕卡蒙蒂（Sara Paccamonti）共同开发。

资料来源：Suzy Hansen, "How Zara Grew into the World's Largest Fashion Retailer", The New York Times, November 9, 2012, www.nytimes.com/2012/11/11/magazine/how-zara-grew-into-the-worlds-largest-fashion-retailer.html?pagewanted=all（访问于 2014 年 2 月 5 日）; Seth Stevenson, "Polka Dots Are In? Polka Dots It Is!" Slate, June 21, 2012, www.slate.com/articles/arts/operations/2012/06/zara_s_fast_fashion_how_the_company_gets_new_styles_to_stores_so_quickly.html（访问于 2014 年 2 月 5 日）.

由于战略执行能力是公司通过长期经验发展起来的一种具有社会复杂性的能力，因此难以被模仿。好的战略执行无可替代（回顾第 4 章对资源优势的测试），因此，它们可能与驱动企业战略的核心竞争力一样，是持续竞争优势的重要来源。实际上，在竞争对手相对容易地复制那些最具前景的战略的情况下，战略执行力可能就是获得竞争优势的更为重要的途径。在这种情况下，要获得持续的竞争优势，唯一的方式就是将战略执行得比竞争对手更好。

10.5　构建与战略匹配的组织结构

虽然几乎不存在该如何开展组织工作以支持战略执行的硬性规定，但是有一条：公司的组织结构应该与战略执行的特定要求相匹配。每家公司的战略都是基于其组织能力和价值链活动的。而且，每个公司的组织结构都是其特殊环境的产物，它反映了先前的组织模式、内部环境的变化，以及管理者对构建最佳报告关系的判断。因此，不同的公司在构建组织结构时需要考虑的因素不同。但是，开展组织工作时有一些需要考虑的共同因素。图 10-3 进行了总结，接下来将就这些因素进行讨论。

贴士 10-9

公司的组织结构应该与战略执行的要求相匹配。

图 10-3　构建组织结构以促进成功的战略执行

10.5.1　决定外包及内部进行的价值链活动

由于具备专业知识，提供外包服务的企业要比公司自身更精通于如何更好或更便宜地进行某些价值链活动（如第 6 章所述），除此之外，外包也有助于更好地执行战略。将部分价值链活动外包给外部供应商，使得公司能够聚焦战略重点，集中精力从事处于战略核心的价值链活动，从而创造独特的价值。例如，排名前 10 的制药公司中，83% 的公司会将临床数据管理和试验监控等操作环节外包，但他们不太可能将具有战略重要性的职能外包出去，比如新产品规划；博通公司[⊖]将芯片生产业务外包，从而将公司的员工解放出来全力进行研发、新芯片设计和市场营销；耐克公司将所有鞋类和运动服的生产外包出去，公司自身则专注于设计、营销以及向零售商的分销。有趣的是，电子商务巨头阿里巴巴是通过将网站开发功能（一项关键职能）外包给一家美国公司起家的，但这是由于当时中国缺乏足够的研发人才。专栏 10-3 描述了苹果公司关于哪些活动外包、哪些活动内部执行的决策情况。

贴士 10-10

明智地选择在内部执行哪些活动以及外包哪些活动可以带来以下战略执行优势：降低成本，聚焦战略重点，减少内部官僚作风，加快决策，以及获得更好的组织能力库。

 专栏 10-3　苹果公司将何种类型的价值链活动进行外包，为什么？

创新和设计是苹果公司的核心竞争力，也是该公司发布一系列明星产品，如 iPod、iPhone 和 iPad 等的驱动力。因此，所有与新产品研发和设计直接相关的活动都在公司内部进行。例如，苹果的工程设计团队负责设计所有苹果产品的外观和触感——从 MacBook Air 到 iPhone，再到未来的产品。

源源不断地生产新产品和更新产品版本对

于苹果取得战略成功至关重要，但执行这一战略需要的不仅是创新能力和设计能力。制造的灵活性和速度在苹果产品的生产中是必不可少的，这样才能确保产品体现当下最新的理念，并确保公司满足其产品的高需求——尤其是在产品发布前后。

苹果通过外包来解决，就像电子领域的大多数竞争对手一样。苹果公司将 iPhone 等

⊖　Broadcom，现为半导体制造商安华科技（Avago Technologies）的一部分。——译者注

产品的生产业务外包到亚洲，其合同生产商（CMO）通过大规模、高弹性、低成本的生产方式创造价值。也许没有哪家公司比富士康更能集中体现亚洲 CMO 的价值主张，它不仅为苹果装配产品，也为惠普、摩托罗拉、亚马逊和三星代工。富士康的生产规模惊人，截至 2017 年，它拥有 130 万名员工。这样的规模使得公司具有很大的灵活性，富士康在很短的时间内就可以招聘到 3 000 名员工。与竞争对手相比，利用其巨大的销量和强大的现金地位，苹果能够获得优先待遇，从而捕获合同生产商（CMO）创造的价值。尽管外包让苹果获得了更低的成本和更灵活的制造能力，但事实证明，缺乏直接控制是一个问题。富士康的工作条件一度非常糟糕，以至于富士康在其窗户下安装了防自杀网。作为回应，苹果收紧了供应商标准，并加强了监控条件和执行标准。目前，苹果公司每年要进行 700 多个全面现场审查，以确保合规。

注：与玛格丽特·W. 麦考利（Margaret W. Macauley）共同开发。

资料来源：公司网站；Charles Duhigg and Keith Bradsher, "How the U.S. Lost Out on iPhone Work", The New York Times, January 21, 2012, www.nytimes.com/2012/01/22/business/apple-america-and-a-squeezed-middle-class.html?pagewanted=all&_r=0（访问于 2012 年 3 月 5 日）。

公司高度关注执行战略关键活动，能产生与战略执行相关的三个重要益处：

- 公司更有机会在战略关键活动绩效上超越竞争对手，并将能力转化为独特竞争力。至少可以肯定的是，专注于进行少数关键的价值链活动能够提升活动的有效性。通过降低成本或提高产品或服务的质量，可以大大提高竞争能力。向客户提供大量咨询服务或向全球产品用户提供全天候技术支持的公司经常发现，将这些业务外包给专家（通常位于具有充足的熟练工人、工资成本也低得多的国外），比运营它们自己的呼叫中心更合算。许多企业还将诸如桌面支持、灾后恢复、技术热线和数据中心运营等 IT 功能外包出去，这通常会因服务提供商的规模经济而节省成本。

- 业务外包使得公司内部运作简单化，减少官僚主义、形成扁平化组织结构、加快内部决策速度、缩短应对不断变化的市场条件所需的响应时间。在电子消费品领域，技术的进步可以驱动产品创新、优化组织工作方式，使公司能够迅速推出新产品，获得优于竞争对手的竞争力。世界汽车制造商发现，将零部件生产业务外包给独立供应商能够缩短新产品的周期。然后，它们与供应商密切合作，迅速整合新技术，更好地将零部件整合到发动机冷却系统、传送系统和电气系统等。

- 与外部供应商的合作可以增强公司的能力，有助于战略的执行。向具有一流能力的供应商外包活动可以使公司集中精力在内部，加强自身的互补能力，从而形成更强大的组织能力，为客户创造更多价值并取得竞争性成功。软饮料和啤酒制造商培养与瓶装商、经销商的关系，以增加进入当地市场的途径，建立忠诚和支持，并致力于企业营销计划，没有它们，公司的销售和增长将被削弱。类似地，像温蒂（Wendy's）和汉堡王（Burger King）这样的快餐企业发现，有必要与特许经销商合作，以确保店面整洁性、产品质量、店内气氛、店员礼仪以及门店运营等的一致性；只有特许经销商持续地提高顾客满意度来吸引重复业务，快餐连锁店的声誉、销量和竞争力才不会受到影响。像波音公司、戴尔公司、苹果公司已经认识到，公司核心研发团队的创新能力，难以匹敌管理良好的供应链合作伙伴网络的创新能力的重要性。

然而正如第 6 章所强调的那样，公司必须防止过度外包、过度依赖外部供应商。公司只有维持与长期成功有关的价值链活动所需的专业知识和资源深度，才能成为其命运的主人。[15]

10.5.2 使组织结构与战略保持一致

组织结构设计是战略执行过程中的关键要素。**组织结构**是任务、职责、权限和沟通渠道等方面的正式和非正式的安排。[16] 它规定了组织各部分的联系、报告关系、信息流的方向以及决策过程。组织结构影响管理者协调和控制复杂活动的方式，因此是战略执行的关键要素之一。[17]

> **核心概念**
> **组织结构**由任务、职责、权限和报告关系等方面正式和非正式的安排组成。

一个设计良好的组织结构能够使各个部分（如决策权、沟通模式）协调一致并与战略要求相匹配。适当的组织结构设计有利于管理者协调战略执行过程时做到不偏不倚且轻松愉快，否则战略执行很可能因管理混乱、政治操纵和官僚主义而陷入困境。

良好的组织设计使公司有能力为客户创造价值并实现盈利。良好的组织结构可以通过减少官僚成本、提高运营效率，从而降低公司的运营成本。通过协调公司内部活动，可以改善能力构建过程，带来差异化或低成本优势。此外，通过提高信息沟通和活动协调的速度，有助于公司击败竞争对手进入市场并借助独特优势获取利润。

1. 使战略关键活动成为组织结构的主要组成部分

在任何企业中，要成功地执行战略，价值链上的某些活动总是比其他活动更为关键。例如，对于奥伯米耶公司（Sport Obermeyer）、始祖鸟公司（Arc'teryx）、斯派德（Spyder）等滑雪服生产公司来说，它们必须擅长款式与设计、低成本制造、分销（说服大量潜在经销商来储存和推广公司的品牌）、市场营销和广告（建立一个在滑雪爱好者中引起轰动的品牌形象）等。而对于嘉信理财集团（Charles Schwab Corporation）和宏达理财（TD Ameritrade）等经纪公司来说，战略关键活动则包括快速获取信息、准确执行订单、高效保存记录和处理交易，以及全功能的客户服务。对于这类核心价值链活动，管理层必须围绕活动的熟练表现建立其组织结构，使这些活动成为组织结构的核心或主要组成部分。

将战略关键活动作为组织结构的主要组成部分是非常合理的：如果那些对战略成功起关键作用的活动拥有战略成功所需的资源、决策影响力和组织影响力，它们应该成为企业组织结构的核心。将战略关键活动作为组织结构的重点可以促进它们之间的协调性和匹配性——这是制胜战略的一个基本属性，本书在第 1 章对此进行了总结，并在第 4 章进行了详细阐述。在某种程度上，如果新战略的执行需要新的或改良过的关键活动或能力，可能就需要不同的组织结构。

2. 使组织结构类型与战略执行需求相匹配

组织结构可以分为有限的几种标准类型。组织结构类型的选择通常取决于公司的规模和业务构成，但在更大程度上取决于其具体战略情况。随着公司的发展和对结构需求的发展，其组织结构形式可能会从一种类型演变为另一种类型。如下所述，四种基本的组织结构类型是：简单结构、职能结构、事业部结构和矩阵结构。

（1）**简单结构**（simple structure）是指在这种结构中，公司的核心执行者（通常是指所有者兼经营者）处理所有重大决策，并在员工的帮助下监督组织运作活动。[18] 因为层级数量少，所以简单结构通常也称为直线职能结构或扁平结构，在此情况下，公司的所有者兼经营者直接监督开展活动的员工。简单结构的特征是：任务专业化程度有限；规则较少；关系多为非正式的；培训、规划和联络设备的使用较少；支持系统较简单。简单结构的优势是：管理成本低、易于协调、决策灵活快速、适应性和市场响应性高。非正式性和规则的缺乏使得简单结构能够促进员工的创造性并提高个人责任感。

简单的组织结构主要运用在小公司和初创公司。简单结构是最常见的组织结构，因为小公司是最普遍的企业形式。然而，随着组织的成长，这种结构难以满足公司的规模扩大和复杂性增强带来的需求。因此，成长中的公司往往会从简单结构转为职能结构。

（2）**职能结构**（functional structure），又称单一结构或 U 形结构，是沿职能线组织的结构，其中职能是公司价值链的一个主要组成部分，如研发、工程和设计、制造、销售和营销、物流以及客户服务。每个职能部门都由部门经理负责，这些经理向首席执行官和公司员工报告。这种安排使部门经理能够专注于他们的责任范围，首席执行官负责指引方向和协调整合。职能结构又称为部门结构，因为职能单位通常被称为部门，而且每一项职能由一个单元负责。

在大型公司，与简单结构相比，职能结构减少了高层管理者的负担，使管理资源得到有效利用。其主要优势是任务专业化程度更高，促进了组织学习，有利于规模经济的实现，有利于公司获得原本无法获得的生产力优势；主要劣势是部门间的界限会阻碍信息的流动，限制了跨职能进行合作与协调的机会。

人们普遍认为，当公司只处于一个特定的业务领域时，职能结构是最佳的组织安排（无论其选择采用五种通用竞争战略中的哪一种）。例如，技术设备制造公司会围绕研发、工程、供应链管理、装配、质量控制、营销和技术咨询等职能领域设计职能结构。折扣零售商如达乐公司（Dollar General）或家庭美元公司（Family Dollar），会围绕采购、仓储、配送物流、门店运营、广告、推销和促销、客户服务等职能领域设计职能结构。职能结构也适用于大批量生产的、产品密切相关的以及纵向一体化程度较低的公司。例如，通用汽车利用职能结构管理其所有品牌（如凯迪拉克、吉姆西、雪佛兰、别克等），促进公司的技术转移并获得规模经济。

随着公司的不断发展，多元化和复杂化程度不断加深，高级管理层面临更大的压力。在某种程度上，集中控制作为职能结构的典型特点，反而成为一种负担，职能专业化这一优势开始瓦解。为了解决这些问题，满足不断增加的职能间的协调的需要，公司往往会从职能结构转向事业部结构。

（3）**事业部结构**（multidivisional structure）是一个分散的结构，由一系列按照市场、客户、产品和地理区位组建的运营部门组成，公司总部负责监督各部门活动，分配资源，执行各种支持功能，并进行整体控制。由于每个事业部基本上都是一项业务（通常称为单一业务部门或 SBU），这些部门通常作为独立的利润中心运营（即承担损益责任），并按职能在公司内部进行组织。事业部管理者负责监督事业部的日常运营和业务层战略的发展，而公司总部高管负责整体绩效和公司层战略，该内容在第 8 章有所描述。事业部结构也称为分部型结构或者 M 形结构（与 U 形结构形成对比）。

事业部结构适用于在多个业务领域或多个国家经营，采取多元化战略或者跨国战略的公司。当公司采用不相关多元化战略时，如在企业集团中，事业部通常涉及不同产业的业务。当公司战略是相关多元化时，各事业部通常是依据产业、客户群、产品线、地理区域或技术来组建的。在事业部结构下，各事业部划分的主要依据是（业务）相关性和战略关键部分，将拥有相同关键价值链活动的业务划分至同一事业部。例如，一家公司同时向商务客户和两种类型的终端客户——在线购买者和门店购买者销售密切相关产品，该公司可能会根据顾客群体来组建事业部，因为服务这三类顾客群的价值链活动是不同的。由于每条产品线的产品开发和制造具有共性，就可以根据产品线来组建事业部。事业部结构在纵向一体化公司里也很常见。在这种公司中，沿价值链从事若干个关键活动（如原材料生产、零部件生产、组件制造、装配、批发分销、门店运营等）的部门单位通常是组织结构的主体。

由于便于管理复杂的多元化业务，事业部结构明显优于职能结构。[19] 将业务层战略交给事业部经理，而把公司层战略留给总部高管，这降低了信息超载的可能性，也提高了每个领域的决策质量。这也将事业部之间的协调成本降至最低，同时加强了高层管理者控制多样化和复杂业务的能力。此外，多部门结构有助于使个人激励与公司目标相一致，通过鼓励不同部门之间进行资源竞争提高生产率。

但是，事业部结构也可能给追求相关多元化战略的公司带来一些问题，因为拥有独立的业务部门，即各事业部都以自己的方式经营业务，抑制了跨业务合作和获取跨业务协同效应，正如第 8 章所述，这对相关多元化是至关重要的。为了解决这类问题，公司转向了更为复杂的结构，如矩阵结构。

（4）**矩阵结构**（matrix structure）是一种组合结构，这种结构的组织同时沿两个或者多个维度（如业务、地理区域、价值链功能）进行组织，以加强跨单元沟通、合作和协调。实际上，它是把两种结构类型叠加在一起。矩阵结构通过多重报告关系进行管理，因此中层管理者可能需要向多个上级汇报工作。例如，在基于产品线、地区和职能的矩阵结构里，乔亚的塑料容器销售经理可能会向塑料部门的负责人、东南销售区域的负责人和营销负责人汇报工作。

矩阵结构从 20 世纪后期流行的复杂且过度形式化的结构发展而来，该结构往往导致效率低下和官僚主义。现代的矩阵结构通常安排更为灵活，具有单一的主报告关系，可以根据需要用临时的次报告关系覆盖该关系。例如，使用职能结构（软件设计、质量控制、客户关系）的软件公司，可以将这些部门的员工临时分配在不同项目中，在项目期间，员工既要向项目经理报告，也要向他的直接领导（职能部门主管）报告。

矩阵结构又称为复合结构或者组合结构。它通常用于项目、流程或者团队管理。该结构通常用于涉及持续时间不长的项目的业务领域，如咨询业、建筑业和工程服务业。灵活的矩阵结构能够支持的跨部门紧密合作的类型，同样也是公司在具有战略重要意义的活动中构建竞争能力所需要的，例如，快速将新产品推向市场需要分散在多个部门员工的共同努力。[20] 以能力为基础的矩阵结构将基于流程的部门（如新产品开发）与更传统的职能部门结合起来，提供了一种解决之道。

矩阵结构的优点之一是它有利于共享工厂和设备、专业知识及其他关键资源。如此，它们通过实现规模经济降低了成本。它还具有形式上的灵活性优势，能够从多个角度对工作进行监督。矩阵结构的劣势是增加了额外的管理成本和官僚主义成本，并且有可能降低对新环境的响应性。[21] 另外，由于双重报告关系和忠诚度分散，员工之间可能会产生混淆。尽管对于矩阵结构的效用仍有争议，但现代矩阵结构在很大程度上改进了其缺点。[22]

10.5.3 决定授权的程度

不论公司采用哪种组织结构，高层管理者保留权力以及授权给下属管理者和员工的程度有很大差别。在执行战略和日常经营时，公司必须决定下放多少权力给每个组织单元管理者，特别是事业部、职能部门、工厂或其他运营单元的负责人，以及给予每个员工在执行工作中多大的决策参与度。两种极端的情况是高层集中决策，或通过给予各级管理人员和员工在其责任范围内相当大的决策参与度来分散决策。如表 10-1 所示，这两种方法基于不同的基本原则和信念，各有利弊。

表 10-1   集中决策与分散决策的优缺点

集中式组织结构	分散式组织结构
基本原理	**基本原理**
• 大多数重要事情的决策，应由具有经验、专业知识和判断力的高层管理人员决定，以确定最佳行动方案 • 下属既没有知识和时间，也没有意愿去妥善管理他们正在执行的任务 • 通过高层的强有力控制对公司行动进行协调更有效	• 决策权应由最接近和最熟悉情况的人掌握 • 拥有决策权的人应接受培训，以使其具备良好的判断力 • 依靠所有员工综合智力资本的公司胜过一家命令与控制型公司
主要优势	**主要优势**
• 通过高层的严格控制解决责任问题 • 消除低层管理者可能存在的目标冲突和行动冲突 • 出现危机时，促进快速决策和强有力的领导	• 鼓励公司员工的主动性和责任感 • 使更多的员工拥有更高的积极性和参与度 • 激发新想法和创造性思维 • 能够对市场变化做出快速响应 • 需要的管理层次更少
主要劣势	**主要劣势**
• 增加了最了解市场状况者的响应时间，因为他们的行动要获得高层的批准 • 无法激发基层管理者和普通员工的责任感 • 无法鼓励低层管理者和普通员工采取任何主动行动	• 可能导致高层管理者不了解其监督下的被授权人员所采取的行动 • 可能导致不同的管理者和员工采用的方法不一致或有冲突 • 可能会削弱跨部间的合作

1. 集中决策：优劣势

在一个高度集权的组织结构中，高层管理者保留大多数的战略决策权和经营决策权，并对业务单元负责人、部门负责人和关键运营单元的经理进行严格控制。一线管理者和普通员工的自由决定权相对较少。集中决策制定的命令和控制范式（command-and-control paradigm）基于这样的基本假设：一线员工既没有时间也没有兴趣来指导和妥善控制他们正在执行的工作，思考如何把工作做得最好，他们缺乏足够的知识和判断力来做出明智的决策。因此，需要为各式各样的活动制定政策和程序，由最高主管密切监督，严格控制。集权结构的基本观点是，保证战略日常执行正常进行的最可靠方式是通过严厉的管理层监督来彻底执行各种具体程序。

集权结构的优点之一在于，在主管经理严格控制下，当事情进展不顺利时，很容易知道该由谁负责。这种结构还可以减少对处理某些任务和解决特定问题有不同观点和想法的低层管理者之间发生决策冲突和行动冲突的可能性。例如，负责工程部门的管理者可能比怀疑客户是否那么重视技术的营销经理更有兴趣追求新技术。命令和控制结构的另一个优点是，当出现影响整个组织的危机时，有利于加强高层的强有力领导，并能够使组织做出更加统一和迅速的响应。

但是集权结构也存在一些严重的缺点。就低层管理者和员工而言，层级式的命令和控制结构无法激发下属的责任感和主动性。这使得一个有复杂结构的大型组织在应对不断变化的市场情况方面变得迟缓，因为官僚体系里的各个管理层级需要花费时间来审查和批准。此外，为了做出更好的决策，集中决策要求高管人员收集和处理所有与决策相关的信息。由于与决策相关的知识存在于组织的较低层次中（或者该知识是技术性的、非常具体的、难以用语言表达的），对远离行动现场的高管人员而言，要获得所有的事实是很难且要耗费大量时间的，因为不是通过他人的讲述就能充分理解当时的状况。因此，集中决策通常是不切实际的，因为公司的规模越大，运营越分散，就越必须将决策权下放给更接近行动现场的管理者。

2. 分散决策：优劣势

在高度分权的组织中，决策权被下放到能够做出及时、合理、恰当决策的最低组织层级中，目的是将充分的决策权交至最接近和最熟悉情况的人手中，并训练他们权衡所有因素，做出良好的判断。例如，在星巴克，员工被鼓励在提高顾客满意度方面发挥能动性——这是一个被多次提及的故事，当计算机控制的收银系统断网时，商店员工为正在等待的顾客提供免费咖啡，从而避免顾客的不满和对星巴克声誉的损害。[23]

授权下属做出与日常运营和战略执行相关的决策是基于这样的信念：一家公司如果能综合利用所有员工的智力资本，就能比一家命令与控制型公司做得更好。[24] 分权系统的挑战在于保持适当的控制。在制定分散决策时，高管人员主要通过以下方式保持控制：限制被授权人的权力；建立公司范围内的战略控制系统；让每位员工为自己的决定负责；实行薪酬激励，奖励工作出色的员工；创造一种个体对自身行动负责的企业文化。[25]

分权式组织结构有很多可取之处。权力下放给下级经理和普通员工可以鼓励他们承担责任，发挥能动性。它缩短了组织对市场变化的响应时间，并激发了新想法、创造性思维、创新以及公司所有人员的更多参与。TJX 公司是 T.J.Maxx、马莎百货（Marshalls）和其他五家时尚和家居装饰零售连锁店的母公司，该公司鼓励购买者在决定购买 TJX 商店的商品时明智地承担风险——有这样一个故事，一个准备购买季节性产品的买家削减了自己的预算，去购买一些预计销量更好的产品。在员工得到授权的组织结构中，其所从事的工作范围更广泛，可以将多项任务整合到一项工作中，并且员工只能决定如何开展工作。因为如何做事成为每个人或团队工作的一部分，所以需要的管理者更少。此外，如今，在线通信系统和智能手机使得所有组织层级的人员都可以轻松且相对便宜地直接访问数据，与其他员工、管理者、供应商和客户保持直接联系。他们可以快速获取信息（通过互联网或公司网络），随时与上级或其他人进行协商，并采取负责任的行动。通常情况下，当他们能够获得自主开展工作所需的工具和信息时，士气和生产力就真的提高了。

但是分散决策也有一些缺点。高层管理者失去了对正在发生的事情的控制，他们可能不知道接受其监督的员工正在采取什么行动。如果被授权员工做出的决策与他人冲突，或以牺牲公司其他部门的利益为目的，这种控制的缺失可能会产生问题。此外，分散决策赋予了各部门独立行动的权力，因此就有可能使得不同部门之间的合作和协调太少。

许多公司已经得出结论，分散决策利大于弊。在过去的几十年里，组织结构已经发生了一个明显的转变，从强调集权和层级到更加扁平化，更加分权，强调员工授权。这种转变反映了一种强烈且不断增长的共识，在这个信息爆炸和即时通信成为常态的时代，组织中最有价值的大部分资产由其员工能力中的知识资本组成，专制和等级式的组织结构不适合战略的执行。

3. 在分权结构中获取跨业务战略匹配

公司要想通过多元化获取不同业务之间协同效应所带来的好处，就必须有意识地让业务单元负责人完全自由地独立运营。跨业务战略匹配的获取通常通过实施密切的跨业务合作或通过将需要密切协调的职能活动集中在公司层进行。[26] 例如，如果流程和产品技术上重叠的业务单元都有自己独立的研发部门——每个业务都追求自己的优先事项、项目和战略议程——母公司很难避免出现重复工作的现象，难以实现规模经济或经济范围，也很难在业务单元间开展更多的合作研发工作。如果在研发方面开展跨部门战略匹配非常重要，将研发职能集中起来，对研发工作进行统一安排，就是一种解决途径，这使单个业务和公司整体均能受益。同样，当有机会共享销售队伍，共用分销渠道和电子商务系统以及依赖共同的当地服务机构时，将独立业务间的相关活动集中起来是有意义的。获得战略匹配益处的另一个结构性解决方案是将那些面临相同战略匹配机会的业务单元组成业务集群。

贴士 10-11

公司将决策权分散并给予员工开展业务的余地的同时，必须保持适当控制和跨部门协调。

10.5.4　促进内部跨部门协调

在一些重要的战略活动中，如加快新产品上市和提供卓越客户服务，通常需要密切的跨部门合作。因为这些活动涉及在不同部门或组织单位工作的公司人员（可能还有外部战略合作伙伴或专业供应商的员工）之间的协作。例如，新产品首次上市涉及的部门包括：研发（开发吸引人的新产品）、设计和工程（提出具有成本效益的设计和性能规格）、采购（获取所需的零部件）、生产（执行所有生产活动），以及销售和市场（确保订单，安排宣传广告和发布产品信息，将产品提供给零售商）。要实现一个简单的战略目标：准确和及时地完成客户订单，也涉及销售人员（赢得订单）、财务人员（审核信贷条款或批准专项融资）、生产人员（生产货物并根据需要补充仓库库存）以及仓储和运输人员（确认是否有存货，从仓库提取订单，包装货物以便运输，并选择最合适的运货工具）。

当多个组织单位共同执行关键任务时，为实现高度协作，公司高管通常注重跨部门团队合作，以及各相关业务单元关键人员之间的密切沟通，以解决问题，避免延误，并保持工作进展。执行关键任务的单位主管通常会明确表示，相关部门负责人和关键人员都应密切协作。所有相关人员会召开会议，讨论日程安排并确定最后期限。在会议结束时，每个人都会口头承诺遵守商定的日程安排，协调合作，并在最后期限前完成工作。这样的承诺是必要的，同时也要确保每个人都履行自己的承诺。

一般情况下，高管人员会跟踪、检查进展情况，在很多情况下，还要亲自到各个单位去考察，广泛征求意见，了解存在的问题和解决方案。他们会毫不犹豫地进行干预，纠正问题，并反复强调团队合作、密切沟通、有效协作的重要性，以解决问题、避免延误和实现跨部门协调。为解决密切协作缺失的问题，也许可以进行这种干预并对单位管理人员施加压力。如果这些努力成功了，那万事大吉。但如果失败了，就会影响到战略执行，管理人员便有责任确定失败的原因并采取纠正措施。

　　在许多情况下，跨部门协作失败的主要原因是，部门经理和其他关键操作人员，由于各种各样的原因，没有或不愿花费时间和精力与其他组织单位合作。但是，我们也必须认识到，企业最高层敦促各部门管理人员及其工作人员自愿优先协调各自活动，这对有效实现跨部门协作构成了重大挑战。这在分权式组织结构中尤其如此，在这种结构中，部门主管在各自管理的单位内拥有高度的决策权，因此他们会很自然地轻视与其他组织单位的密切合作，而优先确保在其直接监督下完成的工作。发展关键的跨部门能力存在着严重依赖工作人员的主动性这一不足，这促使许多公司成立跨部门职能委员会、项目管理小组和集权式项目管理办公室，以打造更好的跨部门工作关系，并改善跨多个组织单位间的协调。尽管事实证明，这些措施在一些组织中是适用的，更有效的解决方案需要建立激励性薪酬制度，将薪酬与跨部门任务的团队绩效挂钩。

10.5.5　加强与外部伙伴及战略盟友的合作

　　组织机制——无论是正式的还是非正式的——也需要确保与参与战略执行的每个主要的外部群体建立有效的工作关系。如果不积极管理这种关系，战略联盟、外包、合资企业和合作伙伴关系就几乎没有什么价值。除非高层管理者确保公司与外部合作伙伴建立了建设性的纽带，并且开展了富有成效的工作关系，否则合作关系的潜在价值就会消失，公司的战略执行能力会被削弱。例如，如果与供应商建立密切合作关系至关重要，那么在如何创建有效的组织结构方面就必须考虑供应链管理问题。如果与分销商、经销商、加盟商的关系十分重要，那么必须指派专人来保持与这些前向渠道盟友的关系。

贴士 10-12

　　确保执行关键任务的管理人员与兄弟组织单位密切协作，是实现良好的内部跨部门协作的关键因素。

　　可以通过任命"关系经理"来搭建与外部合作伙伴和战略盟友的组织纽带，由他们负责这些特定的战略伙伴关系能够产生预期的效益。关系经理有许多角色和职能：将合适的人员聚集在一起，促进构建良好的关系，促进信息的流动，培养人际间的交流与合作，并确保协调有效。[27] 为确保沟通和协调顺畅，必须建立和保持与多个组织的关系和纽带。充分共享信息，以发挥关系的作用，还要定期坦诚地就冲突、关键点和不断变化的状况进行讨论。

　　组织和管理网络结构为鼓励外部伙伴之间更有效的合作和协调提供了一种机制。**网络结构**（network structure）是将参与某一任务的多个独立组织连接起来的一种组织安排。管理良好的网络结构中通常有一家公司的角色更重要，其职责是确保包含合适的合作伙伴，并协调整个网络的活动。意大利高端摩托车公司杜卡迪就是以这种方式运作的，从精心挑选的零部件供应商构成的网络中选择零部件组装摩托车。

核心概念

网络结构是由许多从事共同事业的独立组织组成的一种结构，其中一家公司通常扮演比其他公司更重要的角色。

10.5.6　组织设计展望

所有的组织设计都有与其战略相关的优势和劣势。要很好地将结构与战略匹配起来，战略执行者首先必须选择一个基本的组织形式，并根据需要进行调整，以适应公司的特定业务。然后，他们必须：①增加适当的协调机制（如建立跨职能小组、特殊项目团队、独立的工作团队等）；②建立有效执行公司战略所必需的网络和沟通方式。由于不想打破现存的报告关系，或者需要适应其他特定的情境，有些公司可能并不想构建"理想的"组织结构，但他们仍然必须致力于建立有竞争力的组织这一目标。

可以明确地说，构建有竞争力的组织是一个有意识地将个人努力和团队努力紧密结合在一起的过程。组织能力来自建立和培养人与群体之间的合作式工作关系，以使所开展的活动更有效、更有价值创造性。虽然合适的组织结构可以促进这一点，但组织建设是高级管理层必须深度参与的任务。实际上，有效地管理内部组织流程和外部合作关系以创建和发展具有竞争力的组织能力，仍是当今高层管理者所面临的最大挑战。

◘ 本章要点

1. 执行战略是一种以行动为导向、受运营驱动的活动，围绕人员、业务流程和组织结构进行管理。在制订战略执行的行动方案时，管理者应首先就为成功实行战略，组织必须采取哪些行动进行探索性评估。然后他们应该准确地考虑如何进行这一工作。

2. 良好的战略执行需要集体努力。所有管理人员在其权限范围内都有战略执行责任，所有员工都应是战略执行过程中的积极参与者。

3. 战略执行过程中有10项基本的管理任务：①为组织配备合适的人员；②开发和加强必要的资源和组织能力；③建立战略支持型组织结构；④分配足够的资源（预算以及其他方面）；⑤制定战略支持型的政策和程序；⑥采用持续改进的流程；⑦构建能够使公司熟练运行的系统；⑧将激励措施与实现预期目标挂钩；⑨塑造合适的企业文化；⑩发挥必要领导力以推动战略的顺利执行。

4. 战略执行良好的两个标志是：公司正在实现或者超越绩效目标；以有利于全公司卓越运营的方式开展价值链活动。业绩下滑代表战略制定失误或战略执行不力，或者两者兼有。

5. 构建能够很好执行战略的组织需要三项关键要素：①配备组织人员——组建一支有才华的管理团队，招聘并留住具有所需经验、技能和智力资本的员工；②获取、开发和强化战略支持型资源及能力——积累所需的资源，提高执行价值链活动的能力，以及适应不断变化的市场环境和满足客户期望；③构建组织结构和开展组织工作——建立适合战略执行的组织结构，并决定分权程度，促进跨部门协作和管理外部关系等。

6. 建立核心能力是一项耗时且具有挑战性的管理工作，可以通过三种方式加以解决：①从内部开发能力；②通过并购获取能力；③通过合作伙伴获取能力。

7. 从内部开发能力的第一步是培养做事的能力，这主要借助试验、积极寻找替代性解决方案、在试错中学习。随着经验的积累，员工学会了如何以可接受的成本持续良好地执行活动，这种能力就演变成了一种可靠的能力。通过更努力地学习，以及采取激励措施激发员工实现想要的目标，可以加快这一进程。

8. 随着公司更加擅长执行战略，它们就开发了在战略执行方面的能力。卓越的战略执行能力可以使公司从资源和能力中获得最大收益，也是竞争优势更为直接的来源，因为有效的战略执行能够降低成本，为客户创造更多价值。由于它们是一种具有社会复杂性的能力，竞争者难以模仿并且也找不到好的替代者。因此，它们就可以成为可持续竞争优势的重要来源。当竞争对手可以轻易地复制成功的战略，公司无法在战略制定上超越竞争对手，那么在战略执行上超越它们是获得可持续竞争优势的主要途径。

9. 构建适合战略执行的组织结构包括以下五个方面：①决定哪些价值链活动在内部进行，哪些进行外包；②使公司的组织结构与战略保持一致；③决定高层的集权程度和将权力下放给下属的分权程度；④进行建立和加强能力所需的内部跨部门协调；⑤加强与外部伙伴和战略盟友的必要合作和协调。

10. 为了使公司的组织结构和战略保持一致，将关键性战略活动作为组织结构的主要组成部分十分重要。组织结构有四种最基本类型：简单结构、职能结构、事业部结构和矩阵结构。组织结构类型的选择取决于公司的规模、复杂性和战略。

🔲 巩固练习

1. Zara 公司在服装业的核心战略是，迅速将时装投放卖场，并最大限度地提高顾客光顾次数，从而超越竞争对手。专栏 10-2 讨论了该公司在执行其战略时所开发的能力。它为何有能力快速生产产品并引进新的服装？它为何能够激励顾客每隔几周就去一次商店？公司的选址能力是否也有助于其竞争优势？请做出解释。

2. 在线搜索杰夫·贝佐斯（Jeff Bezos）管理新高管的信息。具体浏览一下亚马逊网站的"S-Team"会议管理（management.fortune.cnn.com/2012/11/16/jeff-bezos-amazon/），思考以下问题：为什么贝佐斯在会议开始时让高管们静思 30 分钟？为什么贝佐斯坚持要以备忘录的形式记录和展示新的想法？这是否反映了创始人对公司内部清晰、简洁、创新思维的重视？这项工作是否适用于快速培训和管理亚马逊公司新高管？为什么这个小却重要的管理策略反映了贝佐斯的首要目标是思路清晰且连贯？

3. 查看 Facebook 公司的招聘页面（www.Facebook.com/careers/）。该页面强调了 Facebook 的核心价值观，阐明了对应聘者的要求。该公司大胆而果断的思维方式、致力于提高透明度和加强社会连接的承诺推动了人员招聘和公司的发展。使用谷歌或必应（Bing）等搜索引擎研究 Facebook 的内部管理培训项目——"员工训练营"，思考以下问题：该项目是如何将人员招聘页面的目标和员工的人格特质整合到具体的员工能力构建中？训练营对所有的 Facebook 员工开放，而不仅仅是工程师。这种内部培训是如何让所有类型的员工"快速行动，打破常规"的？

4. 查看维尔福软件公司（Valve Corporation）的公司手册：www.valvesoftware.com/company/Valve_Handbook_LowRes.pdf。尤其要关注该公司的组织结构。维尔福软件公司有数百名员工，但没有管理人员。它是一家专门开发电子游戏的公司，向人们提供创新体验，原创性代表作品有"半条命""传送门"等。思考以下问题：维尔福软件公司的组织结构在促进游戏创新方面是否具有独特性？为什么？它的组织结构的典型特征是什么？它是独特的吗？它是否可以归为简单结构、职能结构、事业部结构或是矩阵结构？请做出解释。

5. 强生公司是一家跨国医疗保健公司，生产的产品包括护理产品、医药产品和消费品等，该公司一直采用的是分权结构。进行网上搜索，了解该公司产品、价值链活动和管理团队等背景信息。思考以下问题：强生公司的分权结构体现在哪些方面？描述强生公司采用分权结构的优劣势。为什么强生公司会采用分权结构？对公司来说，分权结构是否有利于有效决策？

◘ 模拟练习

1. 你如何描述你的公司高层管理团队的组成情况? 你是否将一些决策分散并委托给个别经理? 如果是, 请解释分散决策是如何运转的。或者, 公司的决策更多的是所有管理者共同决策、协商达成的? 你认为你的公司采用的决策方法的优缺点是什么?

2. 你和你的合作管理者 (co-manager) 采取了哪些具体行动来开发核心能力或竞争力, 从而有助于实现良好的战略执行和潜在的竞争优势? 如果没有采取任何行动, 请解释理由。

3. 对于你的公司来说, 哪些价值链活动对于良好地执行战略至关重要? 公司有能力将某些价值链活动外包吗? 如果有, 你和你的合作管理者会选择外包吗? 为什么?

◘ 尾注

[1] Donald Sull, Rebecca Homkes, and Charles Sull, "Why Strategy Execution Unravels—and What to Do About It," *Harvard Business Review* 93, no. 3 (March 2015), p. 60.

[2] Steven W. Floyd and Bill Wooldridge, "Managing Strategic Consensus: The Foundation of Effective Implementation," *Academy of Management Executive* 6, no. 4 (November 1992), p. 27.

[3] Jack Welch with Suzy Welch, *Winning* (New York: HarperBusiness, 2005).

[4] Larry Bossidy and Ram Charan, *Execution: The Discipline of Getting Things Done* (New York: Crown Business, 2002).

[5] Christopher A. Bartlett and Sumantra Ghoshal, "Building Competitive Advantage through People," *MIT Sloan Management Review* 43, no. 2 (Winter 2002), pp. 34–41.

[6] Justin Menkes, "Hiring for Smarts," *Harvard Business Review* 83, no. 11 (November 2005), pp. 100–109; Justin Menkes, *Executive Intelligence* (New York: HarperCollins, 2005).

[7] Menkes, *Executive Intelligence*, pp. 68, 76.

[8] Jim Collins, *Good to Great* (New York: HarperBusiness, 2001).

[9] John Byrne, "The Search for the Young and Gifted," *Businessweek*, October 4, 1999, p. 108.

[10] C. Helfat and M. Peteraf, "The Dynamic Resource-Based View: Capability Lifecycles," *Strategic Management Journal* 24, no. 10 (October 2003), pp. 997–1010.

[11] G. Dosi, R. Nelson, and S. Winter (eds.), *The Nature and Dynamics of Organizational Capabilities* (Oxford, England: Oxford University Press, 2001).

[12] S. Winter, "The Satisficing Principle in Capability Learning," *Strategic Management Journal* 21, no. 10–11 (October–November 2000), pp. 981–996; M. Zollo and S. Winter, "Deliberate Learning and the Evolution of Dynamic Capabilities," *Organization Science* 13, no. 3 (May–June 2002), pp. 339–351.

[13] Robert H. Hayes, Gary P. Pisano, and David M. Upton, *Strategic Operations: Competing through Capabilities* (New York: Free Press, 1996); Jonas Ridderstrale, "Cashing In on Corporate Competencies," *Business Strategy Review* 14, no. 1 (Spring 2003), pp. 27–38; Danny Miller, Russell Eisenstat, and Nathaniel Foote, "Strategy from the Inside Out: Building Capability-Creating Organizations," *California Management Review* 44, no. 3 (Spring 2002), pp. 37–55.

[14] S. Karim and W. Mitchell, "Path-Dependent and Path-Breaking Change: Reconfiguring Business Resources Following Acquisitions in the US Medical Sector, 1978–1995," *Strategic Management Journal* 21, no. 10–11 (October–November 2000), pp. 1061–1082; L. Capron, P. Dussauge, and W. Mitchell, "Resource Redeployment Following Horizontal Acquisitions in Europe and North America, 1988–1992," *Strategic Management Journal* 19, no. 7 (July 1998), pp. 631–662.

[15] Gary P. Pisano and Willy C. Shih, "Restoring American Competitiveness," *Harvard Business Review* 87, no. 7–8 (July–August 2009), pp. 114–125.

[16] A. Chandler, *Strategy and Structure* (Cambridge, MA: MIT Press, 1962).

[17] E. Olsen, S. Slater, and G. Hult, "The Importance of Structure and Process to Strategy Implementation," *Business Horizons* 48, no. 1 (2005), pp. 47–54; H. Barkema, J. Baum, and E. Mannix, "Management Challenges in a New Time," *Academy of Management Journal* 45, no. 5 (October 2002), pp. 916–930.

[18] H. Mintzberg, *The Structuring of Organizations* (Englewood Cliffs, NJ: Prentice Hall, 1979); C. Levicki, *The Interactive Strategy Workout*, 2nd ed. (London: Prentice Hall, 1999).

[19] O. Williamson, *Market and Hierarchies* (New York: Free Press, 1975); R. M. Burton and B. Obel, "A Computer Simulation Test of the M-Form Hypothesis," *Administrative Science Quarterly* 25 (1980), pp. 457–476.

[20] J. Baum and S. Wally, "Strategic Decision Speed and Firm Performance," *Strategic Management Journal* 24 (2003), pp. 1107–1129.

[21] C. Bartlett and S. Ghoshal, "Matrix Management: Not a Structure, a Frame of Mind," *Harvard Business Review*, July–August 1990, pp. 138–145.

[22] M. Goold and A. Campbell, "Structured Networks: Towards the Well Designed Matrix," *Long Range Planning* 36, no. 5 (2003), pp. 427–439.

[23] Iain Somerville and John Edward Mroz, "New Competencies for a New World," in Frances Hesselbein, Marshall Goldsmith, and Richard Beckard (eds.), *The Organization of the Future* (San Francisco: Jossey-Bass, 1997), p. 70.

[24] Stanley E. Fawcett, Gary K. Rhoads, and Phillip Burnah, "People as the Bridge to Competitiveness: Benchmarking the 'ABCs' of an Empowered Workforce," *Benchmarking: An International Journal* 11, no. 4 (2004), pp. 346–360.

[25] Robert Simons, "Control in an Age of Empowerment," *Harvard Business Review* 73 (March–April 1995), pp. 80–88.

[26] Jeanne M. Liedtka, "Collaboration across Lines of Business for Competitive Advantage," *Academy of Management Executive* 10, no. 2 (May 1996), pp. 20–34.

[27] Rosabeth Moss Kanter, "Collaborative Advantage: The Art of the Alliance," *Harvard Business Review* 72, no. 4 (July–August 1994), pp. 96–108.

第 11 章

管理内部运营：采取行动促进战略执行

::学习目标

通过本章的学习，你将能够：

1. 解释总是基于战略优先活动配置资源的原因。

2. 理解精心设计的政策和程序促进战略良好执行的方式。

3. 理解过程管理工具推动持续改进价值链活动绩效的机制。

4. 认识信息和操作系统在使公司人员熟练执行其战略角色中的作用。

5. 解释精心设计的激励机制成为管理层促进良好战略执行的最强大工具的方式及原因。

流程支撑业务能力，而能力支撑战略执行。

——朱明珠（Pearl Zhu）

支付给你的员工尽可能少的工资，你也会从他们那里得到同样的回报。

——马尔科姆·福布斯（Malcolm Forbes），
《福布斯》杂志已故发行人

苹果公司纪律严明，我们拥有很棒的流程。流程使公司运营更高效。

——史蒂夫·乔布斯（Steve Jobs），苹果公司联合创始人

在第 10 章中，我们强调，熟练的战略执行始于三项管理活动：为组织配备正确的人员；获取、开发和巩固公司的资源和能力；构建支持战略执行的组织。

在本章中，我们将探讨另外五种管理活动，这些活动有助于公司战略的执行：

- 为战略执行工作配置充足的资源。
- 制定政策和程序以推动战略的执行。
- 运用过程管理工具，持续改进价值链活动。
- 构建信息和操作系统支持战略实施活动。
- 将激励机制与实现绩效目标挂钩。

11.1 资源配置

在战略执行的早期阶段，经理人员必须确定所需要的资源（在资金和人员等方面），以及资源在公司内不同组织单元间是如何配置的。这需要对增员、引进新设施设备等要求进行仔细筛选，批准有利于战略执行的要求，拒绝那些不利于战略执行的要求。如果内部现金流不足以为战略计划的执行提供资金，那么管理层就必须通过借款和向投资者增发股票等方式来筹集额外资金。

公司调动支持全新战略计划所需资源的能力，对战略执行过程具有重大影响。资金不足以及其他类型的资源短缺会减缓战略执行进程，妨碍各组织单元高效地执行各自的战略计划。对某些组织单元和价值链活动的投资过多又会浪费组织资源、降低组织的财务绩效。这两种情况都要求管理者深入审查预算提案，并为具有战略关键性的组织单元配置适当数量和种类的资源。

战略的调整几乎总是会涉及重新分配预算和转移资源。如果一个部门在旧战略中非常重要但在新战略中变得不那么重要，那么就需要缩减这个部门的资源。而那些在新战略执行中扮演更重要角色的部门，可能就会需要更多的人员、新设备、额外设施，其运营预算的增加也就会超出平均水平。实施新的战略举措要求管理者在转移资源方面发挥积极的或强有力的作用，这不仅是为了更好地支持战略优先活动，还为了抓住机会使运营更加经济有效。这就需要为新的战略计划投入足够的资源以推动其成功，并做出艰难抉择来剔除那些不合理的项目和活动。

重新分配资源和把人员调配至新的组织单元可以观察到的行动，表明了组织坚决进行战略变革的决心。这些行动能够促进实施进程并使其具有可信度。微软曾在数周甚至几天内将数百名程序员调入新的高度优先的项目中。在多个市场上的快速发展促使企业放弃传统的年度预算和资源分配周期，转向支持进行更快战略调整的资源分配过程。为了应对通信行业快速的技术变革，美国电话电报公司（AT&T）将投资和收购放在资源优先分配地位，从而能够为企业客户提供更快、更灵活的网络服务以及创新的客户服务，例如它的赞助数据（Sponsored Data）计划等。

如果仅仅是对公司现有的战略执行进行微调，则很少涉及将大量资源从一个领域转向另一个领域。相比之下，新战略通常不仅需要在资源分配上进行重大调整，而且还需要为这项战略工作分配更多的资源。但是，有时需要在不增加公司总成本的条件下进行战略调整和执行新的计划。此时，管理者必须逐行逐项地研究现有预算，找出削减成本和将资源转移到战略执行优先活动中的方法。如果公司需要在执行新战略的过程中削减成本，那么管理者必须发挥创造性，从而以更少的成本做更多的事。实际上，战略调整和战略执行的目的通常是实现更高水平的经营效率，并确保尽可能有效地执行最重要的价值链活动。

11.2 制定政策和程序

公司的政策和程序既可以支持也可以阻碍良好的战略执行。当公司采用新的战略要素或提高其战略执行能力时, 工作规程通常需要进行相应的改变。因此, 管理者应仔细地审视现有的政策和程序是否充分支持这种变化, 并修改或废止那些不支持的政策和程序。

如图 11-1 所示, 精心设计的政策和运营程序以两种重要方式促进战略执行。

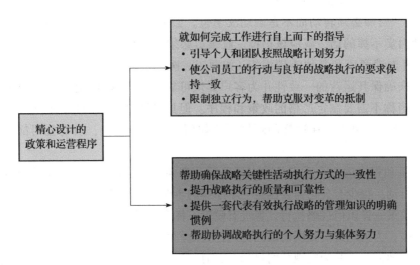

图 11-1　政策和运营程序如何推动良好的战略执行

- 就如何完成工作进行自上而下的指导。政策和程序为公司员工提供了一系列指导方针, 来指导他们如何执行组织活动、进行各种操作、解决出现的问题以及完成特定任务。它们澄清了在战略执行过程中存在的不确定性, 使公司员工的行动与良好战略执行的要求保持一致。此外, 它们对独立行动进行了限制。当它们能够很好匹配战略执行计划的要求时, 它们可以将个人的努力引导到支持战略执行计划上。当现有的做事方式对战略执行构成障碍时, 则必须改变行动。此时, 管理者应建立和执行更有助于战略执行的新政策和运营惯例。对一些人来说, 政策是一种消除他们抵制变革倾向的特别有用的方法。通常在没有获得许可或缺乏充分理由的情况下, 人们不会违反公司的政策或公司建议的做法与程序。

- 帮助确保战略关键性活动执行方式的一致性。政策和程序使活动执行方法标准化。从本质上说, 它们代表了与有效做事方式有关的组织或管理知识——一套明确的公司运营惯例。这对于确保战略执行的质量和可靠性非常重要。政策和程序有助于协调战略执行的个人努力与集体努力, 尤其是对于地理位置分散的运营单位。例如, 政策和程序不但有利于消除不同的车间、销售区域、客户服务中心或者连锁经营中单个门店运营惯例的显著差异, 还有助于公司向客户提供一致的产品质量和服务。良好的战略执行几乎总是需要公司保持所有的产品质量和客户服务水平的一致性, 稍差一点都会影响公司形象并降低顾客满意度。

贴士 11-2

　　公司的政策和程序为公司运营与战略执行提供了明确的惯例。

- 促进形成有利于良好战略执行的工作氛围。政策和程序为公司的工作环境奠定了基调, 并对 "我们应如何在这里做事" 这件事达成共识。因为废止旧的并推行新的政策和程序总是会改变内部工作环境, 管理者可以很好地利用这种变化来更好地支持新战略的执行，从而改变公司文化。显然，重点是管理者要推出能够立即吸引公司员工注意力的新政策和程序，使他们能够朝着既定的方向迅速转变行动。[⊖]

为确保产品质量和服务模式的一致性，麦当劳公司的制度手册上规定了详细的操作流程。例如，"厨师必须转动而不是翻动汉堡包。如果巨无霸烤好后 10 分钟内、炸薯条炸好后 7 分钟内卖不掉的话，就应该扔掉。收银员必须与每位顾客进行眼神交流并始终保持微笑"。零售连锁商店和其他连锁组织（如酒店、医院、幼儿中心）同样依赖于详细的政策和程序，来确保其运营的一致性并为客户提供可靠服务。然而，电子游戏开发商维尔福软件公司却声称不需要制定严格的政策和程序。但具有讽刺意味的是，它为新员工编写了37 页工作手册详细说明了在这样的环境下应如何工作。事实上，所有公司都需要政策和程序。

制定政策和程序的一个重点是确定哪些活动需要严格规定，哪些活动需要为员工留出空间来独立行动。很少有公司需要制定一本厚厚的手册来指导公司的日常运营。太多的政策就像错误的政策一样阻碍战略执行，像没有政策一样令人困惑。采用中间路线是明智的：制定适当的政策，为组织成员指明清晰的方向，为他们的行动设置合理的界限，然后，在这个界限内授权给他们，使其为实现公司目标而努力。当发挥个体的创造力和主动性比标准化和严格的一致性对良好的战略执行更为重要时，尤其适合让公司员工有一定的自由行事权。因此，制定有利于战略执行的政策，可能意味着制定的政策更多、更少或不同。它可以是按照之前精确定义的标准来完成事情的政策，也可以是让员工以自己认为的最好方式进行活动的具有巨大灵活性的政策。

11.3　运用业务流程管理工具

公司管理者可以通过使用业务流程管理工具来持续改进内部运营方式，从而显著推动战略的良好执行。流程管理工具用于建模、控制、测量、优化各种可能跨越部门、职能、价值链系统、员工、客户、供应商和其他合作伙伴的组织活动，以支持公司目标。它们还提供纠正性反馈，使管理者能够持续改变和改进公司运营。

11.3.1　推动卓越运营：三大业务流程管理工具

推动卓越运营和战略执行的三种最强大的管理工具是：业务流程再造、全面质量管理（TQM）、六西格玛（Six Sigma）质量管理。由于世界各地的许多国家都使用这些工具来满足降低成本、零缺陷生产、提供优质的产品质量和顾客服务、顾客满意度等战略要求，因此，这三种工具中的每一种都值得讨论。

1. 业务流程再造

公司在寻求改善其运作的方法时，有时会发现关键性战略活动的执行可能会受阻于组织安排的不连贯性，从而导致一项活动的不同部分在若干个职能部门进行，没有一个管理者或群体负责使整个活动能够以最优的方式完成。这很容易发生在诸如顾客服务这种本质上就是

⊖　此版中作者将三种方式变成两种方式，图 11-1 也有变化，但并没有删去这一段的内容。——译者注

跨职能的活动中（可能涉及订单填写、仓储运输、发票开具、应收账款、售后维修、技术支持等），特别是那些实施职能制组织结构的公司。

为了解决这种情况可能产生的绩效不佳问题，公司可以重新设计工作，将一个活动的各个部分从不同部门中抽出，并创造单一部门或者跨职能团队（通常称为流程部门）来负责整个过程。跨职能团队普遍应用于**业务流程再造**（business process reengineering）的实践中，这是指从根本上重新设计和简化工作流程（通常通过使用先进的在线技术和信息系统来实现），目的是在活动执行方面实现量子增益（quantum gain）。[1]

世界上许多行业的许多公司进行了价值链活动再造，其中一些公司已经取得了良好成效。[2]贺曼公司（Hallmark）对开发贺卡的流程进行了再造，由来自不同职业领域的人员（团队成员包括艺术家、作家、平版画家、推销员和管理者等）组成的混合团队，共同为一个节日或者贺卡主题工作。经过流程再造后，新贺卡的开发时间缩短至 24 个月，降低了成本并提高了顾客满意度。[3]通用电气公司的断路器订单处理部门，通过将 6 个生产单元整合成 1 个，将管理者到工人之间的组织层次由 3 级减少到 1 级，并以设计系统自动化来取代人工的客户定制过程，最终使订单接收到订单交付的时间从 3 个星期降低到 3 天，减少了库存和操作步骤，一年内生产效率提高了 20%，单位生产成本降低了 30%。在医疗行业，业务流程再造正以各种方式被用于降低医疗成本和改善患者结果。南非正在尝试再造其基础医疗系统，该系统需进行重大改革。印度也在采取类似举措。在美国，梅奥诊所（Mayo Clinic）等业内领先的医疗机构正在持续使用再造工具，以实现减少住院人数、改善医患互动以及提供更低成本的医疗服务等目标。

尽管业务流程再造有时因被一些公司用作裁员的借口而受到批评，但它仍是简化公司工作、帮助公司走向卓越运营的有力工具。它还启发了更多的技术方法的产生，以整合和简化业务流程，如企业资源计划（ERP）就是在如 SAP 公司（商业软件领先供应商）等咨询公司帮助下开发的软件系统。

2. 全面质量管理

全面质量管理（TQM）是一门管理方法，强调所有运营阶段要持续改进，100% 准确执行任务，要求各级员工的参与和授权，以团队的工作设计为基础，采用标杆管理、并使得顾客完全满意。[4]虽然 TQM 专注于生产高品质产品和满足顾客期望，但当它促成各个部门（包括人力资源、记账、会计，以及信息系统）员工的共同努力时，将会取得最大的成功。因为这些部门平时可能缺乏紧迫的、顾客驱动的改进激励。它包括变革企业文化，转向持续改进的经营理念，并将

> **核心概念**
> **全面质量管理**（TQM）
> 需要创建全面质量文化，各级管理者和员工都致力于不断提高价值链上每一项活动的绩效。

之渗透到组织的每个层面。[5] TQM 的目的是给员工灌输组织上下都要把事情做好的热情和承诺。管理者的工作是在全组织范围内寻找改进方法，激励员工发挥主动性和创造性。根据 TQM，没有"足够好"的工作，每个人都有责任持续改进工作。因此，它就像一场没有终点的赛跑，成功来自坚持每天的小进步，日本人称之为"改善"（kaizen）。

TQM 需要花费较长时间才能取得显著的效果——在前 6 个月里几乎不会有任何好处。TQM 的长期利益在很大程度上取决于管理层能否成功植入一种促进 TQM 理念和实践蓬勃发

展的文化。TQM 是一种管理工具，几十年来吸引了无数的使用者和倡导者，如果使用得当，可以产生良好的效果。

3. 六西格玛质量管理

六西格玛质量管理提供了另一种推动质量和战略执行持续改进的方法。这种方法采用先进的统计方法，识别和消除在执行活动或者业务流程时产生的缺陷（错误）以及不良变异。

> **核心概念**
>
> **六西格玛质量管理**
>
> 采用先进的统计方法，减少业务流程中的缺陷和变异，从而提高质量。

当一项活动或者流程的业绩达到"六西格玛质量"时，即是指每百万个操作中出现不超过 3.4 个缺陷（相当于 99.999 7% 的精确度）。[6]

有两种重要的六西格玛类型：一种是针对现有流程未达到规范需要逐渐改进的项目进行界定、测量、分析、改善和控制的过程（DMAIC，发音为"de-may-ic"）；另一种是针对试图达到六西格玛质量的新流程和产品进行界定、测量、分析、设计和验证的过程（DMADV，发音为"de-mad-vee"）。DMADV 有时被称为六西格玛设计或 DFSS。这两个项目都由已经获得六西格玛"绿带"或"黑带"的人员执行，并由已接受"黑带大师"项目培训的人员负责监督。根据六西格玛学院的统计，拥有黑带的员工每年可以完成 4 ～ 6 个项目，每个项目可以为客户节省将近 23 万美元。[7]

六西格玛质量管理的统计思想基于以下三条原则：①所有的工作都是一个流程；②所有的流程都有变异性；③所有的流程都产生了解释变异性的数据。[8] 当活动的完成具有很大变异性时，DMAIC 流程是改善绩效的最佳工具。例如，为了改善航班在准点方面的表现（准点率），航班公司应该减少那些晚点 30 分钟以上的航班的数量，而不是减少那些晚点少于 5 分钟的航班。大型公司更倾向于使用六西格玛质量管理流程，因为这些公司可以负担得起在员工培训、基础设施建设和咨询服务等方面的投资。例如，1996—1999 年，通用电气通过六西格玛质量管理节约了 44 亿美元成本，但它必须投资 16 亿美元并在第一年承担实施六西格玛质量管理带来的损失。[9]

自项目推出以来，世界各地成千上万的公司和非营利组织使用了六西格玛质量管理来促进卓越的运营。根据"爱六西格玛"（iSix Sigma，免费提供有关六西格玛的文章、工具和资源的组织）提供的数据，这一运动的先驱公司，如摩托罗拉、通用电气、福特和霍尼韦尔等公司，通过六西格玛管理节约的成本占收入的比例从 1.2% ～ 4.5% 不等。最近，六西格玛管理的热潮再次兴起，西门子、可口可乐、欧氏丝柏公司（Ocean Spray）、盖科公司（GEICO）和美林（Merrill Lynch）都将六西格玛管理作为提高利润的工具。在该计划推行的前五年，六西格玛管理帮助美国银行（Bank of America）获得了约 20 亿美元的收益；该银行每年举办一次"最佳六西格玛博览会"（Best of Six Sigma Expo），以庆祝对公司利润贡献最大的团队和项目。通用电气公司是实施六西格玛管理的最成功公司之一，实施该计划的前五年获得了约 100 亿美元的收益，例如，其照明部门将发票缺陷和纠纷率降低了 98%。[10]

六西格玛质量管理也可用于改善医疗保健流程。位于威斯康星州密尔沃基市的 Froedtert 医院使用六西格玛质量管理来提高向患者施用适当药物剂量的准确性。通过 DMAIC 对医生开处方、医院药房配药、护士给病人用药这三个阶段流程进行分析，发现大部分的错误来自误解医生写的处方。于是医院要求医生将处方输入计算机，这大大减少了错误。近几年来，辉瑞在 85 个项目中使用六西格玛管理来简化研发流程，减少了制药部门为患者提供药物的成本。

专栏 11-1 描述了查尔斯顿地区医疗中心（Charleston Area Medical Center，CAMC）使用六西格玛管理作为医疗服务提供商应对行业挑战的方法。

 专栏 11-1　查尔斯顿地区医疗中心的六西格玛管理

查尔斯顿地区医疗中心（CAMC）成立于 1972 年，在西弗吉尼亚州医疗保健机构中拥有的床位最多，可容纳患者人数最多，收入也最高。2000 年，CAMC 实施六西格玛项目来检查质量问题和规范护理流程。由于包括竞争定位和成本控制在内的一些战略性原因，性能改进对于 CAMC 的管理非常重要。

美国一直在采用绩效工资结构，激励医院提供高质量的医疗服务。CAMC 已经使用六西格玛项目来利用医疗保健环境的这些变化。例如，为了改善急性心肌梗死（AMI）疗效，CAMC 使用六西格玛 DMAIC（定义－测量－分析－改善－控制）方法，对护理人员开展 AMI 护理流程培训，发布护理部门的绩效目标，对与 AMI 患者优质护理相关的 8 项医院质量联盟（HQA）指标进行追踪等。该项目的实施使得 CAMC 所采取的 HQA 推荐的 AMI 治疗方法将 AMI 的治愈率从 50% 提升到 95%。哈佛大学的研究人员在比较各类报告数据后，将 CAMC 视为一流医院。

由于当地法规方面的原因，控制成本也是 CAMC 绩效改进计划的一个重要方面。西弗吉尼亚州是由州监管机构设定医疗服务费率的两个州之一。这迫使 CAMC 限制日常开支，

因为医院不能涨价。为了更有效地管理供应链来控制成本，CAMC 应用了六西格玛管理。通过与供应商合作、清理过期库存等一系列努力，CAMC 一次性节约了 15 万美元。通过持续地改进，在过去的四年中，CAMC 通过供应链管理成本节省了 1 200 万美元。

自从引进六西格玛管理，CAMC 启动了超过 100 个质量改进项目。CAMC 成功的关键在于将持续改进的思想灌输到其组织文化中。CAMC 的首席质量官戴尔·伍德（Dale Wood）表示："即使公司高层完全支持并希望发生变革，你仍可能一败涂地……你需要一群网络构建协调人（networker）在组织中推动变革。"据医疗保险和医疗补助服务中心（CMS）网站报道，由于其致力于绩效改进的文化，CAMC 在医疗质量和病人安全评分方面的全国排名榜上名列前茅。

注：与罗宾·A. 戴利（Robin A. Daley）共同开发。

资料来源：CAMC 网站；Martha Hostetter, "Case Study: Improving Performance at Charleston Area Medical Center", *The Commonwealth Fund*, November-December2007, www.commonwealthfund.org/publications/newsletters/quality-matters/2007/november-december/case-study-improving-performance-at-charleston-area-medical-center（访问于 2016 年 1 月）；J. C. Simmons, "Using Six Sigma to Make a Difference in Health Care Quality", *The Quality Letter*, April 2002.

尽管能够带来潜在的益处，但六西格玛管理并非没有问题。例如，有证据表明，六西格玛管理会抑制创新和创造力。六西格玛的实质是降低流程中的变异，但具有创新性的流程本质上就包含相当多的变异性。在许多情况下，突破性的创新只有在数千个想法被抛弃并且有希望的想法经历了多次迭代和广泛的原型设计之后才会产生。Alphabet 董事会执行主席埃里克·施密特（Eric Schmidt）认为："在谷歌的创造性工作中应用六西格玛管理，将会完全扼杀公司的创新。"[11]

实施六西格玛管理的时候采用混合方法越来越受欢迎，即一方面追求经营效率的渐进式改进，另一方面给予研发和其他流程以充分自由，使得公司能够开发新方法，为客户创造价

值。这些**双元组织**（ambidextrous organization）的管理者既鼓励持续改进经营绩效，也鼓励研发部门在有利于探索和突破创新的规则下运行。但这是两种截然不同的员工管理方法，需要高层管理者进行紧密合作，以确保组织中分离的、多元导向的单元在共同目标下进行运营活动。视康公司（Ciba Vision）目前已被跨国公司爱尔康（Alcon）收购，该公司通过持续改进显著降低了运营费用，同时也开发出一系列新的隐形眼镜产品，使公司的收入在10年的时间里增加了300%。[12]公司若能聪明地将六西格玛方法系统应用于价值链的一个接一个的活动中，便能在提高战略执行的熟练程度方面取得重大进步，且不会牺牲公司的创新性。正如全面质量管理的例子，获得管理层支持、建立追求质量的公司文化、员工充分参与，对于六西格玛质量项目的成功实施具有重要意义。[13]

> **核心概念**
> **双元组织**善于在运营过程中采用持续改进的方法，同时允许研发部门和其他从事新想法开发的部门更自由地发挥。

4. 业务流程再造和全面质量管理、六西格玛管理等持续改进管理项目的区别

业务流程再造追求的是30% ~ 50%甚至更多的量子增益，持续改进管理（如全面质量管理和六西格玛管理）强调持续的增长，在永无止境的过程中不断追求点滴进步。两者都可以改善价值链活动的绩效和卓越的运营效率，这两者并不矛盾，将它们综合运用会更有意义。可以首先使用业务流程再造来形成一个良好的基础设计，从而快速、显著地改进业务流程。然后，全面质量管理或六西格玛项目作为再造和/或最佳实践的后续，以在更长的时间内实现增量改进。

> **贴士 11-3**
> 业务流程再造旨在进行一次性的量子改进，全面质量管理和六西格玛管理等持续改进项目则旨在持续地进行增量改进。

11.3.2 利用运营改进计划所带来的益处

过程改进计划、流程再造、全面质量管理、六西格玛管理的最大受益者，是那些认为这些计划本身不是目的，而是将它们视为更有效地执行战略的工具的公司。如果管理者只是把它们看作值得尝试的有创意的想法，那么公司所得到的效益就会很小。在此类的例子中，结果是公司只是为了改善管理而盲目努力。

这里有一个重要教训。业务流程管理工具的使用应与公司的战略优先活动相关联，以促进战略执行。只有通过战略才能看出哪些价值链活动是重要的，哪些绩效目标是最有意义的。少了战略框架，管理者将无法辨识对业务单元绩效和成功竞争真正重要的事情。

为了从更熟练地执行战略的计划中获得最大收益，管理者必须清楚地知道哪些具体结果是真正重要的。是配送更准时、总成本更低、顾客投诉更少、周转时间更短、新产品占销售收入百分比更高，还是其他因素？然后，将关键价值链活动与"行业最佳"和"世界最佳"进行比较，设定绩效目标或长期目标等。一旦将改善运营的计划与公司的战略优先活动挂钩，那么管理者的任务就是建立全面质量文化，致力于实现战略成功所需的绩效目标。[14]

管理者可以采取以下措施，实现全面质量管理、流程再造或六西格玛管理的全部价值，并促进关注运营卓越性的文化。[15]

（1）展示出对全面质量和持续改进的可见的、明确的和坚定不移的承诺，包括为提高质量和持续进步设定可测量的目标。

（2）采取以下行动，促使员工实施支持质量改进的行为：

a. 严格挑选应聘者，只录用那些态度和才能符合以质量为基础的绩效要求的人；

b. 向员工提供优质培训；

c. 利用团队和团队建设训练来激发和强化个人努力（当这些团队更具备跨职能工作的能力，更注重任务导向和自我管理能力不断增强时，将有利于形成注重质量的文化）；

d. 定期地、系统性评价和奖励个人与团队为改进质量所做的努力；

e. 强调预防（第一次就做对），而不是检查（想办法纠正或克服错误）。

（3）授权给员工，使得提供优质服务或改进产品的权力掌握在一线员工手中，而不是管理者手中——必须确保改进质量成为每个人工作的一部分。

（4）利用在线系统，使所有相关的群体了解最新的最佳实践，以此来加速最佳实践在整个组织中的传播和应用。在线系统还能让公司员工就如何改进升级公司现有的最佳实践交换数据和观点。

（5）强调绩效改进的可行性和重要性，这是因为竞争者不会满足于昨天取得的荣耀，而且消费者总在寻找更好的产品或服务。

总而言之，运营改进计划如业务流程再造、全面质量管理、六西格玛管理的使用都应被视为组织为了熟练地执行战略所做的努力。如果使用得当，所有这些工具都能够提高组织执行价值链活动的熟练程度。随着时间的推移，运用这些工具不仅能不断改善公司的活动，巩固公司的能力，也有助于建立卓越运营的文化。所有这些都为企业获得竞争优势奠定了基础。[16] 尽管竞争对手可以轻易使用流程管理工具，但是形成一种根深蒂固的卓越运营的文化（当虔诚地使用这些技术，且高层管理人员表现出对整个组织卓越运营的持续承诺时，就会出现这种情况）是更加困难和费时的。

> **贴士 11-4**
>
> 使用业务流程管理工具，如业务流程再造、全面质量管理和六西格玛管理的目的是提高战略关键活动的绩效，从而促进战略执行。

11.4 构建信息和操作系统

公司战略的实施离不开大量的内部业务运营系统。美国航空（American Airlines）、达美航空（Delta）、瑞安航空（Ryanair）、汉莎航空（Lufthansa）和其他主要的航空公司，如果没有用户友好的在线订票系统，没有精确敏捷的行李处理系统以及严格的飞机维护程序以最大限度地减少延迟航班的登机服务问题，就无法向旅客提供满意的服务。联邦快递公司（FedEx）的内部通信系统使公司能够平均每天处理 1 210 万个发往 220 个国家的包裹，同时协调公司内部接近 10 万辆的车辆。联邦快递最先进的飞行操作系统可以同时控制 659 架飞机中的 200 架，如遇天气状况出现问题或发生其他特殊状况，将会调整其飞行计划。此外，联邦快递公司还为顾客开发了一系列的电子商务工具，使他们能够在线发货和跟踪包裹、建立地址簿、查看发货情况、生成海关报告、简化客户账单、减少内部仓储费用、从供应商处采购货物和服务，从而迅速响应快速变化的客户需求。联邦快递所有的系统都支持向企业和个人提供大批量的包裹运送服务这一战略，并增强公司相对于联合包裹服务公司（UPS）、DHL、美国邮政服务公司（U.S. Postal Service）等公司的竞争力。

亚马逊构建了一个由大约707个技术先进的订单执行和配送中心组成的全球网络运送顾客订单。计算机利用复杂的挑选算法，向工人的无线接收器发送信号，开启订单–分拣程序，以此告诉工人具体的取货种类、顺序和地址。计算机还可以对混合物品、溜槽打包次数、流程速度、员工生产率以及运输重量按顺序生成数据库。亚马逊一直在试验无人机送货服务，以降低成本和加快包裹配送速度。最近，它开始营销一个名为"卖家弹性"（seller flex）的试点项目，作为其开发自己的送货服务的一部分。

奥的斯电梯公司（Otis Elevator），是世界上最大的电梯制造商，在全世界安装了超过260万部的电梯和自动扶梯。它拥有一套全天候远程电子监控系统，能够监测到客户安装的电梯和自动扶梯发生的325个故障中的任何一个。监控系统监测到故障时会自动分析和诊断故障发生的原因和地点，然后向最近的奥的斯的技术人员进行维修呼叫，并帮助这些技术人员（配备连接网络的手机）识别引起故障的部件。公司的维护系统使得故障中断不会超过3个小时——在人们意识到存在问题之前电梯已经可以正常使用。所有的故障呼叫数据被转发给设计和制造人员，当故障再次发生，需要纠正重复出现的错误时，他们就能够迅速改变设计规格或者制造过程。所有的客户都能在线访问其电梯和自动扶梯的性能数据。

精心设计的最先进的操作系统不仅能够促进战略执行，而且还能加强组织能力——有时足以提供相对于竞争对手的竞争优势。例如，如果公司所采用的是以高质量为主要特征的差异化战略，那么这家公司就应该拥有必要的管理操作系统来训练优质的技术人员，并且在每个生产环节跟踪产品质量并保证所有装运的货物都达到质量标准。如果用的是比对手更加先进的质量控制系统，那么该系统就可以使公司更具有竞争优势。类似地，如果一家正努力成为低成本制造商的公司，拥有一个可以降低经营成本的标杆管理系统并能够识别实施世界最佳实践的机会，且以比竞争对手更快的速度推动业务成本的降低，那么这家公司就具有强劲的竞争力。快速成长的公司必须有能力招募和培训大量新员工，必须投资基础设施，以应对快速增长，而不是匆匆忙忙追赶顾客的需求。

11.4.1 建立合适的信息系统、性能追踪和控制系统

如果管理者想要衡量战略执行过程的进展情况，那么掌握精确、及时的日常经营信息便十分重要。目前世界各地的公司都采用先进的技术生成实时数据。许多零售公司拥有自动化在线系统，为每一家商店生成日销售报告，并且保存每一项目的实时库存和销售记录。制造厂商会编制日生产报告，追踪每个班组的劳动生产率。交通运输公司拥有精良的信息系统，可提供公共汽车和火车的实时到达信息，并且这些信息会被自动发送到数字信息和平台音频系统。

西门子医疗（Siemens Healthcare）是医疗保健行业最大的供应商之一，它采用基于云计算的业务活动监控（BAM）系统，在190多个国家持续监控并改进该公司的流程。客户满意度是西门子最重要的业务目标之一，因此订单管理和服务的可靠性对公司而言至关重要。拥有多家赌场和酒店的恺撒娱乐（Caesars Entertainment）通过使用复杂的客户关系数据库，来记录客户赌博习惯的详细信息。当"恺撒总奖励"（Caesars Total Rewards）计划的会员进行电

话预约时，销售代表通过回顾客户的消费记录（包括平均押注额），从而为顾客提供该酒店或公司旗下其他酒店之一的住宿升级或免费住宿服务。时下流行的打车软件优步则通过定位系统把车停在顾客附近，并且在高需求时间段实时监控收费价格。

信息系统需要涵盖五个区域：①客户数据；②运营数据；③员工数据；④供应商／战略合作伙伴数据；⑤财务绩效数据。所有的关键战略绩效指标必须尽可能被实时跟踪和报告。实时信息系统使得公司管理人员能够驾驭执行计划和日常运营，并在事情将要偏离轨道时进行干预。跟踪关键绩效指标、从操作人员那里收集信息，快速识别和诊断问题并采取纠正措施也都是管理战略执行和监督运营过程的重要组成部分。

统计信息有助于管理者了解数据，工作报告和会议纪要有助于了解最近发展和出现的新问题，人际接触有助于增加对人员的了解。这些信息就像晴雨表一样，反映了事情进展和待关注事项。在采取行动前，管理者必须识别问题所在以及偏离计划的程度，然后通过改进战略执行方法或对战略进行微调，使组织重回正轨。亚马逊首席执行官杰夫·贝佐斯积极倡导通过数字进行管理。正如他所说："基于数学分析的决策总是优于一般决策。大多数公司的问题在于它们本可以基于数学分析做决策，却基于判断进行决策。"[17]

> **贴士 11-5**
>
> 拥有最先进的运营系统、信息系统和实时数据，是卓越的战略执行和运营的重要组成部分。

11.4.2　监控员工绩效

信息系统还为管理人员提供了一种监控被授权员工的绩效的方法，以确保他们在规定的范围内行动。[18]在没有适当的检查和平衡的情况下，让被授权的员工自由发挥来达到绩效标准，可能会使组织面临过多的风险。[19]员工的决策和行为出现差错的实例比比皆是，有时会使公司遭受巨额损失或引发诉讼，并使声誉受损。

详细审查每日和每周运营统计数据，是管理者监督下属行动的结果情况的一种方式，它使得管理者不用始终保持实时监督。如果运行结果看起来还不错，那么就有理由判断授权工作是有效的。但是，对运营绩效进行密切监控只是管理层使用的控制方法之一。在那些依赖员工授权的公司，尤其是在那些进行自我管理或其他此类的工作团队中，另一个控制方法是同行监督。因为同行评价是一种强大的控制方法，以团队形式组建的公司可以删减部分管理层次，并依靠有力的基于同行的压力使团队成员在安全线内工作。当一家公司的信息系统有能力密切监控团队日常或实时表现时，事实尤其如此。

11.5　使用激励机制促进战略良好执行

公司员工要积极致力于成功地执行战略并实现绩效目标。而获得这种组织承诺通常需要使用多种激励方法和奖励措施。事实上，有效设计的激励和奖励结构是管理层激发员工对成功执行战略承诺的最有力的管理手段。激励和奖励不仅仅增强员工成功的决心，也可以让员工更专注地完成特定的战略执行目标。它们不仅可以激发个人为实现目标而努力，也有助于通过将个人动机和组织目标保持一致，从而协调组织上下所有人的努力。由此，激励制度作为一种间接的控制机制，节约了昂贵的控制监督机制。

为了赢得员工对战略执行的持续、热情的承诺，管理者必须在设计和使用激励举措方面善用物质激励和精神激励措施。管理者需要了解什么能激发下属，并为实现战略目标、获得财务绩效制定激励措施，使员工积极实现日常战略执行的承诺、实现绩效目标。[20]

11.5.1 促进战略执行的激励措施

为了使员工全心全意地执行战略，集中精力于战略优先事项上，财务激励是所有激励工具中的首要方式。丰厚的财务报酬总是能吸引员工的注意力，产生强大的激励作用，促使个体尽最大努力工作。公司的货币奖励一般包括增加基本工资、绩效奖金、利润分享计划、股票奖励、公司所缴纳的员工401（k）或退休金项目，以及计件奖励（就生产工人而言）。但是，大多数成功的公司和管理者通常广泛地使用非货币激励方法。公司常用以下一些最重要的非货币性方法来增强员工动机：[21]

> **贴士 11-6**
>
> 合理设计的激励和奖励结构是管理层获得员工承诺，以成功执行战略和获得出色经营绩效的唯一最有力的工具。

- 提供具有吸引力的津贴和福利。选项包括医疗保险、健康计划、大学学费报销、丰厚的带薪休假、托儿所、健身场所和按摩服务、到公司的娱乐场所度假、私人礼宾服务、公司补贴的自助餐厅和免费午餐；每天着便装、个人的旅行服务、带薪假期、产假和陪产假、带薪休假陪同生病的家人、远程办公、压缩工作周（每周4天10小时代替5天8小时）、弹性工作时间（根据个人需要的工作时间安排）、为子女提供大学奖学金以及搬迁服务等。

- 向表现出色的员工给予奖励和公众认可，展示公司的成功。许多公司通过举办颁奖典礼来表彰表现最好的个人、团队和组织，并庆祝公司重要的里程碑事件和成就。另外，其他公司则特别重视在非正式集会或公司公告中，表扬个人、团队和组织单元的杰出成就。通过这些行动，公司可以在内部培养积极的团队精神，也可以促进组织各单元和团队之间的良性竞争。

- 尽可能依赖内部晋升。这有助于将员工和雇主联结在一起。此外，它为员工的良好表现提供强有力的激励。从内部进行晋升，也有助于确保承担责任的人了解所管理的业务、技术和运营的知识。

- 听取并执行员工的想法和建议。许多公司发现，他们改善运营的最佳主意常常来自员工的建议。此外，研究表明，赋予基层员工决策权，可以提高员工的积极性、满意度和工作效率。实行自我管理的团队就会有许多类似的效果。

- 在管理者和员工之间营造一种真诚关爱和相互尊重的工作气氛。营造一种"家庭式"的工作环境，在这里人们可以直呼彼此的名字，培养工作感情，促进团队和跨团队的合作。

- 以鼓舞人心的语言描述战略愿景，使员工意识到自己在做具有更大社会价值的事情。让员工有机会参与令人振奋、富有成就感的事情，会产生强大的激励力量。具有崇高目标的工作往往会激励员工对工作全力以赴。正如第9章所述，这不仅能提高生产率，而且能减少人员流动，并降低员工招聘和培训的成本。

- 与员工分享关于财务绩效、战略、运营措施、市场状况和竞争对手行动等方面的信息。广泛的信息披露和及时的信息沟通传达了这样一个信息：管理者充分信任员工，并将他们看作宝贵的伙伴。反之，对员工保密会使他们无法获得对工作有用的信息，使他们无法全神贯注，削弱他们的动力，降低他们的工作绩效。

- 提供有吸引力的工作环境。有吸引力的工作环境肯定会对员工士气和生产力产生积极影响。当员工需要长时间工作时，提供一个舒适的符合人体工程学设计的工作环境尤为重要。一些公司打破常规，设计出了极具吸引力的工作环境。例如，苹果公司价值数十亿美元的新总部的工作空间和周边公园旨在激励苹果员工，促进创新合作，同时也有益于环境。员工可以使用一个 10 万平方英尺的健身中心，2 英里的步行和跑步跑道，一个果园、草地和池塘，还可以使用社区自行车、电动高尔夫球车和通勤班车自由来往。Facebook 和国防承包商豪士科公司（Oshkosh Corporation）也正在建设引人注目的公司总部项目。

专栏 11-2 描述了连锁超市韦格曼斯（Wegmans）作为美国最适宜工作的公司之一所采用的激励策略的具体案例。

 专栏 11-2　韦格曼斯如何奖励和激励员工

企业使用各种工具和策略来激励员工，促进战略的卓越执行。在这方面，韦格曼斯食品超市就是一个范例。韦格曼斯在美国东北部和大西洋中部拥有 100 多家门店，约 4.9 万名员工。在这个以低利润、低工资和员工关系挑战性大而闻名的行业中，韦格曼斯作为一个能提供高于平均水平业绩的组织脱颖而出。在员工至上的理念指导下，韦格曼斯采用了一系列计划，使公司能吸引和留住最佳人才。

自 20 世纪 50 年代为全职员工创建广泛的福利计划以来，韦格曼斯一直有着强烈的福利理念。如今，灵活或紧凑的日程安排很常见，政策也延伸到了同性伴侣身上。在经济补偿方面，工资高于食品零售行业的平均水平，这也有一个额外好处，即保持其员工非工会化。

除了薪酬和福利的传统要素外，韦格曼斯还在员工培训和教育方面投入了大量资金。公司以其在员工发展方面的优势而闻名，每年用于员工学习的资金超过 5 000 万美元。自 1984 年以来，公司已提供近 1.1 亿美元的助学金和

超过 5 000 万美元的奖学金。

员工激励的另一个关键方面是倾听员工意见。员工通过一系列旨在捕捉和实施他们想法的计划，可以看到他们的想法被付诸行动。韦格曼斯部署了一系列计划，包括开放日、团队聚会、焦点小组以及与高级管理层的双向问答。

由于认识到员工对提供卓越的客户体验至关重要，韦格曼斯将大量资源用于其最大的资产——员工。它的一系列计划和福利，以及在内部填补至少一半职位空缺机会的政策，使其成为行业中人员离职率最低的公司之一。这也使得韦格曼斯年复一年地跻身《财富》杂志评选的美国最适宜工作的 100 家公司前五名。

注：与萨德·M. 劳伦斯（Sadé M. Lawrence）共同开发。

资料来源：公司网站；Boyle, M., *The Wegmans Way*, January 24, 2005, http://archive.fortune.com/magazines/fortune/fortune_archive/2005/01/24/8234048/index.htm; "Great Place to Work", *Wegmans Food Markets, Inc.— Great Place to Work Reviews*, February 14, 2018, http:// reviews.greatplacetowork.com/wegmans-food-markets-inc.

11.5.2　适当平衡奖励和惩罚

尽管大多数激励、薪酬和员工管理的方法都强调积极的一面，但公司也会明示，懈怠

或者不够努力和绩效不佳会有消极的后果。在通用电气、麦肯锡、几家全球性会计师事务所和其他寻求与期待一流个人绩效的公司里，都有一种"要么晋升要么出局"的政策——如果经理和专业人士业绩不够好，无法保证晋升，首先会被取消津贴和股票奖励，最终被淘汰出局。在大部分公司，绩效不佳的部门的高管和关键员工都面临压力，必须将绩效提高到可以接受的水平，并保持下去，否则就有被取代的风险。

一般来说，为取得良好绩效而减轻压力或淡化业绩较差的不利后果是不明智的。很少有证据表明，一个没有压力、没有不利后果的工作环境会使战略执行得更好，或者会带来卓越运营。正如一家大银行的 CEO 所说，"有一种深思熟虑的政策是：为了制造一定程度的焦虑，胜利者通常表现得好像是落后的一方一样"。[22] 许多公司通过故意给员工沉重的工作负担和紧迫的工作期限来测试它们的员工——员工为了实现"进取性"目标而被压得很紧，并进行长时间工作（如果需要，可以是晚上和周末）。高绩效的组织几乎总有一群雄心勃勃的员工，他们品味爬上成功阶梯的机会，热爱挑战，在绩效导向的环境中奋发，并寻求竞争与压力，以满足他们对个人认同感、成就感、自我满足感的需求。

然而，如果组织的激励方法和奖励结构导致了过多的压力、内部竞争力、工作不安全感以及对不良后果的恐惧，那么对员工士气和战略执行的影响可能会适得其反。有证据表明，改善战略执行的管理举措应该包含更多积极的而不是消极的激励因素，因为通过积极地调动和奖励而非命令和威胁（隐性或显性）地强制开展合作，人们往往会回馈以更多的热情、奉献、创造性和主动性。[23]

11.5.3   通过奖励来实现正确的结果

为了建立一个战略支持性的奖励和激励机制，公司必须奖励那些取得成果的员工，而不是仅仅尽职尽责地执行所分配任务的员工。按时上班和执行任务本身并不能保证结果。为了使工作环境以结果为导向，管理者需要将员工的注意力和精力集中在实现什么而不是做什么上。[24] 在公司开始关注每个员工的工作成果而不是员工提前上班和迟到的意愿之后，百思买公司总部的员工生产率提高了35%。

在理想情况下，每个组织单元、管理者、团队或工作组以及员工，都应该对实现有助于良好战略执行和业务绩效的结果负责。如果公司的战略是成为低成本供应商，那么激励制度必须奖励可以降低成本的行动和成就。如果公司的差异化战略专注于提供卓越的质量和服务，那么激励制度必须奖励与六西格玛缺陷率与客户投诉频率降低、快速的订单处理与交付以及高水平客户满意度等方面相关的结果。如果公司的发展是基于新产品创新战略，那么激励制度应该与新推出产品的收入和利润比例等指标挂钩。

> **贴士 11-7**
>
> 激励必须基于实现结果，而不是基于尽职尽责地完成指派的任务。

高层管理者的激励薪酬通常与收入和利润增长、股票价格表现、投资回报率、信誉等财务指标或市场份额增长等战略指标相联系。然而，部门主管、团队和个人的激励通常与其特定的责任范围内的绩效结果紧密联系。例如，制造部门将激励补偿与单位制造成本、准时生产和运输、不合格率、因机器故障而导致的停工次数和程度等因素相联系；在销售和营销部门，激励往往基于实现美元销售额或单位数量目标、市场份额、每个目标客户群的销售渗透率、新推出产品的发展情况、顾客投诉的频率、获得新客户的数量以及顾客满意度的措施。基于何种绩效指标衡量激励薪酬取决于具体情况——优先考虑各种财务和战略目标、战略和竞争成功的要求以及保持战略执行正常进行所需的具体结果。

专栏 11-3 提供了一个生动的例子，来说明一家公司如何设计出与反映良好的执行结果直接相关的激励措施。

 专栏 11-3　纽柯钢铁公司：将激励直接与战略执行挂钩

纽柯钢铁公司，是美国最大的钢铁生产商，它的战略是成为钢铁产品的低成本生产商。因为在钢铁行业中，劳动力成本在钢铁总成本中占比很大，要有效地执行成本领先战略，纽柯公司就必须保证单位钢铁的劳动成本比竞争对手的更低。纽柯公司的管理者使用了一套激励制度，以此来提高工人的生产率，并使单位钢铁的生产成本降低到竞争对手以下。公司将生产车间里的生产工人安排到不同的生产小组中（每个人都被委派特定的职责），为每个小组设定每周的生产计划。按照当地制造业平均工资水平给工人发放工资，但工人的产出每超出生产计划目标的 1%，将得到 1% 的额外奖金。同样，如果生产小组每周的产出超过计划目标的 10%，该小组成员在下一次领取薪水时将获得 10% 的额外奖金；当生产小组每周的产出超过计划目标的 20% 时，该小组的成员将获得 20% 的额外奖金。公司以前两个星期的实际生产水平为基础，每两星期发放一次奖金。

纽柯公司的计件工资制取得了令人满意的结果。生产小组通常会完成超过每周生产目标 20%～50% 的生产量。加上基本工资后，纽柯公司的员工成为美国钢铁行业收入最高的员工之一。从管理层的视角来看，激励计划使公司的劳动生产率超过几大竞争对手平均水平的 10%～20%。这给纽柯公司带来了显著的成本优势。

在多年利润创纪录之后，纽柯公司与制造商和购买其产品的建筑商，艰难地度过了上一次的重大经济危机。尽管奖金减少了，但是纽柯公司通过教会员工保养器械、履行以前由承包商完成的工作以及寻找节约成本的方式来避免裁员。因此，公司的士气高涨，首席执行官丹尼尔·迪米科（Daniel DiMicco）因其不裁员政策被列入了《产业周刊》（*Industry-Week*）杂志的制造业名人堂。随着行业恢复增长，纽柯公司拥有训练有素的员工队伍，比以往任何时候都更加致力于实现纽柯公司名副其实的生产力。迪米科相信，当经济逐渐复苏时，纽柯公司将"第一个解开枷锁"。虽然他已经离开了公司，但"员工是所有者"的公司文化并没有改变。

资料来源：公司网站（访问于 2012 年 3 月）；N. Byrnes, "Pain, but No Layoffs at Nucor", *BusinessWeek*, March 26, 2009; J. McGregor, "Nucor's CEO Is Stepping Aside, but Its Culture Likely Won't", *The Washington Post* Online, November 20, 2012（访问于 2014 年 3 月 3 日）。

设计激励性报酬机制的附加准则

仅仅将绩效与正确的结果联系起来是不够的——绩效结果表明公司的战略及其执行正在步入正轨。公司的奖励制度要想真正做到激励组织成员、激发他们的最大努力并维持高水平生产力，在设计和管理奖励制度时注意以下附加准则也很重要：

贴士 11-8

设计有效的激励薪酬体系的首要原则是将奖励与绩效结果挂钩，而绩效结果与良好战略执行、财务与战略目标的实现挂钩。

- 使绩效报酬成为总薪酬中一个主要而非次要的部分。绩效奖金必须至少占基础薪水的10% ～ 12% 才能产生很大影响。占薪酬总额20% 或者更多的激励是吸引注意力的重要因素，可能会真正推动个人或团队的努力；占薪酬总额不足5% 的激励对员工的激励效果相对较弱。此外，绩效较高的个人和团队的报酬必须显著高于平均绩效水平的员工报酬，而平均绩效水平的员工报酬必须显著高于低于平均绩效水平的员工报酬。
- 将激励扩展到所有经理和所有员工，而不仅仅是高层管理者。如果只有高层管理者有资格获得丰厚的奖励，那么公司难以指望较低级别的管理者和员工竭尽全力去实现绩效目标。
- 客观公正地严格管理奖励制度。如果绩效标准设置得不切实际的高，或者对个人和小组的绩效评估不准确且记录不完整，那么对制度的不满将会抵消任何积极的好处。
- 确保为每个个人或团队设定的绩效目标在个人和团队的影响范围之内。激励的作用是增强个人的承诺，并引导行为向着有益的方向发展。当评价公司人员的绩效指标超出了他们的影响范围时，这种作用就得不到很好地发挥。
- 尽可能地缩短实现绩效目标和获得薪酬奖励之间的时间。纽柯钢铁公司，是一家领先的钢铁生产商，该公司通过根据前一周的生产水平向员工发放每周奖金，实现了较高的劳动生产率。年度奖金支付最适合高层管理者，也最适合结果目标与整体公司盈利能力相关的情况。
- 避免奖励的是努力而不是结果。尽管奖励那些努力尝试、付出了额外努力但由于无法控制的环境而未能实现绩效目标的人很有诱惑力，但这样做是不明智的。对不可知、不可控或是不可预见的情境进行例外处理的问题在于，一旦"好的借口"开始悄悄进入对低于标准的结果进行奖励的理由中，就会出现实际绩效未能达到目标绩效的各种原因。"没有借口"这一标准更公平，更容易管理，更有助于营造一种以结果为导向的工作氛围。

要使组织的激励制度发挥作用，就必须对奖励结构的细节进行沟通和解释。每个人都需要了解他的绩效报酬是如何计算的，以及个人和团队绩效目标如何对组织绩效目标做出贡献。实现有针对性的财务和战略绩效目标、不断提高战略执行力的压力应该是持续的。各级人员必须对执行分配给他们的战略计划的部分负责，他们必须明白，他们的奖励是基于所取得的成果的质量。但是，随着压力的增加，应该会带来有意义的回报。如果没有有吸引力的回报，激励体系就会崩塌，管理者们就会面临一些不太可行的选择：发布命令、试图强制执行，并视员工的意愿而定。

> **贴士 11-9**
> 判断个人、团队和组织单位是否表现出色的标准必须是：能否达到或超过反映战略执行良好的绩效目标。

◘ 本章要点

1. 实施新的或不同的战略要求管理者确定每个新战略计划的资源需求，然后衡量当前的资源分配模式和各个组织单元的预算是否合适。

2. 当公司的政策和程序与战略及其目标匹配时，它们将有利于战略执行。每当公司改变其战略时，管理者应该检查现有的政策和操作程序，并替换那些不同步的政策和操作程序。精心设计的政策和程序能够从以下三个途径支持战略执行的任务：①为公司人员提供自上而下的指导，说明事情需要如何做以及独立行动的限制是什么；②增强确保战略关键性活动绩效的一致性，从而提高战略执行工作的质量，并协调公司员工的工作，无论其分布多么广泛；③营造有利于战略良好执行的工作氛围。

3. 有效的战略执行需要管理层对持续改进做出明确承诺。业务流程管理工具，例如业务流程再造、全面质量管理、六西格玛管理都是促进战略执行的重要过程管理工具。

4. 如果没有精心设计的内部系统来支持日常运营，公司战略就无法很好地执行。实时信息系统和控制系统进一步有助于实现战略的良好执行。在某些情况下，最先进的运营和信息系统能够提升公司的战略执行能力，足以提供相对于竞争对手的竞争优势。

5. 战略支持性的激励实践和奖励体系是获得员工承诺并将其注意力集中在战略执行目标上的强大管理工具。创建促进良好战略执行的奖励机制的关键是将良好业务绩效和良好战略执行的衡量标准作为设计激励机制、评估个人和团队努力以及发放奖励的主要基础。尽管财务奖励提供了强有力的激励，但非货币激励也很重要。若要使激励机制发挥良好的作用，应该做到以下几点：①员工的绩效报酬要占总薪酬的主要部分；②激励应该扩展到所有的管理者和员工；③机制的管理要做到客观和公正；④每个人的绩效目标都应该在他的影响范围之内；⑤奖励应该及时反映绩效目标的实现；⑥根据绩效结果而不是努力发放奖励。

🔲 巩固练习

1. 实施新的或不同的战略要求重新分配资源。请使用你所在大学的图书馆资源，搜索最近的文章，讨论公司应如何重新设计其资源分配模式和部门预算以支持新的战略计划。

2. 奈飞公司避免使用正式的政策和程序，以更好地授权其员工，实现创新和生产力最大化。该公司竭尽全力雇用、奖励和包容那些它认为成熟的"A"级员工。在没有正式差旅费用政策、员工固定休假天数或正式绩效评估体系的情况下，公司的选拔流程如何影响其运营能力？

3. 专栏 11-1 讨论了查尔斯顿地区医疗中心进行的六西格玛管理实践。列出该活动带来的三个切实好处。请解释为什么质量控制的承诺对医院行业来说十分重要，并说明如何使用六西格玛管理帮助医疗服务提供者在目前的行业环境中生存和发展。

4. 阅读 www.isixsigma.com 上发布的一些最近的六西格玛文章。请准备一页报告，详细说明两家公司使用六西格玛管理的情况，以及公司从中获得哪些好处。此外，列举两三条六西格玛管理的弊端或潜在困难。

5. 公司战略的执行离不开大量的业务运营支持系统。请利用你所在大学的图书馆资源，搜索最近的文章，讨论如何使用实时信息系统和控制系统来协助良好的战略执行。

6. 专栏 11-2 描述了韦格曼斯食品超市采用的激励实践，这家连锁超市常被列为美国最适宜工作的五家公司之一。讨论韦格曼斯的奖励和实践如何协助公司的战略执行。

🔲 模拟练习

1. 资源分配促进战略执行和改善公司绩效的方式有哪些？

2. 你的公司采取了哪些行动（如果有的话）来持续改进执行某些价值链活动的方式？

3. 你的公司是否能获得标杆公司的数据？如果是，你与其他管理者会定期研究标杆公司以检查公司的运营状况吗？你认为标杆管理是否有价值？为什么？请列举三个例子，说明你和其他管理者在与标杆公司对比之后会采取纠偏行动来改进运营和提高公司绩效。

4. 你能用什么确凿证据表明，与竞争对手公司的管理团队相比，你的公司的管理团队在实现卓越运营和执行战略方面做得更好或更差？

5. 你与其他管理者是否有意识地努力追求卓越运营？解释你是如何做到这一点的以及你追踪当前进展的方式。

6. 薪酬激励可以通过哪些方式提高生产率和降低单位劳动成本？

◘ 尾注

[1] M. Hammer and J. Champy, *Reengineering the Corporation: A Manifesto for Business Revolution* (New York: HarperCollins, 1993).

[2] James Brian Quinn, *Intelligent Enterprise* (New York: Free Press, 1992); Ann Majchrzak and Qianwei Wang, "Breaking the Functional Mind-Set in Process Organizations," *Harvard Business Review* 74, no. 5 (September–October 1996), pp. 93–99; Stephen L. Walston, Lawton R. Burns, and John R. Kimberly, "Does Reengineering Really Work? An Examination of the Context and Outcomes of Hospital Reengineering Initiatives," *Health Services Research* 34, no. 6 (February 2000), pp. 1363–1388; Allessio Ascari, Melinda Rock, and Soumitra Dutta, "Reengineering and Organizational Change: Lessons from a Comparative Analysis of Company Experiences," *European Management Journal* 13, no. 1 (March 1995), pp. 1–13; Ronald J. Burke, "Process Reengineering: Who Embraces It and Why?" *The TQM Magazine* 16, no. 2 (2004), pp. 114–119.

[3] www.answers.com (accessed July 8, 2009); "Reengineering: Beyond the Buzzword," *Businessweek*, May 24, 1993, www.business-week.com (accessed July 8, 2009).

[4] M. Walton, *The Deming Management Method* (New York: Pedigree, 1986); J. Juran, *Juran on Quality by Design* (New York: Free Press, 1992); Philip Crosby, *Quality Is Free: The Act of Making Quality Certain* (New York: McGraw-Hill, 1979); S. George, *The Baldrige Quality System* (New York: Wiley, 1992); Mark J. Zbaracki, "The Rhetoric and Reality of Total Quality Management," *Administrative Science Quarterly* 43, no. 3 (September 1998), pp. 602–636.

[5] Robert T. Amsden, Thomas W. Ferratt, and Davida M. Amsden, "TQM: Core Paradigm Changes," *Business Horizons* 39, no. 6 (November–December 1996), pp. 6–14.

[6] Peter S. Pande and Larry Holpp, *What Is Six Sigma?* (New York: McGraw-Hill, 2002); Jiju Antony, "Some Pros and Cons of Six Sigma: An Academic Perspective," *TQM Magazine* 16, no. 4 (2004), pp. 303–306; Peter S. Pande, Robert P. Neuman, and Roland R. Cavanagh, *The Six Sigma Way: How GE, Motorola and Other Top Companies Are Honing Their Performance* (New York: McGraw-Hill, 2000); Joseph Gordon and M. Joseph Gordon, Jr., *Six Sigma Quality for Business and Manufacture* (New York: Elsevier, 2002); Godecke Wessel and Peter Burcher, "Six Sigma for Small and Medium-Sized Enterprises," *TQM Magazine* 16, no. 4 (2004), pp. 264–272.

[7] www.isixsigma.com (accessed November 4, 2002); www.villanovau.com/certificate-programs/six-sigma-training.aspx (accessed February 16, 2012).

[8] Kennedy Smith, "Six Sigma for the Service Sector," *Quality Digest Magazine*, May 2003; www.qualitydigest.com (accessed September 28, 2003).

[9] www.isixsigma.com/implementation/-financial-analysis/six-sigma-costs-and-savings/ (accessed February 23, 2012).

[10] Pande, Neuman, and Cavanagh, *The Six Sigma Way*, pp. 5–6.

[11] "A Dark Art No More," *The Economist* 385, no. 8550 (October 13, 2007), p. 10; Brian Hindo, "At 3M, a Struggle between Efficiency and Creativity," *Businessweek*, June 11, 2007, pp. 8–16.

[12] Charles A. O'Reilly and Michael L. Tushman, "The Ambidextrous Organization," *Harvard Business Review* 82, no. 4 (April 2004), pp. 74–81.

[13] Terry Nels Lee, Stanley E. Fawcett, and Jason Briscoe, "Benchmarking the Challenge to Quality Program Implementation," *Benchmarking: An International Journal* 9, no. 4 (2002), pp. 374–387.

[14] Milan Ambroé, "Total Quality System as a Product of the Empowered Corporate Culture," *TQM Magazine* 16, no. 2 (2004), pp. 93–104; Nick A. Dayton, "The Demise of Total Quality Management," *TQM Magazine* 15, no. 6 (2003), pp. 391–396.

[15] Judy D. Olian and Sara L. Rynes, "Making Total Quality Work: Aligning Organizational Processes, Performance Measures, and Stakeholders," *Human Resource Management* 30, no. 3 (Fall 1991), pp. 310–311; Paul S. Goodman and Eric D. Darr, "Exchanging Best Practices Information through Computer-Aided Systems," *Academy of Management Executive* 10, no. 2 (May 1996), p. 7.

[16] Thomas C. Powell, "Total Quality Management as Competitive Advantage," *Strategic Management Journal* 16 (1995), pp. 15–37; Richard M. Hodgetts, "Quality Lessons from America's Baldrige Winners," *Business Horizons* 37, no. 4 (July–August 1994), pp. 74–79; Richard Reed, David J. Lemak, and Joseph C. Montgomery, "Beyond Process: TQM Content and Firm Performance," *Academy of Management Review* 21, no. 1 (January 1996), pp. 173–202.

[17] Fred Vogelstein, "Winning the Amazon Way," *Fortune* 147, no. 10 (May 26, 2003), pp. 60–69.

[18] Robert Simons, "Control in an Age of Empowerment," *Harvard Business Review* 73 (March–April 1995), pp. 80–88.

[19] David C. Band and Gerald Scanlan, "Strategic Control through Core Competencies," *Long Range Planning* 28, no. 2 (April 1995), pp. 102–114.

[20] Stanley E. Fawcett, Gary K. Rhoads, and Phillip Burnah, "People as the Bridge to Competitiveness: Benchmarking the 'ABCs' of an Empowered Workforce," *Benchmarking: An International Journal* 11, no. 4 (2004), pp. 346–360.

[21] Jeffrey Pfeffer and John F. Veiga, "Putting People First for Organizational Success," *Academy of Management Executive* 13, no. 2 (May 1999), pp. 37–45; Linda K. Stroh and Paula M. Caliguiri, "Increasing Global Competitiveness through Effective People Management," *Journal of World Business* 33, no. 1 (Spring 1998), pp. 1–16; articles in *Fortune* on the 100 best companies to work for (various issues).

[22] As quoted in John P. Kotter and James L. Heskett, *Corporate Culture and Performance* (New York: Free Press, 1992), p. 91.

[23] Clayton M. Christensen, Matt Marx, and Howard Stevenson, "The Tools of Cooperation and Change," *Harvard Business Review* 84, no. 10 (October 2006), pp. 73–80.

[24] Steven Kerr, "On the Folly of Rewarding A While Hoping for B," *Academy of Management Executive* 9, no. 1 (February 1995), pp. 7–14; Doran Twer, "Linking Pay to Business Objectives," *Journal of Business Strategy* 15, no. 4 (July–August 1994), pp. 15–18.

第 12 章

企业文化和领导力：良好战略执行的关键

:: 学习目标

通过本章的学习，你将能够：

1. 理解企业文化的关键特征及公司核心价值观和伦理标准在企业文化塑造中的作用。
2. 说明企业文化能够有助于推动高效战略执行的方式和原因。
3. 明确管理层可以采取哪些行动来改变有问题的企业文化。
4. 了解在实现战略卓越执行的过程中管理者有效领导力的构成。

我在 IBM 工作的这段时间里逐渐认识到，文化不只是游戏的一部分，而是游戏本身。

——路易斯·郭士纳（Louis Gerstner），IBM 前主席兼 CEO

展望新世纪，领导者将是那些为他人赋能的人。

——比尔·盖茨（Bill Gates），微软联合创始人、前 CEO 兼主席

真正的领导者不是去寻求共识，而是努力去促成各方达成一致。

——马丁·路德·金（Martin Luther King, Jr.），民权领袖

在前两章中，我们探讨了推动良好战略执行的八项管理活动：人员配备，获取所需的资源与能力，组织结构设计，资源配置，制定政策和程序，运用业务流程管理工具，构建操作系统，以及提供正确的激励措施。在本章，我们将探讨另外两项管理活动：创造支持性的企业文化，以及领导战略执行过程。

12.1 灌输有利于战略执行的企业文化

每家公司都有着自己独特的**企业文化**——共同的价值观，根深蒂固的态度，决定行为规范的公司传统，普遍认可的工作实践与运营风格。[1]企业文化的特征在于它是公司管理层所支持的核心价值观和信念的产物，伦理上可接受和不可接受的行为的标准，渗透至工作环境中的"化学反应"和

> **核心概念**
> **企业文化**代表共同的价值观、根深蒂固的态度、决定行为规范的公司传统、普遍认可的工作实践与运营风格。

"人格"、公司的传统，以及为说明和强化公司的价值观、业务惯例和传统而被反复传颂的故事。实际上，文化是公司无意识的自我复制的"操作系统"，它定义了"我们在这里应如何做事"。[2] 它可以被视为公司的灵魂或组织的 DNA。[3] 企业文化很重要，因为它影响组织的行为和经营方式，因此，企业文化在战略执行中起着重要作用，并且可能对业务绩效产生明显影响。

企业文化的差异很大。例如，沃尔玛文化的基石是热衷于追求低成本和节俭的运营实践、强烈的工作伦理、举行总部例会以交流想法和审查问题，以及公司高管视察店铺、倾听顾客意见和向员工征询建议的承诺。苹果公司的文化是以客户为中心，保守机密，高度保护公司开发的技术。苹果公司的员工有一个共同的目标，即为消费者生产最好的产品，其目的是让顾客感到高兴、惊喜，并实现人机合一。公司希望每个人都有创造性的思维和启发性的解决方案——正如该公司所说："我们是完美主义者、理想主义者，也是发明家。我们永远在完善产品和流程，总是精益求精。"据一位前员工所说："在苹果公司，人们以一种近乎宗教般的承诺投入工作之中。"同时，为了推动企业不断创新，苹果公司促进不同工作组之间的广泛合作和互相启发。但该做法要求保密——员工不能向其直接工作组之外的员工，尤其是家庭成员或其他外部人员，透露任何与正在开展的新项目相关的信息；在同一项目工作的不同员工被分配不同的项目代号是很常见的。新产品发布的时候，不同工作组的成果会像拼图一样在最后一刻聚合在一起。[4] 以戈尔特斯（GORE-TEX）产品闻名的戈尔公司（W.L. Gore & Associates），正因其创造了允许公司同时追求多个终端市场应用的独特企业文化，才逐渐从利基市场快速发展，成长为多元化的跨国公司。该公司的企业文化以团队为基础，旨在培养个人主动性，没有传统的组织结构图，没有指挥链，没有预先设定的沟通渠道。这种文化鼓励跨学科团队围绕机遇进行组织，并在该过程中产生领导者。在诺德斯特姆（Nordstrom），企业文化的核心是为顾客提供卓越的服务，公司的箴言是"响应顾客的不合理要求"——顾客不合理的要求被认为是员工表现其"英勇"行为的机会，员工可以以出色的客户服务来进一步提高公司的声誉。诺德斯特姆强调，员工会因其"英勇"的行为和致力于出色的服务而获得提拔。

12.1.1 识别企业文化的关键特征

公司的企业文化反映在工作环境的特征或"个性"中，它描述了公司开展业务的方式和公司高度推崇的工作行为的典型特征。一部分企业文化特征可清晰识别，另一部分则相当模糊。可识别的企业文化的主要特征包括：

- 管理层宣传和践行的价值观、商业准则和伦理标准——这是企业文化的关键，但是百言不如一行。
- 公司人员管理的方法，为员工行为提供指导的正式政策、程序和操作惯例等。
- 组织中存在的工作氛围和精神——工作场所是竞争性的还是合作性的，是创新的还是抵制变革的，是学院式的还是政治化的，是商业气氛浓厚的还是有趣的，等等。
- 管理者和员工互动和相处的方式——人们对协作和团队合作的依赖程度是大还是小，员工之间是否自由沟通，员工是行使其主动权还是在上级指挥下行动，同事在工作场所之外聚会花费的时间是多还是少，等等。

- 同事施加的以特定方式做事并遵照俗成规范的同侪压力（peer pressure）。
    - 管理层明确鼓励和奖励的行为，以及不赞成的行为。
    - 公司尊崇的传统、被反复传颂的"英雄行为"和"我们在这里应如何做事"的故事。
    - 公司对待外部利益相关者的方式——是否将供应商视为业务伙伴，是否更喜欢务实、相互尊重的业务关系，以及对企业公民和环境可持续性的承诺是否坚定而真诚，等等。

支撑企业文化的价值观、信念和惯例可以来自组织的各个层级。通常情况下，文化的关键要素来源于创始人或具有影响力的领导者，他们将文化阐述为业务原则、公司政策、运营方法，以及与员工、客户、供应商、股东、所在社区的关系处理方式等。它们也来源于公司员工的模范行为以及关于"我们应如何在这里做事"的共识。[5] 随着时间的推移，这些文化基础逐渐扎根，为公司的管理层和员工所接受，并在公司的运营方式中根深蒂固。

1. 核心价值观和伦理的作用

公司企业文化的基础几乎总是在于它坚守核心价值观，以及伦理行为的标准。核心价值观和伦理行为对文化塑造的重要意义解释了为什么在那么多的公司制定了正式的价值观陈述和道德准则。许多高管都希望他们公司的工作氛围能够反映出某些价值观和道德标准，不仅仅是因为个人信仰，更主要是因为他们相信遵守这些原则可以促进更好的战略执行，使公司业绩更佳，并对其声誉产生积极影响。[6] 通常情况下，根深蒂固的价值观和道德标准可以降低道德行为缺失的可能性，使公司避免公众形象受损，规避财务业绩和市场地位方面的风险。

如图 12-1 所示，公司所阐述的核心价值观和道德准则在文化塑造过程中有两个作用。首先，它们营造的公司文化能够促使企业员工对其经营方式产生强烈认同感；其次，它们指导员工的工作方式——哪些行为和做事方式是得到认可的（以及所期望的），哪些是被禁止的。基于核心价值观和道德准则的文化规范是衡量企业特定行动、决策和行为的恰当性的标准，从而引导公司员工正确地做事和做正确的事。

> **贴士 12-1**
> 核心价值观和伦理标准塑造了企业文化并根植其中。

> **贴士 12-2**
> 公司的价值观陈述和伦理准则传达了公司对员工在工作场所应具备的行为方式的期望。

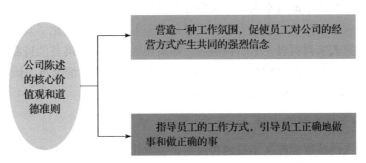

图 12-1　核心价值观和道德准则在文化塑造中的作用

2. 将行为准则嵌入组织并保持企业文化

一旦正式采用价值观和道德准则，它们必须在公司的政策和实践中制度化，并嵌入员工的行为中。这可以通过许多途径来实现。[7] 拥有丰富企业故事的传统公司十分依赖口头教化和传统的力量来灌输价值观和强化道德行为，但是大部分的公司采用以下多种方式：

- 筛选和雇用与企业文化融合度高的求职者。
- 将对企业文化和行为规范的讨论纳入新员工的入职培训计划与对经理和员工的培训课程中。
- 使高层管理者经常重申公司价值观和道德准则在公司活动和员工内部沟通中的重要性和作用。
- 期望各级管理人员成为文化方面的榜样，在日常行为中展现出所倡导的文化规范。
- 在评估每个人的工作绩效、加薪以及提供晋升机会时，将文化规范作为一个考虑因素。
- 强调从直线经理到最高层管理者，都要不断关注于解释他们所在领域期望的文化特征和行为，并阐明它们的重要性。
- 鼓励公司员工对同事施加强大的同侪压力以使其遵守公司期望的文化规范。
- 定期举行仪式，表彰那些在公司价值观和道德准则方面表现突出的人。

要让陈述的核心价值观和崇高的道德准则深入人心，就必须将它们转变为严格执行的文化规范。公司必须明确表示：遵守公司的价值观和道德准则必须成为其员工的"一种生活方式"，公司对这类错误行为几乎不能容忍。

3. 故事的作用

通常情况下，企业文化的重要部分会在被反复传颂的故事中体现出来，以向新员工展示某些价值观的重要性以及公司员工所表现出的承诺深度。美捷步公司以其出色的客户服务而闻名，其中一个故事讲的是，有一位客户从美捷步为她生病的母亲订购鞋子，希望能够缓解母亲的脚痛和脚麻。然而，鞋子并没有起到缓解作用。于是，母亲打电话给公司询问退货方式，并解释了退货原因。两天后，公司向她献上了美好的祝愿和一大束鲜花，并承诺为她今后的所有订单提供免费加急服务。乔氏超市连锁店（Trader Joe's）同样以其超越顾客需求的文化而闻名。第二次世界大战期间，一位退伍军人被大雪困在家里，没有任何食物可吃。他的女儿打电话给几家超市，看看它们是否提供食品配送。尽管乔氏超市连锁店本不提供配送服务，但它慷慨地帮助了退伍军人，不仅免除了食品费用和送货费用，还为他推荐了低钠食品。丽思·卡尔顿酒店的员工通过为客户提供额外服务，展示并强化了其以客户为中心的文化。最近，有一家人来到丽思·卡尔顿酒店，却发现他们为儿子准备的特制鸡蛋和牛奶已经变质了（这个孩子患有食物过敏症）。在当地找不到这些产品的情况下，该酒店的工作人员从大约 1 050 英里外的新加坡将所需产品空运过来。

4. 推动企业文化发展的力量

尽管历史悠久的故事和经久不衰的传统对企业文化传承起着重要作用，但文化并非一成不变——就像战略和组织结构一样，它们不断演变。市场中新挑战的出现、技术的变革、公司内部环境的变化——尤其是内部危机的出现，公司发展方向的改变，高层管理人员的流动——往往都会引发新的做事方式，进而推动文化演化。即将上任的首席执行官如果决定对现有业务进行重组，并提出新的发展方向，通常也会引发一场文化变革，并且可能是重大转变。同样地，通过多元化进入新业务、向海外扩张、快速增长带来的新员工的涌入、对另外一家公司实施的兼并与收购等，都可能会促成重大的文化变革。

5. 公司亚文化的存在

一般而言，公司的企业文化只有一种，但一家公司拥有多种文化（或亚文化）并不罕见。由于部门、地理位置、事业部或者业务单元的不同，公司内部的价值观、信念和实践也会有很大差异。亚文化因公司的收购行为而得以存在。全球性和跨国公司至少在一定程度上具有多元文化，因为跨国组织单元有不同的经营历史和工作环境，它们的成员讲述不同的语言，在不同的社会习俗和传统下成长，具有不同的价值观和信仰。亚文化的问题在于，这些组织单元间可能会产生冲突，或者至少不能很好地融合，尤其是如果它们采用相互冲突的商业理念或经营方法，或者主要高管采用不同的人事管理方法，或者尚未消除本公司文化与最近收购公司文化之间的重要差异。在很多情况下，公司会因难以解决的文化冲突而决定放弃收购特定公司。

尽管如此，亚文化的存在并不妨碍重要领域的共性和兼容性。公司管理层对文化兼容在收购中的重要性以及整合新收购公司文化的必要性相当警觉。事实上，在决定是否继续进行收购或兼并时，文化尽职调查通常与财务尽职调查同等重要。此外，在全球化的背景下，跨国公司正在学习如何使具有重要战略意义的文化特征跨越国界传播，并在世界范围内创造一种可行的统一文化。美国爱依斯电力公司（AES）是一家可持续能源公司，拥有1万多名员工，业务遍及四大洲。这家公司发现，大多数国家的人们都乐于接受构成公司文化基础的五大核心价值观，即安全第一、诚信行事、保持敏捷、享受工作乐趣和追求卓越。此外，AES尝试在所有地区以同样的方式定义并实践其文化价值观，同时也对世界各地不同民族和群体之间存在的差异保持敏感。AES的高层管理人员表示，全球各地的人们相似性多于差异性，公司的文化在巴西、越南或哈萨克斯坦与在美国一样有意义。

12.1.2　强文化和弱文化

企业文化的力量和影响力有很大差异。一些是根深蒂固的，对公司运营惯例和员工行为的影响巨大。另一些没那么根深蒂固，对行为和公司活动开展方式的影响微弱。

1. 强文化公司

强文化公司的标志是存在起主导作用的那些根深蒂固的价值观、业务原则和行为规范，它们"规范"着员工行为，决定着工作氛围。[8]在强文化公司中，高层管理者会强调并重申为什么需要这些价值观、原则、规范和运营方法来指导公司如何开展业务以及最终如何实现更好的绩效。此外，他

> **核心概念**
> 在**强文化公司**，根深蒂固的价值观和行为准则被广泛推广，并规范着公司业务的运作。

们有意识地努力在自己的行动中展现这些价值观、原则和行为规范——他们言行一致。明确期望公司员工根据采用的价值观和经营方式行事，将产生两种重要结果：①随着时间推移，

所宣扬的价值观被普通员工广泛接受——不喜欢这种文化的员工往往会离开；②员工会受到同事施加的强大的同侪压力，要求他们遵守文化认可的规范与行为。由于大多数员工会接受企业文化，并且员工能够感受到管理者的期望和来自同事的压力。所以，强文化最终能够对行为产生巨大影响。

只有经过一段时间的酝酿和历经几年（有时几十年）文化建设之后，才能形成强文化。两个因素有助于形成强文化：①创始人或强有力的领导者建立了有助于公司成功的核心价值观、原则和惯例；②公司长期真诚地致力于根据这些既定的传统和价值观进行运营。领导力的持续性、低员工流动率、地理位置集中、组织所取得的重要成功都有助于强文化的产生和持续。[9]

在强文化公司，价值观和行为准则是如此的根深蒂固，以至于它们可以承受高层领导的变动。不过，如果新任首席执行官不再培育该文化或不再积极地进行文化调整，它们的力量会随着时间流逝而减弱。强文化公司的文化规范不会随着战略的发展而发生很大变化，一方面是因为强文化限制了新战略的选择，另一方面是由于文化的主导特征在某种程度上是战略中立的，并且与公司战略的演变相适应。因此，强文化为战略执行提供了巨大的帮助，因为公司管理者可以利用传统、信念、价值观、共同纽带或行为规范等作为杠杆来促使员工致力于执行所选战略。

2. 弱文化公司

与强文化公司形成鲜明对比的是，弱文化公司缺乏广泛认可和强烈认同的价值观、原则和行为规范。因此，它们也缺乏协调、约束和规范公司员工的行动、决策和行为的文化机制。在高层管理者没有展现持久奉行某种价值观、信念、操作惯例和行为规范时，个体很少会面临以特定方式做事的压力。缺乏全公司范围的文化影响力和受人尊敬的传统，会产生一种工作氛围，即员工对公司的使命或所确定的经营方式缺乏强烈的忠诚。尽管个别员工有可能对其部门、同事、工会或者直接主管具有一定的认同感和忠诚度，但他们对公司缺乏热情，对想要完成的事情缺乏情感承诺——这导致员工仅仅把公司看作工作的地点，将工作视为一种谋生的手段。

结果就是，弱文化几乎无益于战略执行，因为管理者无法利用传统、信念、价值观、共同纽带或行为规范来使员工致力于执行所选战略。缺乏将组织能量引导至良好战略执行方向的工作氛围，管理者只能选择使用薪酬激励以及其他激励手段来调动员工承诺，更密切地监督员工行为，或者尝试建立文化根基，及时开始培育战略执行过程。

12.1.3   企业文化对于战略执行过程至关重要的原因

即使公司拥有强文化，该文化和工作氛围与有效执行所选战略的要件也既可能兼容，又可能不兼容。当公司当前的文化促进与所选择战略相一致又有利于一流的战略执行的态度、行为与行为模式时，文化便能与战略执行相互促进。例如，以节俭为特征的企业文化，将促使员工采取行动来识别节约成本的机会——这是成功执行低成本领先战略所需的行为。一个倡导主动、展现创造力、承担和拥抱变革的文化有利于成功执行产品创新和技术领先战略。[10]

植根于行动、行为和工作惯例中的文化有利于良好的战略执行，表现为以下三个方面：

（1）与所选战略和战略执行工作的要求完美匹配的文化，能够将员工的注意力集中在对工作最重要的事情上。此外，这种文化可以指导员工的决策和行为。通过这种方式，它能够使整个公司所有员工的努力和决策保持一致，并最大限度地减少对直接监督的需要。

（2）文化引发的同侪压力进一步促使公司员工以有助于战略执行的方式开展工作。企业文化越强势（价值观越被广泛认可和深信），同侪压力越大，越有利于战略执行工作。研究表明，强有力的团队规范比财务激励更能够塑造员工的行为。

（3）符合良好战略执行要求的企业文化可以激励员工，加深员工对战略执行的承诺，并在此过程中提高员工的工作效率。当一家公司的文化以执行战略所需的行动为基础，员工会对他们的工作、所在的公司和公司努力实现的目标更加认同。更多的员工认同公司正在努力实现的目标，会激发员工的积极性，调动组织能量，推动战略的良好执行。充满活力的员工队伍提高了实现关键绩效目标和良好战略执行的可能性。

与此形成鲜明对比的是，当企业文化与所选战略或良好战略执行的要求相冲突时，文化便成了绊脚石。[11] 战略的成功执行有时会包含一些与主流文化相悖的认知、行为和实践。当战略执行的要求与企业文化相冲突，会使组织成员进退两难：他们应该忠于文化和公司传统（可能是情感所向）而抵制或罔顾有利于战略执行的行为吗？——该决策一定会削弱良好战略执行的动力。或者他们应该支持战略执行，而做出与企业文化背道而驰的行为吗？——这一决策可能会削弱员工士气，降低对良好战略执行的承诺。这两种选择都不能产生理想的结果。当企业文化（尤其是强大又广为传播的文化）对良好战略执行所需的行动和行为有所抵制，尤其是强烈和普遍的抵制，就构成了一个巨大障碍，要成功执行战略，必须清除该障碍。

具备或不具备支持战略执行的企业文化的后果，反映了对战略执行过程进行管理的重要性：将企业文化与良好战略执行的要求紧密结合，值得高层管理者高度关注。文化建设的目标是创造一种工作氛围和经营风格，来充分调动员工精力，全力做好高效地执行战略。管理层对支持战略执行的做事方式影响越深，就越能够依靠企业文化，自动引导员工做出有助于良好战略执行的行为和工作实践，并避免做出不利于战略执行的事情。此外，对企业文化敏锐的管理者明白，营造恰当的文化环境不仅可以推动良好战略执行，还可以促进员工对于公司愿景、绩效目标和战略的高度认同与承诺。

> **贴士 12-3**
> 强文化能够使员工的行动、行为、工作惯例与所选战略一致，并与战略执行相互促进。

> **贴士 12-4**
> 致力于建立一种鼓励有利于良好战略执行的行为和工作实践的企业文化，符合管理层的最大利益。

12.1.4 促进良好战略执行的健康文化

只要符合所选择的战略，并包含支持战略执行的态度、行为和工作实践，这样的强文化绝对是健康文化。另外还有两类文化往往也是健康的，在很大程度上促进良好战略执行：高绩效文化和适应性文化。

1. 高绩效文化

一些公司拥有所谓的高绩效文化，其中突出的特点是"敢干"（can-do）精神、为正确地做事而自豪、乐于承担责任，以及结果导向的工作环境，在该环境下，人们全力以赴地实现或超越目标。[12] 在这种文化中，员工有很强的参与感，并且该文化强调个人的主动性和努力。对整个公司、每个组织单元以及每个人的绩效期望都有着明确的描述。迅速解决问题；人们高度关注需要完成的事情。组织明确期望，从高层管理者到一线员工，所有的公司人员都展现出高绩效行为和渴望公司成功的激情。这种文化——渗透着成就感和取得良好成果的建设性压力——极大地促进了战略的良好执行和运营卓越性。[13]

Epic Systems 因其卓越的记录保存软件而被医疗保健机构所熟知。这家公司的成功在很大程度上归功于它强大的高绩效文化。通过强调公司十项诚律和指导原则的重要性，Epic 营造了一种工作氛围，在该氛围下，员工用同一总体标准来帮助指导和协调他们的行动。Epic 从一开始就注重培养这种高绩效文化。它面向一流大学招聘入门级人才，注重人员的技能而不是人格。它会向每一位新员工提供严格的培训和入职训练。这种文化对 Epic 的战略执行产生了积极的影响，因为员工专注于最重要的活动，同侪压力可以推动 Epic 的成功，并且员工也热衷于参与其中。Epic 公司相信自己有能力让新的团队成员适应新的文化，并坚守其核心价值观，这种信念使其多年来一直成为医疗软件的首要供应商。

塑造高绩效文化的挑战在于激发员工的高度忠诚度和奉献精神，使他们能对工作充满激情并全力以赴。管理者必须努力加强建设性行为，奖励表现最佳者，并清除阻碍高生产率和良好结果的习惯和行为。他们必须努力了解下属的优点和缺点，以便更好地将人才与任务相匹配，发挥员工的长处，从而为公司做出有意义的贡献。他们必须强调从错误中吸取教训，坚持不懈地强调前进并取得良好进展——实际上，必须采用一种纪律严明的、注重绩效的组织管理方法。专栏 12-1 描述了彪马（Puma）对保持高绩效文化的关注。

专栏 12-1　彪马的高绩效文化

作为世界第三大运动服装制造商，彪马正在努力追赶其竞争对手——耐克和阿迪达斯。它将使命概括为"永远跑得更快"，以此表明它不断创新并超越其强大竞争对手的决心。但是，高绩效文化是彪马速度和敏捷性更为重要的驱动因素。

2020 年，位于德国的彪马公司总部获得了 Glassdoor 颁发的最佳工作场所奖。为了激励总部员工，彪马提供了一个以运动生活方式为中心的快节奏、有趣的工作环境。公司鼓励员工享受有机食堂、最先进的健身房、自然跑道、足球场和篮球场。这不仅有助于在员工之间形成牢固的联系，而且为公司的最新创新和设计提供了试验场所。

作为一家拥有近 15 000 名员工和三个国际中心（中国香港、美国马萨诸塞州萨默维尔、越南胡志明市）的跨国公司，彪马面临的挑战是确保这种文化覆盖全公司，并能将各部分团结在一起。这需要的不仅仅是确保每个中心都有一个像德国那样的基于运动元素打造的场所。彪马从招聘环节就开始吸引并留住那些价值观、动力和运动热情与公司其他人相匹配的人。因此，彪马是一家年轻的公司，员工的平均年龄在 30 岁左右。新入职员工从第一天起就通过学习支持他们以"速度和精神"工作的视频和文学作品来接触公司文化。老手为新手指点迷津，帮助他们快速融入公司。彪马的人才管理和培训（包括国际领导力项目）同样有助于公司的高绩效文化。高潜力和高绩效个人的识别和晋升不分级别与职能部门，公司相信成功的团队由成功的领导者领导。

Glassdoor 面向许多公司员工进行的年度

调查报告表明，彪马员工对他们在彪马体验到的速度和精神风貌赞不绝口。从其灵活的工作时间、丰厚的福利、个人发展机会、现场娱乐设施、团队精神以及平衡工作与生活的承诺来看，彪马表明了其以人为本的思想，因为这最终是建立高绩效文化的唯一可靠基础。

资料来源：Glassdoor.com/employers/blog/puma-2020, by Amy Elissa Jackson, December 11, 2019；公司网站（访问于 2020 年 4 月 1 日）.

2. 适应性文化

适应性文化的特点是组织成员愿意接受变革并接受引入或执行新战略的挑战。在这种文化中，公司成员都有一种信心，他们认为组织可以应对任何威胁或把握机会；他们愿意接受风险、实验、创新，以及战略和实践的不断变化。工作氛围支持管理者和员工提议或发起有益的变革。鼓励和奖励个人与团体进行内部创业（又称公司创业）。高层管理者会寻找、支持和提拔积极主动、发现改进机会并展示执行这些改进的能力的个人。管理者会公开对员工的想法和建议进行评价，为新产品的开发和完善计划提供资金，并小心谨慎地承担风险以寻求新兴市场机会。与高绩效文化一样，适应性文化下的公司会采用积极主动的方法来识别问题，评估影响和选择，并快速推进可行的解决方案。为了适应或者利用商业环境的变化，公司会根据需要调整战略和传统经营惯例。

> **贴士 12-5**
>
> 随着公司战略的发展，与抵制变革的文化相比，适应性文化是战略实施、战略执行过程中明确的盟友。

但为什么在适应性文化中，人们如此乐于接受变革呢？为什么组织成员不害怕变革会影响他们？为什么适应性文化没有随着战略、经营惯例、行为规范等的变化而被抛弃？因为适应性文化具有两个独特的主要特征：①经营惯例和行为的变化不能损害核心价值观和长期存在的商业原则（因为它们是文化的根源）；②变革必须满足顾客、员工、股东、供应商和公司运营所在社区等利益相关者的合法利益。换句话说，维持适应性文化的前提是组织成员认为管理层试图进行的变革是合法的，并且符合公司的核心价值观和利益相关者的整体最佳利益。[14] 毫无疑问，当公司员工的工作保障没有受到威胁时，当他们将新的职责或工作任务视为适应新环境的一部分时，他们通常会更容易接受变化。如果公司不得不裁员，那么以人道的方式处理裁员，尽量减少员工离职的痛苦是很重要的。

技术公司、软件公司以及基于互联网的公司是具有适应性文化的组织的典型代表。这些公司在变化中茁壮成长——推动、引领并利用变化。像亚马逊、谷歌、苹果、Facebook、奥多比（Adobe）、高朋（Groupon）、英特尔和 Yelp 等公司都培养了快速行动、快速反应的能力。它们是创新和创业的狂热实践者，愿意为开发新产品、开展新业务和开拓新行业冒险。为了创造和培养能够迅速适应不断变化的商业环境的文化，它们重视为组织配备灵活的人员，这些人能够应付变化的挑战，并具有很好地适应新环境的能力。美国最大的家居电商购物平台 Wayfair 将其（业绩的）快速增长归功于鼓励员工创新的创业和协作文化。它们雇用愿意创造性地解决问题和制订新计划的人，并允许他们承担一定的风险。

在瞬息万变的商业环境中，有必要塑造一种接受组织实践和行为改革的企业文化。然而，适应性文化对所有的公司都有效，而不仅仅是那些身处快速变化环境中的公司。每家公司所处的市场和商业环境都会发生变化，这需要公司内部做出响应，组织成员需要采取新的行动。

12.1.5　阻碍良好战略执行的不良文化

不良文化的鲜明特征是它的反生产性特征，它会对工作氛围和公司业绩产生不利的影响。不良文化所具有的五种突出的特质是：对变革的敌意、决策高度政治化、思维狭隘、贪婪且不道德的行为、存在不相容的亚文化。

1. 抵制变化的文化

在抵制变化的文化中，对变革的恐惧和对新发展重要性的怀疑是常态，非常重视不犯错误，促使管理者倾向于安全、保守的决定，旨在维持现状，保护他们的权力和直接利益。当公司所处的商业环境变化迅速时，缓慢地改变传统的做事方式会增加公司的负担。在这种情况下，抵制变化的文化将导致许多不良的行为：规避风险，不把握新兴机会，不重视产品创新和价值链活动的改进，市场响应速度缓慢。在抵制变化的公司文化中，以不同方式做事的提议将面临一场艰苦的战斗，支持这些新想法的人可能被视为讨厌鬼或麻烦制造者。相反，人们花费大量的精力来证明公司目前正在做的事，却很少讨论公司应采取什么不同的做法——人们强烈反对大胆的行动。不重视管理者或员工主动性和新想法的高层管理者，会对产品的创新、试验和改善起到阻碍作用。

对变革怀有敌意的现象通常发生在那些曾经取得过很大的市场成功，并且具有"我们这样做已经很多年了"综合征的官僚机构。西尔斯（Sears）和柯达就是那些抵制变革的官僚体制损害了其市场地位和财务绩效的典型例子，它们坚持曾经使它们获得成功的因素，当市场变化的信号首次响起时，它们不愿意改变经营方式或进行业务调整。由于采取了因循守旧而非大胆创新的战略，而竞争对手却迅速采取措施，根据不断变化的市场状况和买方偏好来做出更多变化，它们的市场份额被竞争对手所抢占。因此，这两家公司最终都因破产被告上法庭。

2. 政治化的文化

政治化的内部环境变得如此不健康的原因在于，政治内斗消耗了大量的组织精力，往往导致对公司最有利的事情让位于政治操纵。在政治文化占主导的公司中，管理者按照自己的计划行事，将管辖下的部门视为自己自治的"领地"进行运作。他们考虑的是如何维持或扩大自己的势力范围。他们对与其他组织单元的合作持怀疑态度，也不愿意开展跨业务单元的合作。具有政治影响力的高管的支持或反对，以及/或者因在某一特定结果中受益的各部门之间的联盟，往往会决定公司采取何种行动。所有这些政治操纵使公司无法真正熟练地执行战略，并使那些不那么政治化，愿意做符合公司利益的事情的员工感到沮丧。

3. 闭门造车的文化

有时，一家公司作为行业领导者，或是享有巨大的市场成功的时间过长，会让其员工开始相信他们知道所有问题的答案，或者他们能够独自解决问题。他们还会时常忽视消费者的意见、需求和期望的变化。这种对公司做事方式正确性的信心，以及对公司竞争优势的坚定信念，滋生了傲慢情绪，促使员工低估了外部人士所做事情的价值，认为向最佳表现者学习是没有好处的。狭隘的思维和内部驱动的解决方案以及"必须在这里被发明"（must-beinvented-here）的心态逐渐渗透到公司文化中。专注于内部的企业文化导致了管理层近亲繁殖，无法招募到能够提供新思维和外部视角的员工。闭门造车思维的一大风险是，公司可能会低估竞争对手的能力，同时高估其自身的能力，所有这些都会随着时间的推移削弱公司的竞争力。

4. 贪婪且不道德的文化

很少考虑伦理标准，公司高管在运营公司时贪婪且追逐自我满足，那么这样的公司很有可能暴发丑闻。在追求过高的收入和盈利目标时，高管们通常会表现出傲慢、自负、贪婪和 "不择手段" 的负面心态。[15]对不道德行为视而不见的高层管理者，可能会越界做出不道德（有时甚至是犯罪）的行为。他们倾向于采用会计手段，使公司的财务绩效看上去比实际更好。许多公司已经成为贪婪和不道德行为的牺牲品，最著名的包括图灵制药公司（Turing Pharmaceuticals）（丑闻发生后，它改名为 Vyera）和迈兰公司（Mylan），二者都因不合理上调救命药物价格而声名狼藉。其他臭名昭著的公司包括安然公司、英国石油公司、美国国际集团（AIG）、美国国家金融服务公司（Countrywide Financial）、摩根大通集团、德意志银行（Deutsche Bank）和汇丰银行（HSBC，欧洲最大银行），这些公司的高管被起诉和 / 或被判有刑事罪行。

5. 不兼容的相互冲突的亚文化

当各亚文化包含的经营哲学是相互冲突的，所支持的战略执行方法是不一致的，所鼓励的人员管理方法是不兼容的，就会形成不健康的公司亚文化。亚文化冲突会阻碍公司去协调战略制定和执行，还会分散员工对业务的注意力。不同的亚文化为获得主导地位进行内部竞争，会阻碍不同组织单元间的团队合作，无法通过协作进行战略执行。对战略执行方法缺乏共识，会导致执行新战略的方式分散或不一致，公司整体战略的执行只能取得有限的效果。

12.1.6　改变问题文化

当强文化是不健康的或与成功执行战略所需的行为要求不一致时，必须尽快地改变和管理这种文化。这意味着尽可能快地消除不健康或功能失调的文化特质，并积极努力嵌入新的行为和工作惯例，以实现一流的战略执行。企业文化中不健康或不匹配的方面越顽固，越阻碍战略执行，越需要变革。

由于某些态度和行为早已经根深蒂固，所以改变问题文化是最艰巨的管理任务之一。对于公司员工来说，坚持惯有工作方法并对变化保持警惕是人之常情，但他们同样不应对新的工作方法产生敌意。因此，要根除不受欢迎的行为，用更有效的做事方式取代不支持战略的文化，需要在一定的时间内采取一系列管理行动。高层的英明领导是区分文化变革成败的最明显的因素。要推动重大的文化变革，克服对固有文化的顽强抵制，就需要强大的力量——强大的力量只掌握在高层管理者特别是首席执行官手中。然而，虽然高层管理者必须领导变革工作，但塑造新文化和灌输理想文化行为还需要整个管理团队的参与。中层管理者和一线主管在执行新的工作与操作方法，赢得普通员工对变革的接受与支持以及灌输所需的行为规范等方面，发挥着关键作用。

如图 12-2，解决问题文化首先是让高层管理者识别当前文化中功能失调并阻碍战略执行的因素。其次，管理者必须明确界定想要创造的文化包含的新行为与新特征。再次，他们必须使员工相信现有文化存在问题的原因、新的行为和运营方式能够提高公司绩效的原因与方式——文化变革的原因必须具有说服力。最后，也是最重要的一点，所有关于重塑当前文化的讨论之后，必须迅速采取有形的、强有力的行动，以促进产生理想的新行为和工作实践——公司人员会将这些行动视为高层管理者决心塑造新的工作氛围和运营方式的坚定承诺。植入新文化的行动必须是实质性和象征性的。

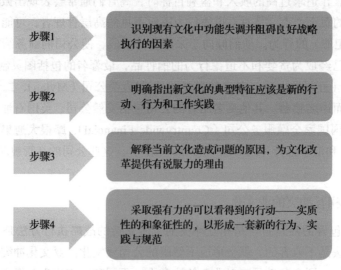

步骤1　识别现有文化中功能失调并阻碍良好战略执行的因素

步骤2　明确指出新文化的典型特征应该是新的行动、行为和工作实践

步骤3　解释当前文化造成问题的原因，为文化改革提供有说服力的理由

步骤4　采取强有力的可以看得到的行动——实质性的和象征性的，以形成一套新的行为、实践与规范

图 12-2　改变问题文化的步骤

1. 为文化变革找到有说服力的理由

管理者向公司员工阐述新的行为准则和工作方式的必要性，是其对企业文化进行重大重塑的途径。这意味着管理者要提出令人信服的理由，说明变革文化符合组织的最佳利益，以及员工需要全心全意参与到文化变革过程。这可以通过以下几种方式进行：

- 解释现有文化中的某些行为和工作实践会阻碍战略执行的原因和方式。
- 解释新的行为和工作实践是如何有利于产生更好结果的。有效的文化变革领导者善于讲故事和描述新的价值观和期望的行为，并将其与日常实践联系起来。
- 如果由于战略发生变化而进行文化变革，则需要解释当前战略必须改变的原因。这包括解释新战略将提升公司的竞争力和业绩的原因，以及文化变革有助于新战略执行的方式。

首席执行官和其他高层管理者必须亲自与公司员工讨论改变工作实践和文化相关行为的原因。为了使文化变革的成功，需要争取一线主管和员工意见领袖的支持，这意味着要使他们相信在组织各个层级实践和执行文化规范是有价值的。如果员工理解如何使公司利益相关者（特别是顾客、员工和股东）受益，那么新的行为方式和工作实践会更容易被接受。在大多数员工接受对新文化的需求并同意执行不同的工作实践与行为之前，还需要做更多工作以向员工灌输文化变革的理由。若想建立广泛的组织支持，公司需要抓住每个机会进行重复说明：为什么新的工作实践、操作方法和行为对公司利益相关者有利以及对公司未来的成功至关重要。

2. 实质性的文化变革行动

如果领导者仅仅谈论公司对新的行动、行为和工作实践的需求，那么文化变革将收获甚微。管理者必须通过采取一系列的行动来加强文化变革，给文化变革注入一些活力，让员工明确看到，管理层对文化变革的郑重承诺。管理层真正致力于向员工灌输一种新文化的最强烈迹象包括：

- 撤换支持旧文化并公开或秘密反对必要的组织和文化变革的高管和经理。
- 提拔文化变革的拥护者和可以成为所期望的文化行为榜样的人。
- 任命具有理想文化特质的外部人士担任有影响力的职位——引入新一代管理者发出了一个明确的信息，即一个新时代即将到来。
- 仔细筛选所有新职位的候选人，只雇用符合新文化的人。例如，一家强调诚信和公平经营的公司必须雇用那些正直、重视公平竞争的人。一家以创造力、产品创新和引领变革为文化核心的公司在筛选新员工时，必须了解他们是否有能力跳出框架思维，产生新想法，并在快速变化和模糊的环境中茁壮成长。
- 要求所有公司员工参加文化培训项目，以使其更好地理解公司所期望的与文化相关的新行动和新行为。
- 设计薪酬激励机制，以提高表现出所需文化行为的团队和个人的薪酬。员工在经济利益的驱使下，更可能做出公司所期望的行动和行为。
- 传播这样的信息：在文化变革中拥有突出表现、率先采用公司期望的工作方式、展现出新的行为、完成阶段性任务的员工已经获得了高额加薪。
- 修订政策和程序以便更好地推动文化变革。

高层管理者必须注意，一开始就要在全公司范围内开展文化变革行动，以向员工传递管理层进行当前文化变革和文化转型的严肃性、坚决性、不容置疑性。管理者对公司文化变革的承诺必须是值得信赖的。由高层管理者采取的这一系列行动必须引起注意，使变革快速启动，然后坚持不懈地努力使新的工作实践、期望的行为和运作方式等成为"标准"。

3. 象征性的文化变革行动

象征性的管理行动对于改变问题文化和加强巩固战略－文化匹配度而言也是十分重要的。最重要的象征性行动是高层管理者以身作则。例如，如果企业想成为行业中的低成本制造商，高层管理者就必须在决策和行动中体现出勤俭节约，如不对办公室进行奢华装饰，节省娱乐开支，精简办公室员工，严格审核预算，降低管理者的津贴等。在沃尔玛，所有的管理人员办公室装饰简单；管理者保持节俭的作风并致力于控制成本和提高效率。纽柯钢铁公司是全球低成本钢铁制造商之一，该公司的管理者乘坐经济舱，并且宁愿选择乘坐机场的出租车而不是豪华轿车。高层管理者必须警惕一个事实，即公司人员将会观察他们的

> **贴士 12-6**
> 公司高管可以采取的最重要的象征性文化变革行动是以身作则。

行为是否符合文化规范。因此，管理者必须确保决策和行动与新的价值观和文化规范保持一致。[16]

其他的象征性行动包括举行仪式活动，以奖励那些行动、行为符合新文化要求的员工。这些活动也为庆祝每次文化变革成功提供了机会。对自己在促进战略－文化匹配中的作用敏感的高管们，养成了出席仪式活动并表扬遵守规范的个人和团队的习惯。他们应出现在员工培训计划中，以强调战略重点、价值观、道德准则和文化规范。他们应把每次集会都视为重申和诠释价值观、赞扬好人好事、阐明新文化的优点、引证新的工作方法产生良好结果的机会，也可以利用仪式活动来推动对文化变革的承诺。富有远见的苹果公司联合创始人、已故的史蒂夫·乔布斯，曾经用棺材戏剧性地描述"老人"的死亡来驳斥抵制变革的行为。

借助榜样的力量进行文化塑造是非常普遍的。许多企业都设置了员工月度奖励。军队长期以来坚持为模范人员颁发彩带和奖章。玫琳凯（Mary Kay Cosmetics）会重赏实现销售目标的美容顾问，包括赠送标志性的粉红色凯迪拉克。

4. 改变问题文化所需的时间

播下新文化的种子，帮助文化生根发芽，需要首席执行官和其他高层管理者坚持不懈的努力。改变问题文化不是一项短期工作，新文化的出现和扎根需要时间。新文化需要更长时间才能深深嵌入到组织中。组织规模越大，支持战略执行的匹配度所需要的文化转变越大，所需时间也就越长。在大型组织中，改变问题文化和塑造一套新的态度和行为可能需要2～5年的时间。实际上，改变顽固的问题文化往往比在一个新组织中从头开始塑造支持战略的新文化更困难。

专栏12-2描述了高盛集团对其文化进行变革的方法，该公司的旧文化阻碍了其招募最佳青年才俊。

专栏12-2　推动高盛集团的文化变革

长期以来，高盛集团因其声望、高薪、奖金和福利而被认为是最好的金融服务公司之一。然而，到了2014年，高盛集团却难以招募到顶尖商学院中最优秀、最聪明的MBA学生。部分原因在于2008—2009年的银行危机，以及年复一年困扰该行业并且玷污了该行业声誉的丑闻。但另一个原因在于，年轻一代的价值观和志向发生了变化，这使银行文化远不如咨询、科技和初创公司的文化有吸引力。刚毕业的MBA学生不再愿意接受投资银行业常见的冗长的工作时间和不可预测的日程安排。他们想从工作中收获意义和目的，并且更加看重工作／生活的平衡，而非金钱收益。科技行业因有趣、年轻人导向和协作化的工作环境而闻

名；初创公司的激情和承诺也极具吸引力。高盛集团意识到自己正在与亚马逊、谷歌、微软、Facebook以及初创公司争夺最优秀的年轻人才，并最终惨败。

高盛集团的问题因其沉闷和呆板的文化而变得更加复杂——相较于科技和初创公司的时尚文化，其文化特征难以吸引年轻人。此外，高盛集团在实施组织变革方面一直进展缓慢。认识到这一问题后，高盛集团的领导层试图扭转乾坤，要求其高管将高盛视为一家科技公司，并具备相应的价值观。高盛集团的首席学习办公室负责转变其文化，并开始采取审慎的措施来实施变革。这一举动得到了所有高管的支持。为了在工作中营造一种家庭氛围，该

公司从小事做起，如成立体育联盟、鼓励设定定期的团建时间。更重要的是，他们制定了更有利于员工实现工作与生活平衡的工作计划和政策。他们放宽了育儿假政策，在工作时间安排上提供了更大的灵活性，并为实习生和初级银行职员制定了旨在限制其工作时间的保护措施。他们还全面修订了业绩审查和晋升制度，以及有关多元化的招聘实践和政策。尽管

文化变革从来都不是一蹴而就的，但到 2017 年，变革结果已显而易见。那一年，职业网站 **Vault.com** 将高盛集团评为最适合工作的银行公司，并指出，其在工作场所政策方面处于业内领先地位。

资料来源：http://www.goldmansachs.com/careers/blog/posts/goldman-sachs-vault-2017.html; http://sps.columbia.edu/news/how-goldman-sachs-drives-culture-change-in-the-financial-industry.

12.2　领导战略执行过程

一家企业要想真正熟练地执行战略，高层管理者必须在其中起主导作用，亲自推动战略执行的进程。他们必须到现场，了解运营情况，获得第一手信息，评估进展情况。要熟练地执行战略就需要管理者勤于并精于发现问题，了解战略执行过程中出现的障碍，然后扫清前进的道路——目标必须是快速有效地获得更好的结果。必须对各组织单元施加建设性压力，使其：①在战略执行的各个方面都展示出卓越性；②始终与公司目标相一致。最终，这将使精心制定的战略达到预期绩效结果。

具体来说，要执行战略并达到战略执行的预期结果，首先，必须理解良好战略执行的要求。其次，分析战略执行的准备情况，并制定推进和实现预期目标的措施。[17] 总的来说，要对良好战略执行和运营卓越性的驱动力进行引导，需要主管经理们采取三项行动：

- 关注正在发生的事情并密切监控进展情况。
- 对组织施加建设性的压力，以便更好地执行战略并实现运营卓越性。
- 采取纠正措施，以改进战略执行并实现既定的绩效结果。

12.2.1　关注战略执行的进展情况

为了掌握战略执行的进展情况，高级管理者必须从各种渠道获取信息。除了定期与关键下属沟通，审查最新的运营结果，观察对手的竞争性回应，拜访重要客户和供应商以了解它们的想法，通常还要视察公司的各种设施，与不同层级的公司员工交谈——这种策略通常被称为**走动管理**（management by walking around，MBWA）。大多数管理者非常重视与一线员工进行交流，他们会询问一些问题，倾听他们的建议和问题，获取有关战略执行情况的第一手信息。参观设施以及与操作员工进行面对面交流，可以让管理者很好地了解事情的

> **核心概念**
> **走动管理**（MBWA）是领导者用来掌握战略执行进展的一种有效的方法。

进展、出现的问题以及是否需要额外的资源或不同的方式。同样重要的是，走动管理致力于鼓励员工、振奋士气、关注战略重点、创造令人兴奋的事情——所有这些都能够产生积极能量并有助于推动战略的执行。

亚马逊首席执行官杰夫·贝佐斯因执行走动管理而闻名，他会在参观工厂时提出一系列问题，并坚持要求亚马逊的管理人员花时间与员工在一起，以防止与现实情况脱节。沃尔玛的高管每周会抽出 2～3 天时间去沃尔玛的门店，与经理和员工进行交流。沃尔玛的创始人

山姆·沃尔顿（Sam Walton）说："到门店倾听员工的想法至关重要。"通用电气公司的前任首席执行官杰克·韦尔奇是一位高效的管理者，他不仅积极亲自考察公司的运营情况，与主要客户进行交流，还会经常抽出时间，以便与从世界各地赶来公司总部上课的通用电气经理人员交流信息和想法。

许多制造业的管理者都会在车间巡视，与工人交谈，还定期与公司工会的成员见面。有些管理者在开放式的小隔间里办公，办公空间由许多开放式小隔间组成，供其他经理和员工使用，这样经理们就可以轻松地、频繁地与同事进行互动。有些管理者每周都举办聚会（通常在周五下午），创造了一个高级管理者与基层员工定期进行自由交流的机会。

12.2.2　激发员工努力实现战略执行的卓越性

为了更好地执行战略，通过发挥领导力来激发组织能量还需要营造一种结果导向的工作氛围，在这种氛围里，绩效标准很高，四处洋溢着成就精神。通常需要进行以下领导行动和管理实践以成功地引导员工的努力：

- 视员工为重要的合作伙伴。有些公司通过给予员工的称呼，来体现员工的价值，肯定他们对公司的贡献。如迪士尼将员工称为"演职人员"，麦当劳称呼员工为"队友"，格拉尼托克（Graniterock）将员工称为"工作所有者"，星巴克则将他们称为"伙伴"，还有一些公司将员工称为"同事"，如沃尔玛、亮视点（LensCrafters）、戈尔公司（W.L.Gore）、爱德华·琼斯（Edward Jones）、大众超市（Publix Supermarkets）和万豪国际集团（Marriott International）。在很多时候，公司乐于全面栽培员工，提供有吸引力的报酬和福利，强调内部晋升和承诺职业前景，提供高职业保障等，或者让员工感受到良好的待遇和备受重视。
- 培养团队精神以激励组织成员。该任务要求公司巧妙地运用人事管理实践来建立士气、培养员工为公司做事的自豪感、促进团队合作、赢得个人或单位对实现公司目标的情感承诺，以及激励员工全力以赴追求良好结果。[18]
- 使用授权创建充分参与的员工队伍。高层管理者——以及在某种程度上，公司的整个管理团队——必须设法让整个组织都努力执行战略。为取得伟大成果，必须有一支员工充分参与的队伍，每个人每天都以最好的状态工作。[19]组织也应该有一群在组织中有所作为的管理人员。为创建一个充分参与的组织，高层管理者可采取以下措施：①将权力下放给中层和基层管理者，推动战略执行；②授权给普通员工，使他们在工作中发挥主动性。卓越运营要求每个员工献计献策，在工作中发挥主动性和创造性，并愿意以最佳方式做事。
- 营造一种结果导向的工作氛围，并明确传达期望——公司员工应尽最大努力实现业绩目标。管理人员必须明确表示出对公司所有员工都能拼尽全力实现绩效目标的期待。但是，如果缺乏结果导向的工作氛围，高管们就无法指望通过"努力工作"的指示来产生预期成果。此外，如果他们只是劝告员工"有创造性"，也同样无法实现业务运营的创新性提升。相反，他们必须培养一种强大的高绩效文化，在这种文化氛围下，人们敢于创新、敢于尝试新方法。
- 使用标杆管理、最佳实践、业务流程再造、全面质量管理和六西格玛管理等工具，

致力于持续改进。这些都是实现良好的运营结果、促进战略良好执行的行之有效的
方法。

- 利用各种激励技术和薪酬激励方式来激励员工，并奖励高绩效的员工。公司应该鼓励
  员工和群体进行头脑风暴，发挥各自的想象力，勇于提出改善工作方式的建议。这意
  味着公司应给员工足够的自主权，以帮助有能力的人脱颖而出、发挥特长、为组织
  做出贡献。这也意味着公司应为创新和进行运营改进的人提供丰厚的奖励。特别重
  要的是，有些人的想法虽然没有获得成功，却不应受到惩罚或被边缘化，而是要鼓
  励他们再次尝试。发现好的想法需要承担风险，公司应意识到许多想法都难以取得
  成功。

- 庆祝个人、团队和公司的成功。高层管理者不应错过任何一个机会来表达对员工的尊
  重以及对个人和团队努力的欣赏。[20] 谷歌、玫琳凯、特百惠（Tupperware）和麦当劳
  等公司，会积极寻找理由和机会，为员工提供徽章、丝带、纽扣、奖牌，以此表达对
  那些在普通岗位上表现出色的员工的赞赏与激励。在金普顿酒店（Kimpton Hotels and
  Restaurants），为客人创造特殊时刻的员工将获得"金普顿时刻"代币奖励，这些代币
  可用来兑换带薪休假、餐厅礼品券、平板电视或其他奖品。思科和 3M 公司会表彰那
  些有想法、不盲目跟风的员工，因为他们防止了官僚主义的产生，并遵守公司制度，
  用实际行动去改善服务，改进新产品与新业务。

领导者努力塑造以结果为导向的、高绩效的企业文化，是值得肯定的，但绩效不佳的负
面结果也是存在的。所负责的部门绩效不佳的经理人员必须要进行更换。必须淘汰业绩不好
的员工，或者至少让他们去做更能发挥其能力的事。应该坦率地告诉业绩平平的员工，除非
他们能够付出更多的努力、展现更好的技术和能力以及更好地执行战略和交付良好结果，否
则他们的职业潜力会很有限。

12.2.3 领导纠正性调整的过程

每家公司都会有这样一个时期，由于无法预见战略执行中可能出现的所有问题，管理者
必须微调或彻底修改战略执行的方法。显然，当公司的战略执行未能取得良好结果时，领导
者有责任站出来并采取纠正措施。尽管有时必须认识到，未能取得良好业绩可能是由于战略
本身有缺陷或战略执行不力。[21]

纠正性调整的成功取决于：①全面分析战略及其执行情况；②利用敏锐的商业判断，决
定采取的行动方式；③恰当实施要采取的纠正措施。成功的管理者善于使组织迅速回到正
轨。他们（和他们的员工）善于识别恰当的调整以获得圆满成功。那些不擅长及时实施纠正
措施的管理者可能会被其他人取代。

战略执行中的纠正调整过程视情况而定。当企业处于危机时，迅速采取补救措施至关重
要。但是仍然需要时间弄清状况，检查可用数据，识别和评估方案（处理任何可能适合的数
据以确定哪些方案可能产生最佳结果），并决定具体的行动。当环境状况允许管理者自由决
定何时更改、要做出哪些更改时，大多数管理者似乎更倾向于选择循序渐进的方式来采取行
动。[22] 不管是被动调整还是主动调整，管理者纠正调整的过程在本质上是一样的：确定调整
的必要性，收集相关信息，加强对当前形势的理解，制定可选项并评估其优缺点，提出行动

方案，争取一致意见，最终采取共同商定的方案。如果情况特别复杂，决定启动哪些纠正措施的时间范围可能是几小时、几天、几周甚至是几个月。

毫无疑问，做出正确的纠正调整和领导成功的战略执行工作所面临的挑战是巨大的。[23]由于不同企业的组织环境不同，因此管理者在制订战略执行的方案时要考虑具体情况。但这项工作是绝对可做的。但是，对于究竟该做什么的问题没有规范性的答案，任何一种都可能会带来良好的结果。正如我们在第10章开头提到的那样，战略执行是一项以行动为导向的任务，这一任务对管理者指导组织变革、创建或重塑业务流程、管理和激励员工，以及实现绩效目标的能力提出了挑战。如果您现在能够更好地理解战略执行面临的挑战、涉及的任务、促进战略执行管理过程的工具，以及战略执行涉及管理工作这么多方面的原因，那么第10～12章所展开的讨论就已经成功了。

12.3   引领战略制定和战略执行：结语

在实践中，我们很难把领导战略执行过程与领导战略管理的其他过程分开。正如我们在第2章所强调的，制定与执行战略是由五个相互关联的阶段组成的，公司需要不断循环，对战略愿景、目标、战略和执行方法进行调整，以适应彼此或不断变化的环境。这个过程是连续的，在现实中，制定战略和执行战略的边界并不明确。良好战略领导力的最佳评判标准是：公司是否拥有好的战略（依托于其内部和外部情况）；战略是否得到有效执行；公司能否达到或超越其绩效目标。如果达到这三个条件，那么可以充分确定：该公司有着卓越的战略领导力，并且是一家管理良好的企业。

▣ 本章要点

1. 企业文化是公司内部工作氛围的特征——共同的价值观、根深蒂固的态度、核心信念、决定行为规范的公司传统、公认的工作实践和经营方式。企业文化很重要，因为它可以影响组织行为、业务经营方式，以及在市场上的最终表现，它可以被视为公司的 DNA。

2. 企业文化的关键特征包括公司的价值观和道德准则、员工管理方法、工作氛围和公司精神、员工互动方式、遵守规范的同侪压力的强度、激励机制所奖励的行为（包括物质奖励和象征性奖励）、传统和被反复传颂的"故事"、对待外部利益相关者的方式。

3. 公司的文化以其核心价值观和道德标准为基础并由其塑造而成。核心价值观和道德准则在文化塑造过程中发挥着两个作用：①它们营造了一种工作氛围，在这种氛围中，员工对公司经营方式有着共同的坚定信念；②它

们为员工的工作方式提供指导——哪些行为和做事方式得到提倡（和期望），以及哪些行为是超出界限的。它们是衡量特定行动、决策和行为是否恰当的标准。

4. 企业文化的强度和影响力有很大差异。强文化对公司运营和行为规范的影响巨大；弱文化对公司运营的影响相对较小。

5. 强文化可能对战略的执行产生积极或消极的影响。当与所选战略保持同步并与战略执行的行为要求相匹配时，文化可以大大有助于战略执行。与良好战略执行的行动和行为类型相匹配的企业文化通过以下三种方式促进战略执行：

● 通过将员工的注意力集中在战略执行工作中最重要的行动上。

● 通过引起员工的同侪压力，为成功的战略执行工作做出贡献。

- 通过激励员工，加强他们对战略执行工作的承诺，并提高他们的工作效率。

　　因此，投入大量精力塑造与促进良好战略执行所需的行为和工作实践相一致的强文化将实现管理者的最大利益。

6. 有利于良好战略执行的强文化是健康文化。高绩效文化和适应性文化属于健康文化。适应性文化在动态环境中尤其重要。强文化也可能是不良文化。五种阻碍战略执行的不良文化是：①抵制变化的文化；②政治化的文化；③闭门造车的文化；④贪婪且不道德的文化；⑤由不兼容的、相互冲突的亚文化组成的文化。

7. 改变公司的文化，尤其是不符合新战略要求的强文化，是一项艰巨且耗时的挑战。改变文化需要高层管理者的有力领导。管理者需要为文化变革提出令人信服的理由，并采取象征性和实质性行动，明确地展示高层管理者对变革的坚定承诺。企业文化要求的行动和行为越是符合良好战略执行的要求，管理者就越少依赖于政策、规则、程序和监督来管理员工行为。

8. 管理者需要采取三项行动，以领导良好战略执行和卓越运营：
- 掌握正在发生的事情并密切关注进展情况。这通常通过走动管理（MBWA）来完成。
- 通过对组织施加有利于良好战略执行的建设性压力，以调动人员努力，更好地执行战略。
- 采取纠正措施，提高战略执行力，达成目标绩效结果。

◨ 巩固练习

1. 在《财富》杂志公布的"2018 年最佳工作公司"排行榜上，Salesforce.com 荣登榜首，并实现连续 10 余年上榜。使用你所在大学的图书馆资源，看看它的公司文化和价值观是否与此相关。该公司文化的主要特征是什么？Salesforce.com 的文化特征是否会影响公司的道德实践？如果是，如何影响？

2. 根据在第 1 个问题中了解到的 Salesforce.com 的情况，你认为企业文化是否会影响公司执行战略和卓越运营的能力？

3. 专栏 12-2 描述了高盛集团的文化变革。该公司的组织文化是如何阻碍其有效性的？高盛集团采取了哪些实质性的文化变革行动？有什么证据表明高盛集团的文化变革是卓有成效的？

4. 如果你是一家公司的首席执行官，但公司普遍存在着不良文化，你会采取哪些措施来改变它？使用谷歌学术搜索或通过你的大学图书馆访问 EBSCO，LexisNexis 或其他数据库，搜索商业期刊中关于"文化变革"的最新文章。高层管理者在文化变革中扮演什么角色？他们进行文化变革的方法有何不同？

5. 领导战略执行过程包括掌握正在发生的事情并密切关注进展情况，对组织施加建设性的压力以实现卓越的运营，采取纠正措施以改进执行工作。利用你所在大学的图书馆资源，讨论一个最近的案例，说明公司的管理人员应如何展现出卓越战略执行所需的有效内部领导力。

◨ 模拟练习

1. 如果你正在向公司员工发表演讲，你会告诉他们公司需要什么样的企业文化？你希望贵公司展现出哪些具体的文化特征？请说明。

2. 你希望在公司的文化中融入什么样的核心价值观？为什么？

3. 在每次制定决策之后，你和其他的管理者是否会对公司的战略或战略执行方式进行纠正调整？至少列出三次你在最近决策中所做出的上述调整。你所做出的纠正调整是成功地改善了公司的绩效还是失败了？请引用确凿的证据来说明（最近一年与公司业绩相关的结果）。

4. 如果你和其他管理者坚持现状，并且在每次决策之后都未能做出任何纠正调整，那么公司的绩效将会怎么样？

◘ 尾注

[1] Jennifer A. Chatham and Sandra E. Cha, "Leading by Leveraging Culture," *California Management Review* 45, no. 4 (Summer 2003), pp. 20–34; Edgar Shein, *Organizational Culture and Leadership: A Dynamic View* (San Francisco, CA: Jossey-Bass, 1992).

[2] T. E. Deal and A. A. Kennedy, *Corporate Cultures: The Rites and Rituals of Corporate Life* (Harmondsworth, UK: Penguin, 1982).

[3] Joanne Reid and Victoria Hubbell, "Creating a Performance Culture," *Ivey Business Journal* 69, no. 4 (March–April 2005), p. 1.

[4] Ibid.

[5] John P. Kotter and James L. Heskett, *Corporate Culture and Performance* (New York: Free Press, 1992), p. 7. See also Robert Goffee and Gareth Jones, *The Character of a Corporation* (New York: HarperCollins, 1998).

[6] Joseph L. Badaracco, *Defining Moments: When Managers Must Choose between Right and Wrong* (Boston: Harvard Business School Press, 1997); Joe Badaracco and Allen P. Webb, "Business Ethics: A View from the Trenches," *California Management Review* 37, no. 2 (Winter 1995), pp. 8–28; Patrick E. Murphy, "Corporate Ethics Statements: Current Status and Future Prospects," *Journal of Business Ethics* 14 (1995), pp. 727–740; Lynn Sharp Paine, "Managing for Organizational Integrity," *Harvard Business Review* 72, no. 2 (March–April 1994), pp. 106–117.

[7] Emily F. Carasco and Jang B. Singh, "The Content and Focus of the Codes of Ethics of the World's Largest Transnational Corporations," *Business and Society Review* 108, no. 1 (January 2003), pp. 71–94; Patrick E. Murphy, "Corporate Ethics Statements: Current Status and Future Prospects," *Journal of Business Ethics* 14 (1995), pp. 727–740; John Humble, David Jackson, and Alan Thomson, "The Strategic Power of Corporate Values," *Long Range Planning* 27, no. 6 (December 1994),

pp. 28–42; Mark S. Schwartz, "A Code of Ethics for Corporate Codes of Ethics," *Journal of Business Ethics* 41, no. 1–2 (November–December 2002), pp. 27-43.

[8] Terrence E. Deal and Allen A. Kennedy, *Corporate Cultures* (Reading, MA: Addison-Wesley, 1982); Terrence E. Deal and Allen A. Kennedy, *The New Corporate Cultures: Revitalizing the Workplace after Downsizing, Mergers, and Reengineering* (Cambridge, MA: Perseus, 1999).

[9] Vijay Sathe, *Culture and Related Corporate Realities* (Homewood, IL: Irwin, 1985).

[10] Avan R. Jassawalla and Hemant C. Sashittal, "Cultures That Support Product-Innovation Processes," *Academy of Management Executive* 16, no. 3 (August 2002), pp. 42–54.

[11] Kotter and Heskett, *Corporate Culture and Performance*, p. 5.

[12] Reid and Hubbell, "Creating a Performance Culture," pp. 1–5.

[13] Jay B. Barney and Delwyn N. Clark, *Resource-Based Theory: Creating and Sustaining Competitive Advantage* (New York: Oxford University Press, 2007), chap. 4.

[14] Rosabeth Moss Kanter, "Transforming Giants," *Harvard Business Review* 86, no. 1 (January 2008), pp. 43–52.

[15] Kurt Eichenwald, *Conspiracy of Fools: A True Story* (New York: Broadway Books, 2005).

[16] Judy D. Olian and Sara L. Rynes, "Making Total Quality Work: Aligning Organizational Processes, Performance Measures, and Stakeholders," *Human Resource Management* 30, no. 3 (Fall 1991), p. 324.

[17] Larry Bossidy and Ram Charan, *Confronting Reality: Doing What Matters to Get Things Right* (New York: Crown Business, 2004); Larry Bossidy and Ram Charan, *Execution: The Discipline of Getting Things Done* (New York: Crown Business, 2002); John P. Kotter, "Leading Change: Why Transformation Efforts Fail," *Harvard Business Review* 73,

no. 2 (March–April 1995), pp. 59–67; Thomas M. Hout and John C. Carter, "Getting It Done: New Roles for Senior Executives," *Harvard Business Review* 73, no. 6 (November–December 1995), pp. 133–145; Sumantra Ghoshal and Christopher A. Bartlett, "Changing the Role of Top Management: Beyond Structure to Processes," *Harvard Business Review* 73, no. 1 (January–February 1995), pp. 86–96.

[18] For a more in-depth discussion of the leader's role in creating a results-oriented culture that nurtures success, see Benjamin Schneider, Sarah K. Gunnarson, and Kathryn Niles-Jolly, "Creating the Climate and Culture of Success," *Organizational Dynamics*, Summer 1994, pp. 17–29.

[19] Michael T. Kanazawa and Robert H. Miles, *Big Ideas to Big Results* (Upper Saddle River, NJ: FT Press, 2008).

[20] Jeffrey Pfeffer, "Producing Sustainable Competitive Advantage through the Effective Management of People," *Academy of Management Executive* 9, no.1 (February 1995), pp. 55–69.

[21] Cynthia A. Montgomery, "Putting Leadership Back into Strategy," *Harvard Business Review* 86, no. 1 (January 2008), pp. 54–60.

[22] James Brian Quinn, *Strategies for Change: Logical Incrementalism* (Homewood, IL: Irwin, 1980).

[23] Daniel Goleman, "What Makes a Leader," *Harvard Business Review* 76, no. 6 (November–December 1998), pp. 92–102; Ronald A. Heifetz and Donald L. Laurie, "The Work of Leadership," *Harvard Business Review* 75, no. 1 (January–February 1997), pp. 124–134; Charles M. Farkas and Suzy Wetlaufer, "The Ways Chief Executive Officers Lead," *Harvard Business Review* 74, no. 3 (May–June 1996), pp. 110–122; Michael E. Porter, Jay W. Lorsch, and Nitin Nohria, "Seven Surprises for New CEOs," *Harvard Business Review* 82, no. 10 (October 2004), pp. 62–72.

第二部分

战略制定和执行的案例集

案例 1

2020 年的爱彼迎

约翰·D. 瓦拉罗（John D. Varlaro）
约翰逊威尔士大学
约翰·E. 甘布尔
得克萨斯 A&M 大学柯柏斯克里斯提学院

爱彼迎成立于 2008 年，当时布莱恩·切斯基（Brian Chesky）和一位朋友决定把公寓租给来当地参加会议的客人。他们使用充气床垫招待租客并将此称为"空中民宿"（Air Bed & Breakfast）。正是在那个周末，个人对个人（peer-to-peer）房屋共享商业模式的想法及其潜在商机诞生了。在成立的 12 年间，爱彼迎取得了巨大的发展和成功。爱彼迎的商业模式是打造同行评议的数字市场（数字平台），允许房主将自己闲置的房间或整个房子提供给潜在客人，该模式彻底地改变了酒店和旅游业，爱彼迎计划在 2020 年进行首次公开募股。然而，2020 年上半年的一场全球性流行病似乎将要破坏爱彼迎的成功。

2018 年，这家房屋共享公司在大约 190 个国家拥有超过 400 万套房源，估值达到 310 亿美元。截至 2020 年，爱彼迎已经扩展到 220 多个国家，拥有 700 多万套房源。爱彼迎商业模式的成功得益于所谓的共享经济。然而，随着公司的发展，爱彼迎的商业模式遇到了阻力。市政官员以及酒店、汽车旅馆和民宿（bed and breakfast，B&B）的业主和经营者抱怨说，与受法律监管和税收约束的传统实体企业不同，爱彼迎的房东因为参与了爱彼迎的数字平台，能够规避此类责任。在其他情况下，爱彼迎的房东因城市和州出台的酒店及公寓租赁管理条例而遇到了法律问题。然而，由于新型冠状病毒（COVID-19）的传播，爱彼迎的生存危机已经迫在眉睫。许多房东将来自爱彼迎的收入要么用来清偿抵押贷款，要么用来购买房产，然后将所购置房产拿来出租。随着该病毒的蔓延，世界各地的人们待在原地，各地纷纷实施旅行限制以减缓病毒的传播，爱彼迎及其房东不得不依靠这种通过分享自己的（有时是私密的）住宅的商业模式，在这个充满不确定性的旅行和住宿市场艰难度日。

1. 住宿市场概述

在庞大的旅游住宿市场上，酒店、汽车旅馆和提供住宿加次日早餐的民宿无时无刻不在竞争。所有在此行业内经营的企业都提供住宿，但场所设施各不相同。酒店和汽车旅馆是能够为顾客提供单间或多间客房的较大场所。汽车旅馆专门为驾车的旅客提供空间较小的房间，每个房间都可直达停车场和洗衣房等设施。汽车旅馆也可能位于更接近公路的地方，这样客人可以更快速便捷地上高速公路。汽车旅馆的客人在开车往返度假目的地时，通常会将长途旅行分成几段，因此，在旅行期间可能会入住几家汽车旅馆。酒店在争取所有细分市场的旅客时对附加设施进行了大量投资。酒店通常会提供诸如功能齐全的 SPA 设施和精致的餐饮设施等。然而，不管是提供壮观景色的酒店，还是作为度假目的地的酒店，都会产生不菲的运营成本。总的来说，工资、资产和公共设施以及采购（如食品）等占总成本的 78%（见表 C1-1）。美国酒店 / 汽车旅馆的主要细分市场如表 C1-2 所示。

表 C1-1　酒店 / 汽车旅馆和民宿行业成本占收入的百分比（2020）

成本	酒店 / 汽车旅馆	民宿
工资	26%	28%
采购	18%	12%
折旧	9%	5%
营销	2%	2%
租金和公共设施	7%	10%
其他	27%	40%

资料来源：www.ibisworld.com.

表 C1-2　美国酒店 / 汽车旅馆的主要细分市场（2020）

细分市场	酒店
休闲	70%[1]
商务	18%
其他（包括会议）	12%
总计	100%

[1]美国境内休闲市场的 17% 来自国际旅行者。

资料来源：www.ibisworld.com.

然而，民宿的规模要小得多，通常是业主提供家中的房间以供客人住宿。顾客在预订民宿时，通常是想要获得民宿所特有的、舒适的、如家一般的氛围。与酒店或汽车旅馆相比，民宿提供了更个性化、更安静的氛围。此外，许多民宿都位于农村地区，在那里投资兴建一家较大的酒店可能成本高昂，但这一地理位置可能对游客具有吸引力。在这些地区，个体投资者会针对已有所有权或使用权的房屋进行投资，尤其青睐那些具有丰富历史内涵的房屋，以此为客人提供极具诱惑力和氛围的民宿之旅。因此，民宿通过提供一种更加乡村化、更慢节奏的氛围来参与竞争，旅行者能够通过这种氛围与民宿的房东及其周围社区建立起联系。

虽然规模和目标消费者不同，但所有酒店、汽车旅馆和民宿都受到城市、州和联邦规制影响。这些规制涉及诸如实物财产安全和食品安全、残疾人通道甚至酒类销售等各种领域。业主和经营者需支付各种经营许可费用。由于属于经营活动，这些财产和相关收入也要缴纳州税和联邦税。

除了规制之外，需要建造实体建筑也阻碍了酒店和汽车旅馆的快速扩张，尤其对新兴国际市场的影响更为明显。大型连锁集团倾向于通过购买现有实体店或通过并购进行扩张，例如，2016 年万豪国际集团收购喜达屋国际酒店和度假村。

2. 共享、健康经济的商业模式

"共享经济"中的创业公司已存在数年。切斯基认为，以前的模式是以所有权为基础的。[1]
因此，经营一项业务首先需要取得业务所需资产的所有权。包括商品和服务在内的各种商业
活动中产生的闲置产能，都是在日常经营活动当中对商业经营进行资源调度时购买硬资产所
产生的直接结果。

然而，爱彼迎和其他同类公司通过提供一个技术平台来进行运营，在平台上，拥有闲置
产能的个人可以提供服务。得益于智能手机的普及和技术成本的持续降低，这些公司为个人
提供了一个能够即时共享大量资源的平台。因此，拥有空余房间的房主可以将房间出租；或
者，有空闲时间的车主可以提供一周几晚的出租车服务。个人用户仅需通过平台注册就可以
开始提供服务或资源。该平台为闲置资源的供给方和需求方提供了便利，因此搭建这个平台
的公司向双方收取少量交易费用。

根据爱彼迎的商业模式，爱彼迎针对房东收取一定比例的房间收入。对于爱彼迎而言，
其收入无须承担类似传统住宿机构相当大的运营支出，运营成本明显低于酒店、汽车旅馆和
民宿。爱彼迎的主要开支在于技术而不是在于持有和经营房产的相关费用，因此，爱彼迎的
商业模式是基于在线市场的收入－成本－利润结构，而不是住宿设施。爱彼迎每间客房预计
收取 11% 的费用，据报道，2016 年首次实现盈利，[2]2017 年，爱彼迎在年度投资者会议上
宣布，公司收入近 30 亿美元，利润超过 9 000 万美元。[3]

3. 消费者体验的变化

爱彼迎不仅仅是利用科技革新技术，更是深谙企业与消费者之间互动方式的变化，并且
采取措施顺势而行。与这一变化相关的似乎是消费者对于所有权重视程度的变化。消费者似
乎更喜欢分享或租赁，而非关注所有权。其他创业公司已定位于这些消费者，为他们提供订
阅服务和按需提供帮助。无论是奢华名表还是服装，相比于拥有感，人们对于这类资产的体
验感需求似乎逐渐占据上风。切斯基认为爱彼迎更加注重体验，坚信住客们渴求的是一种社
区式的居住环境，以及能够与房主建立一种更加密切的关系，这种说法似乎是有依据的。[4]
高盛最近的一项研究表明，一旦有人使用过爱彼迎，他们对传统住宿的偏好就会大大降低。[5]
该公司的价值主张对于消费者的吸引力使得其可以轻松筹集资金来支持公司业绩增长，其中
包括 2016 年一笔 8.5 亿美元的现金注入，使得公司的估值提高至 300 亿美元。表 C1-3 显示
了爱彼迎与全球最大酒店经营者 2018 年和 2020 年的市值比较。

表 C1-3 2018 年、2020 年的市值比较		（单位：10 亿美元）
竞争对手	2018 年的市值	2020 年的市值
万豪国际酒店	49	29
爱彼迎	31	26
希尔顿酒店	25	21
洲际酒店集团	11	8

资料来源：Yahoo Finance (accessed April 2018 and May 2020); "Airbnb Announces It Won't Go Public in 2018," *Business
Insider,* http://www.businessinsider.com/Airbnb-announces-it-wont-go-public-in-2018-2018-2(accessed April
20, 2018); "Airbnb Raises $1 Billion to Stockpile Cash in Pandemic," *The New York Times,* https://www.
nytimes.com/2020/04/06/technology/Airbnb-corona-virus-valuation.html（访问于 2020 年 5 月 21 日）.

传统的实体经营者在认识到这种消费者偏好的转变后，也正在做出回应。希尔顿酒店正在考虑向游客提供类似青年旅社式的服务。[6] 其他一些企业则以爱彼迎为中介平台，建造专门的城市房产以定向服务于爱彼迎的用户，这种城市房产常出现在房租和酒店住宿费用极高的国家或地区，如日本。[7]

为了管理房东和房客的社区，爱彼迎建立了一个评级系统。在亚马逊、易趣和 Yelp 等公司的推广下，个人对个人（P2P）评级有利于提高管理质量。房客与房东在爱彼迎上互相评价，这种方法可以激励房东提供优质的服务，同时也可以鼓励房客对所住之处写下有价值的评论。此外，P2P 评级系统大大降低了爱彼迎员工在其平台内部评估每位用户的重大任务负荷以及工作成本。

4. 不按规则办事

当地和全球企业批评爱彼迎的不公平商业行为，并游说立法者强制该公司遵守住宿业相关规章制度。这些担忧表明，爱彼迎的商业模式使得爱彼迎及其用户似乎不必遵守行业规则。这样的担忧可能涉及许多层面。对于房客而言，有规章制度的话可以极大地保障他们住宿的安全，因为消防法规和职业限制都是为了防止伤害和死亡的发生，同样法规也起到防止种族歧视的作用，因为传统的实体住宿行业被禁止以种族或阶级为由拒绝或向住客提供差别化住宿。但是，似乎有证据表明爱彼迎的房客曾遭受到来自房东的歧视。[8]

同样，房东也可能因为接待住客而面临法律和财务问题。一些报道表明，有些房东需要驱逐那些不愿离开的房客，但由于当地的法令，房客实际上是受到公寓租约保护的。其他报道强调，一些房间和住房会因房客举办的大型聚会而遭到损坏。除此之外，在房客受伤甚至死亡的情况下，房东也可能需要面临承担责任的风险。

最后，有人指责一些企业在没有获得正当执照的情况下，利用爱彼迎的市场经营住宿。这些房屋地点表面上看似乎是个人所有，但实际上却是企业所有。并且，通过爱彼迎这个平台，这些假冒企业可以在没有达到法规要求或没有缴纳税收收入的情况下进行经营活动并取得收入。

爱彼迎对其中一些问题做出了回应。2015 年，爱彼迎发布了一份报告，详细说明了其平台上存在的歧视现象以及如何减轻歧视。爱彼迎也于 2017 年年初解决了与旧金山的诉讼纠纷。该市要求爱彼迎执行城市法规，要求房东进行注册登记，否则将处以巨额罚款。作为和解协议的一部分，爱彼迎同意与所在城市共享相关信息。[9] 2018 年，爱彼迎开始与当地市政当局合作，帮助在其管辖范围内自动征收租金税，弥补了数百万税收损失。[10, 11]

认识到一些国家和地方政府正在对当地企业主及其选民的担忧做出回应，切斯基和爱彼迎已经把重点放在了动员和支持使用该应用程序的消费者和企业主身上。爱彼迎的网站为希望倡导该网站发展的住客和房东提供支持。倡导的焦点强调了在经济衰退最严重的时候，那些深受打击的人是如何依靠爱彼迎获得收入来源，防止本难以避免的丧失抵押品赎回权和破产的发生。"我们希望受到监管，这将使我们合法化"，切斯基在接受《每日秀》（*The Daily Show*）采访时对特雷弗·诺亚（Trevor Noah）说。[12]

5. "新冠经济"下的商业模式

2019 年，爱彼迎最终宣布，期待已久的首次公开募股将在 2020 年进行，爱彼迎的预计收入将超过 20 亿美元（见表 C1-4）。然而，爱彼迎继而调低预期，宣布由于运营成本增加，截至 2019 年 9 月，其净亏损超过 3 亿美元。[13] 然后，在 2020 年春季，新型冠状病毒大流行以及随后的州和地方政府为阻止病毒传播而采取的应对措施对爱彼迎及其商业模式造成了重大冲击。爱彼迎没有继续准备首次公开募股，而不得不通过私募股权和债务融资筹集了 20 亿美元，以支持疫情期间的运营。[14, 15] 2020 年 5 月，爱彼迎宣布将解雇 1 900 名员工，约占员工总数的 1/4。[16]

表 C1-4　2010—2020 年爱彼迎预计收入和预订量增长

（单位：100 万美元）

	2010	2011	2012	2013	2014	2015	2016	2017	2018	2019	2020
预计收入	6	44	132	264	436	675	945	1 229	1 536	1 843	2 120
预订量增长	273%	666%	200%	100%	65%	55%	40%	30%	25%	20%	15%

资料来源：Ali Rafat, "Airbnb's Revenues Will Cross Half Billion Mark in 2015," Analysts Estimate, March 25, 2015, skift.com/2015/03/25/airbnbs-revenues-will-cross-half-billion-mark-in-2015-analysts-estimate/（访问于 2020 年 5 月 21 日）。

爱彼迎很快尝试调整业务运营。由于房客取消了住宿，爱彼迎调整了取消政策。然而，房东通常对如何处理取消存在分歧。由于州和地方政府对旅行的限制，房客被迫取消了他们的停留，部分房东依据自己订立的取消政策向这些房客收费。作为回应，爱彼迎调整了政策，为 2020 年 3 月 14 日之前的订单办理退款，直到 2020 年 6 月底。

同时，爱彼迎为房东提供了安全和清洁指南。鉴于这一流行病的性质，清洁卫生变得至关重要。因入住爱彼迎而感染新型冠状病毒的房客或房东会让人们以后不愿意再使用爱彼迎。

然而，对于房东来说，收入的损失可能是最紧迫的问题。无论是作为私人住宅还是短期租赁房产，许多房东依靠租金收入来支付所拥有的房产的贷款。多年以来，许多房东都围绕对房客的预期收入建立了自己的财务体系。自新型冠状病毒大流行以来，一些房东报告说他们遭受了数万美元的经济损失。为了支持房东，爱彼迎设立了一个 1 700 万美元的基金，以帮助支持长期使用爱彼迎的房东。[17]

为了应对疫情的挑战，爱彼迎通过进入"在线体验"市场扩大了其共享经济模式。爱彼迎为顾客提供了在任意地点预订和虚拟体验的机会，如品尝雪茄和城市虚拟导游。显而易见，在 2020 年，如果爱彼迎想要成功应对疫情的冲击，它就必须考虑人们在疫情经济中可能愿意分享的其他内容。

◻ 注释

[1] Interview with Airbnb founder and CEO Brian Chesky, *The Daily Show with Trevor Noah, Comedy Central,* February 24, 2016.

[2] B. Stone and O. Zaleski, "Airbnb Enters the Land of Profitability," *Bloomberg,* January 26, 2017, https://www.bloomberg.com/news/articles/2017-01-26/airbnb-enters-the-land-of-profitability (accessed June 20, 2017).

[3] O. Zaleski, "Inside Airbnb's Battle to Stay Private," *Bloomberg.Com,* February 6, 2018, https://www.bloomberg.com/news/articles/2018-02-06/inside-airbnb-s-battle-to-stay-private (accessed April 20, 2018).

[4] Interview with Airbnb founder and CEO Brian Chesky, *The Daily Show with Trevor Noah,* Comedy Central, February 24, 2016.

[5] J. Verhage, "Goldman Sachs: More and More People Who Use Airbnb Don't Want to Go Back to Hotels," *Bloomberg,* February 26, 2016, www.bloomberg.com/news/articles/2016-02-16/goldman-sachs-more-and-more-people-who-use-airbnb-don-t-want-to-go-back-to-hotels.

[6] D. Fahmy, "Millennials Spending Power Has Hilton Weighing a 'Hostel-Like' Brand," March 8, 2016, *Bloomberg Businessweek,* www.bloomberg.com/businessweek.

[7] Y. Nakamura and M. Takahashi, "Airbnb Faces Major Threat in Japan, Its Fastest-Growing Market," *Bloomberg,* February 18, 2016, www.bloomberg.com/news/articles/2016-02-18/fastest-growing-airbnb-market-under-threat-as-japan-cracks-down.

[8] R. Greenfield, "Study Finds Racial Discrimination by Airbnb Hosts," *Bloomberg,* December 10, 2015, www.bloomberg.com/news/articles/2015-12-10/study-finds-racial-discrimination-by-airbnb-hosts.

[9] K. Benner, "Airbnb Adopts Rules to Fight Discrimination by Its Hosts," *New York Times,* (September 8, 2016) http://www.nytimes.com/2016/09/09/technology/airbnb-anti-discrimination-rules.html (accessed June 20, 2017).

[10] S. Cameron, "New TN Agreement Ensures

$13M in Airbnb Rental Taxes Collected," *wjhl.com*, April 20, 2018, http://www.wjhl.com/local/new-tn-agreement-ensures-13m-in-airbnb-rental-taxes-collected/1131192392 (accessed April 20, 2018).

[11] "Duluth, Airbnb Make Deal on Lodging Tax Collection," *TwinCitiesPioneerPress*, April 19, 2018, https://www.twincities.com/2018/04/19/duluth-airbnb-make-deal-on-lodging-tax-collection/ (accessed April 20, 2018).

[12] Interview with Airbnb founder and CEO Brian Chesky, *The Daily Show with Trevor Noah*, Comedy Central, February 24, 2016.

[13] J. Eaglesham, M. Farrell, & K. Grind. "Airbnb Swings to a Loss as Costs Climb Ahead of IPO," *The Wall Street Journal*, https://www.wsj.com/articles/airbnb-swings-to-a-loss-as-costs-climb-ahead-of-ipo-11581443123 (accessed May 21, 2020).

[14] E. Griffith. "Airbnb Raises $1 Billion to Stockpile Cash in Pandemic," *The New York Times*, April 6, 2020, https://www.nytimes.com/2020/04/06/technology/airbnb-coronavirus-valuation.html (accessed May 21, 2020).

[15] E. Wollman. "Airbnb Gets $1 Billion Loan, Bringing Coronavirus Funding to $2 Billion," *The Wall Street Journal*, April 15, 2020, https://www.wsj.com/articles/airbnb-gets-1-billion-loan-bringing-coronavirus-funding-to-2-billion-11586929819?mod=article_inline (accessed May 21, 2020).

[16] D. Bosa, & S. Rodriguez. "Airbnb to lay off nearly 1,900 people, 25% of company," *CNBC*, May 5, 2020, https://www.cnbc.com/2020/05/05/airbnb-to-lay-off-nearly-1900-people-25percent-of-company.html (accessed May 21, 2020).

[17] T. Mickle, & P. Rana. "A Bargain with the Devil—Bill Comes Due for Overextended Airbnb Hosts," *The Wall Street Journal*, April 28, 2020, https://www.wsj.com/articles/a-bargain-with-the-devilbill-comes-due-for-overextended-airbnb-hosts-11588083336 (accessed May 21, 2020).

2020 年精酿啤酒行业的竞争

约翰·D. 瓦拉罗
约翰逊威尔士大学
约翰·E. 甘布尔
得克萨斯 A&M 大学柯柏斯克里斯提学院

21 世纪 10 年代初，本地生产的或地区性的精酿啤酒给美国啤酒行业带来了翻天覆地的变化，百威（Budweiser）、米勒（Miller）、康胜（Coors）和百威昕蓝啤（Bud Light）等知名品牌受冲击最大，地区性的规模小的新进入者获得了收益。每年产量小于 600 万桶的被界定为精酿啤酒厂，随着州内酒类分销和零售法律对管制的放松，以及消费者对独特和高品质啤酒的偏好的改变，精酿啤酒厂迅速扩张。精酿啤酒越来越受欢迎，在 2015 年至 2020 年间，该行业收入的年增长率约为 4%。[1]

尽管精酿啤酒的受欢迎程度持续提高，但 2019 年整个啤酒行业仍保持平稳，美国的啤酒总销量下降了近 2%。[2] 进入 2020 年后，精酿啤酒行业也已开始显示出放缓的迹象。预计未来五年的年增长率略高于 2%，大约是过去五年的一半。[3] 消费增长放缓的部分原因是消费者倾向于从啤酒转向低卡路里的替代品，如硬苏打水，甚至完全放弃酒精。不过，进入该市场的新精酿啤酒酿造商数量似乎并未减少。此外，行业整合仍在继续。以百威英博收购数家精酿啤酒公司和莫德罗集团（Grupo Modelo）最为典型，而其收购南非米勒（SABMiller）这一大型酿酒商则是在继续争夺精酿啤酒市场份额。老牌精酿啤酒厂也做出了同样的回应，比如波士顿啤酒公司（Boston Beer Company Inc.）收购了角鲨头啤酒厂（Dogfish Head Brewery）。

然而，对精酿酿酒商最紧迫的威胁可能不是来自竞争对手，而是新型冠状病毒。从 2020 年年初开始，新型冠状病毒在世界各地蔓延，导致各国政府限制旅行，并要求公民留在家中，以试图遏制病毒的传播。在美国国内，停产导致 40 多个州的失业率创历史新高。[4] 对于依靠当地酒吧、品酒活动和其他私密空间来提高品牌认知和收入的当地小型精酿啤酒厂来说，新型冠状病毒和社交距离可能是 2020 年最大的威胁。

1. 啤酒市场

据估计，2018 年，啤酒市场对美国经济的总体贡献几乎占美国国内生产总值的 2%。[5]

2020 年精酿啤酒行业的总收入接近 80 亿美元，[6] 比 2017 年的 60 亿美元增加了近 20 亿美元。[7] 表 C2-1 显示了 2006 年至 2019 年美国的年产量统计数据。

表 C2-1　2006—2019 年美国生产的啤酒桶数　　（单位：100 万桶）

年份	年产量[①]	年份	年产量[①]
2006	198	2013	192
2007	200	2014	193
2008	200	2015	191
2009	197	2016	190
2010	195	2017	186
2011	193	2018	183
2012	196	2019	180

①四舍五入到百万。

资料来源：烟酒税及贸易局网站。

尽管美国的啤酒产量自 2008 年以来呈下降趋势，世界其他地方的消费量却在增加，预计到 2022 年，全球市场的销售额将超过 7 000 亿美元。[8] 全球经济增长似乎受到了两方面的推动：一是将不同风格的啤酒引入此前消费者无法购买该啤酒的地区；二是拓展到通常不消费啤酒的人群。因此，向发达地区和发展中地区出口啤酒有助于推动未来的增长。例如，中国近年来出现了一些国内精酿啤酒厂生产啤酒，并对当地偏好的口味进行了试验，比如用绿茶等口味来迎合当地顾客。

由酿酒商、供应商和其他业内人士组成的酿酒商协会将精酿啤酒商定义为年产 600 万桶以下的啤酒厂，且其他非精酿啤酒生产商持股不超过 25%。随着当地啤酒的迅速普及，美国啤酒制造商的数量在 2019 年达到了 8 000 多家，几乎是 2012 年的 4 倍。[9] 在这些啤酒厂中，99% 被确定为精酿啤酒厂，分销渠道覆盖当地甚至全美。虽然大型全球啤酒厂占据了美国最大啤酒厂排行榜的榜首，但 2019 年仍有三家精酿啤酒厂进入了美国最大啤酒厂的前十，如表 C2-2 所示。表 C2-3 显示了 2014—2018 年全球十大啤酒生产商的产量。美国各州 2015 年、2017 年和 2019 年的精酿啤酒厂数量如表 C2-4 所示。

表 C2-2　2019 年排名前十的美国啤酒厂

排名	啤酒厂
1	安海斯－布希公司
2	摩森康胜（MolsonCoors）
3	星座公司（Constellation）
4	美国喜力（Heineken USA）
5	帕布斯特酿酒公司（Pabst Brewing Company）
6	迪阿吉奥（Diageo）
7	D.G. 袁灵（D.G. Yuengling）
8	美国 FIFCO 公司
9	波士顿啤酒公司（Boston Beer Company）
10	内华达山脉酿酒公司（Sierra Nevada Brewing Company）

资料来源：酿酒商协会。

表 C2-3　2014—2018 年全球十大啤酒生产商的产量（单位：100 万桶）①

排名	生产商	2014	2015	2016	2017	2018
1	百威英博②	351	353	435	427	432
2	喜力公司	180	186	195	200	208
3	嘉士伯公司	110	107	102	100	105
4	华润雪花啤酒③	N/A	N/A	100	101	96
5	摩森康胜酿酒公司	54	54	82	82	79
6	青岛啤酒（集团）	78	72	67	68	68
7	朝日啤酒	26	24	60	61	58
8	北京燕京公司	45	41	38	35	33
9	卡斯特 BGI	26	26	26	26	29
10	艾菲③	N/A	N/A	N/A	28	29

注：N/A 表示未提供。

①最初报告为 100 升。为便于比较，用 1 升 =0.852 桶计算；四舍五入到百万。

②现在包括南非米勒酿酒公司；在收购之前，南非米勒酿酒公司在 2014 年和 2015 年的交易量分别为 249 百万桶和 353 百万桶，在这两年中排名第二。

③多年来都没有进入前 10 名。

资料来源：百威英博 20-FSEC 文件，2015—2019 年。

表 C2-4　2015 年、2017 年和 2019 年美国各州的精酿啤酒厂数量

州	2015	2017	2019	州	2015	2017	2019
亚拉巴马州	24	34	51	蒙大拿州	49	75	92
阿拉斯加州	27	36	45	内布拉斯加州	33	49	55
亚利桑那州	78	96	127	内华达州	34	40	45
阿肯色州	26	35	42	新罕布什尔州	44	58	91
加利福尼亚州	518	764	907	新泽西州	51	90	127
科罗拉多州	284	348	425	新墨西哥州	45	67	94
康涅狄格州	35	60	104	纽约州	208	329	423
特拉华州	15	21	27	北卡罗来纳州	161	257	333
佛罗里达州	151	243	329	北达科他州	9	12	22
佐治亚州	45	69	111	俄亥俄州	143	225	311
夏威夷州	13	18	24	俄克拉何马州	14	27	55
爱达荷州	50	54	73	俄勒冈州	228	266	311
伊利诺伊州	157	200	284	宾夕法尼亚州	178	282	401
印第安纳州	115	137	192	罗得岛州	14	17	33
艾奥瓦州	58	76	105	南卡罗来纳州	36	61	88
堪萨斯州	26	36	59	南达科他州	14	16	33
肯塔基州	24	52	69	田纳西州	52	82	108
路易斯安那州	20	33	40	得克萨斯州	189	251	341
缅因州	59	99	133	犹他州	22	30	42
马里兰州	60	73	112	佛蒙特州	44	55	68
马萨诸塞州	84	129	175	弗吉尼亚州	124	190	290
密歇根州	205	330	400	华盛顿州	305	369	423
明尼苏达州	105	158	196	西弗吉尼亚州	12	23	28
密西西比州	8	12	14	威斯康星州	121	160	205
密苏里州	71	91	140	怀俄明州	23	24	41

资料来源：酿酒商协会。

2. 啤酒的生产过程

啤酒的生产过程包括谷物的发酵。大麦是生产啤酒最常用的谷物。在发酵之前，大麦必须发芽和碾磨。大麦发芽并产生糖分，这些糖分由酵母发酵而来，产生啤酒的甜味。将大麦浸泡在水中，它就像种植在地里一样发芽或生长。通过引入热空气进行干燥后结束制麦。

制麦后，碾磨以打破大麦的外壳，同时也将已经开始发芽的种子打碎。碾磨粉碎大麦，并加入热水。加入热水会从谷物中产生糖分。然后将混合物过滤，形成麦芽汁。麦芽汁随后被煮沸，从而对啤酒进行灭菌。在这个阶段添加啤酒花。啤酒的味道和香气取决于啤酒花的种类和添加啤酒花的时间。

煮沸后，冷却麦芽汁，然后倒进发酵罐里，添加酵母。在前几个阶段产生的糖分通过发酵被酵母分解。不同类型的啤酒取决于使用的酵母类型，通常是爱尔（ale）酵母或拉格（lager）酵母。这个过程可能需要几周到几个月的时间。发酵后，去除酵母，再加入二氧化碳并进行产品包装，整个过程就完成了。

啤酒是一种多样化和差异化的产品，15 个种类，70 多个风格。每种类型都依赖于许多因素。这些因素由酿酒师对整个过程进行控制，可能包括原材料的来源、发酵方法和使用的酵母。例如，吉尼斯黑啤酒（Guinness）在其网站上提到其采购的大麦不仅是当地种植的，而且是在麦芽发酵后特别烘烤的，这使其有独特的味道和颜色。小麦啤酒是原料来源差异化的另一个例子，例如，德式小麦啤酒（hefeweizen）是用至少 50% 的小麦而不是大麦酿造的。

3. 小型啤酒厂的发展与规模经济

虽然学习酿造的技艺需要时间，但啤酒生产具有可伸缩性和多样性。例如，业余爱好者或家庭酿酒师都可以酿造供家庭消费的啤酒。2017 年有超过 100 万人追求自酿啤酒这一爱好，人们的这种兴趣显著增长。[10] 对于家庭酿酒者来说，投身创业并开始酿造用于商业销售的啤酒也并不罕见。然而，啤酒的生产是高度劳动密集型的，大部分工作都是手工完成的。为了达到盈亏平衡，小型啤酒厂要获得商业上的成功，需要一定规模的产量。

一家小型啤酒厂可以酿造多种口味的啤酒，并在利基市场上竞争，而大型啤酒厂可能更关注规模经济，大批量生产一种类型的啤酒。由于啤酒酿造过程易于伸缩且高度可变，二者都能吸引不同细分市场的消费者。相比之下，百威英博等全球生产商可以通过工厂自动化流程，为全球数百万消费者生产啤酒。

4. 啤酒厂的法律环境

由于啤酒是一种含酒精的饮料，该行业受到很多监管。此外，这些监管可能因州和市而异，其中一项规定是关于销售和分销的。

分销可以通过直销（或自营配送）以及两层和三层系统来区分。直销是指允许啤酒厂直接销售给消费者。种植者、瓶装酒销售和酒吧都是直销或零售的方式和渠道。通常会有关于直接销售的要求，包括限制销售给消费者的数量。

即使自营配送是合法的，合法的数量也可能非常小和有限。很少有啤酒商被允许不通过批发商进行分销。通常为了在运行上可行，啤酒商需要使用这种分销系统来获得收入。啤酒厂必须首先卖给批发商——酒类或啤酒经销商，然后这个经销商销售给零售商，零售商最终将产品销售给消费者，这被称为三层分销系统。

然而，这种分销结构会对消费者产生影响，因为在零售店和餐馆可以买到的很多东西都受到了经销商的影响。这进一步受到啤酒厂的啤酒是装瓶、装罐，还是通过啤酒桶分销的影响。餐馆和酒吧可以装酒桶，由于能容纳家庭用酒桶的消费者相对较少，当地酒类商店的零售货架上需要有罐和瓶。消费者只能在少数卖酒的商店和餐馆找到当地酿造的啤酒。在不允许自营配送或本地销售的州，分销和接触消费者可能是啤酒厂的一个障碍，尤其是那些小型或新建的啤酒厂。

烟和酒税务贸易局（TTB）是监管烟酒行业的主要联邦机构。另一个关于规制的例子是，啤酒厂被要求在啤酒上贴有联邦政府批准的标签，以确保符合广告准则。在某些情况下，TTB 可能需要在标签获得批准之前批准用于酿造特定啤酒的配方。考虑到审批程序长和精酿啤酒厂的增长，这一过程所需的时间可能会达到几个月。对于刚起步的小型啤酒厂来说，延迟销售可能会影响现金流。

雇用法是影响啤酒厂运营的另一个因素。《平价医疗法案》（ACA）和《公平劳动标准法案》（FLSA）的修订极大地影响了该行业的劳动力成本。在 ACA 强制雇主提供医疗保险的情况下，FLSA 改变了以前对于归类为免税或领薪员工的加班规定。最后，许多州和市政府通过或正在考虑通过提高最低工资标准的法案。这些法规的变化可能导致企业成本显著增加，影响啤酒厂生存或竞争的能力。

诉讼也可能影响啤酒厂的运营。有关啤酒厂和啤酒名称的商标侵权诉讼很常见。此外，食品相关的诉讼也可能会发生。2017 年，一些在加州销售的啤酒厂没有达到 2016 年 5 月的要求，没有提供额外的孕期消费警告标志，这可能会引发诉讼。因为罐和瓶盖中通常会含双酚 A，所以该啤酒厂有潜在的法律风险，这说明了任何啤酒厂都可能存在潜在的法律风险。

5. 啤酒厂供应商

这个行业的主要供应商是谷物和啤酒花的供应商。种植者可以直接卖给啤酒厂，也可以通过批发商分销。酿酒师想要生产一种特定谷物的啤酒，就必须获得特定谷物。此外，可能还需要黑麦、小麦和玉米等谷物。如前所述，精酿啤酒商的定义发生了变化，不仅包括更高的年产量门槛，而且也不排除在生产中使用其他谷物（如玉米）的生产者。最后，原产地特色的啤酒，比如德国或比利时风格的啤酒可能也需要特定的谷物。

谷物或啤酒花越是专业化，就越难获得。因此，那些以专业酿造技术为基础进行竞争的啤酒厂就需要找到这些供应商。相反，全球规模较大的单一风格啤酒生产商能够利用规模经济，从供应商那里要求较低的价格。有机种植的谷物和啤酒花供应商也会属于这种提供专门原料的类别，专业酿酒师往往使用这种原料。

2019 年，美国的啤酒花产量增长到近 6.4 亿美元，比 2018 年增长了约 10%[11]，这似乎是由于啤酒厂数量的增加而带来的需求增长。啤酒花生长在爱达荷州、华盛顿州和俄勒冈州。华盛顿州的亚基马山谷可能是比较容易辨识的种植区域之一。然而，啤酒花的种类很多，每一种都有不同的香气和风味。啤酒花种植者也为啤酒花的名称和品种注册了商标。除此之外，和谷物一样，有些啤酒风格需要特定的啤酒花。以前，一些地区以啤酒花闻名的农田已经开始看到这种作物的复兴，如新英格兰。在其他地区，农民将啤酒花作为一种新的经济作物引进。一些啤酒花农场具有双重用途，将种植业务与酿造业务结合起来，既为啤酒厂提供了啤酒花，又生产了自己的啤酒用于零售。然而，最近的新闻报道指出，由于啤酒厂数量增加，当前和未来啤酒花都出现了短缺。欧洲气温上升导致 2018 年啤酒花产量下降，进一步影响啤酒花供应。[12] 对于使用需要这些特殊啤酒花的配方的啤酒厂来说，短缺可能会对生产造成不利影响。在某些情况下，大型啤酒生产商为了保证供应不受影响，垂直整合了啤酒花种植。

该行业的供应商还包括酿造设备的制造商和经销商，如发酵罐和制冷设备。考虑到酿造过程和需要确保产品的纯度和安全，净化设备和测试工具也是必要的。

根据分销系统和分销渠道的不同，啤酒厂可能需要装瓶或罐装设备。因此，啤酒厂可能会大量投资于自动化装瓶能力，以扩大产能。然而，最近 16 盎司的铝罐出现了短缺。

6. 啤酒厂如何竞争：创新、质量还是价格

消费者可能会寻找特定的啤酒或啤酒厂品牌，或者购买价格较低的全球知名品牌产品。对一些人来说，喝啤酒也可能是季节性的，因为口味会随着季节的变化而变化。较淡的啤酒在较炎热的月份饮用，而较重的啤酒在较寒冷的月份饮用。消费者可能会将啤酒的类型与一年中的节日或季节联系起来。在庆祝德国传统的慕尼黑啤酒节之后，人们将啤酒节、德式啤酒与秋季联系起来。最后，任何一个消费者都可能喜欢几种风格，成为啤酒厂或品牌的忠诚顾客。

啤酒的酿造过程和多种多样的风格，使得酿酒厂可以采用不同的竞争战略——低价格高产量，或者高价格低产量。那么，行业竞争对手可能会同时瞄准价格点和差异化。家庭酿酒师决定投资几千美元在一个小空间里开创一个小型啤酒厂，可能会使用利基竞争战略，生产非常少量的啤酒。出于对啤酒的质量和酿造风格的偏好，消费者可能会光顾当地啤酒厂，或者去餐馆寻找精酿啤酒。如果法律允许，啤酒厂可能会提供试饮并现场销售给游客。此外，小型啤酒厂可以自由探索和试验不同寻常的口味。为了提高知名度，酿酒厂可能会参加比赛或啤酒节，或者在当地餐馆举办品酒会和"啤酒商的啤酒专场"。如果成功，啤酒厂可能会加大的设施和设备投资，以增加产能，满足不断增长的需求。

规模较大、更成熟的精酿啤酒厂，特别是那些被认为是区域性的酿酒厂，可以通过营销和分销来竞争，同时提供比实施大规模生产的酿酒厂更高的价值。然而，消费者有时可能会对小型啤酒厂的精酿啤酒体验感到敏感和渴望，以至于即使某啤酒厂被归为精酿啤酒厂，也可能会因其规模和覆盖面而招致消费者的不满。波士顿啤酒公司就是这样一家公司。尽管詹姆斯·科赫（James Koch）以一家微型啤酒厂起家，由此在 20 世纪 80 年代开创了精酿啤酒运动，但一些精酿啤酒消费者并不认为它是真正的精酿啤酒。

大型啤酒厂利用规模经济和成熟的分销系统进行大规模生产和竞争。因此，较低的价格推动了销量，低成本保持了利润率。这些品牌中有许多在体育和娱乐场所以及大型连锁餐厅集体销售，从而推动了销量。像百威英博这样的公司所拥有的品牌都是以精酿啤酒的概念来销售的，波士顿啤酒公司认为精酿啤酒是更好的啤酒类别——价格更高，但质量也更高。例如，蓝月亮（Blue Moon）是一种比利时风格的小麦啤酒，由米勒康胜（Miller Coors）生产。

自 2006 年以来，随着精酿啤酒的普及，蓝月亮的市场份额显著增加，在优质精酿啤酒领域与波士顿啤酒公司的山姆·亚当斯（Sam Adams）竞争。2011 年，百威英博还收购了规模更大、知名度更高的精酿啤酒厂，包括鹅岛（Goose Island）。大型啤酒厂的产品组合既包括低价精酿啤酒品牌，也包括优质精酿啤酒品牌，它们在各个领域展开竞争，给由于生产的要求而定价更高的优质精酿啤酒厂带来了压力。

然而，一项诉讼声称，蓝月亮的营销具有误导性，其营销活动使人们对其股权结构产生了误解。虽然该案被驳回，但它进一步说明了消费者对精酿啤酒的看法，还说明了市场营销的力量，以及大啤酒厂如何在这些细分市场中定位品牌。

7. 合并和收购

2015 年，百威英博提出以 1 080 亿美元收购南非米勒公司，2016 年 5 月获得欧盟批准，并于 2016 年最终完成。为了完成这次收购，南非米勒的许多品牌都需要被剥离。朝日集团控股公司从南非米勒公司手中收购了欧洲品牌佩罗尼（Peroni）和高仕（Grolsch）。摩森康胜收购了南非米勒在米尔·库尔斯有限责任公司（最初是摩森康胜和南非米勒的合资企业）58% 的股份。这笔交易使得摩森康胜获得了米勒·库尔斯 100% 的所有权。值得注意的是，百威英博啤酒和米勒·库尔斯啤酒占美国生产的国内消费啤酒的 80% 以上。自 20 世纪 90 年代以来，百威英博也积极收购了其他品牌和啤酒厂，包括 1995 年的拉巴特（Labatt）、2002 年的贝克、2008 年的安海斯 - 布希和 2013 年的莫德罗集团。

21 世纪 10 年代，大型公司对精酿啤酒厂的收购也有所增加。自 2011 年以来，百威英博已经购买了许多精酿啤酒厂，包括鹅岛、蓝点（Blue Point）和恶魔脊梁骨（Devil's Backbone）。米勒·库尔斯——旗下的品牌包括基莉安的爱尔兰红色（Killian's Irish Red）、莱因肯格尔（Leinenkugel's）和福斯特（Foster's）——收购了圣阿彻酿酒公司（Saint Archer Brewing Company）。岬角酿酒厂（Ballast Point Brewing & Spirits）被星座公司收购。最后，喜力收购了拉古尼塔斯酿酒公司（Lagunitas Brewing Company）的部分股权。

2019 年 5 月，波士顿啤酒公司收购了角鲨头啤酒厂。角鲨头啤酒厂由山姆和玛丽亚·卡拉吉翁于 1995 年创立，是特拉华州的第一家啤酒厂，也是当时美国最小的啤酒厂。[13] 自成立以来，角鲨头啤酒厂已成为美国最著名的精酿啤酒厂之一。波士顿啤酒公司的收购可能是对大型啤酒厂进军精酿啤酒的响应。看起来，精酿啤酒和啤酒厂不仅吸引了消费者的注意，也吸引了大型跨国啤酒厂和公司的注意。然而，精酿啤酒公司似乎在借鉴大型啤酒公司的做法，建立规模更大的公司，利用规模经济，并在市场上保持较小的、更亲民的品牌存在。

8. 啤酒生产商简介

8.1 百威英博

作为全球产量最大的生产商，百威英博在全球拥有 17 万名员工。该公司的产品包括在 150 多个国家生产、销售和分销的超过 500 种啤酒、麦芽饮料和软饮料。这些品牌包括百威、时代（Stella Artois）、莱福（Leffe）和福佳（Hoegaarden）。

百威英博通过三个层次管理其产品组合。百威、时代、科罗娜（Corona）等全球品牌遍布全球。贝克、福佳、莱福等国际品牌进入多个国家。本土冠军品牌（即本土品牌）代表了百威英博收购的地区品牌或国内品牌，如美国的鹅岛和韩国的卡斯（Cass）。虽然有些本土品牌是在不同的国家创立的，但这是由于地理上的邻近性和扩大品牌的潜力。百威英博 2019年收入增长了 4%，其中中美洲（7.2%）和南美洲（9.0%）的收入增幅最大。[14] 它在品牌认知度和精准营销方面的优势推动其全球品牌在各自的国内市场以外增长了近 10%。自 2017年以来，百威英博一直专注于在各自的本土市场之外发展这些品牌。

消费者对低卡路里酒精饮料的偏好提高了米凯罗啤酒（Michelob Ultra）和米凯罗 Pure Gold 品牌在美国的市场份额。然而，百威英博报告称，由于消费者对硬苏打水偏好的改变，其在美国的整体市场份额有所下降。作为回应，2019 年 8 月百威英博在北美推出了 Natural Light Seltze，有两种口味，包括黑樱桃和酸橙口味"Catalina Lime Mixer"以及柑果和桃子口味"Aloha Beaches"。百威英博于 2019 年也推出淡矿泉水。为了顺应风味麦芽饮料（FMB）的流行趋势，百威英博于 2019 年年初在南美推出了 Skol Puro 麦芽酒。百威英博在美国精酿啤酒市场也取得了成功，其精酿啤酒组合在 2019 年增长了 20% 以上。

百威英博在赞助方面投入了大量资金，以扩大全球市场营销和提高品牌认知度。为了开拓美国以外的精酿啤酒市场，百威英博旗下的卡姆登镇啤酒厂成为阿森纳足球俱乐部在英国和爱尔兰的官方啤酒合作伙伴。非精酿啤酒品牌也被继续大力推广。百威成为 2022 年国际足联世界杯的赞助商，就像 2014 年和 2018 年世界杯一样。百威英博已经为这笔赞助支付了 14 亿美元，成为美国国家橄榄球联盟的官方赞助商，直到 2022 年。[15]

通过对所有品牌的营销和运营进行整合，收购使百威英博获得了更高的市场份额和渗透率。2014 年重新收购东洋啤酒公司是获得潜在协同效应的一个很好的例子。卡斯是韩国领先的啤酒品牌，由东方啤酒厂生产；然而，尽管卡斯属于百威英博的在韩国的地区品牌，但与百威、科罗娜和时代等全球品牌一起在韩国分销。这些收购还使百威英博能够扩大精酿啤酒、硬苏打水和其投资组合中的其他产品知名度，从当地公认的饮料企业扩大到地区和全球公认的品牌。

2016—2019 年百威英博的财务业绩汇总如表 C2-5 所示。

表 C2-5 2016—2019 年百威英博的财务业绩汇总（单位：100 万美元）

	2019	2018	2017	2016
收入	52 329	53 041	56 444	45 517
销售成本	（20 362）	（19 933）	（21 386）	（17 803）
毛利润	31 967	33 108	35 058	27 714
销售费用、一般费用和管理费用	（16 421）	（16 807）	（18 099）	（15 171）
其他营业收入 / 支出	875	805	854	732
非经常性损益	（323）	（692）	（662）	（394）
营业利润（EBIT）	16 098	16 414	17 151	12 881
折旧、摊销和减值	4 657	4 624	4 270	3 477
息税折旧及摊销前利润（EBITDA）	20 755	21 038	21 421	16 358

资料来源：百威英博年报，2017 年、2019 年。

8.2 波士顿啤酒公司

波士顿啤酒公司是美国第二大精酿啤酒商，[16] 该公司在 2017 年经历了收入下降，但在 2018 年和 2019 年都实现了增长。最值得注意的是，2019 年的出货量比 2018 年增长了约 24%，这是受 2019 年收购角鲨头和波士顿啤酒的"超越啤酒"硬苏打水和茶组合的推动，该组合早在 2001 年就以 Twisted Tea 品牌被推出了。波士顿啤酒公司从 2015 年的美国第五大啤酒酿造商跌至 2017 年的第九位，但直到 2019 年仍保持这一排名（见表 C2-2）。

公司的历史表明，山姆·亚当斯的配方实际上是公司创始人吉姆·科赫的高曾祖父的配方。波士顿啤酒公司和吉姆·科赫的成功故事有时被认为是精酿啤酒运动的开端，故事经常提到科赫最初是如何把他的啤酒卖给酒吧，并当场推销的。

这个开端似乎是波士顿啤酒公司的大部分战略的基础，因为它在更高价值和更高价位的类别中竞争，被称为优质啤酒市场。波士顿啤酒公司专注于质量和口味，将塞缪尔·亚当斯波士顿窖藏啤酒（Samuel Adams Boston Lager）作为科赫最先发现的啤酒推向市场。该公司还生产了几款山姆·亚当斯季节性啤酒，如山姆·亚当斯夏季啤酒和山姆·亚当斯 10 月节啤酒。其他季节性的山姆·亚当斯啤酒限量发售的季节性品种，包括 Samuel Adams Harvest Pumpkin 和 Samuel Adams Holiday Porter。除此之外，还有山姆·亚当斯酿酒大师系列，这是一款规模小得多的限量版啤酒，售价高得多，包括小批量系列（Small Batch Collection）和橡木桶酒库系列（Barrel Room Collection）。价格最高的啤酒"乌托邦"，被贴上了高度实验性和限量发售的标签。在精酿啤酒和创新的精神下，波士顿啤酒公司推出了精酿啤酒孵化器——炼金术和科学。

这似乎也推动了对角鲨头啤酒厂的收购，因为波士顿啤酒公司和角鲨头啤酒厂都以自己是行业内的创新者和领军者而自豪。[17] 这两家公司在 2019 年的美国精酿啤酒市场上占据了巨大的份额，波士顿啤酒公司排名第二，而角鲨头在精酿啤酒公司中排名第十三。[18] 波士顿啤酒公司提供了三个非啤酒品牌。Twisted Tea 品牌于 2001 年推出，愤怒的果园则起源于 2011 年。2016 年推出的 Truly Spiked & Sparkling 是一款酒精含量为 1% 的苏打水。随着这些其他品牌和产品在风味麦芽饮料和烈性酒中的竞争，波士顿啤酒公司在 2019 年不断变化的消费者偏好竞争中处于有利位置。

2016—2019 年波士顿酿酒公司的财务业绩汇总，如表 C2-6 所示。

表 C2-6　波士顿酿酒公司 2016—2019 年的财务业绩汇总

（单位：1 000 美元）

	2019	2018	2017	2016
收入	1 329 108	1 057 495	921 736	968 994
消费税	（79 284）	（61 846）	（58 744）	（62 548）
销货成本	（635 658）	（483 406）	（413 091）	（446 776）
毛利润	614 166	512 243	449 901	459 670
广告、促销和销售费用	355 613	304 853	258 649	244 213
一般及管理费用	112 730	90 857	73 126	78 033
资产减值	911	652	2 451	（235）
营业收入	144 912	115 881	115 675	137 659
其他费用（净额）	（542）	405	467	（538）
所得税准备金	34 329	23 623	17 093	49 772
净收入	110 041	92 663	99 049	87 349

资料来源：波士顿啤酒公司 2019 年年报。

8.3　精酿联盟

2019 年，精酿联盟的总酿造量排名第十三。[19] 它成立于 2008 年，由红钩子啤酒厂（Redhook Brewery）、威德默兄弟酿酒公司（Widmer Brothers Brewing）和科纳酿酒公司（Kona Brewing Company）合并而成。每家公司都有辉煌历史，决定合并是为了帮助实现增长和满足需求。2019 年，精酿联盟由其他 8 个精酿啤酒品牌组成，包括 Omission 酿酒公司、思科酿酒公司（Cisco Brewers）和 Square Mile Cider 苹果酒公司。除了这些品牌，精酿联盟还经营着 5 家精酿酒吧。根据其年度报告，精酿联盟共有 655 名员工，包括精酿酒吧和生产部门。其产品包括精酿啤酒、无麸啤酒、烈性苹果酒和苏打水。

精酿联盟利用自动化酿造设备、酿造外包，借助多物流和成本优势，通过百威英博批发商网络联盟在全国范围内进行分销。2019 年 11 月，精酿联盟和百威英博宣布扩大合作伙伴关系，并将进行合并。2020 年 2 月，精酿联盟的股东批准了该合并。[20] 合并定于 2020 年后期完成，目前正在美国司法部的审查过程中。⊖

2016—2019 年精酿联盟的财务业绩汇总，如表 C2-7 所示。

表 C2-7　2016—2019 年精酿联盟的财务业绩汇总　（单位：1 000 美元）

	2019	2018	2017	2016
收入	192 971	206 186	207 456	202 507
销售成本	（130 122）	（137 863）	（142 198）	（142 908）
毛利润	62 849	68 323	65 258	59 599
销售费用、一般费用和管理费用	80 967	62 572	60 463	59 224
营业收入	（18 118）	5 751	4 795	375
所得税前收入	（19 618）	5 429	4 041	（306）
所得税准备金	（6 699）	1 287	（5 482）	14
净利润	（12 919）	4 142	9 523	（320）

资料来源：精酿联盟 2019 年年报。

9. 2020 年精酿啤酒厂面临的战略问题

绝大多数的精酿啤酒厂可能只能生产当地居民所需的啤酒。这些啤酒厂创办的方式与较大一些的啤酒厂相同——家庭酿酒师或业余爱好者决定开始酿造和销售自己的啤酒。许多人利用自己的储蓄或向朋友和家人寻求投资来获得启动资金。

由于在创业初期，这些小型啤酒厂甚至更小的微型啤酒厂位于工业园区。它们完全由酿酒师出身的企业家或两三名员工经营。这些工作人员负责酿造和生产，以及啤酒厂的参观和访问——这可能是小型啤酒厂最常用的营销和消费者关系策略。虽然几乎所有的啤酒厂都提供参观和品酒活动，但这对那些市场营销和广告资金有限的小型啤酒厂来说变得越来越重要。如果有现场销售，啤酒厂可以把啤酒卖给游客。

社交媒体网站也提供了大量的免费宣传，并已成为啤酒厂营销的一个基本元素。这些网站帮助啤酒厂接触到精酿啤酒的消费者，这些消费者倾向于寻找和追随新的和即将上市的啤酒厂。精酿啤酒行业也有专门的手机应用程序，可以帮助初创公司获得曝光率。参加精酿啤

⊖　已于 2020 年 9 月底完成。——译者注

酒节，当地和地区的啤酒厂可以向与会者提供样品，这是另一个获得曝光率的机会。一些小型啤酒厂没有足够多的员工来装瓶和贴标签，便通过社交媒体招募志愿者。为了获得曝光率并提高销售，这家啤酒厂可能会在当地的餐馆举办活动，比如采用它的几种啤酒的生啤参与"酒头接管"的活动。如果有足够多的消费者参与进来，当地的餐馆就愿意从啤酒厂的分销商那里购买更多的啤酒。然而，任何因素——原材料短缺、激烈的零售竞争、对价格敏感的消费者——都可能极大地影响未来的生存能力。

自 21 世纪初期以来，面向所有细分市场和价位，消费者的啤酒消费量一直在稳步攀升。虽然整个啤酒行业似乎停滞不前，但精酿啤酒或优质啤酒领域似乎出现了显著增长。此外，大型啤酒厂和区域精酿啤酒厂抓住机会收购其他啤酒厂，作为获得分销和品牌协同效应的一种方法，同时也减少了直接竞争者的数量。原材料供应的增加和价格的波动使竞争格局复杂化。这些零星的短缺可能会影响该行业的增长，影响啤酒厂的生产稳定性，特别是那些没有能力进行批量采购或没有能力出价高于大型竞争对手的小型酒厂。

总的来说，消费者对精酿啤酒需求的增长可能会继续吸引更多进入者，同时鼓励更大的啤酒厂寻求收购更多成功的精酿啤酒品牌。然而，消费者倾向于转向低卡路里酒精饮料和啤酒 / 葡萄酒的替代品，不仅提供了扩张的机会，而且对那些只依靠啤酒销售或不能生产烈性苹果酒和苏打水的生产商构成了威胁。

然而，整个精酿啤酒行业仍然笼罩在新冠疫情的阴影之中。酿酒商协会已经宣布，将近四分之一的员工将被解雇，而其他人将会减薪。[21] 随着精酿啤酒制造商准备在遵循保持社交距离的规定下开设酒廊并开始酿造啤酒，中小型精酿啤酒厂的大幅增长和扩张有可能在 2020 年夏然而止。

🔲 注释

[1] IBIS *World* Industry Report 0D4302 Craft Beer Production in the U.S., April 2020.
[2] Brewers Association, National Beer Sales and Production Data, https://www.brewersassociation.org/statistics-and-data/national-beer-stats/ (accessed May 23, 2020).
[3] IBIS *World* Industry Report 0D4302 Craft Beer Production in the U.S., April 2020.
[4] T. Luhby. "43 States Have Record Unemployment. See Where Your State Ranks" *CNN.com*, May 22, 2020, https://www.cnn.com/2020/05/22/economy/state-unemployment-record-data-error/index.html (accessed May 23, 2020).
[5] "Beer Serves America: A Study of the U.S. Beer Industry's Economic Contribution in 2018," The Beer Institute and The National Beer Wholesalers Association, May 2019, http://beerservesamerica.org/ (accessed May 23, 2020).
[6] IBIS *World* Industry Report 0D4302 Craft Beer Production in the U.S., April 2020.
[7] IBIS *World* Industry Report 0D4302 Craft Beer Production in the U.S., December 2017.
[8] Research, Z. M. "Global Beer Market Predicted to Reach by $750.00 Billion in 2022," March 2, 2018, http://globenewswire.com/news-release/2018/03/02/1414335/0/en/Global-Beer-Market-Predicted-to-Reach-by-750-00-Billion-in-2022.html.

[9] Brewers Association, National Beer Sales & Production Data, https://www.brewersassociation.org/statistics-and-data/national-beer-stats/ (accessed May 23, 2020).
[10] American Homebrewers Association, Homebrewing Stats, https://www.homebrewersassociation.org/membership/homebrewing-stats/ (accessed May 23, 2020).
[11] USDA, National Hop Report, https://www.usahops.org/img/blog_pdf/267.pdf (accessed May 23, 2020).
[12] Deutscher Hopfenwirtschaftsverband e.V., Market Review July 2019, https://www.usahops.org/img/blog_pdf/235.pdf (accessed May 23, 2020).
[13] T. Acitelli, "Dogfish Head Turns 20" *All About Beer Magazine*, May 13, 2015, http://allaboutbeer.com/dogfish-head-and-its-extreme-beers-turns-20/ (accessed May 23, 2020).
[14] Anheuser-Busch InBev 2019 Annual Report.
[15] D. Roberts, "Bud Light Will Remain NFL's Official Beer Until 2022" *Fortune.com*, November 4, 2015. https://fortune.com/2015/11/04/bud-light-nfl-deal/ (accessed May 23, 2020).
[16] "Brewers Association Announces Top 50 Brewing Companies By Sales Volume of 2019," April 1, 2020, https://www.brewersassociation.org/press-releases/

brewers-association-announces-top-50-brewing-companies-by-sales-volume-of-2019/ (accessed May 23, 2020).
[17] "Boston Beer Update: The Boston Beer Company and Dogfish Head Brewery to Merge, creating the Most Dynamic American-Owned Platform for Craft Beer and Beyond," *Boston Beer Company Website*, May 9, 2019, http://www.bostonbeer.com/boston-beer-update (accessed May 23, 2020).
[18] "Brewers Association Announces Top 50 Brewing Companies By Sales Volume of 2019," April 1, 2020, https://www.brewersassociation.org/press-releases/brewers-association-announces-top-50-brewing-companies-by-sales-volume-of-2019/ (accessed May 23, 2020).
[19] Ibid.
[20] J. Kendall., & J. Infante., "Craft Brew Alliance Shareholders Vote in Favor of Merger with Anheuser-Busch InBev," *Brewbound*, February 25, 2020, https://www.brewbound.com/news/craft-brew-alliance-shareholders-vote-in-favor-of-merger-with-anheuser-busch-inbev (accessed May 23, 2020).
[21] C. Furnari., "Brewers Association Cuts 23% of Staff" *Forbes.com*, April 30, 2020, https://www.forbes.com/sites/chrisfurnari/2020/04/30/brewers-association-cuts-23-of-staff/#3fdde6044094 (accessed May 23, 2020).

开市客公司 2020：使命、商业模式和战略

小阿瑟·A. 汤普森

亚拉巴马州立大学

八年前吉姆·辛尼格（Jim Sinegal）将开市客（Costco）的领导权移交给新的首席执行官，他从 1983 年到 2011 年年底担任开市客公司联合创始人兼首席执行官（CEO），有着充分的理由对公司持续的收入增长，以及成为世界上最大和最好的消费品经销商之一的竞争地位感到满意。三十七年来，辛尼格一直推动开市客公司从一家创业企业发展成为美国和世界第三大零售商（仅次于沃尔玛和亚马逊），以及北美零售业折扣店和零售俱乐部领域无可争议的领导者。自 2012 年 1 月时任总裁的克雷格·杰利内克（Craig Jelinek）接任开市客公司总裁兼首席执行官以来，该公司蓬勃发展，从 2011 财年年末 890 亿美元的年收入和 598 家会员店增长到 2019 财年年末 1 527 亿美元的年收入和 782 家会员店。开市客公司在 2020 财年的前六个月继续保持增长，六个月的收入为 761 亿美元，比 2019 财年前六个月增长 8.0%。截至 2020 年 4 月，该公司又开设了 5 家店铺。截至 2020 年 3 月，开市客公司继续保持其作为美国和全球第三大零售商的排名。

1. 公司背景

会员仓储概念最初由营销大师索尔·普莱斯（Sol Price）提出，他于 1976 年在圣迭戈 Morena Boulevard 一家废弃的飞机机库里成立了第一家普莱斯会员店（Price Club）。普莱斯会员店在第一年的经营中亏损 75 万美元，但是到了 1979 年，已经成为拥有两家商店、900 名员工、20 万会员的普莱斯会员店，收益达 100 万美元。在此前几年，索尔·普莱斯已经在圣迭戈一家名为费德玛（Fed-Mart）的超市尝试进行折扣零售。吉姆·辛尼格 18 岁时便开始了零售事业，在费德玛装载床垫每小时赚 1.25 美元，那时他还在圣迭戈社区学院上学。后来索尔·普莱斯卖了费德玛，辛尼格跟随普莱斯离开，帮助他创办了圣迭戈普莱斯会员店。短短几年里，索尔·普莱斯的普莱斯会员店成为会员仓储式零售业无可匹敌的领导者，其经营范围主要在西海岸地区。

尽管普莱斯起初认为普莱斯会员店就是当地的小企业能以经济的价格获得所需商品的地

方，但是不久他就得出结论：他通过吸纳个人会员这种新的做法可以获得更大的销量和更大的供应商购买影响力——这一发现使折扣仓储会员批发行业迎来了大爆发。

辛尼格 26 岁时，索尔·普莱斯让其担任圣迭戈第一家店的经理，那时这家店是亏损的。普莱斯认为辛尼格拥有折扣零售的特殊技能，对于指正商店的错误之处（这些错误通常要么是商品没有正确分类，要么是没按正确价格出售）有诀窍——这些都是索尔·普莱斯擅长的技能，也是普莱斯会员店能在市场行业中不断取得成功的根源所在。辛尼格不久就让圣迭戈商店恢复了生机。在接下来的几年，辛尼格继续培养自身在折扣商品开发方面的实力和才能。他像索尔·普莱斯一样关注细节，吸收他的经营风格中的细致与敏锐之处，不断改善商店经营，保持低经营成本和开支，储存周转快的商品，定价低廉以招徕回头客。考虑到他已经从索尔·普莱斯那掌握了成功经营会员制仓储公司的秘诀，辛尼格决定离开普莱斯会员店，并开始组建自己的仓储会员店。

辛尼格和西雅图创业者杰夫·布洛特曼（Jeff Brotman）成立了开市客，第一家开市客商店于 1983 年在西雅图开张，同年沃尔玛也开始了会员制仓储经营模式——山姆会员店。到 1984 年年底，位于 5 个州的 9 家开市客商店，为 20 多万名会员服务。1985 年 12 月，开市客公司上市，向公众出售股票并筹集额外资本进行扩张。开市客成为美国第一家在不到 6 年的时间内销售额就达到 10 亿美元的公司。1993 年 10 月，开市客与普莱斯会员店合并。吉姆·辛尼格成为合并公司的 CEO，管理 206 家普莱斯开市客门店，这些商店年均总销售额为 160 亿美元。布洛特曼从开市客成立以来就担任董事长，他在 1993 年出任普莱斯开市客的副董事长，并在 1994 年 12 月升为董事长，他一直担任这一职务，直到 2017 年意外去世。

1997 年 1 月，普莱斯开市客将其大部分非仓储财产转让给普莱斯公司后，更名为 Costco 公司。1999 年 8 月，公司从特拉华州到华盛顿州进行重新整合，更名为开市客（Costco Wholesale）公司。公司总部设在距离西雅图不远的华盛顿州的伊萨夸市。

2. 吉姆·辛尼格的领导风格

辛尼格不是那种墨守成规的 CEO。他穿着随和、质朴，经常身穿开市客便宜货架上买来的开襟棉衫，戴着写有"吉姆"的统一员工名牌去办公室或逛开市客商店。他着便装和随和的样子很容易让购物者认为他是开市客的店员。他曾经告诉美国广播公司新闻部的记者，他亲自接电话："假如一个顾客打电话来抱怨，你不觉得他们有点享受我接起电话并且和他们交谈这件事吗？"[1]

辛尼格花了大量的时间去逛开市客门店，乘坐公司的飞机从一家飞到另一家，有时一天要访问 8 ~ 10 家店（最高纪录是一天 12 家）。每当他出现在门店，总是像名人一样被接待（吉姆在商店的消息迅速传开），辛尼格很注重对门店员工的问候。他说："员工们知道我想和他们打招呼，因为我喜欢他们。我们从一开始就说过，'我们将成为一家大家直呼对方姓名的公司'。"[2] 员工们似乎确实很喜欢辛尼格。他说话非常平静、用一种常识性的方式表明他说的也没什么大不了。[3] 他善良却也严肃，如果他坚决不同意别人对他说的话，那他很容易表现出恼怒。

与门店经理逛开市客的时候，辛尼格就是负责人。他既是厂家代表、董事长，也是资深的评论家。他迅速直击主题，密切关注细节和定价，在商店走廊游逛时不断向商店经理询问关于商品销量和库存的问题，对商品的陈列以及某些产品在商店的摆设位置进行指正，对吸引他眼球的门店业务进行评价。当经理们对他的问题给出的回答令他不满意时，他会让他们做进一步的研究并向他提供更多的信息。辛尼格销售常识十分丰富，对大部分经理和员工也有要求，并且明确公司如何经营会员制零售业务的基调。资深的观察员认为吉姆·辛尼格的销售技能与沃尔玛的著名创始人山姆·沃尔顿不分伯仲。

2011 年 9 月，75 岁的吉姆·辛尼格通知开市客董事会，他打算从 2012 年 1 月起辞去公司首席执行官一职。董事会选举克雷格·杰利内克（自 2010 年 2 月起担任总裁兼首席运营官）接替辛尼格，并兼任首席执行官。杰利内克是一位经验丰富的零售经理，在零售行业工作了 37 年，其中 28 年在开市客工作，1984 年他开始担任该公司的首批仓库经理之一。在他任职期间，曾在与开市客的商业运作和销售活动有关的每一个重要职务上任职过。辞去首席执行官职务后，辛尼格保留了公司董事的职位，79 岁的他于 2015 年 12 月再次当选为开市客董事会成员，任期三年；他于 2018 年 1 月任期结束时从开市客董事会退休。

3. 开市客公司 2020 年的经营情况

2020 年 4 月，开市客一共经营有 787 家会员店，其中美国和波多黎各 547 家，加拿大 100 家，墨西哥 39 家，英国 29 家，日本 26 家，韩国 16 家，中国 14 家（台湾 13 家，大陆 1 家）澳大利亚 12 家，西班牙 2 家，冰岛、法国各 1 家。开市客还在美国、加拿大、英国、墨西哥、韩国、日本和澳大利亚等地经营电子商务网站，电子商务销售额约占 2019 年净销售额的 4%。截至 2020 年 1 月，超过 1 亿名持卡人在开市客购物；在 2019 财年，会员费为公司带来了超过 33.5 亿美元的收入。进入 2020 年，开市客会员店日均客流量超过 310 万。2019 年，每家商店的年销售额平均约为 1.9 亿美元（每周 370 万美元），比开市客的主要竞争对手山姆会员店每年 9 820 万美元和每周 190 万美元的平均销售额高出 93%。2019 年，开市客是美国历史上唯一一家每家门店平均年收入超过 1.9 亿美元的全国性零售商。

表 C3-1 是开市客 2016—2019 财年部分财务和运营数据。

表 C3-1　开市客公司 2016—2019 财年部分财务和运营数据

（单位：100 万美元，每股数据、百分比除外）

部分利润表数据	财年末			
	2019.9.1	2018.9.2	2017.9.3	2016.8.28
净销售额	149 351	138 434	126 172	116 073
会员费	3 352	3 142	2 853	2 646
总收入	152 703	141 576	129 025	118 719
营业费用				
商品成本	132 886	123 152	111 882	102 901
销售费用、一般费用和管理费用	14 994	13 876	12 950	12 068
开张筹备费用	86	68	82	78
减值资产和商店关闭准备金	—	—	—	—
营业费用总额	147 966	137 096	124 914	115 047
营业收入	4 737	4 480	4 111	3 672

（续）

部分利润表数据	财年末			
	2019.9.1	2018.9.2	2017.9.3	2016.8.28
其他损益				
利息费用	（150）	（159）	（134）	（133）
利息收入与其他	178	121	62	80
税前收入	4 765	4 442	4 039	3 619
所得税准备金	1 061	1 263	1 325	1 243
净收入	3 659	3 134	2 679	2 350
稀释每股净收益	8.26	7.09	6.08	5.33
每股股利（不包括 2017 年 7.00 美元和 2015 年 5.00 美元的特别股利）	2.44	2.14	1.90	1.70
股数（百万）	442.9	441.8	440.9	441.3
资产负债表数据				
现金及现金等价物	8 384	6 055	4 546	3 379
存货	11 395	11 040	9 834	8 969
流动资产	23 485	20 289	17 317	15 218
流动负债	23 237	19 926	17 485	15 575
房产及设备净值	20 890	19 681	18 161	17 043
资产总计	45 400	40 830	36 347	33 163
长期负债	5 124	6 487	6 573	4 061
股东权益	15 584	13 103	10 778	12 079
现金流量表数据				
经营活动产生的现金流量净额	6 356	5 774	6 726	3 292
卖场业务				
年初卖场数量[①]	762	741	715	686
新建卖场（包括搬迁）	25	25	28	33
关闭现有卖场（包括搬迁）	（5）	（4）	（2）	（4）
年末卖场	782	762	741	715
年终每个卖场的净销售额（100 万美元）	191	182	170	162
开业一年以上的卖场年平均增长率（不包括汽油价格和外汇汇率变化的影响）	6%	7%	4%	4%
年终会员				
企业，包括附加会员（千人）	1 100	10 900	10 800	10 800
金牌会员（千人）	42 900	40 700	38 600	36 800
付费会员总数	53 900	51 600	49 400	47 600
企业和金牌会员自动有权获得的家庭持卡人	44 600	42 700	40 900	39 100
持卡人总数	98 500	94 300	90 300	86 700

注：由于四舍五入，有些总额可能不能由数值相加获得，为了简单起见，公司收入报表中的某些细列项目未被列入本表。

① 2011 财年年初，开市客在墨西哥的 32 个卖场的运营被合并，这些卖场是 50% 股权合资企业的一部分，并被报告为开市客整体运营的一部分。

资料来源：开市客公司 2017 财年和 2019 财年的 10-K 报告。

4. 开市客的使命、商业模式和战略

开市客在会员仓储行业中的使命是：不断以尽可能低的价格为会员提供优质的商品和

服务。[4] 然而，在公司 2011 年年度报告中的一封《致股东的信》上，开市客的三大高管杰夫·布洛特曼、吉姆·辛尼格和克雷格·杰利内克给予公司使命更丰富的视角，他们称：

公司将继续坚持其使命，那就是向市场提供最高质量产品和最低价格，同时提供卓越的客户服务，并遵守严格的伦理准则，包括关照员工、尊重供应商、奖励股东，以及在全球各地的经营过程中努力成为负责任的企业和环境的保护者。[5]

在 2017 年年度报告中，克雷格·杰利内克详细阐述了环境可持续性如何融入开市客的使命中：

对我们来说，可持续性就是在做正确的事情的同时保持盈利。我们致力于减少我们对环境的影响，减少我们的碳足迹，负责任地采购我们的产品，并与我们的供应商、制造商和农民合作保护自然资源。这将一直是我们商业实践的前沿。[6]

开市客商业模式的核心是一个强有力的价值主张，具有以下特点：①在精选的全国性品牌和开市客自有品牌柯克兰（Kirkland Signature）的广泛产品类别中提供超低的价格；②非常优良的产品质量；③有趣的产品选择，包括日常用品和从各种各样的商品供应商处进行特别采购，把在开市客购物变成了一场省钱的寻宝活动。自公司成立以来，开市客管理层一直在努力确保在开市客的购物能够带来足够的价值，以维持现有的会员经常回到附近的卖场，并刺激会员每年的增长，从而产生高销量和每个卖场的快速存货周转率，并创造机会在国内和国际上开设新的卖场。

巨大的销量和快速的存货周转率——结合批量采购、高效配送和在朴实的自助的仓储设施中减少商品处理等实现低成本运营，使开市客能以远低于传统批发商、大卖场、超市和大型购物中心的毛利率实现盈利。会员费是开市客商业模式的关键要素，因为这些收费能提供足够的补充收入，将公司的总利润推到可接受的水平。事实上，开市客的会员费用超过其全部净收入是很正常的，这意味着开市客全球业务的其余部分以略低于盈亏平衡的方式运营（见表 C3-1），意味着与开市客的会员在其他地方购物时支付的价格相比，开市客的价格极具竞争力。

开市客商业模式的另一个重要因素是高销量和快速存货周转率使它在向供货商付钱之前就能快速销售和收回现金，甚至能够及时向供货商付款，从而获得提前付款折扣。因此，开市客通过供应商提供的付款条件来解决大部分存货的费用问题，而不用通过维持大量的流动资金（流动资产减去流动负债）以便于向供货商及时付款。

4.1　开市客的战略

开市客战略的关键要素是超低的价格、精选的全国性品牌和涵盖不同商品类别的质量上乘的自有品牌柯克兰商品、900 个"限时特价"商品的不断变化所带来的淘宝式购物环境、高度重视低营运成本以及地区门店网络的不断扩张。

4.1.1　定价

开市客的理念是通过低价吸引顾客购物，从而创造巨大的销量。开市客 2015 年在某些商品领域由低价创造的销量包括 1.56 万克拉钻石、64 亿美元的肉类销售、13 亿美元的海鲜销售、18 亿美元的电视销售、58 亿美元的新鲜农产品销售（44 个国家）、8 300 万只烤鸡、790 万个轮胎、4 100 万个处方、600 万副眼镜和 1.28 亿热狗和汽水的组合。开市客是世界上最大的优质葡萄酒销售商（2015 年葡萄酒销售总额为 17 亿美元，其中开市客占了 9.65 亿美元）。

多年以来，开市客定价策略的一个关键点是品牌商品的利润率保持在 14%（相比之下，其他的折扣商店和许多超市的利润率为 25% 甚至更高，百货公司的利润率为 50% 甚至更高）。开市客自有品牌柯克兰商品的最高利润率是 15%，但是有时会有稍高的利润率，但此时柯克兰商品仍然比同类品牌商品的定价要低 20%。除了沃尔玛，开市客的新鲜食品和杂货的价格比主要的连锁超市低 20% ～ 30%。除了价格低廉，开市客的柯克兰品牌产品，还包括维生素、果汁、瓶装水、咖啡、香料、橄榄油、罐装大马哈鱼和金枪鱼、坚果、洗衣粉、婴幼儿产品、狗粮、箱包、炊具、垃圾袋、电池、葡萄酒和烈性酒、纸巾和卫生纸、服装，其质量与全国性品牌相当或更优。

低利润率带来的结果就是开市客的价格刚刚处于不亏损水平，2016—2019 财年产生的净销售收入（不包括会员费）超过了所有的运营费用 10 亿～ 14 亿美元，如表 C3-1 所示，在 2016—2019 财年开市客的会员费收入占公司营业利润的 69% ～ 72%，超过了公司在每一财年（除 2019 财年）的税后净收入，结果直接导致它的超低定价战略和做法使品牌商品的利润率限制在 14%，自有品牌商品限制在 15%。

吉姆·辛尼格解释了公司的定价方法：

我们经常关注我们与竞争者之间能有多大差距。那些竞争对手最后说，"那群人简直疯了。我们必须从其他地方与它们竞争"。几年前，我们将一个畅销品牌的牛仔裤卖到 29.99 美元，而它在百货商店卖 50 美元。我们卖得很便宜，本来可以卖得高一点，但是我们还是降到 29.99 美元。为什么？我们知道这会引起抢购潮。[7]

还有一次，他说：

我们是很善良的商人，我们向顾客提供价值。传统的零售商会说："这个东西我卖 10 美元。我想知道我们是否可以将其卖到 10.5 或 11 美元。"我们说："这个东西我们卖 9 美元。我们如何将其降到 8 美元。"我们明白我们的会员不会因为橱窗陈列、圣诞老人或钢琴演奏前来购物，他们来购物是因为我们提供了更多的价值。[8]

确实，开市客的利润率和价格仅仅能够抵消营运成本和利息费用，以至于华尔街分析师批评开市客管理层以牺牲股东的利润来满足顾客需求的行为。一位零售分析师说："他们本可以从售出的产品中获利更多的。"[9] 在担任 CEO 期间，辛尼格没有理会华尔街对开市客放弃其低价战略的要求，他说："那些人无时无刻不想着赚钱。我们正在努力建立一个至少运营 50 年的组织。"[10] 他进而解释在他的任职期间开市客定价方案保持不变的原因：

在我的事业起步时，西尔斯、罗巴克是那时国内最大的零售商，但是它们只允许那些实力不如它们的对手进入。我们不想成为受害者，不想重蹈覆辙，也不想说："我们很高兴提升了价格，新的竞争对手突然进入并和我们打起了价格战。"[11]

4.1.2 产品选择

一般的超市大约有 4 万种商品，沃尔玛和塔吉特这样的大型超市可能有 12.5 万～ 15 万种商品供顾客选择，然而开市客的营销策略是为会员提供大概 3 700 种精选的热销产品，这些商品以较低的价格定价，从而为会员节省大量成本。这些商品中，75% 是优质品牌商品，25% 是公司自有品牌柯克兰商品。从男士衬衣到洗衣粉，从宠物食品到厕纸，从罐头食品到炊具，从橄榄油到啤酒，从汽车到健康美容产品，柯克兰品牌标签随处可见。根据克雷格·杰利内克的说法，"开市客采购员遵循的工作规则是，所有柯克兰商品必须与国内品牌相同或更好，并且必须为我们的会员提供优惠"。管理层认为有机会增加柯克兰商品的数量，并逐渐把柯克兰品牌商品销售份额增加到占总销售额的 30%——2018 年柯克兰品牌销售额超过总销售额的 28%。开市客负责采购柯克兰商品的高管们一直在寻找方法使所有的产品比他们对应的名牌产品要好，并且价格更具吸引力。开市客的会员非常清楚，在开市客购物的一大好处就是有机会以远低于名牌产品的价格购买高质量的柯克兰商品。

开市客的产品覆盖面很广，包括烤鸡肉、各类鲜肉、海产品、新鲜的和罐装的果蔬、纸制品、谷类食物、咖啡、奶制品、奶酪、冷冻食品、平板电视、iPod、数码相机、鲜花、名酒、精美匣子、婴儿车、玩具和游戏类产品、乐器、吊扇、真空吸尘器、书籍、服装、清洁用品、影碟、电灯泡、电池、炊具、电动牙刷、维生素以及洗衣机和干衣机，但产品种类的选择都局限于畅销的样式、大小和颜色。许多消费品如洗衣粉、罐头食品、办公用品和软饮料只以大容装、箱子、硬纸盒或多包等包装形式出售。只有在少数情况下，产品类别中的选择仅限于单个产品。例如，开市客的 Advil（一种止痛药）只有一箱 325 支装的规格，这种规格很多购物者可能会觉得太多，超出了他们的需求。辛尼格解释了原因：

如果有十位顾客来买 Advil，有多少人因为只有一个规格而不买 Advil？也许一两位。我们称之为智能销售损失。我们准备放弃那一两位顾客。但是，如果我们有四五种尺寸的 Advil，就像大多数杂货店一样，这将使我们更难管理。只有有效率才能成功。如果效率不高的话，那么就不可能以这样的利润率销售。[12]

在过去几年中，有机食品在生鲜农产品和杂货领域都是一个快速增长的类别，开市客的卖家越来越关注增加有机食品的选择。在鲜肉类中，开市客追求增加垂直整合，在伊利诺伊州建造了第二个肉类工厂，在内布拉斯加州建造了先进的家禽加工厂，每周能够处理 200 万只鸡，在 2019 财年开市客以一个非常具有吸引力的价格——4.99 美元卖出了近一亿只烤鸡。开市客在加拿大开设了一家烘焙供应点，向加拿大和美国大部分地区的卖场供应面包和饼干面团，供现场烘焙用。开市客库存中的每一大类物品占净销售额的近似百分比如表 C3-2 所示。

表 C3-2　开市客按主要产品类别划分的销售情况（2016—2019 年）

商品类别	2019	2018	2017	2016
食品和杂货（干货、包装食品、生活用品、零食、糖果、含酒精饮料和非酒精饮料、清洁用品）	40%	41%	41%	43%
新鲜食品（新鲜农产品、肉类和鱼类、烘焙和熟食产品）	13%	14%	14%	14%
硬装用品（主要电器、电子产品、保健和美容用品、硬件、办公用品、花园和庭院用具、体育用品、家具、照相机和汽车用品）	16%	16%	16%	16%
软装用品（包括服装、家政、珠宝、家居用品、书籍、DVD、视频游戏和音乐、家居装饰和小电器）	11%	11%	12%	12%
配套产品（汽油、药品、食品、光学用具、一小时快印、助听器和旅行产品）	19%	18%	17%	15%

资料来源：开市客公司 2017 财年和 2019 财年的 10-K 报告。

管理层认为，开市客的配套产品让消费者有理由更频繁地在开市客购物，使开市客成为一站式购物目的地。在 2020 财年，超过 600 家卖场内部拥有美食广场、药房、摄影中心和光学中心。由于价格低廉，开市客的药房受到了会员的高度好评。开市客在有足够空间安放加油泵的商店以折扣价格销售汽油的做法，提高了附近会员在开市客购物和在店内购买汽油的频率（只有会员才有资格在开市客加油站购买汽油）。在美国和加拿大，几乎所有新开的开市客都开设了加油站；在全球范围内，在地方法规和空间允许的地方也增设了加油站。截至 2019 年 9 月，开市客运营了 593 个加油站；在 2019 财年，汽油的大幅折扣产生了约 11% 的净销售额（开市客没有在韩国、法国和中国销售汽油）。[13]

4.1.3　淘宝式销售

虽然开市客的产品线包括约 3 700 个项目，20% ～ 25% 的产品在不断更新变化。开市客的采购员通常对那些吸引顾客而且抢手的商品进行一次性购买。这些商品大部分都是高端品牌商品并贴有大的价格标签，如 1 000 ～ 2 500 美元的宽屏高清电视机、800 美元的浓缩咖啡机、价值不菲的珠宝钻石戒指（1 万～ 40 万美元）、欧米茄（Omega）手表、沃特福德（Waterford）水晶、进口的奶酪、教练包、羊绒运动衣、1 500 美元的电子琴、800 美元的跑步机、2 500 美元的记忆海绵床垫和唐培里侬（Dom Perignon）香槟。很多特价来得快，去得也很快，有时要几天或一周时间，比如售价为 29.99 美元、意大利制造的哈撒韦（Hathaway）衬衫和售价为 800 美元的皮质沙发。这种策略是通过在高价商品或名牌特价商品上提供不可抗拒的优惠来吸引消费者花更多的钱，此外，还将特色商品和淘宝式商品的组合保持不断变化，以便使淘便宜货的消费者更频繁地前往开市客而不是周期性地囤积式购物。

开市客会员很快就会知道必须前去购买自己感兴趣的淘宝式特价商品，因为下次再去可能就没有了。在很多情况下，开市客不会直接从高端制造商那里进货，如卡文克莱（Calvin Klein）或沃特福德（Waterford）（它们可能不愿意把自己的商品在开市客这样大打折扣的商场进行销售）。然而，开市客的采购员会寻找机会在半黑市（灰色市场）上以合法手段从其他店商和急于处理过剩存货的零售商那里进购商品以摆脱过剩或滞销市场。

管理层认为相比一般的零售商、折扣店和超市，这些策略的实施使得公司的营销费用相对较低。

4.1.4　强调低成本

将运营成本保持在最小化，这是开市客战略的一个主要内容，也是其低价格的关键。首先由吉姆·辛尼格解释，后由克雷格·杰利内克重申：

开市客能够提供更低的价格和更高的价值，因为它消除了传统批发商和零售商的成本，包括销售人员、建筑、配送、账单和应收账款。我们以极低的开销进行严密的运营，这使我们能够为我们的会员节省巨大的开支。[14]

虽然开市客管理层特别注重将卖场建在高档的郊区或交通高度发达的路线附近，这些地方的小企业和收入在平均水平之上的居民很容易就可以到达，但是为了控制土地成本，都会尽量避开黄金地段。

由于购物者主要是被开市客的低价精选商品吸引，所有大部分卖场都是金属预加工设计，采用水泥地板和最简约的内部装饰，以经济、高效地使用售货空间、管理商品、控制库存来设计楼层方案。商品通常都存放在货物架上，或者摆放在能够容纳批量商品的货板上，以此节省管理和存货的劳动力。店内标识都是激光打印的；在收银处没有购物袋，商品直接放入购物车或装进空盒子里。开市客卖场面积达 7.3 万～20.5 万平方英尺[⊖]，平均面积为 14.6 万平方英尺。新建的卖场大小一般在 15 万～20.5 万平方英尺，但世界上最大的开市客卖场是 2015 年在盐湖城开业的一家 23.5 万平方英尺的商店。

卖场一般每周 7 天、70 个小时经营，一般每个工作日的营业时间是从上午 10 点到晚上 8 点半，周末打烊的时间较早；许多店外的汽油供应时间会延长。比起传统零售商、折扣店和超市，开市客的营业时间较短，从而相对于销售额而言劳动力成本也相对较低。通过严格控制卖场的出入口，并采用会员制，开市客的存货盘亏远低于典型的零售商。

4.1.5　增长战略

开市客的增长战略是每年将现有商店的销售额提高 5% 或更多，并在国内和国际上建立更多新的卖场。2011 财年，营业一年以上的商店的销售额年均增长率为 10%，2013 财年和 2014 财年均为 6%，2015 财年为 7%，2016 财年和 2017 财年为 4%，2018 财年为 7%，2019 财年为 6%。

开市客一直积极开设新的卖场，并进入新的地理区域。截至 2000 年 12 月，公司在美国 32 个州（251 家）、加拿大 9 个省（59 家）、英国（11 家，通过一家持股 80% 的子公司）、韩国（4 家）、中国台湾（3 家，通过一家持股 55% 的子公司）、日本（2 家）和墨西哥（19 家，通过一家持股 50% 的合资伙伴）经营着 349 家连锁卖场。十年后，即在 2010 年 12 月，开市客在美国 42 个州（425 家）、加拿大 9 个省（80 家）、墨西哥（32 家）、英国（22 家）、日本（9 家）、韩国（7 家）、中国台湾（6 家）和澳大利亚（1 家）经营着 582 家卖场。大约 9 年零 3 个月后，开市客又新开了 203 家卖场，在美国 45 个州有 546 家卖场，在国外有 236 家卖场，其中包括最近在中国上海开设的一家卖场。

表 C3-3 显示了开市客 2017—2019 财年不同地域的业务明细。

表 C3-3　2017—2019 财年开市客公司部分地域的运营数据

（单位：100 万美元，卖场数量除外）

	美国运营	加拿大运营	其他国家运营	总计
截至 2019 年 9 月 1 日				
总收入（包括会员费）	111 751	21 366	19 586	152 703
营业收入	3 063	924	750	4 737
资本支出	2 186	303	509	2 998
卖场数量	543	106	139	782
截至 2018 年 9 月 2 日				
总收入（包括会员费）	102 286	20 689	18 601	141 576
营业收入	2 787	939	754	4 480
资本支出	2 046	268	655	2 969
卖场数量	527	100	135	762

⊖　1 平方英尺 =0.093 平方米。——译者注

（续）

	美国运营	加拿大运营	其他国家运营	总计
截至 2017 年 9 月 3 日				
总收入（包括会员费）	93 889	18 775	16 361	129 025
营业收入	2 644	841	626	4 111
资本支出	1 714	277	511	2 502
卖场数量	518	98	130	746

注："其他"国家的美元数字仅代表开市客公司的所有权份额，因为其所有国外业务都是合资经营的（尽管开
　　市客公司是这些企业的主要所有者）；在 2019 财年的其他国家运营分类中包含了墨西哥、英国、日本、
　　韩国、澳大利亚、西班牙、冰岛、法国和中国；开市客在波多黎各的两家企业被列入美国运营类别。

资料来源：开市客公司 2017 财年—2019 财年的 10-K 报告。

4.2 营销和广告

开市客的低价策略和淘宝式销售的名声使其没有必要做太多的广告和促销活动。营销和促销活动通常仅限于每月向会员发送优惠券，开市客官网（Costco.com）通过每周向会员发送电子邮件来宣传热销商品、其他特别促销产品和卖场的销售活动，偶尔向潜在新会员发送邮件，定期开展直销活动（如面向会员的杂志——*The Costco Connection*）、店内免费商品和新店开张的特别活动。

对于新开张的卖场，营销团队会以个人名义与所在地区可能成为会员的企业联系；除此之外还会在开张前夕给这些企业直接发送邮件。对于潜在的金牌会员（个人），采用直接邮件或在当地员工协会和拥有众多员工的企业中进行促销来与之联系。在一个地区建立会员基础后，人们会通过口碑加入（老会员会将他们在开市客的购物体验在朋友和熟人之间口口相传）成为新会员，也可能通过向企业员工名册上的员工或其他形式推送开市客的后续信息，以及通过直接向潜在客户企业和金牌级会员发出邀请等方式发展新会员。

4.3 网络销售

开市客在美国、加拿大、墨西哥、英国和韩国等地的运营网站都能使会员在线购买许多店内的产品，并使会员能够购买和消费各种无法存放在公司卖场的高价值的产品和服务。日本和澳大利亚的新网站原计划于 2020 年年初开始运营。克雷格·杰利内克致力于为想要在线购物的开市客会员提供卓越的服务和有价值的网站战略。近年来，在线商品供应大幅扩大，公司不断探索机会，通过更广泛的在线供应为会员提供增值服务。举例来说，会员可以在网上以低价购买的物品包括沙发、床、娱乐设施和电视升降柜、户外家具、办公家具、厨房用具、台球桌和热水浴缸。会员还可以使用公司网站提供的服务，如数码照片处理、配药、旅行、开市客汽车计划（从参与计划的经销商处以折扣价购买特定新车）等，以及其他会员服务。2018 年，开市客通过其 3 000 家经销商合作伙伴销售了 65 万辆汽车（比 2017 年销售的 52 万辆增加了 25%）；通过开市客的汽车计划购买新车或二手车对会员们来说最大的吸引力在于他们能够免去与经销商讨价还价的麻烦，可以直接以开市客提供的诱人的低价格购买。在开市客网上照片中心，顾客可以上传图片，并可在一个小时内到当地的卖场取图。2019 财年，网络销售额占开市客净销售额的 4%，而 2014 财年这一占比为 3%。

2017 年开市客在网站功能、搜索功能、结账功能和送货时间方面做出了改进。开市客

旅行增加了新的服务，并推出了只提供酒店预订的服务。开市客旅行的租车价格一直是市场上最低的，2017 年加拿大和英国的会员也可以使用租车服务。此外，高级会员每年所享受的 2% 的返利也适用于在美国和加拿大通过开市客旅行所进行的消费。公司还推出了"开市客食品"（Costco Grocery），即干货两天送达，以及通过与 Instacart 合作提供新鲜和干货当日送达服务。

2018 年，开市客开始在选定的卖场开设商务中心；截至 2019 财年末，该公司分别在美国和加拿大开设了 18 家和 2 家商务中心。到 2020 年，计划新建 40 家商务中心。

4.4　供应链与分销

开市客大部分商品直接从厂家购入，然后直接运往卖场或公司的直接转运仓库，作为对接卖场和附近商店的配送点进行分销以及向网上购物的会员发送订单。2018 年，开市客在美国、加拿大和其他多个国际地点拥有 20 多个直接转运仓库，总占地面积超过 1 100 万平方英尺。转运仓库收到从厂家那里装运过来的商品再重新分配运到各个卖场，这一过程通常不超过 24 个小时。这样可以最大限度地提高货运量和装卸效率。仓库还被用来就近向网上订购的会员运送大宗商品；会员们经常在附近的仓库取到可以装进他们车里的网上订单商品。

当商品到达卖场时，叉车会将整个托盘直接移动到销售区和货架上（不需要多名员工再去触碰单个包装或纸箱）——物品在卖场第一次与人体接触是当购买者将其从纸箱拿出来并放到他们的购物车里。为了最大限度地降低接收和处理成本，几乎没有储存在销售场地以外的地方。

开市客与许多国家的名牌商品的生产商和为其提供柯克兰商品的制造商建立了直接采购关系。开市客的商品购买者总是密切关注一次性或持续性购买顶级制造商和供应商的产品的机会。任何一家制造商为开市客提供的商品都只占其库存商品的很小一部分。开市客从没有经历过缺货的困境，管理层认为如果出现一两个货源缺货，公司可以转向其他的制造商，以避免业务遭到重大干扰。

4.5　开市客的会员库和会员特征

开市客以折扣零售吸引最富裕的顾客，这些顾客的平均收入为 10 万美元（在 2015 年开市客的管理人员认为订阅该公司每月发行的 *The Costco Connection* 杂志的 860 万位订阅者的平均年收入是 15.6 万美元）。[15] 许多会员是富有的城市居民，生活在离开市客不远的高档小区。一位开市客的忠实会员也是一名刑事辩护律师说："我一年要花费 2 万～ 2.5 万美元在开市客买自己的所有东西，从食品到衣服——除了我的西服，我在阿玛尼商店买西服。"[16] 另一位开市客的忠实会员说："那是世上最好的地方，就像去教堂做礼拜一样。你能买到再好不过的东西了。那是一种虔诚的体验。"[17]

开市客会员主要有两种类型：商务会员和金牌会员（个人）。商务会员仅限于企业，但包括持有营业执照、零售许可证或其他证据的个人。商务会员还可以拥有免费的家庭会员卡（大量商务会员在开市客购物以满足个人需求）。商务会员还可以为商业合作伙伴或同事购买"扩展"会员卡（不超过 6 张）。开市客目前在美国与加拿大的商务会员和金牌会员的年费为 60 美元，在其他国际业务中各国的收费也不尽相同。美国和加拿大不符合商务会员资格的个人可以购买金牌会员资格，其中包括另一个家庭成员的家庭会员卡（金牌会员不能购买额外的扩展会员卡）。所有类型的会员（包括家庭会员）都可以在开市客的任意卖场购物。

美国和加拿大的商务会员、商务扩展会员和金牌会员可以再付 60 美元升级为高级会员（年费为 120 美元）；在其他地方，高级会员的升级费用因国家而异。升级为高级会员的好处是可以获得年消费总额 2% 的返利。返利每年发放一次，可用于购买开市客卖场的大部分商品——除了烟酒产品、汽油、邮票和饮食区的东西。在美国和加拿大的任意 12 个月内，高级会员获得的 2% 的返利上限为 1 000 美元（相当于税前年消费 5 万美元），返利上限因国家而异。高级会员还有资格享受开市客提供的各种商业和消费服务的福利，包括商户信用卡处理、小企业贷款、汽车和住房保险、长途电话服务、支票打印、房地产和抵押贷款服务，这些服务大多由第三方提供，各国提供的服务各不相同，高级会员在购买这些辅助服务时不会再有 2% 的返利。在 2019 财年，高级会员占开市客会员（包括扩展会员卡的持卡人，但不包含家庭会员卡的持卡人）的 39%，其消费额约占公司总销售额的三分之二。截至 2019 财年末，开市客在美国和加拿大的会员续签率为 91%，在全球范围内为 88%。会员的最新趋势见表 C3-1 的底部。

一般来说，由于国家不同，开市客的会员可以用特定的借记卡、信用卡、开市客联名信用卡、现金或支票购物；在美国和波多黎各，会员可以使用花旗 / 开市客联名推出的 Visa Anywhere 信用卡、开市客现金卡和所有的信用卡在开市客和其他地方购物。自 2016 年 6 月花旗 / 开市客 Visa Anywhere 信用卡推出以来，已经新增了 180 万个会员账户（约 240 万张新信用卡）。Visa Anywhere 信用卡的返现力度有所加大，加油返现 4%；餐厅、酒店和符合条件的旅行返现 3%；开市客卖场和开市客官网消费返现 2%；其他的消费返现 1%，超过了该公司此前与美国运通（American Express）的联名信用卡的返现力度。使用新的 Visa Anywhere 信用卡的高级会员继续在符合条件的购物中获得 2% 的返利。

若会员对购买的商品不满意，开市客接受退货。空头支票引起的损失很小，这是因为任何会员使用了空头支票将会在其还款之前无法使用支票进行支付或者兑现。这种会员模式严格控制了卖场的进出流通，使得库存损失不超过净销售额的 0.2%，远低于一般折扣零售店的损失率。

4.6　卖场管理

开市客的卖场经理被赋予相当大的权力以掌管全店事务的运营。实际上，卖场经理就相当于经营着自己的零售业务的企业家。他们负责思考哪些商品应该在他们商店出售的新想法，负责对不断更换的淘宝类商品进行有效营销，负责安排店内商品的位置和展示，使销售额最大化和快速周转。在试验该采购什么商品、该采用什么店内营销策略时，卖场经理必须了解那些经常光顾商店的顾客。例如，价格昂贵的钻石在某些卖场很热卖，而在其他店却不畅销。开市客优秀经理对前来购物的会员保持信息通畅，以使会员的需求和商品保持一致，并且他们能够使卖场内充满惊喜，营造出生意兴隆的氛围。这些经理们带来了高于平均水平的销量：开市客销量高的卖场每周的销售额为 500 万～ 700 万美元，大多数情况下每天达到 100 万美元以上。成功的经理同时也在经营高人流量商店和解决不可避免的危机的竞争中快速成长。

4.7　薪酬与劳工实践

2019 年 9 月，开市客拥有 149 000 名全职员工和 105 000 名兼职员工。加利福尼亚州、马里兰州、新泽西州和纽约州以及弗吉尼亚州的卖场大约有 16 000 名小时工，主要以国际卡车司机协会为代表。其余所有员工均为非工会员工。

2019 年 3 月，开市客将小时工的最低工资提高到每小时 15 美元，还提高了包括管理岗位在内的各种其他工种的工资标准。2019 年下半年，卖场工作的时薪标准为 15 ～ 19 美元。工资最高的全职员工在工作四年后每小时可以赚到近 25 美元。前端主管的平均工资为每小时 26 美元。药房技术员的平均薪酬为每小时 16 ～ 18 美元，执业药剂师平均每小时 62.56 美元，药房经理每年约 14.6 万美元。[18]

开市客卖场的员工每年可赚 3 万～近 20 万美元，视工作类型而定。[19] 例如，产品经理、会员经理和肉类部门经理的薪酬在 5.5 万～ 8.5 万美元之间；主管的薪酬在 4.5 万～ 7.5 万美元之间；数据库、计算机系统和软件应用程序开发人员、分析员、项目经理的薪酬在 8.5 万～ 12.5 万美元之间。药房经理的平均工资为 14.6 万美元左右。据报道，卖场总经理助理的薪酬总额（包括奖金）为 7.8 万～ 9.7 万美元不等，平均约为 8.8 万美元；[20] 卖场总经理的薪酬在 9 万～ 18 万美元之间，平均约为 13.5 万美元。[21]

员工还享受各种福利。员工在被雇用后的第二个月有资格领取福利。全职员工在完成 250 个合格的带薪工时后，可在第二个月的第一天领取福利；兼职计时员工在完成 450 个合格的带薪工时后，可在第二个月的第一天领取福利。福利包括以下几个方面：

- 针对全职和兼职员工的医疗保险计划，包括精神疾病和药物滥用的保险以及各种个人与家庭问题的专业咨询。
- 核心牙科计划或优质牙科计划。
- 一份配药计划。①需要分摊支付 3 美元的仿制药，以及 10 ～ 50 美元的、在开市客卖场或网上药房配的品牌处方药；②需要分摊支付的、在所有其他药房配的 15 ～ 50 美元的仿制药或品牌处方药。
- 眼保健计划。支付 60 美元费用（开市客视力中心收取）即可进行视力检查，并有每年 175 美元的津贴用于在开市客视力中心购买（隐形）眼镜。距离开市客视力中心超过 25 英里[⊖]的员工可以去任何开市客的供应商那里进行每年的视力检查，并可以从任意网上渠道购买眼镜，提交报销表。
- 助听器福利，每四年最高提供 1 750 美元（仅适用于参加开市客医疗计划的员工以及他们的被抚养人，助听器必须由开市客助听器中心提供）。
- 401（K）计划，对已完成 90 天工作的所有员工开放。根据该计划，开市客为时薪员工所缴纳的前 1 000 美元中，员工每缴纳 1 美元，公司会为员工缴纳 50 美分，每年最多 500 美元。该公司在西海岸的工会员工可以享受每年 50 美分～ 250 美元的公司缴款。除了为员工缴纳税费之外，开市客也会根据在公司的服务年限（或者是工会员工的工作时间）向符合条件的员工提供酌情补贴。对于工会员工以外的其他员工，这种可自由支配的缴款占员工报酬的百分比从 3%（服务年限为 1 ～ 3 年的员工）到 9%（服务年限为 25 年或 25 年以上的员工）不等。公司对员工 401（K）计划的贡献在 2016 财年为 4.89 亿美元，2017 财年为 5.43 亿美元，2018 财年为 5.78 亿美元，2019 财年为 6.14 亿美元。

⊖　1 英里 = 1 609.344 米。——译者注

- 亲属护理报销计划。开市客中家庭符合条件的员工可用税前收入支付家中成人的或 13 岁以下儿童的护理费，每年可节省 750 ～ 2 000 美元的开支。
- 长期和短期的伤残保险服务。
- 人寿保险、意外死亡和伤残保险，根据服务的年限受益，不管是全职或兼职员工。员工可以选择为自己、配偶或子女购买补充保险。
- 员工股票购买计划，允许所有员工通过扣减工资来购买开市客的股票，以避免支付手续费和其他费用。

尽管开市客公司长期以来提供丰厚的薪水和福利有违折扣零售的传统理念，但公司创始人兼首席执行官吉姆·辛尼格相信一个受到优厚待遇的劳动力群体对成功地执行开市客的战略而言非常重要。他说："想象一下你有 12 万个大使在外面不断说开市客的好话，这对你而言是多么大的优势。向他们提供优厚的待遇并让他们留在身边做事才是生财之道。"[22] 当记者问他为什么开市客给员工的待遇比其他零售商好（特别是沃尔玛，它支付的工资较低，福利待遇也很少），辛尼格回答道："为什么员工不应该享有这些权利？到底什么是生财之道？许多人认为我们是低成本的生产者，但是我们给予最高的工资，因此这就意味着我们有更高的生产率。在我们公司有一句公认的话——一分耕耘一分收获。"[23]

据说，良好的工资和福利是开市客的员工在入职第一年后的员工流失率通常低于 5% 的原因所在。开市客的一些员工自 1983 年成立以来一直在公司工作。还有很多人在高中或大学时就开始在开市客做兼职，并选择在公司谋职。开市客的一名员工告诉美国广播公司 20/20 的记者："这是一个工作的好地方，他们很照顾我们。"[24] 开市客副总裁兼首席面包师认为在开市客工作是一项家庭事业："我全家人都在开市客工作，我老公是，我女儿是，我的女婿也是。"[25] 另一位年薪为 4 万美元的收货员说："我想在这里一直干到退休。我爱这里。"[26] 工作两年以上的员工没有公司上级执行官的批准不能被解雇。

4.7.1　甄选人才填补空缺职位

开市客的高层管理者想让员工感觉到他们可以在开市客拥有长久的职业生涯。大部分的高层职位人选从内部提拔，这是公司的政策；最近一阶段内部提拔的比例接近 98%，这意味着开市客管理团队的大部分成员（包括卖场、营销、行政、会员、前端以及收货经理）都是层层晋升的。公司好多副总裁一开始只是初级岗位。吉姆·辛尼格说："我们有一些现任的公司副总裁最开始是将购物车推到停车场的员工。"[27] 开市客决定在各地高校进行招聘，辛尼格解释道："这些人比一般人更聪明、勤奋，而且他们没有择业经历。"[28] 此外，他又说："如果有人来应聘，并说他取得了哈佛大学工商管理硕士学位，我们会说，你愿意从推购物车干起吗？"[29] 那些聪明并有着强大管理技能的员工都会被提拔。

但是如果没有零售的天赋，就算再有前途的员工也不会有机会提升到卖场经理。负责监管卖场经营的高层经理坚持认为卖场经理的人选必须是一流的销售员，对商品上下架等要有天赋。基于做 CEO 的经验，辛尼格说："对销售有感觉的人会着手去做，而其他的人面对销售就像盯着一块帆布画布一样手足无措。我并不是要求过于苛刻，这就是规律。"[30] 大部分新上任的卖场经理是从副经理升上来的，他们拥有作为优秀销售人员的销售经验，他们会考虑到那些经常光顾卖场的客户，哪些新产品或不同产品会卖得更好。卖场经理仅仅拥有必备的人事管理、危机管理和成本效益经营的技能是远远不够的。

4.7.2　高管薪酬

开市客的高管薪酬并不像过去 10 年里大多数公司那样高得离谱。在吉姆·辛尼格担任开市客首席执行官的最后两年中，他在 2010 财年获得了 35 万美元的薪水和 19.04 万美元的奖金，在 2011 财年拿到了 35 万美元的薪水和 19.84 万美元的奖金。克雷格·杰利内克在 2019 财年担任总裁兼首席执行官时的薪酬为 93 万美元（2019 自然年增至 100 万美元），并获得 19.04 万美元的奖金和价值 670 万美元的股票奖励；在 2019 财年担任执行副总裁和首席财务官的理查德·格兰蒂的薪酬为 78.41 万美元，并获得了 7.62 万美元和价值 320 万美元的股票奖励。开市客的其他高薪员工 2019 财年的薪酬在 66.2 万 ~73.7 万美元之间，奖金约为 7.6 万美元，股票奖励价值近 320 万美元。

当被问及为什么开市客高管的薪酬只占收入和经营规模与开市客相当的公司高管薪酬的一小部分时，辛尼格回答说："我认为如果我的付出是卖场里的工作人员的 12 倍，那么我拿高薪才公平。"[31] 他对另一位记者说："我是这家公司的创始人之一。我已经得到了很好的回报。我不要求我的薪水比基层销售人员的高出 100 倍。"[32] 在他担任 CEO 期间，辛尼格的雇用合同只有一页长，而且指明他可以因故被解雇。

然而，尽管高管的薪酬和奖金与其他规模相当的公司相差并不算太大，开市客公司仍然通过一项股权补偿计划缩小了这一差距。该计划的特点是根据明确的业绩标准，向高管授予限制性股票（RSU）份额。开市客的理念是，股权薪酬应该是高管薪酬的最大组成部分，并直接和税前收入挂钩。

4.8　开市客的经营理念、价值观和伦理准则

吉姆·辛尼格是一名炼钢工人的儿子，他将五条简单而且切合实际的商业原则深入贯彻到开市客的企业文化和经营方式中。以下是这些原则与经营方式的节选内容。[33]

（1）遵守法律。法律是不容辩驳的。在道义上我们不能违反法律，我们在哪个地方开展我们的业务必须遵守当地的法律。我们承诺：

- 遵守所有法律和其他法规要求。
- 尊重所有公职官员和他们的职位。
- 遵守所售产品的安全标准。
- 满足并超越我们经营所在地区的生态标准。
- 遵守所有相应的工资和工时法律。
- 遵守所有相应的反垄断法律。
- 在美国法律和外国法律的允许下以合法、正当的方式与其他国家进行商业往来。
- 反对提供、给予、要求或接受贿赂，反对向任何人提供或收取回扣，反对出钱加快政府行为，反对任何有违《海外反垄断法》以及其他国家法律的行为。
- 在证券交易委员会备案的报告以及公司其他的大众传播，都要做到对信息公正、准确、及时、明白地公开。

（2）关心我们的会员。开市客会员既面向企业，也面向个人。会员是我们存在的理由，是我们成功的关键。如果我们不能取悦会员，其他方面做得再好也无济于事。我们的会员有

很多的购物选择，如果他们不来，我们就无法生存。我们的会员缴纳会员费就是对开市客的信任。我们只有不违背会员对我们的信任并将信任传递到我们所在的每个地区，才能成功。我们承诺：

- 以最优的价格在市场提供最优质的产品。
- 提供高品质、安全、健康的产品，要求供应商和员工都要符合行业食品安全的最高标准。
- 向会员提供每个产品百分百满意的服务保单，包括他们支付的会员费。
- 向会员保证我们出售的每一件产品在制作和性能方面都是真实可信的。
- 让会员受到客人的待遇，将购物环境打造成一次满意的体验。
- 向对生态敏感的会员提供产品。
- 向会员提供零售行业最好的顾客服务。
- 通过员工的志愿活动，以及员工、公司对联合劝募会、儿童医院的捐助来回馈社区。

（3）关心我们的员工。员工是我们最宝贵的财富。我们相信我们在仓储式零售行业拥有最好的员工，我们努力向他们提供有回报的挑战以及大量关系个人和事业发展的机会。我们承诺向员工提供：

- 有竞争力的工资。
- 优厚的福利。
- 安全、健康的工作环境。
- 充满挑战和乐趣的工作。
- 职业机会。
- 远离骚扰和歧视的氛围。
- 门户开放政策，可直通管理层解决问题。
- 通过志愿和募捐活动回馈社会的机会。

（4）尊重我们的供应商。我们的供应商是我们的商业伙伴，它们使我们的公司繁荣，同时和我们合作它们也一定会一同繁荣。为此，我们要努力做到：

- 用我们希望被对待的方式对待所有的供应商和它们的代表。
- 遵守所有的承诺。
- 像对待自己的财产一样保护所有供应商分配给开市客的财产。
- 不接受供应商任何形式的赠品。
- 如果我们面向各种道德诠释的商业行为过程受到质疑，那么坚持堂堂正正的道路，做对的事情。

如果我们在整个组织中做到这四件事，那么我们将实现我们的最终目标。

（5）回报我们的股东。作为一家在纳斯达克证券交易所（NASDAQ）上市的公司，我们的股东是公司的商业伙伴。只要我们对股东投入公司的资金进行很好的回报，我们就能成功。我们保证以此来经营我们的公司，我们现在与未来的股东和员工将会因为我们的努力而得到回报。

4.9 肉类和奶制品的环境可持续性和可靠来源

近年来，开市客管理层采取了一系列举措，对各种环境和节能系统进行投资，包括：使用可回收或可堆肥的包装材料，减少包装材料和食物浪费，更多地从野生渔业和养殖水产中采购可持续的海鲜产品，与公认的专家和供应商合作，提高散养鸡蛋的销售比例，并符合奶牛养殖、动物护理和动物福利的最佳做法。这些举措的目标是确保公司的碳排放增长率低于公司的销售增长率，并确保开市客是一个负责任的生物、土地和其他环境资源的管理者，在其销售的产品中加以利用。

开市客的金属卖场设计（包括使用可回收钢材）符合 LEED 银级标准——能源与环境设计组织领导机构（LEED）的认证标准，并被国家（美国）认可为绿色建筑设计和施工的基准。开市客最近为卖场开发的非金属设计能够达到 LEED 的黄金级标准。

所有新设施的设计和建造都是为了提高能源效率；所有的新设备和越来越多的旧设备都安装了节能照明和用于加热、冷却与制冷的节能机械系统。2016 年，开市客开始用 LED 照明改造现有设施；截至 2018 财年年末，已完成 1 166 项改造，估计每年节约能源 2.06 千瓦时。[34] 所有的照明都采用了 LED 技术。截至 2018 财年年末，开市客 109 个仓库的屋顶太阳能系统已经投入运营；一些仓库使用了太阳能以点亮它们的停车场。2017 年，开市客开始在少数地方试点使用燃料电池作为替代电力的来源，并继续评估在其未来设施中的使用情况。到目前为止，开市客已经发现燃料电池在测试地点产生了更低的电力和天然气的综合费用。该公司还在探索使用更节能的新型暖通空调和制冷剂系统，并增加制冷剂的使用，进一步降低全球变暖的可能和温室气体排放。

另一项节能措施是在北美和某些国际地区安装了基于互联网的能源管理系统，使得开市客能够按小时监管能源使用情况。再加上安装了 LED 照明和仓库天窗，自 2001 年以来，这些节能措施已经将开市客销售楼层的照明负荷降低了 50%。开市客在全球范围内采取了一系列措施来减少用水，减少或消除对人类和环境的潜在化学危害，大多数仓库停车场地面使用再生沥青来铺设，并使用最佳实践来灌溉景观和管理地下水径流。开市客会让会员们把门店里的空纸盒拿回家。自 2002 年以来，开市客一直是美国环境保护署"能源之星"计划和"气候保护伙伴关系"计划的积极成员，也是"能源之星"计划下小型荧光灯（CFL）灯泡和 LED 灯灯泡的主要零售商。

开市客致力于从经海洋管理委员会认证的负责任和环境友好的可持续来源采购其销售的所有海产品；在任何情况下，开市客都不出售被列为濒危的海产品，并对其供应商养殖海产品的水产养殖方式进行了监控。该公司长期以来一直致力于提高开市客销售的食品中所有动物的福利，进行妥善适当处理。根据该公司关于动物福利的官方声明，"这不仅是正确的做法，而且是我们对我们的会员、供应商，尤其是对我们在开市客销售的产品所依赖的动物负有的重要道德和伦理义务"。[35] 作为公司承诺的一部分，开市客建立了一个动物福利审计专业委员会，使用公认的审计标准和项目，由经过培训的、认证的审计人员执行，并在农场和屠宰时对动物福利进行评估。

5. 竞争

根据行业研究公司宜必思世界（IBISWorld），仓储俱乐部和超大购物中心行业是指提供食品和饮料、家具和电器、健康和保健产品、服装和配件、燃料和辅助服务等一系列日用商品的公司，预计 2020 年仅在美国的销售额就将达到约 5 140 亿美元。该行业主要有三家竞争者——开市客、山姆会员店和 BJ's 仓储俱乐部。到 2020 年，这三个竞争对手在美国和加拿大拥有超过 1 600 个仓库；大多数的市区都有一个或几个仓储俱乐部。2019 年，开市客、山姆会员店和 BJ's 仓储俱乐部在美国和加拿大的销售总额为 2 244 亿美元。开市客在美国和加拿大的仓储俱乐部销售中占有 68% 的份额，山姆会员店（沃尔玛的一个分支）所占份额略高于 26%，BJ's 仓储俱乐部和几家小型仓储俱乐部等竞争对手的份额接近 6%。

仓储俱乐部之间的竞争基于商品价格、商品质量及选择、商店位置、会员服务等因素。然而，仓储俱乐部还与其他各类零售商竞争，包括沃尔玛和达乐（Dollar General）、超市、日用商品连锁店、专类连锁店、加油站和互联网零售商。沃尔玛作为世界上的最大零售商，不仅通过子公司山姆会员店与开市客直接竞争，而且还通过在沃尔玛购物中心以低价出售同类商品参与竞争。塔吉特公司、科尔士（Kohl's）和亚马逊已经成为某些类日用商品领域的主要零售竞争对手。只卖单一种类、范围小的商品的低成本经营者，如乔氏（Joe's）、劳氏（Lowe's）、家得宝（Home Depot）、欧迪办公（Office Depot）、史泰博（Staples）、百思买（Best Buy）、PetSmart、巴诺（Barnes & Noble），在它们相应的产品市场占有相当大的份额。尽管有来自其他零售商和折扣店的竞争，但是开市客、山姆会员店和 BJ's 仓储俱乐部所提供的低价和商品选择仍然很吸引小企业、家庭用户（尤其是那些淘便宜货的人和家庭成员较多的人）、教堂及其他非营利组织、宴会包办人、小餐馆。海外市场的仓储分店也面临着同样的竞争对手。

以下是开市客在北美地区的两个主要竞争对手的简短介绍。

5.1 山姆会员店

第一家山姆会员店于 1984 年创立，沃尔玛管理层在接下来的几年将仓储会员店的理念发展为一个重要业务和主要部门。山姆会员店模式的理念是以极低的利润出售商品，使会员能够享受低价。山姆会员店的使命是"通过向会员提供令人欣喜的优质商品和优越的购物体验来为他们轻松节省开支，使一切都物有所值"。[37] 山姆会员店的目标市场是小企业和家庭年收入在 7.5 万～12.5 万美元之间的郊区家庭。

2020 年年初，山姆会员店在美国 44 个州和波多黎各经营了 599 家分店，其中许多毗邻沃尔玛购物中心，估计还有 100 家山姆会员店位于墨西哥、巴西和中国（在墨西哥、巴西和中国的山姆会员店的财务和运营数据没有单独提供，因为沃尔玛将其在美国以外的 26 个国家的所有门店运营报告合并在一个名为沃尔玛国际的部分，没有细分不同类型的门店）。在 2020 财年（截至 2020 年 1 月 31 日），山姆会员店在美国和波多黎各以及山姆网站（www.samsclub.com）的营业收入创纪录地达到 592 亿美元（包括会员费），成为美国第八大零售商。

山姆会员店的占地面积在 9.4 万～16.8 万平方英尺之间，2020 财年年末的平均面积为 13.4 万平方英尺，新开张的几处门店面积达到了 19 万平方英尺。所有的山姆会员店卖场都有混凝土地板，装饰简约、空间大，货物陈列在托盘上，放置在简单的木制货架上，或者是服装货架上。2009—2010 年，山姆会员店开始了一个长期的卖场改建计划，对老的门店进行装修。2018 财年，公司关掉了 67 家业绩低于平均水平的门店。

表 C3-4 提供了 2016—2020 财年的部分财务和运营数据。

表 C3-4　山姆会员店 2016—2020 财年的部分财务和运营数据

山姆会员店	2016—2020 财年				
	2020	2019	2018	2017	2016
在美国和波多黎各的净销售额（100 万美元）	58 792	57 839	59 216	57 365	56 828
在美国和波多黎各的营业收入（100 万美元）	1 642	1 520	982	1 671	1 820
在美国和波多黎各的资产（100 万美元）	13 494	12 893	13 418	14 125	13 998
美国和波多黎各地区年末数量	599 家	599 家	597 家	660 家	655 家
每年年底美国和波多黎各的每家店平均销售额，包括会员费（100 万美元）	98.2	96.6	99.2	86.9	86.8
开店 12 个月以上的现有美国和波多黎各卖场的销售增长率					
包括汽油销售	1.6%	2.3%	3.2%	0.5%	3.2%
不包括汽油销售	0.9%	3.9%	2.2%	1.8%	1.4%
每家美国和波多黎各卖场的平均面积（平方英尺）		134 000	134 100	133 900	133 700

注：销售数字包括会员费，仅适用于美国和波多黎各的卖场。就财务报告而言，沃尔玛将所有海外门店的运营合并为一个名为沃尔玛国际的部分。因此，针对位于墨西哥、中国和巴西等国外的山姆会员店地点的单独财务信息不单独提供。

资料来源：沃尔玛公司 2016 财年、2018 财年和 2020 财年的 10-K 报告和年度报告。

5.1.1　商品供应

山姆会员店拥有 4 000 多种商品，大部分都是标准商品，一小部分是特殊商品和一次性出售的商品。山姆会员店的淘宝类商品相比开市客的而言没有那么高档，价格也较低。商品选择包括各种类别的名牌商品和以"会员标志""每日厨师"和"山姆会员店"品牌销售的自有品牌商品。大多数会员店都有新鲜食品部门，包括面包房、肉类区、农产品区、花卉产品区和山姆咖啡馆。许多会员店都有一个一小时速印部门、一个药房、一个视力中心和一个自助加油站。山姆会员店保证它的价格低于其他任何品牌。会员可以在网上（www.samsclub.com）购买更多种类的商品（约 59 000 种商品）和服务；电子商务销售额在 2020 财年为 36 亿美元，在 2019 财年为 27 亿美元。samsclub.com 每个月平均有 2 040 万独立造访人数，并为会员提供在当地山姆会员店提货或直接送货到家的选择。

各主要商品类别的销售额百分比构成如表 C3-5 所示。

表 C3-5　各主要商品类别的销售额构成

主要商品类别	2020	2019	2018
食品杂货和消费品（乳制品、肉类、面包、熟食、农产品、干货、冷藏或冷冻包装食品、含酒精和不含酒精的饮料、花卉、零食、糖果、其他食品杂货、健康和美容用品、纸制品、洗衣和家庭护理用品、婴儿护理用品、宠物用品以及其他消费品和食品杂货）	60%	58%	58%
燃料和其他类别（烟草、快餐食品、工具和动力设备、汽油、轮胎和电池）	19%	21%	21%
科技、办公和娱乐（电子设备、无线电收音机、软件、视频游戏、电影、书籍、音乐、玩具、办公用品、办公家具和照片处理设备）	6%	6%	6%

（续）

主要商品类别	2020	2019	2018
家庭消费品及服装（住房改善、户外生活、烧烤架、园艺、家具、珠宝、家居用品、季节性物品、床垫及小型器具）	9%	9%	9%
健康和福利（药房和视力服务及非处方药）	6%	6%	6%

5.1.2　会员资格和营业时间

山姆会员店商务会员的年费为 45 美元，还能为主会员卡免费提供配偶卡。商务会员最多可以有 8 个附加会员资格，每个附加会员的费用为 40 美元。山姆会员店的高级会员费为 100 美元，可以增加 16 个附加会员资格，每个附加会员的费用为 40 美元。高级会员有资格在电子商务订单上享受免费送货和现金返还奖励，这是一项福利，有资格购买山姆会员店产品的人每年可获得 2% 的现金返还奖励，即最多可获得 500 美元。现金返还奖励可用于购买商品、缴纳会员费或兑换现金。每周约有 60 万名会员在山姆会员店购物。会员费占山姆会员店营业收入的很大一部分。

正常的营业时间为周一至周五的上午 10 点至晚上 8 点半，周六的上午 9 点至晚上 8 点半，周日的上午 10 点至下午 6 点；高级会员持卡人可以在周一至周六的上午 7 点开始的正常营业时间之前购物。所有会员可以使用各种支付方式，包括维萨信用卡和借记卡、美国运通（American Express）卡和山姆会员店的"现金返还"万事达卡信用卡。山姆会员店还提供了"扫码就走"的移动结账和支付解决方案，使得会员可以绕过结账队伍。药房和视力中心通过会员的健康福利计划获得产品和服务收入。

5.1.3　分销

山姆会员店大约 73% 的非燃料商品来自 25 个专门为山姆会员店运营服务的配送中心，沃尔玛对这些配送中心在全美进行了战略性布局。易腐物品，则来自附近的沃尔玛杂货配送中心；其余商品均由供应商直接运送到山姆会员店。与开市客一样，山姆会员店的分销中心采用交叉对接转运技术将运来的货物立即通过拖车运到山姆会员店；通过转运，货物一般能在 24 小时内送达，有时仅需 1 小时。所用的卡车有沃尔玛公司的，也有卡车公司的，通过这些车将货物从分销中心运送到会员店。山姆会员店通过多种方式配送顾客在网站（samsclub.com）和山姆的移动商务应用程序上购买的商品，包括直接从会员店、9 个专用电子商务营运中心、2 个专用进口设施和其他配送中心发货。

5.1.4　员工情况

2020 年年初，山姆会员店在全美雇用了约 9 万名员工。尽管在山姆会员店工作的人来自各个年龄层，但是相当大一部分的人接受工作是因为他们的技能水平很低，正在寻找第一份工作，或者只需要一份兼职工作，或者想要开始第二职业。山姆会员店卖场的 75% 以上的管理人员都是从山姆会员店的小时工开始的职业生涯，并晋升到目前的职位。

5.2　BJ's 仓储俱乐部

20 世纪 80 年代中期，BJ's 将会员式仓储理念引入美国东北部。截至 2020 年 4 月，从缅因州到佛罗里达州的 17 个东部州共有 218 个仓库和 145 个 BJ's 加油站。在其核心的新英格兰市场区域，BJ's 的门店数量是第二大仓储俱乐部竞争对手的 3 倍。大约 85% 的 BJ's 在其经营辐射范围（距离为 10 英里[⊖]或更短）内至少有一家开市客或山姆会员店。BJ's 建了 6 个分销中心服务于门店，并有能力支持美国东海岸 100 个俱乐部。BJ's 仓储俱乐部的面积从 6.3 万平方英尺增长到 16.3 万平方英尺；较新的俱乐部面积一般在 8.5 万平方英尺左右。BJ's 的目标市场是对价格敏感、平均年收入约为 7.5 万美元的家庭。

2011 年 6 月下旬，BJ's 接受了两家私人股份有限公司的收购要约，此后不久成为一家私有控股公司。然而，2018 年 5 月，这家私营公司（更名为 BJ's Wholesale Club Holdings）宣布有意再次成为一家上市公司，并向美国证券交易委员会（Securities and Exchange Commission）提交了首次公开发行普通股的必要登记。2018 年 6 月末，BJ's 成为一家上市公司，首次公开募股 3 750 万股，发行价为每股 17 美元，它的股票在纽约证券交易所交易，代码为 BJ。在接下来的三年里，BJ's 聘请克里斯·鲍德温（Chris Baldwin）担任董事长、总裁和首席执行官，并招聘和调整了多名高管，以使其领导团队在消费品、数字技术和咨询方面拥有更多经验。新的管理团队实施了重大的文化和运营变革，包括改变 BJ's 使用数据的方式来改善成员体验，灌输一种成本文化，采取更积极主动的方法来扩大会员数量，建立一个更全面的在线商品集合，构筑将产品送到会员家里或办公室的能力，并引入一款手机应用程序，让会员可以直接在应用程序中保存优惠券并自助结账。2018 年，BJ's 开始以固定费用当日送达订单。新管理团队的战略重点之一是让会员在 BJ's 购物更容易、更方便。

表 C3-6 显示了 BJ's 仓储俱乐部 2017—2020 财年的部分财务和运营数据。

表 C3-6　2017—2020 财年 BJ's 仓储俱乐部的部分财务和运营数据

	财年末			
	2017.01.28	2018.02.03	2019.02.02	2020.02.01
部分利润表数据（100 万美元，每股数据除外）				
净销售额	12 095.3	12 496.0	12 724.5	12 888.6
会员费	255.2	258.6	282.9	302.2
总收入	12 350.5	12 754.6	13 007.4	13 190.8
销售成本	10 223.0	10 513.5	10 646.5	10 763.9
销售费用、一般费用和管理费用	1 908.8	2 017.8	2 051.3	2 059.4
开业准备费	2.7	3.0	6.1	15.2
营业收入	216	220.3	303.5	352.2
利息净支出	143.4	196.7	164.5	108.2
所得税准备金	28.0	（28.4）	11.8	56.2
净收入	44.6	52	127.2	187.8
稀释每股收益	0.49	0.56	1.05	1.35
流通在外普通股加权平均股数（100 万股）	90.7	92.3	121.1	139.1
资产负债表和现金流量表数据（100 万美元）				
现金及现金等价物		34.9	27.1	30.2
存货		1 019.1	1 052.3	1 081.5
流动资产合计		1 336.6	1 337.2	1 360.9
房产及设备净值		758.8	748.8	760.2

⊖　1 英里 = 1 609.344 米。——译者注

（续）

	财年末			
	2017.01.28	2018.02.03	2019.02.02	2020.02.01
资产总计		3 273.9	3 239.2	5 569.8
流动负债合计		1 469.6	1 577.7	1 801.4
长期负债		2 492.6	1 546.5	1 377.3
股东权益合计		（1 029.9）	（202.1）	（54.3）
经营活动产生的现金流量	297.4	210.1	427.1	355.1
资本支出	114.8	137.5	145.9	196.9
自由现金流	182.7	72.6	281.2	158.2
部分经营数据				
年末已开业的俱乐部	214	215	216	217
开业 12 个月以上的俱乐部销售增长率	（2.6%）	0.8%	3.7%	0.7%
开业 12 个月以上的俱乐部销售增长率（不包括汽油销售）	（2.3%）	（0.9%）	2.2%	（0.9%）
每个俱乐部的平均销售额（包括网上销售）	56.5	58.1	58.9	59.4
会员更新率	85%	86%	87%	87%

资料来源：公司表格注册声明，2018 年 5 月 17 日；2019 年 10-K 报告；2020 年 10-K 报告。

5.2.1 产品供应和销售

像开市客和山姆会员店一样，BJ's 提供的高质量的名牌商品，其价格远低于超级市场、折扣零售连锁店、百货公司、药店和百思买等零售商店的价格。其商品类型大约有 7 200 种，包括消费电子产品、录制媒体、小型电器、轮胎、珠宝、保健美容用品、计算机软件、书籍、贺卡、服装、家具、玩具、季节性物品、冷冻食品、鲜肉和奶制品、饮料、干粮、新鲜农产品、流动食品、罐头和家用产品。大约 70% 的 BJ's 产品线都可以在超市找到。该公司的两个自有品牌 Wellsley Farms 和 Berkley Jensen 的销售额占净销售总额的 20% 左右。BJ's 100 种代表性产品的价格始终比四家主要竞争对手的同类品牌产品低 25%。会员可以在公司网站（www.bjs.com）上购买更多产品。

BJ's 的卖场提供许多专业服务，旨在使会员能够更多地购物，并鼓励他们更频繁地前往会员店购物。与开市客和山姆会员店一样，BJ's 以折扣价销售汽油，向潜在会员展示优惠的价格形象，为现有会员提供增值服务；2020 年 4 月，BJ's 的 145 家加油站开始运营。其他专业服务包括提供全方位服务的光学中心，轮胎安装服务，丙烷罐灌装服务，家居装修服务，旅行服务，汽车租赁服务，手机亭，以及电器、电子产品和珠宝的产品保护计划（product protection plans）。这些服务大多由外部运营商在 BJ's 租赁的场地中提供。2007 年年初，BJ's 放弃了处方配药服务，关闭了 46 家俱乐部内的药房。

5.2.2 会员制

截至 2020 年年初，BJ's 共有 550 万付费会员和 1 000 万持卡人，产生了 3.02 亿美元的会费收入。个人只需支付每年 55 美元的费用，就可以成为"核心圈子"的成员，其中包括赠送给家庭成员的第二张卡；最多三个家庭成员的卡片可以添加到核心成员的账户中，以获得额外奖励。每张卡 30 美元，主要商务会员每年 55 美元，还包括一个免费的附加会员；商务会员可以有 8 个附加会员，每个附加会员 30 美元。在 BJ's 俱乐部注册的美国军人，无论是现役军人还是退伍军人，均享受会费减免。个人和企业可以支付 110 美元升级到 BJ's 的福利 / 奖励卡；福利 / 奖励卡会员可以为家庭成员申请一张免费的第二张卡，并且可以增加三个附加会员，每个会员 30 美元。BJ's 福利 / 奖励卡会员可在俱乐部内和网上购物时获得 2% 的返现；现金奖励以 20 美元的形式发放，可用于店内采购；奖励自发布之日起 6 个月内有效。非会员可以通过支付每年 10 美元的费用在线访问 www.bjs.com，这为在线购买提供了会员价的好处。会员可申请 BJ's 高级卡（Perks Plus®）或精英信用卡（Perks Elite®）（万事达卡），无须支付年费，可作为会员卡使用。在符合条件的俱乐部内和网上购买时使用 Perks Plus® 卡支付可以获得 3% 的返现，而持卡人在符合条件的俱乐部内和网上购买时使用 Perks Elite® 卡支付可以获得 5% 的返现。持有这两种卡的客户使用该卡在 BJ's 的加油站来支付购买燃料费时会获得每加仑⊖10 美分的折扣，当他们在非 BJ's 加油站购买燃料和就餐时可以获得 2% 的现金返还，在所有非 BJ's 的其他任何接受万事达卡的地方进行购买时可以获得 1% 的现金返还。用这些信用卡购买燃料的人没有资格获得进一步的现金返还奖励；此外，拥有 30 美元附加商务会员资格的会员必须升级到 55 美元的主要会员类别，才有资格获得高级或精英信用卡。自 2014 财年以来，BJ's 的万事达卡会员增长了 527%。2019 财年，BJ's 福利 / 奖励卡会员和万事达卡会员占会员总数的 28%，其消费额占消费总额的 43%，而 2018 财年分别为 25% 和 39%。BJ's 在所有会员店都接受万事达卡、Visa 卡、发现卡和美国运通卡；会员也可以用现金或支票付款。BJ's 大部分商品接受售后 30 天内退货。

BJ's 的领导团队认为，如果会员每年在 BJ's 购买制造商品牌的食品杂货花费 2 500 美元或更多，那么他们可以省下比传统超市竞争对手支付会员费 55 美元多 10 倍的费用。

5.2.3　营销和促销

BJ's 主要通过社交媒体、直邮、公关活动、社区参与计划、新店的营销计划以及全年向会员邮寄的各种出版物，提高客户对俱乐部的认知度。BJ's 还拥有专门的营销人员，负责招揽潜在的商务会员，并与其他选定的组织联系以增加会员数量。BJ's 还定期提供免费会员和折扣会员的促销活动，以吸引新会员，目的是将其转化为付费会员。

5.2.4　仓储会员店运营

BJ's 的会员店都是独立开店或位于购物中心之内。一家大型 BJ's 会员店的建设和场地开发成本为 600 万～ 1 000 万美元；土地购置费用为 300 万～ 1 000 万美元，但在一些地方可能会有较大幅度的提升。每家会员店一般投资 300 万～ 400 万美元用于购买固定装置和设备。一家新会员店的其他前期费用为 100 万～ 200 万美元，包括停车位和加油站。一家大型的 BJ's 会员店需要 13 ～ 14 英亩⊜的土地；较小的会员店则通常需要 8 英亩。

从制造商处购买的商品要么运送到转运站，要么直接运送到会员店。转运站的工作人员将货车运来的货物分解，重新分配运送到各家会员店，整个过程一般在 24 小时内完成。一旦会员店收到厂家的商品，BJ's 就会与其紧密合作，尽量减少所需的搬运等工作。BJ's 与第三方签订了经营三个易腐品配送中心的合同，并将易腐品配送到其仓库。

⊖　1 美加仑 = 3.785 升。——译者注
⊜　1 英亩 = 4 046.856 米²。——译者注

商品通常摆放在可以容纳大批量商品的货板上，以此减少操作、存货和补进存货所需的人力。备份商品通常存放在销售层的铁架上。大部分商品在制造商那边已经提前上过标签了，所以在会员店不必再标记。大型会员店拥有将近 400 万美元的库存。管理层通过严格控制会员店进出口、聚焦于会员顾客、使用最先进的电子物品监控技术，使过去三个财年每年的库存损耗控制在净销售额的 1% 以内。

🔘 注释

[1] As quoted in Alan B. Goldberg and Bill Ritter, "Costco CEO Finds Pro-Worker Means Profitability," an ABC News original report on *20/20*, August 2, 2006, http://abcnews.go.com/2020/Business/story?id=1362779 (accessed November 15, 2006).

[2] Ibid.

[3] As described in Nina Shapiro, "Company for the People," *Seattle Weekly*, December 15, 2004, www.seattleweekly.com (accessed November 14, 2006).

[4] See, for example, Costco's "Code of Ethics," posted in the investor relations section of Costco's website under a link entitled "Corporate Governance and Citizenship" (accessed on February 4, 2016).

[5] Costco Wholesale, 2011 Annual Report for the year ended August 28, 2011, p. 5.

[6] Costco Wholesale, 2017 Annual Report for the year ended September 3, 2017, p. 3.

[7] As quoted in ibid., pp. 128–29.

[8] Steven Greenhouse, "How Costco Became the Anti-Wal-Mart," *The New York Times*, July 17, 2005, www.wakeupwalmart.com/news (accessed November 28, 2006).

[9] As quoted in Greenhouse, "How Costco Became the Anti-Wal-Mart," *The New York Times*, July 17, 2005, www.wakeupwalmart.com/news (accessed November 28, 2006).

[10] As quoted in Shapiro, "Company for the People," *Seattle Weekly*, December 15, 2004, www.seattleweekly.com (accessed November 14, 2006).

[11] As quoted in Greenhouse, "How Costco Became the Anti-Wal-Mart," *The New York Times*, July 17, 2005, www.wakeupwalmart.com/news (accessed November 28, 2006).

[12] Boyle, "Why Costco Is So Damn Addictive," *Fortune*, October 30, 2006, p. 132.

[13] Costco 10-K Reports, 2015 and 2017.

[14] Sinegal's explanation appeared in the company's 2005 Annual Report; this same statement was also attributed to Craig Jelinek in Costco's "Corporate Profile," posted on its Investor Relations website, accessed October 16, 2019.

[15] Jeremy Bowman, "Who Is Costco's Favorite Customer?" *The Motley Fool*, June 17, 2016, www.fool.com (accessed June 5, 2017); J. Max Robins, "Costco's Surprisingly Large-Circulation Magazine," *MediaPost*, March 6, 2015, www.mediapost.com (accessed June 5, 2017).

[16] As quoted in Goldberg and Ritter, "Costco CEO Finds Pro-Worker Means Profitability," an ABC News original report on *20/20*, August 2, 2006, http://abcnews.go.com/2020/Business/story?id=1362779 (accessed November 15, 2006).

[17] Ibid.

[18] Information posted at www.indeed.com (accessed October 16, 2019).

[19] Based on information posted at www.glassdoor.com (accessed February 28, 2012).

[20] Information posted at www.glassdoor.com (accessed October 16, 2019).

[21] Ibid.

[22] Ibid.

[23] Nina Shapiro, "Company for the People," *Seattle Weekly*, December 15, 2004, www.seattleweekly.com (accessed November 14, 2006).

[24] As quoted in Goldberg and Ritter, "Costco CEO Finds Pro-Worker Means Profitability," an ABC News original report on *20/20*, August 2, 2006, http://abcnews.go.com/2020/Business/story?id=1362779 (accessed November 15, 2006).

[25] Ibid.

[26] As quoted in Greenhouse, "How Costco Became the Anti-Wal-Mart," *The New York Times*, July 17, 2005, www.wakeupwalmart.com/news (accessed November 28, 2006).

[27] As quoted in Goldberg and Ritter, "Costco CEO Finds Pro-Worker Means Profitability," an ABC News original report on *20/20*, August 2, 2006, http://abcnews.go.com/2020/Business/story?id=1362779 (accessed November 15, 2006).

[28] Boyle, "Why Costco Is So Damn Addictive," *Fortune*, October 30, 2006, p. 132.

[29] As quoted in Shapiro, "Company for the People," *Seattle Weekly*, December 15, 2004, www.seattleweekly.com (accessed November 14, 2006).

[30] Ibid.

[31] As quoted in Goldberg and Ritter, "Costco CEO Finds Pro-Worker Means Profitability," an ABC News original report on *20/20*, August 2, 2006, http://abcnews.go.com/2020/Business/story?id=1362779 (accessed November 15, 2006).

[32] As quoted in Shapiro, "Company for the People," *Seattle Weekly*, December 15, 2004, www.seattleweekly.com (accessed November 14, 2006).

[33] Costco Code of Ethics, last updated March 2010, posted in the Governance Documents section of Costco's investor relations website, accessed October 16, 2019.

[34] Information posted in the environmental sustainability section of Costco's Investor relations website, accessed October 17, 2019.

[35] Mission Statement on Animal Welfare," posted at www.costco.com in the Investor Relations section (accessed February 8, 2016).

[36] According to information in "Warehouse Clubs and Supercenters in the U.S.: Industry Statistics," posted at www.ibisworld.com, accessed June 15, 2020.

[37] Walmart 2010 Annual Report, p. 8.

汤姆斯鞋业：拓展其成功的"买一捐一"商业模式

玛格丽特·A. 彼得拉夫（Margaret A. Peteraf）
达特茅斯学院塔克商学院
肖恩·张和凯瑞 S. 雷瑟（Sean Zhang and Carry S. Resor）
达特茅斯学院研究助理

2006 年，布莱克·麦考斯基（Blake Mycoskie）在阿根廷旅行时，亲眼看见了没有鞋子穿的孩子的艰辛，决定帮助他们改善生活。麦考斯基并没有将重点放在慈善事业本身，而是力图建立一个能够持续不断捐款、确保孩子们在整个童年时期都有鞋穿的公司。他创立了汤姆斯（TOMS）鞋业，以独特的"买一捐一"商业模式为人所熟知。汤姆斯每售出一双鞋，就会捐赠一双鞋给需要它的孩子。截至 2020 年 6 月，汤姆斯已在超过 85 个国家捐赠了近 1 亿双鞋。[1]

该商业模式是成功的，尽管 2009 年发生了全球性经济衰退，汤姆斯依然实现了持续的快速成长。2015 年，汤姆斯的员工规模已接近 600 人，营业收入接近 4 亿美元。汤姆斯公司的鞋在一些大的零售商店都有出售，如诺德斯特龙（Nordstrom）、布鲁明戴尔（Bloomingdale's）、Urban Outfitters 等。

受到成功的鼓舞，并希望在世界上做出更大的改变，麦考斯基开始尝试几项与汤姆斯品牌及其"买一捐一"商业模式相关的新举措。2011 年，他推出了汤姆斯眼镜（TOMS Eyewear），为有需要的人提供处方眼镜和眼科诊疗。2014 年，他创立了汤姆斯烘焙公司（TOMS Roasting Co.），以扩大世界各地的安全饮用水供应。截至 2020 年，汤姆斯已经帮助超过 78 万人实现了视力恢复，并为缺乏安全饮用水这种基本必需品的社区提供了 72.2 万多周的安全饮用水。为了应对新冠疫情，汤姆斯承诺将公司净利润的三分之一用于支持心理健康、洗手和医疗用品，以帮助处于危机中的人们。关于汤姆斯的迅速发展情况，如表 C4-1 所示。

表 C4-1　汤姆斯 2006 年以来的增长状况

	2020	2016	2014	2012	2010	2008	2006
员工总数（人）	750	650	550	320	72	33	4
鞋子销售数量（1 000 双）	95 000①	60 000①	10 000	2 700	1 000	110	10

①根据捐赠的鞋子估算。

资料来源：PrivCo, Private Company Financial Report，公司网站；craft.co, toms-shoes company profile（访问于 2020 年 6 月 4 日）。

1. 公司背景

在南卫理公会大学期间，麦考斯基建立了他六家初创公司中的第一家——覆盖七所大学、员工人数超过 40 人的洗衣公司。[2] 经历过四次创业，并短暂出演了《极速前进》(The Amazing Race) 之后，在阿根廷度假期间，麦考斯基不仅了解了 14 世纪当地农民最初穿的阿尔帕加塔鞋，还目睹了阿根廷农村的极度贫困状况。

麦考斯基下定决心做出改变。他相信比起为农村孩子送去药与食物，为他们提供鞋子对孩子们的影响更为直接。鞋子除了可以保护孩子们的双脚，使其不受感染、寄生虫、病变的困扰之外，一套完整的校服也要有鞋子。同时，研究表明，鞋可以大大增加孩子的自信心，帮助他们成为更积极的社会成员，并引导他们习惯学校生活。通过确保孩子们能有途径得到鞋子，从而有效地增加他们受教育和接触到社会群体活动的可能性，麦考斯基始终倡导为阿根廷农村贫困地区的人们而着想，为改善他们的生活而奋斗。

为了实现自己所追求的使命，麦考斯基买了 250 双鞋回到他的家乡洛杉矶，也就是后来他创立汤姆斯的地方。公司创建之初就以"买一捐一"作为承诺，每卖出一双鞋就捐赠一双鞋。以 30 万美元初始投资起步，麦考斯基进行社会创业的商业理念很简单：出售鞋子以及鞋子背后的故事。麦考斯基以一个能够有效传达其目标的简单口号为基础，热情地传播自己的个人经历，并与客户建立了深厚而持久的关系。

麦考斯基在 Craigslist 网站上找到了三名实习生，一起在他的公寓里运营公司，在公司成立的第一年里他便卖出了 10 000 双鞋。麦考斯基与他的家人朋友一起回到阿根廷，亲手将 10 000 双鞋赠予有需要的孩子。也正是因为他严格遵守了他所宣传的承诺，麦考斯基后来能够吸引投资者来支持他独特的商业模式，公司业务也迅速扩大。

2014 年，贝恩资本（Bain Capital）收购了该公司 50% 的股份，希望能从该公司的成功中获利。

2. 行业背景

尽管麦考斯基的公司愿景非常独特，但要在全球鞋类生产行业中占有一席之地仍困难重重且充满风险。鞋类行业比较稳定且较为成熟，大大小小的公司都在价格、质量、服务这些基础上展开竞争。国内外各家公司相互影响、相互竞争，面对压力，新进入者需要努力争取下游零售商。

此外，原材料供应成本预计在 2017—2022 年持续增长。在行业成本中，原材料和职工薪酬占比超过 80%，这无疑是行业内公司的一个相当大的担忧。原材料采购类别包括皮革、橡胶、塑料化合物、海绵、尼龙、帆布、手带等。皮革的价格每年都在稳步上涨，而天然橡胶和合成橡胶的价格预计在未来五年也会上涨。此外，工资在收入中所占的份额预计将在这五年内以 5.5% 的速度增长，从 2017 年的 17.1% 增长到 2022 年的 17.8%。[3]

为了在鞋类制造行业中实现发展，公司需要以一种有意义的方式实施差异化。以合理的价格销售高质量产品是远远不够的，公司需要瞄准一个需要某种形象的利基市场。产品创新和广告宣传因此成为最成功的竞争武器。例如，英国其乐（Clarks）采用了高级干练的设计，吸引更富裕、更成熟的客户群。耐克、阿迪达斯和斯凯奇主打运动鞋并积极营销其品牌以反映这一形象。除此之外，实现规模经济、提高科技水平并发展具有成本效益的分销系统也是实现成功的必要因素。

尽管已经有成熟知名的在位企业，但根据对需求增加和销售收入增加的预测，全球鞋类制造行业对于潜在进入者的吸引力仍然很大。此外，鞋类行业是时尚业中净利率最高的几个行业之一。但因为竞争者往往为了抑制新进入者而开设新的门店并进行品牌扩张，新进入者唯一的选择只有尽可能压低成本。而大规模生产制造鞋类产品所需的设备和机械装置成本往往是高昂的。并且，新进入者还需要投入大量费用来开展大规模市场营销活动以提升品牌知名度。因此，成功的在位企业传统上能够维持其压倒性的市场份额。

打造汤姆斯品牌

由于起步时并不起眼，汤姆斯需要非常努力才能在鞋类行业有立足之地。当时，耐克这样的公司主要是通过利用像迈克尔·乔丹、泰格·伍兹等知名运动员来建立品牌知名度，相比之下汤姆斯财务资源相对有限，且其更多的是针对有社会意识的消费者。幸运的是，潜在购买者的可支配收入随着经济的复苏而增加，从而使得收入较高的消费者对高质量鞋类产品的需求增加，同时也渴望表现得（并让人看到）有善心，并尽到社会责任。

一天麦考斯基走在机场内，遇见一个穿着汤姆斯鞋的女孩，麦考斯基说道：

"我问她鞋子的问题，她过来和我讲述了汤姆斯的故事、它的模式和我个人的经历。我意识到当今企业背后的故事十分重要，它能使公司与其他公司实现差异化。人们不只是穿我们的鞋，他们还讲述我们的故事。这是令我十分感慨的一次经历，使我学到了很多。"

随着公司的发展，汤姆斯更加注重传递鞋子背后的故事，而不仅仅是产品本身的性能或通过名人代言。并且，汤姆斯重点采用社交媒体和口碑传播这类营销方法，而不过多依赖传统广告。2020 年，汤姆斯在 Facebook 上的点赞数超过 400 万，Twitter 上有接近 200 万关注者，汤姆斯在社交媒体上的影响力超过比其规模更大的竞争对手。2020 年的数据显示，汤姆斯品牌的"点赞者"和"关注者"均少于斯凯奇、耐克和阿迪达斯。然而，平均每一美元收入的"点赞者"和"关注者"数量，汤姆斯却更多。因此，如果我们把企业规模考虑进来，汤姆斯的媒体形象要比行业中的领先企业更好（更多信息见表 C4-2）。

表 C4-2　汤姆斯与行业内部分竞争对手对社交媒体的利用情况比较

	2019 年总收入（100 万美元）	Facebook 点赞数	每 100 万美元收入的点赞数	Twitter 关注数	每 100 万美元收入的关注数
汤姆斯	67.7	4 200 000	62 038	1 800 000	2 659
斯凯奇	185.2	6 100 000	32 937	47 800	258

（续）

	2019 年总收入 （100 万美元）	Facebook 点赞数	每 100 万美元 收入的点赞数	Twitter 关注数	每 100 万美元 收入的关注数
阿迪达斯	597.3	37 000 000	61 945	946 700	1 585
耐克	4 053.8	34 000 000	8 387	4 600 000	1 135

资料来源：来自 Facebook 和 Twitter 的作者数据，2018 年 5 月 2 日；从 Ecommercedb.com 获得收入数据。

汤姆斯在社交媒体上的成功可以归因于麦考斯基的精心设计及其坚守的故事。而行业内现有企业通常是将大部分收入和精力投入到广告上，因为它们只是在销售产品。另外，汤姆斯通过企业使命说服消费者接受一项事业，从而降低了它们在品牌建设方面进行大量资源投入的需求。汤姆斯借由慈善事业和社会媒体形象有机地为公司创造利益。该战略也增加了消费者重复购买且与家人、朋友分享产品背后的故事的可能性。汤姆斯的顾客以支持草根事业而非奢侈品而感到自豪，并且鼓励他人一同参与这项有益的行动。

3. 致力于社会责任的商业模式

许多大型服饰公司的传统广告都集中于将特色产品作为吸引点，汤姆斯的广告却展现它在慈善上的贡献和其创始人麦考斯基的故事。相比耐克、阿迪达斯、其乐的 CEO 很少出现在公司广告中，汤姆斯的广告中有一半都有麦考斯基的身影，强调汤姆斯产品和麦考斯基故事的不可分离性。他出现时，总是身穿非正式的亲和服装从而使消费者很容易联想到布莱克（Blake，麦考斯基的名）和他的使命。这一广告方式传达了一家小公司的情感并促使消费者与汤姆斯品牌产生联系。同时，通过区别汤姆斯与其他产品也增加了顾客对该品牌的光顾。

结果就是（尽管重复购买和消费者总体满意度的统计数据不对外公开），大量的重复购买及购买者对该公司品牌的热情可能在很大程度上促进了汤姆斯的成功。一个评论者对此评论道："这是我的第三双汤姆斯，我爱极了它们！我还想去买更多双汤姆斯！"[4] 另一个评论者写道："刚刚拿到第 25 双汤姆斯，很喜欢它的颜色。它们……舒适、好看又耐穿。买它们是为了一项事业。我还要去挑我的下一双汤姆斯……"[5]

事实上，汤姆斯的所有消费者的评论都显示出相似的主题。虽然价格并不便宜，但也没有其竞争对手的价格高，并且消费者一致认为汤姆斯值这个价格。评论者夸赞汤姆斯舒适、尺寸精准、轻便、多功能。鞋子有"可爱的形状与图案"，由帆布和橡胶制成，穿上后根据顾客的脚来塑形。由于汤姆斯产品舒适、时尚又是基础款，很吸引人，它们不需要时刻追求多变的时尚趋势，也能吸引大量顾客。

除了为消费者提供大家比较重视的高质量，汤姆斯还通过有效率的分销，与消费者一起建立一个和谐的平台。网上销售使汤姆斯节约了零售实体店的许多费用，也扩大了销售的地理范围。同时，汤姆斯还与知名零销商如诺德斯特龙和内曼·马库斯合作，来帮助公司分销。通过周全的计划和有组织的协调，汤姆斯有效控制了运营成本，并向消费者提供了快捷服务。

3.1　捐赠合作伙伴

随着业务的不断发展，汤姆斯力图通过与"捐赠合作伙伴"（giving partner）以及一些非营利组织进行合作，帮助分发汤姆斯捐赠的鞋，以此提高公司的运营效率。汤姆斯将慈善事业运营中的分发事务交给了那些规模更大、资源更多、更有能力、更有效率发放汤姆斯鞋的组织，使得汤姆斯的慈善运营更高效。另外，这些组织在与汤姆斯努力帮助的社区打交道方面有更多的经验也更熟悉，能够更好地根据当地孩子的需求来发放鞋子。捐赠合作伙伴还会提供一些反馈建议来帮助汤姆斯改善捐赠和发放的流程。

由于每个捐赠合作伙伴都会把汤姆斯公司鞋子的发放与其他方面的专业慈善活动结合起来，这还进一步扩大了汤姆斯的影响力。例如，有一个健康领域的捐赠合作伙伴，它是一个非营利组织，2012 年花了 1 亿美元为穷人提供医疗（比汤姆斯当年全年的收益还要多），代送了数以千计的鞋子给卢旺达和马拉维的小学生，并且为他们检查是否营养不良。与知名的、被盛赞的慈善机构合作式的捐赠让汤姆斯变得更强。这些附加服务拓展了汤姆斯使命的范围，加强了每双鞋对一个孩子成长的影响，增加了商业信誉和商业机遇。

为了确保服务质量并忠实于基本的使命，汤姆斯对捐赠合作伙伴有五个要求。

- 重复赠予：合作伙伴必须能够持续几年在同一社区开展多次工作，伴随着一个孩子的成长，定期为他提供鞋子。
- 高影响力：鞋子必须有助于让捐赠合作伙伴实现其在健康和教育领域的现有目标，为孩子们提供他们原本没有的机会。
- 考虑当地经济：提供鞋子不能对当地的社会经济产生负面影响。
- 大运货量：捐赠合作伙伴必须能接受大量的货物运送量。
- 聚焦医疗与教育：捐赠合作伙伴必须将医疗、教育与捐赠鞋子结合起来。[6]

截至 2020 年，汤姆斯已和 100 多家捐赠合作伙伴建立了合作关系，包括救助儿童会（Save the Children）、联合国儿童基金会美国基金（U.S. Fund for UNICEF）、IMA World Health，为了让合资企业延续公司的使命，汤姆斯还通过发布未公开的审计报告来确保鞋子根据"买一捐一"模式发放给孩子们。

3.2　与捐赠合作伙伴建立关系

捐赠合作伙伴的存在使得汤姆斯获得了非常珍贵的机会，能够把自身慈善工作的成本转移一部分给其他机构。而汤姆斯也会积极维持与捐赠合作伙伴的关系。凯利·吉普森（Kelly Gibson）是国家救灾慈善机构（NRC）的项目总监，NRC 致力于改善美洲原住民的生活。凯利·吉普森对汤姆斯对待捐赠合作伙伴的做法表示尊敬：

> 汤姆斯像对待消费者一样对待捐赠合作伙伴（比如我们）和接受捐赠鞋子的人，与汤姆斯合作是我们一次极好的服务经历，它们做事一丝不苟，定时定量完成鞋子的捐赠订单，它们还坚持认为，收到鞋子的孩子们在配送环节也应该有客户式的体验。

汤姆斯也帮助捐赠合作伙伴承担运输费用，把合作伙伴当成贵客。在"买一捐一"的使命基础上进一步建立了信誉。通过确保捐赠合作伙伴和接受鞋子的人得到充分尊重，汤姆斯建立了一种独特的能力来维持其商业关系，而其他更关心财务底线的营利性机构却没有做到这一点。

4. 坚持承担企业社会责任

虽然汤姆斯公司在阿根廷、埃塞俄比亚生产产品，但通过定期的第三方审计和供应商行为守则确保遵守了劳动标准。在每一份使用当地语言编制的工作守则公布时，汤姆斯都进行了公开和不公开的审计。供应商行为守则制定了一些行为标准，如最低工作年龄、必须自愿就业、不歧视、每周工作时间上限和加入工会的权利。[7] 它还根据国家的法定标准保护工人免受身体、性、口头或心理骚扰，鼓励员工直接向汤姆斯报告违规行为，违反汤姆斯供应商行为守则的供应商则面临解约。

除了确保供应商达到汤姆斯的道德标准外，汤姆斯还通过多种方式强调了其自身对伦理行为的坚持。汤姆斯是美国服装和鞋履协会（American Apparel and Footwear Association, AAFA）的成员，并加入了公平劳工协会组织（Fair Labor Association, FLA）。同时，汤姆斯对自己的员工还进行了关于保护劳工权益和防止欺凌的教育，并与多家致力于提高对这些问题认知的组织进行合作，其中包括希望之手（Hand of Hope）。[8]

4.1　捐赠之旅

除了物质上捐赠鞋子，汤姆斯还启动了"捐赠之旅"（giving trip），贯彻更广泛的社区服务理念。捐赠之旅让汤姆斯的员工和经过挑选的公司客户来参与鞋子捐赠的发放过程。这些旅行提高了汤姆斯慈善活动的透明度，进一步吸引了客户和员工，还提高了公众的社会意识，因为参加过这些活动的人在此之后往往会更积极地参与到地方社区的服务工作中。

从商业的角度来看，"捐赠之旅"也代表了一种营销上的成功。大多数参与者是客户和记者，与汤姆斯无关，他们旅行后通过社交媒体在网上传播他们的故事。通过提高公众意识，汤姆斯能够激励参与者和候选人更多地参与到它们践行使命的活动中。2013 年，汤姆斯举行"捐赠之旅"参与者公开选拔，鼓励候选人拉票，邀请自己认识的人投票，支持将他们列入参与者名单，而不是在汤姆斯公司内部直接挑选客户参加"捐赠之旅"。尽管最后的计票结果没有公开，但这次选拔吸引了数千名参赛者，可能有数十万人投票。

4.2　环境可持续性

汤姆斯致力于将其对环境的伤害降至最低，它采取了一系列可持续的做法，包括提供环保鞋，将回收的瓶子分解并重新投入公司产品的生产中，以及用大豆油墨进行印刷。汤姆斯还使用了有机帆布和可循环塑料的混合物，创造出既舒适又耐用的鞋子。汤姆斯不使用对环境产生不利影响的农药和杀虫剂，而是用天然亚麻和有机棉。

此外，汤姆斯还支持若干环境保护组织，如抗污水冲浪者（Surfers Against Sewage），该组织致力于提高人们在英国对过量污水排放的关注。汤姆斯还正式注册为纺织品交易所（Textile Exchange）的成员，该组织致力于纺织品的可持续性和环境保护。同时，公司也积极参加 AAFA 的环境责任委员会。

4.3　打造汤姆斯员工队伍

当被问及如何才能成为一名优秀的员工时，麦考斯基写了一篇博客：

随着汤姆斯的发展，我们始终在寻找有着同样特点的实习生和员工。你有激情吗？你能创造性地解决问题吗？没有资源的情况下你会如何发挥才智？你有为他人服务的同情心吗？你可以教一名新员工任何技能，但是你不能激发那些人所没有的创造力和激情。[9]

公司对创造力和激情的重视是汤姆斯更多依赖实习生和新员工而非经验丰富的老员工的部分原因。通过聘用更年轻、相对没有经验的员工，汤姆斯能够在人员方面提高成本效益。该公司还可以招募那些更有创意、更有活力的年轻人，他们也更有创新思维。这些员工被分配在专业化的团队中，由能力强、有经验的管理人才领导。这种人力资本为汤姆斯品牌创造了竞争优势。

麦考斯基和这些充满热情的人共同努力，创造一个家庭式、注重自由开放和协作配合的工作环境。他的办公区域位于办公室最繁忙处（就在客户服务部的旁边），并且他强调每天都要与员工互动，参加所有员工会议，在旅行时每周都会发电子邮件。关于他的电子邮件，麦考斯基说道：

> 我是一个非常开放的人，所以我告诉员工我正在为什么而斗争又因什么而喜悦。我告诉他们我认为汤姆斯的未来是怎样的，想让他们明白我的想法，仿佛我在给挚友写信。[10]

这种"家庭"的概念通过公司宴会、滑雪旅行和读书俱乐部得到进一步巩固。在这些俱乐部中，汤姆斯的员工被鼓励在非正式场合进行社交活动。这些与同事互动的偶然机会创造了一种和谐的工作氛围，员工不仅庆祝自己的成功，还庆祝同事的成功。

汤姆斯也强调多样性和包容性。例如，汤姆斯在公司博客上公开庆祝像中国农历新年这样的文化传统节日。此外，随着汤姆斯开始向全球扩张和分销，该公司越来越多地通过雇用多语种的员工来使劳动力更加多样化，这些员工不仅熟悉汤姆斯在世界各地的客户群，还能够与受赠鞋子所在社区进行沟通。[11]

员工往往对自己是汤姆斯的一分子而感到幸运，主要原因之一是麦考斯基对每名员工都很重视。[12]加上汤姆斯的员工知道自己的努力促进了社会正义，这些自命为"变革推动者"的员工，对自己的工作普遍相当满意。这也使汤姆斯公司在《福布斯》2014年发布的"最励志的公司"排名中位于第四。总的来说，这种文化使汤姆斯能够吸引和留住那些为实现其社会使命而投入的高素质员工。

5. 十年的显著增长

2016年，全球鞋类制造业已发展成一个价值近 2 400 亿美元的行业。[13]预计汤姆斯的收入增长率将会高得惊人。在公司成立后的 7 年里，麦考斯基将以 30 万美元初始投资起步的小企业打造成了年收入超过 2 亿美元的公司。如表 C4-3 所示，汤姆斯的年平均增长率为145%，即使不包括第一次 457% 的大增长。而在同一时期，耐克经历了约 8.5% 的增长率，以及 2009—2010 年的收入下降。

表 C4-3　汤姆斯与行业的收入和增长率对比（2006—2016 年）

	2016	2015	2014	2013	2012	2011	2010	2009	2008	2007	2006
汤姆斯（100 万美元）											
收入	416	390	370.9	285	101.8	46.9	25.1	8.4	3.1	1.2	0.2
增长率	6.7%	5.1%	30.1%	180%	117%	86.9%	199%	171%	158.3%	500%	
行业（10 亿美元）											
收入	239.8	229.4	230.6	221.0	210.2	208.1	179.6	162.4	159.3	145.8	
增长率	4.5%	-0.5%	4.3%	5.1%	1.0%	15.9%	10.6%	1.9%	9.3%	0.0%	

资料来源："全球鞋类制造业"，IBISWorld，2016 年 4 月 18 日，http://clients1.ibisworld.com/reports/gl/industry/currentperformance.aspx?entid=500.

尽管受 2008 年全球金融危机冲击，但汤姆斯仍能保持持续的增长，这一事实表明了"买一捐一"模式在经济衰退时期的力量。麦考斯基将公司在经济衰退期间的成功归因于两个因素：①随着消费者在衰退期间对支出的敏感意识增强，根据麦考斯基的说法，像汤姆斯这样的产品实际上会变得更具吸引力；②汤姆斯采用的捐赠模式没有"加价"。麦考斯基指出，汤姆斯每售出一双鞋，就会送一双鞋，而不是从利润中抽出一定比例捐赠给慈善机构。这样，具有社会意识的消费者就可以确切地知道他们的钱花到哪里了，不必担心汤姆斯会为了利润而减少慈善活动。[14]

5.1 汤姆斯的生产制造

虽然汤姆斯在阿根廷、埃塞俄比亚和中国制造了鞋子，但只有在中国制造的鞋子进入了零售市场。在阿根廷和埃塞俄比亚制造的鞋子被严格地用于捐赠。尽管生产每双鞋子的成本在 9 美元左右，汤姆斯仍将其基本款帆布鞋的零售价格定为 50 美元。[15] 汤姆斯高价鞋的生产成本是未知的，但它们的零售价最高不超过 150 美元。

相比之下，在印度尼西亚生产的耐克鞋平均成本约为 20 美元，但它的定价却高达 70 美元左右。[16] 考虑到捐赠的部分，汤姆斯的利润似乎比耐克公司少，但它仍然有可观的利润率。由于公司的信息保密性，关于汤姆斯生产成本和做法方面的详细信息有限。

5.2 扩大公司使命

为了扩大公司使命和产品供应，汤姆斯开始扩大其消费群体和慈善捐赠生产线。汤姆斯开始为消费者提供时尚的坡跟鞋、芭蕾平底鞋甚至婚纱服装，以满足当代的特殊需求，争取更多的客户。对于它想要帮助的孩子们，汤姆斯除了有基本款黑色帆布鞋产品之外还扩展了冬季靴子，让寒冷国家的孩子们在冬季里双脚温暖又不受潮。

另外，汤姆斯进军眼镜市场，希望恢复世界各地 2.85 亿视力受损或完全看不见的人的视力。每售出一副汤姆斯眼镜，汤姆斯会捐赠处方眼镜或为患有白内障和眼部感染的人提供医疗，力图恢复他们的视力。最初，汤姆斯的视力相关工作主要在尼泊尔，但截至 2020 年，汤姆斯已经与 16 个捐赠合作伙伴结盟，帮助了 14 个国家的近 80 万人恢复视力。

汤姆斯还通过追加推出咖啡、待产包等产品，扩大了对清洁水、安全分娩等全球性问题的关注。每供应一磅汤姆斯烘焙公司生产的咖啡，汤姆斯就会向有需要的人提供一周所需的安全水——140 升水。通过销售待产包，汤姆斯为世界上急需安全分娩服务的地区提供了支持。这包括为其捐赠合作伙伴提供安全分娩所需的重要材料和培训。2018 年，汤姆斯启动了"影响补助金"（Impact Grant）项目，为短期项目提供资金，这些短期项目的目标是可衡量的，针对的是枪支暴力和男性心理健康等全球问题。2020 年，公司已经向 14 个捐赠合作伙伴发放了 650 万美元的"影响补助金"。

6. 具有挑战性的未来

2019 年 12 月，新型冠状病毒开始在全球蔓延。这一流行病的破坏性影响之一是经济衰退。零售业受到的打击尤其严重，因为商店关门、工人失业，人们可自由支配的支出大幅下降。对于汤姆斯来说，这是公司历史上一个特别糟糕的时期。随着数字革命重塑了购买行为，新的竞争对手以更吸引人的故事叙述进入行业，与汤姆斯竞争，汤姆斯的销售额开始呈下降趋势。此外，与贝恩资本的合作未能带来预期的增长。2017—2019 年，汤姆斯的收益大幅下降，使其债务负担持续加重。

　　对汤姆斯来说幸运的是，它的债权人在新冠疫情暴发之前伸出了援手，同意从贝恩资本和麦考斯基手中接过汤姆斯的所有权，以重组该公司的债务[17]。这一举动在关键时刻给了汤姆斯一些必要的安慰。通过正确的战略举措，汤姆斯可能会重新获得其在行业中的强势地位。但什么才是正确的战略举措呢？是否如麦考斯基所认为的那样，汤姆斯的问题是由贝恩资本倡导的更传统、更昂贵的营销策略造成的？[18]在汤姆斯进入了与它在鞋类领域的优势相去甚远的行业（比如咖啡烘焙）后，公司的问题是多元化程度不够，还是因为多元化的业务高度不相关？汤姆斯的"买一捐一"商业模式是可以继续在多个行业成功应用，还是仅依赖于其故事的新颖性？新型冠状病毒传播的不确定轨迹是否会给零售商带来挑战，即使是最有远见的战略制定也无法应对？只有时间能证明。

◘ 注释

[1] TOMS Shoes company website, April 23, 2018 www.toms.com/what-we-give-shoes.
[2] Mycoskie, Blake, Web log post, *The Huffington Post,* May 26, 2013, www.huffingtonpost.com/blake-mycoskie.
[3] "Global Footwear Manufacturing," *IBISWorld.* July 2017, http://clients1.ibisworld.com/reports/gl/industry/industryoutlook.aspx?entid=500.
[4] Post by "Alexandria," *TOMS* website, June 2, 2013, www.toms.com/red-canvas-classics-shoes-1.
[5] Post by "Donna Brock," *TOMS* website, January 13, 2014, www.toms.com/women/bright-blue-womens-canvas-classics.
[6] *TOMS* website, June 2, 2013, www.toms.com/our-movement-giving-partners.
[7] Trafficking Victims Protection Reauthorization Act, *United States Department of Labor,* June 2, 2013, www.dol.gov/ilab/programs/

ocft/tvpra.htm; TOMS website, June 2, 2013, www.toms.com/corporate-responsibility.
[8] Hand of Hope, "Teaming Up with TOMS Shoes," *Joyce Meyer Ministries,* June 2, 2013, www.studygs.net/citation/mla.htm.
[9] Mycoskie, Blake, "Blake Mycoskie's Blog," *Blogspot,* June 2, 2013, http://blakemycoskie.blogspot.com/.
[10] Schweitzer, Tamara, "The Way I Work: Blake Mycoskie of TOMS Shoes," *Inc.* June 2, 2013. www.inc.com/magazine/20100601/the-way-i-work-blake-mycoskie-of-toms-shoes.html.
[11] TOMS Jobs website, June 2, 2013, www.toms.com/jobs/l.
[12] Daniela, "Together We Travel," TOMS Company Blog, June 3, 2013, http://blog.toms.com/post/36075725601/together-we-travel.

[13] "Global—Footwear," *Marketline: Advantage,* April 18, 2016, http://advantage.marketline.com/Product?pid=MLIP0948-0013.
[14] Zimmerman, Mike. "The Business of Giving: TOMS Shoes," *Success,* June 2, 2013, http://www.success.com/articles/852-the-business-of-giving-toms-shoes.
[15] Fortune, Brittney, "TOMS Shoes: Popular Model with Drawbacks," *The Falcon,* June 2, 2013, http://www.thefalcononline.com/article.php?id=159.
[16] *Behind the Swoosh,* Dir. Keady, Jim, 1995. Film.
[17] https://www.cnbc.com/2019/12/30/toms-shoes-creditors-to-take-over-the-company.html
[18] https://footwearnews.com/2019/business/retail/toms-blake-mycoskie-interview-business-sales-mission-1202764082/

案例 5

2020 年的推特[⊖]

大卫·特尼普西德（David L. Turnipseed）

南阿拉巴马大学

推特（Twitter）[⊖]公司的首席执行官杰克·多西（Jack Dorsey）看着 2017 年第四季度的财务报告松了一口气，这是该公司自 2013 年上市以来第一个盈利季度。一年后，该公司 2018 年的年度报告显示，净利润为 12 亿美元，占其总收入的 40%。自成立以来，推特经历了快速增长。截至 2018 年 1 月，月活跃用户超过 3.3 亿。拥有推特账户的名人包括美国前总统唐纳德·特朗普、泰勒·斯威夫特、贾斯汀·汀布莱克、艾伦·德杰尼勒斯、凯蒂·佩里和土耳其总统雷杰普·埃尔多安。2018 年第一季度是推特使用的高峰，月活跃用户为 3.36 亿；年末，该数值降至 3.21 亿。2019 年第一季度，推特的月活跃用户数量小幅回升至 3.3 亿，随后推特将统计使用情况的方法改为"可货币化日活跃用户"，2019 年第三季度该数量为 1.45 亿。推特将用户减少归咎于对机器人账号和垃圾邮件的打击（2017 年，估计有 15% 的推特账号是机器人）。2019 年可货币化的日活跃用户数量略有上升，推特当年 12 月 31 日的报告显示，日均用户为 1.52 亿。

然而，尽管推特的用户数量和使用量很大，但在 2017 年第四季度之前，推特没有实现任何财务收益，而这种利润是削减成本的结果，而不是业务增长的结果。研发费用、销售与营销费用分别减少了 24% 和 25%，公司 2017 财年的年度净收入比 2016 财年减少了 3% 以上。更为严重的问题是累计亏损超过 26 亿美元。

尽管推特在 2018 财年首次实现了全年盈利，但这主要是由于维持了低成本，以及税制的影响。推特 2018 年的收入约为 30 亿美元，比 2017 年增长了 24%，但研发费用、销售与营销费用、营业成本及总成本和费用占收入的比例低于 2016 年的水平。其总成本和费用比 2016 年低 11%，研发费用比 2014 年低 20%，累计亏损在 2017 财年末超过 26 亿美元，目前已降至 15 亿美元。

2019 财年又是盈利的一年，推特实现了 15 亿美元的净利润。然而，从表面上看，推特管理层应该认真审视公司的运营，而不是庆祝。2019 财年的净利润主要来自前几年的亏损结转带来的 10.75 亿美元税收收益。尽管收入比 2018 年增长了 14%，但营业成本占收入的比例从 2018 年的 32% 略微上升至 33%。更令人不安的是，总成本和费用占收入的比例从 2018 年的 85% 上升至 2019 年的 89%；因此，营业利润率从 2018 年的 15% 下降至 2019 年的 11%。2019 年 11 月，推特的市值为 335 亿美元，低于 2019 年 9 月的 350 亿美元和 2014 年的 400 亿美元，媒体上再次出现了收购推特时机成熟的说法。推特公司 2015—2019 年的合并经营报表如表 C5-1 所示。该公司 2015—2019 年的合并资产负债表如表 C5-2 所示。

表 C5-1　推特 2015—2019 年合并经营报表

（单位：1 000 美元，每股面值除外）

	截至 12 月 31 日				
	2019 年	2018 年	2017 年	2016 年	2015 年
收入①	3 459 329	3 042 359	2 443 299	2 529 619	2 218 032
成本与费用②					
营业成本	1 137 041	964 997	861 242	932 240	729 256
研发费用	682 281	553 858	542 010	713 482	806 648
销售与营销费用	913 813	771 361	717 419	957 829	871 491
一般和行政费用	359 821	298 818	283 888	293 276	260 673
总成本和费用	3 092 956	2 589 034	2 404 559	2 896 827	2 668 068
运营收入（亏损）	366 373	453 325	38 740	(367 208)	(450 036)
利息支出	(138 180)	(132 606)	(105 237)	(99 968)	(98 178)
利息收入	157 703	111 221	44 383	24 277	9 073
其他收入（费用）净额	4 243	(8 396)	(73 304)	2 065	5 836
税前收入（亏损）	390 139	423 544	(95 418)	(440 834)	(533 305)
所得税准备金（收益）	(1 075 520)	(782 052)	12 645	16 039	(12 274)
净收入（亏损）	1 465 659	1 205 596	(108 063)	(456 873)	(521 031)
归属于普通股股东的每股净收益					
基本	1.90	1.60	(0.15)	(0.65)	(0.79)
稀释	1.87	1.56	(0.15)	(0.65)	(0.79)
加权平均股数，用于计算普通股股东的每股净收益					
基本	770 729	754 326	732 702	702 135	662 424
稀释	785 531	772 686	732 702	702 135	662 424

①公司于 2018 年 1 月 1 日采用了修正的追溯法，实施了新的收入标准。截至 2018 年 12 月 31 日的财年收入没有受到新收入标准实施的重大影响。

②成本和费用包括以下基于股票的补偿费用：

	截至 12 月 31 日				
	2019 年	2018 年	2017 年	2016 年	2015 年
营业成本	22 797	17 289	23 849	29 502	40 705
研发费用	209 063	183 799	240 833	335 498	401 537
销售与营销费用	85 739	71 305	94 135	160 935	156 904
一般和行政费用	60 426	53 835	74 989	89 298	82 972
基本股票补偿总额	378 025	326 228	433 806	615 233	682 118

资料来源：推特公司 2019 年年度报告。

表 C5-2　推特 2015—2019 年合并资产负债表　　　　（单位：1 000 美元）

	截至 12 月 31 日				
	2019 年	2018 年	2017 年	2016 年	2015 年
现金及现金等价物	1 799 082	1 894 444	1 638 413	988 598	911 471
短期投资	4 839 970	4 314 957	2 764 689	2 785 981	2 583 877
房产及设备净值	1 031 781	885 078	773 715	783 901	735 299
资产总额	12 703 389	10 162 572	7 412 477	6 870 365	6 442 439
可转换债券	1 816 833	2 628 250	1 627 460	1 538 967	1 455 095
优先债券	691 967	—	—	—	—
负债总额	3 999 003	3 356 978	2 365 259	2 265 430	2 074 392
股东权益总额	8 704 386	6 805 594	5 047 218	4 604 935	4 368 047

资料来源：推特公司 2019 年年度报告。

推特是行业巨头。然而，它面临着来自 Facebook（包括 Instagram 和 WhatsApp）、Snap、TikTok、Alphabet（包括谷歌和 YouTube）、微软（包括领英）和威瑞森通信等公司的激烈竞争。还有一些外国竞争对手是区域性社交媒体和通信公司，在特定国家拥有强大的地位，包括微信、Kakao 和 Line，这带来了竞争挑战。其中许多竞争对手的增长速度是推特的数倍——在 2017—2020 年的三年间，Facebook 的月活跃用户增加了 4.5 亿（增长 35%），WhatsApp 增加了 8 亿（增长 67%），Instagram 增加了 3 亿（增长 43%）。在 2017—2019 年的两年里，尽管用户数量变化不大，但推特的使用量没有增长，这两年的月活跃用户都为 3.3 亿（推特在 2019 年第一季度停止报告月活跃用户）。2019 年，推特在全球数字广告收入中所占的份额从 2018 年的 0.8% 上升到 0.9%（相比之下，谷歌为 32.2%，Facebook 为 22.1%）。

虽然推特在 2019 财年取得了不错的利润，但其在 2020 年第一季度的业绩未能达到预期。2020 年年初的疲软财务表现引发了人们的担忧——该公司能否在不让成本和支出上升并侵蚀收入的情况下实现收益增长和运营持续。在进入 2020 年第二季度之际，推特的首席执行官和董事会面临着三大难题：①他们如何刺激增长和增加用户数量？②他们可以做什么来确保推特持续盈利？③两年的盈利是否足以防止本公司被收购？

1. 推特的历史

由杰克·多西（Jack Dorsey）、诺亚·格拉斯（Noah Glass）、比兹·斯通（Biz Stone）和埃文·威廉姆斯（Evan Williams）创立于 2006 年的推特是一种在线微博和社交服务网络，允许用户发布基于文本的信息，即推文，以及长达 140 个字符的状态更新。推特的联合创始人之一杰克·多西在 2006 年 3 月 21 日发了第一条推文："刚刚创建了我的推特账户"——Jack（@jack），2006 年 3 月 21 日。截至 2018 年 1 月 1 日，推特的月活跃用户超过 3.3 亿。

推特的历史始于一位名为诺亚·格拉斯的创业者，他在 2005 年创办了一家名为奥德奥（Odeo）的公司。奥德奥公司有一款产品可以将手机短信转换成 MP3 存储在互联网上。奥德奥早期投资者之一是谷歌的前员工埃文·威廉姆斯，他对公司非常投入。随着奥德奥的壮大，雇用的员工越来越多，其中就包括网页设计师杰克·多西和奥德奥新任首席执行官埃文·威廉姆斯的朋友比兹·斯通。

威廉姆斯认为奥德奥的未来不在播客领域，并指导公司员工为开发新的方向而提供想法。在奥德奥公司从事计算机系统清理工作的杰克·多西提出了开发一款分享人们的现状或在特定时间正在做什么的产品的设想。2006 年 2 月，格拉斯、多西和一名德国的合约开发师（contract developer）向奥德奥的其他人提出了多西的想法，随着时间的推移，一批员工被吸引到推特上，而其他人则专注于奥德奥。有一次，整个推特的服务都是在格拉斯的笔记本电脑上运行的。

格拉斯在 2006 年夏天向奥德奥董事会提出了推特的想法，董事会对此并不感兴趣。威廉姆斯建议回购投资者持有的奥德奥股票，以防止他们遭受损失，他们同意了。五年后，最初的投资者以约 500 万美元的价格出售了奥德奥价值 50 亿美元的资产。

威廉姆斯在重新收购奥德奥公司后，将名称改为 Obvious 公司，并解雇了奥德奥公司的创始人诺亚·格拉斯（推特的最大支持者）。斯通于 2011 年离开推特，对 Obvious 公司进行了长达六年的创业投资。2017 年年中，他回到推特全职工作。截至 2018 年第二季度，推特的创始人中只有斯通、担任首席执行官的多西及担任董事会成员的威廉姆斯 3 人仍然活跃在公司。

推特为全球名人提供了一个几乎即时的访问渠道。前十名最受关注的推特账户中大多数是娱乐圈人士，他们使用推特与粉丝沟通、传播新闻或建立公众形象。蕾哈娜、吉米·法伦、Lady Gaga 和泰勒·斯威夫特等名人直接更新消息获得即时的满足感，以及融入特定粉丝群体的感觉是社交媒体用户使用推特的一个主要原因。艺人、政客或其他有被冒充风险的人的账号都需要通过推特验证，以鉴定他们的身份。在已认证的账户上放置一个验证徽章以表明其合法性。大型体育赛事和行业颁奖典礼，如超级碗或奥斯卡奖，在网上引起了巨大反响。通过在线讨论，用户可以参与到明星的成功中，这些明星经常发布幕后照片的推文或评论。现场或演唱会的推文是明星们提高吸引力和与粉丝互动的其他方法。

推特非常简单：推文的字数限制为 140 个字符，直到 2017 年年底才提高到 280 个字符。字符约束使得用户可以很容易地创建、分发和发现在推特平台上一致的内容，并针对移动设备进行内容优化。因此，大量的推文驱动着高速的信息交换。推特的目标是成为人类生活体验不可或缺的"伙伴"。该公司对用户可以关注谁没有限制，这大大提高了可获得内容的广度和深度，并允许用户找到他们最关心的内容。此外，用户可以在不需要建立互惠关系的情况下被数十万或数百万其他用户关注，从而增强用户接触广泛受众的能力。推特的公共平台允许公司和其他机构合作以扩大推特内容的覆盖面：媒体机构通过发布推文来补充它们的内容，使其更及时、更相关、更全面。推文出现在了超过 100 万个第三方网站上，在 2013 年第二季度，推文在线浏览量约为 300 亿次。截至 2019 年 10 月，平均每秒有 6 000 条推文，每天有 5 亿条推文，这些数字表示每年有 2 000 亿条推文。

2. 推特的品牌形象

推特拥有强大的品牌形象。它的品牌标识之所以选择"鸟"，不是因为鸟会鸣叫，而是因为"无论是翱翔在高空视野开阔，还是与其他鸟类聚集在一起实现共同目标，飞翔的鸟是自由、希望和无限可能的终极代表"。[1]

推特最初被命名为 Jitter 和 Twitch，因为这是手机收到推文时会做出的反应。然而，这两个名字都没有唤起创始人的共鸣。诺亚·格拉斯拿了一本字典去找以"Tw"开头的单词

（除了 Twitch），他找到了"推特"这个词。在牛津英语词典中，这个词的意思是一条短暂的、无关紧要的信息，是鸟类发出的啁啾声。多西和格拉斯认为推特准确地描述了他们正在做的事情，所以他们决定用这个名字。这个名字已经被注册，但没有被使用，公司可以很便宜地买下它。

2012 年，推特的标识被重新设计，稍微调整了图案大小，写的颜色从红色改为蓝色，并命名为拉里鸟（以 NBA 明星 Larry Bird 的名字命名）。小写"t"图标和文本"推特"被删除，公司的名字不再出现在商标上。蓝色的鸟独自传达了推特的品牌形象。"推特在不到 6 年的时间里就取得了耐克、苹果和塔吉特（Target）花了几十年才取得的成就：没有名字，只有一个图标，就能被人认出来。"[2]

推特所开展的一项为了了解公司的品牌文化传承而进行的调查结果显示，全世界 90% 的推特用户都认识推特品牌。推特在 2018 年的广告宣传活动"What's happening"中只使用了推特的 Logo 和标记符号。推特品牌被称为"至臻简化"——一场没有一个词的广告活动，却传递了品牌的强大信息。

推特的全球高姿态

因为有几个知名度高的用户及其高调的使用，推特已经变得非常有名。一些世界领袖拥有数百万的追随者。2017 年 5 月—2019 年 4 月，时任美国总统的唐纳德·特朗普的粉丝数从 3 010 万增加到了 5 000 万。特朗普总统经常使用推特发布新闻、赞扬他的朋友、为竞选拉票，以及"炮轰"他的竞争对手。因此，自 2016 年以来，推特几乎一直出现在每日新闻中。

虽然世界领袖有数百万的追随者，但其他人的追随者远不止这些。截至 2020 年 6 月，凯蒂·佩里拥有超过 1.09 亿粉丝，贾斯汀·比伯拥有 1.12 亿粉丝，美国前总统巴拉克·奥巴马拥有 1.19 亿粉丝，蕾哈娜拥有 9 700 万粉丝，艾伦·德杰尼勒斯拥有 8 000 万粉丝，Lady Gaga 拥有 8 200 万粉丝，贾斯汀·汀布莱克拥有 6 500 万粉丝。

2009 年在纽约哈德逊河发生的不可思议的飞机坠毁事件在推特上被公开。2011 年 5 月 1 日，在美国海军海豹突击队（Navy Seal）击毙本·拉登（Osama Bin Laden）的事件被曝光的 9 个小时前，巴基斯坦的一位信息技术顾问在不知情的情况下在推特上进行了直播。2010 年，威廉王子在推特上宣布与凯瑟琳·米德尔顿订婚。推特上还刊登了惠特妮·休斯顿的去世和波士顿马拉松爆炸事件。奥巴马在推特上宣布了其在 2012 年美国总统大选中胜利，他的这条推文在推特平台上被浏览了近 2 500 万次，并在纸媒和广播媒体上广泛传播。2017 年 1 月卸任时，他还在推特上发了一条告别推文，转发量达 7.94 亿次。

3. 推特的服务、产品和收入流

推特的主要服务是构建用于公众实时公开自我表达和对话的全球平台，允许人们创造、消费、发现和传播内容。世界上一些最受信任的媒体机构都使用推特发布内容，如 CNN、彭博社、美联社和 BBC。Periscope 是推特在 2015 年推出的一款移动应用，它可以让人们与他人一起直播和观看视频。Periscope 广播可以通过推特、手机或桌面浏览器查看。

推特公司通过推特 MoPub 交易所提供移动广告交易服务，并提供数据产品和数据许可证，使其数据合作伙伴能够在推特平台上搜索和分析历史及实时数据（包括公开推文及其内容），从而产生了如表C5-3所示的广告和数据许可收入。此外，推特的数据合作伙伴们也购买了在一定时期内访问公司全部或部分数据的许可。该公司运营了一个移动广告交易平台，并从该平台上完成的交易事务中收取服务费。推特的移动广告交易平台允许买家与卖家购买和出售广告位并撮合买家和卖家。

表 C5-3　推特公司 2017—2019 年的广告和数据许可收入 （单位：1 000 美元）

	截至 12 月 31 日			2019 年 vs. 2018 年 百分比变化	2018 年 vs. 2017 年 百分比变化
	2019 年	2018 年	2017 年		
广告服务	2 993 392	2 617 397	2 109 987	14%	24%
数据许可和其他	465 937	424 962	333 312	9%	28%
总收入	3 459 329	3 042 359	2 443 299	14%	25%

资料来源：推特公司 2019 年 10-K。

4. 推特重组

2018 年 6 月 29 日，多西宣布他正在重组推特以使公司发展更快、更有创造力。此前，推特产品和工程副总裁埃德·何（Ed Ho）退居二线。多西决定进行结构改革，以简化公司的工作方式，使组织更加"简单明了"，将把推特的员工编入工程小组这样的职能小组，而不是现在的产品团队。他认为"纯粹的端到端功能组织"将有助于更清晰地决策、促使公司建立一个更强大的文化并为公司增加创造力和创新做好准备。多西认为，推特必须进入一个创造性的阶段，才能与世界产生更密切的联系。

推特于 2019 年 4 月重组并调整了其代理开发和应用程序接口部门。在此之前，代理开发团队专注于推特与主要广告公司的关系，而平台解决方案团队则专注于广告技术公司，如 Amobee、4C Insights 和 SocialCode Marketing，这些广告技术公司为包括推特在内的数字媒体平台开发了自动广告活动。这次重组并没有造成裁员，相反，此举显示了推特对其广告客户的重视。

推特的股市表现

推特于 2013 年 11 月 7 日上市，IPO 价格为 26 美元，该股在首个交易日收盘上涨 73%（44.94 美元）。该股在 2014 年 1 月 3 日创下 69 美元的历史高点并开始了长期下跌趋势，一直持续到 2017 年 4 月中旬。2015 年 8 月 21 日，推特股价跌破 IPO 价格，跌至 25.87 美元，随后小幅反弹并于 2016 年 5 月 13 日跌至 14.10 美元。直到 2018 年 2 月初，该股才突破 26 美元的发行价。经过 1 年的上涨，推特股价在 2018 年 7 月初达到了 47.79 美元，创下了 3 年以来的最高值。之后股价又开始下跌，在 28 ～ 32 美元的区间内交易，直到 2019 年 5 月初反弹至 40.80 美元。图 C5-1 记录了推特在 2014 年 5 月—2019 年 4 月之间的市场表现。

2018 年 6 月 7 日，推特公司取代孟山都（Monsanto）公司成为标准普尔 500 指数成分股。由于标准普尔规定，成员企业最近四个季度和最后一个季度的总和必须为正数，因此推特的加入是非同寻常的。2018 年 4 月，推特已连续两个季度盈利，此前连续 16 个季度亏损。推特被纳入标准普尔 500 指数，将增加个人投资者数量，这些人通过跟踪该大型公司股票指标的指数基金持有该股票。推特被纳入该指数后，推动了新一轮反弹，该公司股价在 2018 年 6 月上涨至 45 美元以上，这是自 2015 年 3 月以来的最高价格。

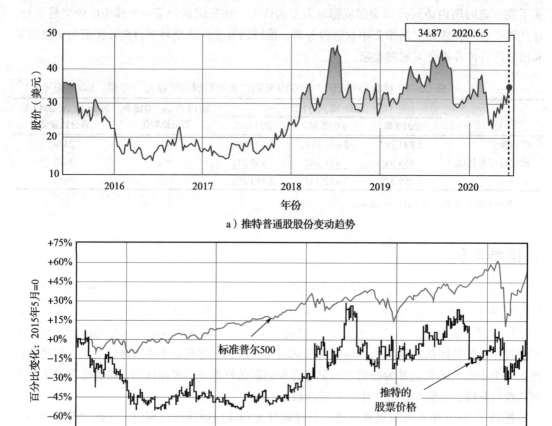

a）推特普通股股份变动趋势

b）股价相对于标准普尔500指数的表现（2015年5月—2020年6月）

图 C5-1   推特公司股票价格表现（2015 年 5 月—2020 年 6 月）

资料来源：Bigcharts.com.

标准普尔 500 指数的反弹未能持续，推特的股价在 2018 年 12 月底跌至 27 美元。该股票开始间歇性攀升并在 2019 年 9 月再次达到 45 美元，但在 2020 年 4 月 3 日再次下滑至 23 美元。尽管 2020 年第一季度收益为负值，但该公司股价开始出现波动上升趋势，于 2020 年 6 月 5 日以 34.87 美元收盘。

5. 推特的主要竞争对手

5.1 Facebook

Facebook 是世界上最大的在线社交网络和社交媒体企业。该公司于 2004 年 2 月由马克·扎克伯格、爱德华多·萨维林、达斯汀·莫斯基维茨、克里斯·休斯和安德鲁·麦科勒姆创立。正如在线社交网络公司中常见的那样，Facebook 并没有立即盈利。然而，在 2010

年实现盈利后，它在 2012 年以 38 美元 / 股的价格进行了首次公开募股。虽然股价在 2012 年 8 月跌至 20 美元以下，但在 2018 年 7 月中旬反弹至每股 217.50 美元并以这个价格卖出，然后在 2018 年 12 月开始下滑至 124.95 美元。2018 年 12 月底，Facebook 股价开始回升，到 2020 年 6 月，股价超过 230 美元。2020 年 4 月，Facebook 在全球拥有 26 亿用户，其中印度用户最多，为 2.8 亿，美国用户为 1.9 亿，位居第二，印度尼西亚用户为 1.3 亿，排名第三。

2020 年第一季度，Facebook 平均每月拥有 26 亿用户，其中 90% 的用户来自美国以外。Facebook 2020 年第一季度的收入同比增长 18%，净收益同比增长 102%。Facebook 公司 2015—2019 年的部分财务数据如表 C5-4 所示。

表 C5-4　2015—2019 年的部分财务数据

（单位：1 000 美元，每股数据除外）

	截至 12 月 31 日				
	2019 年	2018 年	2017 年	2016 年	2015 年
合并利润表数据					
收入	70 697	55 838	40 653	27 638	17 928
总成本和费用①	46 711	30 925	20 450	15 211	11 703
经营收益	23 986	24 913	20 203	12 427	6 225
扣除所得税前的收益	24 812	25 361	20 594	12 518	6 194
净收益	18 485	22 112	15 934	10 217	3 688
归属于 A 类和 B 类普通股股东的净收益	18 485	22 111	15 920	10 188	3 669
归属于 A 类和 B 类普通股股东的每股收益					
基本	6.48	7.65	5.49	3.56	1.31
稀释	6.43	7.57	5.39	3.49	1.29

	截至 12 月 31 日				
	2019 年	2018 年	2017 年	2016 年	2015 年
合并资产负债表数据					
现金、现金等价物及有价证券	54 855	41 114	41 711	29 449	18 434
营运资本	51 172	43 463	44 803	31 526	19 727
房产及设备净值	35 323	24 683	13 721	8 591	5 687
资产总额	133 376	97 334	84 524	64 961	49 407
经营租赁负债②	10 324	—	—	—	—
负债总额	32 322	13 207	10 177	5 767	5 189
额外实收资本	45 851	42 906	40 584	38 227	34 886
股东权益总额	101 054	84 127	74 347	59 194	44 218

①截至 2019 年 12 月 31 日、2018 年 12 月 31 日、2017 年 12 月 31 日、2016 年 12 月 31 日和 2015 年 12 月 31 日，总成本和费用分别包括 48.4 亿美元、41.5 亿美元、37.2 亿美元、32.2 亿美元和 29.7 亿美元的股票补偿额。

②2019 年 1 月 1 日，我们采用了《会计准则》第 2016-02 号《租赁》（Topic 842）。以往期间的金额没有根据修改后的回顾性方法进行调整。

资料来源：Facebook 2019 年年报。

5.2　WhatsApp

WhatsApp 是 Facebook 旗下的免费跨平台通信和 IP 服务应用。该公司于 2009 年由前雅虎员工扬·库姆（Jan Koum）和布莱恩·阿克顿（Brian Acton）创立。WhatsApp 使用互联网发送消息、音频、视频和图像，与短信服务类似。然而，由于 WhatsApp 通过互联网发送消息，用户的成本要比短信低得多。该公司发展迅速，在初创的几个月内，WhatsApp 就增加了一项服务收费项目以减缓其增长速度。2014 年，WhatsApp 被 Facebook 以 219.4 亿美元收购。

2018 年年初，在与 Facebook 创始人兼首席执行官马克·扎克伯格就如何从 WhatsApp 获得额外收入的问题进行了长期争执之后，库姆和阿克顿从 Facebook 辞职。扎克伯格专注于向 WhatsApp 的庞大用户群投放有针对性的广告，而库姆和阿克顿信奉隐私，对潜在的商业应用不感兴趣。当 WhatsApp 被卖给 Facebook 时，两位创始人承诺要保护 WhatsApp 用户的隐私。4 年后，Facebook 敦促 WhatsApp 改变服务条款，并允许 Facebook 访问 WhatsApp 用户的电话号码。Facebook 还希望有一个可用于广告定位和数据挖掘的统一配置文件，以及一个基于 WhatsApp 联系人向 Facebook 好友推荐的推荐系统。2020 年，WhatsApp 是世界上最受欢迎的通信应用程序，其用户数量比 Facebook Messenger 多 2 亿。2020 年第一季度，WhatsApp 在 180 个国家拥有 15 亿用户，在美国拥有 6 800 万用户，每天有 10 亿活跃用户，每天发送 650 亿条消息。

5.3　Snapchat

Snap 是一家相机公司，它认为重新发明相机是一个改善人们沟通和生活方式的绝佳机会。Snap 的产品让人们能够表达自己、活在当下、了解世界和一起享受乐趣。该公司的主打产品"Snapchat"是一款可以通过短视频和图片与朋友和家人进行视觉交流的相机应用软件。快照在默认情况下会被删除，所以在 Snapchat 上创建和发送照片时不需要太过费心。通过减少与创建和分享内容相关的一般摩擦，Snapchat 成为世界上最常用的相机之一。

截至 2020 年 1 月，Snapchat 在全球拥有 3.98 亿活跃用户，在美国拥有 1.01 亿用户。平均每天有 2.18 亿人使用 Snapchat，每天创建超过 30 亿张快照。然而，它的用户正在减少。Snap 公司 2015—2019 年的部分财务数据如表 C5-5 所示。

表 C5-5　Snap 公司 2015—2019 年部分财务数据

（单位：1 000 美元，每股金额除外）

	截至 12 月 31 日				
	2019 年	2018 年	2017 年	2016 年	2015 年
合并运营报表数据					
收入	1 715 534	1 180 446	824 949	404 482	58 663
成本与费用：					
营业成本	895 838	798 865	717 462	451 660	182 341
研发费用	883 509	772 185	1 534 863	183 676	82 235
销售与营销	458 598	400 824	522 605	124 371	27 216
一般和行政费用	580 917	477 022	1 535 595	165 160	148 600
总成本和费用	2 818 862	2 448 896	4 310 525	924 867	440 392
运营亏损	（1 103 328）	（1 268 450）	（3 485 576）	（520 385）	（381 729）
利息收入	36 042	27 228	21 096	4 654	1 399
利息支出	（24 994）	（3 894）	（3 456）	（1 424）	—

（续）

	截至 12 月 31 日				
	2019 年	2018 年	2017 年	2016 年	2015 年
其他收入（费用）净额	59 013	（8 248）	4 528	（4 568）	（152）
税前亏损	（1 033 267）	（1 253 364）	（3 463 408）	（521 723）	（380 482）
税收优惠（费用）	（393）	（2 547）	18 342	7 080	7 589
净亏损	（1 033 660）	（1 255 911）	（3 445 066）	（514 643）	（372 893）
归属于 A 类、B 类和 C 类普通股股东的每股净亏损					
基本	（0.75）	（0.97）	（2.95）	（0.64）	（0.51）
稀释	（0.75）	（0.97）	（2.95）	（0.64）	（0.51）

	截至 12 月 31 日				
	2019 年	2018 年	2017 年	2016 年	2015 年
合并资产负债表数据					
现金、现金等价物及有价证券	2 112 805	1 279 063	2 043 039	987 368	640 810
营运资本	2 144 311	1 383 237	2 020 538	1 023 241	536 306
资产总额	4 011 924	2 714 106	3 421 566	1 722 792	938 936
负债总额	1 752 011	403 107	429 239	203 878	174 791
额外实收资本	9 205 256	8 220 417	7 634 825	2 728 823	1 467 355
累计亏损	（6 945 930）	（5 912 578）	（4 656 667）	（1 207 862）	（693 219）
股东权益总额	2 259 913	2 310 999	2 992 327	1 518 914	764 145

资料来源：Snap 股份有限公司 2019 年年报。

5.4 Instagram

Instagram 是凯文·斯特罗姆（Kevin Systrom）和迈克·克里格（Mike Krieger）在 2010 年创建的一家提供视频和照片分享社交网络服务的公司。2012 年，Facebook 以 10 亿美元（包括 Facebook 股份）的价格收购了该公司，但由于 Facebook 的股份在交易过程最终敲定前出现了暴跌，最终的收购价格为 7.15 亿美元。如果 Instagram 是一家独立的公司，它的价值将超过 1 000 亿美元，是 Facebook 回报的 100 倍。

2019 年 3 月，Instagram 的月活跃用户达到 11 亿，但到 2020 年 4 月，这一数字略微下降至 10 亿。2019 年 10 月，89% 的活跃用户在美国以外的国家或地区。该公司 2019 年的广告收入达到 200 亿美元，占 Facebook 收入的 25% 以上。2018 年，Instagram 吸引新用户增长速度超过了 Facebook 主页。2019 年第二季度，Instagram 以每季度 5% 的增长率领先于 Facebook（3.14%）和 Snapchat（2.13%）。该公司预计 2019 年的广告收入将达到 95 亿美元，并将于 2020 财年增长 47%，达到 139 亿美元。

5.5 领英

领英（LinkedIn）是一个通过网站和移动应用程序运行的社交媒体，主要专注于专业社交网络，使会员能够在线创建、管理和分享他们的职业身份，创建专业社交网络，分享见解和知识并找到工作与商业机会。公司于 2002 年 12 月由 Allen Blue、Reid G. Hoffman、Jean-Luc Vaillant、Konstantin Guericke 和 Eric Ly 创立。领英被《福布斯》杂志评选为"2016 年美国最佳雇主"之一。2016 年 6 月，领英被微软以 262 亿美元收购。

2020 年 3 月，领英拥有超过 6.6 亿会员，其中 70% 在美国以外，多于 2019 年 3 月的 5.75 亿人（该公司 2019 年的收入为 68 亿美元）。该公司是 B2B 营销人员用来分发内容的头号渠道。领英在全球 200 多个国家和地区拥有 5.75 亿用户。

6. 2020 年第一季度出现了令人不安的迹象

推特在 2020 年第一季度业绩出现了下滑。尽管收入同比增长近 3%（从 7.87 亿美元增至 8.08 亿美元），但与 2019 年第四季度的 10.07 亿美元相比下降了近 20%。推特将收入下降归咎于新冠疫情的影响。该季度出现了 840 万美元的净亏损，而 2019 年第一季度的净收入为 1.91 亿美元。公司的收入在两个服务领域（广告和数据许可）都有增长。但令人惊讶的是，尽管总体净收入有所增长，但 2020 年第一季度的国际营收从 2019 年同期的 45% 降至 42%（表 C5-6 是推特 2019 年第一季度和 2020 年第一季度合并运营报表）。2020 年第一季度，推特在美国的收入从 2019 年同期的 4.32 亿美元增至 4.68 亿美元，同比增加 8%。国际营收从 3.55 亿美元降至 3.18 亿美元。推特 2019 年第一季度和 2020 年第一季度的地区收入如表 C5-7 所示。

表 C5-6　推特 2019 年第一季度和 2020 年第一季度的合并运营报表

（单位：1 000 美元）

	截至 3 月 31 日	
	2020 年	2019 年
收入	807 637	786 890
成本与费用		
营业成本	284 037	264 011
研发费用	200 388	146 246
销售和营销费用	221 287	205 799
一般和行政费用	109 368	77 176
总成本和费用	815 080	693 232
运营收入（亏损）	（7 443）	93 658
利息费用	（33 270）	（37 260）
利息收入	32 897	40 541
其他费用净额	（7 719）	（436）
税前收入（亏损）	（15 535）	96 503
税收优惠	（7 139）	（94 301）
净利润	（8 396）	190 804
归属于普通股股东的每股净收益		
基本	（0.01）	0.25
稀释	（0.01）	0.25
加权平均股数，用于计算普通股股东的每股净收益		
基本	780 688	764 550
稀释	780 688	777 689

表 C5-7　推特 2019 年第一季度和 2020 年第一季度地区收入

（单位：1 000 美元）

	截至 3 月 31 日	
	2020 年	2019 年
按地域划分的收入		
美国	468 430	432 356
日本	131 132	135 571
世界其他地方	208 075	218 963
总收入	807 637	786 890

资料来源：Facebook 2020 年第一季度 10-Q。

2020 年第一季度，广告收入从 6.79 亿美元增至 6.82 亿美元，同比小幅增长 0.4%；数据许可收入从 1.07 亿美元增至 1.25 亿美元，同比增长近 17%。收入成本占收入的比例从 2019 年同期的 34% 增至 35%。事实证明，2020 年第一季度运营费用的增长带来了灾难性的后果：研发费用占营业收入的比例从 2019 年同期的 19% 增至 25%，销售和营销费用从 26% 增至 27%，一般和行政费用占营业收入的比例从 10% 增至 14%。增加的费用导致运营亏损 744 万美元，低于 2019 年同期 9 366 万美元（12%）的净收入。2020 年第一季度的净亏损为 840 万美元，与 2019 年同期 1.91 亿美元（营收的 24%）的净收入形成了惊人的对比。

由于担心新冠病毒大流行带来的不确定性及商业环境中迅速变化的市场条件，推特没有提供第二季度的收入或收入指导并暂停了全年指导。

进入 2020 财年第二季度，推特关注的重点是：

（1）为了加快实施公司的长期战略，将重点放在收益产品上，特别是从 MAP 开始的业绩广告上。

（2）减少公司招聘和非人工费用以降低费用增长，同时继续将投资重点放在工程、产品以及信任与安全上，确保将资源分配到最重要的工作上。

注释

[1] Armin, "Twitter Gives You the Bird," June 7, 2012, https://www.underconsideration.com/brandnew/archives/twitter_gives_you_the_bird.php.

[2] As quoted in "Is Twitters" logo change the most revolutionary re-branding of the Modern Era?, Gawker, June 6, 2006, http://gawker.com/5916390/is-twitters-logo-change-the-most-revolutionary-re-branding-of-the-modern-era.

[3] Sunil Singh, "How a Logo Personified the Twitter Brand," February 15, 2018, https://gulfmarketingreview.com/brands/how-a-logo-personified-the-twitter-brand/.

[4] As stated at about.linkedin.com.

案例 6

2020 年的 GoPro：重整战略失败了吗[⊖]

大卫·L. 特尼普西德（David L. Turnipseed）
南亚拉巴马大学
约翰·E. 甘布尔
得克萨斯 A＆M 大学柯柏斯克里斯提学院

一家公司应该如何基于客户理解和需求的产品创新来开创新市场，GoPro 提供了一个最佳范例。然而，到 2015 年年末，运动相机产品的利基市场已趋于饱和。该公司从 2004 年一个不起眼的自制相机系绳和塑料外壳供应商发展成 2005 年（第一个完整运营年）销售额达 35 万美元的运动相机供应商，再到 2015 年的收入达 16 亿美元的全球消费电子产品销售商。2014 年 10 月，该公司的股价曾高达 88 美元，距离 2014 年 6 月首次公开募股（IPO）仅过去几个月。2014 年，GoPro 在 YouTube 上以超过 6.4 亿次的访问量成为排名第一的最受欢迎品牌，平均每天的访问量为 84.5 万次。2015 年，日均访问量达到 101 万次。

突然，2015 年第三季度，GoPro 的魔力消失了，到 2015 年第四季度，GoPro 的收入同比下降了 31%。此外，它的净收入下降了 128%，净亏损 3 450 万美元。截至 2015 年 12 月底，该股票的交易价格不到 20 美元。截至 2016 年 12 月底，该公司的收入从 2015 年的 16 亿美元降到 12 亿美元，下降了 25%。此外，该公司在 2016 财年的净亏损达 4.19 亿美元，使其股价在 2016 年 12 月跌破 9 美元。

GoPro 于 2017 年年初启动了重整计划，并进行了裁员，以扭转颓势：2017 年第一季度的销售额较 2016 年同比增长 19%，运营费用减少了 5 000 万美元。调整后的息税折旧及摊销前利润从 2016 年第一季度的 8 700 万美元亏损提升为 2017 年第一季度的 4 600 万美元亏损。HERO5 Black 是 2017 年第一季度美国最畅销的数码相机，配备 HERO5 相机的无人机 Karma 是美国第二大畅销无人机，其售价超过 1 000 美元。

在 Karma 无人机因飞行故障被召回后，GoPro 于 2018 年年初放弃了无人机业务。2018 年，该公司相机的出货量与上一年持平，但平均售价有所下降，这给全年收入带来了下行压力。公司于 2018 年进行了另一次重组，使得全球员工人数在年底前进一步减少至 1 000 人以下，且运营费用也持续减少。这些努力的结果不佳，收入继续下降，较 2017 年下降

2.7%，毛利率从 2017 年的 32.6% 降至 2018 年的 31.5%。运营费用占收入的比例从 2017 年的 46% 降至 2018 年的 40%，但 2018 财年的亏损额为 1.09 亿美元。

尽管该公司 2019 财年的收入增长了 4%，但财务业绩仍呈低迷趋势。GoPro 2019 年的毛利率从 2018 年的 31% 上升至 35%，调整后的息税折旧及摊销前利润比 2018 年增长了 230%。2019 年相机的出货量比 2018 年下降了 2%。尽管 2019 年的净亏损是过去四年中最少的，但它仍然使 GoPro 的累积赤字增加了 1 460 万美元。持续低迷的运营对股价产生了影响：2019 年第四季度，该公司股价略高于 4 美元，比 88 美元的高点低了 95%。

2020 年第一季度，（惨淡的）业绩似乎为这家苦苦挣扎的公司敲响了丧钟。在第一季度，尽管 GoPro.com 获得了创纪录的收入，其订阅服务同比增长 69%，社交粉丝增加至 4 400 多万，但 GoPro 的命运却变得更加糟糕。与 2019 年同期相比，该公司收入下降了 50%，毛利率也有所下降，营业亏损增长了 177%，净亏损大幅增长 161%，但 GoPro 仍然是运动相机行业的领导者。该公司宣布了另一项旨在减少开支的重组计划，包括：削减 20% 的剩余劳动力，减少 1 亿美元的运营费用，并在 2021 年再削减 2.5 亿美元的运营费用。2015—2019 年公司财务业绩的总结如表 C6-1 所示。2014 年 12 月—2019 年 12 月 GoPro 的股票表现如图 C6-1 所示。

表 C6-1　GoPro 公司财务摘要（2015—2019 年）

（单位：1 000 美元，每股金额除外）

	2019	2018	2017	2016	2015
收入	1 194 651	1 148 337	1 179 741	1 185 481	1 619 971
毛利润	412 789	361 434	384 530	461 920	673 214
毛利率	34.6%	31.5%	32.6%	39.0%	41.6%
营业收入（亏损）	2 333	93 962	163 460	372 969	54 748
净收入（亏损）	14 642	109 034	182 873	419 003	36 131
每股净收益（亏损）：					
基本	0.10	0.78	1.32	3.01	0.27
稀释	0.10	0.78	1.32	3.01	0.25

资料来源：GoPro 公司 2019 年年报。

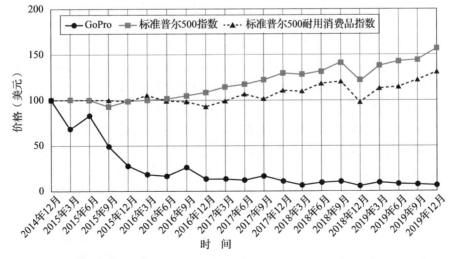

图 C6-1　GoPro 的股票表现（2014 年 12 月—2019 年 12 月）

注：此图为 GoPro 公司、标准普尔 500 指数和标准普尔 500 耐用消费品指数 60 个月累计总回报比较。

资料来源：GoPro 公司 2019 年年报。

2020 年年中，GoPro 无疑是全球运动相机行业的主导力量。然而，多年的净亏损造成了 5.83 亿美元的累积赤字。尽管新冠疫情大流行是造成该公司 2020 年第一季度业绩低迷的部分原因，但持续的亏损进一步打击了苦苦挣扎的公司。该公司的管理层肩负着关键的而又时间紧迫的任务：他们要在因流动资金不足而阻碍其采取积极的战略行动之前，找到一种可以增加收入和恢复盈利能力的方法。

1. 公司历史

GoPro 最初是商业失败的产物。GoPro 的创始人尼克·伍德曼在硅谷长大，他的父母都很富有（他的父亲促成了百事可乐公司收购塔可钟）。伍德曼创办过一家在线电子产品商店 EmpowerAll.com，但失败了；随后他又创办了在线游戏服务公司 Funbug，但伴随着 2001 年的互联网泡沫破灭，该公司也失败了，投资者损失了 390 万美元。Funbug 失败后，伍德曼在印度尼西亚和澳大利亚度过了一段漫长的冲浪假期，以此来安慰自己。在度假时，他用断了的冲浪板皮带和橡皮筋制作了一条腕带，以便在水上时将一次性柯达相机固定在手腕上。伍德曼的朋友、现任的 GoPro 创意总监布拉德·施密特（Brad Schmidt）也参与了这次度假，并且使用了相机带，他们发现伍德曼需要一台能抵御海水的相机。

假期结束后，伍德曼回到家中，专注于为冲浪者开发一款集相机、外壳和表带于一体的综合产品。该公司最初以伍德曼实验室（Woodman Labs）的名称成立，2004 年开始以 GoPro 的名称开展业务。伍德曼找到了一台 35 毫米的中国产的相机，售价 3.05 美元，并将自制的塑料外壳以及 5 000 美元寄给了一家并不知名的公司"Hotax"。几个月后，伍德曼收到了该公司寄回的效果图和 3D 模型，并于 2004 年 9 月在一场运动体育贸易展上出售了他的第一台 GoPro 相机。同年，GoPro 雇用了第一个员工尼尔·达纳（Neil Dana），他是伍德曼的大学室友。

这家由两个人组成的公司在 2005 年的总收入为 35 万美元，这是公司的第一个完整运营年。伍德曼希望公司尽可能长时间地保持私有化：他个人投资了 3 万美元，母亲出资 3.5 万美元，父亲追加 20 万美元。对 GoPro 来说幸运的是，刚好谷歌在 2006 年秋天收购了一家当时规模较小的公司 YouTube，而 2007 年春季 GoPro 推出了带有 VGA 视频的 GoPro HERO3。据伍德曼说，当时市面上与之竞争的名牌相机视频质量都不好。得益于 GoPro HERO3 的高视频质量和 YouTube 的日益走红，2007 年 GoPro 的销售额翻了 3 倍。

2007 年，虽然公司的收入达到了 7 位数，但伍德曼开始质疑自己是否有能力让公司走得更远。他通过谈判达成了一项协议，将该公司移交给一批外部投资者，但在交易最终敲定之前（2008 年金融危机之初），投资者希望降低该公司的估值。GoPro 是盈利的，伍德曼认为该公司没有受到经济方面的任何负面影响。他拒绝了降低公司价值的谈判，同时公司当年的销售额超过了 800 万美元。公司的增长仍在继续，2010 年，百思买开始销售 GoPro 产品，这清晰地表明了公司已被市场接受。

2011 年 5 月，GoPro 获得了来自五家风险投资公司（其中包括 Steamboat Ventures——Disney 的风险投资公司）的 8 800 万美元的投资，这使伍德曼和他的家人及一些 GoPro 的高管从公司获得了现金。同样在 2011 年，GoPro 收购了一家名为 CineForm 的小型公司，这家公司开发了一种专有的代码，可以快速、轻松地在不同格式之间转换数字视频文件。CineForm 曾在包括《极品飞车》（*Need for Speed*）和《贫民窟的百万富翁》（*Slumdog Millionaire*）在内的几部电影中使用过这种代码。作为 GoPro 的一部分，CineForm 将其 3D 影片工具改为编辑程序，成为公司的第一个桌面应用程序 GoPro Studio。

2012 年 12 月，中国台湾的制造公司富士康（以 Hone Hai Precision Industry Co. 为名做贸易）以 2 亿美元收购了 GoPro 公司 8.8% 的股份，使这家私人控股公司的市值达到 22.5 亿美元，《福布斯》报告称，伍德曼的个人净资产约为 17.3 亿美元。GoPro 在 2012 年售出 230 万台相机，总收入为 5.31 亿美元；同年 12 月，GoPro 取代索尼成为百思买最畅销的相机品牌。

2012—2013 年滑雪季，GoPro 相机在滑雪运动零售市场的销量增长了 50%。根据美国证券交易委员会（SEC）的数据，GoPro 连续 3 年每年的收入几乎都翻了一番，从 2011 年的 2.34 亿美元增长到 2012 年的 5.25 亿美元，2013 年达到 9.85 亿美元。尽管 2013 年收入增长了 87%，但收入增长速度明显放缓。根据其首次公开募股文件，截至 2013 年 12 月，该公司尚未从其在 GoPro 网络上发布的内容中获得任何收入；然而，它宣布计划从 GoPro 内容的发行中寻求新的收入来源。2013 年，GoPro 成立了一个新的软件部门。同年，该公司因其"价格低廉的小型坚固高清相机"而被美国国家电视艺术与科学学院（National Academy of Television Arts and Sciences）授予"技术与工程类的艾美奖"。

2014 年 6 月，GoPro 以 24 美元的发行价格上市，公司市值为 27 亿美元。此次首次公开募股（IPO）包括一项锁定协议，禁止伍德曼家族在 6 个月内出售 GoPro 任何股份；4 个月后的 2014 年 10 月 2 日，伍德曼夫妇向吉尔和尼克·伍德曼基金会捐赠了 580 万股 GoPro 股票。据美国有线电视新闻网（CNN）报道，该基金会的一场新闻发布会称其捐赠行为的细节将在稍后公布，该消息一发布，股价下跌 14%，激怒了投资者。雪上加霜的是，GoPro 在 2014 年 8 月发布第一份收益报告，其收益未能达到投资者的预期。

GoPro 在 2015 年更加重视软件和视频分享。那一年，GoPro 在谷歌品牌排行榜上与苹果并列，该排行榜衡量 YouTube 上最受欢迎的品牌。据谷歌数据显示，2015 年，标题中含有 GoPro 的视频上传到 YouTube 已有超过 4.6 年的时间段，比 2014 年增长了 22%。同样在 2015 年，该公司在亚马逊 Fire TV 和 Fire TV Stick 上推出了 GoPro 频道，并推出了一个定制的流媒体频道，这是一个一站式的网站，可以向亚马逊的用户提供按需播放的 GoPro 视频。

2015 年的另一个发展是 PlayStation 网络上的 GoPro 频道，该频道允许 PlayStation 的用户按需播放 GoPro 内容，并浏览 GoPro 相机和配件。PlayStation 成为日益增多的 GoPro 分销合作伙伴的一员，这些伙伴包括 Amazon Fire TV、Roku、Comcast Watchable、Sky、Vessel Entertainment、Xbox、LG 和 Virgin America。在第四季度，GoPro 移动应用程序的下载量达到了 275 万次，累计下载量接近 2 400 万次；GoPro Studio 第四季度的安装量总计近 170 万次，累计安装超过 1 500 万次，平均每日视频输出量超过 4.9 万次。GoPro 的股东对这些业务不满意。从 2015 年 7 月到 12 月底，该公司的股票从 63 美元跌至 18 美元。

GoPro 于 2016 年收购了一家法国公司 Kolor，该公司拥有制作用于捕捉和显示虚拟现实的软件的经验，并收购了两款领先的移动视频编辑应用软件 Replay 和 Splice。Replay 是视频编辑软件，GoPro 将其更名为 Quik；Splice 是一款声称在 iPhone 上编辑视频能达到桌面级性能的应用程序。Kolor 集团协助推出了一个虚拟现实社交媒体平台，该平台既可以在网页上使用，也可以作为应用程序使用。根据《边缘》（*The Verge*）（2016 年 6 月 2 日）的报道，伍德曼认识到"GoPro 硬件第一的时代"即将结束。他意识到市场饱和是问题的根源，并将其解释为"内容犯罪"。据伍德曼说，"大多数人甚至不看他们的 GoPro 录像"。他指责公司通过解决捕获端的问题而制造了问题，让客户在后期制作中束手无策。

2016 年 4 月，投资银行 Piper Jaffray 报告称，在市场萎缩的情况下，GoPro 获得了市场份额，而青少年消费者的运动相机占有率下降至 28%，低于 2015 年的 31% 和 2013 年的 40%。这一趋势清楚地表明，GoPro 需要转变成一家不仅仅从事运动相机业务的公司。GoPro 的品牌和声誉是作为一家硬件公司而建立的，将这种声誉转移到新的市场（即软件市场）将会很困难。虽然 GoPro 为可穿戴相机创造了市场，但它发现内容创作软件领域竞争激烈。另外，《边缘》（2016 年 6 月 2 日）指出，该公司没有明确的方法将其软件商业化。据伍德曼说，建立软件团队是该公司承担的最耗时的项目。但他认为，成功的好处将是巨大的，因为视频业务数量巨大，市场研究公司 NPD 集团报告说，超过 80% 的智能手机用户都在使用流媒体。

2016 年第三季度，GoPro 的业绩遭受了巨大打击，导致伍德曼解雇了 15% 的员工。公司总裁托尼·贝茨（Tony Bates）在任职两年多后也宣布计划在年末离开 GoPro。伍德曼仍相信 2016 年发布的 GoPro 航拍无人机 Karma 的潜力。Karma 无人机的发布曾被推迟数次，最终于 2016 年 10 月发布。但无人机的问题很快暴露出来——比如无法正常飞行甚至坠毁——这就迫使 GoPro 在 2016 年 11 月 8 日发布召回通知，并提供全额退款。

2017 年年初，GoPro 宣布研发了一款新的 360° 相机 Fusion，但提供的细节很少。该公司计划在 2017 年夏季试行发布 Fusion，并在 2017 年年末推出限量版。伍德曼认为，Fusion 主要面向专业用户，与购买 GoPro 其他相机的传统消费者相比，这个市场小得多。该公司宣布再次进行重组，并再次削减 270 个工作岗位。由于成本降低，首席执行官伍德曼表示，公司有望在 2017 年实现盈利。

Karma 无人机的问题得到解决后，其于 2017 年 2 月重新上市。恢复销售后不久，伍德曼声称无人机销量"超出了我们的预期"（《财富》，2017 年 4 月 27 日）。然而，GoPro 首席财务官布莱恩·麦基（Brian McGee）表示，Karma 的大部分销售额来自与 HERO5 相机的捆绑销售。麦基表示，GoPro 从销售相机中赚的钱比从销售无人机中赚的钱还要多。伍德曼对 2017 年盈利能力的预测并不准确，公司净亏损达 1.83 亿美元。

虽然 Karma 的问题（电池闩锁）已经得到解决，无人机也被重新投放到市场，但损失已不可逆转。2018 年 1 月，GoPro 宣布：在售出现有库存后将退出无人机市场，并解雇数百名从事无人机工作的员工。为了获得新的利基客户，GoPro 推出了一款售价为 199 美元的入门级 HERO。公司声称，HERO 希望为人们打造第一款伟大的 GoPro 产品，以弥补人们渴望分享手机所无法捕捉的日常的遗憾。2018 年，该公司的旗舰产品 HERO7 Black 获得了众多奖项，包括 Videomaker 颁发的 2018 年度最佳产品奖中的"最佳专业相机"奖。GoPro 也获得了许多奖项，包括 IEEE 国际图像处理大会为 HERO 相机系列颁发的"视觉创新"奖、《新闻周刊》的"美国最佳客户服务"奖及 IEEE 频谱消费电子名人堂。尽管获得了这些荣誉，但 GoPro 的销售额仍持续萎缩，在 2018 财年降至 11.48 亿美元，亏损 1.09 亿美元。

Fusion 于 2019 年停产，取而代之的是 MAX。与之前的运营方式不同，2019 年，GoPro

不再降价出售上一代产品，而是停止生产。2019 年，GoPro 的产品线在市场上依旧有着出色的表现，HERO8 Black 在 2019 年第四季度成为美国销量第一的相机，而全新 360° MAX 则占据了球形相机销量的 54%。但这些荣誉并不足以拯救这家陷入困境的公司。2019 年 9 月，该公司下调了 2019 年全年指标，并将 HERO8 Black 相机的延迟推出归咎于生产延迟。2019 年下半年，业内盛传 GoPro 将成为收购目标。

GoPro 退出无人机市场时，它承诺将继续支持 Karma 无人机软件，然而，Karma 的魔咒仍在继续。在一次变化中，Karma 软件出现了问题，导致无人机再次停飞。据 GoPro 所说，问题在于发生了 GPS 时钟翻转。这些翻转每 1 024 周发生一次，而大多数软件公司都通过更新避免了这些问题，但 Karma 软件自 2018 年以来一直没有更新。（直到）2020 年 1 月中旬，公司开发了一个升级程序来解决该问题。截至 2019 年，GoPro 连续 4 年亏损，净亏损达 1 460 万美元。

GoPro 在 2020 年第一季度的业绩让许多业内人士质疑该公司能否继续运营。与 2019 年同期相比，第一季度的收入下降了 51%，净亏损增加了 161%，并且公司股价低于 3 美元。该公司宣布进行另一次重组，裁减 20% 的员工，减少销售和营销支出，并转向直销模式。GoPro 表示，此次分销模式的变更将使公司损失 3 100 万～4 900 万美元。

自成立以来，GoPro 就是一家以提供运动相机及相关服务为主的公司，但 Karma 业务除外。然而，2020 年 5 月，该公司进入了竞争激烈的个人照明行业，并发布了其第一款手电筒——Zeus Mini，售价为 69.99 美元。

2. 2014—2020 年的运动相机行业

2018 年，全球运动相机的市场价值为 31.3 亿美元，预计 2026 年将达到 103 亿美元，6 年复合年增长率为 16%。推动该行业增长的主要因素为旅游业的不断发展，以及越来越多的旅游和冒险运动参与者，其他主要驱动力包括入门级价格和消费者对最新技术的需求。Instagram、推特和 Facebook 等社交网站的日益受欢迎和使用，以及与朋友和同伴分享视频和照片的意愿，刺激了全球需求。GoPro 是全球运动相机行业的市场领导者。

2014 年，北美的运动相机销量增长了 38%。然而，最大的增长来自亚太地区，增幅达 114%。2017 年，全球运动相机的销售量达到 1 050 万台，高于 2015 年的 840 万台。尽管运动相机市场预计至少会在 2019 年继续保持销售增长，但有几个因素，包括更换周期延长在内，预计会减缓其增长速度。

截至 2015 年年中，以极限运动为主的消费占全球需求的最大份额，但主要由电视生产、安全和执法驱动的专业需求预计将会增加。2014 年，普通消费者贡献了 86% 的运动相机销售份额，其余部分来自专业用途。虽然 GoPro 在 2015 年年中占据了运动相机行业的主导地位，但来自其他公司的竞争也越来越激烈，包括佳明（Garmin）、汤姆、佳能、JVC、Ion America、宝丽来和索尼等竞争对手纷纷发力，其他竞争对手则专注于安防和警务人员可穿戴摄像机的邻近市场。

2019 年，运动相机行业的一个典型特征就是竞争者数量的增加。2015 年年初，市场迅速增长，吸引了许多新进入者，对价格（更低）、质量（更高）和功能（更多）产生了预期影响。表 C6-2 列示了 2020 年精选运动相机品牌名单。

表 C6-2 2020 年精选运动相机品牌

GoPro	VanTop
索尼	TomTom
Yi	DJI
柯达	Victure
佳明	Olfi
Activeon	Insta360
Akaso	Dragon Touch
Letscom	Vtech

资料来源：由各互联网零售和产品评论网站的案例研究人员编制。

另一个行业趋势是价格两极化。价格低于 200 美元的低端相机型号以及高端型号（包括 GoPro 的 299 美元的 HERO8 Black）销量迅速增长。2015 年年初，运动相机行业经历了重大变化。一位 Futuresource 的分析师指出，最近推出的 360° 捕捉技术将在未来几个月推动虚拟现实应用，特别是体育转播。公司预计 360° 摄像机的比例将从 2015 年的 1% 增长到 2019 年的 14%。2014 年，市面上 95% 的运动相机可以拍摄至少 720p 分辨率的高清视频，大约 85% 的运动相机可以拍摄 1080p 的高清视频。在销售的相机中，约有一半可以录制超高清 2160p 或 4K 视频。

2016 年，运动相机行业在应用方面经历了调整：由于关注于更好地观看体育赛事，对运动相机的专业应用需求呈指数级增长。运动相机越来越多地被用于电视制作和记录体育运动的细节。美国国家冰球联盟和世界垂钓联盟已经与 iON、GoPro 和其他供应商签订了主要合同，预计该行业在专业应用领域将有较高的增长率。此外，全球市场洞察（Global Market Insights）还指出，运动相机在各年龄段的用户中越来越受欢迎，而先进的产品功能是提供巨大增长潜力的其他因素。

2016 年，安防行业对运动相机的使用也在不断增加，这为行业增长添加了更多动力。预计在全球的安全应用中，运动相机，特别是无人机安装的运动相机将会越来越多地被使用。运动相机无人机的领先供应商 Lifeline Response 开发了一款智能手机应用程序，可以在紧急情况下将无人机送往需要的地点。根据 Technavio Research 的数据，到 2020 年，运动相机的专业使用量将超过日常使用量。

除了专业应用领域的运动相机的需求增加之外，由于发展中国家的需求增加，该行业也在扩大，在亚太地区增长最快。可支配收入的增加、社交网络的增加、冒险运动和旅游的快速增长，加上越来越多的体育联赛和锦标赛，构成了新兴国家销售额增长的因素。几个运动相机厂商赞助了不同新兴经济体的极限运动赛事，以推广其相机品牌。虽然预计在 2016—2023 年间欧洲地区的销量将保持稳定增长，但全球运动相机市场预计将在 2017—2021 年间以每年 14.6% 的速度增长，并在 2026 年达到 103 亿美元。然而，由于新冠疫情几乎使世界各地的旅行和体育运动陷入停摆状态，因此，这些预测在 2020 年年初就遭到了质疑。

由于价格普遍下降，运动相机行业的收入增长率预计将低于单位销量增长率。预计到 2020 年，运动相机的平均价格将下降至 226 美元，这主要是因为全球供应量的增加。此外，与传统相机相比，年轻消费者越来越多地选择智能手机相机，这意味着他们不太可能购买一部运动相机。

社交网站的普及是运动相机行业的主要驱动力，进入 2020 年，价格两极分化仍然是一个关键趋势。供应商正逐渐对他们的产品进行"捆绑"（相机和众多配件），以增加对相机和配件的需求。捆绑销售通过为客户提供成本效益增加了需求，因为捆绑减少或消除了购买额外设备的需要。进入 2020 年，其他的行业趋势是新进入者数量不断增加，这降低了价格，以及智能手机的质量和功能得到了提高，抑制了运动相机的需求。2017 年 6 月，运动相机利基市场的饱和与价格的下降导致了该行业主要竞争对手 iON Worldwide 申请破产。

3. GoPro 的商业模式和战略

运动相机行业是一个相对年轻且不断发展的行业，GoPro 是在这个行业内发展起来的。尽管该公司最初是一家运动相机公司，但它很快发展成为一家倡导多元化生活方式的公司。正如其 2015 年年报所提出的一样，公司的业务重点是开发产品解决方案，使消费者能够捕捉、管理、分享和享受生活中一些最重要的时刻。除了出售捕捉现场活动的运动相机外，该公司还开发了 GoPro 娱乐项目，并计划将业务多元化，拓展到包括软件和无人机在内的相关业务领域。

GoPro 在 2016 年年报中阐述了其业务战略，反映了公司对 2016 年收入下滑和净亏损后面临的问题与即将到来的机遇的认识。该战略的核心是帮助消费者捕捉和分享体验。GoPro 致力于制订解决方案，以此来为消费者捕捉、创造和享受个人生活创造轻松体验。公司相信，当消费者使用 GoPro 的产品和服务时，可以为他们展现真实的内容，从而提高公司的知名度，并推动消费者对其产品的自我强化需求。收入增长预计将由新相机、无人机、配件和软件应用程序的推出而推动。但这一战略并不成功，2016—2018 年，公司收入减少，且每年都出现巨额净亏损。

2018 年，GoPro 公司仍维持 2016 以来的总体战略——2010 年战略的关键组成部分包括：①通过提高效率、降低成本和改善执行力来提升盈利能力；②加强对客户行为的分析和理解，以实现更好的业务规划；③推出能够扩大 GoPro 全价位吸引力的产品，并更加重视新客户；④增加营销投资，以发展品牌并在全球范围内吸引新客户；⑤关注相机、应用程序和云体验的生态系统；⑥扩大订阅服务的价值主张，以吸引新消费者并拓展全球用户群；⑦吸引、雇用并留住顶尖人才。遵循这一战略，该公司 2019 年的收入小幅反弹 4%，但继续出现净亏损。

2020 年及以后 GoPro 的战略实质是帮助客户以激动人心的方式捕捉和分享他们的体验。GoPro 重申其理念，即收入增长将由相机和配件的推出、子脚本的引入与订阅及 GoPro 应用程序的货币化来推动。这一战略的基础是，GoPro 相信新的或更好的相机功能将加快现有客户的产品更换周期，并吸引新用户。

2019 年，GoPro 制定了公司 2020 年战略，其关键组成部分如下所示。

（1）强化核心业务。关注目标客户，确定新的客户群，提供能够强化核心业务的高利润、高价值的产品。持续承诺和投资于消费者研究。扩展 GoPro 的品牌和产品，为更多的客户解决问题。利用 GoPro 的品牌优势和产品专长，加快现有客户的硬件升级周期，寻找机会进入互补设备细分市场，并继续开发相机。

（2）最大化直营业务。增加 gopro.com 上和直接面向零售商的销售，因其利润率高于分销业务：gopro.com 上的销售收入在公司直接收入中的比例越来越大，因此，毛利率应该增加。专注于直营业务，改善客户在 gopro.com 上和零售渠道中的体验，以提高经营业绩。

（3）发展数字和订阅服务。GoPro 的战略包括最大限度地提高 GoPro 相机客户的体验，并将软件解决方案扩展到智能手机用户，从而扩大整个潜在市场。GoPro 较新的相机、GoPro Plus 和该公司的应用程序协同工作，能够帮助用户捕捉、编辑和分享体验，并将内容备份到云端。其 2020 年的战略包括继续为 GoPro 相机用户和智能手机用户增加 GoPro 应用程序的功能。

（4）提高效率和可靠性。重点加强卓越运营，以保障可靠性和可预测性，2020 年以与 2019 年相似的运营费用水平运营，并专注于创造需求、更好地管理和提高业务可预测性。GoPro 认识到，未来的成功部分取决于对运营费用的管理。

（5）对员工进行授权，深化人才培养、承诺和文化。进入 2020 年，GoPro 的战略包括希望留住忠诚的员工。根据 GoPro 的战略计划，公司打算利用其强大的品牌知名度、独特的文化、有竞争力的薪酬和福利，以及对其多样性的包容和员工自发的归属感的倡议来留住员工。

4. GoPro2019/2020 年的产品线

GoPro2019/2020 年的产品线包括 HERO 相机系列、MAX 相机、GoPro 应用程序和 GoPro Plus。

HERO 相机系列。2019 年秋季推出的 HERO8 Black 是 GoPro 的旗舰相机，其在 2020 年 6 月的售价为 299 美元。该相机配备增强版 HyperSmooth 2.0 图像稳定技术、TimeWarp Video 2.0、内置安装、实时流媒体、云连接、语音控制、改进的音频和触摸显示屏。通过流媒体直播，用户可以将内容实时分享到他们的 Facebook、推特、YouTube、Vimeo 和其他社交媒体平台。2019/2020 年的产品线包括三个全新的、名为 Mods 的 HERO8 Black 相机配件，它可以使用户将 HERO8 Black 相机变成一个生产设备。媒体模式通过集成的定向麦克风提供高质量的前置麦克风性能，灯光模式可照亮场景，显示模式使用户在自拍过程中完美地定格自己。公司继续提供 2018 年秋季推出的 HERO7 Black（299.99 美元）和 HERO7 Silver（199.99 美元）相机。

MAX 相机。2019 年秋季推出的 MAX 是 GoPro 最新的 360° 防水相机。MAX 配备 HyperSmooth 图像稳定技术、360° MAX TimeWarp Video、MAX SuperView、PowerPano、内置安装、高品质音频、实时流媒体、语音控制和正面触摸显示屏。MAX SuperView 提供了 GoPro 相机有史以来最广阔的视野。该产品有 6 个帮助用户 360° 捕捉音频的内置麦克风、用于视频录制的定向音频及 GoPro 有史以来最好的立体声。MAX 在 2020 年 6 月的售价为 499.99 美元。

GoPro 应用程序。GoPro 应用程序是一款可以将 GoPro 照片和视频片段上传至智能手机的移动应用程序。该应用程序包括视频编辑功能，使其能够更好地识别用户镜头中的重要时刻，并建议对照片和视频进行故事汇编。GoPro 应用程序的年度合同价格为 4.17 美元 / 月，如果按月购买，价格则为 4.99 美元。

GoPro Plus。GoPro Plus 是一项订阅服务，它提供相机保护计划，并使订阅者能够轻松访问、编辑和分享内容。GoPro Plus 包括无限的云存储，支持源视频和照片质量，以及配件、相机更换和损坏保护方面的折扣。HERO5 Black 与更新的相机可以自动将照片和视频上传到 GoPro Plus 会员的账号上。

5. 制造、物流和销售渠道

GoPro 产品在美国、法国、中国与罗马尼亚设计和开发。公司的大部分制造工作外包给了中国、墨西哥、马来西亚和日本的公司。2019 年，考虑到关税问题，GoPro 将在美国销售的大部分产品的生产从中国转移到墨西哥。该公司认为，制造外包提供了更大的生产规模和灵活性。GoPro 拥有一个战略性商品团队，负责管理相机关键部件的定价和供应，并利用其专业知识获得有竞争力的定价。

截至 2019 年年末，GoPro 产品通过直销渠道在 100 多个国家超过 3 万多个零售点销售。公司还通过分销渠道间接销售。直销渠道在 2019 年失去了主导优势，该渠道提供了 46% 的收入，而 2018 年为 48%。gopro.com 渠道的收入大幅增长，从 2018 年的 16% 增长到 2019 年的 23%，分销商渠道的收入从 2018 年的 52% 增长到 2019 年的 54%。

6. 直销

GoPro 直接销售给美国和欧洲的大小零售商，并通过电子商务渠道销售给世界各地的消费者。公司认为，多样化的直销渠道是公司的一个关键区分点，将其产品在这些渠道之间进行区分。GoPro 使用独立专业零售商销售高端产品，目标客户是新技术的早期采用者。亚马逊、Dixons Carphone、沃尔玛、塔吉特和百思买等拥有全国影响力的大型零售商是直销渠道的第二个组成部分。这些零售商销售各种 GoPro 产品，并针对其特定的最终用户。GoPro 认为，这使得公司能够在其销售渠道中保持店内产品的差异化，并保护其在专业零售市场上的品牌形象。这一购买点（带有 GoPro 摄像头视频显示器）在直销渠道中得以广泛使用，它在全球约有 3 000 个。

拥有大量地区或全国性业务的中端市场零售商也是 GoPro 直销渠道的一部分。专注于体育用品、消费电子产品，以及狩猎、钓鱼和汽车运动的零售商针对其最终用户推出一小部分 GoPro 产品。GoPro 产品的全线产品通过公司的在线商店 gopro.com 直接销售给消费者。公司通过线上和线下广告推广其电子商务渠道。GoPro 认为，其电子商务销售提供了对其客户购物行为的观察，并提供了一个平台，使公司可以通过该平台向客户提供 GoPro 品牌、产品和服务的信息并培训消费者。

7. 间接销售 / 分销商

2019 年年末，GoPro 向 50 多家分销商出售产品，它们将产品转售给国际市场的零售商和美国的零售商。公司提供销售支持人员，帮助分销商规划产品组合、市场营销、店内商品促销、营销材料开发、订单协助及有关 GoPro 产品的培训。进入 2020 年，GoPro 通过其电子商务渠道将产品直接销售给美国的大多数零售商及欧洲的一些零售商和全球消费者。

8. 营销和广告

GoPro 的销售策略侧重于消费者参与，让他们接触 GoPro 内容，并引导他们了解新的硬件功能、公司移动设备和台式设备软件编辑解决方案的强大功能，以及 GoPro Plus 的内容管理。公司认为这种方法增强了品牌形象，同时展示了其产品的性能、多功能性和耐用性。GoPro 的营销和广告计划涵盖了广泛的消费者兴趣，并试图利用传统的消费者和生活方式营销。

社交媒体是 GoPro 消费者营销的核心。公司的客户在 Vimeo、YouTube、推特、Facebook、抖音和 Instagram 等社交媒体平台上获取并分享 GoPro 个人的内容。2019 年，GoPro 的社交账户新增 430 万粉丝，总粉丝数达到 4 280 万。在公司社交账户新增的 430 万粉丝中，有 240 万人在 Instagram 上，使得 Instagram 的粉丝总数达到 1 910 万。截至 2019 财年末，GoPro 在抖音上标签为"#GoPro"的内容浏览量达到 14 亿次，在公司 YouTube 频道的浏览量超过 24 亿。2020 年第一季度，GoPro 内容在所有社交渠道的浏览量创历史新高，达到 2.43 亿次。用户生成内容和 GoPro 最初产生的内容被整合到广告活动中，包括广告牌、印刷品、电视广告、在线广告和其他家庭广告，以及展销会。GoPro 的生活方式营销强调通过与有影响力的运动员、演员、品牌和名人建立关系来吸引消费者，他们使用 GoPro 产品并创建内容与其粉丝和消费者共享，从而扩大了 GoPro 品牌知名度。公司直接与其生活方式合作伙伴合作，通过 GoPro 网络创建对双方都有利的内容。

9. 2020 年运动相机行业精选竞争对手简介

索尼 索尼在运动相机市场的竞争中，推出了 9 款相机，价格从 199.99 美元到 549.99 美元不等。Sony FDR-X3000（549.99 美元）是该公司的顶级产品，它是一款拥有 170° 广角镜头、GPS 和专业品质输出的 4K 相机。照相机以高速率记录，以提供更高的分辨率和更好的微光图像，并能远程操控。PCmag 将 FDR-X300 列为 2020 年最佳光学视频防抖设备。索尼的 HDR-AS50 是该公司的入门级相机，可制作高清视频和静态图像，配备稳定镜头、微光功能和全景镜头。其他型号包括内置立体声麦克风、高速数据传输以捕捉快速动作、HDMI 输出以在电视上共享视频，以及无线上传至智能手机或平板电脑。2019 年 7 月，索尼推出了 RXO Ⅱ，这是世界上最小、最轻的运动相机。

尼康 2016 年 1 月，相机巨头尼康宣布进入运动相机市场。KeyMission 360 是该公司第一款运动相机，它以 4K 超高清技术录制 360° 的视频。该相机防尘、防震、耐温，防水至 100 英尺[⊖]，还包括电子减震功能，有助于制作清晰的视频。Technowize 报告称，KeyMission 360 的音频质量是市场上所有运动相机中最好的。KeyMission 360 是尼康运动相机中的"母"相机。KeyMission 360 售价 499.95 美元。尼康在 2020 年年初还以 279.95 美元的价格出售

⊖ 1 英尺 = 0.304 8 米。

KeyMission 80，以 399.95 美元出售 KeyMission 170。

佳明国际　佳明国际作为 GPS 导航领域的全球领导者，远比其运动相机更为人所熟知；然而，2013 年，该公司发布了其第一款运动相机 VIRB。VIRB 拥有彩色显示屏，采用防水外壳制造，因此无须额外的保护壳。2015 年，VIRB 的成功使得该公司推出两款新的佳明运动相机——VIRB X 和 VIRB XE。此外，公司于 2016 年推出 VIRB Ultra 30，2017 年推出 VIRB 360，2018 年推出 DashCAM 系列。所有型号都有 GPS、Wi-Fi 和全面的传感器支持。新型号支持蓝牙数据流，允许使用麦克风实时描述操作，还可以使用佳明应用程序，将视频和照片从相机传输到智能手机，然后再传输到社交媒体。高度和速度等测量数据可应用于视频。2020 年年中，售价为 309 美元的 VIRB Ultra 被授予 t3.com 智能生活"功能最全"奖；2020 年 6 月，以 399.99 美元售出的 VIRB XE，在数码相机世界十大运动相机中名列第八。2020 年年中，VIRB X 的价格为 299.99 美元，VIRB Ultra 30 的价格为 399.99 美元，VIRB Elite 的价格为 349 美元，行车记录仪的价格从 149.99 美元至 249.99 美元不等，VIRB 360 的价格为 799.99 美元。

柯达　2020 年年中，柯达的 PixPro SP1 售价为 170 美元，并于 2019 年 12 月被《消费者报告》评为"最高性价比"相机。PixPro 有一个防水外壳，可制作高质量的视频，并能承受 6 英尺高的跌落，有一个用于取景拍摄的集成显示器、立体声麦克风、图像稳定器、变焦镜头和内置 Wi-Fi，并且可以与 iOS 和 Android 智能手机搭配使用。

柯达扩展了其产品线，包括三款 360° 的型号和防水、防震的 SPZ1。SPZ1 相机是柯达售价最低的运动相机，为 65.99 美元。该公司的 PixPro SP360° 1080p 运动相机的价格为 99.99 美元，PixPro Orbit 360° 4K 机的价格为 199.99 美元，2020 年年中，其 360° 4K 相机的价格从 212.99 美元到 368.99 美元不等。

宝丽来　宝丽来于 2012 年进入运动相机市场，推出三款由 C & A Marketing（宝丽来许可）生产并以宝丽来名义出售的低价相机。首款宝丽来运动相机 XS7 售价 69 美元；XS20 售价 99 美元；XS100 售价 199 美元。2014 年，宝丽来 CUBE 被添加到宝丽来运动相机系列中。CUBE 以高清 1080p 的质量录制了长达 90 分钟的视频，并在 2020 年年中以 18 美元的价格售出。2020 年 6 月，Cube Act II 售价为 52.99 美元。

2015 年，宝丽来将 CUBE 升级为 CUBE+，其中包括 Wi-Fi、图像稳定、高清 1440p 视频和 800 万像素的静态捕捉功能。CUBE+ 防溅、防震并配有麦克风；从自行车到头盔再到狗狗，各种配件都可以安装应用。CUBE+ 可以实时播放视频，并兼容 iOS 和 Android。支持 Wi-Fi 的 CUBE+ 可以与智能手机配对，用于实时实图控制和镜头取景。在 CUBE+ 上有一个控制开关，用于开关机和从视频切换到静止。CUBE+ 在 2020 年年中定价为 59.99 美元。升级版 POLC3BK Cube HD 于 2020 年 5 月以 78 美元的价格售出。

GoPro 的财务绩效

GoPro 2019 年的收入为 11.94 亿美元，比 2018 年的 11.48 亿美元增长了 4%，这主要得益于平均售价增长了 6%。相机的售出量从 2018 年的 433 万台降至 2019 年的 426 万台，减少了 2%。该公司报告称，2019 年毛利率约为 35%，高于 2018 年的 31%。与 2018 年的 4.55 亿美元（净收入的 40%）相比，2019 年的运营费用减少了 4 000 万美元，降至 4.15 亿美元（净收入的 35%）。公司将运营费用的减少归功于对成本的集中管理及重组带来的财务效益。

尽管毛利率和营业利润率有所提高，但公司净亏损 1 460 万美元，2019 年成为第四个连续亏损年。

GoPro 公司 2017—2019 年合并经营报表如表 C6-3 所示。2018 年和 2019 年的合并资产负债表如表 C6-4 所示。

表 C6-3　GoPro 公司 2017—2019 年合并经营报表

（单位：1 000 美元，百分比数据除外）

	2019 年	2018 年	2017 年
收入	1 194 651	1 148 337	1 179 741
收入成本	781 862	786 903	795 211
毛利	412 789	361 434	384 530
运营费用			
研发	142 894	167 296	229 265
销售与营销	206 431	222 096	236 581
一般和行政	65 797	66 004	82 144
运营费用总额	415 122	455 396	547 990
营业亏损	（2 333）	（93 962）	（163 460）
其他收入（费用）	（19 229）	（18 683）	（13 660）
其他收入净额	2 492	4 970	733
其他费用净额	（16 737）	（13 713）	（12 927）
税前亏损	（19 070）	（107 675）	（176 387）
所得税（收益）费用	（4 428）	1 359	6 486
净收入（亏损）	（14 642）	（109 034）	（182 873）
基本和稀释后每股净收益（亏损）	（0.10）	（0.78）	（1.32）
流通股加权平均股数	144 891	139 495	138 056

资料来源：GoPro 公司 2019 年度报告。

表 C6-4　GoPro 公司 2018 年和 2019 年合并资产负债表

（单位：1 000 美元，票面价值除外）

	2019 年 12 月 31 日	2018 年 12 月 31 日
资产		
流动资产		
现金及现金等价物	150 301	152 095
有价证券	14 847	45 417
应收账款净额	200 634	129 216
存货	144 236	116 458
预付费用和其他流动资产	25 958	30 887
流动资产总额	535 976	474 073
房产及设备净值	36 539	46 567
经营租赁使用权资产	53 121	—
无形资产净额	5 247	13 065
商誉	146 459	146 459
其他长期资产	15 461	18 195
总资产	792 803	698 359

（续）

	2019 年 12 月 31 日	2018 年 12 月 31 日
负债与股东权益		
流动负债		
应付账款	160 695	148 478
应计费用和其他流动负债	141 790	135 892
短期经营租赁负债	9 099	—
递延收入	15 467	15 129
流动负债总额	327 051	299 499
长期应付款	13 726	19 553
长期负债	148 810	138 992
长期经营租赁负债	62 961	—
其他长期负债	6 726	28 203
负债总额	559 274	486 247
承诺、或有事项和担保		
股东权益		
优先股，面值 0.000 1 美元，授权 5 000 股；未发行	—	—
普通股和资本公积，面值 0.000 1 美元，授权 A 股 500 000 股，已发行及未偿还股份分别为 117 922 股及 105 170 股；授予 150 000 股 B 股，已发行及未偿还股份分别为 28 897 股及 35 897 股	930 875	894 755
国库股票，按成本计算，分别为 10 710 股和 10 710 股	（113 613）	（113 613）
累计亏损	（583 733）	（569 030）
股东权益总额	233 529	212 112
负债和股东权益总额	792 803	698 359

资料来源：GoPro 公司 2019 年年报。

GoPro 的销售额主要来自美洲，其次是欧洲、中东和非洲（见表 C6-5）。来自美国以外的收入分别占公司 2019 财年、2018 财年和 2017 财年收入的 56%、57% 和 51%；而 GoPro 预计这部分将继续占收入的很大一部分。虽然美洲、欧洲、中东和非洲的销售收入构成没有明显变化趋势，但来自美国以外，尤其是亚太区域的收入有上升趋势。GoPro 的供应链合作伙伴在墨西哥、新加坡、中国、捷克、荷兰，以及欧洲和亚太地区的其他国家开展业务。随着国际业务的扩大，该公司打算扩大在这些国家乃至其他国家的业务。

表 C6-5　2017—2019 年 GoPro 公司按地理区域划分的收入

（单位：1 000 美元）

地理区域	2019 年	2018 年	2017 年	2019 vs. 2018 百分比变化	2018 vs. 2017 百分比变化
美洲	523 975	494 797	582 917	6%	15%
欧洲、中东和非洲（EMEA）	359 187	366 438	333 454	2%	10%
亚洲和太平洋（APAC）	311 489	287 102	263 370	8%	9%
总收入	1 194 651	1 148 337	1 179 741	4%	3%

资料来源：GoPro 公司 2019 年年报。

10. GoPro 在 2020 年年初的业绩

尽管 2019 年的收入有了小幅充满希望的增长，但 GoPro 的运营在 2020 年年初就形势惨淡。2020 年第一季度收入同比下降 51%，毛利率从 2019 年同期的 33.1% 降至 32.2%。营业亏损从 2019 年的 2 000 万美元增至 5 600 万美元，增长了 177%，净亏损从 2019 年同期的 2 400 万美元增至 6 400 万美元，增长了 161%。该公司公布的 2020 年第一季度的财报并未对投资者产生激励，GoPro 的股价在 3 月中旬跌至 2 美元的低点，4 月 4 日的收盘价为 2.29 美元。表 C6-6 展示了 GoPro 2019 年第一季度和 2020 年第一季度的运营报表。

表 C6-6　GoPro 公司 2019 年第一季度与 2020 年第一季度的运营报表

（单位：1 000 美元，每股面值除外）

	2020 年	2019 年	百分比变化
收入	119 400	242 708	（50.8）%
毛利率			
公认会计原则	32.2%	33.1%	（90）bps
非公认会计原则	34.2%	34.2%	—
营业亏损			
公认会计原则	（56 114）	（20 288）	176.6%
非公认会计原则	（46 654）	（8 118）	474.7%
净亏损			
公认会计原则	（63 528）	（24 365）	160.7%
非公认会计原则	（49 613）	（10 171）	387.8%
每股摊薄净亏损			
公认会计原则	（0.43）	（0.17）	152.9%
非公认会计原则	（0.34）	（0.07）	385.7%
调整后的息税前利润	（41 356）	（1 035）	3 895.7%

资料来源：GoPro 公司 2020 年第一季度 10-Q。

由于新冠疫情带来的不确定性，Gopro 撤销了 2020 年度的指导计划。该公司宣布了另一项战略调整，旨在降低费用，并将重点放在直接面向消费者的业务上。GoPro 报告称，公司计划裁员 20%，削减 1 亿美元的运营费用，并在 2021 年将运营费用进一步削减至 2.5 亿美元。公司计划减少五个地方的办公空间，减少 2020 年及以后的销售和营销支出，并削减其他支出。四年前从苹果设计团队来到 GoPro 公司的首席硬件设计师丹尼·科斯特（Danny Coster）于 2020 年 5 月离开了公司。伍德曼先生宣布，他将放弃到 2020 年年末剩余的工资，公司董事会也自愿放弃到 2020 年年末剩余的工资。尽管财务状况不佳，但截至 2019 年年末，GoPro 仍是运动相机行业的领导者。然而，其高层管理者制定和执行战略的能力，并使该公司在保持其在运动相机领域的市场领先地位及恢复盈利的能力，将决定 GoPro 最新重整战略的成败和公司持续生存的能力。

达美乐比萨：新冠疫情期间的业务连续性战略^㊀

德巴普拉提姆·普卡亚萨（Debapratim Purkayastha）

哈迪亚·法希姆（Hadiya Faheem）

印度海德拉巴 IBS 商学院

"我对我们的战略保持高度信心，对我们业务的机会和潜力保持乐观。在这个充满挑战的时代，我们稳健、充满韧性的商业模式和强劲的财务状况将继续为我们提供良好的服务。"[1]

——里奇·艾利森（Ritch Allison），美国达美乐比萨首席执行官，
2020 年 3 月

"这家连锁餐厅是食品服务行业的技术领导者，将顺利度过新冠疫情危机。"[2]

——安妮·布尔达金（Anne Burdakin），傻瓜投资（The Motley Fool），
2020 年 3 月

2020 年 3 月 31 日，美国跨国比萨巨头达美乐比萨公司（Domino's）发布了截至 2020 年 3 月 22 日的第一季度初步销售业绩（见表 C7-1）。表中显示，达美乐美国门店的同店销售额较 2019 年同期增长了 1.6%，国际门店的同店销售额增长了 1.5%。[3] 当大多数堂食餐厅都在努力应对新冠疫情对销售的影响时，达美乐是少数几家没有经历重大衰退的公司之一。这归功于它在配送方面的能力和一项新举措——在所有美国门店和国际门店的"无接触"配送服务。美国达美乐公司首席执行官里奇·艾利森（Ritch Allison）在评论业绩时说："在全球范围内，达美乐公司将继续专注于执行、服务和价值，继续在新冠疫情带来的逆风中航行。我们正在仔细地管理我们的资产负债表、现金流和所有业务领域，以确保在短期内我们正在做我们认为最有助于管理的事情，并一如既往地为长期成功做好准备。"[4]

表 C7-1　达美乐比萨公司 2020 年第一季度销售额初步估计（未审计）

	2020 年 1 期 （2019.12.30— 2020.1.26）	2020 年 2 期 （2020.1.27— 2020.2.23）	2020 年 3 期 （2020.2.24— 2020.3.22）	2020 年 第一季度
同店销售额增长 （与上年相比）				
美国公司直营店	+4.0%	+2.6%	+5.0%	+3.9%
美国特许经营店	+3.6%	+0.2%	+0.8%	+1.5%
美国门店	+3.6%	+0.3%	+1.0%	+1.6%
国际门店（不计外汇影响）	+2.3%	+2.4%	（0.2%）	+1.5%
全球零售额增长 （与上年同期相比）				
美国门店	+7.1%	+3.6%	+4.2%	+4.9%
国际门店	+7.2%	+5.6%	（1.1%）	+3.9%
总计	+7.2%	+4.6%	+1.6%	+4.4%
全球零售额增长 （与上年同期相比，不计外汇影响）				
美国门店	+7.1%	+3.6%	+4.2%	+4.9%
国际门店	+8.3%	+8.0%	+4.2%	+6.8%
总计	+7.7%	+5.8%	+4.2%	+5.9%

资料来源："Domino's Pizza® Announces Business Update," http://dominos.gcs-web.com, March 30, 2020.

随着人们对新型冠状病毒的认识不断提升，消费者已经开始采取预防措施以防止病毒传播。但许多国家的人们仍被要求待在室内。这影响了很多行业，餐饮业受到了严重打击，因它们不再被允许为堂食顾客提供服务。在世界范围内，政府只允许食品服务行业完成外卖和送餐订单。达美乐公司也经历了混乱，其 14 个国际市场被关闭，23 个国际市场部分门店被关闭。这意味着有大约 1 400 家国际门店被关闭，这 1 400 家门店中有来自法国、西班牙、新西兰和巴拿马等主要市场的近 900 家门店被临时关闭。[5]

然而分析师认为，达美乐公司在应对危机方面处于更有利的地位，因为配送对其来说并不陌生。凭借其强大的配送基础设施，达美乐于 2020 年 1 月推出无接触式配送服务，消费者在网上订餐时可以选择无接触式配送服务。然后送餐员会将食物放在消费者家门口，并在远处等待，以确保订单被消费者取走。分析师对这种无接触式配送模式表示赞赏，因为它帮助这家比萨巨头在新冠疫情危机中生存下来。事实上，为了满足消费者日益增长的需求，达美乐正计划在美国雇用 1 万名新员工。[6] 然而，该公司也面临批评，因为在大多数人被要求待在室内的时候，它却要求员工来上班，从而将员工置于危险之中。

在疫情的早期阶段，一些评论家认为，达美乐未来的道路可能会很艰难，因为该公司将不得不应对新冠疫情的全面影响。它能从这场公共卫生危机中成功走出来吗？展望未来，公司应如何平衡向顾客提供服务的需要与保证员工及顾客安全的需要？艾利森和达美乐的高级管理团队应该如何确保疫情期间的业务连续性？

1. 背景说明

达美乐比萨的历史可以追溯到 20 世纪 50 年代末，当时多米尼克·德瓦蒂（Dominick DeVarti）在密歇根州伊普西兰蒂的密歇根大学东校园内开了一家名为多米尼克比萨

（DomiNick's Pizza）的小店。1960 年，在密歇根大学读书的两兄弟托马斯·莫纳汉（Thomas S. Monaghan）和詹姆斯·莫纳汉（James S. Monaghan）以 900 美元买下了这家商店。1961 年，詹姆斯把他的股份卖给了托马斯。

比萨生意做得很好，到 1965 年，托马斯又在镇上开了两家店——Pizza King 和 Pizza from the Prop。1966 年，德瓦蒂在邻镇开了一家同名比萨店——DomiNick's Pizza。因此，托马斯决定把他的店名改为达美乐比萨（Domino's）。托马斯认为这个名字的好处是，它会在店铺名录中列在 DomiNick 店铺之后。达美乐的理念基于两个原则——限量菜单和半小时内送出新鲜热比萨。1967 年，它在伊普西兰蒂开设了第一家特许经营店；1968 年，它在佛蒙特州的伯灵顿开设了另一家特许经营店。

1982 年，达美乐成立了达美乐比萨国际公司（Domino's Pizza International，DPI），帮助达美乐在国际上开设门店，第一家海外门店在加拿大温尼伯开张。1983 年，达美乐扩张至 50 多个国家，并在同一年开设了第 1 000 家门店。大约在同一时期，如必胜客（Pizza Hut）和小恺撒（Little Caesar）这样的新比萨连锁店已经出现在市场上，并开始在美国建立自己的地位。达美乐比萨面临着激烈的竞争，因为它传统手工制作的比萨菜单多年来一直没有变化。然而，其他比萨连锁店除了提供比萨外，还提供低价的面包棒、沙拉和其他快餐。在送货上门方面，达美乐也面临着来自必胜客的激烈竞争，而小恺撒则以其创新的营销策略蚕食达美乐的市场份额。

1989 年，达美乐的销售额显著下降，由于资产收购，其现金流受到了影响。1993 年，托马斯决定扩大达美乐的产品线，试图重振公司，应对竞争，在美国推出了平底比萨和面包棒。1993 年年末，达美乐推出了终极深盘比萨和松脆薄饼比萨。1994 年，它推出了另一种非比萨菜品——布法罗鸡翅。虽然达美乐多年来没有对其菜单做新尝试，但它已经采用了创新的方式管理比萨店。托马斯将美国约 90% 的特许经营协议交给了曾在达美乐当过司机的人。当一个人在成功管理一家比萨店一年并完成培训课程后，达美乐会将该比萨店的所有权授予他。达美乐还将特许经营权给予现有特许经营商推荐的候选人。在美国以外的地区，达美乐的大部分门店都是特许经营的。达美乐还因在比萨行业的许多创新和为其他比萨公司制定标准而受到赞扬。它开发了面团托盘、瓦楞比萨盒、运送比萨的保温袋和传送带烤箱。

1993 年，达美乐取消了订餐后 30 分钟内送达比萨的保证，开始强调全面满意保证（total satisfaction guarantee，TSG），其内容是：如果出于任何原因，您对达美乐比萨的用餐体验不满意，我们将为您重新制作比萨或退款。

1996 年，达美乐推出了自己的网站。同年，它还通过与德里的 Jubilant FoodWorks 公司签订特许经营协议进入印度[7]。随着第一家分店的巨大成功，达美乐在德里又开设了一家分店。截至 2000 年，达美乐在印度所有主要城市都设有分店。

1998 年，达美乐推出了一种获得专利的比萨外卖袋，该外卖袋设计的目的是让比萨在送到顾客手中之前保持烤箱的温度。

2001 年，达美乐在纽约市布鲁克林开设了第 7 000 家门店。2002 年，达美乐在亚利桑那州菲尼克斯收购了 82 家特许经营餐厅。这是该公司历史上最大的一次餐厅收购。

2004 年，达美乐在纽约证券交易所上市，成为一家上市公司。

2007 年，达美乐成为快餐业[8]第一家提供手机点餐的公司。顾客可以通过 mobile-dominos.com 在美国达美乐 5 128 家的约 2 500 家门店点餐。达美乐负责精准营销和纸质营销的副总裁罗布·韦斯伯格（Rob Weisberg）在评论线上订餐服务时说："有这么多人生活在忙碌中，达美乐的手机点餐为我们顾客的繁忙生活提供了更多的便利。随着又一个订餐渠道的增加，达美乐很高兴能以这种突破性技术引领市场，这项技术将继续改变人们订购比萨的方法。"[9]

2008 年，达美乐启动了一个名为 Pizza Tracker 的订单跟踪在线应用，使顾客能够实时跟踪比萨的配送情况。

2016 年，达美乐与总部位于加利福尼亚州的自动驾驶机器人送餐车公司 Startship Technologies 合作，开始在荷兰和德国的一些城市通过自动驾驶机器人供应比萨。同年，达美乐使用美国内华达州里诺市的无人机送货公司 Flirtey 的 DRU 无人机在新西兰配送比萨，创造了另一个创举。达美乐使用 DRU 无人机作为送货方式，并将无人机与在线订餐和 GPS 系统相结合。达美乐集团澳大利亚分公司首席执行官兼董事总经理唐·梅杰（Don Meij）在评论这一举措时说："无人机为不断扩大的配送区域提供了更安全、更快速的承诺，这意味着更多客户可以在我们的最终目标 10 分钟内收到新鲜制作的菜品。这就是未来。"[10]

2018 年 4 月，达美乐宣布将在其配送地点增加 15 万个热点（HotSpot）区域，这将使比萨能够被送到海滩、公园、博物馆等地方的顾客手中，而不需要具体地址。[11]

2019 年 6 月，达美乐与总部位于加利福尼亚州的机器人公司 Nuro 合作，在得克萨斯州休斯敦启动了无人驾驶比萨外卖试点项目。这家比萨巨头计划使用 Nuro 定制的无人驾驶机器人车队，为在网上下单的休斯敦居民送去比萨。

2019 年，达美乐的总销售额为 143 亿美元，其中包括国际市场 73 亿美元（见表 C7-2）。它在 90 多个市场拥有 17 000 多家门店，其主要国际市场包括澳大利亚、印度和英国。如表 C7-3 所示，截至 2019 年 12 月，独立特许经营所有者占达美乐门店总数的 98%[12]。在美国，达美乐有 6 126 家门店，其中 5 784 家由特许经营商所有。分析师认为，达美乐是全球化和特许经营的典型代表，同店销售额连续 104 个季度实现正增长。截至 2020 年 3 月，达美乐及其特许经营商在全球雇用了约 40 万名员工。[13]

表 C7-2　达美乐比萨合并利润表　（单位：1 000 美元）

	2019 年	2018 年	2017 年	2016 年	2015 年
持续经营					
收入	1 435 410	1 153 952	790 861	705 702	539 138
其他收益和亏损	17 433	19 529	18 566	9 758	6 444
食品、设备和包装费用	（451 768）	（385 675）	（354 127）	（286 069）	（213 059）
员工福利费用	（292 439）	（242 340）	（239 471）	（217 703）	（172 112）
工厂和设备成本	（24 560）	（20 833）	（19 776）	（19 225）	（18 278）
折旧及摊销费用	（62 785）	（53 537）	（46 369）	（38 129）	（27 480）
占用费	（49 512）	（44 318）	（39 943）	（36 683）	（27 252）
财务成本	（14 004）	（10 276）	（5 491）	（3 297）	（2 451）
营销费用	（150 999）	（49 704）	（49 220）	（48 251）	（43 733）
专利费用	（68 827）	（59 564）	（52 282）	（46 655）	（37 640）
商店相关费用	（24 636）	（21 406）	（21 799）	（19 785）	（16 841）
通信费用	（20 666）	（17 889）	（17 760）	（15 486）	（10 927）
收购、整合、转换和法律结算费用	（46 216）	（20 934）	（28 384）	（12 735）	—
其他费用	（87 018）	（72 529）	（66 389）	（70 139）	（41 268）
税前利润	159 413	174 476	150 680	125 819	97 840
所得税	（45 034）	（52 783）	（44 876）	（39 227）	（29 419）
持续经营本期利润	114 379	121 693	105 804	86 592	68 421
利润归属于					
母公司所有者	115 912	121 466	102 857	82 427	64 048

	2019 年	2018 年	2017 年	2016 年	2015 年
					（续）
非控制性股权	（1 533）	227	2 947	4 165	4 373
本期利润总额	114 379	121 693	105 804	86 952	68 421
持续经营每股收益					
基本（每股）	1.355	1.394	1.16	0.944	0.742
稀释（每股）	1.354	1.39	1.147	0.922	0.728

资料来源："Domino's Annual Reports, 2019, 2018, 2017, and 2016", https://investors.dominos.com.au.

表 C7-3　达美乐 2020 年第一季度门店数量初步估计（未审计）

	美国自营门店	美国特许经营门店	全部美国门店	国际门店	总计
门店数量					
2019 年 12 月 29 日门店数	342	5 784	6 126	10 894	17 020
开店	4	31	35	143	178
闭店①	（1）	（4）	（5）	（104）	（109）
2020 年 3 月 22 日门店数	345	5 811	6 156	10 933	17 089
2020 年第一季度净门店增长	3	27	30	39	69

①因新冠疫情而临时关闭的门店不视为门店关闭，受影响的门店被纳入 2020 年 3 月 22 日门店数中。与新冠疫情无关的南非市场，第一季度共有 71 家门店关闭。

资料来源："Domino's Pizza® Announces Business Update", http://dominos.gcs-web.com, March 30, 2020.

2. 达美乐推出"无接触"配送

新冠疫情大流行期间，餐饮业受到严重冲击，全球出现"闭店潮"。美国各州要求餐馆将服务限制在外带和送餐上。在这种背景下，达美乐积极想办法自救。

达美乐前首席执行官帕特里克·多伊尔曾说过一句名言："达美乐是一家卖比萨的科技公司。"然而，分析师认为，该公司在其核心竞争力——比萨上确实如此。

达美乐在美国占有 36% 的市场份额，它一直倡导配送和外带模式，而不是向消费者提供堂食设施。截至 2020 年 1 月，配送占其销售额的 55%，而外带占剩下的 45% 销售额。[14]这家比萨连锁店还有一个优势，它的大多数消费者都能在网上订购。在美国，达美乐 65%的销售额是通过 Facebook Messenger、Google Home、Apple Watch、推特和 Amazon Echo 等数字渠道获得的，此外还有自己的订购平台达美乐热点（Domino's Hotspots），该平台为超过20 万个非传统配送地点提供服务。分析师认为，凭借专门的配送队伍和习惯在线订购的客户群，达美乐完全有能力应对新冠危机。据晨星公司的分析师霍特伟（R.J. Hottovy）称，达美乐的"基础设施就是为这样的事情而设置的"。[15]

由于新冠疫情，人们对健康的担忧日益加剧，达美乐决定依靠其强大的配送基础设施，在 2020 年 1 月宣布提供无接触配送的计划。这意味着比萨连锁店的送餐员会在没有任何接触或互动的情况下将食物送到消费者手中，以确保安全。在向消费者解释无接触配送政策时，艾利森说："我们也想确保顾客知道，我们将以他们选择的任何方式配送。无论他们喜欢把快递放在前门还是前台，我们的送餐说明箱就是放置任何特殊指示的地方。我们知道很多人现在想选择无接触配送，我们希望客户知道我们在这里配送。"[16]

达美乐公司确保所有员工都遵守其在全球范围内所有开放外送服务的餐厅的卫生和安全协议。比萨是在 260℃ 的烤箱中烤制的，然后被包装送出，不经人手接触。除此之外，公司还对所有员工进行体温检测，并要求配送人员配戴口罩。达美乐公司不断对其餐厅、送餐车、送餐车的箱子和比萨送餐热袋进行消毒，以确保消费者认为他们所送的食物是安全的。

达美乐在美国的大部分门店以及国际门店都推出了无接触配送服务。在印度，该公司的授权公司 Jubilant FoodWorks Ltd（JFL）在其所有的 1 325 家餐厅推出了零距离配送服务。[17] 此外，达美乐还与印度发展最快的快速消费品公司 ITC 食品公司（ITC Foods）合作，推出了一项名为"达美乐必需品"（Domino's Essentials）的服务，消费者可以通过下载达美乐的 App 来订购食品杂货和其他必需品。该服务是在印度政府宣布由于新冠大流行，从 2020 年 3 月 25 日到 2020 年 4 月 14 日在全国实行 21 天封锁[18]之后推出的。4 月 14 日，封锁延长至 2020 年 5 月 3 日，因为该国报告了超过 10 000 例新冠病例和 339 例死亡病例。JFL 首席执行官兼全职董事普拉蒂克·波塔（Pratik Pota）在评论这一举措时说："我们将利用达美乐的供应链和配送网络，将 Aashirvaad Atta（面粉）、香料等必需品送到人们的家门口。客户可以使用达美乐 App 订购，他们的订单将通过零距离配送被安全、卫生地送达。"[19]

在达美乐的配送 App 下单后，消费者可以通过数字模式进行支付以完成订单。配送员将采用零接触送货的方式，将食品杂货放在顾客家门口，等待他们收到订单。在 JFL，安全配送专家或达美乐的员工必须接受强制性的健康检查——每位员工在进入餐厅前都要进行体温检测，每小时都要遵守长达 20 秒洗手和卫生协议。

最初，达美乐必需品服务在班加罗尔提供，该公司计划在印度的诺伊达、孟买、加尔各答、钦奈和海德拉巴等城市提供这项服务。

艾利森表示，达美乐在疫情期间一直在照顾员工。他表示："在此次疫情期间，作为美国最大的达美乐门店的所有者，（我们）将提高公司自有门店和供应链中心的全职和兼职小时工的薪资水平。所有身体不适的员工都被要求留在家中。那些有任何可能接触到病毒并需要隔离的人也被要求留在家里，并将获得报酬。"[20] 他补充道，"在我们公司的商店和供应链中心，我们已经实施了提高病假工资的政策。在此次危机期间，我们将为按小时计费的团队成员提供额外的补偿。"[21]

主要快餐连锁企业，如麦当劳、百胜餐饮集团（拥有必胜客、肯德基和塔可钟）、温迪和邓肯品牌，也已转为只提供免下车、外卖和送餐服务。[22] 虽然美国的餐厅总交易量有所下降（QSR 交易量下降了 34%；2020 年 3 月提供全方位服务的餐厅交易量下降了 71%），但平均支票规模增加了。这导致餐厅提供家庭餐或套餐。例如，托奇卷饼（Torchy's Tacos）开始提供家庭套餐、黑熊餐厅家庭套餐和特价家庭套餐。肯德基开始提供 30 美元的充饥套餐（而不是 20 美元的套餐），声称这足够让一家四口吃两顿。必胜客推出了售价为 12.99 美元的 Big Dipper；麦当劳出售的双倍巨无霸中有四个肉饼，而不是两个，塔可钟则宣传其巨大的 "Tripleupa"。[23]

3. 其他举措

由于新冠疫情，很多人在家工作，还有一些人失业。因此，2020 年 4 月，达美乐宣布计划向美国受疫情影响严重的人捐赠 1 000 万片比萨切片。这家比萨巨头计划将这些食物捐赠给医院和医疗中心，此外，还将帮助学校儿童、杂货店工作人员、卫生部门和其他有需要的人。达美乐美洲区首席运营官兼总裁拉塞尔·韦纳（Russell Weiner）表示："我们在危机和不确定时期为人们提供食物方面有着悠久的历史。当我们考虑如何提供帮助时，我们知道我们可以利用我们的民族品牌的影响力，在成千上万的当地社区发挥作用。"[24]

这家比萨巨头发起了一项名为"满足需求"的倡议，根据该倡议，其在美国各地的6 126家公司自有门店和特许经营门店将向其所在社区的人们捐赠至少200个比萨。[25]商店经理被授权打电话把比萨分发给任何有需要的当地团体。

在新西兰，达美乐发起了"老年人膳食"倡议，在疫情封锁期间，该公司每周向70岁以上的老年人分发一份免费比萨餐。

4. 结果

尽管全球许多国家因新冠疫情而封锁，但达美乐的无接触配送计划帮助该公司蓬勃发展。2020年4月，达美乐报告称，其第一季度在美国的销售额增长了4.9%，而其国际门店同期的销售额增长了6.8%。尽管销售额有所增长，但分析师指出，虽然疫情期间总体业绩看起来不错，但达美乐的销售量在这段困难时期还是受到了影响。该公司报告称，其美国销售增长率从2020年1月的3.6%下降为2020年2月24日至2020年3月22日期间的1%。据艾利森说："美国的销售受到许多因素的影响，这些因素在我们服务的各个城镇的影响程度各不相同。"[26]他补充道，"就地避难的指令、储藏室的装载、大学和学校的关闭、活动的取消及电视体育节目的缺乏，所有这些都以我们还无法完全量化的方式对我们的业务产生了影响。"[27]

达美乐的竞争对手，如百胜餐饮集团，预测美国第一季度（Q1）同店销售额将出现中位数至较高的个位数的下滑，而"棒！约翰"（Papa John's）预计第一季度同店销售额将比2019年增长5.3%。[28]

2020年3月19日，达美乐的股价暴涨11%。分析师曾表示，达美乐股价的相对强势已经足够让它的表现超过标准普尔500指数。[29]

艾利森说，达美乐的国际门店受到的冲击最大，中国是其第一个受到新冠疫情严重影响的市场。[30]然而，该公司的销售在第一季度的最后几周有所恢复和增加，艾利森补充道。

尽管结果喜忧参半，但一些分析师对达美乐公司利用其强大的配送基础设施在新冠危机中生存下来表示赞赏，而当时全球大多数企业餐厅都在停业中。"赢家，或相对赢家，是那些有免下车服务的餐厅、有强大配送业务的餐厅、有大量外卖业务的餐厅——他们以外卖闻名。如果你是一个以堂食为主的餐厅，我认为你会很挣扎，"[31]全球金融服务公司BTIG的分析师彼得·萨利赫（Peter Saleh）说。

5. 挑战

尽管在新冠病毒大流行期间，达美乐公司因其无接触配送而大受赞赏，但它也因保持门店营业而面临批评者和部分员工的强烈反对。达美乐的员工伊西·安娜（Issy Anna）在Change.org[32]上发起了一项反对达美乐公司的运动，指控该公司在各州进入封锁状态或敦促居民留在室内以遏制新冠病毒的传播之际，将其员工置于危险之中。她说："我们被迫在狭窄的门店里工作，许多门店没有能力来应对当前的情况。很多员工因为担心自己失去工作而被迫带病上班，而公司对此视而不见。'无接触配送'并不成功，因为一些门店仍然开放营业，即使在许多州发布了就地避难令的情况下，人们仍然涌入这些营业的门店大厅，顾客继续提供经很多员工之手的现金，而且几乎没有人真正使用这种无接触式系统。"[33] 安娜还称，送餐员没有经常使用洗手液或消毒剂喷雾对送餐包进行正确的消毒。她想知道，当人们有其他选择，比如从杂货店买食物或自己做饭时，比萨服务怎么能被认为是"必不可少的"。她指出，美国咖啡公司星巴克暂时关闭了门店，并给予每位员工 30 天带薪病假的选择权。

2020 年 4 月初，达美乐在英国卡马森郡拉内利的一名员工安哈拉德·马多克（Angharad Maddock）指控公司解雇了她，因为她对店内缺乏口罩、洗手液和保持社交距离提出了担忧。达美乐公司驳斥了这些指控。达美乐的发言人表示，除了引入无接触配送、勤洗手和加强卫生处理外，该公司还停止了收款服务和现金处理。它还安装了屏幕，并在地板上贴了危险胶带，"以帮助团队成员遵守社交距离要求"。[34]

公司开始面临更多的批评，因为在 2020 年 4 月 10 日，苏格兰中洛锡安郡埃斯克班克的一名达美乐员工感染新冠病毒后死亡。达美乐发言人尼娜·阿诺特（Nina Arnott）对这名员工的去世向其家人表示哀悼，但表示门店仍在营业，这是为了支持英国政府的建议，即在疫情封锁期间，食品配送服务应该发挥重要作用。

在 2020 年 4 月 12 日的另一起事件中，位于洛杉矶克伦肖区的达美乐门店因 4 名员工新冠病毒检测呈阳性而暂时关闭进行彻底消毒。一个代表达美乐员工的团体向公共卫生服务公司洛杉矶县公共卫生部门提出紧急投诉，要求他们也关闭达美乐门店。该投诉是由送货员安吉莉卡·奥利维亚斯（Angelica Olivares）代表她自己和 10 名同事提出的，"达美乐并没有暂时关闭门店并让接触病毒的员工带薪隔离 14 天……达美乐一直营业，甚至没有为员工提供防护设备，也没有对商店进行消毒"[35]。

4 月中旬，印度新德里的一名比萨外卖男孩被检测出新冠病毒呈阳性，这导致 72 个家庭被隔离，作为预防措施。达美乐公司发表了一份声明，称该事件与公司无关。该公司重申，其送货 100% 是"零接触送货"，门店员工每天都会接受体温检测，并遵守洗手协议。此外，该公司表示每四小时会对餐厅、自行车、比萨盒和热袋进行一次消毒。[36]

6. 展望未来

分析师对达美乐在疫情封锁期间获得更大市场份额的策略表示赞赏。他们认为，达美乐公司强大的配送基础设施，以及强大的数字消费者基础，有利于其充分利用无接触配送的发展趋势。他们指出，缺乏资源的小型独立比萨连锁店和餐馆将失去它们的市场份额。萨利赫（Saleh）认为，无接触配送可能不会改变游戏规则，但随着新型冠状病毒的不断传播，这项服务将成为比萨行业的"家常便饭"。萨利赫补充道："在这种环境下，如果你没有这项服务，你就会失去市场份额。"[37]

在芝士蛋糕工厂（The Cheesecake Factory）和联合广场酒店（Union Square Hospitality）等竞争对手分别宣布休假和裁员时，达美乐宣布计划在 2020 年 3 月在其美国门店招聘 1 万名员工，这是因为疫情期间越来越多的人在家工作，人们对比萨的需求在增加。由于越来越多的消费者在网上订购，该公司的英国分部也在招聘更多的门店员工和配送司机。2020 年 3 月，这家比萨巨头的澳大利亚分部已经雇用了超过 2 000 人为该国的消费者服务。[38] "虽然许多地方、州和联邦政府'正在发布命令关闭'堂食餐馆，但通过外卖和外带继续为我们的邻居提供食物的机会意味着每个人仍然可以感到一点生活的常态……我们的公司和特许经营店希望确保它们不仅为人们提供食物，而且还为那些正在寻找工作的人提供机会，特别是那些受到严重影响的餐饮业的人，"[39]艾利森说道。与此同时，必胜客、"棒！约翰"和捷特比萨（Jet's Pizza）等竞争对手也在大举招聘数千名新员工。

达美乐对利用这一趋势获利持乐观态度，尽管其手头有 3 亿美元可增加其财务灵活性，但它仍借入了 1.58 亿美元的未偿付可变融资票据，以改善其强劲的现金状况并维持运营。[40]然而，由于全球经济的不确定性，达美乐撤回了其 2020 财年计划。

投资于杂货技术、食品技术和消费品领域早期公司的麦肯投资公司首席执行官詹姆斯·麦肯（James McCann）认为，尽管在新冠疫情危机之后，非接触式配送服务在达美乐等公司蓬勃发展，但基于员工和客户如何快速接受这项服务及新冠病毒的威胁持续时间等几个因素，这项服务在未来将会流行起来。他补充说，"如果我们有 9 个月的高病毒威胁，那么保持身体距离将是正常的。我们会忘记之前的正常状态是什么。"[41]

▣ 注释

[1] Keith Nunes, "Domino's Weathering Covid-19 Storm," www.foodbusinessnews.net, March 31, 2020.

[2] Anne Burdakin, "Domino's Pizza: A Lockdown Winner Any Way You Slice It," www.fool.com, March 28, 2020.

[3] Joanna Fantozzi, "Domino's Reports Q1 Same-store Sales Growth and withdraws Financial Guidance during COVID-19," www.nrn.com, March 31, 2020.

[4] "Domino's Pizza Announces Business Update," www.bloomberg.com, March 31, 2020.

[5] "Domino's Pizza® Announces Business Update," http://dominos.gcs-web.com, March 30, 2020.

[6] Amelia Lucas, "Domino's Expects to Hire 10,000 Workers," www.cnbc.com, March 19, 2020.

[7] In 1995, Jubilant FoodWorks Limited (JFL), part of the Jubilant Bhartia Group, was founded by two brothers Hari Bhartia and Shyam Bhartia. The Jubilant Bhartia Group has a strong presence in diverse sectors like Pharmaceuticals, Drug Discovery Services and Life Science Ingredients, Performance Polymers, Food Service (QSR), and Consulting in Aerospace and Oilfield Services.

[8] A Quick Service Restaurant is a type of restaurant which serves fast food cuisine.

[9] "Domino's Pizza First in Industry to Offer Mobile Ordering," www.webrtcworld.com, September 27, 2007.

[10] "DRU Drone by Flirtey Delivers Domino's Pizza in New Zealand," https://insideunmannedsystems.com, November 29, 2016.

[11] "Domino's Pizza Top 10 Innovations," https://aaronallen.com, May 18, 2018.

[12] "Domino's Pizza 2019 Annual Report," http://dominos.gcs-web.com.

[13] Anne Burdakin, "Domino's Pizza: A Lockdown Winner Any Way You Slice It," www.fool.com, March 28, 2020.

[14] Alicia Kelso, "Why Domino's CFO is Confident the Pizza Chain will Gain even More Market Share in 2020," www.forbes.com, January 15, 2020.

[15] Katie Arcieri, "Pizza Chains Aim for Larger Slice of Contactless Deliveries during Coronavirus," www.spglobal.com, April 6, 2020.

[16] Daniel B Kline, "Domino's Offers Contact-Free Delivery," www.fool.com, March 17, 2020.

[17] "Coronavirus: McDonald's, Domino's Pizza Introduce Contactless Delivery," www.deccanherald.com, March 16, 2020.

[18] On March 24, 2020, the Government of India announced a complete lockdown whereby wearing masks in public places was mandatory. Educational institutions and religious places were closed during the lockdown. International and domestic flights were suspended till May 3, 2020. Only essentials such as groceries, meat shops, poultry and fish markets, vegetable and fruit shops, and milk booths were open to the public. Industries in rural areas were allowed to function from April 30, 2020 with social distancing norms. In addition to this, banks and automated teller machines (ATMs), hospital and medical facilities were also functional.

[19] Bhumika Khatri, "Domino's is now Delivering Essentials in Partnership with ITC Foods," https://inc42. com, April 11, 2020.

[20] "A Letter to Domino's Customers from Ritch Allison, CEO of Domino's Pizza, Inc.," https://biz.dominos.com.

[21] Ritch Allison, "Domino's CEO Pens a Letter Detailing the Impact of Covid-19 on Its Worldwide Business," www.franchising.com, April 2, 2020.

[22] Bill Peters, "Domino's Eyes Massive Hiring Spree While Coronavirus Ravages Restaurant Industry," www.investors.com, March 19, 2020.

[23] Alicia Kelso, "Why Pizza Chains are Weathering the Coronavirus Downturn Better than their Restaurant Counterparts," www.forbes.com, April 1, 2020.

[24] Michael Holan, "Domino's to Donate 10 Million Slices of Pizza across US," https://nypost.com, April 7, 2020.

[25] "Domino's 6,126 Stores give Communities 200 Pies each," www.pizzamarketplace.com, April 6, 2020.

[26] John Ballard, "Domino's Pizza Reports Sales Increase amid COVID-19 Pandemic," www.nasdaq.com, March 31, 2020.

[27] Jonathan Maze, "Not Even Domino's can Escape the Coronavirus Impact," www.restaurantbusinessonline.com, March 30, 2020.

[28] Alicia Kelso, "Why Pizza Chains are Weathering the Coronavirus Downturn Better than their Restaurant Counterparts," www.forbes.com, April 1, 2020.

[29] Bill Peters, "Domino's Eyes Massive Hiring Spree While Coronavirus Ravages Restaurant Industry," www.investors.com, March 19, 2020.

[30] John Ballard, "Domino's Pizza Reports Sales Increase amid COVID-19 Pandemic," www.nasdaq.com, March 31, 2020.

[31] Kate Taylor, "Dominos-Papa-Johns-and-more-Chains-Thriving-amid-Coronavirus," www.businessinsider.com, April 2, 2020.

[32] Change.org is a petition website started by California-based certified B corporation (corporations that balance profit and purpose) for-profit Change.org Inc. It aims to facilitate petitions filed by the general public. As of April 17, 2020, the website had 240 million users.

[33] Issy Anna, "Close Domino's Pizza due to COVID-19 Pandemic," www.change.org.

[34] "Coronavirus: Domino's Denies Sacking Staff over Safety Concerns," www.bbc.com, April 4, 2020.

[35] "L.A. Domino's Closed for Sanitizing after Workers say they're at Risk of Coronavirus," www.dailynews.com, April 11, 2020.

[36] "Pizza Delivery Boy Tests Positive for COVID-19: Zomato and Domino's Issue Clarification," www.dqindia.com, April 16, 2020.

[37] Katie Arcieri, "Pizza Chains Aim for Larger Slice of Contactless Deliveries during Coronavirus," www.spglobal.com, April 6, 2020.

[38] Harry Wise, "Domino's Pizza Cancels Dividend despite the Coronavirus Lockdown causing Huge Rise in Demand for Deliveries," www.thisismoney.co.uk, March 27, 2020.

[39] Anne Burdakin, "Domino's Pizza: A Lockdown Winner Any Way You Slice It," www.fool.com, March 28, 2020.

[40] Julie Littman, "Domino's US Same-store Sales Growth Drops by Half in Q1," www.restaurantdive.com, March 31, 2020.

[41] Katie Arcieri, "Pizza Chains Aim for Larger Slice of Contactless Deliveries during Coronavirus," www.spglobal.com, April 6, 2020.

波音 737 MAX：需要何种反应策略来确保乘客安全和恢复公司声誉[⊖]

罗谢尔·R. 布朗森（Rochelle R. Brunson）
马琳·M. 里德（Marlene M. Reed）
贝勒大学

"所有波音飞机都经过认证，并达到符合行业标准的最高安全水平。飞机交付时带有基线配置，其中包括一套标准的飞行甲板显示器和警报、机组程序及训练材料，符合行业安全规范和大多数顾客要求。顾客可选择附加选项，如警报和指示，以定制飞机，满足他们的操作或要求。"[1]

2019 年 3 月 22 日，在美国总统唐纳德·特朗普（Donald Trump）宣布将所有波音 737 MAX 飞机停飞一周后，波音公司发言人如是说。停飞原因是最近其中两架飞机坠毁造成了 346 人死亡。

飞机停飞后，波音公司管理层必须决定如何应对政府的这一行动，以及对波音公司知道 MAX 存在某些问题却没有采取任何措施的日益强烈的抗议。计划于 2020 年 6 月或 7 月恢复 MAX 服务，因此波音公司需要找到一种方法来修复其摇摇欲坠的形象。

1. 波音的历史

民航班机始于 20 世纪初，当时几位工程企业家开始制造飞机。这些企业家包括威廉·E. 波音（William E. Boeing）、老唐纳德·道格拉斯（Donald Douglas）、老詹姆斯 H. 达奇·金德伯格（Sr., James H. "Dutch" Kindelberger）和詹姆斯·S. 麦克唐纳（James S. McDonnell）。波音公司的历史始于 1916 年 7 月，当时威廉·波音将这家飞机制造商注册为太平洋航空产品公司（Pacific Aero Products Company），同年更名为波音飞机公司（Boeing Airplane Company）。波音公司于 1917 年开始为美国军方生产飞机，当时它为美国海军生产了改良版 Model Cs 飞机。这开启了该公司与军方的关系，一直持续到 2020 年。[2]

战争结束后，第一架商用飞机 B-1 开始从西雅图运送邮件到加拿大。1927 年，波音 Model 40A 专门为运送邮件而设计，它将邮件从旧金山送到芝加哥。大约在这个时候，工程师和飞行员正在测试飞机的物理极限和耐久性。美国陆军航空兵的"世界飞人"（World Flyers）在 1924 年完成了第一次环球飞行。然后，1927 年，查尔斯·林德伯格（Charles Lindburgh）首次单人不间断穿越大西洋。五年后，阿米莉亚·埃尔哈特（Amelia Earhart）成为第一位独自飞越大西洋的女性。

第一次世界大战后，波音公司继续为美国军方开发飞机，并于 1935 年推出了 B-17 "空中堡垒轰炸机"（The Flying Fortress）。这款飞机成了第二次世界大战中的一项重要资产，波音公司推出的其他飞机也是如此。时任美国驻欧洲空军司令卡尔·斯帕茨（Carl Spaatz）将军说："如果没有 B-17，我们可能会输掉这场战争。"[3]

商业客运服务。民用航空旅行在 20 世纪 50 年代和战后时期迅速发展。美国航空公司（American Airlines）总裁史密斯（C.R. Smith）委托道格拉斯飞机公司（Douglas Aircraft）设计了一种可在夜间载客的飞机。道格拉斯设计的这款飞机是 DC-3，于 1936 年推出，是首架基于商业乘客需求实现盈利的飞机。到 1939 年，DC-3 及其早期版本 DC-2 搭载了超过 90% 的美国乘客。DC-3 的其他型号后来在第二次世界大战期间被用于军事领域。即使在首次交付 70 年后，这种飞机仍在小型和新兴市场中使用。[4] 波音商用飞机集团（Boeing Commercial Airlines）是波音公司的一家子公司，总部位于华盛顿州西雅图，截至 2020 年在全球范围内雇用超过 6 万人。

冷战与军用喷气式飞机的开发。在柏林封锁期间，许多国家派出 B-47 同温层喷气式（Stratojet）轰炸机，为这个分裂之城运送食品和物资。然后，随着冷战紧张局势升级，美国和苏联竞相测试新型高级喷气式飞机。美国 F-86 "佩刀式"（Sabre）喷气式战斗机在朝鲜上空占据主导地位，加速了朝鲜战争的结束。F-86 摧毁了很多苏联制造的飞机，最后空对空战果是 10 比 1。

A-4 "天鹰"（Skyhawk）轻型攻击轰炸机为美国的盟友提供了轻型飞机所需的灵活性。1964 年，第一架 A-4 在北越空袭中启用。此外，F-4 "幻影Ⅱ"（PhantomⅡ）战斗机被部署在越南战争和沙漠风暴行动中。[5]

波音公司推出商用喷气式客机。1958 年 8 月，四引擎波音 707 交付泛美航空公司（Pan Am），标志着商业航空的重大进步。当年晚些时候，泛美航空的 707 飞机在 8 小时 41 分钟内完成了从纽约到巴黎的飞行，这也成为业界一大新闻。707 开创了现代客机旅行时代，航班更长，载客量更大，旅行时间更快。波音公司行业领先的商用喷气式客机在 20 世纪 60 年代至 21 世纪初一直占据主导地位，推出了 727、737、747、757、767、777 和 787 等新机型。

波音 737。波音 737 在 1967 年推出后不久就成为航空业的主力军。1967 年 12 月 28 日，汉莎航空公司（Lufthansa）首先接收了 737-100 型飞机的交付，它有 6 个并排的座位。第二天，美国联合航空公司（United Airlines）成为第一家接收 737-200 型飞机的美国航空公司，这款飞机的载客量和航程都有所增加。到 1987 年，737 飞机已成为历史上订购量最大的飞机。波音公司推出了升级版和加长版的 737-300、737-400 和 737-500 型飞机，到 1993 年总订单量达到 3 100 架。波音公司继续推出 737 的先进版本，在 1993 年至 2005 年间推出了新一代 600、700、800、900 和 900ER 机型。

第四代 737 MAX 于 2017 年推出，具有多种机型配置，其中 MAX 7 长 116 英尺[⊖]，可容纳 172 名乘客；MAX 10 长 143 英尺，可容纳 230 名乘客。MAX 8 和 MAX 9 机型介于这款飞机的其他两个版本之间。737 MAX 的主要进步包括提高的燃油效率、将航程扩大至 3 850 海里、创新的碳纤维 / 钛发动机涡轮叶片、时尚的座舱、改进的驾驶舱显示器和更新的飞行甲板。737 MAX 是波音历史上最畅销的客机，从 100 多个国家的航空公司获得了约 5 000 份订单。

2. 波音的业务部门

波音公司在 1997 年与麦克唐纳·道格拉斯公司（McDonnell Douglas）合并，1996 年收购罗克韦尔国际公司（Rockwell International）的国防和航天部门后，成为世界上最大的商用飞机制造商。波音公司能够提供 23 种不同机型的选择，为需要 100 至 600 个座位的市场提供服务。它还制造了全系列货运飞机。

2020 年波音的业务部门包括商用、国防、航天、创新和服务等部门。商用部门制造了新一代 737、737 MAX、747-8、767、777、777X、787、货机、波音公务机及波音支持和服务等。截至 2020 年，有 10 000 架波音商用喷气式客机投入使用。据称，这些飞机可以用更少的燃料飞得更远，并显著减少排放物。

国防部门为政府制造了大量飞机，包括"空军 1 号"（Air Force 1）、AH-6 轻型攻击直升机、AH-64"阿帕奇"（Apache）和各种武器系统。它们的产品系列还包括战斗机、旋翼机、网络安全产品、监视套件、导弹防御和商用飞机衍生品。

在 2020 年的航空部门产品方面，波音公司正试图对国际空间站、深空探索和地球生命及 CST-100"星际线"（Starliner）载人宇宙飞船进行关键研究。公司正与洛克希德·马丁公司（Lockheed Martin）合资组建联合发射联盟（United Launch Alliance）。它们还利用太空发射系统（Space Launch System）火箭建造了一种重型载人深空推进系统，该系统将在通往月球前哨站的轨道上承担发射任务。[6]

服务部门由两部分组成：商用服务部和政府服务部。波音有为商业、国防和航天客户提供创新服务解决方案的经验，使它们能够为这些特定群体提供客户服务。

最后，波音公司 2020 年的组织部门包括一个创新部门。该集团每年在研发方面的投资超过 30 亿美元。波音公司创新的一些例子包括 737 MAX 9、787-10 和 T-X 的首次试飞。

3. 波音的战略概况

3.1 波音的宗旨和使命

通过航空航天创新连接、保护、探索和启发世界。

在波音，我们致力于实现一套核心价值观，这些价值观不仅定义了我们是谁，而且也是帮助我们成为我们希望成为的公司的指路标。我们渴望每天都能践行这些价值观。

⊖ 1 英尺 =0.025 米。——译者注

3.2 波音的行为准则

- 以勇气和激情领导。
- 以客户为先。
- 投资我们的团队并互相授权。
- 以速度、敏捷和规模实现双赢。
- 坦诚合作。
- 攀登更高，拥抱变化，从失败中学习。
- 以卓越品质交付成果——永葆青春的价值观。

3.3 波音的愿景

航空航天领域的佼佼者和持久的全球工业冠军。

3.4 波音的企业战略

- 同舟共济。
- 用实力打造实力。
- 锐意进取，加速获胜。

3.5 波音 2025 目标

- 市场领导地位。
- 业绩和回报排名前 1/4。
- 生产力推动增长。
- 设计、制造、服务卓越。
- 加速创新。
- 全球规模和深度。
- 最佳团队、人才和领导者。
- 顶级企业公民。

4. 全球飞机制造业

2020 年，波音公司成为世界上最大的航空航天公司。该公司也是美国政府的第二大国防承包商，仅次于洛克希德·马丁公司。此外，2020 年，波音公司也是美国最大的出口公司。

波音和法国空中客车公司（Airbus）是世界上最大的两家商用飞机制造商。波音凭借其规模和市场多元化形成了竞争优势。公司有能力同时承接多个项目和客户订单，并利用其规模经济大量购买投入品。[7] 由于波音公司同时运营商用和防务两个部门，因此它能通过将重心放在一个部门来抵消另一个部门的收入下降。

在 2019 年之前的五年中，波音公司的美国制造部门收入曾被预计将以 1% 的年率下降至 781 亿美元。对商用飞机的强劲需求，有助于缓和美国不断下降的国防开支，以及因最近的几起坠机事故和 737 MAX 停飞导致的数千次航班取消所造成的损失而支付的数十亿美元赔偿金。波音公司 2014—2019 年的财务业绩如表 C8-1 所示。

表 C8-1 波音公司 2014—2019 年的财务业绩 （单位：亿美元）

年份	收入	增长（百分比变化）	营业收入	增长（百分比变化）
2014	82.3	N/C	4.9	N/C
2015	85.9	4.4%	4.4	−10.2%
2016	83.7	−2.6%	4.6	4.5%
2017	81.4	−2.7%	7.5	63.0%
2018	85.0	4.4%	8.4	12.0%
2019	78.1	−8.1%	8.6	2.4%

资料来源：IBISWorld.com.

5. 波音坠机事件

5.1 737 NG 和 737 MAX 坠机事件

2009 年 2 月 25 日，一架波音 737 NG（新一代）——737 MAX 的前身，在阿姆斯特丹附近坠毁。这架飞机是土耳其航空（Turkish Airlines）1951 航班，载有 128 名来自伊斯坦布尔的乘客。副驾驶引导飞机驶向 18R 跑道，并要求改变飞机的速度和方向。这名副驾驶是波音飞机的新手，因此机组人员中除了有 13 年飞行经验的机长外，还有第三名飞行员。当飞机下降到 1 000 英尺时，飞行员还没有完成着陆检查表。当飞机到达 450 英尺时，飞行员的操纵杆开始摇晃，这表明他们的飞机即将失速。其中一名飞行员将推力杆向前推以加速，但当他松手时，电脑命令它挂空挡。机长进行了干预，关闭了自动油门，这个操作将推力杆调到最大。此时，距离失速警告已经过去了 9 秒，现在再做任何事情都太晚了，飞机坠入机场附近区域。[8] 后来通过对坠机事件的调查确定，波音公司没有将能帮助飞行员在传感器发生故障时做出反应的信息包含在 NG 操作手册中。

第二次坠机发生在 2018 年 10 月 29 日，一架狮航（Lion Air）610 航班从印度尼西亚雅加达起飞仅 13 分钟后坠入爪哇海。在那次坠机中，187 人丧生。机组人员在失控前不久发出了求救信号。而这架飞机三个月前刚被狮航接收。[9]

第三次坠机发生在 2019 年 3 月，涉及一架 737 MAX。这一次，埃塞俄比亚航空（Ethiopian Airlines）302 航班从亚的斯亚贝巴（Addis Ababa）起飞时坠毁，机上 157 人全部遇难。飞机开往肯尼亚内罗毕。就在起飞后，飞行员用无线电发出求救信号，并立即获准返回并着陆。然而，机组人员还没来得及回到机场，飞机就坠毁了。这架飞机只有四个月的机龄。[10]

调查人员确定，尽管每架飞机都配备了两个传感器，但波音公司在 MAX 和 2009 年坠机事故涉事飞机（737 NG）的设计决策中都允许使用单一故障的传感器就能触发一个强大的计算机指令。在两次 MAX 事故中，一个测量飞机风向角度的传感器促使飞行控制计算机在起飞后将机头向下推。在土耳其航空公司的航班上，一个高度传感器导致另一台计算机在着陆前降低了飞机的速度。[11] 表 C8-2 为坠机事故时间回顾。

表 C8-2　MAX 首航和事故时间表

2009 年 2 月 波音 737 NG 在阿姆斯特丹附近坠毁	2016 年 MAX 8 首航
2016 年 波音公司 2 名顶级飞行员表示机动特性增强系统（MCAS）存在问题	2017 年 MAX 9 首航
2018 年 MAX 7 首航	2018 年 10 月 29 日 狮航 737 MAX 坠毁
2019 年 3 月 10 日 埃塞俄比亚航空 737 MAX 坠毁	2019 年 3 月 13 日 特朗普停飞 MAX 飞机
2019 年 10 月 25 日 国家运输安全委员会（NTSB）公布狮航坠机报告	2019 年 10 月 28 日 波音公司总裁穆伦伯格承认波音公司知道飞行员的担忧
2019 年 12 月 23 日 波音公司总裁穆伦伯格被董事会解雇	

5.2　什么导致了坠机

与之前任何一代 737 相比，737 MAX 可以飞得更远，搭载更多乘客。由于发动机更大，而且 737 飞机离地面很低，波音公司将发动机稍微前移，并将其在机翼下方升高。然而，发动机的新位置改变了飞机在空中的操作方式。这就使得机头在飞行中有可能向上倾斜，而倾斜的机头在飞行中是一个问题。如果它被抬得太高，飞机可能失速。为了保持机头的平衡，波音公司开发了一种叫作机动特性增强系统（Maneuvering Characteristics Augmentation System，MCAS）的软件。使用此系统，当机身上的传感器检测到机头过高时，MCAS 自动将机头向下推。[12]

2019 年 10 月 25 日，印度尼西亚交通安全委员会（Indonesian Transportation Safety Committee）公布了狮航坠机事故的最终报告。报告将坠机事故主要归因于 MCAS 装置。坠机前，狮航飞行员无法确定飞机的真实空速和高度，并在飞机震荡约 10 分钟时努力控制飞机。每当他们从俯冲中拉起机头，MCAS 就会再次将机头向下推。该报告进一步指出，MCAS 功能不是一种故障安全设计，机组人员没有得到充分的培训来使用它。[13]

5.3　波音对问题的认识

2018 年 11 月 12 日，《西雅图时报》(The Seattle Times) 报道，西南航空公司（Southwest Airlines）的 MAX 飞行员对 MCAS 及如何应对来自 MCAS 的警告"一无所知"。仅四个月后，《达拉斯晨报》(Dallas Morning News) 发现美国航空公司（American Airlines）飞行员也有类似的抱怨。

2019 年 4 月 29 日，在股东大会上，波音公司首席执行官穆伦伯格在回答有关事故的问题时表示，在某些情况下，飞行员没有完全遵循波音公司为防止 MCAS 发生故障时发生坠机规定的程序概述。同一天，《华尔街日报》(Wall Street Journal) 报道说，即使是订购了该产品的航空公司，警示灯也没有亮起。[14]

2019 年 10 月 17 日，波音公司表示，它已移交公司两名顶级飞行员在 2016 年发出的短信。信息显示，公司很早就知道 MCAS 装置的问题。事实上，波音 737 的一位前首席技术飞行员（chief technical pilot）描述 MCAS 的自动接合习惯是"过分的"。[15]

2019 年 12 月 23 日，波音公司首席执行官丹尼斯·穆伦伯格被董事会解雇。他于 2020年 1 月 13 日被大卫·卡尔霍恩（David Calhoun）取代。卡尔霍恩是波音公司董事会成员和通用电气前高管。在 2020 年 1 月 29 日的一次采访中，卡尔霍恩批评公司前任领导层没有立即披露大量令人不愉快的内部通信，而这些通信涉及 MAX 安全问题。卡尔霍恩承诺他将使之更加透明。[16]

2020 年 2 月，波音公司解雇了一名负责飞行员工作的中层管理人员，他交换了内部电子邮件，这使公司在继续努力让 737 MAX 再次飞行之际陷入尴尬。这些邮件显示，波音公司的员工在嘲笑航空公司官员、航空监管机构，甚至他们自己的同事。在其中一封邮件中，一名员工说 737 MAX 是"由小丑设计的，而小丑又由猴子监督"。[17]

6. 波音的困境

波音公司报告称，由于 MAX 停飞，2019 年第四季度亏损 10 亿美元，收入暴跌 37%（见表 C8-3 和表 C8-4）。公司在 2019 年年初暂停了这款飞机的交付，并推测到年末将重新开始交付。公司在 2019 年全年亏损 6.36 亿美元。相比之下，2018 年的利润接近 105 亿美元。这是公司自 1997 年以来首次出现亏损，当时它们受到零部件短缺、生产延误及与麦克唐纳·道格拉斯公司（McDonnell Douglas）合并带来的费用冲击。[18]

表 C8-3　波音公司 2018 年第四季度和 2019 年第四季度财务业绩总结

（单位：100 万美元，每股数据除外）

	2019 年	2018 年
收入	17 911	28 341
公认会计准则		
营业（亏损）/ 收益	（2 204）	4 175
营业利润率	（12.3）%	14.7%
净（亏损）/ 收益	（1 010）	3 424
每股（亏损）/ 收益	（1.79）	5.93
营业现金流	（2 220）	2 947

资料来源：Boeing Web Site. https://www.boeing.com.

表 C8-4　2018 年第四季度和 2019 年第四季度商用飞机交付量

（单位：100 万美元）

	2019 年	2018 年
商用飞机交付量	238	79
收入	16 531	7 462
营业（亏损）/ 收益	2 600	（2 844）
营业利润率	15.7%	（38.1）%

资料来源：Boeing Web Site. https://www.boeing.com.

董事会不得不处理公司在过去一年中受到的负面宣传和收入损失。一些观察者推测，可能需要对 MAX 进行重新命名，才能恢复公司名声。另一些人则建议采取更为孤注一掷的行动，即放弃 MAX。这是波音董事会在 2020 年第一季度面临的困境。甚至有一些观察者怀疑：掩盖 MCAS 的问题是否等同于欺诈行为。

⬛ 注释

1 German, K. (January 8, 2020). As Boeing CEO is fired, it's unclear when the 737 MAX will fly again, *CNET*. https://www.cnet.com/news/boeing-737-max-8-all-about-the-aircraft-flight-ban-and-investigations/.

2 Boeing's website. http://www.boeing.com

3 Boeing website. http://www.boeing.com

4 Boeing website. http://www.boeing.com

5 Boeing website. http://www.boeing.com

6 Boeing website. http://www.boeing.com

7 IBISWorld.Com. https://www.ibisworld.com

8 Hamby, C. (January 21, 2020). How Boeing's responsibility in a deadly crash "got buried," *The New York Times*.

https://www.nytimes.com/2020/01/20/business/boeing-737-accidents.html.

9 German, K. (January 8, 2020). As Boeing CEO is fired, it's unclear when the 737 Max will fly again. https://www.cnet.com/news/737-max-8-all-about-the-aircraft-flight-ban-ande-investigations/.

10 Ibid.

11 Hamby, C. (January 21, 2020). How Boeing's responsibility in a deadly crash "got buried," *The New York Times*. https://www.nytimes.com/2020/01/20/business/boeing-737-accidents.html.

12 German, K. (January 8, 2020). As Boeing CEO is fired, it's unclear when the 737 Max will fly again, *CNET*. https://www.cnet.com/news/boeing-737-max-8-all-about-the-aircraft-flight-ban-and-investigations/

13 Ibid.

14 Ibid.

15 Ibid.

16 Koenig, D. (January 30, 2020). Boeing posts 1st annual loss in 2 decades, *Waco Tribune-Herald*.

17 Tangel, A. and Pasztor, A. (February 14, 2020). Boeing fired midlevel executive following embarrassing emails, *Wall Street Journal*.

18 Ibid.

2020 年的优步科技公司：
优步属于零工经济吗

艾米丽·法雷尔
MBA 在读，索诺马州立大学
阿曼德·吉林斯基
索诺马州立大学

优步科技公司（Uber Technologies）创始人兼前首席执行官特拉维斯·卡兰尼克（Travis Kalanick）曾说过："很多时候，创新者所需的不是金钱，而是成长和发掘需求的能力，并能富有创造力地精准定位这些需求。"[1]关于优步的创意诞生于 2009 年，卡兰尼克和加勒特·坎普（Garrett Camp）看到当时的出租车行业无法满足市场需求，便寻求创造一种更高效的服务形式，惠及所有使用者。他们二人创建的商业模式大获成功，优步很快走向了世界，但同时也面临许多挑战。优步一直视零工经济为其商业模式的核心，司机只是其"移动技术的客户"。然而，加利福尼亚州最近的一项立法威胁到了这一模式，该立法旨在将所有零工经济的从业人员重新归类为正式雇员。

自 2020 年 1 月 1 日起，加利福尼亚州立法机构开始实施《议会法案第 5 号》（AB5），该法案将许多独立承包商重新归类为受雇员工，其中也包括优步的司机。为应对这一立法，优步首席执行官达拉－科斯罗萨西（Dara Khosrowshahi）需要在以下决策中选出最佳行动方案：同意将加利福尼亚州所有优步司机转为工薪员工；反对该法案，证明它不适用于优步；又或者假设优步不会受到该法案的影响，照常运营。每一种选择都可能置公司于风险之中。虽然科斯罗萨西的当务之急是关注优步的商业模式在加利福尼亚州所受的影响，但他也需要做好准备——美国其他州和其他国家可能会效仿加利福尼亚州，制定类似法律，挑战零工经济从业人员的劳动地位。

1. 软件产业

优步科技公司常常声明，它不属于运输业，因为它不拥有车辆，也不认为司机是其雇员。相反，优步宣称自己是一家提供软件平台的技术公司，用户通过连接平台实现共享出行。软件行业庞大而多样，由软件开发商和供应商组成。组成软件行业的公司主要负责设计、开发和发布服务于计算机、智能手机和视频游戏的软件。主要产品和服务包括出版系统与应用软件、设计研发定制应用软件、技术咨询与培训及计算机硬件和软件的再销售。该行业在 2019 年的总收入为 2 699 亿美元，利润率下降了 28.6%。2014—2019 年的年增长率为 5%，预计 2019—2024 年将为 2.1%。2014—2019 年，软件出版行业的企业数量增长了 10.8%。[2]

1.1　主要挑战

尽管不同公司之间的竞争存在差异，但激烈的竞争仍是软件行业面临的主要挑战之一。由于该行业规模大、范围广，外部竞争往往多于内部公司之间的竞争。竞争往往取决于目标市场，而软件生产公司面临着最激烈的竞争环境。[3]优步在其行业内的直接竞争对手是来福车（Lyft），一款与优步商业模式相似的共享出行应用软件，而优步所面临的大部分间接竞争则来自运输行业。

快速的技术革新是软件业面临的一贯挑战，不仅体现在行业标准的不断变化上，还体现在客户数量增长，以及客户对软件熟悉程度的持续提高上，这就要求公司为新产品研发投入大量资金。为维持竞争力，公司必须不断提高其软件性能水平，并保证尽可能低的价格，而一旦产品成功发布，则需要定期更新。以数字订阅方式取代必须安装在电脑上的实体产品是缓解这一行业压力的一个趋势。[4]在优步的商业模式下，用户可免费使用其应用软件，只需支付个人乘车和其他相关费用。优步的智能手机应用软件通过定期向用户发布更新，不断提高产品性能，使司机和乘客都能享受到更好的服务。

数据安全也是软件业面临的一大挑战。因掌握着客户的个人信息，甚至敏感信息，软件公司极易成为网络攻击的目标。过去十年来，网络黑客事件不断增加，软件公司收集、存储和传输客户数据的方式受到了密切的审查。一直以来，软件公司的信誉都饱受消费者的质疑，因为他们担心自己可能会成为网络攻击的受害者，更不用说网络攻击还会引发诉讼和法律责任。预防黑客攻击也是一项重要的财务责任，因为企业必须投入大量资源来确保数据安全。[5]在优步的商业模式下，用户可在应用中存储信用卡信息，乘客可直接用信用卡支付车费，司机的报酬也可直接转入其信用卡。优步因此承担了保护用户财务数据的重大责任，所以安全漏洞会损害用户对优步的信心，并可能导致用户不再使用优步。

1.2　市场规模和预期增长

软件业庞大而多样。2019 年，软件业通过美国本土和国际渠道为美国创收 2 699 亿美元。截至 2019 年，美国控制了大约 45% 的国际软件市场。从 20 世纪 90 年代末开始，该行业经历了一次爆炸性增长，直到经济衰退使销售和就业增长陷入停滞。[6]尽管与 20 世纪 90 年代的繁荣相比，过去十年的增长有所放缓，但软件行业预计将在 2020—2025 年继续增长。企业、个人和政府对各种软件的需求不断增长，市场份额各占 63.9%、28.6% 和 7.5%。[7]在共享出行的利基市场中，优步和来福车已控制并占据 98% 的市场消费量，这使新竞争者进入市场面临严峻挑战。[8]2019 年，优步在全球共有 1.1 亿用户，仅在加利福尼亚州便有 20 多万用户。[9]

软件行业在 2014—2019 年的年增长率为 5%，预计从现在到 2024 年，年增长率将放缓，但收入将持续增长到 2024 年（见表 C9-1）。自 2019 年起，软件行业已进入其生命周期的增长阶段。拥有至少一台电脑的家庭数量、智能手机持有率、移动互联网连接率及政府支出都在增加，这些都将支持软件行业的持续发展。企业也将继续使用软件来提高生产率，并为公司的其他领域增加价值。服务类软件与一次性购买的软件相比，有望在未来获得更稳定的收入来源，因为它向使用软件的用户每月收取订阅费。[10] 作为一家独立公司，优步在 2019 年也进入了增长期。优步在旧金山成立公司之初，通过提供免费乘车服务来打造口碑，现在它已成为美国乃至全世界范围内一家成熟的服务提供商。优步在共享出行领域站稳脚跟之后，也开始着手拓展服务。目前，优步已推出食品配送服务——优食（Uber Eats），业务拓展至卡车运输业，未来还有望涉足航空业。[11]

表 C9-1 软件行业业绩预测

年份	收入 （100 万美元）	企业 （个）	从业者数量 （人）	薪资 （100 万美元）	移动互联网连接数 （100 万）
2019	269 874	10 606	660 932	117 156	366
2020	275 864	11 257	692 231	122 115	398
2021	281 773	11 936	723 439	127 042	431
2022	287 490	12 671	756 229	132 164	464
2023	293 161	13 457	789 600	137 352	497
2024	299 084	14 290	819 270	142 035	530
2025	305 435	15 067	848 673	146 717	565

资料来源：改编自 Cook, D. (July 2019). *IBISWorld Industry Report 51121: Software Publishing in the US.*

1.3 行业的主要竞争对手

软件出版业非常多元化，大量小公司主要与其他行业的公司竞争，而非进行内部竞争。2019 年，该行业最大的知名公司：苹果、微软、甲骨文（Oracle）和 IBM 占市场份额的 37.5%，其他 62.5% 的市场主体是大量只专注于一两个细分市场的小公司，如优步、移动支付平台（Square Inc.）和艾克赛尔移动公司（Xcel Mobility Inc.）。[12] 许多像优步这样的软件技术公司，并没有与其他软件公司直接竞争，而是在其他行业内展开了竞争，比如优步在运输行业中与传统的运输公司展开了竞争。

2. 优步的历史

2008 年 12 月，优步创始人卡兰尼克和坎普在巴黎的一场暴风雪中打不到车，这给了他们开发优步的灵感——创造一种比普通出租车系统提供更好服务的系统。"优步"（Uber）这个名字，来自德语，意思是"高于其他所有的"。[13] 2009 年 3 月，卡兰尼克、坎普与奥斯卡·萨拉萨尔·盖坦（Oscar Salazar Gaitan）一同开发了一款智能手机应用程序，用户只需点击手机上的一个按钮，就可以搭乘汽车。随着 2010 年 7 月 5 日收到了第一个乘车请求，优步出租车（UberCab）在加利福尼亚州旧金山被正式推出。优步随即开始招聘，通过 Twitter 发布的帖子找到了它们的第一位员工，就是后来成为首席执行官的瑞安·格雷夫（Ryan Graves）。在格雷夫被提升为首席执行官后不久，优步推出了 UberX——该公司最知名的服务，旨在将使用自己车辆的司机与需要乘车的用户相匹配。优步的共享服务立即受到旧金山居民的欢迎，他们熟悉科技运用，且许多人都没有自己的汽车，所以通过优步他们便可以用自己的手机迅速呼叫到汽车出行。创始人在 2010 年 10 月决定将"出租车"（Cab）从公司名称中删除，因为他们认为优步的服务不是出租车本身，所以没有必要包括它。[14]

为了能够在与提供类似服务的企业竞争中胜出，公司必须从战略视角找到使自己与众不同的方式，优步通过不断扩大业务范围做到了这一点。[15]2011 年 5 月，优步刚在纽约推出时，便遭到该市出租车行业的强烈反对。7 个月后，优步在其灵感诞生地——巴黎推广了全球业务。2014 年 8 月，优步推出了优步拼车服务（UberPool），该服务可以协调司机出行方案，使得其可同时搭载目的地在同一方向的多名乘客。这样一来，不仅乘客可分担车费，还能减少交通拥堵和环境污染。2015 年 4 月，优步在纽约、洛杉矶和芝加哥首次推出了按需外卖服务——优食。2016 年 9 月，优步在匹兹堡推出了一个自动驾驶汽车试点项目，乘客可选择乘坐任意一辆自动驾驶汽车。2017 年 5 月，优步再次寻求扩大服务，优步货运（Uber Freight）推出了一个便捷的平台，使卡车公司、独立司机与托运人之间能够通过平台实现相互联系。优步最初的想法是方便拼车联系，随着时间的推移，它现在已发展成为一个多功能平台，让拥有各种需求的人能够轻松找到愿意提供相应服务的人。2017 年 8 月，优步董事会投票决定聘请艾派迪（Expedia）前首席执行官达拉·科斯罗萨西（Dara Khosrowshahi）担任新首席执行官，接替因一系列争议和优步公司文化而辞职的卡兰尼克。[16]截至 2018 年 12 月，优步每月有 9 100 万名活跃消费者和 390 万名司机。目前，优步一共在 63 个国家完成了 100 亿次乘车服务，平均每天完成 1 400 万次乘车服务。2019 年 5 月，优步在纽约证券交易所上市，股价为 45 美元，市值为 755 亿美元。[17]图 C9-1 展示了优步自 2019 年 5 月 10 日至 2019 年 12 月 30 日这一段时间的股价表现。

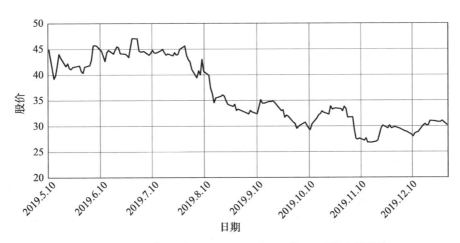

图 C9-1 2019 年 5 月 10 日—2019 年 12 月 30 日优步的股价

资料来源：Uber Technologies, Inc. (UBER) Stock Historical Prices & Data. (2020, April 15). Retrieved April 15, 2020, https://finance.yahoo.com/quote/UBER/history?p=UBER.

3. 优步的商业模式

3.1 目标市场

截至 2020 年 1 月，优步已成为一个全球品牌，但优步一开始致力于服务那些生活在大城市里忙碌的人群。因为停车位紧缺且停车费高昂，许多生活在像旧金山和纽约这样大城市的人往往并没有买汽车，出行更多依赖公共交通或出租车。优步能够在需要乘车时第一时间内收到通知并发出通知，为这类人群提供了一种更高效、更低成本的交通方式。随着优步的不断扩张，它开始为社会各个阶层提供各种各样的服务。表 C9-2 显示了在 2020 年 1 月，基于全球用户的人口统计学类别所做出的优步的市场细分、目标与定位。

表 C9-2　优步的市场细分、目标与定位

细分类型	细分标准	优步目标客户群 Uber X, Uber XI, Uber pool, Uber-MOTO, Uber Auto	优步目标客户群 Uber Premium, Uber Go, UberEATS, UberBOAT, UberRUSH	优步目标客户群 Uber Access
地理位置	地区	北美洲和南美洲，亚洲，新西兰，澳大利亚，欧洲，非洲 Uber AUTO——仅在班加罗尔和浦那	北美洲，南美洲，亚洲，新西兰，澳大利亚，欧洲，非洲	北美洲，南美洲，亚洲，新西兰，澳大利亚，欧洲，非洲
用户信息统计	人口密度	城市／乡村	城市／乡村	城市／乡村
	年龄	18+	25～65	45～65
	性别	男、女	男、女	男、女
	生命周期阶段	单身，新婚，满巢Ⅰ、Ⅱ、Ⅲ，空巢Ⅰ、Ⅱ，寡居Ⅰ、Ⅱ	满巢Ⅰ、Ⅱ、Ⅲ，空巢Ⅰ、Ⅱ	满巢Ⅲ，空巢Ⅰ、Ⅱ
	职业	学生，员工，专家	员工，专家	退休人员，残障人士
行为	忠诚度	十分忠诚，一般忠诚，摇摆不定，	十分忠诚，一般忠诚，摇摆不定，	一般忠诚
	追求的利益	成本效益	成就感	便利
	人格特质	随和，坚定，有抱负	坚定，有抱负	随和
	使用者情况	非用户，潜在用户，首次用户，常规用户	潜在用户，首次用户，常规用户	非用户，潜在用户
心理因素	社会阶层	下层，工薪，中产	中产，上层	工薪，中产，上层
	生活方式	奋斗者，主流主义者，探索者，改革者	野心家，成功者，探索者，改革者	顺从者，奋斗者，主流主义者

资料来源：改　编　自 Dudovskiy, J. (2018, March 25). Uber Segmentation, Targeting and Positioning-Research-Methodology. Retrieved March 15, 2020, https://research-methodology.net/uber-segmentation-targeting-and-positioning/.

优步商务（Uber for Business）面向商务旅行者，公司员工可使用优步将差旅费用直接计入公司账户。这一服务旨在为公司管理员创建一个集中的计费系统，以便追踪和安排公司内所有成员的出行。[18]

3.2　竞争

优步在软件业的主要竞争对手是来福车和 DoorDash 等零工经济公司。与优步类似，来福车也致力于推行拼车服务。截至 2020 年 1 月，两家上市公司的股价相差不多，不过来福车的股价峰值在2019年时更高一些，为每股74.99美元，而优步的同比股价峰值仅为每股47.08美元。[19]这两家公司提供的拼车服务水平相当，广告上也都说只需一键就能叫车。优步的送餐服务优食已经与DoorDash等其他类似的外卖公司展开了竞争，司机可通过这些网络平台，从当地餐馆取熟食并送至顾客手中。优步、来福车和DoorDash在如何定位司机的问题上也面临着同样的争议，这三家零工经济公司都坚称，它们不雇用员工，而只是提供促进服务的技术。优步通过提供广泛的服务，使自己有别于其他零工经济公司。截至2020年1月，在优步参与竞争的每个领域，还没有其他公司能提供与之抗衡的一系列技术服务。

在零工经济之外，优步的主要竞争来自出租车和客车行业。出租车业从一开始就视优步为威胁，并努力推动制定法规，限制优步的运营方式和运营地点。例如，在科罗拉多州，为保护出租车业，监管机构制定了法律，禁止优步在距离当地餐馆和酒店100英尺⊖的范围内运营。同时，客车公司也抨击了优步的经营方式。但优步拒绝在竞争中让步。在卡兰尼克任职首席执行官期间，尽管许多官员都在其运营市场发出了勒令停止函，但是优步始终持续大规模运营。卡兰尼克是一位有争议的领导，但他的顽强为他在硅谷精英中赢得了声誉，并为公司赢得了包括杰夫·贝佐斯（Jeff Bezos）和比尔·格利（Bill Gurley）在内的知名投资者。[20]

3.3　运营

作为一家软件公司，优步宣称它不雇用司机，只是提供网络平台将司机与有需要的乘客联系起来。对乘客来说，优步是普通出租车或公共交通的升级替代品，而对司机来说，优步提供了实现高收入的灵活方式。与运输业中使用服务提供网络的竞争对手相比，优步网络协调平台能发挥更好的功能以更加快速、有效地应对市场变化。与传统出租车公司不同的是优步的运营策略不是给司机按小时支付工资，而是直接支付车费。这使得收入能够更准确地反映当地市场份额，并有助于优步分析及开展业务市场。这样有助于优步及司机降低成本，因为司机只需要根据乘客的乘车服务向平台付费，不需要按小时付费，不管乘客数量的多少或有无。优步的商业模式一直是依赖于司机驾驶自己的车，这样可以为想买车的司机提供一种融资方案选择，同时也能为优步降低成本，因为优步并不负责车辆、保险、汽油或维修费用。[21]

3.4　多年来的争议

优步的发展历史中也存在许多争议。旧金山和纽约等大城市的出租车业都曾强烈抵制优步。2010年，优步收到了旧金山交通管理局的一封勒令停止函，称优步的出租车服务没有获得合法许可。经过三年的监管诉讼，双方才达成协议，允许优步继续在旧金山运营。

自2017年2月起，优步面临多项性骚扰指控。在有关其职场文化中存在性别歧视的新闻曝光后，优步做出回应，雇用美国前司法部长埃里克·霍尔德（Eric Holder）来调查这些指控和职场文化问题。在董事会的强大压力下，创始人卡兰尼克被迫辞去首席执行官一职，由达拉·科斯罗萨西接替。[22]

⊖　1英尺＝0.304 8米。——译者注

2013 年 12 月，优步首次因司机职业归类问题遭到反对，当时有 3.5 万名优步司机联合起来对优步提起诉讼。这些司机认为，他们应属于有福利和带薪休假的员工，而不是优步的合同工。优步最终与司机达成庭外和解，截至 2020 年 1 月，优步司机在大多数州仍被视为独立合同工。[23] 优步和其他零工经济公司将它们的劳动力定位为独立合同工，这些合同工可以设定灵活的工作时间，但没有资格享受带薪休假、加班补贴和医疗保险等员工福利，而这一做法遭到了众多反对。

3.5　加利福尼亚州的 AB5 法案

2020 年 1 月 1 日，一项名为 AB5 的新法案在加利福尼亚州生效。该法案将许多独立合同工重新归类为雇员，旨在迫使像优步这样的零工经济公司为其使用的劳动力提供最低工资、加班补贴和带薪休假等工会多年来在争取的权利。优步此前曾表示将遵循 AB5，但迄今为止都在试图证明该法律不适用于其司机。[24] 2019 年，优步、来福车和 DoorDash 曾试图阻止这项法律生效，联手上书倡议《保护基于应用程序工作的司机和服务法案》（Protect App-Based Drivers and Services Act）。该倡议试图根据多个标准将基于应用程序工作的司机定义为独立合同工，例如，如果优步等公司不要求司机在特定时间内工作，不要求司机接受任何特定的搭车或送货请求，不限制司机在其他应用程序上接活，那么这些司机就不应被归为雇员。该倡议还希望修正 AB5 法案通过的一些事项：要求独立合同工的雇主提供医疗补贴，保证最低报酬相当于当前最低工资的 120%。除此之外，这份倡议涉及的问题还有：根据通货膨胀调整补偿每英里⊖的服务报酬，工伤赔偿，歧视保护，司机的犯罪背景调查；毒品和酒精零容忍政策，以及司机安全培训。截至目前，《保护基于应用程序工作的司机和服务法案》仍悬而未决。[25]

4. 科斯罗萨西的决策

关于未来的运营之路，优步需要关注很多领域。但截至 2020 年春季末，最紧迫的挑战是员工的分类和安全。许多零工经济公司都面临着类似的问题，一些公司已经加入优步，反对加利福尼亚州即将实施的立法。展望未来，考虑到一些未知因素和新冠疫情大流行的持续，优步的首席执行官科斯罗萨西需要做出决策，使优步能继续在加利福尼亚州运营，并确保安全。

正在考虑的一个方案是承认 AB5 法案适用于所有优步司机，将所有加利福尼亚州司机重新归类为优步的雇员。这个方案可能会对优步造成很大的损失，因为自 2016 年以来，优步只有一个财政年度有净利润（见表 C9-3）。在这一方案下，优步将需要支付员工福利，如带薪休假、医疗保险和工伤赔偿，所有这些都将增加其资产负债表上的流动负债（见表 C9-4），而优步的流动负债自 2017 年以来已在增加。对大多数司机来说，这一选择也并不理想。特别是那些已有另一份工作的司机，他们有固定的工作时间安排，开车只是用于贴补他们的收入，而如果优步作为雇主，它将有权规定司机的驾驶时间和地点。

⊖　1 英里 = 1 609.344 米。——译者注

表 C9-3　优步科技公司的利润表（2016—2019 年）

（单位：1 000 美元，每股金额除外）

	2019 年	2018 年	2017 年	2016 年
总收入	14 147 000	11 270 000	7 932 000	3 845 000
税收成本	7 208 000	5 623 000	4 160 000	2 228 000
总利润	6 939 000	5 647 000	3 772 000	1 617 000
运营费用				
研发支出	4 836 000	1 505 000	1 201 000	864 000
销售和管理费用	7 925 000	5 233 000	4 787 000	2 575 000
营业费用总额	15 525 000	8 680 000	7 852 000	4 640 000
营业收入/（损失）	（8 596 000）	（3 033 000）	（4 080 000）	（3 023 000）
利息费用	559 000	648 000	479 000	334 000
其他净收入/支出总额	488 000	4 889 000	（87 000）	117 000
税前收入	（8 433 000）	1 312 000	（4 575 000）	（3 218 000）
所得税费用	45 000	283 000	（542 000）	28 000
扣除所得税后和权益法投资损失前的持续经营所得	（8 512 000）	987 000	（4 033 000）	（3 246 000）
扣除所得税后停止经营活动的收入（损失）	—	—	—	2 876 000
净收入	（8 506 000）	997 000	（4 033 000）	（370 000）
普通股股东可得净收入	（8 506 000）	1 938 000	（4 033 000）	（370 000）
基本每股收益和稀释每股收益	（6.81）	—	（9.46）	（0.90）
基本平均股价	1 248 353	443 360	426 360	411 501
稀释平均股价	1 248 353	478 999	426 360	411 501

资料来源：优步科技公司 2019 年年报。

表 C9-4　优步科技公司的资产负债表（2017—2019 年）

（单位：1 000 美元）

（12 月 31 日）	2019 年	2018 年	2017 年
资产			
流动资产			
现金及现金等价物	10 873 000	6 406 000	4 393 000
其他短期投资	440 000	—	—
总现金收入	11 313 000	6 406 000	4 393 000
应收账款净额	1 214 000	919 000	739 000
其他流动资产	300 000	179 000	21 000
流动资产总额	13 925 000	8 658 000	6 837 000
非流动资产			
固定资产			
固定资产总额	4 699 000	2 587 000	1 723 000
累计折旧	（1 374 000）	（946 000）	（531 000）
固定资产净额	3 325 000	1 641 000	1 192 000
股权及其他投资	11 891 000	11 667 000	5 969 000
商誉	167 000	153 000	39 000
无形资产	71 000	82 000	54 000
其他长期资产	2 382 000	1 787 000	1 335 000
非流动资产合计	17 836 000	15 330 000	8 589 000
资产总计	31 761 000	23 988 000	15 426 000

（续）

（12 月 31 日）	2019 年	2018 年	2017 年
负债和所有者权益			
负债			
流动负债			
短期借款	0	0	87 000
应付账款	272 000	150 000	213 000
应交税费	194 000	—	244 000
预计负债	1 289 000	4 211 000	942 000
递延收入	76 000	—	38 000
其他流动负债	222 000	11 000	517 000
流动负债合计	5 639 000	5 313 000	3 847 000
非流动负债			
长期借款	5 707 000	4 535 000	3 048 000
递延所得税负债	1 027 000	—	1 041 000
其他非流动负债	315 000	1 811 000	741 000
非流动负债合计	11 250 000	8 342 000	20 136 000
负债合计	16 889 000	13 655 000	23 983 000
所有者权益			
普通股	—	—	—
留存收益	（16 362 000）	（10 334 000）	（8 874 000）
累计其他综合收益	（187 000）	（188 000）	（3 000）
所有者权益合计	14 190 000	10 333 000	（8 557 000）
负债和所有者权益总计	31 761 000	23 988 000	15 426 000

资料来源：优步科技公司 2019 年年报。

科斯罗萨西的第二个选择是无视 AB5 法案，在加利福尼亚州照常营业。这一选择可能对优步不利，因为工会坚持认为，临时工应重新被归类为正式雇员，并享有所有相同福利。法院也可能会在未来进行裁决，强制优步采纳 AB5 法案。如再不遵守裁决，优步在加利福尼亚州的业务可能会被终止。

科斯罗萨西的第三个选择是聘请律师，代表其主张：优步司机"是独立的合同工，不符合雇员的定义"，因此 AB5 法案不适用于优步。优步已经经历了不少法律和道德争议，如何通过法律途径对司机进行分类，将决定其是否能继续在加利福尼亚州运营，更不用说也在考虑类似立法的其他州。

2020 年 4 月，由于新冠疫情，优步乘客量骤降 80%。2020 年 5 月 4 日，优步宣布裁员 3 700 人。2020 年 5 月 18 日，优步在给员工的一封电子邮件中宣布，为顺利度过疫情，首席执行官考虑额外裁减数千个工作岗位，关闭 30 多个办事处，并重新评估一些重大项目，包括货运运费和自动驾驶技术。通过这些举措，优步计划节省超过 10 亿美元的固定成本。优步重新调整了其应用程序，确保司机和乘客遵守防范新冠疫情的安全出行准则。每次出行前，司机和乘客必须同意一份"线上检查清单"，包括戴口罩，尽可能保持车窗通风，以及不乘坐前排座位，等等。据媒体报道，科斯罗萨西表示，"世界上许多国家都正进入一个新的复苏阶段，我们已为新常态打造了新的产品体验"。优步还在其网站上承诺，将为世界各地的一线医护人员、老年人和其他有需要的人提供 1 000 万次免费乘车并提供食物运送服务。

在考虑优步的下一步行动时，科斯罗萨西知道如何处理在加利福尼亚州运营的当务之急，也关系到日后如何应对美国其他地区的立法。

📋 注释

[1] Wohlsen, M. (2018, October 5). What Uber Will Do With All That Money From Google. Retrieved April 4, 2020, from https://www.wired.com/2014/01/uber-travis-kalanick/.

[2] Cook, D. (July 2019). *IBISWorld Industry Report 51121: Software Publishing in the US.*

[3] Ibid.

[4] Ibid.

[5] Ibid.

[6] *Multimedia, graphics & publishing software - quarterly update 6/10/2019.* (2019, June 10). Fort Mill, South Carolina: Mergent. Retrieved February 20, 2020 from https://search-proquest-com.sonoma.idm.oclc.org/abicomplete/docview/2299432057/BD153144CA5F4431PQ/1?accountid=13949.

[7] Industry Profiles: Prepackaged Software. (2020, February 15). Retrieved February 22, 2020, from https://www.encyclopedia.com/economics/economics-magazines/industry-profiles-prepackaged-software-0.

[8] Cai, K. (2019, October 16). To Beat Uber And Lyft, This Startup Vows To Give Its Drivers The Full Fare. Retrieved February 15, 2020, from https://www.forbes.com/sites/kenrickcai/2019/08/22/nomad-rides-commission-free-ride-hailing/.

[9] Herrera, S. (2019, September 21). Uber, Lyft Drivers Torn as California Law Could Reclassify Them. Retrieved April 20, 2020, from https://www.wsj.com/articles/uber-lyft-drivers-torn-as-california-law-could-reclassify-them-11569063601.

[10] Cook, D. (July 2019). *IBISWorld Industry Report 51121: Software Publishing in the US.*

[11] Brown, M. (n.d.). Uber—What's Fueling Uber's Growth Engine? Retrieved February 15, 2020, from https://growthhackers.com/growth-studies/uber.

[12] Cook, D. (July 2019). *IBISWorld Industry Report 51121: Software Publishing in the US.*

[13] O'Connell, B. (2019, July 23). History of Uber: Timeline and Facts. Retrieved February 15, 2020, from https://www.thestreet.com/technology/history-of-uber-15028611.

[14] The History of Uber—Uber's Timeline: Uber Newsroom US. (n.d.). Retrieved February 22, 2020, from https://www.uber.com/newsroom/history/.

[15] Porter, M. E. (1996). What Is Strategy? *Harvard Business Review, 74*(6), pp. 61–78.

[16] Carson, B. (2017, August 30). It's Official: Dara Khosrowshahi Is Uber's New CEO. Retrieved April 15, 2020, from https://www.forbes.com/sites/bizcarson/2017/08/29/its-official-dara-khosrowshahi-is-ubers-new-ceo/.

[17] O'Connell, B. (2019, July 23). History of Uber: Timeline and Facts. Retrieved February 15, 2020, from https://www.thestreet.com/technology/history-of-uber-15028611.

[18] Donovan, F. (2014). Uber competitor Lyft targets corporate market with Lyft for work. *FierceMobileIT,* Retrieved from http://sonoma.idm.oclc.org/login?url=https://search-proquest-com.sonoma.idm.oclc.org/docview/1625154452?accountid=13949.

[19] Uber Technologies, Inc. (UBER) Stock Price, Quote, History & News. (2020, April 4). Retrieved April 4, 2020, from https://finance.yahoo.com/quote/UBER?p=UBER.

[20] Hempel, J., & Mangalindan, J. (2013). Hey, Taxi Company, You Talkin' to Me? *Fortune, 168*(6), p. 96.

[21] O'Connell, B. (2019, July 23). History of Uber: Timeline and Facts. Retrieved February 15, 2020, from https://www.thestreet.com/technology/history-of-uber-15028611.

[22] Ibid.

[23] Tamberino, R. (n.d.). Uber: A Winning Strategy. Retrieved February 29, 2020, from https://digital.hbs.edu/platform-rctom/submission/uber-a-winning-strategy/.

[24] Absher, S. (2020). California's AB5 & gig work: What now? *BenefitsPRO,* Retrieved from http://sonoma.idm.oclc.org/login?url=https://search-proquest-com.sonoma.idm.oclc.org/docview/2348119608?accountid=13949.

[25] Uber, lyft, DoorDash try end run of California's AB5 with new bill. (2019, October 30). *Benzinga Newswires* Retrieved from http://sonoma.idm.oclc.org/login?url=https://search-proquest-com.sonoma.idm.oclc.org/docview/2310418054?accountid=13949.

案例 10

消除供应链上的现代奴隶制：
雀巢公司能否一马当先[⊖]

赛义达·玛茜哈·裘玛（Syeda Maseeha Qumer）
德巴蒂姆·帕卡瓦斯坦（Debapratim Purkayastha）
印度海德拉巴 ICFAI 商学院

2019 年 4 月，加利福尼亚州的一家联邦地区法院对雀巢公司提起集体诉讼，声称这家全球巧克力制造商尽管将其产品标记为"可持续来源"，但它在西非为强迫童工提供便利。作为世界上最大的食品加工公司之一，雀巢公司 10 多年来一直在努力解决对它在科特迪瓦的可可种植园协助和教唆儿童奴役制的指控。[1]

早在 2015 年的时候，雀巢公司就已经承认在其位于泰国的海产品供应链中存在强迫劳动的现象，这让许多人感到惊讶。雀巢公司的执行副总裁兼运营主管马格迪·巴塔托（Magdi Batato）在自我报告中提到，雀巢公司发现为其工厂供货的泰国渔船上存在剥削童工的现象。报告公布了调查的细节，并声称雀巢公司已经启动了一项关于如何解决这一问题的详细行动计划。这一消息在行业观察员中引起了不同的反应。数字营销机构 Vero PR 的首席执行官布莱恩·格里芬（Brian Griffin）称赞了雀巢的诚实："首先，雀巢所做的是勇敢的，从道德的角度来看，它做了正确的事情，让利益相关者了解到了这个问题。不难想象，它最初会因此遭受一些损失，特别是从消费者的角度来看，海鲜产品的销售额可能会下降。但毫无疑问，这个问题必须得到解决，而且必须现在就要解决。我们应该感谢雀巢公司所做的，让人们更加关注这个问题。"[2]

然而，一些雀巢公司的批评者认为，雀巢公司之所以这么做，只是为了防止对它的批评越来越多。雀巢公司承认在海产品这一低利润业务中存在奴役行为，而在利润丰厚的巧克力业务中却没有采取足够措施来解决这一问题。批评者指责雀巢公司不仅对于西非的可可供应商侵犯人权的行为视而不见，还把自己虚伪地描绘成一家充满社会责任感和道德感的公司。雀巢公司表示，它致力于解决可可供应链中的童工问题，并且一直在采取行动来解决这一问题，包括增加教育机会，完善可可农场的年龄核查制度，以及提高对于公司自身行为准则的认识。尽管雀巢公司做出了保证，但在其可可供应链中，雇用童工的现象仍在继续，甚至变得更加普遍。批评者认为，尽管雀巢公司对于消除奴隶制的承诺看起来很有希望，但在其核心业务经营中，那些与奴隶制相关的诉讼却让人对于这种承诺提出了质疑。

可可供应链中所存在的现代奴隶制给雀巢公司带来了道德和声誉上的风险。分析师表示，由于供应链的复杂性和有限的可见性、在利益相关者（客户、投资者、非政府组织）中声誉的可靠性与透明度困境以及成本和定价压力等问题，消除奴隶制将是雀巢公司未来需要解决的一个关键问题。然而，一些分析家认为，作为一家财务健全的公司，雀巢公司可以采取更多措施来消除奴役，并在其供应链管理中采取更多的控制措施。美国国际开发署的外交官玛丽安·斯莫伍德（Marianne Smallwood）表示："在启动对自身缺陷的公开审查以及与人权监督机构 Verité 这样的组织合作方面，雀巢公司已经走上了一条比其他公司更加光明磊落的道路。然而，尽管它已经朝着成为一家更负责任的公司迈出了第一步，但雀巢公司为长期战略提供资金的承诺，以及它该如何超越未来那些不可避免的路障，将决定其最终的发展足迹和结局。"[3]

根据巴塔托所说："每一个到过非洲或亚洲、见过农民和工厂的通情达理的人都会告诉你，童工确实存在。这是他们生活的一部分。我们接受它吗？不。我们要保持沉默，什么都不做吗？不。但是，如果我们大张旗鼓地宣布，明天早上我们将看到童工现象消失，这个问题有时候会超过我们自身的职责范围，超出即使像雀巢这样规模的公司的职责范围。"[4]然而，摆在他面前的关键问题是：如何才能从雀巢公司的全球供应链中消除强迫劳动？他能否解决这个问题，并且为公司的可可供应链管理带来真正的、可持续的变化？

1. 背景说明

雀巢公司成立于 1866 年，总部位于瑞士沃韦（Vevey）。作为食品和饮料领域的领先企业之一，该公司的业务遍及全球，截至 2017 年，员工人数已经超过 328 000 人。2016 年的销售额和利润分别为 895 亿瑞士法郎和 85.3 亿瑞士法郎。[5]

尽管雀巢公司是世界上最大的食品加工公司之一，并且是以质量著称的优秀消费品牌，但批评者指出，雀巢公司的行为中似乎带有傲慢的成分。[6]该公司曾经一度在一系列问题上持对抗态度。[7]雀巢公司在其经营的许多国家都有过被指控无视企业责任的情况。在近 160 年的历史中，这家瑞士企业集团曾经历了相当多的争议和道德困境。[8]专家指出，雀巢公司的公共关系问题始于 20 世纪 70 年代，被指控在欠发达国家以不道德的方式推销婴儿配方奶粉[9]。[10]从那时起，雀巢公司就不断陷入困境。[11]后来，它又因其瓶装水品牌的误导宣传及影响自然水资源保护而成为众矢之的。[12]

在英国，道德消费者研究协会（ECRA）[13]给雀巢公司的道德评级（ethiscore）[14]为 0.5（满分 20）。ECRA 发现该公司与雇用童工、奴隶制、破坏雨林、水资源过度开采和债务永续化等社会弊病有关。批评者指出，2005 年，当雀巢公司推出"Partners Blend"公平贸易[15]咖啡时，它被评为英国最受抵制和最不负责任的公司。[16]

2. 全球供应链中的现代奴隶制

现代奴隶制可以被描述为个人或组织为了获取个人利益或利润而对弱势个体的控制。现代奴隶制包括强迫劳动、债役、雇用童工、薪酬剥削、人口贩卖、强迫婚姻、非自愿家庭劳役，或者通过任何其他身体或精神上的威胁，胁迫受害者从事不合理工作的做法。根据2017年全球奴隶制指数，全球大约有4 030万人是某种形式现代奴隶制的受害者。在这些人中，约有2 490万人从事强迫劳动。据报道，非洲的现代奴隶制比率最高，该地区每1 000人中有7.6名受害者（见图C10-1和表C10-1）。

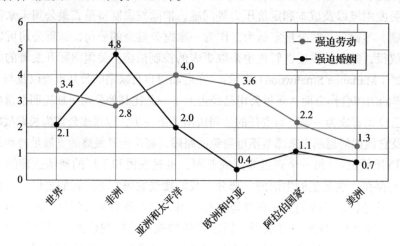

图 C10-1   2017年全球现代奴隶制估计：现代奴隶制的普遍程度（每1 000人，按地区和类别）

资料来源：https://www.alliance87.org/global_estimates_of_modern_slavery-forced_labour_and_forced_marriage.pdf.

表 C10-1   2017年全球现代奴隶制估计：现代奴隶制人数和普遍程度（按类别、性别和年龄划分，人数以1 000人为单位，普遍性为千分比）

		强迫劳动的奴隶制剥削	强迫劳动的二级类别			强迫婚姻	现代奴隶制
			对成年人的强迫性剥削和对儿童的商业性剥削	国家强制劳动	强迫劳动总数		
世界总数	数量	15 975	4 816	4 060	24 850	15 442	40 293
	普遍性	2.2	0.7	0.5	3.4	2.1	5.4
性别	男性 数量	6 766	29	2 411	9 206	2 442	11 648
	普遍性	1.8	0	0.6	2.4	0.6	3.0
	女性 数量	9 209	4 787	1 650	15 646	13 000	28 645
	普遍性	2.5	1.3	0.4	4.2	3.5	7.7
年龄	成年人 数量	12 995	3 791	3 778	20 564	9 762	30 327
	普遍性	2.5	0.7	0.7	3.9	1.9	5.8
	儿童 数量	2 980	1 024	282	4 286	5 679	9 965
	普遍性	1.3	0.4	0.1	1.9	2.5	4.4

注：由于数据统计等原因，各个类别数量之和不一定与总数完全相等。

资料来源：https://www.alliance87.org/global_estimates_of_modern_slavery-forced_labour_and_forced_marriage.pdf.

专家表示，现代奴隶制在阻碍经济发展和延续贫困方面存在更广泛的社会和经济成本。根据他们的说法，全球化导致公司转向成本较低的供应商，而这些供应商通过采购更便宜的原材料，使用廉价劳动力，从而实现利润最大化。根据国际劳工组织的一份报告，强迫劳动每年可以产生约1 500亿美元的非法利润。

分析人士指出，奴隶制是为追求利润而侵犯人权的行为，企业在道德上有责任不放纵或不容忍它。他们表示，解决供应链中的人权和劳工问题，已成为消费品行业必须要做的事情。其部分原因是消费者对道德产品的需求在不断增加。一些政府已经颁布了法律，规定公司必须确保在其供应链中尊重人权。如表 C10-2 所示，一些反现代奴隶制法规也已经出台。签署于 2010 年并于 2012 年 1 月 1 日生效的《加利福尼亚州供应链透明度法案》是首批反现代奴隶制法规之一。该法案旨在确保"大型零售商和制造商向消费者提供有关其在供应链中消除奴隶制和人口贩运所做努力的信息"。联合国人权理事会于 2011 年 6 月批准了《联合国工商业与人权指导原则》（UNGPs）。这是为国家和公司防止、处理和补救商业活动中侵犯人权行为的一套准则。自此，基于"保护、尊重和补救"三大支柱的 UNGPs 成为值得信赖的全球工商企业和人权框架。

表 C10-2　反现代奴隶制法规

年份	法规
2000	作为《打击跨国有组织犯罪公约》的一部分，联合国通过了《关于预防、禁止和惩治贩运人口的议定书》。这是第一个具有法律约束力的国际条约，对人口贩运有了一个国际公认的定义
2002	国际可可倡议是反奴隶制团体和主要巧克力公司共同努力建立的非营利组织，目的是保护儿童并为消除童工现象做出贡献
2004	联合国任命了一名人口贩运问题特别报告员
2008	欧洲理事会《打击人口贩卖行动公约》生效
2010	加利福尼亚州颁布了《加利福尼亚州供应链透明度法案》
2014	国际劳工组织通过一项关于强迫劳动的议定书，将其 1930 年的《强迫劳动公约》带入现代，以解决人口贩运等做法
2015	英国《现代奴役法》生效
2015	联合国通过了 17 项可持续发展目标，包括结束奴隶制和消除强迫劳动与人口贩运的目标

注：作者根据相关资料整理。

最著名的反奴隶制法规是 2015 年 3 月 26 日通过的英国《现代奴役法》。它要求每年营业额超过 3 600 万英镑的企业每年编制一次"奴隶和人口贩卖声明"，披露它们采取了哪些行动来确保供应链不存在奴役现象。专家认为，虽然该法规没有对不遵守的公司进行经济处罚，但是如果因为没有这样做而被起诉，那么可能会导致公司声誉受损，其危害性可能比任何罚款都大。

3. 雀巢公司可可供应链中的儿童奴役问题

雀巢公司是巧克力糖果行业的领导者，消耗了全球 10% 的可可产量。它直接与全球近 165 000 个直接供应商和 695 000 个个体农民合作，采购可可、乳制品、糖、咖啡等原材料。雀巢公司主要从科特迪瓦和加纳的合作社与农场采购可可。雀巢公司每年购买约 414 000 吨可可用于制造巧克力、糖果和饮料。农民和消费者之间存在许多中间商，他们构成了可可供应链。小农户通常将其收获的可可卖给当地的中间商以换取现金。这些中间商则根据合同为当地的出口商工作，而出口商又将可可卖给国际贸易商和大型的国际可可品牌。

多年来，关于在可可和农业供应链中使用童工与侵犯人权的指控一直困扰着雀巢公司。

自 20 世纪 90 年代末以来，雀巢公司及其竞争对手因雇用童工和在可可供应链中缺乏透明度而受到公众和媒体的负面报道。尽管雀巢公司的企业经营原则和供应商守则禁止雇用童工与强迫劳动，但它也知道科特迪瓦的可可是利用童工生产的。当雀巢公司及其竞争对手争夺市场份额和利润时，可可种植者却因可可价格下跌导致的低收入而受到影响。2017 年 2 月 3 日，纽约洲际交易所的可可期货从 2015 年 12 月的每吨 3 422 美元跌至每吨 2 052 美元。许多农民为了削减生产和劳动成本，认为雇用童工是一个绝佳的选择。这也导致儿童奴隶制在整个可可供应链中变得极为普遍，而巧克力制造公司几乎没有采取任何行动来制止对这些儿童的剥削。

在可可行业中，童工现象十分猖獗，可可的收获和加工通常由儿童负责，但他们往往没有报酬，长期生活在奴役之中（见表 C10-3）。其中一些儿童是被父母卖给人贩子的，而更多的是被绑架来的。据报道，他们每天从黎明干到黄昏，没有充足的食物，晚上则被锁在一个棚子里，只给他们一个小杯子排尿。[17] 一些儿童被迫从事不安全的工作，包括搬运重物，使用砍刀和锋利的工具及喷洒农药和化肥。"那里的法律法规如此宽松，以至于根本没有政府介入来制止这种暴行。而既然这些糖果公司想以极低的价格向你出售巧克力，那么这种可怕的儿童奴役也是它们完美的廉价劳动力之源。否则，凭什么你认为一根巧克力只需要 1 美元？"[18] 记者瓦尼埃（LJ Vanier）写道。

表 C10-3　2000—2016 年童工和儿童参与危险工作的情况

年份	世界范围内雇用童工情况（5～17 岁）		世界范围内处于危险工作中的儿童情况（5～17 岁）	
	数量（1 000 人）	普遍性（%）	数量（1 000 人）	普遍性（%）
2000	245 500	16.0	170 500	11.1
2004	222 294	14.2	128 381	8.2
2008	215 209	13.6	115 314	7.3
2012	167 956	10.6	85 344	5.4
2016	151 622	9.6	72 525	4.6

资料来源：改编自 https://www.ilo.org/wcmsp5/groups/public/@documents/publication/wcms_575541.pdf.

越来越多的人意识到童工在从事可可生产工作，这也导致消费者开始质疑他们的巧克力到底来自哪里，是由谁制造的。2001 年，迫于社会民间组织、媒体和公众的压力与愤怒，包括雀巢公司在内的 8 家美国巧克力制造公司签署了《哈金－恩格尔协议》[19]，来调查劳工雇用情况，并承诺在 2005 年前消除在科特迪瓦和加纳的可可加工过程中最恶劣的雇用童工行为。然而，当 2005 年的最后期限到来时，这些公司还没有在其供应链中彻底消除童工现象。于是，该目标被延长至 2008 年。然而，由于无法在新的截止日期前实现目标，2010 年，该协议的签署方重新签署一项名为《联合行动宣言》的条约以保证《哈金－恩格尔协议》的顺利执行，并承诺在 2020 年前将科特迪瓦的可可种植园内最恶劣的雇用童工行为减少 70%。

2005 年，来自西非马里的 3 名前儿童奴役受害者对雀巢公司、阿彻丹尼尔斯米德兰公司（Archer Daniels Midland Co）[20] 和嘉吉公司（Cargill Inc）[21] 提起诉讼，指控这些公司通过积极参与购买科特迪瓦的可可，协助和教唆侵犯人权。该诉讼声称，这些公司知道儿童奴役问题，但是仍向当地农民提供财政和技术援助，确保能够采购最便宜的可可。在法庭文件中，3 名原告声称，他们从家里被贩运到科特迪瓦的种植园里工作。他们描述了自己如何被鞭打、殴打，并被迫每天工作 14 ~ 16 个小时，然后才被允许回到黑暗的房间。一名原告讲述了警卫如何割断那些试图逃跑的童工的脚。该诉讼指控雀巢公司向消费者做出了虚假声明，并且没有披露其供应商在依赖童工的采购点采购可可。

雀巢公司表示，针对它的指控应该被驳回，因为它致力于实现在可可供应链中消除童工的目标。雀巢公司声称该诉讼没有法律依据，并表示消除童工需要"积极主动和多方利益相关者的努力"，而不是法律诉讼。雀巢美国公司事务总裁保罗·巴库斯（Paul Bakus）说："雇用童工在各国是一个复杂的全球性社会问题，在美国法院对那些带头帮助消除童工的公司提起诉讼，是无法解决这一问题的。"[22] 在 2008 年第一次被驳回后，该案件时隔多年再次被审理，2014 年美国旧金山上诉法院恢复了该诉讼，理由是原告有正当理由指控雀巢公司追求利润多于人类福祉。

2009 年 10 月，雀巢公司与国际可可倡议组织（ICI）合作，在全公司范围内发起了一项名为"雀巢可可计划"（TNCP）的倡议[23]，以确保全球可可行业和依赖可可的社区拥有可持续的未来。TNCP 的目标是"帮助可可农户经营有利可图的农场，尊重环境，拥有良好的生活质量，让他们的孩子从教育中受益，并将可可种植视为一个值得尊敬的职业"。[24] 为了实现这一目标，雀巢公司承诺在 10 年内为该计划提供 1.1 亿瑞士法郎，并承诺到 2020 年通过 TNCP 采购 230 000 吨可可。尽管该行业做出了保证，但批评者认为，科特迪瓦最恶劣的雇用童工行为仍在继续。

在被指责未能对其可可供应链中的雇用童工行为进行检查的情况下，2011 年 11 月，雀巢公司委托公平劳动协会（FLA）对其在科特迪瓦的可可供应链进行评估。[25] 评估的目标是对参与雀巢公司可可供应链的利益相关者进行摸底，并分析在可可供应链中所存在的相关劳工风险。评估小组深入调查了可可供应链，包括雀巢公司在瑞士的总部、在阿比让的研发部门、在科特迪瓦的当地业务、雀巢公司的一级供应商及其在西非的子公司、科特迪瓦的加工设施和采购中心、第三方服务供应商、个体收购商合作社（pisteurs cooperatives）[26]、中间商（traitants）[27]、管理可可农场的佃农（Métayers Coxers）[28, 29] 和工人（见图 C10-2）。一个由 20 名当地和国际专家组成的小组共拜访了 7 个供应商、20 个合作社和 2 个合作社联盟，以及 87 个农场。专家小组与农民和供应链中的其他利益相关者进行了 500 多次访谈，包括当地社区成员、当地政府、非政府组织、供应商和雀巢公司员工。2012 年，FLA 公布了审计结果，发现在为雀巢供货的科特迪瓦农场中仍存在雇用童工的现象。研究人员发现有 56 名工人未满 18 岁，其中 27 人未满 15 岁。据 Hagens Berman Sobol Shapiro LLP 律师事务所的管理合伙人史蒂夫·伯曼（Steve Berman）说："他们声称他们一直在采取措施。他们与 FLA 合作进行调查，并声称他们正在致力于消除这种现象，但事实是最近的报告显示，可可行业的童工人数有所增加。我们怀疑雀巢公司没有非常认真地对待此事。"[30]

此外，美国劳工部赞助的杜兰大学佩森国际发展中心在 2015 年撰写的一份报告中提到，在科特迪瓦从事可可生产的儿童人数在 2013—2014 年增加了 51%，达到 140 万，而在 2008—2009 年从事这种工作的儿童人数仅为 791 181 人，这也证明雀巢公司声称它在满足《哈金－恩格尔协议》方面取得了进展的说法落空了。然而，雀巢公司为自己辩护说，"可可供应链漫长而复杂，使得食品公司难以确定它们的可可到底来自哪里，以及是在什么样的条件下收获的"。[31]

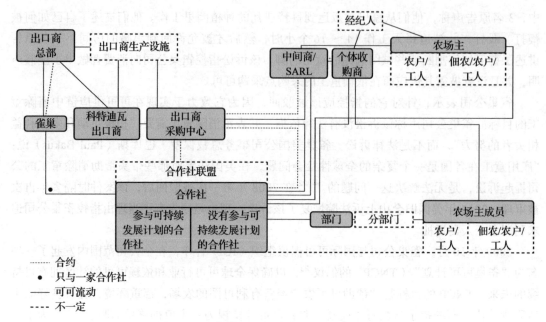

图 C10-2   雀巢公司在科特迪瓦的可可供应链

资料来源：http://www.fairlabor.org/sites/default/files/documents/reports/cocoa-report-final_0.pdf.

9 月，当消费者对雀巢公司、好时公司和玛氏公司提起了三起集体诉讼，指控它们在巧克力生产中使用童工时，雀巢公司未能给其供应链带来透明度的问题再次成为公众关注的焦点。该诉讼称，这些公司没有披露其在科特迪瓦的供应商依赖童工的情况，而是选择通过欺骗消费者间接支持使用这种劳动力来继续获利，这违反了加利福尼亚州法律。根据诉状："雀巢公司作为世界上最大的公司之一，可以决定生产和供应可可的条件，包括供应链中的劳动条件。但是，由于几十年来雀巢公司自身努力不足，目前无法将其巧克力产品的所有可可豆原料追溯到其种植的可可园，更无法确保这些可可豆不是雇用童工或奴隶劳动的产物。与此同时，雀巢公司继续从用于制造其巧克力产品的童工和强迫劳动中获利。这是可耻的。"[32]

4. 雀巢公司的应对措施

根据 FLA 报告的结论，雀巢公司开始通过着手执行 FLA 向其提出的 11 项建议来解决童工问题，包括强化雀巢供应商守则，提高各级供应商的责任感，以及开发一个强大而全面的内部监控和补救系统。雀巢公司重申了在 2001 年做出的承诺，并表示正在采取行动，通过评估个别案例和解决问题的根本原因，逐步消除可可种植区雇用童工的现象。雀巢公司在一份声明中提道："雇用童工是不可接受的，这与雀巢公司的一切主张相悖。雀巢公司致力于遵守和尊重所有国际法律，并致力于实现在我们的可可供应链中消除童工的目标。"[33]

2012 年，雀巢公司是第一家与 ICI 合作，在科特迪瓦建立童工监测和补救系统（CLMRS）的可可采购商（见图 C10-3）。该系统在当地招募了"社区联络员"和"童工代理人"，他们致力于提高社区对童工的认识，识别处于危险中的儿童，并向雀巢公司及其供应商报告他们的发现。到 2015 年年末，该系统覆盖了 40 个合作社和 26 000 名可可种植者。

2016 年，CLMRS 扩展到另外 29 个合作社，使总数达到 69 个。截至 2019 年 8 月，CLMRS 覆盖的科特迪瓦社区数量已经从 2017 年的 1 553 个上升至 1 751 个。[34] 如表 C10-4 所示，接受监测的儿童人数已经从 2017 年的 40 728 人增加到 2019 年的 78 580 人。半数被确认的儿童被纳入 CLMRS，并被送入学校，同时为其家庭创造收入来源。雀巢公司还在科特迪瓦建造了 49 所学校，来帮助结束非法的雇用童工行为。尽管如此，仍有指控称该公司做得不够好。雀巢公司的一位发言人表示："不幸的是，由于这个问题的规模和复杂性，没有一家从科特迪瓦采购可可的公司可以保证它已经完全消除了供应链中的童工风险。"[35]

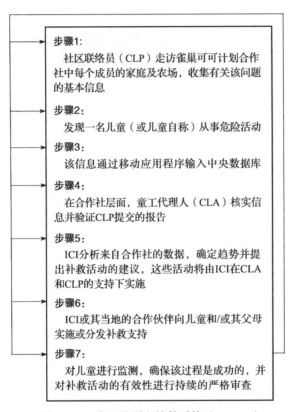

图 C10-3　童工监测和补救系统（CLMRS）

资料来源：改编自 www.nestle.com.

表 C10-4　2017 年和 2019 年童工监测和补救系统的增长情况

	2017 年	2019 年
CLMRS 中的合作社数量	75	87
由 CLMRS 监测的农民数量	48 496	73 248
CLMRS 覆盖的社区	1 553	1 751
接受过有关童工教育的社区成员	163 407（参加者）	593 925（参加者）
	5 877（会议）	56 183（会议）
5 ~ 17 岁中接受监测的儿童数量	40 728	78 580
童工率	17%	23%
被确认为童工并存在于系统中的儿童数量	7 002	18 283
至少接受一种补救措施的儿童数量	未测量	15 740

资料来源：Nestle CSV Full Report 2019.

2010 年早些时候，雀巢公司与丹麦人权研究所[36]（DIHR）建立了伙伴关系，来帮助实现其在公司商业原则中对于尊重人权的承诺。作为这一承诺的一部分，雀巢公司制定并实施了一个由 8 个支柱组成的人权尽职调查计划（HRDD），如表 C10-5 所示，旨在使雀巢公司的人权方法具有战略性、全面性和协调性。作为该计划的一部分，雀巢公司继续解决其在科特迪瓦的可可供应链中存在的童工问题，重点关注弱势群体，特别是女孩和移民工人的子女。2015 年，雀巢公司是较早采用《联合国工商业与人权指导原则》报告框架的公司之一，用来有效管理其业务中的人权。该框架是基于《联合国工商业与人权指导原则》的全球标准而制定的。

表 C10-5　雀巢公司人权尽职调查计划（HRDD）

序号	HRDD 支柱	组成部分
1	政策承诺	修订了 17 项不同的公司政策、标准和承诺，以纳入相关的人权要素。其中包括雀巢公司的企业商业原则、负责任的采购标准、雇员关系政策、消费者沟通政策和隐私政策
2	利益相关者的参与	与 DIHR、公平劳动协会（可可和榛子）和人权监督机构 Verité（鱼、海产品和咖啡）等专家组织合作，制定政策和程序，并改善当地业绩
3	培训和意识	推出人权培训计划，以提高员工对人权问题的意识，并培养他们处理问题的技能。截至 2018 年，雀巢培训了约 96 599 名员工
4	风险评估	将人权风险纳入其企业风险管理框架和市场合规委员会
5	突出的问题	在公司层面和实地开展商业风险与影响评估，确定了 11 个最突出的人权问题，并制订了专门的行动计划来解决这些问题
6	治理	在公司的不同层面建立明确的角色和责任，并设立董事会和委员会，以评估工作和领导人权工作的战略实施
7	申诉机制	识别并促成各国和各行业的有效补救措施
8	监测和报告	定期审查进展和绩效，因为公司对其承诺负有公开责任

资料来源：http://www.nestle.com/csv/communities/respecting-human-rights.

2015 年 10 月，巴塔托[37]被任命为雀巢公司执行副总裁兼运营主管。巴塔托控制着雀巢公司在世界各地的 500 个生产设施。他还负责雀巢公司的农村发展活动和采购。雀巢公司成立了童工和妇女赋权指导小组，由巴塔托担任主席，负责确定措施、做出决定和监测进展。

2016 年，雀巢公司通过 TNCP 采购的可可数量增加到 140 933 吨，成本约为 3 000 万瑞士法郎。到 2017 年，该公司计划通过 TNCP 采购 150 000 吨可可，到 2020 年采购 230 000 吨。该公司声称，其 KitKat 品牌已成为全球第一个来自百分之百认证可可的糖果品牌。为了以负责任的方式加强其可可豆的供应，雀巢公司鼓励其供应农场获得 UTZ[38] 认证。这一过程包括农场的选择和农民在良好的农业生产方式、健康和安全及爱护环境方面的培训。农民的遵守情况由雀巢公司的农艺师和外部审计师检查。

5. 雀巢公司承认存在强迫劳动

在被指控使用奴隶劳工捕捉和加工鱼类以生产其广受欢迎的猫粮品牌珍致（Fancy Feast）后，2015 年年初，雀巢公司委托人权监督机构 Verité[39] 对其在泰国的 6 个生产基地进行调查。Verité 对雀巢公司泰国供应链中存在强迫劳动和人口贩运的可能性进行了为期 3 个月的评估。该调查特别针对从船只到市场的虾和鱼粉供应链。Verité 采访了 100 多人，其中包括约 80 名来自缅甸和柬埔寨的工人，以及船主、虾场主、现场主管和雀巢公司的供应商代表，同时访问了泰国的渔港、鱼粉包装厂、养虾场和停靠的渔船。Verité 发现，在被评估的地点，陆上和海上的工人都存在强迫劳动、人口贩运和童工的迹象。这些迹象体现在虚假招聘、工人工作时几乎没有安全防护、限制工人的行动自由及语言和身体虐待等众多方面。

根据 Verité 的研究，工人要么被作为奴隶卖给泰国的海产品供应商，要么因为虚假承诺和债役困在渔业中。该报告称，这些劳工通常是从柬埔寨和缅甸等泰国邻国贩运来的，他们被卖给需要船员的渔船船长，然后在渔船上作业。这项工作非常艰苦，每天轮班长达 20 个小时，但工资很少或没有，如果拒绝按照主管的要求工作，那么就会遭到殴打，有时甚至会死亡。"有时候，网太重了，工人会被拉进水里，然后就这样消失了。而当有人在船上死亡时，他会被扔进水里。还有一些人不小心就失足落水了。"[40] 一名缅甸工人对 Verité 说。

尽管雀巢已经公开接受了报告的调查结果，但 Verité 表示，这个问题并不是雀巢公司供应链所独有的，而在泰国弱势移民工人群体中"具有系统性"。

与此同时，2015 年 8 月，宠物食品买家对雀巢公司提起集体诉讼，指控雀巢公司从使用奴隶劳动的泰国供应商那里进口鱼制宠物食品[41]。根据该诉讼，雀巢公司支持奴隶劳动和人口贩运制度，以分销和销售其普瑞纳（Purina）旗下的珍致猫粮，同时向公众隐瞒其参与侵犯人权的事实。雀巢公司与泰国联合冷冻产品公司（Union Frozen Products PCL）合作，为其普瑞纳宠物食品品牌进口以海鲜为主的宠物食品。原告梅勒妮·巴伯（Melanie Barber）称，雀巢公司没有披露其猫粮产品中的一些成分含有来自强迫劳动的海鲜，违反了消费者保护法规。她认为，雀巢公司有义务在销售点额外披露产品中可能含有来自强迫劳动的海产品的信息。

据伯曼说："通过对公众隐瞒这一点，雀巢公司有效地欺骗了数百万消费者，让他们支持和鼓励'浮动监狱'内的奴隶劳动。事实上，如果成千上万购买其最畅销宠物食品的人知道这一真相——数百人在生产其宠物食品的过程中被奴役、殴打甚至谋杀，他们就不会购买这个品牌。"[42]

所指控的违法行为是根据《加利福尼亚州反不正当竞争法》（UCL）、《加利福尼亚州法律补救法》和《加利福尼亚州虚假广告法》提出的。雀巢公司申请驳回诉讼，认为它可以依靠所谓的"安全港"条款，因为该公司已经按照 2010 年《加利福尼亚州供应链透明度法案》的要求对强迫劳动问题进行了具体披露。

在抵抗指控后，2015 年 11 月，雀巢公司却又公开承认其海产品供应链存在现代奴隶制问题，这令观察员大吃一惊。雀巢公司强调："从世界第三大海产品出口国泰国采购海产品的其他公司，都不可能避免暴露在同样的风险中。"[43] 2015 年，巴塔托勇敢地自述到，雀巢公司在泰国发现了供应其工厂的渔船上存在剥削童工的现象。据行业观察员称，这一披露令人惊讶，因为很少有国际公司承认其供应链中的违规行为。一些分析家认为，雀巢公司的自愿披露可以提高其道德形象，并可能改变对企业在供应链责任方面的期望参数。"雀巢公司进行这项调查的决定是值得称赞的。如果世界上最大的品牌之一主动站出来承认它们在商业运作中发现了奴隶制，那么这可能是一个巨大的游戏规则改变者，并可能导致供应链管理方式产生真正的和可持续的变化。"[44] 非政府组织自由基金的首席执行官尼克·格罗诺（Nick Grono）表示。

2015 年 12 月，加利福尼亚州中区联邦地区法院驳回了诉讼，理由是《加利福尼亚州法案》创造了一个"安全港"，当公司在准确遵守法律规定的有限披露义务时，可以免除责任。

在 Verité 调查并得到雀巢公司的承认后，雀巢公司启动了一项关于从泰国采购海产品的行动计划，其中就包括一系列保护工人免受虐待和改善工作条件的行动（见表 C10-6）。该计划包括承诺与各合作伙伴建立应急小组来补救风险并采取短期行动保护工人，建立允许匿名举报的申诉机制，制订渔船核查计划，包括定期对随机选择的船只进行第三方核查从而评估工作条件，以及基于最佳实践方式为船主和船长制订培训计划。巴塔托表示："正如我们一直所说的，我们绝不允许我们的供应链中存在强迫劳动和侵犯人权的行为。雀巢公司相信，我们可以通过与供应商合作对原料的采购产生积极影响。"[45] 巴塔托进一步补充道，虽然这样的努力既不快捷也不容易，但公司计划在未来取得重大进展。

表 C10-6　负责任的海产品采购——2015—2016 年泰国行动计划

目标	行动
在目前签署的《雀巢供应商守则》的基础上，将新的业务要求纳入商业关系	• 与供应商密切合作，确保制定和实施能力建设方案与业务要求，以解决人权和劳工标准问题，并不断证明其合规性 • 供应商至少应运行一个可追溯系统，确保能够识别海鲜及产品配方中使用的所有其他成分的潜在来源（农场、工厂、渔船） • 此外，供应商应运行一个海产品负责任采购计划，确保能够对确定的产地进行持续评估，并协助其满足《雀巢负责任采购指南》中详述的业务要求
实施可追踪的供应链，识别所有潜在的源头，作为全面供应链风险评估中的一部分	• 确保建立一个可核查的供应链追踪系统，作为全面的供应链风险评估的一部分，并与泰国海产品行业的合作伙伴以及利益相关方保持一致，实现海产品原料从渔船到整个供应链，再到收货地点和成品的追踪
确定并向船主/船长传达包括招聘做法和船工的生活/工作条件的要求	• 在海洋捕捞采购文件或任何其他行业公认的最佳做法的基础上，为船主和船长制定一套要求 • 要求将涵盖可追溯性、招聘做法、捕鱼系统、船工的生活和工作条件 • 提供一个由雇用合同模板和规则、工人身份证、监测工人姓名、工作时间、工资和相关减免（如果有的话）的模板组成的工具包
为船主/船长实施培训计划	• 与泰国海产品行业的合作伙伴和利益相关方合作，建立一个增强意识和提供教育的培训中心，确保在 Verité 确定的优先领域内有效保护工人 • 培训中心可以采取"示范船"或"大学"的形式，在那里向有资格的船主/船长提供培训计划 • 作为对于持续改进的奖励和推动，该计划将包含申请资金支持的机制，鼓励加快实施所学到的最佳做法 • 以赞助或小额贷款的形式提供资金支持，例如，为船只提供住宿和烹饪设施
主要针对船工开展关于提高人权和劳动条件的宣传活动	• 与当地政府和行业伙伴及泰国海产品行业的利益相关方合作，开展提高认识的宣传，从而解决工作场所的劳动标准、健康和安全问题 • 该活动将被部署在对移民劳动力有影响的地点，并定期与停靠的船只相联系，包括引入申诉机制及为工人提供一些直接的有形利益 • 活动将包括一个匿名报告系统，来确定紧急响应小组所要解决的最恶劣的劳动条件问题
启用移民劳动力应急小组	• 确定一个在保护个人免受恶劣劳动条件影响方面有经验的第三方合作伙伴，例如，待考虑的泰国"自由协会"（Issara Institute） • 部署并授权该伙伴组织作为移民劳动力紧急响应小组，负责对于需要立即援助的个人的必要评估

（续）

目标	行动
建立并实施渔船核查计划	• 首先，实施内部审计计划，核查所有渔船的工作条件（劳工和工作场所的健康和安全） • 在通过关键绩效指标监测遵守情况的同时，每月随机选择船只，由独立组织进行第三方核查审计，每季度进行一次 • 第三方核查审计应包括采访船工，了解他们在该地区和国家的工作经历
投入资源	• 任命雀巢公司的一名高管来实施行动计划。他的职责将包括与相关各方协调、管理和实施活动，建立 KPI 绩效管理仪表盘及有效利用内部和财政资源，并最终向相关行业各方和利益相关者报告
合作并扩大规模	• 利用与泰国海产行业的行业伙伴和利益相关者合作的机会，争取成为"虾类可持续供应链工作组"的成员，分享行动计划的实施进展和学习成果，促进创新解决方案的测试，并不断寻求将实施范围扩大到东南亚的其他供应计划和地点 • 作为由泰国政府召集并得到国际劳工组织支持的良好劳动规范工作组的一部分，与之实现相似的目标
公开报告	• 公开报告进展情况，包括已经确定的挑战和失败，以及如何最好地解决问题（解决方案）。这应该包括对商业伙伴的供应链管理系统进行持续监测，并经过独立第三方评估和确定需要解决的风险与问题

资料来源：https://www.nestle.com/asset-library/doeuments/library/documents/corporate_social_responsibility/nestle-seafood-action-plan-thailand-2015-2016.pdf.

截至 2016 年年末，雀巢公司从其泰国海产品供应链中采购的海产品原料中，超过 99% 可追溯到渔船和农场，这是该计划的一部分。雀巢公司与 Verité、其供应商泰国联合集团（Thai Union）、泰国政府和东南亚渔业发展中心（SEAFDEC）合作，为船主、船长和船员制订了一项培训计划，内容涉及船上生活和工作条件及工人权利。2016 年 3 月，雀巢公司与泰国"自由协会"（Issara Institute）合作，这是一个专注于倾听工人声音、提供申诉机制并帮助工人表达他们的担忧的非营利性机构。

专家表示，雀巢公司的披露和变革承诺为那些劳工贩运和奴隶制猖獗行业的其他公司树立了榜样。非营利性反人口贩运组织"自由之家"（Freedom House）的主席马克·拉贡（Mark Lagon）赞扬了雀巢公司的自我监督和公开报告，他说："这很不寻常，堪称典范。公司的公关和法律部门通常倾向于不承认，甚至不说它们正在仔细研究这些问题，因为它们担心会被起诉。"[46]

6. 批评

尽管雀巢公司承认在其海产品供应链中存在强迫劳动，并向透明化迈进的行为受到赞扬，但一些分析人士认为，这只是该公司试图掩盖其利润丰厚的巧克力制造业务中雇用童工的更多指控。他们认为，为了逃避作为一家不道德公司的指控，雀巢公司承认在泰国的海产品供应商中存在奴隶制现象，而这是该公司业务的一个低利润领域。一些批评者认为，雀巢公司的行动只是一种公关噱头，以缓解它因为在科特迪瓦教唆奴役儿童而受到的批评。"对我来说，雀巢公司所说的一部分内容有一个大问题，'好吧，我们已经和其他所有人一起被拖去面对泰国的奴隶制问题，所以让我们主动做点什么'，同时又通过法院竭力避免其在科特迪瓦的核心业务中被指控奴役儿童，"英国反人口贩运慈善组织 Unseen 的首席执行官安德鲁·沃利斯（Andrew Wallis）评论说。[47] 分析人士表示，这种明显的双重标准让民间社会活动家和消费者对雀巢公司的真实动机产生了怀疑。批评人士指出，雀巢公司的公开承认使得消费者错误地相信其产品的"善"（goodness）。

一些反人口贩运的倡导者仍然对雀巢公司的行动持高度怀疑态度，他们认为雀巢公司的透明化行动是一种策略，以减轻在其可可供应链中的其他悬而未决的民事诉讼。他们表示，自 2001 年以来，雀巢公司一直虚假地向客户保证，它将在科特迪瓦的供应链中消除童工现象和强迫劳动，而与此同时，由于雀巢公司的虚假承诺，西非的整整一代儿童都在受苦。

雀巢公司承认其在泰国的供应链中发现了奴隶制，这在传统和社会媒体中都引起了负面反应。根据律商联讯（LexisNexis Newsdesk）[48] 的分析，提及雀巢公司与奴隶制有关的文章急剧上升，每周有 20 ～ 90 篇文章讨论该公司供应链中的奴隶制问题。从图 C10-4 中的情绪图可以发现，超过 1/3 的报道是完全负面的，而只有 2.56% 是正面的。

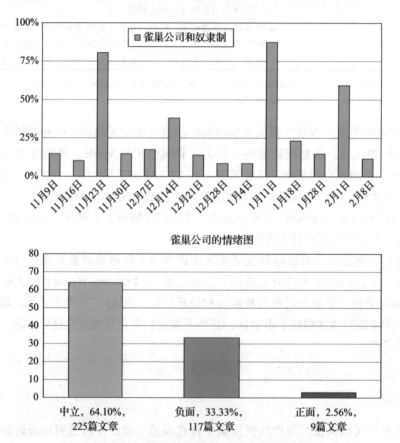

图 C10-4 雀巢公司关于奴隶制的媒体报道

资料来源：https://bis.lexisnexis.co.uk/blog/posts/human-trafficking-awareness/reputational-risks-are-greater-than-ever-for-brands-associated-with-slavery.

一些分析师认为，雀巢公司在全球可可供应链中消除童工现象的努力是不可信的，因为它的自我监测系统不够透明。例如，他们指出，该公司提供的有关 TNCP 及其认证计划细节的信息并不完整和充分，并且遗漏了有关 TNCP 在其全球可可供应链其他环节的分布和进展有关的重要信息。一些分析师指出，FLA 的调查并不能准确反映雀巢公司可可农场的情况，因为雀巢公司的大部分可可农场（约 75%）并不是 TNCP 的一部分。他们还表示，雀巢公司打击奴隶制的官方政策和声明与它所采取的实际行动之间存在着巨大的差异。目前雀巢公司还没有制定一个具体的计划，来说明它将在何时采购完全可持续的可可。他们认为，TNCP 只是一个洗白的伎俩，目的是让雀巢公司看起来有道德责任感。

雀巢公司在 2017 年 3 月得到了一些喘息的机会，当时的美国联邦地区法院法官斯蒂芬·威尔逊（Stephen V. Wilson）驳回了关于非洲儿童奴隶制的案件，他认为：“建立在域外适用《外国人侵权法》上的指控是不成立的，因为只有当一些行为触及并涉及美国利益时，公司才可以因其在美国境外的行为被起诉。”[49] 他说，不能在美国对发生在非洲的错误行为，如此前的儿童奴隶事件而提起诉讼。法官表示，原告试图单独列出企业社会责任的相关措施作为雀巢公司故意帮助和教唆儿童奴隶制的证据，但其实是适得其反的，因为这将妨碍公司的言论自由，并阻止它们在未来进一步采取此类举措。他说：“更糟糕的是，将企业社会责任项目作为‘相关行为’的一部分，也会使得企业在创建这些项目时感到寒心。公司也将默许侵犯人权行为的发生，而不去揭露这个问题或选择掩盖问题，因为它们担心自己会被推定有罪并被追究责任。”[50]

7. 前进的道路

2019 年 4 月，加利福尼亚州的一家联邦地区法院对雀巢公司提出了新的集体诉讼，声称该公司将其产品错误地贴上了可持续标签，而事实上，它的可可却来自破坏环境和雇用童工的农场。然而，雀巢公司表示，由于致力于消除供应链中的强迫劳动，它在此前类似诉讼中取得了胜利。“我们绝不允许在我们的供应链中存在任何强迫儿童劳动的行为。我们有明确的反对政策，并正与其他利益相关者一同合作打击这一全球性社会问题。但令人遗憾的是，在提起此类诉讼时，原告的集体诉讼律师所针对的，正是试图打击强迫劳动的组织，”[51] 雀巢公司发言人表示。

展望未来，分析人士认为，对雀巢公司来说，识别和解决可可供应链中现代奴隶制的威胁并不是一件容易的事。他们表示，雀巢公司的可可供应链很复杂，尤其是对高级管理层来说，监管合作社和农场可能会很困难。他们补充称，鉴于合作社地处偏远，持续跟进它们的工作将是一项挑战。虽然雀巢公司有监控系统来传达供应商政策及进行审计，但它们往往只覆盖价值链顶端的一级供应商，而强迫劳动大多出现在底层。此外，成本和定价的压力、供应商参与和透明度困境是雀巢公司在解决奴隶问题时必须处理的一些问题。“问题是，我们不能只是停止使用一个供应商。人们会问我们为什么不抵制他们，其实我们在棕榈油的问题上就是这样做的，我们将那些供应商从名单中删除，同时删除那些在南美洲使用童工的咖啡供应商。但是这样做并不总是能解决所有的问题，因为从来没有放之四海而皆准的解决方案。如果今天我们把做错事的每一个供应商都除名，这并不会改善现状，反而将削减那些依赖这种收入的人的收入。这是失败的。但是，凭借我们的规模，我们相信随着时间的推移，我们可以改变很多事情。”[52] 巴塔托说。

现代奴隶制被认为是一种犯罪行为，但往往会被犯罪者隐藏起来，很难被发现。雀巢公司任命的第三方审计师可能很难完全进入相应场所，而受害者也不愿意说出来，担心遭到报复。

另一个挑战是推动工人参加社区宣传会议。一些家庭往往对于变革有抵触情绪，因为它们几乎没有其他谋生手段。此外，一些农场和村庄与世隔绝，这本身就是一个挑战。因此，为妇女提供学习用品和扫盲班就更加困难了。一些研究人员发现，尽管雀巢公司的行为准则禁止在其供应链中使用童工，但农民却不认同该准则。此外，由于缺乏兴趣或没有时间，农民也没有参加培训课程。"作为我们行业的领导者……我们知道我们可以影响与我们合作的供应链，这也是我们所做的。我们认识到这是一个很难处理的问题，"[53] 雀巢公司首席采购官马可·冈卡尔维斯（Marco Goncalves）说。

分析师表示，鉴于雀巢公司的全球规模和财力，它可以在推动重大变革和废除全球可可供应链中的奴隶制方面发挥关键作用。展望未来，摆在雀巢公司面前的问题是：它还能做些什么来确保它的可可供应链远离奴隶制？雀巢公司如何才能向消费者保证，它的产品背后没有那些经历了无尽苦难的人？

雀巢公司能否通过诚实的披露和提高劳动保护的标准，对巧克力行业产生积极影响？鉴于其影响力，公司是否应该在这个问题上占据明确的领导地位？如果是这样，雀巢公司又应该如何去做？

🔘 注释

[1] Ivory Coast, also known as Cote d'Ivoire, is a tropical country in southern West Africa. It is the world's largest producer of cocoa, the raw ingredient used in making chocolates.

[2] Faaez Samedi, "Nestlé Admits Forced Labor is Part of its Seafood Supply Chain," www.campaignlive.co.uk, November 27, 2015.

[3] Marianne Smallwood "Slavery Found within Nestle's Seafood Supply Chain . . . Now What?" www.triplepundit.com, December 14, 2015.

[4] Mark Hawthorne, "One Step at a Time, Nestle Slowly Changes its Ways," www.smh.com.au, February 24, 2017.

[5] "Annual Results 2016," www.nestle.com.

[6] "Nestle's 12 Dark Secrets Worldwide!" www.theequalizerpost.wordpress.com, November 18, 2010.

[7] Jon Entine, "Greenpeace and Social Media Mob Nestlé," www.blog.american.com, March 31, 2010.

[8] "Nestlé's 12 Dark Secrets Worldwide!" www.theequalizerpost.wordpress.com, November 18, 2010.

[9] Baby formula is food manufactured for supporting the adequate growth of infants.

[10] "Starbucks as Fairtrade-lite and Nestle on the Blacklist," www.faircompanies.com, October 8, 2008.

[11] "Pepsi and Nestlé Backlisted for Water Pollution in China," www.polarisinstitute.org/pepsi_and_nestle_backlisted_for_water_pollution_in_china.

[12] "Nestlé's Sinking Division," www.polarisinstitute.org/nestl%C3%A9%E2%80%99s_sinking_division.

[13] The ECRA is a not-for-profit, multi-stakeholder co-operative, dedicated to the promotion of universal human rights, environmental sustainability, and animal welfare.

[14] The Ethiscore is a numerical rating that differentiates companies based on the level of criticism that they have attracted. Generally, an Ethiscore of 15 would be the best, while 0 would be the worst.

[15] Fair trade coffee is one that is obtained directly from the growers. It usually retails at a higher price than standard coffee.

[16] "Starbucks as Fairtrade-lite and Nestlé on the Blacklist," www.faircompanies.com, October 8, 2008.

[17] Abby Haglage, "Lawsuit: Your Candy Bar Was Made by Child Slaves," www.thedailybeast.com, September 30, 2015.

[18] LJ Vanier, "Hershey, Nestle and Mars Use Child Slaves to Make Your Chocolate," http://thespiritscience.net, October 18, 2015.

[19] In 2001, the Chocolate Manufacturers Association of the US signed the protocol for the growing and processing of cocoa beans and their derivative products in a manner that complied with ILO Convention 182 concerning the prohibition and immediate action for the elimination of the worst forms of child labor.

[20] The Archer Daniels Midland Co is a US-based global food processing and commodities trading corporation.

[21] Based in Minnesota, US, Cargill Inc is a provider of food, agriculture, financial, and industrial products and services worldwide.

[22] Daniel Fisher, "Cue The Documentary: Nestlé Still Fighting Slavery Lawsuit by Foreign Plaintiffs," www.forbes.com, October 7, 2016.

[23] Established in 2012, The International Cocoa Initiative (ICI) is a multi-stakeholder partnership between cocoa companies, labor unions, and NGOs in order to eliminate the worst forms of child labor and forced labor in the growing and processing of cocoa beans.

[24] https://www.nestle.com.au/creating-shared-value/social-impact/the-nestl%C3%A9-cocoa-plan

[25] Fair Labor Association is a non-profit multi-stakeholder initiative that works with major companies to improve working conditions in their supply chains.

[26] Pisteurs are individuals commissioned to buy cocoa beans from farmers.

[27] Traitants are middlemen, licensed by the government, who trades cocoa beans. Traitants may source beans either from cooperatives or from pisteurs.

[28] Métayers are sharecroppers who manage a cocoa farm on behalf of its owner.

[29] Coxers are individuals who live in the villages and inform pisteurs when there is a harvest ready to be collected.

[30] Abby Haglage, "Lawsuit: Your Candy Bar Was Made by Child Slaves," www.thedailybeast.com, September 30, 2015.

[31] "Nestle 'to Act over Child Labour in Cocoa Industry'," www.bbc.com, November 28, 2011.

[32] "Nestle - Truth in Advertising," www.truthinadvertising.org, September 28, 2015.

[33] Ellen Wulfhorst, "U.S. Supreme Court Gives Boost to Child Slave Labor Case Against Nestle," www.reuters.com, January 14, 2016.

[34] Nestle CSV Full Report 2019.

[35] Joe Sandler Clarke, "Child Labour on Nestlé Farms: Chocolate Giant's Problems Continue," www.theguardian.com, September 2, 2015.

[36] The Danish Institute for Human Rights is Denmark's independent state-funded human rights institution.

[37] Previously, Batato served as the CEO and Managing Director of Nestle Pakistan Limited from June 6, 2012 to September 1, 2015 and May 25, 2012 to September 1, 2015, respectively. He has extensive experience in the manufacturing and technical area, combined with business experience in both developed and emerging markets.

[38] UTZ Certified is a program and a label for sustainable farming.

[39] Verité is a Massachusetts-based non-profit organization that advocates workers' rights worldwide.

[40] James Tennent, "Nestlé Admits Forced Labour, Trafficking, and Child Labour in its Thai Seafood Supply," www.ibtimes.co.uk, November 24, 2015.

[41] The fishmeal used to feed farmed shrimp and a prawn is made from fish caught by migrant workers. The US is the biggest customer of Thai fish, and pet food is among the fastest growing exports from Thailand. In 2014, Thai Union shipped more than 28 million pounds of seafood-based cat and dog food for some of the top brands sold in America including Iams, Meow Mix, and Fancy Feast.

[42] "Nestle Accused of Using Slave-Caught Fish in Cat Food," www.nationmultimedia.com, August 28, 2015.

[43] Annie Kelly, "Nestlé Admits Slavery in Thailand While Fighting Child Labour Lawsuit in Ivory Coast," www.theguardian.com, February 1, 2016.

[44] "Control Over Supply Chain a Must," www.pressreader.com, November 5, 2016.

[45] Annie Kelly, "Nestlé Admits Slavery in Thailand While Fighting Child Labour Lawsuit in Ivory Coast," www.theguardian.com, February 1, 2016.

[46] Marthe Mendoza, "Nestle Confirms Labor Abuse among its Thai Seafood Suppliers," www.ap.org, November 23, 2015.

[47] Claire Bernish, "Why is Nestle Finally Admitting to Using Slave Labor?" www.mintpressnews.com, February 2, 2016.

[48] LexisNexis is a global provider of legal, regulatory and business information and analytics.

[49] "Nestlé, Cargill and ADM Cocoa Child Slavery Lawsuit Dismissed," www.confectionerynews.com, March 15, 2017.

[50] Daniel Fisher, "Judge Tosses Nestlé Suit Over Child Slavery in Africa," www.forbes.com, March 13, 2017.

[51] "USA: Class Action Lawsuit Filed Against Nestle for Child Slavery on Cocoa Harvest in West African Farms, " https://www.business-humanrights.org, April 24, 2019.

[52] Mark Hawthorne, "One Step at a Time, Nestle Slowly Changes its Ways," www.smh.com.au, February 24, 2017.

[53] Katie Nguyen, "All Companies Have Slave Labour in Supply Chains but it Can be Stopped-Tesco," www.reuters.com, November 18, 2015.